한국 자본가계급 연구

- 대기업자본가의 형성과 이동 -

김 영 모 저

고 헌

A Study on the Corporate Capitalists in Korea

Kim, Young-mo

Emeritus Professor, Chung-Ang University

2012. 3

머리 말

저자가 대기업자본가의 형성과 이동에 관한 연구를 시작한지 50여년이 되었다.[1] 그간 다른 연구(사회계층 및 사회정책)를 하느라고 시간이 없어서 정년 퇴임한 후 이에 대한 연구를 지속할수 있었다.

오늘날 우리나라 대기업자본가(소위 재벌)는 과거에 비하여 경제적 규모와 지위가 엄청나게 성장하였지만, 그 기본적 성격은 큰 차이가 없다. 그것은 대기업자본가가 정부의 특혜와 탈법 등 부정한 방법으로 자본을 축적하였고, 또한 그들 자손에게 변칙 승계하였다는 것이다. 그리하여 대기업자본가의 사회이동율(세습율)이 대단히 높다.

우리나라 대기업자본가들은 1960년대 이후 오늘날 까지 군사정부와 경제관료들의 소위 '선택과 집중의 경제개발 논리'와 온갖 특혜와 부정한 방법에 의하여 육성되었다. '파이를 키워야 나누어 먹을 것이 있다'는 성장논리는 아직도 여전하다. 그러나 '키워 놓은 파이'는 기득권 행사를 하면서 자기들 끼리 축제를 벌이고, 그것을 베풀어야 하는 사회적 책임은 잊어버리고 있다. 그러한 결과 자본독점과 사회적 양극화 및 많은 문제(빈곤과 불평등 및 범죄 등)를 조성하고 있다.

그리하여 저자는 이러한 문제를 되풀이 하지 않기 위하여 대기업자본가의 형성과 이동을 그들의 출신배경과 자본축적 방법을 중심으로 규명하였다.

그러한 결과 한국 자본주의의 발달로 인한 계급형성, 특히 대기업자본가계급의 형성이 단순히 생산관계에서만 비롯되는 것이 아니라

---

1) 김영모, 「한국사회의 경제적 엘리트의 형성과정」, 서울대학교 대학원 석사학위논문, 1962, 저자가 1950년대 우리나라 대기업자본가를 경제적 엘리트라 하고 기업엘리트(business elite)라 하지 않은 것은 대기업가의 소유권과 경영권이 통합되어 있었고, 또 자본가계급 중에서 힘 있는 소수의 대기업가(소위 재벌)를 다루었기 때문이다.

오히려 비생산적 관계, 즉 전쟁과 비합법적 권력(정책특혜와 부정·불법 등) 및 인프레이션 등에 의하여 크게 이루어지고 있음을 알 수 있었다. 그리하여 저자는 계층형성이론에 있어서 권력설을 일찍이 주장하였다.[2)]

최근 대기업자본가에 관한 연구를 효과적으로 수행 할 수 있었던 것은 1990년대 부터 대기업집단이 공정거래위원회와 금융감독원에 제출한 연간 사업보고서(사업내용, 재무제표, 이사회, 임직원 등 포함)와 주요 언론기관의 인물정보를 인터넷을 통하여 손쉽게 볼 수 있었기 때문이다. 과거에 비하여 연구를 하는데 격세지감이 있었다.

본 서에 게재된 논문은 서장과 종장, 그리고 제 7장은 미발표된 것이고, 나머지는「사회정책연구」(제 38집~제 42집, 2009~2011)에 발표한 것이다. 해방후 오늘날 까지 대기업자본가를 각 연대별로 다루어서 바로 한국자본주의사를 보는 것 같았다.[3)] 본 서가 한국 자본주의의 건강한 발전을 위한 귀감이 되기를 바란다.

마지막으로 본 연구를 하는데 자료의 수집과 분석 및 편집을 도와 주느라 고생한 김진영(연세대 대학원 박사과정)과 이지은(고헌 출판부)에게 깊이 감사한다.

2012년 3월 2일

저 자

---

2) Karl Marx는 부르조아지(자본가계급)의 성장(자본축적)을 생산관계에서 잉여노동가치의 착취설을 주장하고, 그와 Max Weber는 권력설을 주장하였지만, 그들은 합법적 권력(베버와 R. Dahrendorf는 이것을 권위라 하였음)을 말하였다. 저자는 합법적 권력 뿐만 아니라 비합법적 권력을 말한다. (김영모,「현대사회계층론」, 한복연 출판부, 1982, 1999, 제 3, 4장 참조)

3) 1990년대 대기업자본가에 관한 연구는 저자가 쓴「한국사회의 이해」(한복연 출판부, 1999)의 제 7장(한국자본주의와 IMF체제)을 참고하기 바람.

목 차

머리 말

서 장, 한국사회 계급변동과 자본가계급의 성장 ……………… 1

1. 서 론 …………………………………………………………………… 1
2. 해방후 사회계급의 변동 ……………………………………………… 2
   1) 해방후 계급변동 ………………………………………………………… 2
   2) 자본가의 직업적 성격 …………………………………………………… 5
3. 자본가계급의 성장 ……………………………………………………… 7
   1) 자본가계급의 규모 ……………………………………………………… 7
   2) 신 부르조아지의 형성 ………………………………………………… 12
   3) 부르조아지의 특성 …………………………………………………… 14
4. 계급형성과 자본축적 요인 …………………………………………… 16
5. 결 론 ………………………………………………………………… 19

제 1장 선진국 대기업자본가의 형성과 이동 …………………… 21

1. 서 론 ………………………………………………………………… 21
2. 기업자본가의 형성과정 ……………………………………………… 22
3. 영미 기업지도자의 사회적 기원과 이동 …………………………… 29
   1) 19~20세기 미국의 기업지배층 ……………………………………… 30
   2) 후기산업사회의 영미 기업지도자 …………………………………… 33
4. 일본 대기업가의 사회적 기원과 이동 ……………………………… 36
   1) 메이지 기업지도자의 사회적 기원 …………………………………… 37
   2) 1960년 대기업 지도자의 사회이동 …………………………………… 49
5. 결 론 ………………………………………………………………… 54

제 2장 1950년대 대기업자본가의 사회적 기원과 자본축적 …· 57

1. 서 론 ………………………………………………………………… 57

2. 기존 연구결과의 검토 ······ 58
3. 출신배경의 검토 ······ 77
1) 신분배경 ······ 77
2) 교육배경 ······ 79
3) 지역배경 ······ 81
4. 자본형성 요인과 기업자본가의 형성 ······ 83
1) 귀속재산불하와 산업자본가 ······ 86
2) 외국원조와 상업자본가 ······ 91
3) 은행융자와 금융자본가 ······ 96
4) 인플레이션과 환율 인상 ······ 101
5) 부정축재와 천민자본가 ······ 104
5. 결 론 ······ 108

제 3장 60, 70년대 대기업자본가의 사회적 배경과 자본축적 ···· 111

1. 서 론 ······ 111
2. 사회적 배경 ······ 113
1) 기업창립 ······ 114
2) 출신지 ······ 117
3) 교육수준 ······ 118
4) 직업배경 ······ 118
3. 자본축적 과정 ······ 122
1) 자본형성의 배경 ; 경제개발 5개년 계획 ······ 122
2) 자본축적과 재무구조 ······ 125
4. 자본축적. 요인과 방법 ······ 134
1) 경제개발 전략과 축재요인 ······ 134
2) 자본조달과 차관 및 금융특혜 ······ 151
5. 지배관리체제 ······ 170
1) 소유구조 ······ 170
2) 관리체제 ······ 178
3) 족벌체제 ······ 186
6. 결 론 ······ 192

제 4장 2010년 대기업자본가의 사회적 배경과 자본축적 …… 194

1. 서 론 …… 194
   1) 연구목적 …… 194
   2) 연구대상과 방법 …… 195
2. 사회적 배경과 자본축적 …… 198
   1) 출신배경 …… 203
   2) 가족관계와 자본축적 …… 207
3. 자본축적 과정 …… 226
   1) 기업의 결합; 인수·합병과 담합 …… 230
   2) 기업의 수출입; 세계화 경영 …… 238
   3) 자본의 독점; 이익과 부채 …… 243
   4) 시장의 독점; 매출이익 …… 253
   5) 노사간 소득격차 …… 257
4. 지배관리체제 …… 266
   1) 소유지배구조 …… 266
   2) 경영관리체제 …… 279
5. 결 론 …… 297

제 5장 공기업 경영자의 충원구조와 보수체계 …… 300

1. 서 론 …… 300
2. 공기업의 재무구조 …… 302
   1) 자산규모와 부채 …… 302
   2) 손익계산서 …… 308
3. 충원제도와 충원구조 …… 309
   1) 충원제도 …… 309
   2) 충원구조 …… 313
4. 공기업의 보수체계 …… 318
   1) 임원의 보수 …… 320
   2) 직원의 보수 …… 322
   3) 임직원의 복리후생비 …… 324
5. 공기업의 민영화 과제 …… 325
6. 결 론 …… 328

제 6장 국가부채의 사회계층적 고찰 ······ **330**

1. 서 론 ······ 330
2. 국개부채와 재정정책 ······ 333
   1) 정부 부채 ······ 333
   2) 기업 부채 ······ 338
   3) 가계 부채 ······ 341
3. 저금리·고환율과 금융정책 ······ 344
   1) 저금리 정책 ······ 345
   2) 고환율 정책 ······ 347
4. 감세와 조세정책 ······ 349
   1) 감세정책 ······ 350
   2) 소득세 ······ 352
   3) 법인세 ······ 356
   4) 종부세 ······ 357
5. 결 론 ······ 359

제 7장 대기업의 자본축적과 사회양극화 과제 ······ **362**

1. 서 론 ······ 362
2. 자본축적의 요인 ······ 363
   1) 기업환경의 변화 ······ 363
   2) 기업경영의 성과 ······ 367
   3) 경영이익의 발생요인 ······ 373
3. 사회양극화 과제 ······ 376
   1) 기업정책; 동반성장론 ······ 377
   2) 임금정책; 임금격차 ······ 381
   3) 조세정책; 감세론 ······ 383
   4) 금융정책; 저금리와 고환율 ······ 385
   5) 복지정책; 공적 보험료의 상한제 ······ 387
4. 재벌개혁론 ······ 388
   1) 정부의 재벌정책 ······ 389
   2) 여·야당의 재벌 개혁안 ······ 393
5. 결 론 ······ 395

제 8장 저곡가 정책과 쌀소득 직불금제도의 과제 ·········· 398

1. 서 론 ·········· 398
2. 농지소유관계의 양극화 ·········· 400
3. 저곡가 정책과 정부의 책임 ·········· 403
4. 시장개방과 쌀소득직불제도 ·········· 407
   1) 쌀소득보전직불제의 내용 ·········· 409
   2) 쌀소득 보전직불금 ·········· 412
   3) 쌀직불금의 부정수령자 ·········· 413
5. 농촌 사회변화와 농정의 과제 ·········· 414
   1) 농민의 양극분해와 영농의 다각화 ·········· 415
   2) 농가부채의 증가와 농협의 역할 ·········· 417
   3) 노동력 부족과 영농의 기계화 ·········· 418
6. 결 론 ·········· 419

제 9장 서울대학교 학부 및 대학원생의 사회적 배경 ····· 422

1. 서 론 ·········· 422
2. 서울대 학부생의 출신배경 ·········· 424
   1) 가족배경 ·········· 425
   2) 출신지역과 주거형태 ·········· 428
   3) 부모의 교육수준 ·········· 435
   4) 직업배경 ·········· 436
   5) 재산규모 ·········· 439
3. 서울대 대학원생의 출신배경 ·········· 440
   1) 가족배경 ·········· 440
   2) 출생지역 ·········· 445
   3) 출신대학 ·········· 445
   4) 교육수준 ·········· 447
   5) 직업배경 ·········· 448
   6) 재산 ·········· 449
4. 서울대 학부생의 사회진출 ·········· 450
   1) 학부 졸업생의 취업 경향 ·········· 450
   2) 세대간 사회이동 ·········· 453
   3) 학부생의 이념적 성향 ·········· 455

5. 결　론 …… 456

종 장, 대기업자본가의 형성과 이동 …… **458**

1. 서 론 …… 458
2. 자본가계급의 규모 …… 459
3. 자본가계급의 사회적 기원 …… 460
4. 대기업자본가의 자본축적 방법 …… 463
5. 결　론 …… 466

< 부　　록 > …… **469**
< 참고문헌 > …… **491**
< 찾아보기 > …… **501**
< English Summary > …… **508**

< 표 목차 >

서장;
<표 1> 해방후 계급구조의 변화 (3)
<표 2> 자본가의 직업별 구성과 변화 (6)
<표 3> 종사자 규모별 사업체수 및 종사자수 (10)
<표 4> 종사상 지위별 종사자 (11)
<표 5> 신구 자본가 계급의 성장 (13)
<표 6> 산업자본가의 산업별 구성과 변화 (15)

제 1장
<표 1> 미국 기업지도자의 출신배경(직업) (32)
<표 2> 미국 기업지배층 부친의 출생시기별 직업 (31)
<표 3> 미국 기업지도자의 교육수준 (33)
<표 4> 미영 기업지도자 부친의 직업 (34)
<표 5> 영미 기업지도자 부친의 시기별 직업배경 (35)
<표 6> 1880년 권력지배층 부친의 신분배경 (41)
<표 7> 1880년 기업형태별 기업지도자의 가족지위 (47)
<표 8> 1960년 기업지도자 부친 및 조부의 직업 (50)
<표 9> 1959년 일본 지도자 부친의 직업 (54)

제 2장
<표 1> 대자본가 부친의 직업 (78)
<표 2> 대자본가 본인의 직업 (79)
<표 3> 대자본가의 교육수준 (80)
<표 4> 대자본가의 출신지 (82)
<표 5> 기업지배층의 직업변동 (84)
<표 6> 지역별 귀속사업체(1947년) (86)
<표 7> 귀속 면방직 공장의 불하 상황 (90)
<표 8> 외국 원조의 연도별 도입 실적 (92)
<표 9> 7개 은행의 특정인 융자 실태 (96)
<표 10> 대기업체에 대한 산업은행의 융자실태 (98)
<표 11> 대자본가들의 은행별 융자상황 (99)
<표 12> 통화량 증감의 주요 원인 (101)
<표 13> 대미 달러 명목환율 변동 추이 (102)
<표 14> 민주당 정부와 5.16 군사정부의 부정축재자 (106)

제 3장
<표 1> 50대 재벌의 출신배경(1980년) (115)
<표 2> 50대 대기업가의 최초 기업활동 (117)
<표 3> 50대 대기업가의 출신지 (117)
<표 4> 50대 대기업가의 학력 (118)
<표 5> 대기업가의 최초 직업 (119)
<표 6> 5대 대기업자본가의 출신배경 (121)
<표 7> 경제개발 5개년 계획의 주요 목표와 방향 (123)
<표 8> 경제개발 5개년 계획의 목표와 실적 (125)
<표 9> 50대 재벌의 경영실적(1980) (127)
<표 10> 50대 기업그룹의 자본 축적율 (131)
<표 11> 5대 재벌 주력 기업의 재무구조(1985) (133)
<표 12> 10대 종합무역상사의 계열기업 및 계약기업수 (143)
<표 13> 종합상사의 수출 현황 (144)
<표 14> 상품별 수출 추이 (145)
<표 15> 조선공업의 발달과 효과 (147)
<표 16> 자동차의 회사별 생산 실적 (148)
<표 17> 1차~4차 5개년 계획기간의 국내 투자 (151)
<표 18> 1차~5차 계획기간 정부의 재정투융자 (153)
<표 19> 기업의 자금조달 방법 (154)
<표 20> 30대그룹의 금융대출 및 부동산 보유, 대출금 등 현황 (155)
<표 21> 60~70년대 해외 차관과 외국인 투자 (160)
<표 22> 외화 차관의 원리금 상환율 (161)
<표 23> 대출 이자율과 인프레율 (162)
<표 24> 부가가치의 구성비 (165)
<표 25> 연도별·지역별 고용 형태 (166)
<표 26> 직업별 종사자 지위(1975년) (167)
<표 27> 한·미·일간 제조업 노동자의 임금 격차 (168)
<표 28> 노동쟁의의 원인 (169)
<표 29> 재벌과 비재벌의 소유 구조 (171)
<표 30> 삼성그룹의 소유구조 (174)
<표 31> 현대그룹의 소유구조 (176)
<표 32> 럭키금성의 주식소유관계 (177)

제 4장
<표 1> 2010년 대기업자본가의 출신배경 (201)
<표 2> 대기업자본가의 출생연도 (203)
<표 3> 대기업자본가의 출생지 (204)
<표 4> 대기업자본가의 최종 학력 (205)
<표 5> 대기업자본가의 최초 직업 (206)

<표 6> 주식 소유 (207)
<표 7> 대기업 창업주와의 가족 관계 (208)
<표 8> 30대 그룹 총수 2세 계열사 지분율 (211)
<표 9> 삼성 비자금 사건에 대한 특별검사의 수사결과와 법원의 판단 요지 (217)
<표 10> 대기업집단의 10년간 경영 성과 (227)
<표 11> 30대 대기업 총수 직계가족의 자본 축적 (229)
<표 12> 100대 대기업의 발달 유형 (233)
<표 13> 경고 이상의 불공정거래 행위(건수) (235)
<표 14> 건설비리 관련자 및 뇌물액 (236)
<표 15> 한국 무역의 연도별 수출입 현황 (239)
<표 16> 산업 제품별 수출입 (240)
<표 17> 중화학공업의 주요 품목 (241)
<표 18> 건설회사의 해외 수주 현황 (242)
<표 19> 건설업 주요 경영지표 (242)
<표 20> 산업별 경제성장률 (244)
<표 21> 2010년 대기업집단의 재무구조 (245)
<표 22> 주요 대기업집단의 금융 실적 (248)
<표 23> 2003년 이후 30대 기업집단내 계담합행위열사의 과징금 (250)
<표 24> 10대그룹 비금융 회사 부채비율 변동 (1997~2008년) (252)
<표 25> 회사기회 유용(일감 몰아주기)을 통한 부의 증가액 (255)
<표 26> 100대 기업의 임직원수와 급여액 (260)
<표 27> 10대 대기업집단의 이윤과 임금격차 (265)
<표 28> 대기업 집단의 내부지분율 (267)
<표 29> 기업집단의 내부지분율 (268)
<표 30> 대기업의 지분구조(보통주식 보유율) (271)
<표 31> 100대 기업의 관리체제 (280)
<표 32> 삼성 비자금 사건 피고인별 혐의 (284)
<표 33> 100대 기업 등기 임원의 출신배경 (287)
<표 34> 그룹별 퇴직 임원 관리 (290)
<표 35> 11개 대기업 미등기 임원의 최종 학력과 전공 (291)
<표 36> 현 정권 인사의 재벌기업·공기업 금융회사 사외이사 선임 현황 (293)
<표 37> 100대 기업 사외이사의 출신배경 (294)

제 5장

<표 1> 공기업의 재무구조 (304)
<표 2> 공기업의 경영실적 (305)
<표 3> 대규모 공기업집단 재무현황 (306)
<표 4> 4대강 살리기 사업의 부처별 예산 (307)
<표 5> 국토해양부의 4대강 사업예산 (307)
<표 6> 대규모 공기업의 손익계산서(2009) (308)
<표 7> 공공기관 경영자(임원)의 임명 절차 (310)
<표 8> 공기업의 임직원수 (313)
<표 9> 주요 공기업 경영자(임원)의 출신배경 (315)
<표 10> 공공기관 임직원의 보수 (319)
<표 11> 공공기관장의 연도별 총보수 (321)
<표 12> 공기업 임원의 연봉 (322)
<표 13> 공기업 직원의 평균 보수 (323)
<표 14> 공기업 임직원의 복리후생비 (324)

제 6장

<표 1> 국가 채무의 연도별 증가액 (335)
<표 2> 2003년~2010년간 국가채무의 증가 (336)
<표 3> 10대 공기업 부채 증가 추이 (338)
<표 4> 14개 광역자치단체의 지역개발공사 채권발행액 (338)
<표 5> 제조업 기업규모별 및 수출 비중별 매출증가율 비교 (339)
<표 6> 전산업 재무구조 관련 주요지표 추이 (340)
<표 7> 전산업 성장지표 추이 (340)
<표 8> 가계 및 기업의 부채 비율 추이 (343)
<표 9> 금리 상승에 따른 3자 부채이자(추계) (346)
<표 10> 한국의 외환보유와 해외수지 (348)
<표 11> 국세청 소관 세목별 징수세액 (350)
<표 12> 감세정책의 정부안 및 국회안 (351)
<표 13> 과세표준 구간별 근로소득세액 (355)
<표 14> 업종별 법인세 신고 현황 (357)

제 7장

<표 1> 국민총생산과 국민소득의 변화 (364)
<표 2> 국민계정의 주요지표 (364)
<표 3> 주요 경제지표의 성장률 (365)
<표 4> 전 산업의 기업경영지표 분석 (368)
<표 5> 삼성전자의 부문별 영업이익 (368)
<표 6> 현대자동차의 부문별 영업이익 (369)
<표 7> 대기업의 수지결산 요인 (370)
<표 8> 대기업집단의 재무 및 손익계산서(2010) (371)
<표 9> 재무 및 손익계산서의 재분석 (372)
<표 10> 매출 총이익의 내역별 구성비 (374)
<표 11> 매출 총이익의 주요 항목별 구성비(2010) (375)
<표 12> 대기업집단의 이익잉여금 처분 내역 (379)
<표 13> 고용조건별 근로자수와 임금액(2010) (382)
<표 14> 조세제도의 개혁 내용 (385)
<표 15> 대기업의 개혁지침 (391)
<표 16> 여야당의 재벌개혁안 (393)

제 8장

<표 1> 연도별 경지규모별 농가 (402)
<표 2> 경지소유 규모별 농가수 (403)
<표 3> 정부 및 농협의 수매가와 시중 소매가 비교 (404)
<표 4> 2011년 미곡 생산비 (405)
<표 5> 연도별 쌀소득 보전 직불금 (412)
<표 6> 농축산물 경영형태와 농지규모별 농가수 (416)
<표 7> 연도별 농가 부채 (417)

제 9장

<표 1> 서울대 학부 및 대학원생의 조사대상 (423)
<표 2> 서울대 학부생 부친의 연령 (425)
<표 3> 서울대 학부생의 형제수 (426)
<표 4> 서울대 학부생의 생활수준 (427)
<표 5> 서울대 학부생의 종교 (428)
<표 6> 서울대 학부생의 출신도 (429)
<표 7> 서울대 학부생의 출신지역 (430)
<표 8> 학부생의 생활수준 (431)
<표 9> 서울대 학부생의 출신고교 (432)
<표 10> 일류고교 졸업생 부친의 직업 (434)
<표 11> 서울대 학부생 부모의 교육수준 (435)
<표 12> 서울법대생 부모 학력의 비교 (436)
<표 13> 서울대 학부생 부친의 직업 (437)
<표 14> 문리대생 부친의 직업별 생활수준 (438)
<표 15> 법대생 부친의 직업별 생활수준 (438)
<표 16> 서울대 학부생 부친의 재산 (439)
<표 17> 서울대 대학원생 부모의 연령 (441)
<표 18> 서울대 대학원생의 형제수 (441)
<표 19> 서울대 대학원생의 생활수준 (442)
<표 20> 서울대 대학원생 부모의 생활수준 (443)
<표 21> 서울대 대학원생의 숙소 (443)
<표 22> 서울대 대학원생의 종교 (444)
<표 23> 서울대 대학원생의 도별 출생지 (445)
<표 24> 서울대 대학원생의 출신대학 (446)
<표 25> 서울대 대학원생 부친의 학력 (447)
<표 26> 서울대 대학원생 부친의 직업 (449)
<표 27> 서울대 대학원생의재산 (450)
<표 28> 서울대 졸업생의 직업 (451)
<표 29> 서울대 문리대생의 출신지역별 취업 (452)
<표 30> 서울대 법대생의 출신지역별 취업 (453)
<표 31> 서울대 학부생의 사회진출 (453)
<표 32> 서울대 문리대(문학부) 졸업생의 세대간 직업이동 (454)
<표 33> 서울대 법대 졸업생의 세대간 직업이동 (455)

종장

<표 1> 유럽 기업회장의 출신계층 (458)
<표 2> 기업자본가 부친의 출신배경 (462)

서장, 한국사회 계급변동과 자본가계급의 성장

1. 서 론

우리 나라의 자본주의는 조선 말기에 그 씨앗을 찾아 볼 수 있지만 일제하 식민지 자본주의와 해방후 한국 자본주의에서 그 발달과정을 찾아 볼 수 있다. 한국 자본주의 발달은 시대적 상황에 따라 차이가 있지만, 무엇 보다 공업화 과정에서 그 특성을 볼 수 있다.

공업화 과정에서 자본주의는 자본가계급(부르조아지)과 노동자계급(프로레타리아)을 형성하고, 이들의 생산관계에서 사회불평등, 즉 계급의 양극화 현상이 일어난다. 사회불평등은 노사간 생산관계에서 형성될 뿐만 아니라 동시에 사회변동과정, 즉 전쟁, 경제개발, 시장개방, 정경유착, 정책지원, 불법·비리 등 사회경제적, 정치적 요인에 의하여 형성된다.

이러한 요인에 의하여 형성된 자본가계급이 해방 후 시대적 상황에 따라 어떻게 성장, 변모 되었으며, 특히 한국 사회계급 변동과정에 있어서 대기업자본가의 계층적 성격이 무엇인지를 고찰하려고 한다. 이러한 것이 규명되면, 해방후 한국 사회계급의 구조적 변동과 우리나라 대기업자본가의 형성과 이동 및 그 요인을 이해하는데 큰 도움이 될 것이다.

해방후 한국사회의 계급분석은 이론적 관점과 분석 틀에 따라 그 차이가 있겠으나 여기에서는 주로 저자가 일찍이 사용한 신갈등론적 분석모델, 즉 사회적 대립성을 알 수 있는 종사상 지위(소유관계)와 사회적 의존성을 알 수 있는 역할관계(직업구조)의 교차분석에서 계급구조를 파악하려고 한다.[1] 그리고 이러한 분석틀에 의하여 1955년 부터 2010년 까지 매 5년 마다 경제기획원(또는 통계청)이 실시한 '총인구주택 국세조사'(대개 10~20% 표본 조사)의 결과를 재분석하여 파악할 것이다.

지난 50여년간 국세조사결과 중에서 저자의 주요한 분석틀인 '직업'과 '종사상 지위'의 자료가 없는 경우(1955년, 1985년, 1990년) 직업조사와 「산업센서스보고서」(경제기획원)의 자료 등을 참고하여 추계하였다. 그리고 또 직업조사가 15세 이상 경제활동인구의 10~20%의 표본조사이기 때문에 그 신뢰성 등 한계가 있지만 이러한 자료의 분석을 통하여 해방후 우리나라 사회계급의 변화를 이해하는데 큰 도움이 될 것이다.

2. 해방후 사회계급의 변동

1) 해방후 계급변동

해방후 한국사회 계급변동은 그간 산업화와 도시화의 결과로 주로 초래되었지만, 그러한 변화를 초래한 시대적 상황이 계급변동에 큰 영향을 미쳤다.[2]

---

1) 계급분석의 이론적 틀은 다음의 책을 참고 하기 바람.
김영모, 「한국사회계층연구」, 일조각(1982), 고 헌(2005), p.328
김영모, 「현대사회계층론」, 한국복지정책연구소 출판부, 1982(초판), 1999(개정판), 제 1편 2장, 제 4편 2장 및 제 5편 1장.

2) 도시화(시 또는 동)는 도시인구가 1949년에 17.2%, 1960년에 28.0%, 1970년 50.2%, 1980년 69.4%, 1990년 74.4%, 2000년 79.7% 그리고 2010년에는 82.0%로 증가하였다. 지난 60년간 도시인구는 약 4.7배로 증가하였다. 공업화(제조업)

해방후 귀속재산의 불하와 무역 등으로 성장한 기업자본가는 1950년대 초 6·25 전쟁으로 외원과 인프레 등으로 대기업의 자본 축적이 가능하였고, 반면에 잉여농산물의 도입 등으로 농업과 농민은 몰락하였다. 1960~1970년대는 중공업화에 의한 경제개발정책과 금융독점 및 수출로 대기업자본가가 성장 되었다. 또한 대기업은 1980년대의 기업공개와 시장개방, 그리고 1998년대 말 외환위기로 초래된 IMF 지배관리, 즉 신자유주의 세계화 정책(시장개방, 구조조정, 민영화, 규제철폐, 노동유연화 등)과 정경유착 그리고 경제위기에 따른 특혜정책(공적 자금 투입, 경기부양책, 환율과 금리 등)으로 더욱 비대하였다. 반면에 농민은 저렴한 농산물의 도입으로 급속히 몰락하였고 노동자는 공업화로 급속히 증가하여 사회계급의 양극화가 전개 되었다.

이러한 결과 해방후 50여년간 우리나라 사회계급의 구조적 변동, 즉 양극화 현상이 어떻게 일어났는 가를 표 1에서 본다.

<표 1> 해방후 계급구조의 변화

(단위 : %)

	1955	1960	1966	1970	1975	1980	1995	2000	2005	2010
자본가계급	0.4	1.7	0.7	2.4	2.9	3.7	6.6	6.2	6.1	7.9
구중산층	70.0	65.6	55.4	47.9	39.1	35.8	20.9	20.0	17.8	17.7
신중산층	6.2	6.8	9.3	13.5	14.5	17.3	30.9	32.1	34.4	34.4
노동자계급	23.4	24.7	34.6	35.5	43.4	43.3	41.6	41.3	40.9	39.6
기타·미상		1.2		0.7				0.4	0.8	0.4
합 계	100.0	100.0	100.0	100.0	99.9	100.0	100.0	100.0	100.0	100.0

(자료) 김영모,「한국사회계층연구」, 일조각(1982), 고헌(2005)
김영모, 현대 한국사회계급 분석과 그 의미,「사회정책연구」, 제 35집, 2007
김영모, 2010년 한국사회계급 분석,「사회정책연구」, 제 44집, 2010

는 1960년에 6.8%(476,975명), 1970년 14.3%, 1980년 22.1%, 1990년 27.4%, 2000년 23.3%로 증가되어 오다가 2010년에는 오히려 17.5%로 감소되었다. 지난 50년간 제조업 종사자는 약 2.6배로 증가되었지만, 2000년 이후는 고도화(기계화) 현상이 나타나고 있다.

표 1을 보면, 지난 55년간 자본가계급이 매년 증가하여, 1955년 경제활동인구의 0.4%에서 2010년에 7.9%가 되었으며,[3] 구중산층은 급속히 몰락하여 1955년의 70.0%에서 2010년 17.7%가 되었다.

1950년대 실시한 농지개혁으로 전통적 부르조아지(지주부농)가 급속히 몰락하였고, 근대적인 자본가계급은 1966년 공업화에 의한 경제개발계획으로 급속히 성장하였으며, 구중산층의 급속한 몰락은 자영농민들의 향도이촌과 도시공업노동자에의 신분전환을 촉진시켰다. 더욱이 1997년 말 경제위기와 신자유주의 세계화 정책은 대기업자본가를 더욱 성장시키고 새로운 계급분해(신중산층 증가 등)를 촉진시켰다.

1960~70년대 이촌 농민들은 다수가 도시 공업노동자로 변신하였으나(약 5할) 동시에 이들은 대도시의 영세민촌을 형성하였으며(약 3할) 나머지는 대도시의 화이트 칼라 또는 하층민(식모 등)이 되었다. 그러나, 1980년대 이후에는 도시자영인이 증가되고 도시인 중에서 산업노동자화 되는 경향이었다.

지난 50년간 신중산층이 1955년의 6.2%에서 2010년의 34.4%로 증가된 것은 특히 도시 및 농촌출신 중 고등교육을 받은 자가 정부와 대기업의 화이트 칼라가 된 것을 의미하고, 또한 노동자가 1955년의 23.4%에서 2010년의 39.6%로 급속히 증가된 것은 1960년대 이후 중화학공업 중심의 경제개발 정책으로 이촌농민과 도시 하층민들이 공업노동자가 된 것을 말한다. 그런데 1995년 부터 노동자계급이 감소되고 신중산층이 증가되는 것은 한국의 산업사회가 자본 및 기술집약적인 기술관료 중심의 후기산업사회로 이동하고 있음을 의미한다.

이와 같이 우리나라의 계급변동은 1980년 까지 구중산층이 급속

3) 이러한 변화는 마르크스주의적 시각(생산수단의 법적 소유권자)에서 보더라도 1990년의 6.0%에서 2010년의 7.6%로 약간 증가 되었다.

히 몰락하고 노동자계급이 급속히 증가하였으나 1995년 이후에는 자본가계급과 신중산층이 급속히 증가하고, 구중산층과 노동자계급이 감소한 것이 그 특징이다. 즉, 1980년 까지 사회계급의 양극화가 일어났으나 그 이후는 사회계급내 불평등이 나타나는 등 그 양상이 달라지고 있다.

2005년 사회계급의 계층적 분석에서 각 계급내에서 불평등화, 즉 양극화가 다음과 같이 일어나고 있었다.4)

첫째는 이윤을 창출할 수 있는 자본가계급은 전체 경제활동인구의 2.7%에 불과하고, 자본가계급내 양극화(대기업과 중소기업간)가 일어나고 있다.

둘째, 중산층의 양극화는 신·구중산층간에 나타나고 있다. 그리고 신·구중산층내 양극화로 구중산층의 심한 부침이 일어나고 있다.

셋째는 중산층내 화이트 칼라 자영업자가 대량으로 나타나고 있다. 예컨대 독자적으로 개업한 세무사, 회계사, 변호사, 의사 등이다.

넷째는 신중산층은 직종별로 평준화가 일어나고, 다만 대기업과 중소기업 종사자간 소득의 격차(양극화)가 나타나고 있다.

다섯째는 노동자계급의 소득양극화가 생산직과 비생산직간, 숙련직과 비숙련직간, 정규직과 비정규직간에 나타나고 있다.

여섯째는 성별 양극화는 임금의 격차에서 볼 수 있지만 오히려 취업률과 직위는 평준화 되어가고 있다. 다만 직종간 취업률의 격차가 성별 양극화를 의미하게 될 것이다. 성별 양극화는 여성이 주로 하층 사무직, 남성은 주로 상층 관리직에 종사하고 화이트 칼라의 사회이동이 차별화 되어 있으며, 동시에 이들간 보수의 차별화가 나타나고 있다. 따라서 노동자 계급내, 그리고 화이트 칼라내 신분별, 소득별, 성별 격차가 심하다.

2) 자본가의 직업적 성격

4) 김영모, 현대 한국사회계급 분석과 그 의미, 「사회정책연구」, 제 35집, 2007, p.21

지난 50여년간 우리나라 사회계급의 양극화가 일어나면서 대기업자본가는 증가하고 영세한 자본가는 오히려 몰락하고 있다. 사실 이들 자본가의 사회경제적 지위는 소수를 제외하면 매우 영세하다. 그리하여 우리나라 자본가계급(부르조아지)과 구중산층(쁘띠 부르조아지)의 계층적 성격을 파악하기 위하여 그들의 직업적 성격을 본다.

자본가계급의 다수를 구성하는 고용주는 표 2에서 볼 수 있는 바와 같이 1960년 기능공(26.8%)과 서비스직(23.6%) 및 농어업직(16.8%)에 다수 종사하였으나, 2010년의 고용주는 전문직(16.5%)이 많이 증가하였고, 관리직은 9.3%로 감소되었으며, 판매직(15.6%)과 서비스직(14.5%) 및 기능공(13.5%)이 증가하였다. 그리고 자영업자는 1960년에 대부분 농어민이었으나(70.9%) 2000년에는 33.6%로 감소되었고 2010년에는 23.0%로 더욱 감소되었으며, 판매직(20.5%)과 기능공(23.1%) 및 서비스직(12.2%)이 증가하였다.

<표 2> 자본가의 직업별 구성과 변화

직 업	1960		1980		2000		2010	
	고용주	자영자	고용주	자영자	고용주	자영자	고용주	자영자
관리직	1.3	2.1	16.4		34.0	2.0	9.3	0.2
전문직	9.1	0.7			9.3	2.6	16.5	12.7
기술 · 전문직			5.0	1.3	5.7	4.2		
사무직	11.5	0.1	1.5	0.2	3.9	1.6	12.6	3.2
서비스직	23.6	1.1	19.3	5.1	14.5	12.1	14.6	12.2
교통업	4.9	4.4		22.5				
판매직	3.2	14.4	23.9		15.6	22.6	22.2	20.5
농어업직	16.8	70.9	6.2	57.1	1.7	33.6	2.1	23.0
광부	2.5	0.1						
기능공	26.8	6.3			13.5	17.9	18.4	23.1
단순노무직			27.8	13.8	1.8	3.4	4.3	5.1
분류 불능	0.002							
기타 · 미상	0.3	0.04		0.004	0.004	0.006	0.007	0.013
합 계	100.0	100.0	100.1	100.0	100.0	100.0	100.0	100.0
(계급구성비)	(2.2%)	(46.7%)	(4.0%)	(31.4%)	(6.7%)	(21.9%)	(7.9%)	(17.7%)

(자료) 경제기획원, 「인구주택 국세보고」
통계청, 「인구주택 총조사보고」

이것을 보면, 2010년의 고용직과 자영업자의 성격이 1960년의 경우와 판이하다는 것을 알 수 있다. 예컨대 1960년에는 종업원 1~4명을 사용하는 영세한 사업체의 고용주를 속칭 사장(관리직)이라고 불렀으나, 2000년대는 전문관리인이 사장(소위 CEO)으로 불리고 대기업의 소유자는 회장이라고 한다. 그리고 1960년대의 자본가계급은 다양한 직종을 겸업하고 있으나 2000년 이후에는 그것이 많이 약화되고 자영업주도 농어업에서는 자영농민이 많이 감소되고 겸업농민이 증가하며, 서비스직과 판매직 및 기능직과 같은 도시의 영세한 자영업자가 많이 증가하고 있다.

이와 같이 우리나라의 자본가계급(부르조아지)과 구중산층(쁘띠 부르조아지)의 사회계층적 성격이 서구의 경우와는 많이 다르고[5], 극소수의 대기업자본가의 사회경제적 성격과도 판이하다.

3. 자본가계급의 성장

1) 자본가계급의 규모

일반적으로 자본가계급(부르조아지)은 재산 또는 생산수단의 소유자를 말한다. 생산수단의 소유자는 노동자를 사용하는 고용주와 그렇지 못한 자영업자가 있다. 이들은 소위 사업주(기업주)로서 부르조아지 또는 쁘띠 부르조아지라고 한다. 이러한 부르조아지(자본가계급)는 대부분 매우 영세하여 서구 부르조아지와는 그 성격이 매우 다르다.[6] 부르조아지는 재산이 많더라도 생산수단을 소유하지 못한

---

5) 김영모,「현대사회계층론」, 한국복지정책연구소 출판부, 1992, 1999, 제 II 편 1장 참조.

6) 우리나라 사업체는 2004년에서 2009년 까지 연평균 59만 5,336개가 신규로

경우(금융자산가나 대주주 등) 기업자본가가 되기 어렵고, 또 중소기업가(쁘띠 부르조아지)라도 돈이 없으면 부자라고 말하기 어렵다. 우리나라의 소득 상위 10% 계층이 순자산의 47.2%를 보유하고 하위 50%가 전체 8.9%의 순자산을 보유하고 있는 것을 보면 우리나라 부르조아지의 규모를 짐작할 수 있다.[7]

한국의 부자들은 다음의 조건에 들어가는, 전체 국민의 약 5%에 속한다고 볼 수 있다.[8]

(1) 2009년 고소득자는 연간 종합소득금액이 1억원 이상인 경우 전체 소득신고자의 3.9%이다. 그 밖에 중산층인 4천만원~1억원의 중소득자는 9.8%이며, 4천만원~1천만원의 소득자는 33.4% 그리고 1천만원 이하의 빈곤층은 52.9%를 차지한다. 1억원 이상 고소득자는 과세 상한제와 사회보험료 상한제가 적용되어 고소득자일수록 세금과 보험료를 적게 내는 특권층이다.

(2) 주택부자는 2주택 이상을 보유한 5.03%의 가구이다. 이들 2주택 이

생겼으며, 또한 57만 7,501개가 휴업 또는 폐업되었다. 이러한 사업체의 약 절반은 도·소매업(25.2%)과 숙박·음식업(20.9%)이다. 그리고 신규 사업체의 생존율은 1년이 약 70%, 2년이 약 55%, 3년이 약 45%, 5년이 33.4%이다.(통계청, 「2004~2009 사업체 생성·소멸 현황 분석」, 2011. 2. 21) 즉, 영세사업체의 생성과 소멸이 극심하다.

7) 최근 통계청, 금융감독원, 한국은행이 조사한 '2010년 가계금융조사'에 따르면 우리나라 전체 가구의 평균 자산은 2억 7,268만원, 부채는 4,263만원인 것으로 조사됐다. 둘을 합친 순자산은 2억 3005만원이었다. 자산 가운데 부동산이 4분의 3을 차지했다. 자기 집 1억 1,564만원, 땅 3,740만원 등 부동산 자산은 2억 661만원으로 전체의 75.8%에 달했다. 금융자산은 5,828만원으로 21.4%에 불과했다. 부채는 금융부채가 2,884만원으로 전체의 67.6%를 차지했다. 32.4%는 임대보증금이었다. 금융부채가 가운데 담보대출은 2,329만원으로 전체 금융부채의 81%에 달했다. 전체 가구의 59.5%는 빚을 지고 있었다. 빚을 지고 있는 가구의 평균 빚은 7,165만원이었다. 그리고 연평균 소득(2억 4천만원)인 상위 1%(17만 가구)인 부자의 직업은 전문직(41.7%)과 관리직(28.5%)이 많았다.(「매일경제」, 2011. 3. 18)

8) 김영모, 현대 한국사회 불평등구조론, 「사회정책연구」 제 32집, 2006을 참조.

상 보유호수는 2.66호이다. 그리고 11채 이상 보유한 가구도 1만 4,800여 가구가 된다. 이들 가구의 27.9%를 서울과 경기지역 거주자가 소유하고, 이 중에서 강남 3구와 분당, 용인지역 주민이 9.1%를 차지한다.

(3) 토지부자는 인구대비 1%의 인구(487, 174명)가 전국 토지의 51.5%를 소유하고 5%의 인구가 82.7%를 소유한다. 토지가격으로 보면, 10%의 인구가 전체 토지가격의 37.8%를 차지하고 5%의 경우 67.9%를 차지하고 있다.

(4) 주식부자는 대기업 총수의 일가이지만 총 인구의 7.7%가 주식을 소유한다. 2005년 현재 상장된 회사(659개)의 상장가격이 약 505조 7천억원인데 이 주식의 99.3%를 개인(99.3%)이 소유하고 나머지는 외국인(0.5%), 법인(0.3%), 기관투자자(0.1%)가 소유하고 있다. 그런데 외국인이 투자한 주식시가는 약 4할을 차지하고 대기업의 경우 약 5할을 차지한다. 따라서 대기업집단의 총수와 그 일가들이 주요한 대기업의 주식과 그 배당금을 대부분 차지한다.

(5) 금융부자는 5천만원 이상 예금자(123만 6천명)로 전체 예금자의 1.3%이고, 연간 4천만원 이상의 금융소득(이자)을 받는 자는 3만 9천여명이다. 이 중에서 연간 금융소득이 1억 2천만원이 넘는 금융자산가는 약 5천 250명이다.

상기한 부자들의 자본축적 방법은 과거 처럼 토지와 주택에 대한 투자가 아니라 현재는 주식, 펀드, 채권 등에 대한 투자이다. 또한 이러한 부자들은 우리나라 기업지배층의 경제적 배경과 매우 유사하다.9)

---

9) 2009년 한국 부자의 기준은 고액자산관리전문가(PB 45명 조사)에 의하면, ① 금융자산이 10억원 이상이 되고, ② 부동산이 20억원 이상이 되며, ③ 주택은 강남에 50평 이상 아파트나 빌라가 있어야 하고, 생활비는 월 1천만원 이상이며, ④ 승용차는 국내의 최고급(3000cc 이상)이 되어야 하고, 주 2회 이상 골프를 치고 고급 호텔이나 휘트니스센터의 회원권이 있어야 한다.(「매일경제」, 2009. 5. 20) 그런데 부자들은 금융자산이 100억원 이상이 되어야 생활비(월 2천만원)가 나온다고 한다.

10대 그룹 총수들이 받는 상장사 지분 배당금은 모두 1,400억원인데 이

한편, 우리나라의 총사업체는 1995년 말 모두 277만 1,068개이고, 이의 종사자는 1천 363만 4,273명이다. 2000년 말 모두 313만 417개이고, 이의 종사자는 모두 1천 360만 4,274명이다. 그리고 2009년 말 전국의 사업체는 모두 3백 29만 4,283개로 증가 되었다. 전국의 사업체는 1998년 경제위기를 제외하면 지난 20년간 해마다 증가되었는데 특히 2002년 부터 급증하였다. 그러나 제조업과 도·소매업은 감소되었다. 제조업과 도·소매업이 감소된 것은 대기업의 경제력 집중에서 그 원인을 찾아 볼 수 있다. 대기업은 분할, 합병, 인수 등으로 계열기업을 확대하고 매출을 급속히 증내시켰기 때문이다. 이에 대하여 제 4장에서 자세히 알 수 있는 바와 같이 대기업집단의 매출액은 지난 30년간 약 35.6배로 증가되었고, 지난 10년간 약 45.6배의 자본축적(경영성과)을 하였다.

<표 3> 종사자 규모별 사업체수 및 종사자 수

종사자	사업체			종사자		
	2007	2008	2009	2007	2008	2009
1~4인	2,711,913 (83.1)	2,712,483 (83.1)	2,726,112 (82.8)	4,875,439 (30.6)	4,864,888 (29.9)	4,885,192 (28.9)
5~99인	538,183 (16.5)	538,622 (16.5)	553,293 (16.3)	7,418,939 (46.5)	7,540,710 (46.3)	7,782,935 (46.0)
100~299인	10,135 (0.3)	10,748 (0.3)	11,749 (0.4)	1,603,439 (10.0)	1,703,462 (10.5)	1,850,522 (10.9)
300인 이상	2,694 (0.1)	2,929 (0.1)	3,129 (0.1)	2,045,857 (12.8)	2,179,220 (13.4)	2,401,128 (14.2)
합 계	3,262,925 (100.0)	3,264,782 (100.0)	3,294,283 (100.0)	15,943,674 (100.0)	16,288,280 (100.0)	16,919,777 (100.0)

(자료) 통계청, 「전국사업체조사보고서」, 2009, 2010. 12

이러한 증가는 결국 대기업과 중소기업간 양극화를 초래하고, 대

중에서 이건희 삼성회장(385억 9천만원), 정몽구 현대차 회장(328억 9천만원), 정몽준 현대중공업 회장(287억 4천만원), 구본무 LG 회장(107억 5천만원), 최태원 SK회장(74억 1천만원) 등의 순이다.(재벌닷컴)

기업과 주주 및 임원들을 비대화 시킬 뿐만 아니라 종사자들 까지 신부르조아지화에 크게 기여하였다.

2009년 말 전국의 산업별 사업체 수는 도·소매업과 숙박, 음식점업이 각각 26.2%와 19.1%로서 가장 많고, 그 다음은 기타 공공 및 개인서비스(11.2%)와 운수업(10.5%) 및 제조업(9.6%)이며 나머지는 교육서비스(4.9%), 부동산업(3.8%), 건설업(2.9%), 보건 및 복지서비스(3.0%), 예술·스포츠·여가관련 서비스(3.1%)이다. 이것을 보면, 서비스업이 발달하고 생산적인 산업(제조업 등)은 감소하고 있다.[10)]

2009년 말 전국의 규모(종사자)별 사업체를 표 3에서 보면, 영세기업이라 볼 수 있는 1~4명을 고용한 사업체가 전체의 82.8%를 차지하고 있다. 그리고 중소기업이라 볼 수 있는 5~99명을 고용한 사업체는 전체의 16.8%를 차지하며 100명 이상 고용하는 사업체는 0.5%이다. 이러한 기업체의 종사자는 표 6과 같이 모두 1천 594만 3,674명이다. 이 중에서 100명 미만 기업체 종사자가 전체의 47.9%를 차지하고, 300인 이상 대기업의 경우 전체의 25.1%를 차지한다. 비록 100인 이상 종사하는 기업체수는 적을지라도 많은 종사자를 두고 이러한 기업체와 종사자가 증가하고 있음을 볼 수 있다. 그리고 100명 이상 종사하는 사업체(443개)의 지역별 분포를 보면, 서울이 전체의 30.6%를 차지하고, 그 다음은 부산(7.2%), 인천(4.6%), 대구(4.1%), 대전(2.9%), 울산(2.7%), 광주(2.5%)의 순이며, 1천명 이상 사업체의 경우 전체 43.6%가 서울에 있고 나머지 광역시에 2.6%가 있다.[11)] 이것을 보면 대기업은 주로 서울에 많이 있고, 나머지는 광역시에 분산되어 있다.[12)]

10) 통계청, 「사업체 기초통계조사보고서」, 2009년 12월, p.4
11) 상게서, p.260
12) 상게서, p.520

<표 4> 종사상 지위별 종사자

	종사자수			증감률	구성비		
	2008	2009	증감		2008	2009	증감
자영업자 및 무급가족	3,523,413	3,529,055	5,642	0.2	21.6	20.9	-0.7
상용고	9,965,491	10,319,303	353,812	3.6	61.2	61.0	-0.2
임시 및 일용고	2,014,709	2,236,009	221,300	11.0	12.4	13.2	0.8
기타(무급종사자)	784,667	835,410	50,743	6.5	4.8	4.9	0.1
합 계	16,288,280	16,919,777	631,497	3.9	100.0	100.0	-

(자료) 통계청,「전국사업체조사보고서」,(잠정결과), 2010. 10

한편, 우리나라 사업체 종사자의 종사상 지위를 표 4에서 보면, 2009년 말 전체 종사자의 61.0%가 상용고(약 1천만명)이고 13.2%는 일시 및 일용고(약 220만명)이며, 나머지 20.9%는 자영업자 및 무급가족, 그리고 기타(4.9%)이다.

이것을 보면, 우리나라 사업체의 약 2할이 사업주가 자영업자라는 것을 알 수 있다. 그리고 지난 1년간 종사상 지위별 종사자의 변화율을 보면, 임시 및 일용근로자가 11.0%나 증가되었고, 또 무급종사자와 상용근로자가 각각 6.5%와 3.6% 증가 되었다. 임시 및 일용고의 증가는 공공부문의 희망근로 프로젝트, 행정인턴사업 등 사회서비스 일자리창출(29만 5천명)의 영향인 것 같다.

2) 신 부르조아지의 형성

우리나라 자본가계급(부르조아지)은 1995년 이후 약 6~8%이다.[13] 만약 구중산층 또는 신중산층 중에서 재산의 소유권이나 통제권을 행사하는 상층 중산층까지 포함시킨다면 자본가계급은 더욱 증가될 것이다.

과거 마르크스주의자는 부르조아지의 이익을 대변하는 중산층

---

13) 2010년 인구주택센서스보고에 대한 신갈등론적 분석결과는 자본가계급이 7.9%이고, 마르크스주의적 분석결과는 7.7%이다.

까지 자본가계급이라고 규정하였으나[14] 오늘날 후기산업사회에 있어서 자본의 소유와 관리가 분리되어 대량의 화이트 칼라가 나타나서 이들이 자본의 통제권을 행사한다고 하여 부르조아지 또는 자본가계급으로 간주하는 경향이 있다.[15]

자본의 통제권을 행사하는 자본가계급은 비록 소유권이 없지만 생산관계에 있어서 이들의 영향력은 소유권자 보다도 더 강하고, 이들의 소득 수준이 높아서 소유권자와의 차별성이 심하지 않다. 그리고 계급적 이익과 계급의식이 소유자와 비슷하고 일반 노동자와는 그 차별이 심하다. 그 뿐만 아니라 자본주의 경제체제를 유지, 발전시키기 위한 정부관료 중에서 고위관료들은 이러한 자본가계급의 이익을 대변하면서 동시에 부르조아 의식을 지닌다. 그리하여 현대 자본가계급은 고위 관료 및 기업 입원들을 포함시키는 경향이 있다.[16] 실제로 이들은 생산수단이 없으면서 권력과 소득이 있어서 부르조아 의식을 지니고 있는, 신 부르조아지의 특성을 지니고 있다.

이러한 신 부르조아지는 표 5에서 볼 수 있는 바와 같이 1990년대 이후 해마다 증가하고 있다.

표 5를 보면, 재산의 소유권자(고용주)가 해마다 증가되었지만 동시에 재산의 통제권자(경영자)도 해마다 증가되었음을 알 수 있다. 이러한 증가는 1990년 이후에 급증하였다. 그리고 통제권자(관리직)

---

14) 서관모는 1980년 우리나라 자본가 계급은 전체 경제활동인구의 1.1%(개인기업주 0.6%, 고급관리자 0.04%, 고급공무원 0.05%)라고 한다.(한국사회계급 구성의 사회통계적 연구,「산업사회연구」, 제 1집, 1985, pp.95~97)

15) 이러한 견해는 선진산업사회에 있어서 부르조아지의 개념으로 Lerner Cronner, Bendix, Mannari 등이 주장한다.

16) 자본의 통제자인 정부의 고위 공무원(2급) 이상과 기업의 임원(이사, 감사 이상)을 말할 수 있다. 사실 관료 조직의 속성상 사무관(5급) 이상 또는 과장급 이상으로 보아야 할 것 같다. 간단히 말하면 노동조합에 가입할 수 없는 직급 소유자들이다.

가 소유권자 보다도 급증하고 있는 것은 선진국 산업사회처럼 기업 및 정부의 관료조직이 발달하였고, 따라서 신 부르조아지가 급속히 성장하고 있음을 말한다.

<표 5> 신 · 구 자본가 계급의 성장

		1955	1960	1966	1970	1975	1980	1990	1995	2000	2005	2010
소유권자(고용주)		0.2	1.2	0.5	1.8	2.0	4.0	6.0	7.2	7.4	7.2	7.7
통제권자	관리직	1.2	1.3	0.9	0.9	0.8	1.1	2.1	4.2	5.2	3.6	2.9
	전문직	1.6	2.4	2.8	3.2	3.3	4.6	7.4	5.7	9.1	9.9	
	기술 · 준전문직								11.2	7.8	9.0	19.4
합 계		3.0	4.9	4.1	5.9	3.1	9.7	15.5	28.3	29.5	29.7	30.0

(비고) 소유권자와 통제권자는 중복 계산된 경우가 있음.
(자료)「인구주택총조사보고서」, 각 년도의 재분석

우리나라의 자본가계급(부르조아지)은 협의로 2010년 경제활동인구의 7.9% 이지만 만약 1인 자영업자(구중산층) 까지 합치면 2010년에 25.6%가 된다. 그리고 자본가계급의 이익을 옹호 및 대변하는 신중산층 까지 합치면 전체의 60.0%가 된다. 그러나, 우리나라 신중산층의 17.5%, 그리고 구중산층의 23.9%가 중산층(쁘띠 부르조아지)에의 귀속의식, 즉 계급의식을 지니고 있다.[17] 따라서 넓게 보면 2010년 전체 경제활동인구의 약 18.4%가 자본가계급(부르조아지)으로 추계할 수 있다.

3) 부르조아지의 특성

자본가계급은 생산수단의 소유권을 중심으로 본다면, 1인 이상의 노동자를 사용하는 고용주와 노동자를 사용하지 않는 자영업주로 구별할 수 있다.[18] 생산수단을 소유하여 자본(이윤 또는 잉여가치)축

17) 김영모,「한국중산층연구」, 중앙대학교 출판부, 1999, p.269
18) 과거 5인 미만 근로자를 사용하는 고용주는 자영업자로 규정하여 이들을 세제나 사회보험제도에서 보호하였지만 오늘날 5인 미만 사업장의 모든 근로자도 퇴직연금과 사회보험의 혜택을 받을 수 있다.

적이 가능하다고 해서 자영업자를 자본가계급으로 보거나 비록 소수의 근로자를 고용하여 자본축적이 불가능한 고용주를 자본가계급으로 간주하는 것은 문제가 있다.

그러나, 본 서에서는 생산수단을 지니면서 타인을 사용한 고용주와 가족노동에 의존하는 자영업자를 광의로 각각 부르조아지(bourgeoisie) 또는 중·소 부르조아지(petty bourgeoisie)로 간주하고, 이들의 산업별 지위를 검토하여 그들의 성격을 밝혀 본다.

<표 6> 산업자본가의 산업별 구성과 변화

(단위 : %)

산 업	1960		1970		1980		2000		2010	
	고용주	자영자	고용주	자영자	고용주	자영자	고용주	자영자	고용주	자영자
농업 및 임업	17.8	70.9	14.1	67.4	6.5	57.2	1.3	32.5	2.1	23.4
어업							0.7	1.4		
광업	2.9	0.1	0.9	0.2	0.8	0.1	0.2	0.05	0.1	0.1
제조업	19.6	4.1	31.1	5.4	31.0	4.8	21.6	6.7	16.4	6.5
전기가스 및 수도사업	0.8	0.1	00.3	0.03			0.1	0.02	0.1	0.02
건설업	5.0	1.3	6.3	1.3	5.7	5.3	9.5	5.2	8.4	6.7
도매 및 소매업	4.8	13.9					23.3	23.8	21.5	20.1
숙박 및 음식점업			24.8	21.0	39.1	25.2	16.5	9.0	16.2	8.9
운수업	7.0	1.1	7.2	0.8	3.6	1.8	2.5	6.1	3.2	9.1
통신업							0.6	0.2	1.7	1.0
금융 및 보험업			1.3	0.7	3.4	1.3	0.8	0.9	1.7	2.5
부동산 및 임대업							2.0	2.3	2.8	3.3
사업서비스업	42.0	8.3	13.9	3.2	10.1	4.4	5.6	1.6	3.7	2.4
공공행정,국방 및 사회							0.04	0.1	0.3	0.2
교육서비스업							4.3	1.7	5.2	4.8
보건 및 사회복지사업							3.3	0.3	6.2	0.4
오락문화 및 운동관련							2.6	2.2	1.9	2.3
기타공공수리 및 개인							5.1	5.6	4.8	7.3
가사서비스업							0.01	0.3	0.1	0.2
국제 및 외국기관							0.003	0.003	0.003	0.001
분류불능	0.02	0.001	0.06	0.001		0.002				
미상	0.2	0.04					0.004	0.005	0.004	0.007
합 계	100.0	100.0	100.0	100.0	100.0	100.0	100.0	100.0	100.0	100.0

(자료) 경제기획원, 「인구주택국세조사보고」
통계청, 「인구주택총조사보고」

표 6을 보면, 지난 50년간 우리나라 부르조아지(고용주)와 중·소

부르조아지(자영업주)가 종사하는 산업의 변화를 알 수 있다.

1960년 산업자본가는 사업서비스업(가사서비스 또는 정부서비스업)에 가장 많이 종사하였고(42.0%), 그 다음은 제조업(19.6%)과 농어업(17.8%)이며 나머지는 운수통신업(7.0%), 건설업(5.0%), 도·소매업(4.8%) 등에 종사하였다. 그러나, 2010년에는 이들이 도·소매업(21.5%)과 제조업(16.4%)에 가장 많이 종사하고, 그 다음에는 건설업(8.4%)과 보건·복지서비스업(6.2%) 및 교육서비스(5.2%) 등에 종사하고 있다.

지난 50년간 우리나라 자본가가 종사한 산업은 많이 변화하였는데 그 중에서 가장 많은 변화가 일어난 산업부르조아지는 농어업과 제조업 및 도·소매업이다. 농어업은 자영농민 및 사업서비스와 마찬가지로 해마다 감소되었고, 제조업은 1970~1980년대에 약 10%가 증가되었으나 2000년 이후에는 21.6%로 감소되었으며, 도·소매업은 1980년에 많이 증가되었다가 2000년 이후에는 21.5%로 감소 되었다. 이러한 변화는 슈퍼 마켓의 발달 등 전통적인 재래시장의 몰락, 아동보육시설의 발달로 전통적 가정보육의 몰락, 가축의 몰락과 시설축산의 발달, 사업체의 대규모화 등 사회경제환경의 변화에서 찾아 볼 수 있다.

이와 같이 산업부르조아지가 감소되는 것은 특히 제조업과 도·소매업에 있어서 기업의 대규모화와 독점 및 기술발전 등으로 영세한 기업의 몰락을 의미한다. 이러한 변화는 쁘띠 부르조아지(자영업주)에서도 유사하게 찾아 볼 수 있다.

4. 계급형성과 자본축적 요인

자본주의 생산관계는 기본적으로 생산수단의 소유자인 자본가계급과 노동력의 소유자인 노동자계급을 형성한다. 자본가계급은 생산수단을 사적으로 소유하고 이윤을 추구하며 사적 재산을 상속한다. 그러나, 노동자계급은 그러한 생산기구에 종사하면서 노동력을 판매하고 그 대가로 임금을 받는다.[19)]

이러한 생산관계에서 자본가는 이윤을 극대화 하고 노동자는 임금을 극대화 시키려고 한다. 그리하여 노사간에는 이윤과 임금이 상호 모순관계에 있다. 이러한 모순관계에서 자본가는 상품생산에 있어서 노동자의 잉여 노동가치를 착취하고 노동자는 기계화와 자동화에 의한 노동소외로 더욱 빈곤해 진다.[20)] 그러나 자본가는 노동자에게 일자리와 소득을 제공하여 준다. 그리하여 자본가는 소위 노동자에 대한 착취론과 소외론을 비판하며 상품 생산의 부가가치 창출을 주장한다.[21)]

이와 같이 자본가계급은 주로 재산의 소유와 이윤 추구 및 재산상속에서 그들의 자본축적, 즉 계급형성이 가능한 것으로 간주하고 있다. 그 밖에 후기 산업사회에서 볼 수 있는 소유권과 경영권의 분리와 같이 역할 분화(분업화)가 서열 불평등 등 계급형성의 주요한 요인이 되고 있다.

과거 계급형성의 요인은 주로 생산관계에서 찾았다. 그러나 저자는 계급형성의 주요한 요인이 생산관계 뿐만 아니라 오히려 비생산관계에서 찾아 보는 것이 더욱 타당한 것 같다. 특히 합법적 또는 비합법적 권력이나 수단에 의하여 보다 큰 자본축적이 가능하고, 변칙적 상속에 의하여 사회불평등, 즉 계급이 형성되고 있는 것이

---

19) 2007년도 법인세(기업 등)는 내국세(153조원)의 23.1%이고 소득세(노동자 등)는 25.8%이며, 상속·증여세는 1.8%이다.(국세청,「한눈에 보는 국세통계」, 2009)

20) 김영모,「현대사회계층론」, 한국정책연구소 출판부, 1982, 1999, 제 4장 참조

21) 그런데 우리나라에서는 소비자가 부가가치세(전체 국세의 약 30%)를 부담한다.

다.[22] 이러한 권력설 및 세습설은 그간 계급, 계층이론에 있어서 소홀히 되었으나 동서양과 고금을 막론하고 그 타당성이 있으며, 우리나라의 자본가계급, 특히 대기업자본가의 형성에 있어서 그것은 결정적 역할을 하는 것 같다. 우리나라의 경우 지난 60여년간 대기업의 자본축적은 기본적으로 차별적인 특혜와 부정한 방법(불법)에 의하여 가능하였다.

해방후 1950년대 까지 주로 대기업자본가는 귀속재산(기업)의 불하를 비롯하여 외원의 잉여농산물자(밀, 면화, 설탕 등)와 외화(원조자금)의 불하 및 인프레를 통하여 자본축석을 하였다. 이로 인하여 몰락한 농민은 향도이촌하여 대도시의 영세민촌과 부랑노동자를 형성하였다. 이와 같이 풍부하고 저렴한 노동자를 기반으로 하여 1960년부터 시작된 7차의 경제개발계획이 성공할 수 있었으며, 대기업은 정부의 특혜와 중화학공업정책에 참여하여 현대적 기업가로 변신할 수 있었다.

한편, 대기업은 수출로 채산성이 없었으나 정부의 정책금융 지원에 의하여 부동산 투기와 인프레 등으로 이익을 취득할 수 있었다. 더욱이 1997년 말 외환위기로 초래된 IMF의 지배관리하에서 신자유주의 세계화 정책은 부실기업에 대한 막대한 공적 자금을 투입하였고, 이것으로 대기업은 오히려 재기할 수 있었으며 동시에 정부의 지속적인 경기부양정책과 인프레 등으로 대기업의 많은 부채를 경감할 수 있었다.[23] 그 뿐만 아니라 대기업자본가는 대기업의 자녀상속을 위하여 각 종의 편법(차명계좌, 주식차익, 일감 몰아주기, 횡령, 로비 등)을 동원하여 막대한 비자금(사실 횡령)을 형성하였다.

22) 김영모, 전게서, pp.68~70

23) 1991년 대기업집단(총자산 4천억이상 61개, 총 계열사 915개)의 부채비율이 자기자본의 4배이고, 2000년에는 5배 이상이었으나, 2010년 부채율은 1배 전후였다.

이와 같이 부정한 방법으로 자산을 축재하고, 축재된 자산을 자녀들에게 세습하여 우리나라의 경제를 지배하고 있다. 대기업자본가는 1961년 군사혁명정부에서 부정축재자로 낙인되었고, 2000년대에 와서도 세습된 2~3세 재벌의 다수가 법원에 의하여 과거 선대처럼 부정한 기업가로 처벌되고 있다.

5. 결 론

해방후 한국 자본주의는 많은 문제점을 지니면서 전통적인 계급질서를 현대적인 계급질서로 재편성 시켰다. 50여년전 영세한 자영농민과 전통적 부르조아지(지주부농)가 지배한 계급질서는 1950년대 6.25전쟁과 농지개혁 등으로 몰락하고, 귀속재산 불하, 잉여 농산물, 외화 불하, 인프레 등으로 성장한 대기업자본가는 몰락한 이촌농민의 저렴한 노동력에 의존하여 1960년대 이후 중화학 공업과 수출중심의 경제개발정책으로 새로운 부르조아지(재벌)를 형성하였다. 이들은 21세기 들어와서 수출산업, 해외건설, 부동산 투기, 기술개발 및 신자유주의 정책, 비자금 형성 등으로 축재하여 변칙적인 세습경영을 도모하였다.

그리하여 한국의 사회계급은 그간 소수의 자본가계급(약 7%)과 다수의 노동자계급(약 40%)으로 양극화 되었으며 1990년대 이후 신중산층(약 34%)이 대량으로 형성되었다.

지난 50여년간 한국의 자본가계급이 많이 성장하였다. 2009년 말 전국 사업체(329만 4,283개) 중에서 잉여노동가치(이윤)를 생산하는 5인 이상 고용주인 자본가가 55만 3,293명으로 전체 가구의 약 3.5%가 된다. 그리고 자본가의 이익을 대변하는 신 부르조아지는 경제활동인구의 약 16.4%가 된다. 따라서 광의의 우리나라 부르조아지(자본가계급)는 전체 가구의 약 18.4%로 추산한다. 그러나, 이러한 부르조아지는 매우 영세하다.

우리나라 자본가계급을 주도하는 대기업자본가는 수적으로 많지 않지만, 많은 계열기업을 거느리고 우리나라 총 매출액의 약 절반을 차지하는 독점자본가이다. 그리고 신 부르조아지는 우리나라 대기업의 경영조직이 족벌체제로 되어 있기 때문에 새로이 형성된 통제(관리)권을 행사하는 신중산층과 임금노동자계급은 자주적인 힘을 발휘하지 못하고, 오히려 신중산층은 후기 산업사회에서 볼 수 있는 부르조아지의 이익을 대변하고 동일시 하는 성격을 지니고 있다. 그리하여 이들은 신 부르조아지의 특성을 지니고 있다.

우리나라 기업집단의 부르조아지(총수)는 자기 자본이 5% 미만이지만 제왕적 경영권을 행사한다. 그리고 신 부르조아지는 산업에 따라 차이가 있으나 대기업집단 종업원의 약 3할이 되며 노동자는 약 7할이 된다. 그러나 대기업의 계열기업이나 중소기업의 경우 신 부르조아지는 더욱 적을 것이다.

이와 같은 계급조직에서 구미의 경우처럼 자본가의 이윤과 노동자의 임금이 생산관계에서 합리적으로 결정되지 못하고 자본가의 이윤이 창출되어 기업발전을 도모하기 어려울 것이다. 우리나라의 경우 비생산관계와 비합법적 관계, 즉 정경유착(특혜)과 불법적 비자금 형성, 그리고 인프레 등에서 자본축적이 더욱 많이 이루어지고 대기업이 발전하고 있다. 다시 말하면 권력요인이 사회적 불평등, 즉 양극화의 주요한 요인이 되어 있다.

제 1장 선진국 대기업자본가의 형성과 이동

- 영국 · 미국 · 유럽 및 일본을 중심으로 -

1. 서 론

기업자본가(bourgeosie, entrepreneuer, capitalist)는 산업화와 자본주의적 생산관계에서 형성, 발달하였다. 자본주의적 생산관계는 일찍이 서구의 산업혁명에서 시작되었기 때문에 선진국가의 기업자본가는 산업혁명과 기술혁신에 의하여 변화되었으며, 또 그에 따라 사회이동이 일어나고 있다.

선진국가의 산업자본주의는 초기에 주로 토지자본(지주)과 상업자본(상인)에 기초하여 발달하였지만 그 후 시장개척과 기술발달로 독점자본주의가 나타나면서 후기산업사회의 기업자본가는 초기와는 달리 번햄(J. Burnham)이 주장한 '경영자 혁명'의 결과, 즉 소유권과 경영(관리)권이 분리되어 대량의 경영자 또는 기술관료가 창출되었다. 그리하여 오늘날 소유와 관리가 통합된 기업자본가의 개념이 선진국가에서는 그것이 분리된 소유권자와 최고 경영자를 통털어 기업엘리트 또는 기업지도자의 개념으로 사용되고 있다. 이것은 기업의 소유자와 관리자를 모두 부르조아지의 개념이라고 한 마르크스의 개념과 매우 유사하다.

저자는 이러한 기업자도자의 형성과 이동을 주로 그들의 사회적 배경, 특히 신분배경을 분석하여 파악하려고 한다. 오늘날 선진국

기업지도자의 신분(직업)배경이 약 60%가 기업가 출신이라고 하는데 그러한 출신배경이 주요한 선진국가, 특히 영국, 미국, 일본, 유럽 등에서는 어떻게 일어나고 그 특성이 무엇인가를 밝혀 보고자 한다.

선진국 기업지도자의 사회적 기원에 관한 연구는 미국과 일본 등에서 그들의 전기 및 자서전, 그리고 최근에는 질문지 조사 결과 등을 분석하여 많이 이루어져 왔다.

저자는 이러한 연구 결과를 재분석 하여[1] 미국과 일본의 대기업 자본가가 어떠한 역사적 상황에서 형성될 수 있었으며, 오늘날 그들의 자손이 무엇을 하는지를 역설적으로 그들 부친 또는 조부의 신분배경을 분석하여 대기업자본가의 사회적 형성(기원)과 이동을 파악한다.

2. 기업자본가의 형성과정

1) 부르조아지의 형성

자본주의와 산업화는 자본가계급(부르조아지 또는 대기업가)과 노동자계급(화이트 칼라와 신체노동자)을 형성한다. 서구의 자본가 계급은 산업화와 부르조아 혁명을 통하여 기존 권력(계급)을 타파하고 지배계급이 되었으나, 동양의 자본가계급은 오히려 정부(정치인과 관료)에 의하여 육성되어 아직도 정치권력을 지배하지 못하고 있다. 이러한 현상은 산업혁명과 시민혁명에 의하여 자본가계급이 자주적으로 형성되었느냐, 아니면 권력에 의존되어 있느냐에 따라 그 차이

1) 필자가 1970년대 중반 하버드 옌칭 객원교수시에 주로 수집한 서구의 문헌을 이용한다.

가 나타나고 있음을 말한다. 전자의 경우 영국과 프랑스 등에서 그 전형을 찾아 볼 수 있지만, 후자의 경우 독일과 일본 및 한국 등에서 찾아 볼 수 있다.

서구의 부르조아 혁명은 이미 잘 알려져 있지만, 여기에서 뿌란차스와 마르크스의 견해를 중심으로 부르조아지가 어떻게 형성되었는 가를 개관한다.[2]

(1) 영국 모델 ;

17세기 영국 산업혁명의 결과는 증기기관, 방직기 등의 발달로 양모목장의 농민들이 대량으로 이촌하여 도시노동자가 되었으며, 대토지 소유자와 해운업자들은 산업자본가로 변신할 수 있었다.

1640년 혁명과 1688년의 전환점은 봉건 귀족계급이 자본가계급으로 전환되는 출발점이다. 영국에 있어서 생산관계에 대한 가장 중요한 혁명적 영향은 자본주의적 농업의 구성이다. 이러한 구성은 ① 토지소유권을 독점한 극소수의 대규모 지대소유자, ② 소작 농민, ③ 다수의 농업노동자들이다.

대토지 소유자 중에서 지대 소득자인 상업적 부르조아지는 처음에 프랑스의 혁명전 있었던 바와 같이 토지귀족의 정치적 지배하에서 발달하였다. 그 후 이들은 귀족의 헤게모니 아래 권력을 획득하고, 1832년 개혁법의 결과로 권력집단의 지배권을 획득하였다. 그러나 이것은 지대 및 상업 부르조아지가 귀족의 중간신분으로서 권력을 획득한 것을 의미한다.

부르조아지는 산업 및 금융 부르조아지가 지배적 지위를 누리고, 민권당(Whigs, 19세기 자유당 전신)은 부르조아지의 부분처럼 기능한다. 이러한 기능은 결과적으로 사적 자본축적에 있어서 대규모 지주의 이윤을 추구하는데 기여하였다. 그러나 영국에 있어서 자유당 정부는 독일의 경우와 달리

---

2) Nicos Poulantzas, *Politicial Power & Social Classes*, Verso, 1978, 제 3장 4절 참조.(Translation editor Timothy O'Hag'n's *Ponvoir Polotoque et Classes Sociales*, Francois Maopero, 1968)

이러한 개입을 하지 않았다.

(2) 프랑스 모델

1789년 프랑스 대혁명은 지배계급인 절대군주와 봉건귀족을 타도하고 시민정신에 의한 부르조아 사회를 창출한 시민혁명이었다.

시민혁명의 결과는 ① 부르조아지가 정치권력을 획득하고, ② 국가의 구조는 급속히 부르조아지의 이익을 위한 자본주의 국가로 전환되었으며, ③ 이러한 국가 형성은 전형적인 부르조아 정치이념인 공화정(Jacobinism)이 지배하였다.

그리하여 프랑스 혁명은 귀족에 대항하였던 농민과 중소 부르조아지가 소규모 생산을 위한 회사를 설립하였고, 이들은 상업 및 산업 부르조아지가 주도하였다. 따라서 기술발전과 자본주의적 중앙집권은 영국과 독일에 비하여 매우 지체되었으나 소·중규모의 기업은 계속 운영되었다. 이것은 1848년 까지 부르조아지와 귀족 및 소생산자간의 지속적 불균형을 초래하여 부르조아지 정치권력의 위기를 창출하였다.

(3) 독일 모델

독일의 산업화는 늦게 시작되었으나 정부의 적극적 개입에 의하여 봉건지주(Yunker)를 산업자본가화 시켰다.

독일(푸르시아)에 있어서 부르조아 혁명은 일어나지 않았다. 그러나 비스마르크는 자본주의적 국가의 방향으로 내부로 부터, 즉 위로 부터의 부르조아지가 정치적 지배를 하게 하였다. 그 이유는 독일 부르조아지의 경제적 발전, 즉 공업화 과정이 이미 19세기 초에 결정적 출발을 하였기 때문이다. 비록 프랑스와 같이 지대를 자본화 하지 않았으나, 프랑스와는 달리 귀족의 정치적 지배에 따라 조직되었다. 이것은 독일의 부르조아지는 1848년 프랑스혁명에 사로 잡혀 있었기 때문이다. 그리하여 1차 세계대전 까지 봉건구조가 지속되었고, 국가가 자본축적과 산업화를 추진할 수 있는 역할로 간주되었다.

이와 같이 국가의 역할, 부르조아지의 성장, 중소부르조아지의 출현은 국가기구(군과 관료제)가 독일정치 발전에 왜 중요한가를 설명해 준다.

서구 부르조아지의 형성은 영국에서는 산업혁명으로 대지주의 산업자본가화에서 찾아 볼 수 있고, 프랑스에서는 시민혁명으로 농민과 중소상공업 부르조아지의 육성에서, 그리고 독일에서는 위로부터의 혁명, 즉 국가가 산업화 과정에서 주로 봉건 대지주를 산업부르조아지로 전환시켰다.

이와 같이 독일의 부르조아지는 산업화 과정에 있어서 정부의 직접적 개입에 의하여 형성되었지만, 영국과 프랑스의 경우 독일과는 달리 정치적 세력이 지원하였다.

마르크스는 유럽의 부르조아지는 식민지 개척(전쟁과 시장)과 기술개발에서 부르조아지가 형성되었음을 지적하였다.

유럽의 부르조아지는 동인도와 중국의 시장, 미국의 식민지화, 식민지와의 무역, 그리고 이러한 교환과 상품의 증가가 상업, 항해, 공업 등에 있어서 알려지지 않았던 새로운 추진력이 되었다. 이러한 변화는 시장과 수요의 지속적 성장을 초래하였고, 따라서 수공업은 이미 사회적 수요를 충족시키지 못하게 되었다. 그리하여 증기기관과 기계의 발명은 혁명적 산업생산을 촉진 시켰다. 수공업은 근대공업에 의하여 대치 되었으며, 종래의 길드 고용주도 수공업적 중간계급에 의하여 밀려나고 마침내 근대 부르조아지가 나타나게 되었다.[3]

근대의 부르조아지는 상공업, 항해, 교통수단의 거대한 발전과 더불어 더욱 발전하였다. 봉건 귀족의 지배하에 있었던 이들은 중세사회에 있어서

3) Karl Marx and Friedrick Engels, *Basic Writings on Politicis and Philosophy*, ed., L. S. Feuer, Anchor Books, N. Y., 1959, p.8

무장된 자치적인 결사를 맺게 되었다. 예컨대 독일과 이태리에 있어서 독립적인 도시공화국이 존재하였고 프랑스에서는 군주국가에 세금을 내는 제 3 신분이 존재하였다. 이들이 수공업단계에 있어서 귀족을 견제함으로써 절대군주에게 봉사하는 초석이 되었으며, 마침내 근대산업을 성취시켰다. 그리하여 이들이 근대 자본주의를 발전시킨 중심세력이 되었다.[4)]

한편, 마르크스는 자본주의 사회의 생산관계는 부르조아지(자본가계급)와 프로레타리아(노동자계급)를 형성한다고 하였다. 자본가계급은 노동자계급이 생산한 상품의 잉여가치를 착취하고, 자본의 유기적 구성의 고도화, 즉 기계화 및 자동화 등으로 소외노동을 초래하여 노동자계급이 실업화, 빈곤화 된다고 하였다.

이러한 적대적인 사회계급은 ① 수입과 수입원의 동일성, 그리고 ② 계급이익과 계급투쟁에서 형성된다고 하였다.[5)] 계급의 형성이 수입 원천, 즉 자본과 임금의 차이에 따라 일어난다는 것은 생산관계에 있어서 자본으로부터 이윤과 노동으로 부터 임금은 서로 모순되어 갈등이 일어난다는 것이며, 이러한 갈등이 조직화되어 투쟁하지 않으면 잉여노동가치가 착취되어 부익부 빈익빈의 계급 양극화가 일어난다는 것이다. 노동자의 빈곤화는 자본주의가 고도로 발달하면 자본주의의 유기적 구성의 고도화, 즉 기계화와 자동화로 노동소외가 일어나 실업화, 궁핍화 된다는 것이다.[6)]

여기에서 근대 부르조아지의 형성은 전술한 산업혁명과 시민혁명 및 생산관계에서만 찾아 볼 수 있는 것 보다도 오히려 서구 열강의 아시아 및 아프리카의 식민지 약탈에서 대기업자본가가 되었음을 알 수 있다.

---

4) *Ibid.*, p.8
5) Karl Marx, *Das Kapital*, Ⅲ, Berlin, 1953, pp.421~422
6) 김영모,「현대사회계층론」, 한국복지정책연구소 출판부, 1999, p.33

2) 신 부르조아지의 형성

서구 자본주의는 전쟁을 통하여 발달하였다. 전쟁 때문에 전자체계, 폭탄, 미사일, 탱크, 비행기, 총, 선박, 잠수함 등 무기를 생산하는 군수산업이 발달하였다. 오늘날에도 서구 자본주의 국가는 무수히 전쟁에 개입하여 기술개발로 군수산업을 발달시켰다. 군수산업이 발달한 나라는 무기 수출국가에서 찾아 볼 수 있다.7) 오늘날 최대 무기수출 국가는 미국(약 427억 달러)과 영국(약 149억 달러)인데 이러한 군수산업의 발달은 정부와 의회 및 대기업간의 전형적인 정경유착에서 이루어진다.

미국의 방위 산업체는 퇴역한 국방성 고위 관료를 고용하고, 또 연방정부는 방위산업 최고경영자 출신을 고위 관료로 재고용한다.

미국의 군수산업은 군산복합체(military industrial complex)에 의하여 유지되고 있다. 마크 필리석과 토마스 헤이던은 그의 논문에서 20년이 지난 오늘날에도 미국사회는 군산복합체라고 주장한다. 군산복합체는 대개 2차 세계대전 후에 생성되었는데, 그 구성요소는 ① 제복의 군인, ② 항공 방위산업, ③ 민간의 국가안전경영, ④ 미국 의회이다. 군산복합체의 구성 요소들은 다른 요소들의 이익을 강화하면서 자신의 이익을 추진하고 유지한다.

이들은 기업과 정부의 동반자적 관계를 형성하여 지속적인 무기 조달계약과 생산, 막대한 인력의 고용 유지, 대규모의 군사지출을 통한 이윤 창출을 위하여 전쟁수행은 불가피한 것으로 본다.8)

이러한 군수산업의 발달은 소유권과 경영권의 분리를 가속화 시키고, 최고 경영자의 힘과 영향력은 대기업 소유자(주주)의 힘을 능

7) 2005년 미 국방부 예산은 연방정부 예산의 20%인 4,906억달러이다. 이 중에서 2,410억 달러가 조달사업비이고, 이 중에서 78.5%인 1,893억 달러는 무기 구매사업비이다. 그리고 미국의 군사판매액은 연간 백억달러 이상이다.

8) 김영모,「현대사회문제론」, 고헌 출판부, 2007, p.366

가 시킨다.

이와 같이 초기 산업자본주의나 현대 독점자본주의 단계에 있어서 정부(정치인과 관료)와 기업인의 유착관계에 의하여 대기업자본가와 신 부르조아지가 형성, 발달하고 있음을 볼 수 있다.

한편, 현대사회에 있어서 산업자본은 금융자본과 합병하여 독점자본을 형성한다. 독점자본주의 단계에서는 과거 산업주의 단계와는 달리 역할분화(분업)가 발달하여 생산수단의 소유권과 경영권의 분리현상이 나타난다. 이러한 분리현상은 영국에서 최초로 대지주는 주식소유자가 되고 고등교육을 이수한 자가 경영인이 되어, 이들은 과거 소유권자의 기능을 대행하였다.[9)]

경쟁적 자본주의 단계는 경제적 소유권과 점유권의 관계가 일치되고 자본가가 생산단위의 경제적 소유자이고 노동과정의 통제자이며 방향을 제시하지만, 독점자본주의 단계는 주식회사에서 볼 수 있는 바와 같이 경제적 소유권과 법적 소유권의 상대적 분해가 존재한다. 이러한 분해는 경제적 소유권의 권력과 정도의 분리에서 나타나고 있다.[10)]

자본과 노동의 생산적 효율의 극대화에서 기계화, 관료화 및 역할분화가 초래되고 이것의 영향에서 노동자화 되거나 신중산층화 할 수 있는 것이다. 특히 관료제의 발달과 역할분화는 행정과 기업의 관료와 같은 신중산층을 형성시킨다. 이들은 경영과 감독에 필요하며 기술자와 기사도 기계와 생산을 위하여 필요하다.

일반적으로 신중산층이 소유와 경영의 분리와 같은 사회적 역할분화에서 형성되고 있는 것으로 많이 지적하고 있으나, 생산적 자본의 필요성에서 초래된 현상인 것이다.[11)]

---

9) 경영자를 자본의 통제(관리)자라 하여 부르조아지로 보는 견해(K. 마르크스)와 역할분화, 기술개발로 형성된 신중간계급을 부르조아지로 보는 견해(J. Burnham, C. W. Mills, R. Dahrendorf, D. Bell 등 사회학자)가 있다.(김영모, 「현대사회계층론」, 한국복지정책연구소 출판부, 1999, pp.133~135)

10) *Ibid.*, p.118

이와 같이 후기산업사회에 있어서 소리 없이 일어난 경영자혁명의 결과 비록 소유권은 없지만, 경영권을 가진 관리자, 경영자, 관료, 기술관료들이 대량으로 나타났다.[12] 이들이 소유권자, 즉 자본가 못지 않게 권력과 위세 및 영향력을 행사하여 신 부르조아지라고 부른다.

3. 영미 기업지도자의 사회적 기원과 이동

서구의 기업자본가는 주로 토지자본가(대지주) 출신이거나(영국과 독일 등) 농민 및 중소상공업가 출신이다.(프랑스 등)

1950년대 조사한, 기업엘리트의 사회적 기원에 관한 연구결과는 비록 조사방법상의 차이가 있음에도 불구하고 영국, 네덜란드, 스웨덴, 미국의 기업엘리트 부친의 약 60%가 기업인이고 그들의 약 15%는 소기업인이라고 한다. 스위스의 경우 약 50%의 부친이 기업인이라고 한다. 그리고 기업엘리트의 10~15%는 신체노동자 또는 하층 화이트 칼라 출신이고, 스웨덴과 영국의 전문직과 공무원 출신의 기업가들이 미국의 경우 보다 많다는 것이다.[13] 그러나 일본의 기업지도자는 기업인 자손이 44%이고 소기업인의 자손은 22%가 된다고 한다.[14]

이와 같은 선진국 기업엘리트의 사회적 기원이 과연 영・미・일의 경

---

11) *Ibid.*, p.132

12) 후기산업사회의 계급이론과 분석틀은 저자의 상게서, Ⅰ편 3장과 Ⅳ편 2장을 참고하기 바람. 후기산업사회는 전문기술직과 화이트 칼라의 성장을 보면, 미국의 경우 1950년에 진입하였고, 서구 유럽은 1960년대, 일본은 1970년대 중반, 그리고 한국은 1990년대에 진입하였다.

13) Seymour M. Lipset and Reinhard Bendix, *Social Mobility in Industrial Society*, University of California Press, 1967, pp.40~41

14) Hiroshi Mannari, *The Japanese Business leaders*, University of Tkyo Press, 1974, p.56

우와 비교하여 어느 정도 그 타당성이 있으며, 그들의 사회이동이 어느 정도 개방 또는 폐쇄적인 가를 고찰한다.

1) 19~20세기 미국의 기업지배층

19세기 초기 미국의 산업화는 영국의 식민지였기 때문에 영국 산업혁명의 영향을 많이 받았다. 미국 남부의 대규모 면방직 공업과 북 동부의 강철공업, 그리고 철도산업이 발달하였다.

1870년대 대기업자본가는 대부분 영국 이민출신이다. 대기업 부친 53%가 영국 잉글랜드와 웨일스 출신이고 나머지도 대부분 아일랜드(14%)와 스코틀랜드(7%) 출신이다. 특히 면방직 기업은 뉴잉글랜드 출신이 독점하였고, 강철과 철도 기업은 중부 아틀랜틱 출신과 뉴잉글랜드 출신이 양분하였다.[15)]

이와 같이 영국이민자들은 미국에서 '가난한 소년이 상인왕'이 되었다는 꿈을 지니고 있었다. 예컨대 보스톤의 면방직 부호 로렌스(Lawrence), 피츠버그의 철강왕 카네기(Carnegie), 디트로이트의 자동차왕 록펠러(Rockfeller), 그리고 반델빌트(Vanderbilt)가 경제적으로 성공하였다는 역사서와 전기에서 미국인들은 꿈을 지녔다.

그러나, 많은 연구결과는 그렇지 않다는 것을 보여 주었다. Bendix의 연구결과는 대기업 소유자의 세습율은 51.4%이고, 소기업의 경우 37.7%이며, 주요 경영자의 경우 69.8%라고 하였다.[16)] 예컨

---

15) Frances W. Gregory and Irene D. Neu, *The Americas Industrial Elite in the 1870's*, W. Miller(ed.) , *Men in Business, Essays in the History of Entrepreunership*, Havard University Press, 1952, p.197
2010년 미국 500대 기업의 40.8%가 이민자(18%) 또는 이민자(22.8%)의 자녀가 설립하였다. 그런데 1850년 이후 미국 인구 중 해외에서 태어난 사람은 10.5%에 불과하다.(제 4장 각주 1 참조)

16) F. W. Taussig and C. S. Joslyn, *American Business Leaders, A Study in Social Origins and Social Stratification,* The Mac Millan CO., N.Y., 1932, p.139

대 1932년에 간행된 Taussig과 Joslyn의 「미국 기업지도자 ; 사회적 기원과 사회계층」에서 가난한 소년이 기업가의 위세와 재정적 권력을 가질 수 있다는 신념을 깼다. 그는 중간 및 상층계급의 자손들이 그러한 것에 접근할 수 있다는 것을 보여 주었다. 또한 기업지도자 중에서 하층 계급 출신이 없는 것은 선천적 능력이 아니라 주로 기회의 결과라고 하였다.17)

최근 Miller도 19세기 초기 10년간 미국 기업지도자(194명)의 배경분석 결과를 전체 인구와 비교하여 그 사회적 특성을 파악하였다. 여기에서 그는 미국에서 동 기간 가장 큰 산업적, 재정적 시설의 최상 지위에 있는 사람(회장과 이사장)은 대부분 미국 식민지 시대의 전문가와 기업가의 아들이었고, 이들은 2만 5천명 이상 사는 미국의 도시 또는 읍에서 태어났으며, 또한 이들 경영자들은 고교에 입학하고 그들의 40%는 대학에 갈 수 있는 기회를 가졌다고 하였다. 그리하여 이들은 모두 중간 또는 상층계급의 구성원이라고 한다.18) 또한, Lipset와 Benedix도 미국 기업지배층 부친의 출생 시기별 직업을 조사한 결과 기업인 출신이 해가 갈수록 증가되어 19세기 말 이후는 7할 이상이 되고 농민과 노동자는 1할 이하라고 한다.19)

17) William Miller,(ed.) *Men in Business, Essays in the History of Entrepreuership*, Harvard University Press, 1952, p.194

18) *Ibid.*, p.194

19) 이들의 조사에서 약 3할이 부친직업을 응답하지 않았는데, 이들의 신분지위가 높지 않기 때문인 것 같다.(S.M. Lipset and R. Benedix, *op.cit.*, p.122)

<표 2> 미국 기업지배층 부친의 출생시기별 직업

	기업인	상층농민	장인및 소기업인	전문직	공무원	화이트 칼라	농민	신체 노동자	합계 (명)
1771~1800	40	25	9	3	4	7	12		100(91)
1801~1830	52	11	4	12	7	2	11	2	100(56)
1831~1860	66	3	3	11	3	2	10	1	100(225)
1861~1890	70	3	1	12	3	3	6	2	100(281)
1891~1920	69	5		11	3	6	4	3	100(106)

한편, Taussig과 Bendix는 그들의 연구결과에서 기업지도자의 신분(직업) 세습율이 대단히 높았다고 하였다. 전자는 19세기 말에 출생한 기업지도자의 세습율이 39.2%였는데, 20세기 초에 출생한 자의 경우 62.8%가 되었다고 한다.20)

표 1을 보면, 19세기와 20세기 미국의 기업지도자(소유자와 경영인)는 대다수가 기업가의 자손들이라는 것이다.(약 60%) 그 다음은 전문직과 화이트 칼라 자손들이고, 반면에 노동자와 화이트 칼라 자손들은 매우 소수를 차지한다.

<표 1> 미국 기업지도자의 출신배경(식업)

연구자(연도) / 직 업	Gregory & Neu (1870)	Miller (1901~1910)	Bendix & Howton (1928)	Taussig & Joslyn (1932)	Warner & Abegglen (1900)
기업가	51	55	59.4	56.7	62.4
전문직	13	22	9.8	13.4	19.3
상층농민			9.4		
농민	25	14	8.6	12.4	9.5
공무원	3	7	4.0		
화이트칼라			4.0	5.0	4.4
노동자	8	2	1.6	10.8	4.3
기타			3.2	1.7	
합 계	100	100	100.0	100.0	100.0
(조사대상, 명)	(94)	(100)	(500)	(8,398)	(1,817)

(자료) 1) F. W. Gregory & I. D. Neu, The American Industrial Elite in The 1870's ed. by W. Miller, *op.,cit,* p.202

2) R. Benedix & F. W. Howton, Social Mobility and the American Business Elite, *British Journal of Sociology*, 9, 1958

S. M. Lipset & Benedix, *Social Mobility in Industrial Society*, University of California Press, 1953, p.363

3) F. W. Taussig and C. S. Joslyn, *op. cit.*, p.116

4) W. Miller, American Historians and the Business Elite, *Journal of Economic History*, IX-2, 1949

5) W. L. Warner & J. Abegglen, *Big Business Leaders in America*, Atheneum, N.Y.1963, p.17

20) Reinhard Bendix and Frank W. Howton, Social Mobility and the American Business Elite, *ASR*, p.363

미국의 많은 연구 결과에서 기업지도자의 교육수준이 당시 국민들의 교육수준에 비하면 표 3과 같이 대단히 높다. 높은 교육기회를 받을 수 있는 사람은 재력이 있어야 하고, 또한 기업지배층이 될 수 있다는 것을 알 수 있다.

<표 3> 미국 기업지도자의 교육수준

(단위 : %)

연구자(연도) / 교육수준	Gregory 1870	Bendix 1928	Miller 1907~1910	Smith 1956
대학졸	37	30.2	22	65.0
대학재학		13.2		
고교·경영학교	33	37.0	37	18.4
중학교 이하	30	19.6		1.6
미상			41	15.0
합 계	100	100.0	100	100.0

(자료) 표 1의 자료와 동일함

표 3을 보면, 당시의 교육수준이 대부분 중학 이하인데도 불구하고 기업지도자는 대학교육을 이수한 자가 4할 이상이 되고, 고교와 경영학교를 이수한 기업지도자도 약 4할이 되며, 중학교 이하의 교육수준은 약 2~3할이라는 것을 알 수 있다.

2) 후기산업사회의 영미 기업지도자

일반적으로 후기산업사회는 경영자 또는 기술관료가 지배하는 사회라고 한다. 후기산업사회는 직업변동의 측면에서 보면, 미국에서는 1950년대에 도래하였고, 영국의 경우 1960년대, 그리고 일본의 경우 1970년대에 도래하였다.

이와 같이 후기산업사회의 도래 시기에 따라 그 나라의 직업구성이 다를 수 있고, 따라서 기업지도자 부친의 직업도 상당한 차이가 나타날 수 있다. 그런데 영미의 기업지도자 부친은 공통적으로 기업지도자가 가장 많으나 전문직과 노동자계급의 출신은 양 국간의 상당한 차이가 있었다. 부친의 기업관련자는 관리직 또는 사장 중에서 소기업 소유자가 약 19%로서 가장 많다. 그러나 전문직은 영국의 경우 많고, 노동자는 미국의 경우 더욱 많다. 다시 말하면, 영미 기업가의 부자간 직업세습성은 약 5할이 되지만, 노동자(화이트 칼라 포함)가 기업지도자로 될 수 있는 기회는 미국이 더욱 많은 편이다.

<표 4> 미 · 영 기업지도자 부친의 직업

(단위 : %)

부친 직업	미국	영국
전문직	14	26
행정가	2	
사장 · 관리자	31	32
(부자가 동일 회사)	(9.5)	(22)
소기업소유자	18	19
지주와 농민	9	5
기타(화이트 칼라와 노동자)	26	18
합 계	100	100
(실수)	(8,300)	(1,045)

(자료) 1) G. H. Copeman, *Leaders of British Industry*, Gee & Co., 1955
2) M. Newcomer, *The Big Business Executive*, Columbia University Press, 1955

이것을 보면, 영미 기업지도자의 출신배경이 대부분 상류층이고, 미국의 경우 좀 더 개방적이다.

그러면, 영 · 미 기업지도자들의 시기별 신분배경이 무엇인가를 보기로 한다.

표 5를 보면, 지난 100여년간 영 · 미 기업지도자들은 항상 기업가 출신이 약 50%가 되지만, 농민 출신은 점차 감소 되었다. 그리고 전문직과 관리 출신도 약 20%를 유지하고 있지만 사무직과 노동자 출신이 최근에 올수록 크게 증가하고 있다. 이것은 하층 신분(직업)의 상승이동을 말힌다.

이것을 보면, 영미 기업지도자들의 신분세습성이 크게 존재하고 있지만 하층인 노동자 출신이 기업지도자가 될 수 있는 기회가 증가하고 있다.

<표 5> 영미 기업지도자 부친의 시기별 직업배경

(단위 : %)

	기업인		농민		전문직·관리직		사무직과 노동자	
	영국	미국	영국	미국	영국	미국	영국	미국
1870~1889	57	51	13	25	19	16	11	8
1890~1909		49		21		23		7
1910~1929	57	48	7	15	25	24	11	13
1930~1949	45		10		28		17	
1950~1960	36	53	7	13	21	19	36	15

(자료) 1) Gregory, Frances W. and Neu, Irene D., "The American Industrial Elite in the 1870s" in William Miller(ed)., *Men in Business*, Harvard University Press, 1952
2) Newcomer, Mabel, *The Big Business Excutive*, Columbia University Press, 1955
3) Erickson Charlotte, *British Industrialists : Steel and Hosiery 1850-1950*, Cambridge University Press, 1959
4) Copeman, G. H., *Leaders of British Industry*, Gee & Co., 1955

이와 같이 기업지도자의 자손들이 상류층의 신분배경을 지닐 수 있는 것은 그들 부친의 경제적 기반으로 고등교육을 받을 수 있기 때문이다.

영·미 기업지도자들 중에 전문학교와 대학교육을 이수한 자는 각각 전체의 63%와 76%가 된다. 반면에 중학교 이하의 교육수준은 모두 3할 미만이다.[21] 전문 교육을 받은 기업지도자는 대기업의 경영자로 상승이동이 가능하다.

이와 같이 영국이나 미국 기업자도자의 출신배경이 19세기 일수

21) W. L. Warner and J. C. Abegglen, *Occupational Mobility in America and Industry*, University of Minnesota Press, 1955, pp. 94~115
G. H. Copeman, *Leader of British Industry,* Gee & Co., 1955, pp.99~105

록 기업인 또는 전문관리직이다. 그러나 20세기에는 영국의 경우 기업인 출신이 약간 감소되고, 사무직 출신이 많이 증가되었으나 미국의 경우는 큰 변화가 없이 신분세습성이 매우 높다.

4. 일본 대기업가의 사회적 기원과 이동

일본 대기업은 주로 1840년 경에 설립되었으나, 1868년 명치유신 이래 정부의 강력한 기업지원정책으로 일찍이 근대적 산업의 기반을 형성하였다. 그 후 조선, 대만 등 식민지 작취와 4차의 전쟁(중일, 러일, 1, 2차대전)으로 군수산업과 중화학공업이 발달하여 1920년 경 이미 재벌의 기반을 형성하였다. 그러나 1945년 패전으로 맥아더 연합군 사령부는 전쟁의 책임이 미쓰이, 미쓰비시, 스미토모 등 재벌에 있는 것으로 간주하여 이들을 해체하였다.[22)]

---

22) 미쓰이(三井) 재벌은 도쿠가와 시대 포목점으로 부를 축적하여 메이지 유신이 성공하기전, 유신당의 재정통이라서 정부의 많은 재정지원(무이자 등)을 받아 일어났다. 미쓰이가는 그간 어려울때 미노무라 리재몬(총서기)과 마수다(사무라이 출신, 미영사관에서 영어수련, 외국무역상 통역)가 정부 고위관료, 예컨대 이노우에 카오루(내무대신, 주한공사, 총리대신)를 사귀어 정부지원으로 기업을 재기시켰고, 그 후 들어온 나가미가와 히코치로(사무라이 출신, 후지자와 조카, 게이오대학, 영국유학, 교사, 신문사 편집장)는 산요 철도회사와 미쓰이 은행(1876년 설립)을 현대화 하여 산업이윤을 확대시켰다. 미쓰이 재벌은 은행, 물산, 탄광, 창고업을 중심으로 발전하였다.

미쓰비시(三菱) 재벌은 미쓰이와는 달리 도사번의 소상업회사였지만, 정치적 유착과 설립자인 이와사키 야타로의 탁월한 능력으로 발전되었다. 그는 시골 사무라이로서 훌륭한 도사 개혁가를 만나 관리가 되었으며, 유신후 도사해운회사를 인수하여 미쓰비시로 개칭하였다. 이와사키는 미쓰비시를 사무라이 회사라 할 정도로 사무라이들을 모아 상인정신과 충성심으로 무장시켜, 외국 선박과 경쟁하여 일본 해운업을 독점하였다. 그는 정부 고위관리인 오쿠마 시게노부(재무상, 총리대신)와 교유하여 다른 재벌이 누리지 못한 많은 보조금과 특권을 갖게 되어 기업을 확대하여 많은 이윤을 창출하였다.

1952년 군정이 종식되어 다시금 과거의 재벌기업이 재결합되어 기업연합(콘체른)을 형성하여 한국전쟁 등으로 오늘날 고도의 경제성장을 이룩하였다.

그리하여 이러한 대기업자본가의 사회적 기원이 어디에 있고, 또 그러한 대기업을 형성시킨 동인이 무엇인가를 고찰한다.

1) 메이지 기업지도자의 사회적 기원

지금까지 일본 경제발전의 주요한 요인은 전쟁 전후 일본 경제사가들과 미국의 Hirschmeier(독일 태생) 등이 주장한 메이지시대 정부(관료)와 무사계급(samurai)의 기업정신이라는 것이 통설이 되어 왔다.[23] 그러나, 최근 이에 대한 반론으로서 지방의 상인과 농민 출신이 많은 기업인이 되었으며, 또한 기업가들의 사무라이 정신에 대하여 비판하고 있다.

메이지(明治)시대 경제발전을 일으킨 기업가들에 대한 통설은 주로 하층 사무라이 출신과 상인 출신들이 정부의 강력한 지원을 받아 기업가가 되었으며, 또한 이들은 국가에 대한 충성심과 서구 기술을 도입하여 기업을 발전시켰다는 것이다. 이러한 정신을 사무라이 정신이라 하였다.

스미토모(住友) 재벌은 원래 왕실 사무라이 출신의 집안으로 미쓰이 재벌과 공통점이 매우 많다. 스미토모는 도쿠가와 시대 부유한 무역상이였으나 막부의 공식적 구리 공급자로서 부를 증대시켰으며, 또한 정치적 유착에 의하여 근대적 기업을 발전시켰다. 스미토모의 부는 19세기 구리를 원광에서 분리시킨 동광에 있었다. 스미토모를 근대화 시킨 히로세 사이헤이는 미노무라와 마찬가지로 장기적인 안목을 가진 전략가이다. 그는 어렸을때 부터 일하였던 베시 구리광산에 홍수가 나서 그것을 정부에 팔게 되었을 때, 그것을 팔지 않고 뛰어난 기업가적 성취의욕으로 다시금 이윤을 창출하도록 만들었다. 그 후 스미토모는 광공업, 금융, 창고업등을 확대하여 대기업이 되었다.

23) Johannes Hirschmeier, *The Origins of Entrepreneurship in Japan*, Harvard University Press, 1964

통설의 요지는 다음과 같다.

사무라이는 히데요시(1582~1598년)가 창설한 전문적 무사계급으로 이들은 도쿠가와 말 천하가 통일되면서 그 세력이 약화 되고, 동시에 급료가 점차 감소되었다. 더욱이 메이지 유신 후 번(藩)이 폐지되고 강력한 중앙집권화를 이루면서 가난한 하층 사무라이가 신 정부에 우선적으로 많이 채용되고, 그들은 경제적 개선에 희망을 가졌다. 그러나, 중앙정부는 그들에게 약 3회의 총액 현금 급료를 줄 뿐이었다.

그리하여 신정부는 사무라이들에게 기업(회사)을 설립하도록 지원하거나 재정적 지원을 통하여 기업인이 되도록 하였다. 예컨대 은행법을 제정하여 은행설립에 참여케 하거나[24] 회사를 설립하는데 도와 주도록 하였다.[25] 이와 같이 메이지 정부는 초기 20여년간 사무라이를 비생산적 소비자를 생산적인 자로 전환시켰다.

한편, 상인들은 사무라이와는 달리 제조업(면방직, 조선, 철도, 광산 등)을 일으키는데 기여하였다. 이들은 유신을 싫어하였지만 정부의 적극적인 지원책으로 참여하였다. 메이지 시대의 상인들은 주로 동경, 오사카, 요코하마, 고베, 나가사키 등에 거주하였다.

정부는 일본의 해외무역 의존율이 99%이상이 되기 때문에 상인들에게 무역과 금융기관을 설립하도록 압력을 행하였다. 그래서 미쓰이, 오노 및 시마다와 같은 부상(富商)들이 정부의 공식적인 금융업자가 되어 많은 재정적 기여를 하였다. 또한, 정부는 이러한 무역회사들에게 당근과 채찍을 주었다. 무역회사는 예금 없이 돈을 빌릴 수 있고, 총기 수입 등을 독점할 수 있었었다. 그리고 사장은 평민들과 달리 건물 밖에서 기다리지 않고, 정부 관

24) 153개 국립은행 이외 은행법이 개정되어 사립은행이 우후죽순격으로 생겨 1883년 까지 204개가 있었다. 1879~1980년간 국립은행에 투자한 사람은 귀족이 44.1%이고, 그 다음은 사무라이(31.8%)와 상인(14.8%) 및 농민(3.5%)이다.(*Ibid,* p.59)

25) 1876년 급료를 받는 사무라이는 312,775가족인데 이들 이외는 급료를 받지 않고 장인, 소농민 및 피용자가 되었다.

리방에 들어갈 수 있었으며 가족은 관리에 지명될 수 있었다.[26)]

한편, 통설에 대한 비판론자가 말한 메이지 기업가정신에 대한 견해도 매우 유사하다.

정부와 기업에 종사한 무사계급이 정부가 투자한 많은 모험적 기업, 즉 은행, 면방직, 실크 제사장, 조선장, 유리, 시멘트, 제당, 종이, 프린트, 주조, 무기, 광산 등에 쇄신적 산업가로 참여하였다. 이러한 모험적 기업에 참여할 수 있는 사람은 주로 토쿠가와(德川家康) 시대에 형성된 정치적 지배층인 무사계급이고, 이들은 평민계급(농민, 상인, 장인 등)과는 달라 유교를 배워 기존 질서와 권위에 충성심과 의무감이 강하였기 때문에 메이지 유신의 근대화, 산업화를 성취할 수 있었다.

이러한 근대화를 추진시킨 메이지 기업지도자들은 무사계급 또는 준무사계급이다. 무사계급의 세계관은 그들의 교육과 생활양식에 의하여 개척되고 사무라이 정신의 오랜 전통 때문에 다른 계급과는 다르다. 사무라이 정신은 봉건영주를 위하여, 그리고 국부를 위하여 자기 이익을 희생할 수 있는 능력이 있다. 그리하여 대부분 지도적인 메이지 기업가는 상인정신(상인의 능력인 무사정신)과 공동체 의식을 소유하고 있다.[27)]

이와 같이 메이지 근대화(산업화)는 정부의 강력한 역할[28)]과 무

---

26) *Ibid*, pp.34~35
정부는 유신후 다이묘(봉건 영주), 상인 및 농민에게 3천 2백량을 빌려 주었고, 1872년 전에 사립은행(주식회사) 설립의 신청서를 받았지만, 그들은 싫어하였다.

27) Kozo Yamamura, *A Study of Samurai Income and Entrepreneuership*, Harvard University Press, 1974, p.143

28) 정부는 주로 현대적 모험기업에 대한 간접적 지원(조성금)을 하였다. 즉 정부와 무역계약, 무이자의 공적 자금 투입, 저이자의 장기 대부, 독점, 조세감면 등이다. 그리하여 기업가는 자본, 인력 및 국가를 위하여 정열적으로 일하였다고 한다. 또한 정부가 소유한 시범공장을 미쓰이(석광, 견직), 미쓰비시(금은광, 조선), 후루카와(은동광), 아사노(시멘트) 등 재벌기업에 팔았

사계급의 사무라이 정신[29]에 의하여 가능하였다는 것이 통설이다. 이러한 통설과 후술할 반론이 모두 메이지 시대의 권력지배층(정치 및 경제 지도자와 지식인)의 신분배경을 분석하여 설명하고 있다.

그리하여 먼저 메이지 시대 신분구조와 권력지배층의 신분배경을 고찰하고, 그 다음에 기업지도자의 신분배경을 분석하여 상기한 통설과 반론에 대한 그 타당성을 고찰한다.

먼저 메이지(明治) 시대인 1880년대 권력지배층(정치인, 기업인, 지식인)의 신분배경을 본다.

메이지 시대의 인구구성은 상층 신분(귀족, 사무라이)이 약 6%가 되고, 중층 신분의 사무라이와 전문기술직의 사무라이는 전체의 3.6%(약 25만 가구)이며, 하층 신분의 사무라이는 약 2.4%(약 16만 8천 가구)가 된다.[30] 나머지는 대부분 평민인 농어민(82.3%)과 장인(6.5%), 상인(5.9%) 및 관리 · 전문직(4.6%)이다.[31] 상층 사무라이 가족은 전체 가구의 0.13%(약 9천 가족)이다. 상층 사무라이는 장군직의 기수 또는 봉건영주인 다이묘(大名, 268명)의 군사 및 관리 직위이다. 다이묘는 토지가 없었지만 사무라이는 봉토가 있었다.

명치시대의 신분구조는 약 10%의 지배계급과 나머지 약 80%의 피지배계급으로 구성되어 있었다. 비록 12여년이 지난 1880년의 자료이지만 표 6에서 볼 수 있는 바와 같이 약 1할에 불과한, 부친의

다.(J. Hirschmeier, *op. cit.*, pp. 241~243)

29) 사무라이는 문 · 무를 겸하고 있는데, 도쿠가와 시대에 봉건 영주와 장군에 대한 충성심과 의무감이 강하였다. 이러한 사무라이정신은 메이지 시대에 있어서도 공식적인 정책이 되었으며, 공적 태도의 기준이 되었다. 즉 군사적 충성심과 경제적으로 합리적인 유교 윤리가 혼합된 것이다.(*Ibid.*, p.44)

30) Hiroshi Mannari, *The Japanese Business Leaders*, the University of Tokyo Press, 1974, pp.136~138

31) 이것은 1872년 센서스 조사결과이다.

상층 신분에서 약 절반(50%)의 권력지배층이 충원이 되었다. 비록 사무라이 신분이 많지만 하층 사무라이가 가장 많이 차지하고(16%), 그 다음으로 읍민(상인, 소기업인, 전문직 등)과 농민(촌장, 시골 사무라이, 농민 등)도 약 절반(50%)을 차지한다. 특히 사무라이 출신 정치지도자는 무려 79%를 차지하고(하층 사무라이가 61%임) 기업지도자는 읍민 출신이 55%가 되고, 농민출신은 22%가 된다.[32]

<표 6> 1880년 권력지배층 부친의 신분배경

(단위 : %)

부친 지위	전체 지도자	기업 지도자	정치지도자	지적지도자
귀족 또는 봉건영주	3		12	3
사무라이	47	23	79	67
상층	5	1	7	10
중층	14	10	23	14
전문기술직	12	4	11	30
하층	16	8	38	13
농민	15	22	6	10
시골 사무라이	3	3	4	3
촌장	9	14	1	7
농민	3	5	1	
읍민	35	55	3	20
상인	10	19		1
소기업인	17	31		1
전문기술인	7	3	3	17
서기 · 예능인	1	2		1
미 상	3	2		1
합 계	100	100	100	100
(실수)	(381)	(198)	(84)	(99)

(자료) Hiroshi Mannari, *The Japanese Business Leaders*, 1974

한편, Silberman은 메이지 시대에 재직한 정치지배층인 장차관(152명 중 126명)을 조사한 결과, 그들의 유신 이전 가족신분은 전체의 55.3%가 무사계급 출신이고(이 중에서 35.5%는 하층 사무라이이고

32) 야마다 금융기관의 일본 국민소득조사 자료임.

상층 사무라이는 19.8%) 그 다음은 귀족출신(28.0%)이며 나머지는 봉건 영주인 다이묘(大名 8.3%), 농민 · 상인 · 장인의 평민출신(2.4%)이라 하였다.33)

이것을 보면, 전통적인 신분이 정치적 지도력을 형성하고 평민은 배제되어 있으며, 동시에 바쿠부(幕府)에서 힘이 없었던, 많은 하층 사무라이와 귀족이 새로운 지도력을 형성하고 있음을 알 수 있다.

Silberman은 새로운 지배세력(하층 사무라이)이 등장한 요인을 다음과 같이 말하였다.

새로운 지배층으로 다수 등장한 하층 무사계급은 막부 말기 메이지 유신으로 신분적, 경제적으로 박탈되어 이것을 상승시키는 쇄신적 행동이 필요하였다. 하층 사무라이는 대부분 농촌출신(62.7%)으로, 중앙의 지배층으로 상승이동의 욕구가 강하였다. 그래서 마침 신 정부가 추진하는 유신정책, 즉 서구화에 의한 근대화 정책(부국강병)에 동조하게 되었다. 그리하여 이들은 서구식 신교육과 신기술을 체득하여 새로운 정치적, 경제적 지배층이 되었다.34)

이러한 설명은 미국의 사회학 이론에서 많이 볼 수 있는, 전형적인 구조기능론이다.35)

그러면, 일본에 있어서 대기업 자본가가 된 메이지시대 기업지배층의 신분배경을 보자.

Hirschmeier는 메이지시대 초기에 지도적인 기업가(50명)를 조사한 결과 사무라이 출신이 46%로서 가장 많고, 그 다음은 농민 출신

---

33) B. S. Silberman and H. D. Harootunian,(ed), *Modern Japanese Leadership, Transition and Change*, The University of Arizona Press, 1966, p.235

34) *Ibid*, pp.236~237

35) Szymon Chodak, *Societal Development, Five Approaches with Conclusions from Comparative Analysis*, Oxford University Press, 1973, chap. 3

(26%)과 상인 출신(24%)이라고 하였다. 그들이 20세 이전에 종사한 직업(훈련)은 상인이 60%로서 가장 많고, 나머지는 관리(10%), 학생(20%), 농민(6%) 등이다. 이들의 거주지는 다수가 동경(48.2%)이고 나머지는 오사카(10.7%), 요코하마(8.9%), 나가사키(8.9%)이며, 미상도 26%가 된다.[36)]

한편, Yamamura는 메이지 초기에 많이 설립된 153개 은행(자본금 5만엔 이상) 중에서 유용한 정보를 알 수 있는 62개 은행을 분석한 결과 38개 은행의 지배적인 계급을 알 수 있었는데, 상인이 지배하는 은행은 16개 이고 사무라이가 지배하는 것은 8개, 상인 보다 사무라이의 영향력이 더 센 은행이 7개, 그리고 상인 또는 무사 보다 부농의 영향력이 있는 은행이 5개 이다. 비록 상인이 지배하는 제74 국립은행(요코하마 소재) 일지라도 30명 중 21명의 대주주는 평민이고, 이들은 전체의 80%를 차지한다.[37)] 그리고 1880년 은행투자액은 평민이 사무라이 보다 적지만(0.8배) 1889년에는 역전하여 평민의 투자액이 1.71배 더 많다.[38)]

당시 일본의 기업 중에 가장 발달한 은행업이 상인이 가장 많이 지배하고, 또한 다수 주주가 평민이라는 것은 사무라이 계급 이외 평민층이 적극적으로 기업활동에 참여하고 있다는 것이다. 이것은 하층 신분의 경제적 상승이동을 의미한다.

이러한 연구결과를 보면, 기업지도자의 다수가 비록 사무라이계급이지만 이들은 대부분 하층 사무라이 출신이다. 그리고 그들은 고위 관료에 비하여 농민과 상인 출신이 많고, 지역상으로 도시 보다

36) Johannes Hirschmeier, *The Origins of Entrepreneuership in Meiji Japan*, Harvard University Press, 1968, p.249

37) Kazo Yamamura, *A Study of Samurai Income and Entrepreneurship*, Harvard University Press, 1974, pp.168~171

38) *Ibid.*, p.176

농촌 출신이 더 많다.

일본 기업지배층이 농민과 상인 출신이 많다는 것은 기존의 일반적 견해(통설)를 재평가할 수 있는 근거가 된다. 즉 사무라이 계급의 국가에 대한 도덕적 우수성과 충성심(의무감)이 강하고 평민은 그것이 없고 오히려 복종적이고 절약하며 운명적인 생활에 익숙하다는 가정을 부정하게 된다. 다시 말하면 통설은 정치지도자와 기업지도자들이 사누라이 출신이 가장 많고, 정부의 지원에 의하여 대부분 기업지도자가 되었기 때문에 관료-사무라이의 기업가정신이 일본 경제(기업)를 발전시켰다는 것이다.

그러나, 통설과 반론에서 볼 수 있는 당시 기업지도자의 출신배경에 대한 조사결과는 도시의 무사계급(하층 사무라이)과 평민(상인, 농민, 장인) 출신이 각각 반분하기 때문에 통설의 타당성이 약하다는 것이다. 그렇지만 정부에서도 하층 사무라이 출신이 많아 사무라이 출신 기업인은 평민 출신에 비하여 영향력이 더욱 크다고 볼 수 있다.

Yamamura는 기존의 견해를 입증하는 사례로 인용되는 서구적이고 전형적인 관료-무사 기업인인 아이치 시부사와(涉澤榮一, 1840~1931, 하층 사무라이 출신, 부농, 국립제일은행장)[39]가 지닌 사무라이 정신과 일본인 정신(정직, 정의, 아량, 기사도 및 용기)을 비판한

39) 시부사와는 도쿠가와 시기말 하급 사무라이였으나 마지막 장군직의 봉사에 들어갔다가 장군의 신임을 받아 장군의 형제와 함께 1867년 파리에 유람단의 재무관리인으로 동반하게 되었다. 장군직이 몰락한 후 메이지 정부의 재무부상이 되었다. 그는 정부의 군사적 관료적 정책을 반대하면서 그 자리를 떠나 국립 제일은행의 설립을 추진하여 은행장이 되고, 또 부자상인들에게 일본의 첫 서구식 큰 제지공장과 면방직 회사를 설립케 하였다. 경제를 강화 시키기 위하여 수입을 감소시키고 수출을 증대시켜야 하며, 현대적 서구식 시각과 유교의 윤리에 의하여 일본 산업화의 필요성을 주장하였다.(*Ibid*, pp.139~140)

다.[40] 다시 말하면 이러한 정신이 일본의 기업을 발전시킬 수 있지만 기업가 정신은 아니라고 한다.

그는 이와사키 야타로(岩崎彌太郎, 1834년생, 사무라이 출신, 미쓰비시재벌 설립, 조선・광산・은행가)와 야수다 센지로(1818~1912, 농민・준사무라이 출신, 은행장)의 사례연구(전기 분석)에서 통설에 대한 반론을 제기한다.

이와사키 야타로는 비록 가난한 집안에서 태어났지만, 갖은 고생을 다하면서 그의 능력(교제술 등)으로 우정을 통하여 돈벌이를 하게 되었다. 그는 급변하는 경제변동기에 주어진 기회를 이용하고, 부자가 되겠다는 동기가 유능하고 정력적이며 야만적인 사나이가 되었다고 한다.[41]

Yamamura는 야타로의 사례분석에서 초기 메이지 기업가의 특수성, 즉 일본인적인 것을 지나치게 강조하고 있다고 비판한다. 그는 Hirschmeier가 모험적 기업 때문에 국가를 위하여 자기를 희생하는 사무라이 정신이 필요하다고 말하는데 이러한 정신은 외국인과의 경쟁에서 성공할 수 있지만 인간은 반드시 개인적 행복 뿐만 아니

---

40) Hirschmeier가 주장한 통설은 가다 테수지(加田哲二)의 견해에서 나왔다. 이와사키 야타로와 같이 정부와 유착된 상인들이 정부관리와의 유착으로 거대한 이윤을 축적할 수 있었고, 정부가 발간한 법령을 알고 정부기업의 판매를 수용하였다.(중략) 일본은 벤처기업을 위하여 국가를 위하여 자기를 희생하는 사무라이 정신이 필요하였다. 이러한 정신은 외국 기업과 경쟁하는데 성공할 수 있었다. 즉 사람은 사적 선 뿐만 아니라 국가의 이익도 생각해야 한다고 말하였다.(「明治初期 社會經濟思想史」, 1937, pp.713~716)

41) 야타로는 사회활동을 위하여 지방의 하층 사무라이 신분을 취득하고 친척의 추천으로 상층 사무라이(요시다 도요)에 입적하였으며, 또 그의 추천으로 무기상에 취업한다. 그 후 그는 회사를 물려 받아 해운업을 하면서 후에 선박과 관련하여 재무상과 내각총리가 된 오쿠마 시게노부(大隈重臣)를 알게 되고, 우정을 쌓아 정부의 지원을 받는데 성공하였다. 이러한 성공은 젊었을 때 익숙했던 주연과 게이샤로 교제하여 성공한 것이다.(*Ibid.*, pp.143~149)

라 국가의 이익을 위해서 생각한다고 주장한다.[42)]

한편, Mannari는 기업지도자가 일본 근대화의 변화 원천으로서 자주 서술된 불만스러운 사무라이 집단에서 대부분 나온 것이 아니라 오히려 수세기 동안 상업과 전산업적 제조업에서 주요한 역할을 한 읍민(상인과 소기업인)과 농민집단(촌장과 농민 등)에서 나왔다고 한다.

소수의 기업지도자는 몇몇 상층신분의 봉건집단에서 나왔는데 이들은 전통적으로 상업활동에 무관심 하였다. 더욱이 사무라이 출신자는 상공회의소와 같은 기업조직의 높은 지위에 들어가서 정부활동의 직접적 연장으로 본 것 같다. 그러나 새로운 제조업부분 기업자도자들은 상층 신분집단이 일본 공업화에 있어서 특별한 기업가적 추진력이 되었다는 견해를 지지할 수 없고, 오히려 그들은 표 2와 같이, 명치시대에 있어서 비기업적 배경의 최고 기업지도자로 이동하였으며, 다수의 기업지도자는 전통적으로 상공업에 종사하였던, 읍민과 농민 집단 출신이다.[43)]

이상의 고찰에서 메이지시대 기업가 출신과 그에 대한 논쟁에 대하여 주요한 특징을 발견할 수 있다.

첫째, 메이지시대 기업가들의 신분배경은 사무라이 계급, 특히 하층 사무라이가 대다수를 차지하고 있지만 그들의 기업활동은 사무라이 출신과 평민(농민, 상인 등) 출신이 각각 반분하고 있다. 이것은 명치유신 이래 새로운 신분층, 즉 중하층의 상승이동을 의미한다.

메이지 시대의 정치세력은 전통적인 지배층(사무라이 계급)이 지

42) *Ibid*, p.159

43) Hiroschi Mannari, *op.cit.*, p.138, 그 밖에도 B. Moore와 T. Smith 등이 반론을 주장하고 있다.

배하고 있지만44) 행정과 기업은 서구화(서구식 교육과 기술 체득)된 하층 사무라이와 평민층이 성장하여 점차 지배하고 있음을 볼 수 있다. 따라서 메이지 근대화(산업화)는 하층 무사계급과 상인(부상)뿐만 아니라 농민(부농)도 적극 주도하였다.

<표 7> 1880년 기업형태 별 기업지도자의 가족지위

(단위 : %)

기업형태	사무라이	농민	읍민	합계
기업조직	45	22	33	100
교통통신	36	28	36	100
금융	35	30	35	100
화학약품	28	11	61	100
강철, 기계	21	21	58	100
방직	21	27	52	100
채광	20	0	80	100
음식	11	6	83	100
상업	3	34	63	100
건설	0	0	100	100
총기업인(수)	23(46)	22(44)	55(108)	100(198)

(자료) 표 1과 동일

메이지 기업가에 대한 통설과 반론은 메이지 시대 권력지배층과 기업지도자들의 신분배경에 대해서는 견해의 큰 차이가 없지만 그 해석상 차이가 있다. 특히 통설에서 소홀히 한, 지방의 상인과 농민 및 공인들의 경제적 성장과 역할이다. 예컨대 사무라이와 교우하기 위하여 그 신분을 매직하거나(하층 사무라이) 지주의 상공업 투자를 경시한 것 같다. 지주는 지방에서 상인 또는 농민을 겸직하는 경우

44) 명치유신의 핵심적 지도자인 사이고 다카모리(참의, 육군대신), 요시다 쇼인, 이토 히로부미(초대 총리), 야마가타 아리토모(3대 총리), 데라우치 마스다케(초대 조선총독), 하세가와 요시미치(2대 조선총독) 등은 모두 산수가 좋은 야미구치현(山口縣) 하층 무사계급 출신이다. 지금까지 일본 정계의 지도자(총리대신 등)를 가장 많이 배출하였다.

가 많은데, 이것은 메이지 유신(근대화)이 무사계급에만 의존한 것이 아니라, 지방의 부농(富農) 또는 부상(富商)에도 크게 의존하였음을 의미한다. 즉 지주의 토지자본이 상공업자본(기업)으로 전화되어 대기업 창출에 기여하였다.[45)]

둘째, 가난한 하층 사무라이와 평민(농민과 상인) 출신의 기업인이 많다는 것은 정부(관료)의 절대적 지원(관영기업 불하, 재정 융자, 이자 감면 등)이 없으면 기업활동이 거의 불가능 하였다. 따라서 정부 지원과 관료 및 기업가의 유착관계에 의한 산업화, 즉 천민자본주의가 발달하였던 것이다. 이러한 천민자본주의 하에서 건전한 기업가 정신이 발달하기 어렵다. 또한 기업인(부자)이 되겠다는 성취 욕구와 그것의 수행 능력이 있는 자가 전환기의 기업지배층이 될 수 있었다. 이러한 개인적 성취 동기와 정부(관료)의 지원을 활용할 수 있는 능력이 없는 자는 당시에 기업인이 되기 어려웠다. 따라서 창의적 기업활동을 통하여 이윤 추구와 사회적 책임을 다하는 기업가 정신을 기존의 사무라이 정신이나 일본정신(야마토 정신)과 같은 애국심과 동일시(미화) 하는 것은 잘 못된 것이다.

셋째, 일본의 대기업은 바쿠부(幕府) 시대의 어용상인이 많았고, 이들은 하층 사무라이 출신과 함께 메이지 유신에 적극 참여하여

---

45) Thomas C. Smith, Landlords' Sons in the Business Elite, *Economic Development and Cultural Change*, The University of Chicago Press, 1960, p.94, 107, 그는 이와사키와 시부사와는 지주 자손으로 상인층이 되었다고 하면서, 1956년 대기업가(323개) 중에서 154명(15억엔 이상)을 조사한 결과 그들의 부친 직업 중에서 지주가 29.9%라고 한다.

Barrington Moore, *Social Origins of Dictatorship and Democracy, Lord and Peasant in the Marking of the Modern World*, Beacon Press, 1966, chap. 5, 그는 메이지 시대 상업적 지주는 귀족이나 봉건적 영주와 무사계급과는 달리 도쿠가와 시대에 이미 상업적 지주가 봉건적 영주를 대치하였다고 한다.

정부의 적극적 지원을 받아 기업의 확대와 사업을 다각화 하였다. 또한 5차의 국제전쟁을 통하여 군수산업을 발달시켜 자본축적을 하였다.

넷째, 일본 자본주의 정신을 사무라이 정신에서만 찾을 것이 아니라 당시의 시대 상황과 개인적 능력에서 찾는 것이 보다 타당할 것 같다. 예컨대 명치유신의 시대적 상황에 처한 하층 사무라이의 정치적, 경제적 참여기회 뿐만 아니라 이와사키 야타로와 야수다 센지로 등에서 볼 수 있는, 기업인(부자)이 되겠다는 진취적 성취 동기와 능력에서 찾아 볼 수 있다. 그들이 비록 천민자본가들이지만 기업발전을 위하여 이윤추구와 합리적 효율성을 위한 쇄신적 창의성 및 근검절약 정신 등이 그들의 기업가 정신이 아닌가 한다. 이러한 정신은 명치유신을 위한 정치(관료) 지도자의 근대화(서구화) 의욕(정부 지원) 뿐만 아니라 기업인들의 전통적 공동체 정신과 가족 윤리(상부상조와 공동체 정신)에서 형성된 것 같다. 특히 가족관계에 있어서 일본의 장자상속제(장자는 가업계승, 차자 이하는 분가 이촌)와 비혈족 입양제(유능한 자의 가계계승)에서 찾아 볼 수 있다.46)

2) 1960년 대기업 지도자의 사회이동

제 2차 세계대전 패전으로 일본 대기업(재벌)은 해체되었지만 1952년 미군정이 종식되면서 과거 재벌기업은 다시금 재결합 되었으나, 과거보다 느슨한 기업연합(콘체른)을 형성하였다. 이러한 대기업이 한국전쟁이 발판

---

46) 가족관계에서 기업가의 특성을 지적한 것은 Abegglen과 Mannari, 그리고 Smith의 논문에서 찾아 볼 수 있다. 전자는 일본 기업지도자의 23.5%가 부모로부터 상속받았고, 12.5%가 입양되었다고 한다.
James C. Abegglen & Hirashi Mannari, Leaders of Modern Japan; Social Origin and Mobolity, *Economic Development and Social Change,* IX-1, The University of Chicago Press, 1960, pp.117~121
Thomas C. Smith, *op.cit.*, pp.101~102

이 되어 고도의 경제성장을 하여, 1960년대는 기술 중심의 후기산업사회의 기반이 되었다.

이러한 경제성장을 주도한 대기업지도자는 누구이며, 또한 그들의 신분배경은 무엇인지 궁금하다. 이에 대하여 최근 Mannari는 1960년 재계에 있어서 매우 힘이 있고 위세가 높은 1960년 기업지도자 974명을 조사한 결과를 밝히고 있다.[47] 그는 일본 기업지도자의 부친과 조부의 직업배경은 표 8과 같다고 한다.

<표 8> 1960년 기업지도자 부친 및 조부의 직업

직 업	부 친	조 부
노동자;	1.3	1.1
농민	6.7	14.9
지주	17.3	33.4
화이트칼라;		
사기업	2.5	0.2
공기업	6.5	1.8
소기업가	21.6	17.5
대기업가	11.5	5.5
대기업경영자	10.5	2.2
정부관리;		
중앙	4.3	1.6
지방	5.5	1.5
군사	1.7	1.1
전문직;		
교수	2.5	0.9
의사	2.5	2.8
승려	0.7	1.7
기타	4.0	0.7
사무라이	0.9	13.1
합 계	100.0	100.0
(실수)	(974)	(857)

(비고) 응답자 985명 중 조부는 128명, 부친은 11명이 응답하지 않았음.

(자료) Hirishi Manmari, *The Japanese Business Leaders*, 1974

47) Hiroshi Mannari, *The Japanese Business Leaders*, University of Tokyo Press, 1974, 그의 조사방법과 질문지 내용은 전술한 책의 부록을 참고할 것.

표 8을 보면, 1960년 기업지도자들의 부친 직업은 기업가 및 경영자들이 가장 많아 전체의 43.6%가 되고, 그 다음으로 지주(17.3%)이며, 나머지는 관리(11.5%), 전문직(9.7%), 화이트 칼라(9.0%), 농민(6.7%) 등의 순이다. 그리고 기업지도자들의 조부 직업은 지주가 전체의 33.4%로서 가장 많고, 그 다음은 기업가 및 경영자(25.2%)이며 나머지는 농민(14.9%), 사무라이(13.1%), 전문직(6.1%), 관리(4.2%), 화이트 칼라(2.0%) 등이다.

여기에서 1960년 기업지도자들의 신분배경이 당시의 일본 국민들에 비하면[48] 대단히 높고, 또 급속한 신분(직업)변동이 일어나고 있음을 알 수 있다.

먼저 그들의 조부 신분이 지주와 기업인 및 사무라이가 대부분이라는 것은 조부의 활동기가 1880년대이기 때문에(기업지도자의 중위 연령이 56세임) 이러한 신분이 메이지 유신(1868년) 이전에는 상층 신분이 아니였으나 도쿠가와 말, 특히 메이지유신 이후 이미 지주와 상인들의 신분 상승이동이 일어나 상층 신분이 되었다는 것이다. 더욱이 1910년대 부친의 직업이 대다수가 기업인이었고(43.6%) 또한 지주와 관리 및 화이트 칼라가 36%나 된다는 것은 3세대간 신분의 상승이동을 의미한다.[49]

이와 같이 신분의 상승이동이 가능한 것은 특히 일본의 산업화

48) 1880~1960년간 일본의 노동력은 약 2배로 증가되었고, 1880년 농어업은 전체 국민의 82.3%이고, 건설 · 제조업은 6.5%, 상업 · 금융업은 5.9%이며 관리 및 전문직은 4.6%이다. 그러나 1960년에는 농어업이 32.4%로 급속히 감소되었고 건설 · 제조업은 28.0%, 상업 · 금융업은 17.9%, 그리고 관리 · 전문직이 15.0%로 증가되었다.(*Ibid*, p.7, 표 1 참조)

49) 1960년 기업지도자들의 조부간 직업세습율은 대기업 소유자가 가장 높아서 80.9%이고, 그 다음은 소기업 소유자이며(60.7%), 나머지는 지주(48.3%), 전문직(47.2%), 노동자(44.5%), 농민(43.8%), 화이트 칼라(41.1%), 대기업 경영자(36.8%), 관리(30.6%)의 순이다. 비록 관리와 대기업경영자들의 세습율이 낮을지라도 유사한 관리와 경영자가 되고 농민들은 소기업인으로 많이 되고 있다.(*Ibid.*, p.37, 표 10 참조)

와 서구식 교육발전에서 비롯되고, 부친과 조부의 사회적 경제적 기반에서 가능하였다. 또한 유능한 비혈족의 입양제도(약 20%)에 의해서 가능하였다.[50)]

1960년 기업지도자들의 교육수준은 전체의 66%가 대학졸업자이고 나머지 23%는 전문대학을 이수하였으며, 그들의 전공은 기업·경제학이 가장 많아 전체의 44%를 차지하고 그 다음은 법학·행정학(24%)과 과학기술(23%) 등이다. 그리고 이들의 출생지는 읍이 전체의 46%를 차지하고 그 다음은 읍(27%)과 중소도시(19%)이며 나머지는 대도시 출신이다.[51)]

Mannari는 결론에서 세가지의 특성을 지적한다.[52)]

첫째, 산업화 엘리트의 충원과정에서 단일한 사회적 신분 또는 계급이 지배한 것이 아니고, 오히려 전국 각지의 전통적인 상인, 사무라이 및 부농 출신의 이질적인 사회적 기원이라고 한다. 비록 지도적 집단에서 혁명적 변화가 없었지만 이러한 안정이 사회이동을 위한 성취 원리와 새로운 통로를 유지하였다고 한다.

둘째, 대학과 전문학교와 같은 교육제도가 도제식 훈련이 아니라 과학적 기술적 훈련에 의한 지도자 충원의 새로운 통로를 제공하였다고 한다. 결과적으로 교육경험이 전통적 세습(사회)에서 관료적 전문적 기업형태(산업사회)로 변화 시켜서 수직적 상승이동의 개방적 기회를 제공하였다고 한다. 더욱이 그는 다양한 신분적 기원이 대학교육을 받아 정부와 사기업의 관료적 경력에 거의 영향을 미치지 않았다고 한다.

---

50) *Ibid.*, p.110
일본 지도자의 15~20%가 입양자에 의하여 부친의 지위가 상속되고 있다. 그래서 일본 지도자의 약 1/3은 그들이 점유하였다.(J. C. Abegglen & H. Mannari, *op. cit.*, p.117)

51) *Ibid.*, pp. 79, 73, 118

52) Hiroshi Mannari, *op. cit.*, pp.200~202

셋째, 일본 기업엘리트의 관리직 선발이 제도화 되어 있고, 특히 최고 경영자를 자신의 능력 뿐만 아니라 조직 충성심에 의하여 평가를 받는다고 한다. 그러나, 일본 기업자도자들이 메이지 초기에 개방적인 충원배경을 찾아 볼 수 있었지만, 그 이후에는 점차 폐쇄성이 강하였고, 비록 기업경영인의 경우도 주로 교육을 통한 지배적인 신분의 전화 형태라고 볼 수 있다. 특히 기업지도자의 신분세습율(80.9%)이 가장 높다.

그러면 일본의 현대 기업지도자의 신분배경의 특성을 지적하여 보면 다음과 같다.

첫째, 일본의 현대 기업가는 대부분 도쿠가와 말기에 형성되었거나 성장한 상인과 지주, 그리고 메이지 초기의 기업가로 변신한 사무라이가 그간 경제성장 과정에서 기업인이 된 부르조아 출신들이라 볼 수 있다.

둘째, 대기업 경영자와 정부관리 및 전문직 출신은 토지 또는 기업소유자가 아니지만 이들은 그러한 자본을 통제하기 때문에 부르조아지로 볼 수 있다. 또한 이들은 일본의 사회발전(역할분화, 기회확대)과 고등교육을 통하여 행정, 관리직을 획득하게 되었다.[53)]

셋째, 기업지도자의 출신배경에서 사회이동의 폐쇄성을 지적하였지만 그 이외도 같은 직장에서 종신한, 내부 승진의 지도자들이 대부분이라는 것에서 짐작할 수 있다.[54)]

넷째, 기업지도자의 출생지가 관동지역(24%)과 근기지역(23%) 출

---

53) 1960년 기업지도자 중에서 대학 출신이 68%가 되는데 그들 부친의 경우 17%에 불과하고 대부분 초등학교(49%)이하 또는 중학교(23%) 출신이다.(H. Mannari, *op. cit.*, pp 68, 71)

54) 전후 일본 고위 관리(차관, 국장, 과장)들의 내부 승진율이 31.4%가 되고, 그들의 79.0%가 동경대 출신이며 그들의 63.5%가 법학, 정치학을 전공하였다고 한다.(Akira Kubota, *High Civil Servants in Postwar Japan*, Princeton University Press, 1969, pp.69, 79, 103)

신이 많은 것은 메이지 시대에 수도를 경도에서 동경으로 천도하였으며, 정부 관료를 육성하기 위하여 동경제국대학을 설립한 결과이다. 이들은 전체의 46%가 읍 출신이고 30%가 촌 출신이며, 나머지는 대도시 출신이다. 이것은 현대 지도자는 시골출신이 많다는 것을 의미한다. 그러나 고위 관리는 도시 출신이 많다.

다섯째, 기업지도자의 신분배경이 일본의 정관계 지도자의 경우와 유사한 것[55]은 기업발전을 위하여 정치인, 관료와 기업인의 정경유착이 가능하다는 것을 의미한다. 오래전 부터 일본에서는 한 재벌이 수십명의 국회의원을 거느린다고 할 정도로 정경유착이 심하였다.

5. 결 론

자본주의와 산업혁명은 근대적 자본가계급(부르조아지)을 창출하였다. 초기 산업사회의 부르조아지는 영국의 경우 토지자본가(지주)가 산업자본가(기업가)화 되었고, 프랑스의 경우 농민과 중·소 부르

55) 1959년 권력지배층의 출신배경이 약간의 차이가 있으나, 대기업의 소유자 또는 경영자의 자손이 많다.

<표 9> 1959년 일본 지도자 부친의 직업

(단위 : %)

	정치 지도자	지식 지도자	기업 지도자	합계	1920년 성인인구
정부관리	19	10	9	12	0.2
대기업소유자 또는 경영인전	12	15	33	25	1.5
문직	9	34	5	12	2.8
화이트 칼라	13	7	9	9	6.6
소기업 소유자	7	14	19	14	13.6
노동자	3	1	0	1	26.5
농민	37	19	25	27	48.8
지주	24	10	19	19	
자영인 · 소작인	13	9	3	8	
합 계	100	100	100	100	100.0

조아지가 산업자본가화 되었으며, 독일의 경우 봉건적 지주가 산업자본가화 되었다. 또한 미국의 경우 영국이민들이 대기업 자본가화 되었으며, 일본의 경우 하층 무사계급과 상인(부상) 및 농민(부농)이 기업자본가로 변신하였다.

이들은 지난 100여년간 공업화와 식민지 약탈 및 군수산업, 정경유착 등으로 대기업 독점자본가가 되었다.

이와 같이 선진 각국의 기업자본가는 역사적 사회적 조건의 차이로 그들의 사회적 기원이 다양한 이들은 결국 토지자본 및 상업자본의 변신으로 산업자본가화 되었으며 독점자본주의의 단계에서 분업 및 관료제의 발달로 소유와 경영이 분리되어 새로운 부르조아시, 즉 최고 경영자(CEO)가 나타나게 되었다

이러한 기업지도자는 전쟁 수행과 기술개발 등으로 군수산업과 전자산업이 성장, 발달하였으며, 이들은 경제 위기 등으로 오늘날 대부분 천민적인 세계화 기업자본가가 되었다. 그리하여 오늘날 기업가정신은 서구에서 처럼 프로테스탄 윤리에서 금욕적 합리정신, 또는 동양에서 처럼 유교윤리에서 그것을 찾을 수 있는 것이 아닌 것 같다.[56] 왜냐하면 오늘날 세계화 자본주의에서는 경쟁적으로 이윤추구를 위한 지속적 쇄신과 창의적 노력에서 새로운 건전한 기업가 정신이 개발되어야 하기 때문이다.

선진국 대기업지도자의 사회적 기원(형성)과 이동의 세습성이 대단히 높고(약 70%), 그 충원 기회와 폐쇄성(80% 이상)이 매우 심한 것은 자본주의사회의 사유재산과 상속제도 때문에 나타난 현상이다. 이러한 현상이 지속되면 사회적 불평등과 자본축적의 정당성 문제

56) 기업가 정신을 M. Weber는 프로테스탄 윤리에서 찾았지만, J. Hirschmeier는 유교 윤리인 충성심에서 찾고 있다. 그러나 우리나라 대기업자본가는 스스로 유교윤리인 효도심(족벌주의)에서 찾고 있다. 이러한 윤리는 사실상 전통적인 사상이다.

가 초래된다. 더욱이 대기업의 소유와 경영이 분리되지 않고, 천민적 자본주의와 폐쇄적인 사회이동에서 형성된 현대 기업지도자들이 과연 세계화 자본주의가 요구하는 지도력(창의적, 쇄신적, 경쟁적 노력)을 발휘할 수 있을지 의문이 간다.

제 2장 1950년대 대기업자본가의 사회적 기원과 자본축적

1. 서 론

우리나라의 대기업가, 대자본가 또는 재벌에 관한 연구는 상당히 많다. 그러나, 이들의 사회적 기원에 관한 연구는 많지 않지만 주로 사회학자들이 그것을 연구하였다.

오늘날 우리나라 100대 기업 중 77개 민간기업이 대부분 삼성그룹, 현대그룹, LG그룹, SK그룹에서 분파 되었다. 이러한 그룹의 설립자는 이미 1950년대 말 독점자본가 또는 재벌로서 경제적 지위를 지니고 있었다. 반면에 경쟁적인 기업풍토에서 몰락한 대기업도 상당히 많았다.

저자는 일찍이 우리나라 대기업 자본가의 사회경제적 기원을 알기 위하여 해방후 1950년대 대기업 자본가의 신분배경과 자본형성 과정을 탐구한 바 있다. 이러한 연구결과에서 대자본가의 사회적 기원은 주로 토지자본(지주부농)에서 비롯되었음을 주장하였다.[1] 그 후 '지주부농설'[2], '상층계급설'[3]을 주장하는 견해와 '자수성가설'[4], '영

---

1) 김영모,「한국사회의 경제적 엘리트의 형성과정」, 서울대 대학원 석사학위논문, 1962
김영모, 일제시 대지주의 사회이동,(「아세아 연구」, 통권 33, 1971)

2) Leroy. P Jones and Sakong Il,.*Government, Business and Entreprenership in Economic Development, The Korean Case,* Harvard University Press, 1980

세상인설', 또는 '하층계급설'[5] 등을 주장하거나 양시론을 주장하는 견해[6]도 있다.

이와 같이 상반된 견해의 차이는 주로 조사대상과 조사 및 분석 방법의 차이에서 비롯되었겠지만 본 서에서는 저자의 주장을 비판한 학자들의 견해에 대한 타당성을 검토하여 보려고 한다. 대자본가의 사회경제적 기원에 관한 견해에 대한 검토는 대기업자본가의 신분배경과 자본형성 과정을 중심으로 고찰할 것이다.

2. 기존 연구결과의 검토

우리나라 대기업자본가의 사회적 기원을 일제시 이전에서 찾아보느냐 아니면 해방 후, 특히 건국 이후로 보느냐에 따라 상당한 견해의 차이가 있다. 또한 조사방법(면접조사 또는 전기류 조사 등)에 따라 많은 차이가 있다.

일제시 이전으로 보는 학자들은 대개 토지자본(지주부농)의 전화

사공일, L.P. 존슨「경제개발과 정부 및 기업가의 역할」, 한국개발연구원, 1981

3) 이현송, 한국자본가의 형성 및 구조에 관한 일 고찰,「한국사회의 신분계급과 사회변동」, 문학과 지성사, 1987
장하진,「1950년대 한국사회구조에 관한 계급론적 연구」, 이화여대 대학원 박사학위 논문, 1985

4) 오갑환, 한국의 재벌,「서울대학교 논문집」, 인문사회과학 편 20집, 1982
공제욱,「1950년대 한국의 자본가 연구」, 백산서당, 1993(서울대 대학원 박사학위논문)

5) 서재진,「한국의 자본가계급」, 나남, 1991(하와이대 박사학위논문)
서재진, 한국 산업자본가의 사회적 기원,「현대 한국자본주의와 계급문제」, 문학과 지성사, 1988

6) 홍덕률, 한국 대기업가의 자본축적과정과 계급지배에 대한 실증적 고찰,「한국사회학연구」, 제 9집 1987

형태, 즉 토지자본의 수입(소작료, 농지매각 등)을 상공업자본에 투자하여 상·공업자본가가 되었다가 다시금 대기업가가 되었다는 것이고, 건국 이후로 보는 경우 일제시 대지주는 해방후 농지개혁과 6.25 전란 등으로 몰락하여 버렸고 귀속재산 불하와 외국 원조자금 등으로 영세한 상인, 또는 하층계급이 대기업 자본가가 되었다는 것이다.

그런데 우리나라 대기업 자본가의 사회경제적 기원, 특히 자본형성과정을 단순화 시켜서 보기는 어렵다. 해방 전후의 급변하는 상황(일제로 부터 해방, 귀속재산의 불하, 6.25 전란과 농지개혁 등)을 고려하여 기업자본가의 형성과정을 파악하여야 할 것이다. 비록 일제 식민지 시대 일지라도 비록 영세한 기업이 나수이지만, 그것은 당시에 상당한 자산가(bourgeoisie)들이었다. 일제시 한인 기업이 2천여 개가 있었고, 또 해방후 미군정하에서도 신설기업이 1,073개인 것을 보면[7], 이러한 기업의 대부분이 자수성가 보다도 토지자본의 수익 또는 농지매각 대금에서 가능하였을 것이다. 그러나 농지개혁과 6.25 전란 이후 토지자본에 기초한 재촌지주가 일반적으로 상공업 자본가화 되었다고 보기는 어렵고, 일제시 지주자본이 상공업 자본화 하였거나 부재지주들이 귀속재산 불하와 무역 및 외자 대부 등 특혜를 받은 자가 쉽게 대기업자본가가 될 수 있었을 것이다. 그렇지 못한 경우(빈농, 노동자 등 하층 출신)도 있다.

그리하여 1950년대 대기업가의 사회경제적 기원을 주로 지주부농의 전화형태로 본 저자의 '지주자본가설'과 이와 유사한 이현송의 '지배계급설'을 먼저 소개하고, 이에 대한 비판으로서 영세 상인 또

7) 1940년 국세조사에 의하면, 점포수는 26만 6천 668개이다. 이 중에서 소매점이 전체의 71.7%를 차지하고, 그 다음은 생산소매상(14.8%)과 도·소매상(6.5%), 그리고 도매상(3.7%) 및 중개역(2.9%)이다.(김영모, 「한국사회계층연구」, 일조각/고헌, 1982/2005, pp.267~268)

는 하층계급 출신이 대자본가가 되었다는 '자수성가설'을 소개하면서 이의 문제점을 지적하려고 한다.

1) 지주자본가설

대기업자본가의 사회경제적 기원을 주로 지주자본에서 찾는 견해는 저자 이외도 존스·사공일, 이현송 등이 있다.

서자는 1962년 10월 1950년대 대기업 자본가 43명을 질문지에 의한 면접조사를 실시하였다.[8] 이들은 4.19 이후 경제협의회(자유당 집권시)와 5.16 경제인협회(민주당 성권시)의 회원 명단에서 실업가들만을 추출하여 조사하였다. 이들의 소유자본 규모에 따라 A급(10억원 이상), B급(5억원 내외), 또는 C급(1억원 이상)으로 구분하였다.[9]

이들의 연령이 대부분 40~50대이기 때문에 이들의 자본형성을 일제시대부터 찾아 보아야 할 것 같아서 그들의 집안(부친 및 본인)이 어떠한 직업에 종사하였는 가를 알아 보았다.

그러한 결과, 해방후 1950년대 까지 우리나라 대기업자본가 부친의 51.2%가 지주부농이고, 그 다음은 상업(14.0%)과 농업(11.6%)에 종사하였다. 농업은 대부분 자작 중농이고 상업의 경우 대부분 토지자본의 전화형태이다.[10] 나머지는 관료(4.7%)와 사장(2.3%) 등이다.

한편, 대자본가 본인의 해방후 직업을 보면, 귀속재산(기업체)의

---

8) 저자가 대기업자본가를 연구할 당시에는 이들에 대한 문헌(전기류, 회고록 등)이 없었기 때문에 이들에 대한 면접 조사 또는 탐문 조사에 의한 자료 수집이 최선의 방법이었다.

9) 조사대상은 저자의 「한국지배층연구」, 일조각, 1982, 제 8장을 참조할 것.

10) 일제시 4개도(경기, 충남, 전북, 전남)의 조선인 대지주(50~100정보 이상 889명) 중에서 농외 투자를 한 대지주는 상업이 가장 많아 전체의 26.6%를 차지하고, 그 다음은 제조업(16.5%), 은행·보험업(12.8%), 정미·양조업(12.8%), 금융·신탁업(10.6%) 등의 순으로 나타났다.(장시원, 「일제하 대지주 존재형태에 관한 연구」, 서울대 대학원 박사학위논문, 1989, p.167)

관리인이 전체의 32.6%(14명)로서 가장 많고, 그 다음이 상업 종사자가 25.6%(11명)이며 (무역업이 25.6%임) 나머지는 공업(제조업 12.6%), 토목건축(7.0%), 수산업(2.3%)이다. 다시 말하면, 대기업 자본가의 62.8%가 토지자본에서 그 기원을 찾아볼 수 있으며, 나머지도 대부분 선대의 토지자본에 기초하였을 것이다.[11] 그리고 대자본가 본인의 해방후 직업은 주로 관리인(32.6%)과 상업(대부분 무역 25.6%) 및 공업(제조업 18.6%)에 종사하였다.

이것을 보면, 해방후 50년대 대기업 자본가의 사회적 기원을 일차적으로 선대의 토지(지주) 자본에서 찾아볼 수 있고, 이차적으로 귀속재산(기업체)의 불하와 상공업자본(무역과 제조업)에서 찾아 볼 수 있다.

대기업자본가의 사회적 기원과 성격이 기업의 규모(A, B, C급)에 따라 다음과 같은 차이가 있었다.[12]

1950년대 A급 자본가(8명)는 일제 초기에 대부분 대지주(5명)이고, 일제 말기에 이르러 상업 또는 공업자본가로 많이 전화되고, 해방 후에는 상공업자본가가 되었다가, 6.25 후에는 상업 또는 공업자본가 보다도 오히려 독점자본가화의 현상이 일어나고 있다.

여기에 있어서 상업 및 공업자본의 성질이 해방 후와 6.25 후가 상이하다. 전자는 도매상, 양조업, 주정업, 피복공장 등 국내 소비시장을 위한 국내 교역 또는 소규모 수공업의 성격에 불과하다. 그러나 후자는 무역, 제당업, 방직업, 제분업과 같이 국제 무역(수출) 또는 근대적 공업형태이다.

B급 자본가(14명)는 일제 초기에 자기 집안이 주로 대지주(8명)이고, 그 다음은 상업(3명)에 종사하였다. 이들이 일제 말기에 이르러 상업자본가(4명)

---

11) 일제시 한인 대지주의 신분배경이 높고 그들의 축재요인은 주로 권력과 지대 및 자수성가이다.(김영모, 「한국지배층연구」, 일조각, 1982, pp.110~121)

12) 김영모, 「한국지배층연구」, 일조각, 1982, pp.268~272

로 전환되고, 나머지는 주로 사원(5명), 관리(3명)가 되고 있다. 이들이 해방 후에는 대부분 관리인 또는 상업 또는 공업자본가가 되고, 6.25 후에는 거의 대부분 상공업자본가로 전환되었다.

C급 자본가(20명)는 일제 초기에 자기 집안이 지주인 자는 10명이고, 농업종사자는 5명이 되며, 나머지는 상업(2명), 공업(1명), 관리(1명) 등이었으나 일제 말기에 관리(8명)가 가장 많고, 그 다음으로 사원(4명) 및 상업(5명), 공업(3명)에 종사하였다. 해방 후에는 대부분 상공업자본가(12명)와 귀속재산의 관리인(5명)이 되었으며, 나머지는 화이트 칼라로 있다가 6.25를 계기로 상공업자본가(18명)로 전환되었다.

여기에서 지주 출신의 자손들이 B급과 마찬가지로 관료화 되는 현상을 볼 수 있고, 이것이 다시금 자본가화 하는 현상을 찾아 볼 수 있다. 이러한 지주의 관료화는 B급 보다는 적으나 관료의 자본가화는 C급에서 더욱 많이 찾아 볼 수 있다. 물론 당시의 지주 또는 관료가 모두 자본가화 하였다는 것은 아니다. 그러나 이러한 사실에서 관료자본가의 특성이 우리나라의 대자본가 또는 대기업가에서 나타나고 있는 것이다.

이와 같이 우리나라의 가장 부유한 대기업자본가의 형성과 이동을 직업과 자본의 두가지 측면에서 실증적으로 분석하여 본 결과 주요한 사회적 특성은 다음과 같다.[13]

첫째, 대자본가의 세대간 신분세습성은 대단히 높고, 직업세습성은 대단히 낮다. 특히 지주 출신이 가장 많고, 그 다음은 상공업가 또는 부농 출신이다. 비록 상공업가라 할지라도 토지자본에 기초한 것이다.

둘째, 대자본가의 세대내 직업변동은 그 경력의 다양성을 보여주고, 특히 상공업가의 세대내 동직성은 일제시 부터 찾아 볼 수 있는 것으로 보아, 이것은 지주의 전화형태인 것 같다.

---

13) 전게서, pp.280~281

셋째, 대자본가의 세대내 직업배경은 지주 출신이 가장 많고, 그 밖에 상공업가도 있지만, 특히 관료 출신이 대단히 많은 것을 보아 관직이 지배층 형성에 커다란 영향을 미쳤음을 알 수 있다.

넷째, 대자본가의 자본형성이 생산관계(노사관계)에서도 가능하였지만, 그 요인이 무엇보다도 정치권력 및 행정권력과 밀접히 상관되어 있다. 이것은 초기 정치지배층의 경제적 배경이 없었기 때문에 그들의 물질적 기반을 마련하기 위한 필요성에서 시작되었던 것이다. 따라서 우리나라의 대자본가는 정치자본가 또는 관료자본가의 성격이 강하다.

나섯째, 대자본가가 외래자본 특히 외원과의 긴밀한 상관성이 있고, 그들의 자본축적이 인플레이션과 소비・사치・사공 등의 기업활동과 이권, 융자, 탈세 등 비생산 관계에서 가능하였기 때문에 매판성과 천민성이 대단히 강하다.

한편, 존스・사공일은 1976년 192명의 대기업인에 대한 질문지 조사에서 그들의 부친의 47%가 대지주 또는 중지주이고, 그 다음은 상인(19%), 공장주(16%), 관리(6%), 교원(4%), 전문직(7%)이다. 따라서 이들의 98%는 한국 남성 동년배의 약 15%를 점하는 직업 그룹에서 생성된 것이라고 한다.[14] 그리고 이현송은 한국 대자본가의 73%가 지주 출신이라고 한다.[15]

이현송과 장하진은 대자본가의 출신배경이 지배계급이라는 것이다. 이현송은 60년대 김영모와 70년대의 오갑환의 조사 사례와 80년대 초 한국일보의 50대 재벌에 대한 조사 자료를 참고하여 모두

14) L.P 존스・사공일,「경제개발과 정부 및 기업가의 역할」, 한국개발연구원, 1981, p.261 이들은 부친의 직업이 지주가 21.4%이고, 자작농이 25.4%이며, 상인 19.0%, 자영제조업(12.4%), 정부기관(5.9%), 교원(3.8%), 전문직(6.7%)이라고 한다.(전게서, p.260)

15) 이현송, 상게논문, p.363

157명을 ① 인명사전과 기업연감류, ② 일간, 주간, 월간지 기타의 시사 자료, ③ 기업가의 전기류에 의하여 분석하였다.[16] 부친의 직업을 확인할 수 있었던 68명의 사례를 분석한 결과 다음과 같이 지적하였다.[17]

경작 규모별로 구분해 보면, 미상 10명을 제외하고 나머지 대지주 7명(16%)과 소지주 25명(57%)이 가장 많고, 그 밖에 자작농이 6명(13%), 빈농이 6명(13%)이다. 다시 말하면 전체 농업 인구의 4% 미만을 차지하는 한국인 지주층으로 부터 대자본가 중 73%(32명)가 배출되어 나왔음을 볼 때, 해방 이후의 대자본가들은 일제시 상층으로 부터의 출신 배경을 갖고 있음이 뚜렷하다. 또 다른 특징으로 전국치 1%를 차지하는 대지주 보다 중소 지주의 출신이 압도적으로 많으며 대지주와 자작농 및 빈농 사이에는 큰 차이를 보이지 않는다는 점이다. 아버지의 직업이 비농업인 경우의 직업 분포를 보면, 상업 10명(호상 2명, 부상 2명, 영세상 3명, 나머지 2명은 규모를 알 수 없었음), 교사 2명, 토목업 2명, 한의사 1명이다.

이 직업 구성에서 호상, 부상, 교사, 한의사(지주겸 한의사)의 직업을 갖는 합계 7명이 상층에 속함을 확인할 수 있으므로 규모를 확인할 수 없는 부분까지 감안한다면 비농업 분야에서도 상층의 출신이 압도적으로 많으리라 추정할 수 있다.

한 가지 특이한 점은 대자본가의 부친 중 제조업 종사자가 하나도 없다는 점이다. 1929년만 하여도 전체 비농업 종사자 중 광공업 종사자가 12.3%에 달하며, 1937년의 통계에 의하면 5인 이상 종업원을 갖는 회사의 전국 총수가 2,140개에 달한다는 사실을 고려할 때 해방 이후 대자본가는 산업자본가의 출신 배경을 이어 받은 것이 아님을 알 수 있다.

위의 검토를 통해 해방 이후 대자본가들은 대부분 일제시 상층계급 출

16) 이현송, 한국대자본가의 형성 및 구조에 대한 일고찰,「한국사회의 신분계급과 사회변동」, 문학과 지성사, 1987, pp.298~300

17) 전게서, pp.302~304

신임을 알 수 있다. 이 점은 해방 이후 자본 축적이 귀속 재산 불하, 원조 물자 배정 등 비합리적 기제를 통해 이루어지기는 하나, 이를 위해 필요한 최소한의 자본은 일제시 자본가적 지위로 부터 연원하는 것이 아닌가 하는 추측을 낳게 한다.

이현송의 연구결과는 기업가의 전기류와 인명사전 등을 분석하여 대자본가(68명) 부친의 직업이 상층 계급 출신이라 하였다. 즉 부친의 직업이 확인된 대자본가가 전체 표본의 43.3%라서 타당성의 문제가 제기될 수 있다. 그는 한국 대자본가의 73%가 지주 출신이라 하고,[18] 이들은 한국의 상층계급 출신이라고 한다. 그리고 대자본가 부친 중에 산업자본가는 한명도 없다고 하는데 그 당시의 산업(주로 정미소, 양조장 등)을 고려하면 이것을 산업자본가로 고려해도 좋을 것이다.

또한, 장하진은 1950년대 대기업가(34명)의 85.2%가 경제적 지배계급 출신이고, 중간층 출신은 14.6%이며 피지배계급 출신은 전무하다고 하였다.[19]

2) 자수성가설

대자본가들의 사회적 기원을 자수성가설이라고 주장한 사람은 오갑환과 공제욱 등이다.

오갑환은 1972년 매출액을 기준으로 100대 기업에 들어가는 민간기업 57명을 전기류 자료(인명사전, 신문, 서적 등)를 간적접으로 조사하여 그들 부친의 직업과 본인의 학력 및 가족관계 등을 규명하였다.[20] 그 밖에 이와 유사한 '하층계급설'(서재진) 또는 '영세상인

---

18) 지주출신이 32명이라면 확인된 조사대상(68명)의 47.1%가 된다.

19) 장하진,「1950년대 한국사회구조에 관한 계급론적 연구」, 이화여대 박사학위논문, 1985, p.126

설'(공제욱)을 주장한 견해도 있다.

오갑환은 조사대상 57명 중에 조사 가능한 31명 부친의 직업을 분석한 결과 그는 재벌 중에 부친이 상인이었거나 지주, 부농 등 부유했던 사람도 있지만 빈농출신이 7명(22.6%)인 것을 보아 부친의 경제적 배경과 윤택한 가정 배경이 재벌로서의 성장에 크게 도움을 주지 않았다고 한다.[21]

재벌급 대기업인들은 대부분 자수성가한 사람들이다. 이들의 부친이 당시 처해 있던 사회경제적 시위를 보면, 오늘날 대기업가들이 부를 부친으로부터 물려 받음으로써 재벌의 지위를 자동적으로 얻은 사람은 소수에 지나지 않는다. 재벌 31명의 부친에 관한 약간의 자료를 얻을 수 있었는데 이들 가운데 그 부친이 이미 재벌급 대기업을 건설하고 아들에게 물려준 사람은 5명에 지나지 않고 나머지 26명은 스스로가 재벌로 성장한 사람들이다.

또한, 그는 대기업 자본가 56명의 전력을 조사하였더니 부친으로부터 상속받은 경우 8.9%에 불과하고 전체의 89.2%가 자수성가한 창업주들이라고 한다.[22]

56명 가운데 가장 많은 사람(21명)이 처음부터 상업에 종사하여 후에 대기업으로 성장하게 된다. 이들이 처음에 발을 들여 놓은 직종으로는 잡화상, 정미업, 도매상, 양조업, 운수업 등에서 제빵업, 토지회사, 피복공장 등 비교적 중소규모 판매업, 제조업 또는 용역업체이다.

그 다음으로 많은 사람들이 처음에 타인 경영회사의 사원으로 출발했다가 후에 자영업체를 시작한 사람들(15명)이다. 이들은 처음에는 회사원 내지 은행원으로 일하다가 어떤 계기에 스스로 자기 업체를 갖게 된 사람들이다.

---

20) 오갑환, 상게논문, pp.209~211
21) 전게서, pp.213
22) 전게서, p.214

은행원 생활을 청산하고 비누공장을 설립한 사람이나, 운수업을 시작한 사람과 같이 전혀 새로운 분야로 진출한 사람이 있는가 하면, 목재회사원으로서의 경험을 토대로 하여 합판수출업을 시작한 사람, 방직회사원이 독립하여 섬유업을 시작한 사람, 도로협회 사원으로 있다가 토건업을 손댄 사람들, 회사원 시절에 터득한 경험과 지식을 토대로 독자적인 기업을 착수한 사람들도 있다.

정부관리직 출신의 대자본가들은 모두 8명인데 그 중 민의원, 차관 등의 고위직에 있다가 기업을 창설하고 독점판매로 치부한 사람이 있는가 하면 면 서기출신 등도 있다.

그 이외에 막벌이 노동을 하다가 정미소를 시작한 사람, 일본상인 밑에서 종업원이나 직공으로 일하다가 자영업체를 건설한 입지전적 인물도 5명이 된다.

이상과 같이, 오갑환의 연구 결과는 비록 저자의 경우에 비하여 10여년후에 조사한 것이지만 매우 상반된 주장을 한다. 이러한 상반된 주장이 나오게 된 것은 다음과 같은 연구결과의 문제점에서 비롯된 것 같다.

첫째, 그의 연구방법이 대기업인 본인의 자서전이 아니고 상업성의 전기류 문헌조사에 의존하였기 때문에 잘못된, 과장된 정보가 많고, 누락된 것이 많은 것 같다.[23)]

둘째, 조사대상의 55.4%(31명)가 되는 재벌 부친의 직업이 미상이라서 조사하지 못한 지주(약 절반)의 신분배경이 많이 배제된 것 같다.

---

23) 많은 전기류나 심지어「호암자서전」을 보아도 삼성상회 설립시 조홍제(만석군)와의 합작이 언급되어 있지 않다. 그리고 LG그룹 설립시에도 구인회는 사돈인 허준구(만석군)와 합작하였다. 따라서 조홍제(현재 효성그룹)와 허준구(현재 LS그룹)도 대기업자본가로 연구되어야 할 것이다. 그런데 조홍제와 허준구는 조사대상에서 제외되어 있다.

셋째, 그가 말한 처음부터 상인(15명)으로 출발하였다는 기업인이 그 직종이 상인이 아닌 양조업, 정미업, 제빵업, 피복공장 등 제조업을 운영한 사람이 많이 포함되어 있다. 이들은 영세한 기업인이 아니라 당시에는 상당한 자산가(산업자본가)이다. 이들은 대부분 농업을 겸업하거나 부업으로 하는 지주부농이다.24)

넷째, 대자본가의 전직이 다수가 회사원(15명), 관리(8명), 종업원(5명)이라고 하는데 이들은 대부분 일제시 부농 이상의 지주 자손들이 많을 것이다. 이들은 해방후 귀속재산(기업체)의 관리인이 되었거나 관리재산을 불하 받았을 것이다.

이와 같이 조사 가능한 대상(55.4%의 재벌)의 신분배경만을 분석하여 대자본가의 사회적 기원을 대부분 자수성가한 사람이라고 규정한 것은 무리한 것이다. 그것 뿐만 아니라 직업종사자의 역사적 배경(시대별 세대간 이동 등)을 추적하지 않고, 심지어 재벌들의 전신과정(자본의 형성과 발전 등)을 분석하지 않으면 올바른 성격을 파악하기 어렵다. 다시 말하면 예외적인 현상을 일반화 시킨 위험성이 있다.

그리고 차남희는 1950년대 대자본가의 자본축적 배경을 알기 위하여 당시의「한국연감」등에서 뽑은 대자본가 28명에 대한 출신배경을 조사하였다. 그러한 결과 중농이 12명으로 가장 많고 그 다음으로 소지주(7명), 대지주(2명), 빈농(4명), 소농(1명), 대호상(1명), 상인(1명)이라고 한다.

---

24) 1942년 일제시 겸업자와 부업자가 대단히 많다. 겸업자는 농업(3.2%) 뿐만 아니라 상공업(6.7%), 어업(7.9%), 공무자유업(5.6%) 까지도 각각 5할 이상을 차지한다.(김영모,「한국사회계층연구」, 일조각 / 고헌, 1982, p.241~243) 예컨대 경기고보와 경북고보의 지방 입학생 부친 중에 양조장 또는 정미소의 경영자가 많은데 이들의 직업은 대개 농업으로 되어 있는 경우가 많다. 이들의 경제력으로 자식들에게 서울의 중학교육을 시킨다.

그는 토지자본에 기초하여 자본을 축적하여 산업자본가가 될 수 있는 지주는 전체의 32.1%이고 나머지 64.3%가 자수성가한 사람이라고 한다.[25)]

그런데 그가 지적한 대지주는 5천석 이상의 연소출이 있어야 하고 소지주는 1천석 이상, 그리고 자작농의 경우 5백석 전후를 대농, 3백석 전후를 중농, 1백석 전후를 소농, 그리고 소작농을 빈농이라 구분하였다. 이러한 구분은 잘 못 되었다. 예컨대 1백석 이상의 연소출이면 자경하여 농사를 거의 짓기가 어렵다. 그가 말한 중농 이상이면 지주부농이라 할 수 있다. 따라서 그가 말한 중농출신 이상(12명)인 28명 대자본가의 75%는 지주부농 출신이라 할 수 있다.

한편, 공제욱은 1960년 4.19 이후 허정 과도내각이 부정축재자로 발표한 23명 중 상위 10명과 5.16 후 군사혁명정부가 부정축재자로 발표한 상위 15명, 그리고 김영모의 연구대상인 A급 자본가(8명)와 B급 자본가(14명) 중에서 제외된 사람을 추가하여 모두 23명을 조사하였다.[26)] 그는 23명에 대한 진기류 문헌조사를 하여 대자본가 부친의 직업 및 지위를 알 수 있는 18명에 대한 조사결과는 지주가 8명이고 대상인이 2명이며 부농, 중농이 각각 2명이라고 한다. 나머지는 빈농 4명과 상업 1명이라고 한다. 이러한 분포를 가지고 부친의 경제적 지위가 계승된 대지주와 상인은 전체의 38.9%(7명)이고 나머지 61.1%(11명)은 소위 '자수성가형'이라고 한다.[27)]

50년대 23대 자본가 중에서 부친의 직업 및 지위를 확인할 수 있는 자본가는 18명이었다. 이 18명의 자본가를 대상으로 부친의 직업 및 지위를

25) 차남희, 한국경제 엘리트의 자본형성에 관한 분석-1953~1960년을 중심으로-,「현상과 인식」, 제 5권 1호, pp.182~188

26) 공제욱, 상게서, p.185

27) 전게서, pp.187~188

살펴 보면 다음과 같다.

23대 자본가의 부친의 직업은 지주가 5명으로 가장 많으며, 다음은 빈농, 부농 및 중농, 그리고 몰락한 지주의 순이다. 그런데 여기서 50년대의 대자본가 중에서 실질적으로 부친이 상층에 속하였고 이러한 부친의 경제적 지위가 계승된 경우는 지주와 대상인을 합하여 7명(38.9%)에 불과하다는 사실을 알 수 있다. 나머지 11명(61.1%)은 소위 '자수성가' 형이라 볼 수 있다. 이 조사 결과는 부친의 경제적 지위를 계승한 경우가 많지 않음을 보여준다. 물론 이 조사는 1950년대의 주요 자본가 23명에 한정된 것이며, 그 중에서도 부친의 경제적 지위가 미상인 사례 5명을 제외한 18명에 대한 조사 결과일 뿐이므로 이것으로 1950년대 이후 형성된 한국 자본가계급의 세대간 경제적 지위의 세습 여부를 일반화 하기는 곤란하다. 하지만 한국인 사적 자본가의 초기 형성 단계에서 당시 대자본가의 상당 부분이 과거의 경제적 지배계급이 아닌 부분에서 충원되었다는 사실은 이 시기에 경제적 상승 이동의 가능성이 매우 컸음을 반영하는 것이라고 하겠다.

이는 본 연구에서 살펴 본 8.15 이후의 급격한 사회 재편과정, 즉 농지개혁의 실시와 지주를 배제한 신흥 유산층에 유리하게 귀속기업체가 불하된 사실 등에 기인한 것이라고 하겠다.

공제욱은 1960년대 초 민주당과 군사정권에 의하여 부정축재자로 규정된 대기업 자본가 23명의 출신배경을 저자가 행한 방법으로 시기별, 즉 일제시대, 미군정기, 한국전쟁기, 50년대 중반 이후로 나누어 직업이동과 자본축적 수단을 파악하였다.

그는 시기별로 자본축적 수단을 일차적인 자료(법인대장 등)를 이용하여 분석하고 있다. 그러나, 대자본가의 출신배경과 직업이동에 대해서는 주로 전기류와 사사(社史)를 분석하였기 때문에 앞에서 지적한 오갑환과 후술할 서재진의 연구에서 처럼 큰 문제점이 있다. 그리고 연구대상이 모두 18명(전체의 21.7%)에 대한 사례연구라서 이것을 일반화 시키기는 어려울 것이다.

그는 대자본가의 61.1%가 소위 '자수성가형'이라고 주장하는데 이것은 오갑환의 연구결과에서 지적한 바와 같이 큰 문제점이 있다. 다시 말하면 시기별 분석은 잘하였는데 본인의 초직 분석을 강조하다 보니 대기업 자본가의 사회적 기원을 너무 단순화 시킨 것 같다. 저자가 볼때는 예외적인 현상을 일반화 시키고 있다. 아무리 작은 장사(기업)를 하려 해도 밑천이 있어야 한다. 또한 자본 증식과 업종 전환 등을 통한 기업 경쟁력을 키울 수 있는 것이다.

3) 하층계급설

서재진은 산업자본가의 사회적 기원을 밝히기 위하여 1985년 현재 상위 50대 재벌과 1950년대 후반 상위 15대 재벌 중에서 중복자를 제외한 57명을 재벌에 관한 전기류 자료를 이용하여 분석하였다. 그러한 결과 한국의 산업자본가는 가난한 영세 농가 및 영세 상인과 같이 하층계급 출신이라는 것이다.[28)]

한국 산업 자본가의 약 28%가 가난한 영세 농가의 아들이며, 10.5%는 영세상인, 24.6%가 중간층 농가, 12.3%가 피난 지주, 그리고 8.8%만이 지주의 아들로 나타났다. 더 일반적으로 말해서, 38.5%가 영세농 및 영세 상인의 아들인 것이다. 이것은 이전의 연구, 즉 김영모(1962)와 존스 및 사공(1980)에 비하면 현저한 차이가 난다. 주목할 것은 12.3%나 되는 부분이 피난 지주의 아들로서 해방과 더불어 온 분단과 6.25 전쟁을 통해서 부친의 급격한 신분 하락을 경험했다는 사실이다. 이들은 부친의 이전의 부로 해서 고등교육을 받을 수 있었다든지, 상층으로 있었을 때 사회적 연줄망의 도움 등으로 지주 계급으로서 부친의 부의 영향을 받았다고 가정하고 지주 출신으로 본다고 해도 존스와 사공의 47%에 미달되며 김영모의 51.2%에는 더욱 못 미친다. 중간층 농가, 피난 지주들 모두 합해야 지주층이 45.7%가 되

---

28) 서재진, 상게서, p.54

어 존스와 사공의 47%에 가까워진다. 그러나 실제로 중간층 농가를 토지 생산의 잉여로 산업 자본을 형성할 수 있는 정도의 지주층으로 볼 수는 없는 것이다.

서재진의 연구결과는 조사대상이 대부분 1985년의 대기업 자본가이지만 그는 저자의 연구결과(지주출신이 51.2%)와는 달리 지주 출신이 전체의 8.8%에 불과하고 대부분 영세한 계층 출신이라고 하였다. 이러한 견해가 나타나게 된 것은 다음과 같은 문제점에서 비롯되었다.

첫째, 조사대상의 대부분(73.7%)이 저사의 경우에 비하면 13년이 지났기 때문에 그 동안의 정치적 경제적 상황(경제개발계획) 등의 변화에 따른 대기업자본가의 출신배경이 달라진 것이 아닌가 생각한다. 그는 조사대상(57명)의 15.8%(5명)가 미상이라고 하는데 이것도 조사대상에서 배제된 것이 문제이다.

둘째는 그의 연구방법이 기업가에 대한 이차적인 전기류 문헌(도서)을 분석하였다. 그는 전기류 분석 방법이 질문지 조사방법 보다도 더 타당성이 높다고 한다. 저자의 질문지 조사는 대부분 대기업 자본가(사장)를 직접 면접조사를 하였고, 그것이 불가능한 경우 비서실장에 맡겨서 후에 회수하였다.29) 따라서 그가 사용한 이차적 전기류 문헌은 일반적으로 대자본가를 입지전적 인물로 미화시켰기 때문에 그것에 의존하기 보다는 오히려 일차적 면접조사가 보다 타당성이 높을 것이다.

한편, 그는 저자가 행한 직업분류(지주와 농업)가 부적절하다고 하면서 영세농, 중간농, 지주, 피난 지주로 4분하고 영세농은 가난하

29) 당시 4.19 학생혁명으로 대기업가와 비서실장들이 대학생들의 질문지 면접조사에 매우 호의적이었다. 그러나, 부친의 직업에 대한 구체적 질문(사업규모 등)에 대한 응답은 많이 기피하였다.

게 생계를 꾸리는 가구이고 중간농은 넉넉히 가계를 꾸리고 자식을 중학교 까지 보낼 수 있는 정도의 수준이며 지주는 저축할 정도로 많은 토지를 소유하며 자녀를 고졸 이상 시킬 수 있는 수준이라고 자의적으로 그 개념을 규정하였다.

사실 지주는 토지 소유관계를 의미하는 것이지 계급적 계층적 의미는 아니다. 사회통념상 지주는 일반적으로 지주부농을 말한다. 만약 토지소유의 개념에 따르면 지주, 자작농, 소작농으로 구분하여야 한다.30) 따라서 서재진이 구별한 농업의 구분 개념은 잘 못된 것이다. 그리고 우리나라 농촌에 과거 농업노동자는 없었다.31)

셋째, 한국 산업자본가의 28%가 가난한 영세농가의 아들이고, 10.5%는 영세상인, 12.3%가 피난지주의 아들이며, 또한 산업자본가의 59.6%가 첫 직업이 자영업이 아닌 고용직(피용자를 말한 것 같음), 심지어 12.3%는 육체노동자라고 하였다. 그리하여 그는 결론에서 지주가 산업자본가로 전환된 예는 거의 없으며 대부분이 영세 농가나 영세 상인 등의 하층 출신이라고 하였다. 과연 그러한가 하는 의문이 간다.32)

---

30) 일반적으로 부농은 3정보 이상, 중농은 2~3정보, 소농은 1~2정보, 빈농은 1정보 이하의 토지를 소유를 말한다. 1948년「조선경제연보」(조선은행간)에 의하면 부농이 6.04%이고 중농은 10.8%, 소농이 44.65%, 빈농이 38.46%이다. 그리고 자작농중에서 부농이 11.8%이고 중농이 10.8%, 소농이 42.2%, 빈농이 38.4%가 된다.(김영모「한국사회계층연구」, 일조각/고헌, 1982/2005, p.263)

31) 국세조사에서 농업노동자는 머슴을 말한다. 농업노동자는 자본주의 계급분화가 이루어진 상태의 개념이고 머슴은 소농사회에 있어서 주인에 대한 주종관계를 형성하였다.(김병태, 머슴에 관한 연구,「경상논총」, 중앙대, 1958 참조)

32) 그는 일제시 해방후 지주가 부재지주와 재촌지주가 있었고 이러한 지주의 존재 형태와 그 변화에 대한 이해가 부족한 것 같다. 1932년 부재지주가 전체 농가의 1.1%인 3만 2천 890호가 있었고 재촌지주는 2.5%인 7만 1천 933호가 있었다.(김영모,「일제하 한인지배층연구」, 고헌, 2009, p.183) 그가 말한 영세 농가와 영세 상인 및 고용직은 구체적으로 누구(조사대상)를 말하는 지를 그의 논문에서 알 수가 없다.

또한 그는 지주계급이 산업자본가화 되지 못하고 하층계급에서 산업자본가가 등장하게 된 배경을 ① 일본 식민지 통치와 한국 토착기업 발전의 억제, ② 이승만 정권과 토지개혁, ③ 6.25전쟁과 상인자본주의의 등장, ④ 이승만 정권과 독점자본의 형성에서 찾는다.[33)]

그런데, 지주의 몰락을 농지개혁에서 찾는 것은 타당하지만 6.25 전쟁 후는 농지개혁으로 사실상 대지주가 없는 것이나. 대지주는 대부분 6.25 전쟁 이전에 이촌하였고, 대도시에 거주하는 부재지주가 일제시 및 해방후 토지로 부터의 수익(지대)을 상공업 자본에 투자하였거나 농지를 매각하여 상공업자본가가 되었던 것이다.[34)] 따라서 1세대가 지난 1980년대 기업가의 직업조사에서 지주여부를 확인하는 작업은 그 시기상 구체성이 밝혀져야 한다.

넷째, 그의 논문에서 논리를 비약하여 현실을 오진하거나 지나친 단정(해석)을 많이 찾아 볼 수 있는데, 과연 그런가 하는 의문이 간다.

① 산업자본가와 근대기업의 개념을 주식회사 여부로 규정하고, 우리나라 근대기업은 1950년대 이후 대기업자본가의 57.9%(33개)라고 한다.(p.51) 그리고 근대기업의 생성과 자본주의의 발달은 해방후 국민국가가 성립되고

33) 서재진, 전게서, 제 3장 참조

34) 일제시(1926년~1939년) 20정보 이상의 대지주가 관계한 조선인 회사를 겸임하는 경우 적어도 523명이 된다. 대지주가 관계한 조선인 회사는 1921년에 43개(34.7%)이지만 1937년에는 262개(14.1%)가 된다.(허수연, 일제하 조선인 회사 및 조선인 중역의 분석, 안병직 외,「근대조선의 경제구조」, 비봉출판사, 1989, pp.372~373) 다수인 20정보 이하 지주의 상공업자본가화는 훨씬 많을 것이다. 그리고 해방 직전 추수가 5백석 이상 대지주가 1943년 6월에서 1943년 12월 까지 남한에서는 대지주 1,630명 중 546명(33.5%)이 감소되었다.(「조선경제통계요람」, 1949 참조) 이들 중에 몰락한 경우도 있겠지만 대부분 상공업자본화 한 것을 의미한다.

난 다음 부터의 일이라고 한다.

② 1945년 민족계 기업이 거의 도산되고 농지개혁으로 지주계급이 몰락하여 지주가 산업자본가가 된 경우는 없다고 한다.[35](p.74) 그러나 민족계 기업은 다수가 영세하지만 많이 존재하였고, 또 농지개혁 이전에 상공업 자본가가 되지 못한 대지주와 부재지주 중에서 귀속재산(기업체)을 불하받아 산업자본가로 전환한 대지주(20정보 이상 소유)는 69건(5%)이 된다.[36]

③ 해방후 이승만 정권이 토지(지주)자본에 기초한 한민당의 정치자금을 봉쇄하기 위하여 토지개혁을 통하여 지주계급을 붕괴시키고 자유당계 기업가를 육성하였다는 것에 대하여 공감한다.(pp.67, 71) 그러나 이승만이 집권하기 전 미군정시 한민당이 관여하여 이미 처분된 귀속기업체는 모두 513건(전체의 18.9%)이 된다.

다섯째, 그는 결론에서 대부분의 근대기업을 해방후 특히 전후 복구과정에서 등장했다고 하면서 지주가 산업자본가로 전환된 예는 거의 없으며 대부분이 영세한 농민이나 영세한 상인 등의 하층계급 출신이라고 한다. 만약, 하층계급 출신이 지배계급이 되었다면 비록 농지개혁과 6.25 전쟁 및 외국원조와 같은 사건이 있었다 할지라도 혁명적 조치가 없어도 그것이 가능했는지 의문이 간다. 다시 말하면 하층 계급은 먹고 살기도 바쁜 시대에 기업에 투자할 수 있는 여력(자본과 권력)이 없는 것이다. 따라서 저자가 이미 지적한 바와 같이 일제시 또는 농지개혁 이전에 이미 토지자본(지주)이 상공업 자본가화 한데서 찾아야 할 것이지[37] 1948년 건국 이후나 농지개혁 이후

---

35) 1940년 상점이 모두 246,688개가 있는데 이 중에서 개인 점포는 전체의 95.6%이고 나머지는 주식회사가 1,596개(0.6%)이다. 나머지는 기타 법인(2.2%)과 합병, 합작회사(0.3%) 등이다.(조선총독부, 「국세조사참고 통계표」, 1940)

36) 김윤수, 「'8.15'이후 귀속기업체 불하에 관한 일 연구」, 서울대 대학원 석사학위논문, 1988, p.64

37) 지주자본의 상공업 자본가화는 2차 세계대전과 해방후 미군정, 과정 및 건국 초기(농지개혁전)에 주로 가능하였다. 이러한 현상은 북한에서 토지개

에 지주가 상공업 자본가가 된 것은 아니다. 따라서 상공업자본가나 지주 출신인 화이트 칼라들이 임차인과 관리인이 되어[38] 이들이 해방후 권력과 외원을 이용하여, 특히 상업(무역)과 생산(제조) 및 소비(시장)를 통하여 대기업가가 된 것이라고 보아야 할 것이다. 만약 그렇지 못하면 한국기업 및 자본주의의 자생적 발전을 부정하고, 외국자본(귀속재산, 원조차관 등)이 그것을 발전시킨 것이라고 볼 수 있다.

한편, 지주자본설과 자수성가설의 양시론(兩是論)을 주장하는 견해도 있다. 홍덕률은 대기업가의 부친이 일제시 지배계급과 하류계급 출신이 비슷하게 분포되어 있다고 하면서 일제시 직업 또는 계급구성을 고려하면 해방후 대자본가의 세대간 계급연속성을 인정하고 있다.

첫째, 해방후 50년대의 대기업가는 일제하에서 부친의 직업으로 볼 때, 경제적 상층계급으로부터 뿐만 아니라 소농·빈농 등의 하류계급으로 부터도 적지 않게 충원되었음을 알게 되었다. 경제적 상층계급 출신자들은 그들의 토지자본을 기초로 하여 고등교육을 이수한 후 영세·소규모 자영업을 거쳐 기업창업의 길을 걸은 반면, 하류계급 출신자들은 행상, 점원, 막노동으로 출발하여 영세자영업을 거쳐 기업 창업의 길을 걸었다. 그러나 대기업가의 하류계급으로 부터의 충원을 해방후 40년에 달하는 자본주의 발전과정을 거치면서 꾸준히 줄어들고 있음도 또한 발견되었다.

혁이 있었고, 남한에서도 농지개혁의 필요성이 강조되었으며, 또 여러 가지 농지개혁안이 미소 공동위원회와 국회에서 제기 되었기 때문에 대지주들의 소작지 강매현상이 이미 나타났다. 일제시 1943년 전국의 500석 추수 이상 대지주가 1,630명인데 1년 6개월 후 벌써 1,084명(66.5%)으로 감소되었다. 또한 해방후에도 지주와 소작농이 감소되고 자작농이 증가 되었다.(유인호, 해방후 농지개혁의 전개과정과 성격, 「해방전후사의 인식」, 한길사, 1989, pp.416~422)

38) 1940년 조선 국세조사보고서에 의하면 화이트 칼라가 전체 한인 남자 인구의 1.9%(36,230명)가 된다.(김영모, 「한국사회계층연구」, 고헌, 1982, p.253)

그는 1962년과 1983년 대기업 창업자 45명 중에서 미확인자를 제외한 25명 가운데 11명이 경제적, 정치적 이데올르기적 지배계급 출신이며 10명은 소농, 빈농 출신이라 한다.[39)]

3. 출신배경의 재검토

대자본가들의 사회적 기원에 관한 제 견해들은 앞 장에서 검토하여 보았다. 이러한 견해(지주자본설, 자수성가설 등)의 타당성에 대하여 그간 연구자들이 조사한 결과를 가지고서 좀 더 대자본가의 출신배경, 즉 직업, 교육 및 지역배경을 분석하여 재검토해 보고, 나아가 그들의 계급적, 계층적 성격을 파악하려고 한다.

1) 신분배경

대기업 자본가의 신분배경은 그들 부친의 직업과 본인의 초기 직업을 중심으로 고찰한다.

대기업자본가의 기원에 관한 지주자본가설은 주로 그들의 부친을 비롯한 집안의 영향력을 의미하는 것(연속성)이고 자수성가설은 부친 등 집안의 영향력이 거의 없었음을 의미하는 것(단절성)이다.

표 1을 보면, 토지자본 수익을 직접 자본형성에 기여할 수 있었던 지주는 적어도 대자본가의 2할 이상이 되고 중농도 약 25%가 된다. 다시 말하면 농업으로 부터 수익(잉여가치)을 창출할 수 있는 계층은 대자본가의 약 5할이 될 수 있다는 뜻이다. 그 다음으로 상업에 종사한 부친이 약 1할이 되고 사장, 전문직 등에 종사한 경우 약

39) 홍덕률, 전게논문, pp.80~81, p.100
그는 1962년의 대기업가는 김영모가 조사한 대자본가의 A, B급 22명과 1983년의 경우 한국일보가 선정한 30명 대기업가를 조사하였다.

2할인데 이들도 선대의 경제적 지원을 받아 상업에 투자하였거나 높은 교육을 받은 것이 아닌가 한다. 다시 말하면 대자본가 부친의 직업적 배경을 본다면, 당시 우리나라의 상층 또는 지배계급이라고 할 수 있다. 따라서 서재진이 대자본가의 28.1%가 빈농출신이고, 또 10.5%가 영세상인이라고 지적한 것은 예외적인 것 같다.

<표 1> 대자본가 부친의 직업

연구자	조사연도	지주	중농	빈농	농업	사장	상업	관리	사원	기타	미상	합계(명)
김영모	1962	22			5	1	6	1	1	2	5	43
오갑환	1972	6	8			5	2			2		31
사공일	1975	21.4	25.4		2.0	12.4	14.5	5.9	3.5	10.5		100(%)
서재진	1985	12	14	16		1	6			4	5	57
홍덕률	1987	11	5	11				3		1	21	52

(비고) 1) 오갑환의 빈농은 소농을 말함
2) 사공일의 사장, 상업 및 농업은 자영인을 말함.
3) 서재진의 상업은 영세상, 빈농은 영세농, 지주는 피난지주 7명이 포함됨.
4) 홍덕률은 1962년과 1983년의 대기업가 조사이고, 소농과 빈농은 합쳤음.

일반적으로 영세농이라 하면 1정보 이하이고 빈농은 5단보 미만의 농가를 말하는데 과연 이들의 자손이 일반적으로 당대의 중등교육 이상을 이수시키거나 자손들의 노력만으로 대자본가가 될 수 있을까 하는 의문이 간다. 다시 말하면 대자본가가 본인의 직력을 표 2에서 보면 상업(대부분 무역) 종사자와 회사원이 가장 많아서 거의 모든 연구자는 각각 약 2할 이상을 지적하고 있다. 나머지는 공업(제조업, 39.5%)과 관리인(25.6%)을 지적한다. 그리고 오갑환, 서재진, 공제욱은 모두 노동자 출신이 1할 이상이라고 한다.

이상에서 보면, 대자본가의 초직은 화이트 칼라가 전체의 약 5할이 되고, 그 다음은 상업(무역)과 공업(제조업) 및 노동자(점원) 등이 다수를 차지한다. 따라서 대자본가들은 초기에 주로 화이트 칼라와 중소상공업에 다수 참여하여 당시 중산층의 계급적 성격을 지녔다고 볼 수 있다.

<표 2> 대자본가 본인의 직업

연구자	사장	상속	상업	공업	상공업	관리	군인	회사원	관리인	노동자	기타	합계(명)
김영모	2		9	12	5	3		2	11		1	43
오갑환		5	21			8		15		5	1	56
사공일			23.5			20.3	10.2	21.1			29.7	100.0(%)
서재진	17.6		21.1			14.0		22.8		21.1	10.5	100.0(%)
공제욱			8					8	11	4	3	34

(비고) 1) 직업분류는 각 연구자의 방식에 따랐고, 김영모의 경우 해방후 직업이고 오갑환의 경우 경력이며 사공일은 남한출신이다. 그리고 서재진과 공제욱의 경우 초직을 말한다. 서재진의 경우 재분류 하였음.

2) 김영모의 사장은 토목건축사업이고, 사공일의 수치는 남한출신의 대자본가이며, 북한출신(45명)의 경우도 매우 유사하나 무역업이 25.6%가 된다.

3) 서재진의 상업은 국내 자영상을 말하고 공제욱의 상업은 무역업이 7명 포함됨. 그리고 사공일의 상업에 무역업(14.1%)에, 그리고 회사원에 금융기관 직원(10.9%)이 포함됨.

이와 같이 대자본가 부친의 직업을 보면, 지주자본가설의 타당성이 높고 대자본가의 초직 등을 보면, 중산층이 다수이기 때문에 부모의 도움을 받았을 것이다.

2) 교육 배경

50년대 대자본가의 연령은 주로 40~50대이기 때문에 이들은 일제시대의 학교 교육을 받았다. 일제시대의 교육기회는 모든 국민에게 실질적으로 개방되어 있지 않았지만 대자본가의 교육수준을 표 3에서 보면 대단히 높다고 할 수 있다.

대자본가의 교육수준이 연구자에 따라 차이가 있으나 중학 졸업생과 전문대 이상 졸업생이 각각 약 4할이 되고 나머지는 보통(초등)학교 이하이다.

일반적으로 대자본가의 교육수준이 중학 이상이라면 이들은 일제시 '문관임용령'(제 5조)에 의하여 주임관(관료)이 될 수 있다. 또한 그들 부친의 경제적 기반은 적어도 중농 또는 중산층(상공업가 및 화이트 칼라) 이상이라야 중학 이상을 수학할 수 있다.[40]

---

40) 경성고보 재학생 신분배경은 양반이 전체의 53.4%이고, 그 다음은 평민

그런데 대자본가의 자수성가설을 주장하는 오갑환은 중학 이상이 약 9할이라고 하면서 사회적으로 유리한 계층적 지위에서 출발한 사람들이 아니라고 한다. 또한, 하층계급설을 주장한 서재진은 대자본가들의 대부분이 부모덕에 공부를 했다기 보다는 상당수가 고학으로 학업을 마친 사람들이라고 한다. 이것은 잘못된 해석이다.

일반적으로 한국 재벌의 창업자들은 전체 한국인의 교육수준에 비해 높은 교육수준을 가지고 있으나, 전기류 분석에 의한 연구결과는 이들이 부모 덕에 공부를 했다기 보다는 상당수가 고학으로 학업을 마친 사람들로 나타났는데 이것은 미화시킨 것이다.[41]

<표 3> 대자본가의 교육수준

연구자	한학·무학	보통(초등)	중학(고교포함)	전문대학 이상	기타·미상	합계(명)
오갑환	3	3	28	22		56
사공일		3.1	27.8	69.1		100.0(%)
서재진		12	21	20	4	57
차남희	1	3	13	8	3	28
이현송	2	8	36	30		76
홍덕률		11	14	24	1	52
공제욱	1	4	8	10		23

(비고) 서재진의 고교졸은 일제시에는 고교는 아니고 고보(중학수준)나 고상, 고농, 고사 등인데 후자는 전문대 수준임.

실제로 부모 덕에 대학을 마치고 부모 덕에 사업 자금을 마련한 재벌은

(30.1%)과 대지주(1.3%), 귀족(0.8%), 미상(12.5%)이다. 그리고 그들의 보호자의 직업을 보면, 농업이 전체의 38.1%로서 가장 많고, 그 다음은 상업(17.3%), 관공리(12.1%), 회사원(4.9%), 교원(4.7%), 의사(3.1%), 은행원(2.7%), 변호사(2.7%), 지주(2.2%), 광공업(2.6%) 등의 순이다. 다시 말하면 농업 종사자는 대부분 지주부농이거나 중농 이상이며 관공리 등 화이트 칼라가 21.1%가 된다.(김영모, 「일제하 한인지배층연구」, 고헌, 2009., pp.155~156)

41) 공비(무상)로 학업을 마칠 수 있는 사범학교나 육사출신의 대기업자본가는 없었다.

상당히 희귀한 편이며 네 사람의 경우가 있을 뿐이다. 즉, 삼양사의 김연수, 동양맥주의 박두병, 효성의 조홍제, 삼성의 이병철이다. 특히, 김연수만이 토지 자본에서 직접 산업 자본으로 전환했으며, 다른 사람들은 적어도 28%는 영세 농가, 10.5%는 영세 상인 출신으로 가난을 토대로 기업인이 된 사람들이다. 그들은 충분한 투자 자본이 있어서가 아니라 가난했기 때문에 농업 외의 다른 길을 택한 사람들이다. 육체 노동자, 행상 또는 영세 상인에서 시작하여 자본과 기업 경험을 축적하여 산업 자본가로 전환한 것이다.[42)]

그가 조사한 대자본가 중에서 4명이 부모 덕에 공부를 하였고, 나머지 중 적어도 28%는 그가 말한데로 과연 가난해서 고학으로 공부하였을까 하는 의문이 간다. 그의 논문에서 대자본가의 실명이 제시되지 않아서 구체적으로 확인하기는 어렵지만, 다른 연구자의 논문에서 중복된 명단이 많을 것으로 생각되어 그것을 확인하면 사실과 다르다는 것을 알 수 있다.[43)] 따라서 대자본가의 출신배경이 식민지 시대에 있어서도 거의 대부분 중간층 이상, 특히 상층계급에 속한다고 볼 수 있다.

3) 지역배경

대자본가의 출신지는 비교적 각 지방에 분포되어 있으나, 특히 영남출신과 서울, 경기 출신이 각각 2~3할이 된다. 그리고 북한 출신이 2할 이상이다. 북한 출신은 해방 직후 토지개혁(무상몰수 무상급

---

42) 서재진, 상게서, p.56

43) 오갑환은 대자본가의 89.3%가 중학 이상을 졸업하였는데 그 중에서 39.3%가 일본 유학생이고 미국, 만주에서 받은 사람도 5.4%가 된다고 한다. 그리고 그가 예시하지 못한 LG의 창업자 구인회는 중앙고보, 그 후계자 구자경은 진주사범 출신이며 동업자 허준구(LS그룹)는 일본 동경 관동중학교를 졸업하였다. 그리고 삼성 창업시 동업자인 조홍제(효성그룹)는 와세다 대학을 졸업하였으며 박두병(두산그룹)은 보성고보를 졸업하였다. 이들은 모두 대지주 출신이다.

여)에 의하여 자기 고향에서는 살수 없었기 때문에 남하한 소위 월남동포들이다.44) 이들의 대부분이 토지개혁 이전 일제시대에 상공업 자본가가 된 사람이 많다.

대자본가들의 성장지는 서울이 전체의 31.9%이고, 나머지도 지방 도시(29.1%)와 군청 소재지(16.6%)이다. 그리고 면 소재지 및 농촌의 경우 16.6%이고 외국의 경우 6.4%라고 한다.45) 그러나, 대기업자본가들은 영남과 기호 및 북한 출신들이 많다. 특히 개성상인(개풍) 출신(3명)이 많다.

1950년대 대자본가의 출신지는 당시 권력지배층의 출신지와 매우 유사하다. 이승만 정부 각료의 37.3%가 서울, 경기 출신이고 그 다음은 영남(20.9%)이며, 나머지는 충청(15.5%), 북한(12.7%), 호남(6.4%), 강원(7.3%)의 순이다.46)

<표 4> 대자본가의 출신지

연구자	서울	경기·강원	충남·북	전남·북	경남(부산)	경북	평남북	함남북	기타	합계(명)
오갑환	3	8	6	5	14	8	5	4	3	56
사공일	16.2	18.0	7.5	6.7	26.0		13.9	7.2	4.5	100.0(%)
차남희	5	2	1		4	2	5	2		24
홍덕률	10	3	3	4	22		8		2	52
공제욱	7		1	1	8		6			23

(비고) 1)사공일의 평·남북에는 황해도 출신(2.7%)이 포함됨.
2) 홍덕률의 서울에는 경기도 출신이 포함됨.

44) 월남 피난민 중에 잘 살았던 사람은 금은 보석이나 제품(포목 등)들을 많이 가지고 왔다고 한다.

45) 존스·사공일, 상게서, p.254

46) 김영모, 「한국권력지배층연구」, 고헌, 2009, p.189 특이한 것은 삼성그룹(이병철), LG그룹(구인회), 효성그룹(조홍제), GS그룹(허준구)의 설립자들이 모두 서부경남 출신들로, 1920년대 경남 진주 지수초등학교에 다닌 적이 있다.

이것을 보면, 대자본가의 형성이 권력지배층 출신지역과의 상관성이 높았을 것으로 생각할 수 있다.

대자본가 중에 경남(부산) 지방 출신이 가장 많은 것은 6.25 전쟁시 한때 부산이 임시 수도였기 때문에 각 지방 출신의 기업가는 여기에 모여 무역업을 중심으로 자본축적이 가능하였다. 피난시 부산의 '국제시장'(자유시장 또는 돗데기시장)은 임시 수도 부산의 경제적 심장이고, 당시의 한국 경제를 좌우하였다.[47] 전국 대기업이 이용한 자유시장(판매)이었으며, 특히 이북 출신이 상권을 장악하고 있었다. 삼성그룹을 일으킨 제일제당(부산)과 제일모직(대구), 그리고 LG그룹을 일으킨 럭키화학(부산)이 이 때 일본에서 제조기계를 도입하여 공장을 설립하여 근대적 산업자본가의 기반을 형성하였다.

4. 자본형성 요인과 기업자본가의 형성

1950년대 우리나라 대자본가의 자본형성과 그 요인에 대해서 저자는 일찍이 지적한 바 있다.[48] 자본형성(축적)의 주요한 요인으로 ① 귀속재산의 불화, ② 외국 원조자금의 대여, ③ 상업(무역업)의 발달, ④ 은행융자, ⑤ 악성 인플레이션, ⑥ 환율인상, ⑦ 저임금, ⑧ 저곡가 정책 등을 지적할 수 있다. 그 후 발표된 논문들에서 이와 비슷한 견해를 많이 볼 수 있었다. 특히 후학들이 자본형성의 주요한 요인인 귀속재산, 토지증권, 외원(대충자금)대여, 금융 융자와 은

---

47) 국제시장은 1953년 1월 30일 대화재사건으로 신축되었지만, 대화재로 5천여동의 건물이 소실되고, 5만여명의 이재민이 발생하였으며, 총 피해액이 1천 4백 3억원이었다. 특히 피난민의 생활근거를 보장한 큰시장(8만여평)이었다.(부산시사 편찬의원회, 「부산략사」, 1964. p.334)

48) 각주 1) 또는 김영모, 「한국지배층연구」, 일조각, 1982, pp.273~280

행의 민영화 등에 대한 새로운 자료들을 발굴하여 그것을 분석한 논문들이 나왔기에 저자가 40여년 전에 지적한 자본형성의 요인을 중심으로 재론하기로 한다.

자본주의 사회에 있어서 사업(기업)을 하려면 돈(자본)이 있어야 한다. 돈이 있으면 생산시설(공장)도 짓고 제품 원료(원자재)도 구입할 수 있으며, 일꾼(노동자)들을 고용하여 제품(상품)을 만들어 시장에 팔아 돈을 벌(축재) 수 있다. 그렇지 않으면 누가(권력) 시설을 지어 주거나 돈을 빌려 주면 된다.

해방후 정부는 많은 시설(귀속재산)을 불하하여 물건(제품)을 만들 수 있게 하였고, 또 많은 돈(외원과 융자)을 주어 원자재를 구입하도록 하였다. 이렇게 하여 영세한, 전통적인 산업자본가 및 상업자본가들이 대기업자본가가 되었으며, 또한 새로운 관료자본가가 나타나게 되었다. 이들이 자본을 축적하면서 마침내 은행의 민영화로 금융자본 까지 소유하게 되어, 소위 독점자본가로 성장하였다.

<표 5> 기업지배층의 직업변동

<table>
<tr><th>직업
시기</th><th>지주</th><th>상업</th><th>공업</th><th>관료</th><th>사원</th><th>관리인</th><th>수공업</th><th>정치인</th><th>미상</th><th>합계(명)</th></tr>
<tr><td>일제 초</td><td>11</td><td>3</td><td></td><td></td><td></td><td></td><td></td><td></td><td>4</td><td>18</td></tr>
<tr><td>일제 말</td><td>2</td><td>7</td><td>2</td><td>2</td><td>4</td><td>1</td><td>1</td><td></td><td></td><td>18</td></tr>
<tr><td>8.15 후</td><td></td><td>6</td><td>5</td><td></td><td></td><td>8</td><td></td><td></td><td></td><td>18</td></tr>
<tr><td>6.25 후</td><td></td><td colspan="2">5 7 3</td><td></td><td></td><td></td><td></td><td>4</td><td></td><td>18</td></tr>
</table>

(비고) 「한국지배층연구」, 일조각, 1982, p.273

저자는 1962년 민주당 정권시 '경제협의회'와 군사정권시 '경제인협회'의 양 단체의 동시 회원이었던 18명 대기업자본가, 즉 기업지배층의 일제시 부터 6.25 전쟁후 까지 직업이동을 파악하여 대자본가의 성격을 지적한 바 있다.[49]

18명의 부유한 대자본가들은 일제 초기에 대부분 지주층에 속하였고(61.1%), 일제 말기에 이르러 상업가(38.9%), 공업가(11.1%), 화이트 칼라(38.9%)로 분화되면서 8.15를 계기로 상공업자본가(61.0%)와 관리인(44.4%)으로 전환되었다가, 6.25를 계기로 모두 상공업자본가로 변신 되었다. 그 중에서 22.2%는 동시에 정치가이다. 이러한 자본가는 내적으로는 잉여노동가치의 수탈에서 비대하였고, 외적으로는 비경제적 요인, 즉 권력에 의하여 비대하였다.

이러한 자본가는 두 가지 형태로 구분할 수 있다. 하나는 A급 자본가를 중심으로 한 정치자본가이고, 다른 것은 C급 자본가를 중심으로 한 관료자본가이다. 전자는 정치권력을 이용한 특혜적인 자본공급(외원(대충자금) 대여, 미화 불하, 은행융자 등)과 특정인에의 원료공급 및 면세 등이 자본형성의 주요한 수단이 되었고, 후자는 귀속재산 불하가격의 사정기준이 부당하게 저렴하였고, 불하대금의 분할 납부 등에서 자본형성의 1차적 주요 수단이 되었으며, 2차적으로 저렴한 외국 상품(주로 밀가루, 설탕, 원면, 광산물과 고철 등)의 수입과 이권, 융자, 탈세 등이 주요 원인이 되었다.

여기에서 대자본가 형성의 주요한 요인이 ① 귀속재산의 불하와 권력, ② 외원자본(대충자금)의 융자와 무역, ③ 인프레이션과 환율이라고 지적하였다. 그런데 1950년 중반을 지나면서 대자본가의 자본축적 과정이 이것 이외도 ④ 정경유착과 ⑤ 저임금·저곡가 정책 및 노동통제, 그리고 ⑥ 독점자본가를 만든 은행의 민영화를 지적하지 않을 수 없다.50)

49) 전게서, p.273

50) 홍성유는 잉여가치의 창출원천은 생산과정에 있어서 저임금수준이며, 유통과정에 있어서 인프레와 기업가에 대한 저환율, 저금리, 감면세, 편중대부, 독점가격 등의 정책적 비호에 있었다고 한다. 또한 이것은 사회적 불평등을 기반으로 한 관례적인 자본축적의 경로였다고 한다.(「한국경제의 자본축적 과정」, 고려대학교 출판부, 1965, p.383)

1) 귀속재산 불하와 산업자본가

자본가가 사업을 확대하려면 생산시설을 증설해야 한다. 생산시설을 증설하거나 새로운 사업을 확대 할 수 있는 좋은 기회가 해방후 귀속재산(기업체)의 불하이다.51)

1947년 10월 현재 민족자본가(예컨대 민영공장주 또는 비귀속재산가)가 전체 기업자본가의 71.5%가 되지만 규모가 큰 귀속공장을 불하 받은 자(28.5%)는 해방후 일약 대기업자본가가 되었다.

<표 6> 지역별 귀속사업체 (1947년 현재)

	사업장(개)			종업원(명)		
	귀속분	비귀속분	합계	귀속분	비귀속분	합계
중앙직할	82	-	82	46,194	-	46,194
서울	174	976	1,150	6,290	25,884	32,174
경기	262	852	1,114	12,369	12,304	24,673
강원	66	231	297	4,024	2,617	6,641
충남	163	102	265	3,106	2,257	5,363
충북	33	247	280	944	3,894	4,838
전남	109	440	549	2,279	10,020	12,299
전북	121	209	330	6,564	4,772	11,336
경남	378	438	816	4,414	6,953	11,367
경북	177	363	540	10,307	8,178	18,485
제주	8	101	109	473	1,043	1,516
합계	1,573	3,959	5,532	96,964	77,922	174,886
(%)	(28.5)	(71.5)	(100.0)	(55.4)	(44.6)	(100.0)

(자료) 미군정청,「조선경제통계요람」, 1949, p.78

51) 귀속재산 불하는 1945년 9월 미군정시부터 시작되었는데 미군정장관 하지 중장의 한국인 고문위원장은 김성수(전 동아일보사주, 한민당 대표)이고, 당시 상무부장은 오정수(평남, 보스턴대, MIT 석사 출신, 숭실전문 교수, 한민당)이다. 1948년 정부수립 이후 한민당을 견제하기 위하여 상공부 장관으로 임영신(충남, 전주기전, 미국 남가주대)을 임명하였으나 한민당계 감찰위원장(정인보)의 부정고발로 윤보선(충남, 영국 에딘버러대)장관과 한통숙(함남, 경성법전)차관으로 다시 교체되었다.

귀속재산은 일제가 패망하여 가면서 조선에 남긴 재산(기업체, 농지, 동산 등)을 말하며 이러한 귀속재산은 농지가 전체 농지(210만 정보)의 13.4%인 28만 2천 5백 정보이고, 귀속기업체는 3,808개이며, 민영기업은 2,986개이다. 1948년 귀속기업(공장)은 석유산업이 가장 많아 전체의 34.8%를 차지하고, 그 다음은 화학공업(20.2%), 금속기계공업(19.7%) 및 식품공업(17.0%) 등의 순이다.(부록 2 참조) 1948년 말 귀속사업체(공장)는 모두 1,719개이다. 귀속공장은 전체 공장의 35.0%에 불과하다. 이 중에서 기계기구업(362개)과 식품공업(306개) 및 화학공업(240개)이 가장 많고, 그 다음은 방직공업(203개), 전기업(124개), 토목건축(89개), 양조공업(84개)이다. 이 중에서 운영중인 공장이 전체의 65.2%가 되고, 임대차와 운휴중인 경우 각각 17.4%(299개)가 된다.[52)]

해방 전 전국 기업체가 10,065개(1943년 6월)이던 것이 1947년 3월에 4,500개로서 거의 44%로 감소되었다. 나머지 56%의 기업체는 일인 기술자의 퇴거로 운휴도 있었지만, 일인 소유 기업체의 거의 대부분이 군정에로 이양 되었다. 이렇게 이양된 기업체는 미군정하의 부정하고 불량한 관리로 인하여 많은 수가 해체 되었다. 즉 군정관리하에서 과정으로 이양된 귀속사업체 2,707건 중에 1953년 말 까지 61%인 1,649건이 처분(불하)되었고, 459건(17%)이 해체되었으며, 나머지 599건(22%)은 존속되어 있다.[53)]

이러한 귀속재산이 미군정시에 불하된 공장이 26개가 되지만, 주로 과정시 귀속재산처리법 시행령에 의하여 불하 되었다. 이 법 제 10조에 의하면, 귀속재산을 우선적으로 매수할 수 있는 자의 순위를 ① 기업체, 주식

52) 미군정이 귀속재산(공장)을 1948년 8월 한국정부에 이관한 것은 2,203개이지만 그간 관리부실, 시설파괴, 유실 등으로 많이 감소되었다.(이대근, 해방 후 귀속사업체의 실태와 그 처리과정, 「근대조선의 경제구조」, 비봉출판사, 1989, p.503)

53) 한국은행 조사부, 「한국경제 10년사」, 1955, p.107

및 지분 에 있어서는 임차인 및 관리인, ② 당해 기업체의 주주, 사원, 조합 및 2년 이상 계속 근무한 종업원, ③ 농지개혁에 의하여 농지를 매수 당한 자로 규정하고 있다.(제 1항) 그리고 점포, 창고, 공대지, 기타 주거 이외의 부동산에 있어서도 역시 임차인, 관리인의 순위로 한다(제 3항)고 규정하고 있다. 이 때(1948년)의 임차인이 322명이고, 관리인이 1,312명으로서 도합 1,717명이 귀속사업체의 63.4%를 차지하였다.[54)]

이러한 귀속재산의 처리는 법령상 관재청장이 행하기로 되어 있으나(제 17조) 실제로 지방의 미군정 관료와 군수 및 경찰서장 등으로 구성된 위원회에서 결정되었다. 그리고 귀속재산이 매각되기전까지는 관리인을 선정하여 관리토록 되어 있다.(제 25조)

그리하여 관리인과 임차인이 용이하게 귀속기업체를 불하 받게 되었고, 동시에 권력에 의하여 그 자리에 앉게 되었다. 물론 일제시 부터 당해 기업체의 종업원으로 있었던 사람이 불하를 받은 사람이 있겠지만, 미군정청이 취득한 재산을 소유하는 관리 또는 지배하는 보관자, 관리자, 관료, 은행, 신탁회사, 기타 개인단체 또는 조합(군정법령, 제 33조 제 5항)을 공업, 금융, 상업, 농업, 주택 및 기타의 재정 또는 기업을 미군정청 관리인의 재산관리 또는 기타 미군정청 국과 또는 기관의 관리를 통하여 인가된 협정 또는 수속하에 경영, 점유, 사용케 되었으므로(관리회 제 2조 제 2호), 대부분이 미군정시 관료(한민당 출신의 관료가 많음)나 친근자가 관리인 및 그 기업체의 임차인 또는 대표자로 되었으며, 이들은 간단하게 귀속재산처리법 시행령에 의하여 불하 받게 되었다.[55)]

이와 같이 명시된 우선 매수권자(임차인, 관리인, 주주, 사원, 지주 등)가 귀속재산을 불하 받은 경우는 총 1,506건으로 전체의 73%를 차지한다. 당시 민족자본의 취약성을 고려하면 임차인 또는 관리인이 쉽게 불하를 받았을

54) 상공부 귀속사업국,「상무부 운영관리 귀속사업체 일람」, 1948, p.10
55) 김영모, 전게서, pp.275~276

것이다.[56)]

한편, '귀속재산처리법 시행령'과 '농지개혁법'에 의하면, 지주의 토지를 유상몰수하여 그 보상가를 지가증권으로 상환하게 되어 있다. 그러나 지주 보상액을 증권 매입시 1/2만 인정하고 나머지는 해마다 인정하기로 하였다. 또한, 지가증권은 피란과 생활비 마련을 위하여 염가(액면 가격의 20~30%)로 매각 처분하거나 전시 인프레 등으로 사실상 거의 휴지화 되다시피 하였다. 그리하여 농지개혁시 지주, 즉 토지자본을 직접 산업자본화 하기 보다는 '신흥 상인' 또는 해방후 무역업을 중심으로 한 상인자본의 수중에 들어가 귀속재산 불하, 즉 그들의 축재를 돕는 역할을 하였다.[57)] 그러나 토지증권의 소유자에게 귀속새산(기업체) 불하의 우선권이 적용 되었기 때문에 불하를 받아 자본축적에 도움이 된 경우도 있다. 즉, 20정보(보상 석수가 천석) 이상 대지주 중에 귀속업체를 매수한 자는 69건으로 피분배 지주의 5%가 산업자본가가 되었다. 이들 중 19명은 일제시 이미 상업 또는 제조업 분야에 진출한 자들이다.

1950년대 귀속재산은 1사람에게 1건씩 불하 원칙이 되어 있어서 이것이 누구에게 모두 불하되었느냐를 파악하기는 대단히 어렵다. 그래서 대자본가들은 불하된 귀속재산을 다시 매수하기도 하였다.

여기에서 1948년 연간 생산액이 전 산업체의 41%를 차지하였던 섬유산업 중에서 귀속재산을 통하여 성장한 10대 방직 자본가의 사례를 분석, 파악하여 본다.

표 7을 보면, 10대 대자본가들이 귀속재산(면방직공장) 불하시 일제시대 부터 제조업에 종사한 사업가와 공장의 관리인이 가장 많고

---

56) 김윤수, 상게논문, p.71

57) 전게논문, pp.64~65

(각 4명) 이들 중에 귀속재산처리법에 명시된 불하 우선권자가 아닌 자도 상당수 있다.(4명) 그리고 정치인(2명)과 관료출신(2명) 및 종업원 대표(1명)가 소수 있다.

이것을 보면, 귀속재산 불하과정에 있어서 정치인과 관료출신의 영향력이 대단히 컸고, 동시에 자본가와 관리인의 역할도 컸음을 알 수 있다.[58] 이들이 불하받은 기업체는 불하가격이 저렴하고 불입기일이 장기간이며, 또 인프레가 심해서 매우 헐값으로 인수한 편이다.

<표 7> 귀속 면방직 공장의 불하 상황

대자본가	귀속공장	1956년 회사명	종업원수	불하가(원)	불하계약	일제시 직업	미군정시 직업	불하식선 직업	불하계기	부불연수	우선권부여
정재호	대전방직공사	대전방직	603	1천2 백만	1951	삼양업사장 (양말공장)	좌동	삼호방직분리 (49년창립)	자본가	7	×
설경동	조선방직 대구공장	대한방직	920	7억	1955	동해수산공업사장	좌동	대한방직취체역 자유당재정부장	자본가	15	×
서정익	동양방적공사	동양방직	2,269	25억	1955	좌동 공장기술자	좌동 공장장	좌동 이사장	관리인	15	○
김형남	전남방직 광주공장	전남방직	2,357	6천만	1951	평남재혁 공장장	상공부 광무과장	전남박징 광주공장장	관리인	7	○
김성곤	조선직물	금성방직	1,577	3천8백만	1952	대구삼공유지 (비누회사	좌동 사장	4대 민의원 (58년)	자본가	5	○
강일매	조선방직 부산공장	조선방직	5,716	35억	1955	조선일보 특파원	동화백화점 관리인, 사장	조선방직 부산공장 사장	관리인	15	○
백락승	고려방직공사	태창방직	3,525	10억7천만	1956	태창방직 취체역 지주	좌동		자본가 지주	5	×
이순희	대구메리야스 공사	내외방직	447	6백 26만	1951		대구메리야스 관리인	좌동이사장 청와대비서관	관리인	7	○
박찬주	전남방직 서울공장	한영방직	167	5천 4백만	1952					9	×
장운룡	동양방적 인천공장	홍한방직	512	2천 8백만	1952		종업원	종업원 대표	종업원 대표		○

(자료) 1) 김윤수 논문의 표 25와 26을 통합시킴.
2) 본 사업체의 관할부서는 조선직물(경기도)와 조방대구공장(경북)을 제외하면 모두 상공부임.

---

58) 1961년 8월 국가재건최고회의는 국공유지 재산불하 과정에서 정치헌납 혐의를 받은 부정축재자가 조사대상(15명 중 9명) 이라고 한다.(이정순,「대기업성장의 재무론적 연구」- 1950년대 재벌 형성과정의 실증적 고찰, 고려대 경영대학원 석사논문, 1968, pp.151~153)

이상과 같이 귀속재산(기업체) 불하 내용을 살펴 보면, 역시 상공업가와 임차인 및 관리인 등이 가장 많아서 이들이 우리나라 관료자본가의 주류가 되었다.

2) 외국 원조와 상업자본가

기업가가 사업을 하려면 돈(자본)이 있어야 한다. 자본을 구할 수 있는 좋은 기회가 해방후 미군정으로 부터 차입금과 6.25전쟁으로 생긴 막대한 외국 원조자금이었다.

일반적으로 1950년대 한국경제를 외원경제라고 할 만큼 일제지배로 부터 해방되었지만, 6.25 전쟁으로 많은 산업시설이 파괴 되었고 더욱이 피란민과 심한 재해로 농민들의 생활상태가 대단히 어려웠다. 이러한 상황에서 정부 뿐만 아니라 민간기업에서도 외국원조에 크게 의존하지 않을 수 없었다.[59)]

1950년대 우리나라 재정세입에 있어서 외국 원조가 차지하는 비중은 전체 세입의 약 절반을 차지하였고, 해방후 미군정시 차입금도 원조자금이 되었다.(부록 1참조) 그 뿐만 아니라 1953년에서 1960년까지 재정투융자 중에서 대충자금인 원조재정이 69.1%를 차지한다.[60)] 이 중에서 79.6%가 정부회계(국방비와 경제부흥비 등)에 사용되

---

59) 미국의 2차세계대전 이후 대외원조는 2차 세계대전을 승리로 이끌기 위한 군사물자의 원조에서 경제원조로 발전되었다. 2차 세계대전 후 1960년말 까지 15년간 미국의 대외 군사원조는 모두 약 240억불로 총 원조액(820억불)의 약 30%이다.

미국의 대외 원조는 군사원조, 방위지원, 경제원조로 구성되어 있는데 방위지원원조는 각종 산업시설의 복구, 건설에 필요한 시설재를 공여하는 계획원조와 산업시설의 가동에 필요한 각종 원자재와 일반 소비물자를 공여하는 비계획원조로 되어 있다. 이것은 약 3대 7의 비율이다. 따라서 미국의 대한원조정책은 경제력의 발전 보다는 안정에, 그리고 직접적인 생산시설의 건설 보다는 방위력 유지에 주력하였다.(홍성유, 「한국경제와 미국원조」, 박영사, 1962, pp.15~18)

고, 나머지는 산업은행(14.0%)과 농업은행(3.3%)을 통하여 민간(기업)에게 융자되었다.61)

<표 8> 외국 원조의 연도별 도입 실적

(단위 : 백만 달러)

	미국 원조				유엔 원조		합계
	GARIO	ICA	FOA,ICA,AID	PL 480	CKIK	UNKRA	
1945	4.9						4.9
1946	49.5						49.5
1947	175.4						175.4
1948	179.6						179.6
1949		116.5					116.5
1950		49.3			9.4		58.7
1951		32.0			74.4	0.1	106.5
1952		3.8			155.5	2.0	161.3
1953		0.2	5.6		158.8	29.6	194.2
1954			82.4		50.2	21.3	153.9
1955			205.8		8.7	22.2	236.7
1956			271.0	33.0	0.3	22.4	326.7
1957			323.3	45.5		14.1	382.9
1958			265.6	47.9		7.7	321.3
1959			208.3	11.4		2.5	222.2
1960			225.2	19.9		0.2	245.3
합계	409.4	201.8	1,587.3	157.7	457.3	122.1	2,935.6

(자료) 한국은행,「경제통계연보」, 기타 자료.

해방후 1947년 까지 미군정시 차입금(GARIO 자금)은 4억 940만 달러이고,62) 건국후 6.25 전쟁시 까지 미국의 원조액(ICA자금)은 2억 180만 달러이며,63) 6.25전쟁 후 미국 원조(FOA, ICA, AID 등)는 모두

---

60) 대충자금은 원조자금이나 원조물자를 민간(기업)에게 판매하여 충당되는 자금이다. 대충자금은 1953년~1957년 까지 약 312억환이다.

61) 한국은행,「경제통계연보」, 1961, p.134

62) GARIO는 Government Appropriation for Relief in Occupied Area(미 점령지역 구호원조)의 약자이고, 이것은 대부분 식료, 의류, 연료, 건축자재 등과 같은 원조로, 정부 독립시 까지 민생안정에 사용된 것이다.

63) 홍성유와 이대근은 미국의 한국 원조는 경제원조적 성격이 아니라 순수

17억 4천 5백만 달러이다.[64] 그 밖에 유엔의 원조액은 약 5억 8천만 달러이다. 다시 말하면 해방후 1960년 까지 전체 원조자금(29억 3천 5백만 달러)의 80.3%를 차지한다.

이러한 원조자금은 초기에는 민생구호와 경제부흥(전쟁 복구) 등을 위하여 주로 사용되었다. 미군정시 GARIO 원조 내역은 식료품(39.2%), 농업용품(17.7%), 피복 · 직물류(11.0%), 고체 연료(7.6%), 석유제품(4.6%)이 중심을 이루었으나 전쟁시는 비료(35.8%), 원면(11.1%), 식량(8.1%), 석유제품(7.9%), 석탄(5.1%), 직물 · 섬유(4.8%), 식염(2.0%) 등이 그 주류를 이룬다. 그리고 전쟁 후에는 원자재나 소비재 중심의 물자를 도입하였다.

1954~55년간 FOA의 원조물자(약 2억 달러)를 보면, 시설재가 전체의 33.6%이고 소비재 및 원자재가 66.1%를 차지하였다. FOA는 1955년 사업시행 중에 ICA로 변경되어 대한 원조를 지속하였다.

그리하여 ICA는 1955~1961년 까지 약 16억 5천만 달러의 원조를 하였다. 원조 물자의 내역은 산업생산과 지원시설을 위한 시설재 및 기술 지원액이 전체의 28.4%를 차지하고 원자재 도입액이 전체의 71.6%를 차지하였다. 원자재 도입은 원면, 원당 및 보리 등 농산물이 총액의 16.2%를 차지하고(부록 3 참고) 비료, 인견사, 생고무, 종이, 약품 등이 전체의 35.5%를 차지하며 석유류, 유연탄 등 원료가 9.6% 목재, 시멘트 등 판매용이 10.3%를 차지하였다.[65]

이러한 원조자금(정부보유불)으로 정치자금도 마련되었지만, 당시

하게 군사원조적 성격이라고 한다. 적어도 1953년 휴전후 1961년 까지의 미국 상호안전보장법에 의거 도입된 미국 원조의 주류인 ICA원조(17억 4천 3백만 달러)는 서방진영의 집단방위체제 구축을 위한 방위지원에 불과하다고 한다.(홍성유, 「한국경제와 미국원조」, 박영사, 1962, p.12와 이대근, 「한국전쟁과 1950년대 자본축적」, 까치, 1984, p.233)

64) ICA는 International Cooperation Administration(미 국제협조처)이다.

65) 한국은행, 「경제통계연보」, 각연도, 이대근, 상게서 pp.304~305

에 정부는 물자기근을 해소하기 위하여 외화대부제를 실시하면서 수입을 장려하였다. 그래서 사업을 하는 사람들은 모두 무역업에 진출하였다.[66] 무역상사는 외국 상품을 수입 또는 밀수를 하면서 특히 농민들을 착취하여 막대한 자본축적을 하였다.[67]

이와 같이 50년대 무역상들이 한국 상업자본가의 핵심세력이 되었으며, 이들이 무역으로 20배 이상의 수익으로 떼돈을 벌어 산업자본가의 기반을 형성하였다.

또한, 미공법 480호에 의하여 들어온 미국 잉여농산물 원조(1억 5천 770만달러)는 밀이 전체의 38.8%를 차지하고, 그 다음은 보리(19.8%)와 쌀(17.0%)이며 나머지는 원면(11.5%), 옥수수, 수수 등이다.[68] 이러한 물자는 1975년 까지 44억 4천 56만 달러 어치가 도입되었다.

그리하여 해방후 1950년대, 심지어 1970년대 까지 막대한 원자재(농산물) 도입으로 전통적인 산업(면방직 등 제조업)은 사양산업이 되

66) 1952년 3월 말 무역협회 명단을 보면, 이병철, 설경동, 김연수, 백낙승, 김지태, 구인회, 박두병, 김한수, 이정림, 심상준, 정해영, 전택보, 김용성, 조성철 등 대부분 대기업가들이다.

67) 예컨대 1953년 3월에 일어난 대한 중석불사건이다. 이 사건은 정부보유불로는 양곡, 비료를 수입하지 못하는데 부산시내 상사(미진상사, 남선무역 등 13개~15개)와 정부고위층(농림부와 재무부의 장차관 및 국과장)이 관여하여 약 4백만 불로 주로 소맥분과 비료를 도입하여 무역상사들이 약 5백억원의 폭리를 하였던 사건이다. 또한 상인들의 앞잡이나 정부 브로커들은 흉년과 비료 부족에 허덕이는 농민에게 고가로 비료와 소맥을 팔아 거액을 착취하였다.(부산시사 편찬위원회,「부산략사」, 1965, pp.339~334) 그리고 1953~1960년간 부산의 밀수는 극심하였다.(전게서, pp,345~348) 당시 전쟁인프레로 물가가 조석으로 뛰어 무역이나 밀수이던 간에 물건이 불티나게 팔려 부산을 중심으로 소위 마카오 무역, 또는 홍콩무역 등으로 무역상들은 떼돈을 벌었다.

68) 한국은행,「경제통계연보」, 1966, p.271, 1960년대 이후 1971년 까지 도입액은 소맥과 원면이 전체의 90%를 차지한다. 미 잉여 농산물 판매대전, 소위 대충자금의 한·미 양측의 사용비는 8:2였다.

고, 1차적 산업, 특히 농업은 몰락하여 농민들이 더욱 가난하게 되었다.[69] 반면 제당·모직 등 가공업 자본가는 급속히 성하였다. 이것은 자본주의가 비자본주의적 요소의 희생에서 발전함을 의미한다.

이와 같이 약 8할이 되는 원자재 수입액 중 원조자금에 의하여 양곡, 원당, 나일론사, 인견사, 합성수지, 양모, 사탕과 같은 품목이 수입되어, 식민지하의 기형적인 산업건설(섬유, 식료공업)을 그대로 존치하면서 섬유, 식료공업이 더욱 발달하였다. 귀속재산을 불하 받은 기업가는 이러한 원조자금을 최대한 이용하여 1950년대 대기업 자본가가 되었다. 다시 말하면 정부가 이러한 천민자본가를 육성하였다.

한편, 이러한 외국 자본을 융자받을 수 있는 대상자에 대한 규정에서 천민자본가의 매판성 까지도 찾아 볼 수 있다. 즉 '미 공법 480호'[70]에 의거하여 들어오는 COOLEY 사금의 융자 대상자는 '한국내 상업 발달과 교역 확충에 종사하는 미국 상사 및 지점, 동 상사의 대리점 또는 방계회사, 미국 농산물의 사용 및 배정을 돕거나 이 물재의 소비 및 판로의 증가를 위하여 시설을 설치코자 하는 미국 및 한국상사'(제 3조)이고, 이의 융자는 수출입은행과 한국 측의 상호 합의에 의한다고 되어 있다.[71]

이러한 조건하에서 비계획원조사업에 속하는 79.5%의 원자재 소비자금을 상기한 예의 대상자에게 실질적으로 융자되었을 것이고, 따라서 한국의

---

69) 이 때부터 농민들은 살기 어려워 특히, 소작 빈농들 중심으로 향도이촌이 심하였다. 저자가 1953년 고교재학시 부산 하숙비는 쌀 1말과 반찬 값으로 쌀 1말의 현금, 즉 모두 쌀 2말을 주었다. 당시 도매물가지수가 매년 3할~5할이 인상되어 농민 자손들은 대도시에 유학시키기가 매우 어려워지게 되었다.

70) 1957년 6월말로 끝나는 미공법 제 480호 '농업교역발전 및 원조법'의 연장법안을 심의할 당시 하원 농업분과위원회 H. D. Cooley 의원의 개정안 통과에서 명명된 것으로, 이에 의하여 막대한 잉여농산물을 국외 항구의 현존 통화를 대가로 판매케 되었고, 동 대전으로 수입된 통화의 25% 미만을 미국 수출입은행의 관제하에 두어 동 은행이 정한 융자 절차에 의하여 융자토록 하였다.

71) 1958년 5월 20일에 제정된 'Cooley 자금융자취급세칙'에 의거.

식민자본가는 매판자본가가 되지 않을 수 없으며, 동시에 산업구조도 경공업, 사치공업, 가공공업, 식료품 공업 등의 식민지적 성격을 벗어나기 어렵게 되었다.72)

3) 은행융자와 금융자본가

기업가들이 필요한 돈(자본)을 빌리는 곳은 주로 한국 산업은행과 6개 시중은행(상업은행, 조흥은행, 한일은행, 제일은행, 농업은행, 서울은행) 및 사채이다. 1954년 부터 1960년 까지 산업은행이 빌려 준 대출 잔액은 5천 861억환이고,73) 시중은행의 경우 1조 4천 120억환이다.74) 시중은행의 대출금이 산업은행 보다 약 3배가 더 많다.

<표 9> 7개 은행의 특정인 융자 실태

(단위 : 백만환, %)

연도	7개 은행 총대출	이 병철	정 재호	이 정림	설 경동	이 양구	남궁 련	최 태섭	김 지태	박 홍식	함 창희	백낙승 (백남일)	이 한원	김성곤 (홍재선)	이 용범	조 성철	15대자본가 융자총액비율
1953	7,466	27		12	22				28	19		80	21	18	41	13	281(3.76)
1954	22,752	60	165	58	5				65	137	83	66	59	16	159	32	905(3.98)
1955	59,143	693	706	43	95	22			256	259	152	66	208	45	269	30	2,844(4.80)
1956	135,123	1,557	1,677	106	57	71	2		234	283	351	603	388	164	264	30	5.,787(4.28)
1957	139,227	1,558	1,627	285	150	304	2	66	146	294	544	1,508	454	839	343	60	8,180(5.88)
1958	156,658	2,162	3,631	1,042	393	54	5	66	111	438	1,904	3,176	1,464	1,287	524	365	16,622(10.61)
1959	206,878	2,725	6,395	7,583	1,357	600	22	1,908	107	525	4,466	5,889	1,863	5,159	487	917	40,003(19.34)
1960	281,270	4,674	7,139	9,400	1,620	779	514	2,431	107	1,059	4,994	6,228	2,002	4,691	470	1,412	47,520(16.89)
1961	295,878	5,326	8,472	9,357	2,188	384	461	2,398	96	1,067	4,994	6,513	3,484	4,965	412	1,425	51,542(17.42)

(비고) 7개 은행은 산업은행, 상업은행, 조흥은행, 서울은행, 한일은행, 제일은행, 농업은행임.
산업은행은 54년부터 서울은행은 59년부터 융자를 개시함.
(자료) 부정축재조사단, 「부정축재 특정인 융자 상황」, 1961

산업은행의 대출액은 대부분 제조업에 빌려 주었고,(전체의

72) 김영모, 상게서, p.278

73) 산업은행의 자금은 주로 대충자금(49.3%)과 산업부흥 국채와 산업금융 채권(38.6%)이다.

74) 산업은행의 대출액은 시설자금용이 약 6할, 나머지는 운영자금용이 되며, 6개 시중은행의 경우 각각 약 절반이 된다.(한국산업은행 「한국산업은행 30년사」, 1984, p.71)

64.1%), 그 다음은 건설업(17.6%) 과 광업(13.3%)이었다. 제조업 분야의 대출액은 생산재 부문이 전체의 60.3%,(즉 화학공업(비료 등) 27.6%, 금속공업 11.6%, 유리부문 11.3%, 기계공업 9.5%임)이고, 나머지 38.8%는 소비재 부문인데, 주로 면방직, 모방직 등 섬유공업(19.6%)과 식료품(9.5%)이었다.[75]

1953년 부터 1961년 까지 시중은행의 대출을 가장 많이 받은 대기업 자본가들은 표 9와 같다.

7개 시중은행의 융자를 가장 많이 받은 대기업자본가는 이정림, 정재호, 백남승(백남일), 이병철, 김성곤, 함창희, 설경동, 이한원, 박홍식의 순이다. 이들이 15대 자본가가 받은 융자액은 총 대출의 약 2할을 차지한다.

그러면, 1950년대 산업은행이 융자한 대기업체의 융자 실태를 표 10에서 보기로 하자.

표 10을 보면, 50년대 대기업자본가들이 산업은행의 시설자금과 운영자금을 많이 융자 받았음을 알 수 있다. 특히 면방직계는 태창방직(백낙승), 금성방직(김성곤), 삼호방직(정재호), 대전방직(백남일) 등이 많은 융자를 받았고, 모직계는 제일모직(이병철), 화학계는 락희화학(구인회), 식료품계는 동립산업(함창희), 요업계는 대한양회(이정림) 등 대기업가들이다. 이들 면방직 분야의 대기업들이 시설융자금을 많이 받았는데 이것은 기존 면방직 기계가 미국 원자재(원면 등)의 제품과정이 맞지 않아서 대부분 교체, 증설하기 위한 것이다. 다시 말하면 대충자금의 융자는 원자재와 기자재의 해외(미국) 의존을 가속화 시켰다.

75) 한국산업은행,「한국산업은행 10년사」, 1964, pp.590~595

<표 10> 대기업체에 대한 산업은행의 융자실태

(단위 : 만환)

업종		기업체명	산업자금		대충자금		합계
			시설자금	운영자금	시설자금	운영자금	
섬유공업 (17)	면방직 (14)	태창방직	353,100	239,900			59..000
		금성방직	200,800	57,000	62,330.3		320.130.3
		삼호방직	76,700		45,.366.7		122.066.7
		대전방직	50,000		43,615.6		93.651.6
		조선방직	31,300	17,200	8,981.3		57.481.3
		대한방직	29,500		27,356.2		56.856.2
		동양방직	12,400		34,584		46.984
		태평방직			46,165		46.165
		내외방직	10,300		22,800.8		33.100.8
		전남방직			16,800	6,000	22.800
		국안방직	19,900				19.900
		전주방직사	750		17,219.1		17.969.1
		풍한산업	8,800	5,000			13.800
		홍한산업	6,755				6.755
		소계	800,305	319,100	325,255	6,000	1.450.660
	모직	제일모직	68,400	3,400	58,291.3		130,091.3
		경남모직	2,600		20,650	10,000	33,250
		고려모직	8,000	9,600			17,600
	소계		897,305	332,100	404,196.3	16,000	1,631,601.3
	고무	한국타이어					
화학공업	기타화학	락희화학	50,000			27,300	47,300
		북삼화학		3,566.1	20,679.3		24,245.4
		유한양행			15,336.2	4,390	19,726.2
		한국화약	13,927.5				13,927.5
		고려제지			4,878	5,000	9,878
	소계		33,927.5	3,566.1	62,722	46,690	146,955.6
금속공업		대한중공업	419,348.8	129,243.7	70,400		618,992.5
		삼성광업		81,500	147,608.9		229,108.9
		대한중기	30,000				30,000
		삼화제철	1,264	17,580.4			18,844.4
	소계		450,612.8	228,324.1	218,008.9		896,945.8
기계공업		대한조선	69,456.9	18,254.2	186,070.5		273,781.6
		기아산업	18,400	74,600	61,900	5,000	129,900
		조선기계	35,600	33,200			68,800
		대한전선		5,500	20,392.5		25,892.5
		대동공업			7,000		7,000
	소계		123,456.9	131,554.2	245,363	5,000	505,374.1
식료품공업		동립산업	482,000				482,000
		동립수산		4,000	2,531		6,531
	소계		482,000	4,000	2,531		488,531

업종	기업체명	산업자금		대충자금		합계
		시설자금	운영자금	시설자금	운영자금	
요업 (비금속)	대한양회	10,000	40,000	522,900		572,900
	한국유리			180,770		180,770
	대한도기	3,000	4,500	49,735		57,235
	동양세멘트	19,250	5,500			24,750
	중앙산업		13,000			13,000
	소계	32,250	63,000	753,450		848,655
제재· 목재업	동명목재			5,512.5		5,512.5
총 계		2,001,552.2 (44.2%)	762,544.4 (16.9%)	1,691,788.7 (37.4%)	67,690 (1.5%)	4,5232,575.3 (100.0%)

(비고) 1) 5천만 환 이상 대부한 업체에 한정한 것임.
2) 1961년 4월 30일 현재의 대부 잔액임.
(자료) 부정축재조사단, 「산업은행 대부명세」, 1961

15대 자본가들이 해마다 시중은행으로 부터 융자를 독점하였음을 할 수 있다. 표 11을 보면, 1953년 총 대출액의 3.7%를 차지하던 것이 1961년에 17.4%로 증가하고 있다. 가장 많이 대출을 받은 자본가는 이정림(3.2%), 정재호(2.9%), 백낙승(2.2%), 이병철(1.8%), 함창희(1.7%), 김성곤(1.7%) 등이다. 이들은 강력한 정치권력의 비호를 받고 있다.

<표 11> 대자본가들의 은행별 융자상황

(단위 : 만 환, %)

자본가	산업은행	상업은행	조흥은행	한일은행	제일은행	서울은행	농업은행	합계
이병철	165,700 (31.1)	700 (1.3)	154,900 (29.1)	197,500 (37.1)	11,300 (2.1)	2,500 (0.5)	-	532,600 (100.0)
정재호	287,400 (33.9)	4,500 (0.5)	3,200 (0.4)	2,300 (0.3)	544,700 (64.3)	-	5;100 (0.6)	847,200 (100.0)
이정림	634,600 (67.8)	27,300 (2.9)	152,500 (16.3)	-	51,200 (5.5)	70,100 (7.5)	-	935,700 (100.0)
백남일 (백낙승)	593,000 (91.0)	400 (0.1)	-	3,100 (0.5)	54,800 (8.4)	-	-	651,300 (100.0)
함창희	482,000 (96.5)	-	-	-	17,400 (3.5)	-	-	499,400 (100.0)

(비고) 1961년 5월 1일 현재의 융자 잔액임.
(자료) 부정축재조사단, 「부정축재 특정인 융자 상황」, 1961

표 11을 보면, 정재호(삼호방직)는 제일은행과 산업은행에서 가장 대출을 많이 받았고, 그 다음으로 이정림(대한양회)은 산업은행과 조흥은행에서 대출을 많이 받았으며 백남일(대전방직)과 함창희(동립산업)는 산업은행의 융자를 거의 대부분 받았다. 그리고 이병철(제일모직, 제일제당, 동아제당)은 한일은행과 산업은행 그리고 조흥은행에서 많은 대출을 받았다. 은행으로 부터 융자를 많이 받을수록 사업 규모를 확대하고 인플레이션 시대에 있어서 자본축적의 핵심적 방법이다.

한편, 1954년 11월 부터 1956년 3월 까지 은행의 민영화 계획에 따라 5개 시중은행(조흥, 상업, 흥업, 제일, 저축은행)에 대한 7차의 정부 보유주를 공매하였다. 대기업 자본가는 이 공매에 참여하여 주식을 낙찰 받았는데 조흥은행주의 18.9%(95,000)가 민덕기 등 5인에게 낙찰되었고 상업은행은 진영득(합동증권)에게 총주식의 28.7%(57,000주)를 낙찰하였으며 흥업은행은 이병철(제일제당)에게 총 주식의 52.0%를 낙찰하였다. 또한 저축은행주의 51%(51,000주)를 윤석준이 낙찰 받았으나 권력의 개입으로 정재호(삼호방직)가 인수하였다.

이와 같이 시중은행의 민영화로 금융의 자율화와 민주화를 지향하였으나 은행지배의 관료적 성격 때문에 실패하였다. 오히려 산업자본과 금융자본을 직접 결합시키는 계기가 되었다. 그리하여 시중은행의 독점계열 회사에 대한 편중 융자와 3.15 선거에 대한 정치자금 공여로 민주당 정권과 군사정권은 그들을 부정축재자로 처리하였으며, 재벌소유의 은행주는 다시 국가로 환수되었다.[76)]

---

76) 임목민,「한국의 은행사」, 1963, pp.133~136
조용범 · 정윤형 외,「한국독점 자본과 재벌」, 풀빛, 1984, p.55

4) 인플레이션과 환율 인상

인플레이션이 일어나면 기업자본가에게 유리하고 근로자에게는 불리하다는 것은 누구나 잘 알고 있다.

해방후 1950년대 까지 일어난, 악성 인플레이션의 주요한 원인은 무엇보다 정부의 만성적인 재정적자로 통화량 공급을 증발시켰고, 또한 외원, 특히 대충자금과 유엔군 대여금, 그리고 한국은행 및 산업은행을 비롯한 시중은행의 대출금 등이 시중에 유출됨으로서 통화량을 증가시켜 물가 폭등을 일으켰다.77)

<표 12> 통화량 증감의 주요원인

(단위 : 백만원)

	총통화 공급량	한은정부 대여금 정부의 한은예금	원조물자 판매 대금 (대충자금)	정부 외자 매상금	한은의 UN군 대여금	시중은행의 대부		한국은행의 대부		통화량 증감의 기타요인
						민간	정부대행 기관	민간	정부대행 기관	
1945	11,829	81	-	-	-		2,601	875	232	7,739
1946	27,194	6,048	-	-	-		6,857	1,129	4,043	9,120
1947	53,645	21,301	4,391	-	-		25,520	1,262	754	9,201
1948	73,671	37,234	8,602	-	-	20,169	12,091	1,821	2,418	8,540
1949	130,671	83,110	44,179	-	-	37,168	12,541	3,841	24,786	13,347
1950	290,462	202,466	53,893	-	54,766	73,286		3,302	11,111	1,576
1951	784,806	202,023	197,911	-	417,096	200,169	24,624	26,723	55,501	56,581
1952	1,564,117	132,614	495,331	21,747	972,444	541,153	107,998	22,850	137,960	166,176
1953	1,579,876	140,484	532,652	22,253	1,003,58	562,828	113,397	26,113	153,530	134,831

(자료) 한국은행,「조사월보」, 유창순,「한국 인플레이션의 연구」, 중앙대 출판국, 1968, p.41

77) 해방후 1946년에 물가등귀는 1944년에 비하여 무려 92배가 증가 되었고, 또 1946년에 비하여 1947년에 1.8배, 1948년에 2.9배, 1949년에 3.6배로 증가되었다.(홍성유, 전게서, p.98) 1950년대 물가변동이 가장 심하였던 해는 종전의 1954년으로 108.2%였으며 1955년에는 42.8%, 1956년에는 31.6%, 1957년에는 16.2%였고, 정치사회가 불안하였던 1960년(4.19%)과 1961년(5.16%)에도 각각 10.8%와 18.6%였다. 그리고 통화량 증발이 가장 심하였던 해는 1951년 160.7%였고 한국전쟁 기간에는 매년 90%이상이다.(전경련,「한국경제정책 30년사」, p.879)

<표 13> 대미 달러 명목환율 변동 추이

(단위 ; 1달러당 환)

실시일	협정 환율				자유시장 환율					
	공정환율	대충자금 예치환율	UN군 환율	기타UN 군 환율	대일 수출불	기타지역 수출불	기타 수출불	미본토불	미군표	도매물가 지수
1945.10.01	0.15									0.016
1947.07.15	0.5									0.171
1948.10.01	4.4							7.4	5.0	0.237
1948.12.15	4.5	4.5						미상	미상	0.327
1949.06.14	9.0	4.5						21.7	16.4	0.357
1949.11.01	9.0	5.0						25.5	19.3	0.475
1949.12.01	9.0	6.0						28.3	23.1	0.511
1950.01.01	9.0	8.0						34.8	25.7	0.565
1950.04.01	9.0	9.0						29.8	23.5	0.597
1950.05.01	18.0	11.0						22.8	20.3	0.592
1950.05.15	16.0	11.0						22.8	20.3	0.592
1950.06.10	16.0	14.0						24.2	17.9	0.615
1950.0615	18.0	14.0						24.2	17.9	0.615
1950.06.25	18.0	18.0						24.2	17.9	0.615
1950.10.01	18.0	25.0	25.0	25.0				25.8	22.7	1.11
1950.11.01	25.0	25.0	25.0	25.0				34.2	33.2	1.27
1950.12.01	25.0	40.0	25.0	25.0				61.2	43.2	1.47
1951.03.11	25.0	40.0	60.0	60.0				미상	미상	2.77
1951.05.01	25.0	60.0	60.0	60.0				98.3	63.8	2.74
1951.11.10	60.0	60.0	60.0	60.0				182.1	128.5	4.52
1952.평균	60.0	60.0	60.0	60.0				미상	미상	8.41
1953.08.28	60.0	180	180	180				264	176	10.8
1953.12.15	180	180	180	180				387	293	11.8
1954.11.10	180	180	500	180	777	740	515	656	530	17.3
1954.12.13	180	180	500	310	809	780	654	711	576	17.8
1955.01.10	180	350	430	430	923	835	598	772	629	23.6
1955.04.18	180	350	500	500	756	466	466	748	605	24.1
1955.06.27	180	350	480	480	802	563	590	753	677	27.7
1955.08.08	180	350	510	510	950	820	750	802	662	32.3
1955.06.18	500	500	500	500	950	820	750	802	662	32.3
1956 평균	500	500			1070	1008	847	966	810	36.6
1957 평균	500	500			1123	1057	845	1033	845	42.5
1958 평균	500	500			1225	1015	893	1181	1029	39.9
1959 평균	500	500			1399	1247	1135	1255	1149	40.8
1960.01.20	500	650			1641	1320	1190	1320	122	42.4
1960.02.23	650	650			1718	1387	1293	1449	1292	43.2
1961.01.01	1000	1000			1563	1416	1320	1398	1206	48.2
1961.02.01	1300	1300			1479	1454		1483	1289	50.6

(자료) 한국은행, 한국 무역협회 및 주한 미국 국제개발처(USAID to Korea)

김광석 · 래리 E. 웨스트팔, 「한국의 외환 · 무역정책」, 한국개발연구원, 1976, pp.35~36

표 13을 보면, 총 통화량이 해마다 약 2배 이상 증가되고, 유엔군 대여금과 원조물자 판매대금(대충자금)이 6.25전쟁 이후 급속히 증가하였다.

또한, 총 통화량과 재정수입의 대부분을 차지하는 UN군을 포함한 외원 자금의 환율 급등으로 물가를 급등시키는 주요한 요인이 되었다.

표 13에서 볼 수 있는 바와 같이 공정환율(협정환율)과 시장환율(수출달러와 미군표)이 해마다 급등하고, 특히 공정환율은 거의 7년을 주기로 2배 이상 급등하고 있다. 따라서 외화를 대여 받은 대기업가와 무역업자는 하루 밤 사이에 2배 이상 자본축적(불로소득)을 하게 되었다.[78] 대자본가는 대부분 종합상사를 운영하기 때문에 크게 돈을 벌 수 있었다.

한편, 대출금리도 고금리였다. 산업은행의 일반 산업자금의 4년간 금리가 15%가 되었고, 귀속재산 중소기업 자금의 경우 12%이며, 귀속재산 주택자금은 10%였다. 그 밖에 ECA와 ICA의 대충자금의 금리도 연간 7.3%였다.[79] 그러나, 시중은행의 금리는 그것을 초과하는 고금리(약 15%)라고 할 수 있다.

이러한 금리의 대출도 중소기업이나 일반 시민들에게는 거의 불가능하였다. 다시 말하면 대자본가에 대한 저금리 정책과 저환율 정책이 공정환율과 시장시세(암시세)의 차이가 심하여 정부가 지원하는 대자본가는 큰 이익을 보았다.[80]

---

78) 1953년~1960년간 실수입은 27억 8천 3백만 달러인데, 공정환율과 시장환율간의 차이가 거의 2배(0.531)가 되어 수입업자는 그 절반, 즉 13억 420만 달러의 이익을 올렸다.(정구현,「한국기업의 성장전략과 경영구조」, 대한상공회의소, 1987, p.70)

79) 산업은행,「한국산업은행 10년사」, 1964, P.81, p.113

80) 공제욱은 1961년 산업은행으로부터 5천만환 이상의 융자를 받은 기업체 및 개인은 모두 213개였는데 이 중에서 제조업체가 149개이고 우리나라 대기업체 89개 중에서 40개(44.9%)가 평균 11억 3천만환을 받았다고 한다. (「1950년대 한국의 자본가 연구」, 백산서당, 1993, p.172)

6.25전란 이후의 인플레이션의 원인은 재정적자와 UN군 등의 대부금과 일반 금융기관의 민간 대부 등이다. UN의 대부금은 작전상 불가피하다 할지라도 다른 것은 어느 정도 피할 수 있었지만, 금융기구의 비자율성으로 신용창출이 산만하고 융자대상자는 주로 특권층 내지 그들과 결탁한 신흥자본가이고, 중소 상공업을 위시한 국민대출은 그 혜택을 받지 못하였다. 신흥자본가는 관권과 결탁한 상공업자본가가 대부분이고, 이들은 해방 후 오늘날 까지 만성적인 인플레이션의 혜택에 의하여 막대한 불로소득을 취득한 이른바 인플레이션 수혜자이다.

우리나라의 금융기관은 일반은행 주식의 대부분이 귀속재산이므로 인사권을 위시하여 그 명맥은 자연히 정치 및 행정 권력이 장악하는 바가 되었고, 따라서 은행과 금융이 특권화 할 수 밖에 없으며, 은행의 신용창출은 오히려 특권 부유층의 대중수탈을 위한 매개 역할을 수행하였다.81)

5) 부정축재와 천민자본가

1950년대 대자본가의 성장은 1차적으로 귀속재산의 불하와 외원(특히 대충자금), 금융기관의 융자 및 환율의 급등에서 비롯 되었음을 지적하였다. 특히 귀속재산의 불하에서 산업자본가의 형성 및 강화시키는 것을 보면, 정치자본가가 용이하게 형성되는 것(특히 비우선권자에게 귀속재산 불하 등)을 알 수 있다. 또한 귀속기업체의 불하를 관료(관리 및 관리인)들이 독점하는 것을 보면 관료자본가의 특성이 강함을 알 수 있다. 그리고 정부(관료)의 지배하에 있는 산업은행과 시중은행의 융자금도 그들의 비호하에 대기업이 거의 독점하여 한국의 산업자본가가 성장하였음을 알 수 있다.

이와 같이 권력에 의하여 귀속재산과 은행 융자금에 의하여 한국 기업자본가는 산업자본가로 급속히 형성, 육성되고, 동시에 무역

---

81) 성창환, '한국 인플레이션의 특성과 그 문제점',「경상논총」, 제 1장, 1954

업(종합상사 등)을 통하여 상업자본가로서 급속히 성장하였으며, 마침내 1950년대 말 금융기관의 민영화를 통하여 그들은 소위 독점자본가가 되었다.

우리나라 대자본가가 독점자본가로 성장한 것은 기업인의 창의적 노력이 주효하였지만 그 보다도 해방, 6.25전쟁, 농지개혁 등 역사적 사건에서 비롯되었다. 기업인의 창의적 노력은 기업가정신 보다도 정경유착에서 비롯되었다.

민주당 정권이 발표한 부정축재자, 즉 대기업인 중에 정치인(이용범, 김성곤 등)도 있지만 집권 정당과 정치인에 대한 헌금에서 찾아볼 수 있다. 예컨대 3.15 부정선거에 대한 정치자금을 제공한 명단에는 대기업자본가는 거의 모두 포함되어 있다.[82] 그리고 1960년 민주당 정권과 1961년 5.16 군사혁명 정부가 부정축재자의 명단을 발표하였는데(표 14 참조) 그 곳에서도 대기업 자본가를 많이 찾아 볼 수 있다.[83]

5.16 혁명후 군사정부는 표 14와 같이 부정축재자(대기업인)에게 81억환의 처리 방침을 통고하였으나, 이들을 경제개발계획에 참여시키고자 약 그 절반(42억원)을 감액 통보(3차) 하였다.[84] 그 내용은 주로 국세 포탈과 국세 벌과금, 그리고 정치자금과 국유재산 환수금 등이다. 주로 환수금은 현금과 은행주였으며 환수하지 못한 경우 국유화 시켰다. 예컨대 태창방직(백남일), 동립산업(함창희), 대왕건설(이용범), 중앙산업(조성철), 한국강업(이광우) 등이다.

---

82) 김진현, 부정축재처리전말서, 「신동아」, 1964년 12월호, p.161

83) 전게논문, p.165, p.172

84) 삼성의 이병철 회장은 이주일 부정축재처리위원장에게 탄원서를 제출하고 박정희 국가재건최고회의장에게 기업가 정신과 역할을 역설하여 부정축재자가 방면되었다고 한다.(「호암자전」, 중앙일보사, p. 110~114)

<표 14> 민주당 정부와 5.16 군사 정부의 부정축재자

(단위 : 백만원)

대 기업가	회사명	민주당 통고 처분액(1960)			군정의 1차 통고액 (1961)	군정 최종 통고액(3차)				
		추징금	벌과금	합계/국세		국세 포탈액	국세 벌칙금	정치 자금	국유재산 환수	기타
이병철	제일제당 제일모직	3,264	2,860	6,124	2,400	451	285	64		
정재호	삼호방직	1,131	822	2,135	1,000	160	89	102	66	
이정림	대한양회	596	142	738	550	105	20	153	108	
설경동	대한방직	951	1,096	2,047	330	156	116	39	62	108 부정도급 외화독점
이용범	대동공업	730	611	1,341	-	101	41			
이양구	동양시멘트	392		392	170	40	17	70	163	30 부정도급
남궁련	극동해운	38		38	250			40		88 미화변제
구인회	락희화학	267	415	682	-	42	54			
백남일	태창방직	758	194	952	380	72	30	78	175	691만불 899 해외도비
최태섭	한국유리	104	31	134	40			22	41	
함창희	동립산업	91	627	1,538	280	37	22	65		148 부정도급 외화변제 (함태영 부통령 자손)
조성철	중앙산업	265	658	923	120	30	17	30	11	
정주영	현대건설	13	4	17	-					
조정구	벽산건설	27	20	47	-					
김용산	극동건설			68	-					
김원전	고려제지	24		24	-					
최재형	무학주정	58	5	63	-					
김성곤	금성방직	451	183	634	240	81	39	23		
김상홍	삼양사	180	146	326	-	22	13			
송영수	전주방직	297	468	765	-					
이석구	대림산업	27	12	39	-					
양춘선	홍화공작소	34	45	80	-					
단사천	해성산업	45	39	84	-					
이경용	달성제사	126	327	453	-					
이한원	대한제분				400	149	52	10		
박홍식	화신산업				97			10		
김영주	전주방직				90	48				
김용완	경성방직				8.8			8.8		
서정익	동양방직				67		12			
김지태	조선견직				55	10	21	9		
김진만					125	27	11		86	국회의원(7선)
김철호	기아산업				5			5		
김연규	대한중기				6			6		
이광우	한국강업				15			5		
홍석우					15			15		

대기업가	회사명	민주당 통고 처분액(1960)			군정 1차 통고액 (1961)	군정 최종 통고액(3차)				
		추징금	벌과금	합계/국세		국세 포탈액	국세 벌과금	정치자금	국유재산 환수	기타
김형남	전남방직				14			14		
김성룡					10			10		
배동환	한국타이어				5			5		
이석구								10		
이건웅					5			5		
합계		10,909	8,733	19,643	8,132	4,228				

(자료) 김진현,「부정축재처리 전말서」,『신동아』, 1964. 12에서 재 작성

이와 같이 대기업자본가 중에 몰락하는 경우가 생겼지만, 나머지는 다시금 살아났다.

이러한 정경유착에 의한 부정축재는 잘 들어나고 있는 것이 아니지만, 민주당 정권과 군사정권이 발표한 부정축재자의 명단을 표 14에서 볼 수 있다.

표 14를 보면, 우리나라 대기업 자본가는 3.15 부정선거시 막대한 선거자금을 제공하였다. 심지어 이정림(대한양회), 정재호(삼호방직), 구인회(락희화학), 백남일(태창방직), 설경동(대한방적) 등은 융자금 이상의 정치자금을 제공하고 있다. 그리고 민주당 정권시 부정축재자 등에 이병철(삼성물산), 정재호(삼호방적), 설경동(대한방적), 함창희(동립산업), 이용범(대동공업), 조성철(중앙산업) 등이 10억환 이상의 부정축재처리 통고를 받았다.

5.16 군사혁명 후 정부는 부정축재자를 발표하였는데 이들 중에서 통고액은 이병철(삼성물산)이 가장 많고(24억환) 그 다음은 정재호(10억환)이며 나머지 대자본가들도 대개 1억환 이상이 통고 되었다.

이와 같이 대기업자본가는 정부와 정치인에게 많은 정치(선거)자금을 제공하여 그 반대급부로 융자금과 이권 등의 특혜를 받아 사업을 발전시키려는 천민자본가가 거의 대부분이었다. 정부는 이러한

정경유착(천민자본가)을 단절시키려고 하였으나 여의치 못하였다.

5. 결 론

대기업자본가의 사회적 기원에 대하여 자수성가설, 또는 하층계급설을 주장하는 견해는 대기업 자본가가 나타나게 된 주요한 계기가 귀속재산(사업체)의 불하로 신흥자본가가 형성되었고, 1950년대초 6.25전쟁과 농지개혁으로 지주가 몰락하였기 때문에 영세한 농민과 상인이 대자본가의 다수를 차지한 것으로 본다.

그러나, 귀속재산의 불하에서 임차인과 관리인이 많이 신흥자본가로 등장하였지만, 임차인은 그 이전, 특히 일제시 토지자본(지주)이 상공업자본화 된 경우가 많았고, 비록 관료 및 관리인 일지라도 이들은 중농 이상 지주의 자손들이 대부분이다. 따라서 이러한 역사적 배경(사회이동)을 고려한다면, 해방후 50년대 대자본가의 사회적 기원에 대하여 자수성가설을 주장하기는 어려울 것이다.

또한, 농지개혁으로 지주가 몰락하였다고 하지만, 몰락한 지주는 대부분 재촌지주들이고 부재지주는 농지개혁 이전, 특히 일제시에 토지를 매각하였거나 그 수익으로 상공업자본가가 된 경우가 많다. 그리고 농지개혁으로 토지증권을 받은 지주는 비록 그 가치가 하락되었지만 귀속재산의 불하에 참여한 경우도 많이 있다. 따라서 해방후 우리나라 대자본가의 일차적 기원(기반)이 토지자본(지주자본)에서 찾지 않고 자수성가설이나 하층계급설을 주장하는 견해는 그 타당성이 약한 것이다.

더욱이 우리나라 대기업자본가의 사회적 기원을 귀속재산의 불하와 6.25전쟁 후 외원 및 농지개혁에서 근대기업(주식회사)이 발달하였고 대자본가의 형성이 가능하였다는 견해는 비록 일제 식민지 지배하였지만 민족자본의 형성을 부정하는 것이다. 일제시 민족자본가는 일인 대기업자본가에 비하여 비록 영세한 상공업가(주로 정미소, 양조장, 목재상, 포목상 등) 일지라도 이들은 동시에 농업(지주부농)을 겸업하여 한인으로서는 상당한 자산가이다. 또한 이들 중에 해방 후 귀속재산의 불하와 외원(대충자금 등) 및 금융의 지원을 받아 대자본가된 경우(이병철, 구인회, 조홍제, 정재호, 이정림, 백낙승, 이한원, 박두병 등)가 많다. 비록 이들이 권력의 도움으로 천민자본가(부정축재자)의 성격을 지녔지만 과소 평가해서는 안된다.

한편, 대기업자본가의 사회적 기원을 그들의 출신배경(부친 및 본인의 직업, 교육수준 등)을 검토하여 보아도 그들의 대부분이 일제시 중학 이상의 교육을 받았기 때문에 이들의 계층적 지위는 중농 및 중상인, 그리고 관리, 회사원, 은행원 등 화이트 칼라와 같은 중산층 이상의 출신이다. 따라서 하층계급설 또는 자수성가설은 그 타당성이 약하다.

또한, 대자본가들의 축재과정을 보면, 귀속재산 불하, 무역업, 외원(대충자금) 및 은행융자, 환율, 인플레이션 등 이러한 자본 형성요인이 자수성가의 요인이라고 말하기는 사실상 어렵고, 또한 이러한 자본형성과정에 있어서 정치인이나 관료(광의)의 도움(권력)을 받지 않고서 대기업자본가가 되었다는 것은 거의 불가능한 것이다. 그리하여 대기업자본가의 성격이 일반적으로 상공업 자본가와 금융자본가 등 독점자본가의 성격을 지니고 있지만, 동시에 이들은 정치자본가 또는 관료자본가 또는 매판자본가로서 비판을 받는다.

저자는 대기업자본가의 사회적 기원을 토지자본, 특히 지주부농에서 찾았지만 빈농출신이나 적수공권으로 자수성가한 대기업자본가가 전혀 없다는 것은 아니다.(예컨대 정주영 등) 이러한 것은 예외적인 현상이고 이것을 일반화 시키기는 어렵다. 반면에 일제시 해방후 많은 대지주 중에 망한 자도 많고, 심지어 귀속재산을 불하 받았어도 실패한 기업가가 대단히 많다. 따라서 대기업자본가는 비록 농민과 노동자 등 국민의 희생에서 성장하였지만 권력의 지원 뿐만 아니라 지속적이고 창의적인 자기혁신과 자기개발(자본조달, 상품개발, 기술혁신, 시장개척 등)이 필요하였다. 그렇지 않으면 대개 10년의 주기로 몰락하세 된 비운을 갖는다.

제 3장 '60~'70년대 대기업자본가의 사회적 배경과 자본축적

1. 서 론

60년대 대기업자본가들은 거의 대부분 50년대 형성된 기업자본가들이다. 이들은 1960년 4.19혁명(민주당 정권)과 1961년 5.16 군사정권에 의하여 소위 '부정축재자'로 심판되어 그들의 전 재산(기업)을 국가에 헌납하겠다는 각서를 써 주었다. 그러나 군사정권은 이들을 경제개발계획에 참여시켜서 온갖 특권과 특혜로 대기업자본가(소위 재벌)로 나시금 육성하였다.

50년대 대기업자본가들은 8.15 해방 후 6.25 전쟁으로 떼돈을 벌었던 관료자본가 및 천민자본가들이다. 이들은 귀속재산의 불하와 외국 원조자금으로 부족한 생필품을 공급하기 위하여 무역업(제당, 비료, 밀가루 등 수입)과 제조업(제당, 제면, 방직 등)을 발달시켰고, 파괴된 전쟁복구를 위한 건설업을 통하여 자본을 축적할 수 있었다.

이러한 기업활동은 특히 비생산적인 특혜와 악성 인프레션을 통하여 벼락 부자가 되었다. 그러나, 일반적으로 기업가 정신이 약한, 귀속재산 불하와 권력에 의존한 대기업가는 점차 몰락하고, 토지자본으로 정미소, 양조장, 포목상 등을 운영한 경험이 있는 기업가는 변신을 거듭하면서 경쟁과 모방 및 창의적 개척정신에 의하여 대기업가로 발전하였다.

이러한 대기업가들은 60년대 이후에 있어서도 군사정부의 공업화 경제개발계획(수출입국, 중화학공업, 건설사업 등)에 참여하면서 정부지불보증의 차관과 일제 식민지 배상금 및 금융특혜를 통하여 소위 독점자본가(소위 재벌)로 급속 성장하였다.[1]

이와 같은 대기업자본가의 자본축적 과정은 정부주도형의 경제개발정책에 있어서 불가피하게 기업간 인수, 합병 등을 통한 경쟁과 변신이 일어나기 마련이다. 그리하여 대기업자본가의 흥망성쇄가 나타났다.

저자는 대기업자본가의 흥망성쇄와 대재벌의 성장이 심하게 일어났던 1960~1980년 대기업자본가의 사회적 배경과 자본축적과정 및 축재요인이 무엇인가를 규명하여 그 특성을 파악하여 보려고 한다.

이 기간은 군사정권이 자립경제를 확립하기 위하여 공업화에 의한 경제개발 5개년계획을 실시하였고, 또 박정희 대통령이 5차의 5개년 계획을 중화학공업과 무역수출을 통하여 지속적으로 실시하면서 급속한 경제성장을 이룩하였다.

본 서에서 다루는 50대 기업집단은 한국일보사가 1986년에 재무분석을 한「한국의 50대 재벌」을 연구대상으로 하였다.[2] 이들의 자본축적은 그들의 재무제표를 재분석하여 파악한다. 한국일보사가 분석한 재무제표는 비록 그들의 연도별 자사 자료와 주거래 은행 및 상공회의소의 자료에서 비교·분석하였지만, 엄청난 수출대행이 있었기 때문에 자료의 신빙성 문제가 있다.[3] 그러나, 재벌의 주력기

---

1) 1960년~1979년간 대기업(5백명 이상 종업원)의 부가가치액은 전체 기업의 33.5%에서 71.5%로 증가되었지만 중소기업은 66.5%에서 28.5%로 감소되었다.(산업은행,「광공업센서스 실태조사」)

2) 한국일보사 경제부 편,「한국의 50대 재벌」, 경영능률연구소 출판부, 1986

3) 재벌들의 재무분석에서 ① 해외 현지법인의 매출액은 제외되었고, ② 수출

업은 자료의 차이가 거의 없다. 그 차이는 재벌들의 치열한 외형경쟁 때문에 빚어진 것이다. 비록 이것을 감안하더라도 재벌의 순위는 크게 변화하지 않는다.

한편, 대기업자본가들의 자본축적 요인은 그간 발간된 문헌을 활용하여 고찰하고[4], 대기업자본가의 출신배경은 언론기관의 인물정보란에 게시된 이력서를 분석하였으며, 그들의 자서전 및 그들에 관한 전기류 문헌 등을 참고하여 고찰한다.[5]

2. 사회적 배경

대기업자본가들의 사회적 배경에서 그들의 사회경제적 기원과 자질을 알 수 있다. 특히 그들의 출신 및 성장배경에서 사회화 과정, 즉 기업가로서의 자질과 지도력을 발견할 수 있다.

대기업가는 해방후 6.25 전쟁, 4.19 및 군사혁명 등의 급변기에 지도적 자질(기업가 정신 등)과 경쟁적 개척정신이 없으면 비록 권력의 비호가 있을지라도 대기업그룹을 육성하기는 어렵다. 그리하여

대행이 총 매출액에 포함되어 있으며,(예컨대 삼성의 경우 2조원이 되며, 현대의 경우 하반기만 1조원임) ③ 삼성의 경우 동방생명의 수입보험료 등 부채가 외형에 포함되어 있다.(「한국의 50대 재벌」, p.28)

4) 본서 제 3장 참고문헌을 참조하기 바람.

5) 주요 참고 문헌은 다음과 같다.
이경남,「한국의 기업가들」, 전 3권, 문우사, 1971
박병윤,「재벌과 정치」, 한국양서, 1982
박동순,「재벌백서」, 한맥, 1983
서울신문사 산업부,「재벌 가맥」, 상권, 2005
이병철,「호암자전」, 중앙일보사, 1986
아산고희기념출판위원회,「아산 정주영 연설문집」, 1985
참여연대 참여사회연구소,「한국 5대 재벌백서, 1995~1997」,나남출판, 1999

대기업자본가들의 출신배경과 직업배경을 분석하여 보고, 특히 우리나라 최대 기업집단(삼성, 현대, 럭키금성, 대우, 선경)의 사례 분석에 의하여 고찰하려고 한다.

1) 기업 창립

50대 대기업자본가가 현재의 경제적 지위를 갖게 된 것은 1960년대와 1970년대의 경제개발계획, 특히 중화학공업과 무역업으로 자본을 축적하였고, 이에 따라 새로운 대기업(업종)으로 변신을 하였기 때문에 그들 또는 부친의 기업활동에서 설립연도 및 최초의 기업에 대한 의미를 파악한다는 것은 큰 의미가 있다. 기업의 창립은 경제적 기반이 있어야 가능하기 때문에 설립자의 최초 기업활동에서 그 연혁을 찾아 본다.

50대 기업 중에서 매출액이 1조원 이상인 대기업자본가(7명)는 거의 대부분 일제시 부터 기업을 창립하여 기업경영의 경험을 지니고 있다. 매출액이 1조원~3천억원 기업의 경우(15명)는 주로 일제시와 해방후 1950년대에 기업활동을 하였으며, 매출액 3천억원 미만의 경우(28명)도 거의 비슷하다. 이들이 창립한 기업은 비교적 영세한 화학공업과 직물제조 그리고 정미업과 목재산업 등 매우 다양한 산업 배경을 지니고 있다.

이것을 보면, 대기업자본가들은 일제시 부터 소기업이지만 창립하여 기업가로서 경험을 스스로 체득하였으며, 특히 해방후 6.25 전란을 통하여 자본축적이 가능하였음을 알 수 있다.

50대 대기업 창립자는 대개 60세 이상이기 때문에 이들은 일제시 또는 1950년 이전부터 기업활동을 하였으며(약 5할 이상) 대기업을 상속받았거나 승계한 대기업자본가는 50대 이하가 많다.

<표 1> 50대 재벌의 출신배경(1980년)

	회사명	연령	출생지	종교	최종학력	최초 직업	부친 직업	최초 설립회사	부정축재	비 고
정주영	현대	65	강원 통천		통천 송전소학교	정미소 배달원 자동차수리공	농업	경일상회(38) 아도서비스공장(40)	4.19	적산 대지 불하(46) 전경련 회장(7회)
구자경	럭키 금성	55	경남 진양		진주사범	부산사범 교사	지주 포목상 도매상	락희화학공업사(38년)	4.19/5.16	부친 구인회(락희금성사 상속) 전경련 회장(18대)
이병철	삼성	70	경남 의령		와세다대 전문부 중퇴	협동정미소(마산) 양조장(대구)	대지주	삼성상회(38년) 조선양조장	4.19/5.16	협동정미소(36년) 전경련 회장(초대)
최종현	선경	51	경기 수원		서울농대/ 시카고대석사(경제학)	선경직물이사	부농	선경직물(53년)		귀속재산 불하(최종건 동생) 전경련 회장(3회)
김우중	대우	55	대구	기독교	경기고/연세대 경제학	한성실업(무역) 사원	교사	대우실업(67)		전경련 회장(2회)
김석원	쌍용	35	대구	불교	서울고/ 브랜다이스대	쌍용양회 감사	국회의원	상공유지(41) 금성방직 상속	4.19/5.16	보성전문/상공은행원 김성곤(금성방직,국회의원)상속
조홍제	효성	74	경남 함안		일본 법정대 경제학부	금융조합장	대지주	군북산업(42)		삼성물산공사 투자(48)/분리 효성물산 설립(62)
양정모	국제	59	부산	불교	부산공고	국제고무공업 사장		국제화학(68)		부두 해체
조중훈	한진	60	서울		휘문중 진해해원 양성소	한진상사 사장	지주	한진상사(45)		
이재준	대림 산업	57	경기 시흥		군포보통	대림산업부사장	대지주	부림상회(38)	4.19	
김종희	한국 화약	57	충남 청원	성공회	경기상/원산상업 메이지대 상학과(중퇴)	조선화약공판 사원	부농/광산업	조선화약공판(55)		조선유지 인천공장 불하(55)
최준문	동아 건설	60	대전		남만주공업 토목과	궁동조 근무		충남토건(45)		동아콘크리트 회장 대한통운 인수
신격호	롯데	58	경남 울산		울산농업/ 와세다대 전문부	임업/시험기사/ 도일/공장기술자	소농	화장품공장 주식회사 롯데(48)		일본 롯데 회장
이동찬	코오롱	58	경북 영일		와세다대 전문부 화공학	한국나일론전무		삼경물산(51) 한국나이롱(57)		이원만/부농/이사회 섬유불하 국회의원3회/경총 회장(14년)
박인천	금호	79	전남 나주		나주보통	잡화상/정미상 대금업	빈농	광주여객(48)		보통문관시험(29)
설원량	대한 전선	38	서울	불교	서울상대/ 텍사스주립대	대한전선 사원		대한방직(53) 상속	4.19/5.16	설경동(대한방직 창업자) 아들/상속
김현철	삼미	30	서울		경기고/ 위싱턴대 국제경영	삼미사(종합특수강) 상무	소기업가	비누공장(21) 대일기업(29)		김두식(선린상고/대영목재)상속 노태우비자금/외환위기로 몰락
박용곤	두산	48	서울	천주교	위싱턴대 경영학	산은 행원	동양맥주사장	동양맥주(52) 상속		박두병(경성고상,조선은행원)상속, 소화기린맥주 불하
장상태	동국 제강	38	부산	불교	서울대 농학과/ 미시간주립대 석사	동국제강 전무		남궁양행(28) 조선선재(49)		
김한수	한일 합섬	58	경남 김해		일본 법정대	직물상(44) 대경산업 사장	소농/제염업/ 곡물상	대경산업(54) 경남모직(56)		경남모직 회장
김상문	기아	53	서울		경성경제전문	기아산업 사원		기아산업(63)	5.16	김철호 상속 79년 부실로 민경중,김선홍계승
배종렬	한양	42	전북 정읍		동아대 법대 중퇴	대동목재 대표		대동목재(67)		
임대홍	미원	60	전북 정읍		이리농림	전북도 기수		대림상공(47)		미원 회장(68) 대상회장(97)
박건배	해태	32	서울	불교	경복고/뉴욕대	해태제과 이사 재무관리과		해태제과(45)		창업자 민홍식(45)박병규아들/상속 부도해체

	회사명	연령	출생지	종교	최종 학력	최초 직업	부친 직업	최초 설립회사	부정 축재	비 고
이양구	동양시멘트	64	함남 함흥		독학	동양식량 대표		동양식량공사(47)	4.19/ 5.16	동양제과(56)
박용학	대농	65	강원 통천	기독교	원산상업	대한농산 사장		대한농산(55)		
김상홍	삼양사	57	서울	불교	보성전문, 와세다대 법학부 수료	삼양사 사원 (47)	경방/대주주 삼양사 창업	경성방직 상속 (24)	4.19/ 5.16	부친 김연수(경도제도 경제학부, 삼양사 아들/상속
최종환	삼환기업	55	서울		경성직업학교 건국대 정경과	경동기계제작소	충북도청 근무	삼환기업(46)		월남전 공사/ 사우디 공사
이임용	태광	59	경북 영일		나고야 간정실업	태광산업 사장		태광산업(54)		홍국생명보험 회장 태광전자 회장
김준기	동부	36	강원 동해		고려대 경제학과	미륭건설 사장		미륭건설(69)		
이종성	충남방직	56	충남 예산		대전고	대전지검 과장 국안방적 전무		국안방적(54)		11대 국회의원 상호변경(70)
박남규	조양상선	60	경남 밀양		밀양농잠	천일운수 경영		천일운수(37)		
정태성	성창기업	81	경북 영주	기독교	대구공립농림	성창상점 대표	정미소 경영	성창상점(16) (정미소,목재상)		
조봉구	삼호주택	60	서울					천광사(56)		대림산업인수(86)
신명수	태화	33	서울		한양대 경영학	태화고무 이사		태화고무공업(47)		
서성환	태평양화학	57	경기 개풍		국학대 정치학과	태평양화학사장		태평양화학(47)		
김지태	한국생사	72	부산	불교	부산2상업	동척 사원	부농	부산진직물공장 인수(34)	5.16	조선견직 불하(49)/ 2대 민의원/부산일보사장
김인득	벽산	65	경남 함안	기독교	고려대 경영대학원	동양물산사장		동양물산(52)	4.19	
양규모	진양	37	부산	원불교	서울대 사회학과	진양화학 상무		진양화학(63)		창업자 차남/상속
장익룡	진로	45	평남 용강		서울대 기계공학	서광산업부사장		진천양주(24)		
남궁련	조공	64	황해 재령		일본대 경제학과	극동해운 사장		극동해운(49)	4.19/ .5.16	한국일보사장 한진중공업 회장
정인욱	강원산업	68	황해 재령	기독교	와세다대 채광야금과	미군정 상공부 석탄과장	부농	강원탄광(52)		삼표연탄
이회림	동양화학	63	경기 개풍	불교	송도보통	건복상회 대표	포목상 정미소	건복상회(37)		이정림(송도보통,고무,직[illegible] 상, 대한양회/개성상회) 계[illegible]
장병희	영풍	71	황해 봉산		대구신학	영풍기업 사장		영풍기업(49)		
김만중	삼호물산	62	경남 울주		부산 2상업	동양면화 사원	중농	삼도물산(60)		김지태(한국생사) 사위
고판남	한국합판	68	전북 군산		군산상업	천구목재 사장		청구목재(45)		11대 국회의원
김용주	전남방직	75	경남 함양		부산 2상업	식산 은행원	농업 (사업실패)	포항운수 사장 (33)	5.16	
허채경	한일시멘트	61	경기 개풍		송도보통	삼보광산 사원	한학자	한국양회판매설립(60) 칠보석회 창립(일제시)		
최태섭	한국유리	70	평북 정주	기독교	오산고보	황해 권농립사 정미업	농업	필리핀 공장(45) 동화산업(53)	4.19/ 5.16	
단사천	해성산업	66	황해 서홍		해주보통	대영직물 사원		해성직물상회(37)	4.19	

1980년 50대 대기업자본가는 해방후 1세대가 지났기 때문에 1960년의 경우와는 상당한 차이가 날 수 있을 것이다. 그러나, 그들의 사회적 배경과 기업 지배관계를 보면, 반드시 그렇지 않다는 것을 알 수 있다.

<표 2> 50대 대기업가의 최초 기업활동

매출액	일제시	해방후~1950	1950~1960	1960 이후	합계
1조원 이상	5		1	1	7
1조원~3천억원	3	4	5	3	15
3천억 미만	9	10	6	3	28
합 계	17	14	12	7	50

표 1에서 50대 대기업자본가들의 출신 배경을 재분석한 표 2를 보면 주로 일제시와 해방 직후 창립된 기업들이다.

2) 출신지

50대 대기업 자본가들의 출신지는 경남(부산)이 가장 많아 전체의 26%를 차지한다. 그 다음은 서울(20%)과 경기(10%) 및 경북(10%)이며 나머지는 황해(8%), 강원(6%)의 순이다.

<표 3> 50대 대기업가의 출신지

매출액	서울	경기	강원	충남	충북	전북	전남	경북	경남	황해	평안	함경	합계
1조원 이상		1	1					2	3				7
1조원~3천억원	5	1		2		1	1	1	4				15
3천억 미만	5	3	2	1		2		2	6	4	2	1	28
합 계	10	5	3	3		3	1	5	13	4	2	1	50

대기업자본가들의 출신지가 경남이 가장 많은 것은 이 지역이 6.25 전쟁의 피해를 가장 적게 입었고, 특히 전시 임시 수도였던 부산을 중심으로 한 무역이 발달하였기 때문이다. 그 다음으로 서울과 경북(대구) 및 경기 출신이 많은 것은 1950년대는 자유당정부의 권

력자는 주로 기호출신이 많았기 때문이며, 특히 개성출신이 많다. 그리고 경북 출신이 많은 것은 5.16 이후 군사정부는 주로 대구·경북 출신이 주로 집권하였기 때문에 그 영향을 받은 것 같다.6)

3) 교육수준

50대 대기업자본가의 교육수준은 그 규모가 클수록 대학출신이 많고, 특히 해외 유학출신이 많다. 이것은 그들의 경제적 배경이 크다는 것을 알 수 있다.

<표 4> 50대 대기업가의 학력

매출액	초등학교	중·고등학교	대학	기타	합계
1조원 이상	1	1	5		7
1조원~3천억원	2	3	10		15
3천억원 이하	4	11	11	2	28
합 계	7	15	26	2	50

표 4를 보면, 대학출신 대기업가는 전체의 52%가 되고 중·고의 경우 30%가 되며, 나머지는 초등학교 출신 등이다. 대학출신 대기업가는 대개 경상계 전공자가 많고 중·고교의 경우도 상업 전공자가 많다. 그리고 해외 유학 출신이 전체의 34%가 된다.

이러한 교육수준은 다른 권력지배층과 마찬가지로 매우 높은 편이고, 그렇지 못한 경우도 상당히 많다.7)

4) 직업배경

50대 대기업가의 직업배경은 먼저 본인이 최초로 종사한 직업과 부친의 직업을 중심으로 고찰하고, 그 다음에 5대 재벌 총수의 직력에 대한 사례조사를 한다.

6) 김영모, 「한국권력지배층연구」, 고헌, 2009, 제 Ⅰ,Ⅱ편 참조
7) 전게서, 제 1~3편 참조

먼저 대기업가 부친들의 직업은 다수의 미상을 제외하면 대지주(6명)와 기업경영(6명) 및 부농(3명)이 가장 많고, 그 다음으로 소농, 중농 등 농업종사자이며, 나머지는 공무원 출신 등이다. 그러나, 이것으로 부친의 직업 배경을 정확히 판단하기는 어렵다.

대기업가 본인의 최초 직업을 보면, 경영자가 전체의 46%로 가장 많고, 그 다음은 사원(40%)이다.

<표 5> 대기업가의 최초 직업

	경영자	사원	공무원 · 교사	은행원	미상	합계
1조원 이상	3	3	1			7
1조원~3천억원	6	8		1		15
3천억원 미만	14	9	3	1	1	28
합 계	23	20	4	2	1	50

경영자가 많다는 것은 자신이 기업(회사)을 직접 창립하였거나 부친의 기업을 상속 또는 계승한 경우가 많기 때문이다. 그리고 사원이 많은 것은 대부분 다른 회사의 취업 경험을 가진 것을 말한다.

이와 같이 대기업 자본가는 주로 처음부터 자기 기업을 창립하였거나 자기 또는 다른 회사의 취업 경험을 가진 후 부친이 설립한 회사의 임원으로 취업하고 있다.

그러면, 50대 대기업가 중에서 대표적인 5대 기업자본가의 직력 분석을 통하여 그 특성을 보기로 한다.

5대 기업자본가들의 직력을 표 6에서 보면, 50대 기업자본가들의 직업적 배경과 매우 유사하다. 이들은 1960~1970년대 정부의 특혜에 의한 중화학 공업과 수출산업의 육성책에 빨리 적응함으로서 큰 재벌이 되었다.

삼성그룹 이병철 회장의 직력에서 한국의 전형적인 대기업 발전 과정을 찾아 볼 수 있다.

그는 일제시 토지(지주) 자본을 기반으로 당시의 전형적인 제조업(정미소와 양조장)을 설립, 운영하여 상공업자본가가 되었다가 해방 후 무역(수입)으로 크게 돈을 벌어 소비제 경공업(제당과 모직회사)을 설립, 운영하다가 산업자본가가 되었다. 또한, 5.16 군사혁명시 부정축재자로 전 재산을 국가에 헌납하겠다고 약속 하였지만, 경제개발계획에 참여하면서 오히려 수출산업과 중화학공업(전자, 조선, 석유 등) 중심의 대재벌이 되었다. 그는 시대변화를 빨리 감지한, 매우 합리적인 '경영의 귀재'라고 불리기도 한다.

반면, 현대그룹의 정주영 회장은 일제시 빈농에서 가출(3회)하여 공사판의 막노동, 쌀가게 배달원 등을 경험하면서 신용으로 돈을 벌어 쌀가게를 차린 적이 있고, 그 후 자동차서비스 공장을 차렸다. 해방후 그는 그것을 통합하여 현대건설주식회사를 신설하여 6.25 전쟁의 복구공사, 경부고속도로, 월남 및 중동 특수로 돈을 벌어서 일찍이 굵직한 중공업(특히 조선, 자동차 등)과 수출산업을 발전시켰다. 그리하여 뚝심으로 밀어붙이는 '불도자' 또는 강인한 '왕회장'이라는 별명을 가졌다.

한편, 럭키금성그룹의 구자경 회장과 선경그룹의 최종현 회장은 부친(구인회) 또는 형(최종건)의 창업을 계승하였지만, 이들은 6, 70년대 중화학공업(석유화학, 전자, 통신 등)과 수출산업에 참여하면서 자본축적이 용이하였다. 이들은 전문직 출신답게 합리적이고 창의적인 기업경영을 하였다.

그러나, 대우그룹의 김우중 회장은 다른 대기업 회장과는 달리, 전문경영인 출신으로 소위 수출재벌의 신화를 창조하였다. 그는 섬유수출업체(한성실업) 무역부장의 경험으로 대우실업을 창립하여 대미 섬유수출쿼터 독점 등으로 돈을 벌었고, 또 부실기업을 인수하여 무역, 건설, 전자, 자동차 산업 등 중공업을 육성하였다. 그리하여 그를 '수출도사' 또는 '금융의 귀재'라고 부른다.

<표 6> 5대 대기업자본가의 출신배경

	삼성 이병철	현대 정주영	럭금 구자경	대우 김우중	선경 최종현
생년(세)	1910. 2(70세)	1915. 1(65세)	1925. 4(55세)	1936. 12(43세)	1929. 11(51세)
출생지	경남 의령군	강원 고성	경남 의령	경북 대구	경기 수원시
본관		하동	능성	광산	
<가족> 부 처/형제 자녀	이찬우(대지주) 차남 박두을/2남 2녀 4남 6여	정봉식(소농) 장남 변중석/6남 1여 8남 1여	구인회(기업가) 장남 하정임/6남 4여 6남 4여	김용하(교사) 장남 정회자/5남 1여 3남 1여	최학배(상업) 차남 박계희/4남 4여 2남 1여
종교				기독교	
학력	1934 중동고보중퇴 1934 와세다대 전문부 정경과	1930 송전소학교 졸업	1945 진주사범 졸업	1956 경기고 졸업 1990 연세대 경제과	경기고 1954 서울농대 1956 위스콘신대 화학과 1959 시카고대 경제석사
일제시	1936 합동정미소(마산)설립 1937 삼성상회(대구) 설립	1938 경일상회(쌀도소매) 1940 아도서비스공장 설립	1931 구인상회(도매상) 1945 럭카화학공업설립(부친)		최종건(장남) 일인 선경직물공장입사
해방후~1960	1948 삼성물산 공사 대표 1951 삼성물산(무역업)사장 1953 제일제당 사장 1954 제일모직 사장 1957 동방생명(63년 인수)	1946 현대자동차공업사설립 1947 현대토건사 설립 1950 현대건설(주)설립	1946 부산사범 교사 1947 락희화학공업(주)설립(부친) 1950 락희화학이사 1953 락희산업(구인회) 1954 반도상사(무역) 설립 1958 금성사(통신,전기) 설립 1959 금성사 이사 국제신보사장 락희비니루공업 설립	1960 한성실업 부장	1953 선경직물 적산불하 (최종건, 경기공전)
1961~1970	1961~1987 삼성물산 회장 1961 전경련 회장 1964 한국비료 사장 1965 중앙일보 사장 1965 성균관대 이사장 1969 삼성전자 설립 1970 삼성전관 설립	1962 국일증권 인수 (86년 상호변경) 1967 현대자동차 설립 (포드자동차와 기술계약) 1969 현대그룹 회장 1970 현대시멘트 대표	1966 호남정유 사장(부친) (칼텍스와 합작) 1969 연암문화재단 창립 (구인회) 1970 럭키금성그룹 회장 연암문화재단이사장	1967 대우실업 창업 1970 대우실업 대표	1962 선경직물설립(최종건) 1962 선경직물이사(최종현) 1965 홍국상사 설립 (2000년 합병) 1970 선경직물 사장
1971~1980	1973 호텔신라 건립 1974 삼성중공업 설립 삼성반도체 설립 1974 삼성석유화학설립 1976 용인자연농원 설립 1977 삼성문화재단이사장 삼성조선 인수 삼성종합건설 인수 1980 중앙일보 회장	1973 현대조선중공업 설립 1975 현대미포조선 설립 1976 현대종합상사 설립 1977 전경련회장(6회) 울산공대 이사장 아산복지재단 이사장 현대정공설립 1978 현대엔진중공업 설립	1973 국제증권 사장 연암학원 이사장 1977 럭키해외건설 1978 신영전기 설립 1979 금성반도체 설립 1980 전경련 회장	1975 종합무역상사 (대우실업) 1976 대우중공업사장 1978 새한자동차사장 대우조선사장 1979 대우개발사장 1980 대우중공업사장	1973 워커힐호텔 인수 1973 창립자(최종건)별세 1973 선경석유 설립 (최종건) 선경(종합상사) 회장 1980 대한석유공사인수
1981~현재	1982 한일경제협회고문 1987.11 별세	1982 대한체육회장 1983 현대전자 설립 1992 국회의원(국민당) 국민당 대통령 후보 2001.3 별세	1988 LG반도체 설립 1991 LG복지재단 이사장	1982 대우그룹 회장 1988 대한축구협회장 1998 대우전자 이사 대우통신 이사 전경련 회장(2회) 1999 대우그룹 부도 2005 해외도피, 귀국	1993 전경련 회장 1997 한국이동통신 인수 1997 선경인더스트리 사장 1998 SK케미칼 회장 SK회장 1998. 8 별세

이와 같이 대기업 자본가들은 모두 창의적 기업가 정신과 합리성, 근면성 그리고 개척정신이 매우 강하였다는 것을 알 수 있다. 이러한 정신은 그들의 가족관계에서 장남이고 또한, 자녀가 많기 때문에 그러한 지도력, 특히 결단력과 책임감이 형성된 것이다.[8)]

3. 자본축적 과정

1) 자본형성의 배경 ; 경제개발 5개년계획

1960~1980년대 대기업자본가 또는 재벌의 형성은 군사정부가 추진한 경제개발 5개년계획의 추진과정에서 찾아 볼 수 있다. 이 계획은 대기업을 중심으로 한 공업화, 특히 중화학공업과 수출지향의 경제정책이 그 핵심이다.

(1) 경제개발계획의 수립

우리나라 50대 대기업자본가 중에서 일제시대 이미 기업을 창업한 자(전체의 34%)가 가장 많고, 그 다음은 해방후 건국 이전(28%)이며 나머지는 4.19 이전이 대부분이다.

이것을 보면, 대기업자본가는 해방 이후 6.25전쟁의 기간에 성장하였다. 우리나라 50대 대기업자본가는 대부분 해방이후 6.25전쟁의 혼란기에 귀속재산의 불하, 외국원조, 무역업, 금융특혜, 인프레이션 등을 통하여 성장하였으며, 1960년 비록 부정축재자로 낙인을 받았

8) 이병철 회장은 장 · 차남과의 불화로 일찍이 전문경영인을 양성하여 사업을 맡겼고 정주영 회장은 장남의 사망으로 늦게사 자녀들에게 사업을 분할 상속하였으며 구인회 회장은 일찍이 인화로 장남 승계의 족벌체제를 형성하였다. 그러나 김우중 회장은 주로 퇴역 관료들을 중역에 임용하였다.

<표 7> 경제개발 5개년 계획의 주요 목표와 방향

	목표	기본방향	주요 육성산업	연평균 성장 및 계획 예산	장단점
1차 5개년계획 (1962~1966)	1) 자립경제의 기반 구축 2) 공업화 추진 3) 빈곤악순환 시정	1) 기간산업(비료,시멘트,제철, 정유 등) 육성 2) 에너지원(전력,석탄) 확보 3) 농업생산력 증대 4) 유휴자원(고용,국토) 활용 5) 수출 증대,기술 진흥	화섬사 비료 시멘트 정유 전력	1) GNP의 7.1% 2) 광공업은 14.3% 3) 계획예산은 2천 874억원	1) 양적 경제성장;연평균 8.5% 2) 투자재원 부족 3) 식량자급 실패 4) 소득불평등
2차 5개년계획 (1967~1971)	1) 공업구조의 고도화 2) 국제수지 개선	1) 식량 자급과 산림 녹화 2) 철강,기계,화학공업의 건설 3) 수출 증진(7억달러)과 수입대체 촉진 4) 고용증대와 가족계획 5) 국민(농가)소득 증가 6) 과학기술 및 생산성 제고	합섬섬유 석유화학 기계	1) GNP의 7% 2) 광공업은 17.3% 3) 계획예산 : 4,515억원	1)고도 경제성장(연평균 9.7%) 2)수출 증대(5년간 2배 11억불) 3)외채 증대 (투자재원의 40%이상) 4) 기업 부실화 5) 농업 정체 6) 악성인플레이션
3차 5개년계획 (1972~1976)	1) 산업구조의 고도화 2) 성상,안정,균형의 조화	1) 중화학공업 육성 2) 식량증산과 농어민소득증대 -경지정리,기계화,전화,도로 3) 무역수출 35억불 달성 4) 4대강 유역개발과 지역균형 발전 5) 과학기술과 인력개발 6) 국민복지와 생활향상	기계 철강 전자 조선	1) GNP의 8.6% 2) 광공업은 27.9% 3) 계획예산 ; 19조 15백억	1) 신흥공업국가화 2) 민간기업 활발 3) 수출증가 (5년간 7배로 78억불) 4) 외채증가 5) 악성인플레이션
4차 5개년계획 (1977~1981)	1) 성장,능력,형평의 조화 2) 자력 성장구조 3) 사회개발 추진 4) 기술혁신과 능률 향상	1) 중화학공업(철강,석유,비료, 양회,기계,전자,조선)의 발전 2) 사회간접자본 확충 3) 국제경쟁력 강화(능률향상 과 기술개발)	산업용 기계 철강 조선 전자기기 및 용품	1) GNP의 3~5% 2) 계획예산 ; 22조 2224억원 3) 제조업은 14.7% 4) 사회간접자본은 36.7%	1) 2차 석유파동으로 마이너스 성장 -1980년 기업매출 감소(0.1%) -GNP는 5.7% 감소 2) 악성 인플레이션 3) 국제수지 악화
5차 5개년계획 (1982~1986)	1) 지속적 경제성장 2) 사회개발 확대 (국민복지 향상)	1) 10%이내 물가 안정 2) 7~8%의 지속적 성장 (투가효율과 저축증대) 3) 경쟁적 시장기능 활성화 4) 수출주도와 대외 개방정책 5)국토의 균형개발과 환경보전 6) 국민의 기본수요 충족과 사회개발 추진	기계 전자 조선 자동차 철강	1) GNP의 7.5% 2) 물가상승율은 2~3% 3) 경상수지 4억불 흑자 4) 광공업은 10.0% 5) 계획예산,	1) 산업구조의 고도화 중공업화와 수출 증대 2) GNP(연평균 10.3% 성장) 3) 계층간 소득불평등 4) 산업간,기업간 불균형 5) 외채액 심화 6) 대기업의 부채액 심화

(자료) 1) 경제기획원의「경제백서」 등 참고함.
2) 전경련의「한국경제정책 30년사」등 참고

지만 군사정권의 경제개발계획(제 7차 5개년계획)에 참여하여 급속히 성장하였다.9)

1961년 군사정권은 국민을 기아로부터 해방시킨다는 혁명공약을 실천하기 위하여 경제개발 5개년 계획을 실천하기로 결정하였고, 자립경제발전의 궁극적인 목표를 공업화에 두었다.[10] 공업화에 의한 지속적인 경제성장을 위하여 1962년 부터 1997년 까지 7차의 5개년 계획을 수립하여 추진하였다.

제 1차 5개년 계획은 1962년에서 1966년 까지 연간 평균 경제성장율을 7.1%로 하여 계획기간에 GNP를 40.9% 성장시키며, 이것을 위한 투자규모는 GNP의 22.7%로 하고 투자액의 57.9%(1천 8백 59억원)는 해외저축으로 하여 나머지(42.1%)는 국내저축으로 조달하게 되어 있다. 그리고 1986년 까지 5차의 5개년 계획을 실천하기 위하여 정부는 표 7에서 볼 수 있는 바와 같이 중화학공업, 수출 제일주의, 국토의 균형발전(사회간접자본), 사회개발 등의 실천 전략을 수립하였다. 이러한 개발사업에 참여한 기업, 특히 대기업은 급속히 성장할 수 있는 기반이 되었다.

(2) 경제개발계획의 실적

표 7에서 볼 수 있는 바와 같이 5차의 5개년 계획은 그 목표를 초과하는 실적을 올렸다. 이것은 그 만큼 이 계획에 참여한 대기업의 성장을 의미한다. 5차의 계획기간에 경제성장율이 연 평균 7%를 초과 달성하였고, 국민 총생산규모(GNP)는 약 25배, 1인당 국민소득은 약 18배가 증가 되었다.[11] 그리고 광공업의 경우 약 2%를 초과시켰으며, 특히 수출은 약 134배가 증가하였다.

---

9) 경제개발계획은 1960년 장면정권(부흥부)이 처음으로 3개년 계획안을 입안한 적이 있다.

10) 이에 대하여 당시 경제고문단(Robert R. Nathan)의 보고서는 국제경제의 비교우위설, 즉 선진국의 경쟁력은 2차 산업(공업)에 있고 후진국은 1차 산업(농업)의 개발에 있다는 것을 주장하면서 반대하였다.

11) 국민 총생산 GNP가 성장되었다고 해서 반드시 1인당 국민소득 또는 개인별 소득이 그에 따라 증가된 것은 아니다.

<표 8> 경제개발 5개년 계획의 목표 및 실적

	1차 계획		2차 계획		3차 계획		4차 계획		5차 계획	
	계획	실적	계획	실적	계획	실적	계획	실적	계획	실적
<경제성장>										
GNP성장률(%)	7.1	7.8	7.0	9.7	8.6	9.7	9.0	5.8	7.5	8.6
GNP 규모(억달러)		37		94	133	287	499	662	975	940
1인당 국민소득(달러)	13.0	125		285	389	800	387	1,719	2,331	2,268
총 인구(만명)		2943.6	3242.9	3288.3	3434.5	3584.9		3872.3	4183.9	4156.9
<산업별 성장>										
농림어업(%)	5.6	5.6	5.0	1.5	4.5	1.5	4.0	-0.6	4.3	3.7
광공업(%)	14.3	14.3	10.7	19.9	13.0	19.9	13.6	10.0	8.1	10.0
SOC · 기타서비스(%)	8.2	8.2	6.6	13.2	8.5	13.2	8.1	7.1	7.8	9.2
총 투자율(%)	21.6	21.6		25.1	7.4	25.1		30.3	29.5	30.0
수출(억달러)	2.5	2.5	5.5	11.3	35.1	11.3	17.4	206.7	357.0	336.0
수입(억달러)	6.8	6.8		21.8		21.8	16.6	243.0	351.0	293.0
총 외채(억달러)	4	4		29		29		324	474	445
소비자 물가(%)	14.9	14.9		12.6		12.6		18.4	2~3	3.5
조세 부담률(%)	10.7	10.7		14.6	17.3	14.6		18.1	22.0	18.0
주택 보급률(%)	79.4	79.4		77.3		77.3		70.5	68.6	69.9

(자료) 1) 경제기획원,「5차계획추진 실적평가」, 1987
2) 경제기획원,「경제백서」, 1983~1982

반면, 이러한 성장에도 불구하고 5차의 계획은 대기업자본가에 대한 특혜와 독점으로 중소기업간, 또한 빈부간 소득불평등 및 노사간 계급불평등이 심화 되었고, 수출지향의 불균형 개발정책으로 대외의존적 시장 기능으로 위축 되었으며, 따라서 자원이 효율적으로 배분되지 못한 문제점이 있었다.

이와 같이 대기업 자본가는 특히 중소기업가, 농민, 노동자의 희생 위에서 성장이 가능하였다.

2) 자본축적과 재무구조

군사정권이 마련한 경제개발계획은 기존의 대기업 자본가들이 자본축적을 할 수 있는 좋은 기회였다. 경제개발의 주요 전략사업에 필요한 자원(자본 및 인력 등)을 저렴하게 마련하여 주고, 또 시장(국내외 수요 등)을 개척하여 주었기 때문에 자본축적의 좋은 조건을 제공하여 준 것이다. 이러한 조건을 제공하면서 권력(정치인 및 정부관료)이 개입하여 기업가들로 하여금 경쟁력과 창의성을 유발하였다.

경제개발계획은 박정희 대통령이 공업화에 의한 자립경제를 달성하기 위한 집념의 결과로 성취될 수 있었다. 그는 1, 2차 5개년 계획을 통하여 공업화 기반(기간산업)을 마련하였고, 3, 4차 5개년계획 기간에 중화학공업을 육성하여 이것을 수출을 통한 시장개척을 하게 한 것이 지속적인 발전의 원동력이 되었다. 이것은 대기업자본가의 자본축적을 하게 된 계기가 되었다. 우리나라 공업화율은 1981년 전체 산업의 20.4%이고, 그 중에서 중공업화율은 52.9%를 차지한다.[12)]

1966년에서 1986년 까지 4차의 계획기간에 우리나라의 경제성장은 ① 국민 총생산(GNP)이 37억 달러에서 940억 달러로 증가되었고,(1인당 국민소득은 125달러에서 2,268달러로 증가) ② 광공업이 전산업의 14.3%에서 31.2%로 고도화 되었고, ③ 수출이 2억 5천 달러에서 336억 달러로 증가되었으며(수입도 6억 8천만 달러에서 293억 달러로 증가), ④ 외채(차관 등)가 4억 달러에서 445억 달러로 증가하였다.(표 8 참조)

이와 같이 국민총생산과 1인당 국민소득이 증가되었지만, 동시에 고도 산업구조(중화학공업)와 수출입 및 외채의 증가는 대기업자본가의 자본축적이 그 만큼 증대되었음을 의미한다. 특히 중화학공업과 같은 정책사업의 인허가와 경쟁입찰 과정에 있어서 권력과 유착된 대기업만이 경쟁력이 있는 것이다.

그리하여 중화학공업에 속한 업종 중에서 전력, 철강, 비료, 석탄 등은 일찍이 공기업이 운영하였지만, 전자, 정유, 조선, 양회 등은

---

12) 한국은행,「한국의 국민소득」, 1982, pp.20~21

<표 9> 50대 재벌의 재무구조(1980)

(단위 : 억원)

회사명	계열 기업	매출액	자본 총계	자산 총계	자본금	부채 총계	당기 순익	부채 비율(%)	총자본 회전율	자기자본 순이익율	매출액 순익율
현대	33	32,621	6,399	29,840	2,677	23,440	418	366.27	1.09	6.55	1.28
럭키금성	48	29,709	2,655	17,396	1,443	14,741	183	555.23	1.71	6.91	△0.62
삼성	36	29,060	2,811	20,120	1,977	17,307	△175	615.00	1.44	△6.23	△0.60
선경	13	26,692	663	15,012	1,318	14,348	△892	2,161.45	1.78	△134.38	△3.34
대우	25	16,132	3,569	17,745	2,547	14,176	327	397.20	0.91	9.17	2.03
쌍용	14	13,226	1,597	9,757	796	8,159	△44	510.67	1.36	△2.80	△0.34
효성	19	11,917	1,094	10,515	-	9,421	22	861.08	1.13	-	-
국제		9,199	863	6,827	499	5,964	120	690.70	1.34	2.04	0.19
한진	12	8,938	767	10,375	690	9,609	△234	1251.83	0.86	△30.56	△2.63
대림산업	9	7,861	1,953	8,311	942	6,357	221	325.38	0.95	11.35	2.82
한국화약	20	7,347	499	5,615	393	5,116	△199	1,023.90	1.31	△40.05	△2.72
동아건설	18	6,401	1,492	5,243	279	3,750	329	251.30	1.22	22.08	5.15
롯데	23	5,652	1,397	5,253	1,368	3,855	△775	275.91	1.07	△5.60	△1.37
코오롱	16	4,455	646	3,446	335	2,800	△154	433.30	1.29	△2.40	△0.34
금호	4	4,446	678	6,844	311	3,166	61	467.00	1.16	9.01	1.37
대한전선		4,032	883	4,388	576	3,504	△22	396.46	0.92	△2.51	△0.55
삼미	4	3,982	400	3,763	259	3,362	△57	839.28	1.06	△14.35	△1.44
두산	17	3,853	1,049	6,401	434	5,351	140	510	0.60	13.30	3.60
동국제강	11	3,845	580	3,946	6,721	3,365	△25	580	0.97	△4.40	△0.60
한일합섬	6	3,837	891	3,895	351	3,085	34	297.24	0.94	3.78	1.01
기아	7	3,510	357	4,401	324	4,044	-	1,131.97	0.80	-	-
한양	6	3,441	470	3,631	218	3,160	138	671.22	0.94	29.39	4.02
미원	9	2,608	454	1,932	285	1,477	2	325.03	1.35	0.55	0.10
해태	9	2,527	487	3,374	301	2,886	101	592.56	0.75	20390	4.03
동양시멘트	4	2,298	332	1,956	190	1,624	17	488.82	1.17	5.23	0.76
대농		2,264	△114	2,645	255	2,759	△83	-	0.86	-	△3.67
삼양사	3	2,195	290	1,820	179	1,529	-	525.80	1.21	4.45	0.62
삼환기업	11	2,140	590	2,220	194	1,641	127	277.70	0.96	21.6	5.20
태광	5	2,063	82	2,380	105	2,148	16	2,604.63	0.92	20.17	0.80
동부	9	2,032	483	1,922	222	1,438	74	297.37	1.06	15.33	3.65
충남방적	5	1,900	276	2,960	210	2,684	△21	970.59	0.64	△7.75	△1.13
조양상선		1,666	111	1,959	88	1,848	13	1,664.12	0.85	12.15	0.81
성창		1,610	△41	1,105	122	1,236	△261	-	1.35	-	△16.24
삼호주택		1,610	184	1,848	176	1,664	△5	104.00	0.87	△2.90	△0.33

회사명	계열기업	매출액	자본총계	자산총계	자본금	부채총계	당기순익	부채비율(%)	총자본회전율	자기자본순이익율	매출액순익율
태화		1,610	89	1,459	128	1,370	△138	1,537.90	1.10	△155.90	△8.6
태평양화학	13	1,490	390	1,371	152	980	53	250.82	1.09	13.78	3.61
한국생사		1,358	68	888	148	1,819	△40	2,660.44	0.72	△59.37	△2.99
벽산	8	1,330	225	1,246	185	1,020	7	451.85	1.07	3.28	0.56
진양		1,257	-	1,048	159	-	-	8,775.68	1.52	△1032.33	△7.66
진로		1,234	149	992	69	842	3	564.47	1.24	2.38	0.29
조공	14	1,165	260	1,829	139	1,569	△96	602.03	0.64	△36.93	△8.26
강원산업		1,075	331	1,561	140	1,230	4	371.63	0.69	1.21	0.37
동양화학		1,054	350	1,030	83	680	4	194.33	1.02	1.35	0.45
영풍		941	393	916	222	523	18	132.91	1.03	4.79	2.01
삼호물산		897	△67	595	59	662	△137	-	1.51	-	△15.30
한국합판		892	101	761	129	659	△55	648.19	1.17	△54.85	△6.25
전방		753	91	734	59	642	△7	699.83	1.03	△8.30	△1.01
한일시멘트		597	149	591	103	442	18	296.60	1.01	12.50	3.11
한국유리		510	276	1,210	150	934	△5	338.20	0.42	△1.98	△1.07
해성산업		426	145	412	49	267	4	184.4	1.03	3.43	1.16
합 계		281,658	37,797	245,488	28,759	204,653	-971	803.44	1.06	380.44	-0.76

(자료) 한국일보 경제부편,「한국의 50대 재벌」,경영능률연구소 출판부, 1986

민간 대기업이 운영하였다. 민간 대기업의 자본축적 내용을 보면, 우리나라 대기업자본가(소위 재벌)의 자본축적 방법을 알 수 있다.

그러면, 1980년과 1985년 우리나라 50대 민간 대기업의 총 매출액과 수익률이 최상위인 50대 기업집단의 재무구조를 통하여 경제개발 전략사업과 얼마만큼 상관성이 있는 가를 보기로 한다.

1980년 50대 민간 기업집단 중에서 매출액이 2.6조원 이상이 되는 것은 현대(정주영), 럭키금성(구자경), 삼성(이병철), 선경(최종현), 대우(김우중) 등 5개이고, 그 다음은 1조원 이상이 되는 기업집단은 대우(김우중), 쌍용(김석원), 등이며 나머지는 1조원 이하이다. 그러나 이들 대기업집단은 1985년에 재무구조가 모두 개선되어 삼성 및 현대의 매출액은 약 4배(13.6조원)가 증가되었고, 럭금, 대우, 선경도 2배 이상이 증가 되었다.13)

이들의 재무구조는 표 9에서 볼 수 있는 바와 같이 다음과 같은 특징이 있다.

첫째는 기업집단일수록 문어발식 계열기업이 많다. 특히 삼성, 현대, 럭키금성의 경우 1985년에 33개 이상의 계열기업을 거느리고 있다.

둘째는 기업집단일수록 자산과 부채가 대단히 많다. 자산이 많은 것은 대부분 비생산적인 토지이다. 이것을 담보로 금융기관의 융자를 받아 부채를 지니고 있다. 특히 삼성의 부채액은 약 1.7조원으로 자기 자본(총 자본의 70.3%)에 비하여 6.2배가 되고 총 자산의 86.0%가 된다. 현대의 부채액은 약 2.3조원으로 자기 자본(총 자본의 41.8%)의 약 3.6배가 되고 총 자산의 84.7%가 되며, 럭키금성의 부채액은 약 1.4조원으로 자기자본(총자본의 54.4%)의 약 5.5배가 된다. 그리고 선경의 부채액은 총 자본보다 많아 21.6배나 되고 총 자산의 198.2%가 된다. 선경은 자기보다 덩치가 큰 유공을 인수하였기 때문이다. 그러나 1985년에는 기업집단의 부채액이 급증하여 삼성이 5.9조원, 현대가 6.3조원, 럭금이 4.5조원, 대우가 5.5조원이 되었다. 그러나, 선경의 경우 1.8조원으로 총 부채율이 1980년에 비하여 급격히 감소하였다.

이러한 부채율은 대기업집단 일수록 더욱 큰 편이다. 1조원 이하 매출액인 대기업 중에 특히 한화, 기아, 한일, 삼미, 한진, 태광, 조

---

13) 이병철 회장은 삼성그룹이 1970~1980년 10년간 자산이 41%, 매출액은 48%, 인력은 50%가 증가되었다고 한다.(이병철 삼성창업주에게 길을 묻다.「월간 중앙」, 2010년 1월호)

양, 태화, 한국생사, 진양의 부채율이 자기자본의 10배 이상이 된다. 지난 5년간 기업집단의 부채는 약간 증가되었으나(예컨대 삼성은 6.1배에서 6.8배, 현대는 3.6배에서 4.8배, 대우는 3.8배에서 4.8배로 약간 증가) 선경은 21.6배에서 4.7배로 가장 많이 감소되었고, 그 다음으로 한진(12.5배에서 5.3배로)과 한화(10.2배에서 3.8배로) 및 효성(8.6배에서 4.5배로)은 많이 감소되었으며, 쌍용(5.1배에서 4.5배로)과 럭키금성은(5.5배에서 4.8배로) 약간 감소되었다. 1985년에는 자기 자본의 100배 이상의 부채를 지니고 있는 경우가 있다. 예컨대 동아건설(476배), 조양상선(138배), 삼도물산(54배), 신동아(약 22배), 조공(16배), 범양상선(12배), 한보(16배), 한양(10배), 고려합섬(10배) 등이다.

이와 같이 부채가 많으면 많을수록 누가 먹지 못할 것이라는 대마불사(大馬不死)의 논리가 당시에는 지배적이었다.[14] 그러나 부채가 많은 기업은 결국 몰락하였다. 부채가 많은 대기업은 정부가 은행의 융자를 회수하거나, 외국 합작기업이 철수하면 부도를 내게되고 결국 쉽게 몰락한다.

셋째는 기업집단일수록 매출액과 자기자본 비율이 증가하고 있다. 1982년~1985년간 삼성, 현대, 대우 등의 매출액이 약 4배 이상 증가되었고 나머지 기업집단도 약 2배 이상을 올리고 있다. 지난 5년간 매출액 증가율은 삼성(4.7배)과 현대(4.2배)가 급속히 증가되었고, 그 다음은 대우(3.8배)와 한화(3.2배)이며 나머지는 럭키금성(2.8배), 선경(2.1배), 한진(2.1배) 등이다. 오히려 매출액이 적은 기업집단의 부채율이 감소되고 있다.

넷째는 1985년 기업집단일수록 부가가치 창출은 1% 이하이나

---

14) 1970년대 함병춘 대통령 정치특보(연세대 교수)는 교수연찬회(중구 예술극장)에서 한반도의 지정학적 특성을 지적하면서 외국차관이 많을수록 열강이 먹기 힘들고 세워진 공장을 누가 헐어 갈 수 있느냐고 하면서 '차관망국론'을 비판하였다.

계열기업이 적을수록 1% 이상을 창출하고 있다.

다섯째는 1980년 오일쇼크가 있었지만 대기업집단 중에서 현대, 럭금, 대우 등은 자기자본 순익율 6%를 초과하였고, 특히 건설회사는 크게 순익을 올리고 있으며, 나머지는 적자 기록이 많다. 그러나 1985년에는 순익이 급증하여 대기업집단일수록 당기 순이익율이 높으나(40.5% 이상) 그렇지 않은 경우도 3% 내의 이익률을 내고 있다. 다시 말하면 1980년에 적자를 낸 대기업집단이 전체의 36%이지만 1985년에는 30%로 감소되었다.

1980년 2차 국제 석유파동으로 기업 매출액이 0.1%로 감소되고 국민총생산(GNP)이 소위 마이너스 성장(-5.7%)이 있었음에도 불구하고 대기업집단의 매출액과 이익률 및 부가가치가 대단히 높게 나타나 있다.

이러한 성장률이 1980년 부터 1985년 까지 대기업집단의 경우 어떻게 일어나고 있는지를 표 10에서 보기로 한다.

<표 10> 50대 기업그룹의 자본 축적율

	매출 증가율				매출 순이익율				총자본 회전율				자기자본 순이익율			
	80	83	84	85	80	83	84	85	80	83	84	85	80	83	84	85
삼성			126.1	174.5	△0.6	1.0	1.0	0.5	1.4	1.3	1.6	2.2	△6.2	9.1	13.4	10.0
현대			124.7	157.5	1.3	2.1	1.3	0.8	1.1	1.2	1.2	1.7	6.6	10.3	7.1	6.1
럭키금성			141.7	110.1	△0.6	0.8	0.4	0.5	1.7	1.6	1.9	1.7	6.9	7.5	4.0	4.5
대우			118.8	112.8	2.0	1.6	1.4	0.8	0.9	1.1	1.2	1.0	9.2	9.3	9.4	5.0
선경			109.4	104.9	△3.3	0.5	0.8	0.9	1.8	2.6	2.7	2.6	△134.4	8.4	14.0	14.7
쌍용			96.8	121.1	△0.3	0.5	0.6	0.4	1.4	1.1	1.1	1.2	△2.8	3.1	3.4	2.3
한국화약			124.3	114.3	△2.7	1.7	0.2	0.1	1.3	1.3	1.4	1.4	△40.1	8.8	1.4	0.7
한진			108.4	105.8	△2.6	2.1	1.9	1.1	0.9	1.0	1.0	0.9	△30.6	11.8	12.2	5.8
효성			113.5	105.7	-	0.1	0.4	0.6	1.1	1.2	1.3	1.3	-	0.6	4.0	5.7
대림산업			105.2	96.4	2.8	2.7	1.6	0.9	1.0	1.2	1.2	1.1	11.4	8.0	8.7	4.5
두산			115.2	106.4	3.6	1.5	1.4	1.0	0.6	1.5	1.7	1.5	13.3	12.9	13.4	8.5
롯데			113.8	103.5	△1.4	3.2	2.9	2.6	1.1	1.1	1.2	1.1	△5.6	15.6	14.2	9.9
50대기업 그룹의 합계			13.9	124.1		1.1	0.7	0.4	14.3	16.2	1.3	1.3		7.5	5.6	3.5

(자료) 한국일보 경제부, 「한국의 50대 재벌」, 1986에서 재작성

표 10을 보면, 비록 1980년도에 매출액과 매출 순이익율과 자기자본 순이익율이 2차 오일쇼크로 일시 감소되었지만 1983년 부터는 거의 정상으로 회복되었다. 특히 현대와 대우, 두산 및 대림은 1980년도의 매출 순이익율은 전체 대기업집단의 평균치 보다도 더 높았으며 자기자본 순이익율도 거의 정상적인 수준이었다.

80년대 기업집단의 재무분석에서 이들이 5차 5개년 계획사업과의 어떠한 유관성이 있는 가를 정확히 파악하기는 어렵다. 물론 대기업집단이 모든 업종을 문어발식으로 경영하였기 때문에 특히 대기업집단일수록 5차 5개년 계획사업과 그 상관성이 대단히 높았을 것이라고 생각할 수 있지만 구체적으로 기간산업, 중화학 공업, 무역업, 건설업 등의 개발전략이 대기업집단 계열기업의 성장에 얼마나 기여하였는 가를, 즉 삼성, 현대, 럭키금성, 대우, 선경의 매출액과 수익율을 중심으로 본다.

표 11을 보면, 5대 기업 집단의 5대 주력기업이 전체 기업집단 매출액의 대개 6할 이상을 차지하고 있다. 즉 삼성의 5대 주력기업이 동방생명(총 매출의 26.7%)을 제외하더라도 35개 계열기업 총매출액의 50.6%를 차지하고 현대의 경우 33개 계열기업 총매출액의 64.6%를 차지하며 럭키금성의 경우 48개 계열기업 총매출액의 79.5%를 차지한다. 그리고 대우의 경우(25개 기업) 90.7%, 선경의 경우(13개 기업) 94.8%를 차지한다.

5대 계열기업중에서 삼성의 핵심기업은 동방생명(현 삼성생명)을 제외하면, 삼성물산(총 매출액의 27.8%)과 삼성전자(12.4%)이고[15] 현대의 경우 현대종합상사(총 매출액의 21.0%)와 현대건설(19.6%)이며, 럭

15) 삼성물산주식회사 정관(제 2조 목적)에 의하면, 수출입업 및 동대행업 등 99종의 사업이 있고, 삼성전자의 경우 전자 전기 기기, 통신기계, 반도체 등 29종 사업을 할 수 있으며 심지어 부동산업도 포함되어 있다.

키금성의 경우 호남정유(29.0%)와 럭금상사(19.1%)이다. 그리고 대우의 경우 대우상사(총 매출액이 60.5%)와 대우조선공업(12.4%)이고 선경의 경우 유공(50.7%)과 선경상사(29.9%)이다.

<표 11> 5대 재벌 주력 계열기업의 재무구조

(단위 : 억원)

회사명	매출액	자산총계	자본총계	부채총계	자본금	당기순익	비 고(업종)
삼성그룹 (36개 계열기업)							
삼성물산	38,017	4,115	748	3,366	250	61	종합상사
삼성전자	16,937	6,655	1,420	5,235	550	215	
제일제당	4.714	6.959	569	2.389	120	25	
삼성종합건설	4,421	4,283	454	3,828	250	39	
삼성중공업	5,161	7,796	626	7,169	1,037	△135	조선
동방생명	36,621	19,087		18,942			
현대그룹 (33개 계열기업)							
현대건설	19,881	18,060	2,535	15,524	1,250	325	
현대중공업	12,962	15,606	4,869	10,737	1,697	27	조선
현대자동차	10,470	9,662	2,068	7,593	1,143	287	
현대종합상사	28,529	1,895	311	1,584	160	44	종합상사
현대미포조선	15,889	1,066	519	546	400	4	
럭키금성 (48개 계열기업)							
럭키	6,023	6,332	1,619	4,713	1,000	110	종합상사
금성사	12,527	8,655	1,678	6,977	1,000	111	전기, 전자
금성전선	3,003	2,696	531	2,164	144	△94	
럭키금성상사	16,265	3,203	426	2,777	300	15	종합상사
호남정유	24,600	9,379	1,257	8,121	816	134	
대우그룹 (25개 계열기업)							
대우	37,791	19,737	2,862	16,874	751	342	종합상사, 건설
대우중공업	4,055	5,849	1,216	4,632	485	69	
대우자동차	3,636	5,845	1,950	3,895	1,922	87	
대우조선공업	7,729	16,157	2,611	13,545	2,080	△97	
대우전자	3,473	5,540	442	5,097	400	27	
선경그룹 (13개 계열기업)							
선경	16,529	4,781	453	4,328	262	81	종합상사
유공	28,021	9,950	2,086	7,864	1,061	324	
흥국상사	4,526	956	180	775	90	8	
선경건설	1,594	1,393	147	1,246	150	4	
선경합섬	1,753	2,048	502	1,546	100	17	

(자료) 한국일보 경제부,「한국의 50대 재벌」, 1986에서 재작성

이것을 보면, 기업집단의 자본축적을 선도하는 핵심기업은 첫째가 무역업(수출입)을 주로 하는 종합무역상사이고, 그 다음은 정유회사와 조선제조회사이며 나머지는 자동차회사와 전자회사 및 건설회사이다. 종합무역상사제도는 1975년 도입되어 13개 대기업그룹에게 많은 특혜(금융융자와 법인세 등)가 있었다. 그들 매출액의 약 절반은 계열 및 하청기업의 수출대행이라 할 수 있다. 그리고 정유회사는 선경이 대한석유공사를 인수하였고, 락희화학이 호남정유를 칼텍스와 합작하였기 때문이다. 그 밖에 기업집단이 전자회사와 자동차회사 등을 설립하여 치열한 경쟁을 벌이고 있다.

그런데 이러한 주력기업이 모두 자기자본 보다도 부채액이 6배 이상이 된다는 것이 큰 특징이다. 이와 같이 대기업이 독점하는 부채는 주로 해외 차관과 금융기관의 융자금 및 사채라 볼 수 있다. 그래서 기업집단은 고금리에 시달리면서 동시에 악성 인플레로 부채의 화폐 가치가 하락된다. 그리하여 자기자본의 5배 이상 되는 부채와 많은 이자를 부담하면서 사업을 한다는 것은 오로지 악성 인프레로 화폐가치의 하락과 부동산 가격에 큰 기대를 하기 때문이다.

4. 자본축적 요인과 방법

1) 경제개발 전략과 축재요인

5차의 경제개발 5개년계획 기간에 공업화에 의한 고도 경제성장으로 국민 총생산은 매년 약 10% 증가 되었지만 기업집단의 경우 매년 100% 이상 증가하였다. 반면에 외채는 180배(445억 달러) 이상 증가되었고, 반면에 농민과 노동자들은 저곡가 및 저임금정책으로 도농간, 직업간 소득격차가 심화 되었다.

이와 같이 기업집단이 정부의 경제개발정책과 특혜로 급속히 성장한 배경은 중소기업과 노동자, 농민의 희생 위에서 가능하였던 것이다.

당시 기업집단(수출종합상사)의 자본축적과정은 매우 부도덕하고 반사회적이라는 것을 어느 기업인은 다음과 같이 진술하였다.[16]

외국 바이어의 수입 면장만 있으면 외환은행에서 정책금융으로 저리 대출을 받을 수 있고, 그 대출금은 부동산에 투자하며, 또 그것을 담보로 시중은행의 융자를 받는다. 그 수출상품은 해외시장에서 염가로 판매(덤핑)하여 그 판매대전으로 고가 상품을 수입, 판매하여 채산성을 맞춘다고 한다. 다시 말하면 비록 해외시장에서 손해를 보더라도 국내 시장에서 그것의 보상을 받으며 그 동안 국내 악성 인프레로 은행대출금은 상대적으로 가치가 하락되고 부동산 가격은 폭등하여 크게 돈을 벌 수 있다고 한다.

이와 같이 기업자본가는 2중, 3중으로 돈을 벌 수 있는 구조적 요인이 있었다.

자본축적의 구조적 정책적 요인은 주로 ① 중화학공업, ② 수출, ③ 차관 , ④ 금융대출, ⑤ 저임금, ⑥ 저곡가, ⑦ 부동산 투자, ⑧ 인프레이션 등을 지적할 수 있기 때문에[17] 이러한 요인에 대한 정부의 역할과 대기업 축재과정에 대하여 고찰한다.

---

16) 전 P물산 K사장의 진술과 전 상공부 담당과장 K서기관의 증언.
최근에도 현대차의 국내시장 가격이 평균 2,300만원인데, 해외시장의 경우 1,674만원이다. 국민들은 해외 판매를 위하여 1대당 626만원(37.4%)을 더 부담한다.(「한국일보」, 2011년 4월 28일)

17) 자본축적 요인에 대해서는 학자들에 따라 약간의 견해 차이가 있다.
조영범, 전윤형 외, 「한국 독점자본가 재벌」, 풀빛, 1984, 제 1,2,3 참조
박병윤, 「재벌과 정치」 한국 양서, 1982, 제 4,5부 참조
서재진, 「한국의 자본가계급」, 나남, 1991, 제4장 참조

(1) 중화학 공업과 독점 · 특혜

중화학공업의 주요한 업종은 특히 2, 3차 경제개발계획의 전략사업으로 제철, 전력, 기계, 조선, 석유화학, 정유, 비료, 시멘트, 석탄 등이 있다. 중화학 공업은 박대통령의 강력한 지시와 정부의 계획에 의하여 비록 우여곡절이 있었으나 추진하게 되었다. 그는 1973년 1월 기자연두회견에서 1980년 까지 중화학공업화를 통하여 수출 1백억달러, 1인당 국민소득 1천 달러를 달성하겠다고 하였다. 그리고 1973년 석유파동을 극복하기 위하여 국무총리에게 중화학 추진을 위한 조세감면 등 6개 항을 지시하였다.

① 제철, 조선, 금속, 석유화학, 섬유, 비철금속, 비료 등의 전략산업을 육성한다.
② 민간기업들이 주도한다.
③ 정부는 부지와 항만시설을 제공한다.
④ 참여업체는 30% 이상의 자기자본을 투자해야 한다.
⑤ 국내 소비를 제외하고는 전량 수출한다.
⑥ 건설 규모는 국제 규모로 한다.

그리하여 중화학공업 육성을 위한 기본시책 및 실행계획을 마련하기 위해 국무총리를 위원장으로 한 '중화학공업 추진위원회'를 구성하였다.18)

한편, 1973년 정부는 한국경제의 장기 전략(1973~1981)을 발표하여 장기적 목표를 다음과 같이 제시하였다.

1981년 까지 연평균 성장률을 10%로 하고, 수출은 1972년의 16

---

18) 추진위원회는 시행업무를 총괄하는 중화학기획단을 두기로 하였다. 단장은 청와대 경제 제 1수석 비서관이 겸임하며, 멤버는 청와대, 상공부, 기획원, 건설부의 책임 간부들이 참여했다.

억 달러에서 1981년에는 109억 달러, 1인당 GNP는 302달러에서 983 달러로 끌어 올리며, 중화학 개발에 역점을 두어 제조업 중 중화학 공업의 비중을 51%로 제고하고 상품수출의 65%를 중화학 제품이 차지하도록 한다는 계획이다. 이러한 계획을 추진하기 위하여 '조세감면규제법'을 제정하였다.

중화학공업은 노동집약적 생산에 기초한 경공업과는 다르게 많은 자본과 고도의 기술을 필요하기 때문에 대기업에 참여의 우선권이 주어졌다. 그러나 대기업들의 관심을 끌지는 못했다. 1974년 까지 14개 업체, 1975년 까지 38개 업체가 중화학공업에의 참여를 신청했을 뿐이다. 뿐만 아니라 그 38개 업체는 모두 중소기업 규모였다.

중화학공업은 대규모의 시설과 자본 및 기술, 그리고 고도의 경영능력이 필요하기 때문에 대기업이 아니면 참여하기 매우 어렵다. 그리하여 대기업인 삼성, 대우, 럭키금성, 효성, 국제상사, 금호, 쌍용 등이 참여하여 단기간에 기업의 인수, 합병 등을 통하여 대기업집단을 형성하게 되었다.

정부는 중화학 공업의 사업효과성이 크기 때문에 대기업의 경쟁적인 참여에 대한 소위 교통정리를 하였다.[19)]

첫째, 제철사업은 일찍이 공기업으로 포항제철회사를 설립하여 추진되었고, 발전설비는 현대양행이 맡았으나 그 후 원자력 발전설비(5, 6호기, 약 20억달러)에는 현대중공업과 대우중공업이 참여하게 되었으며, 또 삼성도 발전용보일러 제작 공장으로 참여하게 되었다. 그리고 자동차는 현대, 새한, 기아로 3원화 하였고, 칼라 텔레비전 브라운관은 삼성, 금성, 대한으로 3원화 하였으며 건설용 중장비는

19) 대기업은 외국의 유수한 외국기업을 업고서 경쟁하였다.(국내 수요의 10배 사업을 신청)

현대양행과 대우중공업으로 2원화 하였다. 그 밖에도 중화학 공업분야의 투자조정이 있었다.

정부의 투자조정은 여러 차례 경제장관회의 등을 통하여 중화학공업의 과열 경쟁과 중복 투자(국내 수요의 약 10배 선정)를 막기 위하여 불가피하였으나, 이러한 과정이 대기업자본가가 될 수 있는 지름길이 되었다.

둘째, 섬유화학(정유)사업은 일찍이 울산공단에서 1965년 공기업으로 대한석유공사가 설립되었다.[20] 그리고 1966년 제 2의 정유공장을 건설하기 위하여 실수요자 공모가 있었는데 6개 대기업이 신청하였다. 이 중에서 당대의 실력자인 이후락(울산농고, 육군준장, 대통령비서실장, 주일대사, 중앙정보부장)의 힘을 믿었던 한국화약(김종희 회장, 후에 사돈관계)이 탈락되었고 대통령의 대구사범 동기인 서정귀(홍국상사, 대구사범, 경성법전, 민의원, 재무부차관, 국제신보사장)의 도움으로 호남정유(럭키금성사)가 받았다.[21] 그 후 상공부는 국제경쟁력을 강화한다는 명목으로 제 3의 정유공장을 한국화약에 인가하였다.[22]

셋째, 전자공업은 이미 금성사를 비롯하여 대한전선, 동남전기 등이 참여하고 있었다. 그런데 1969년 6월 정부는 전자공업을 수출전략사업으로 개발하기 위하여 '전자공업진흥 8개년 기본계획'을 발표하였다. 즉 ① 수출경쟁력을 강화하고 ② 직접 또는 합작투자의 유치와 외자도입을 지원하며, ③ 1976년 까지 총 수출 목표 30억 달라 중 전자제품을 4억 달러를 수출한다는 것이다.

---

20) 대한석유공사는 1965년 정상 가동하여 한해 20억원의 수익을 내었다. 선경은 걸프가 국내시장에서 20년간 많은 수익을 낸 후 철수하는 바람에 삼성을 제치고 인수하였다.

21) 서정귀는 1970년 1월 호남정유 사장이 되었고, 한국측 주식(50%)의 25%를 소유하였다. 호남정유 주식의 50%는 미국 칼텍스가 소유하였다.

22) 한국화약이 경인화전을 건설하고, 경인에너지의 합작선은 미국의 유니온 오일이다.

이에 삼성은 전자산업의 인허가 신청서를 내면서 2년 후에 연간 7천만 달러의 생산고를 올리며 이 중에서 90%를 수출하겠다고 하였다. 그리고 삼성은 ① 금성사가 전자공업에 2천만 달러의 차관을 도입하였는데 그 수출액은 1백 30만달러 수준이고, ② 전자제품의 국내가격이 국제가격에 비하여 월등히 비싸다고 지상 홍보전을 전개하였다.[23)]

이에 대하여 한국전자공업협동조합은 관계 요로에 그 부당성을 진정하였으나 정부의 개발정책이 수출제일주의였기 때문에 허가되었다. 그 후 정부인가의 부대조건(전량수출)은 수출신장을 위하여 내수판매가 필요하다고 하여 그것이 없어지게 되었다. 그리하여 전자산업(칼라 TV)은 금성, 삼성, 대한으로 3원화 되었다.

넷째, 조선사업은 1965년 정부가 대일 청구권 자금(11,915천 달러)에 의한 조선계획(어선 건조 및 도입 1,382척 총 33,790톤)을 수립하여 대한조선공사가 시설확장 및 근대화 작업을 실시하였으나 1972년 3차 경제개발 5개년계획에서 정부의 중화학공업 정책으로 조선사업은 전환기를 맞았다. 이 기간에 선박사업 수입을 2차 년도 까지 제한하고 점차 수출조선에 중점을 두었다. 1976년에 국내선 40만톤 GT 건조와 80만톤 GT의 수출선 건조를 계획하였다. 그래서 건조능력이 비약적으로 계획되었다.[24)]

이와 같은 급속 성장 배경은 2차 5개년 계획기간에 '조선공업진흥법'과 '기계공업진흥법'이 제정되었고, 3차 5개년계획의 주요한 전략산업(장기조선공업진흥계획)이 되면서 가능하였다.[25)]

---

23) 1981년 말 조선소는 모두 157개가 있었는데 대형 조선소는 4개이고 10만 GT이상의 시설능력은 대선조선, 대동조선 등 8개 업체가 있었다.

24) 전국경제인연합회, 「한국의 조선사업」, 1997, pp.84~95

25) 우리나라 조선시설은 1972년 3월 현대조선중공업 울산조선소가 건설되면서 4배 이상 증가되었고, 1975년 2차 확장공사로 2백 19만 GT로 늘어났다.

다섯째, 자동차 산업은 1955년 미군용 찦차 엔진을 재생하여 만든 시발택시를 비롯하여 1970년대 초까지 주로 일본과 미국의 자동차회사(새나라와 닛산, 기아와 포드, 신진과 GM 및 도요타 등의 합작)의 자본 도입과 기술 제휴 및 부품 공급에 의한 자동차 생산이 이루어졌다.

5.16 군사혁명후 정부는 1963년 '자동차공업육성법'을 만들어 5년내 국산화를 내걸었다. 자동차산업은 철강, 비철금속, 기계, 유리 등 중화학공업과 그 연관산업으로 고용효과가 큰 것으로 보았기 때문에 정부는 1972년 까지 국산차 개발과 염가 공급을 하겠다고 발표하였다.

1974년 5월 정부가 발표한 '장기 자동차공업진흥계획'의 내용은 ① 고유모델의 개발, ② 배기량 1500cc 이하, ③ 1975년 까지 95% 이상 국산화, ④ 연산 5만대 이상, ⑤ 대당 가격 2천 달러 이하로 하고, 이를 지원하겠다고 하였다.

이에 따라, 자동차회사들이 국산화 계획을 신청한 결과 GM 코리아, 현대자동차, 기아산업 등으로 3원화 되었다. 그 후 자동차산업이 3년간 호황을 맞아 정부는 1980년대의 10대 전략산업으로 간주하고 지원책을 강구하면서 1986년 까지 2백만대 규모로 확장하도록 요구하였다.

(2) 수출진흥과 특수 및 특혜

(a) 중화학공업 수출과 종합무역상사

그 후 1970년대 세계조선공업의 호황, 삼성조선, 대우조선, 조공 등이 대형 조선소를 건설하여 1981년 말 총 시설능력은 4백만 GT을 갖추게 되었다. 이것은 세계 건조량의 제 2위를 차지한다.(일본의 경우 약 9배의 건조 실적임)

정부는 경제개발전략으로서 중화학공업 뿐만 아니라 수출진흥에 대한 지원사업을 적극 추진하였다.

1960~70년 당시 우리나라의 수출진흥은 마치 군사작전과 같았다. 총사령관은 박대통령이고, 작전참모 본부는 상공부였다. 실제로 전투에 임한 것은 수출연관업체의 임직원인데 그 중에서도 최 전선에서 싸운 것은 1960년대에는 여자 단순기능공이고, 1970년대는 남자 기능공이었다. 그리고 온 국민이 합세했다.[26)]

한편, 정부는 1961년 부터 기업의 수출용 원자재와 자본재 수입에 대한 관세를 면세하여 주었고, 또한 수출 소득에 대한 조세특례를 해 주었다. 즉 영업세 면제와 법인세 및 소득세를 50% 감면하였다. 그 밖에 수출용 원자재 수입에 대한 금융지원(육성자금, 선수출금융제 등) 등이 있었다.[27)] 특히 정부는 국민기업으로 발전시키기 위하여 1975년 종합무역상사제도를 도입하였다.[28)] 정부는 수출을 독려하기 위한 대통령 주재하의 '수출진흥확대회의'를 분기별로 개최하여 표창하였다. 이것은 대기업의 수출과 시장개척의 선도역할을 하였다.

종합무역상사가 대기업자본가의 자본축적에 있어서 가장 큰 역

---

26) www.ceoi.org

27) 1970년 전체 수출액은 8억 3천 5백만 달라였지만, 1979년에는 150억 달러로 증가 되었다. 이 중에서 공산품은 전체 수출액의 90.1%를 차지하고 가득율은 64.6%를 차지한다.(경제기획원, 「주요 업무지표」, 1980)

28) 1987년「무역거래법」은 폐지되고「대외무역법」이 시행되었다. 이 법령에서 종합무역상사는 해외시장의 개척, 무역기능의 다양화 및 중소기업의 계열화를 위하여 지정되었다.(제 9조 2항) 상공부 고시 제 10607호,「종합무역상사 지정 등에 관한 법령」, 1975. 4. 30. 참조

종합무역상사는 일본 대기업(三菱, 三井, 住友 등 6개)의 것을 모방하였다. 한국종합상사는 2000년 전체 수출액의 47.2%를 차지하였으나, 2007년에 5.7%로 떨어지면서 대외무역법이 개정되어 '전문무역상사'로 변경되었다.

할을 하였다는 것은 표 12에서 5대 주력기업의 매출액과 수익률에서 선두를 차지한 것에서 잘 알 수 있다. 당시 수출품에 대한 평균 이익은 1.4%이다.29)

1975년 정부로 부터 종합무역상사로 지정받을 수 있는 요건은 그 후 변화가 있었지만 주요 내용은 다음과 같다.30)

첫째, 100만 달러 이상 수출과 10개국에 10개 이상 해외지사 설치
둘째, 자본금 10억 이상에 연간 수출 실적이 5천만 달러 이상
셋째, 50만 달러 이상 수출품목 7개 이상 수출
넷째, 고려무역의 지정요건 면제
다섯째, 1976년 말까지 주식공개 원칙

이러한 조건은 대기업그룹의 무역회사에 큰 특혜를 준 것이다. 정부는 13개 대기업그룹, 즉 삼성물산, 대우실업, 쌍용, 국제상사, 한일합섬, 고려무역, 효성물산, 반도상사, 선경, 삼화, 금호실업, 현대종합상사, 율산실업의 무역회사를 종합상사로 지정하였다. 종합무역상사의 지정요건은 1977년 부터 자본금이 30억원, 수출국가는 20개국, 해외지사 수는 20개국으로 늘었고, 1978년 부터 수출 통관액의 2% 이상 되어야 다음과 같은 각종 세제와 수출지원의 특혜를 받을 수 있었다.31)

첫째, 상역행정적 보조 ; 국제 입찰시 우선지원, 원자재 수입요건 개방 수출조합 및 협회 가입비, 가입조건 완화
둘째, 금융지원 ; 완제품 비축구매를 위한 국내 신용장 개설 허용 및 수

29) 「아산 정주영 연설문집」, 1985, p.354
30) 상공부 무역정책연구회,「대외무역법」, 법문사, 1988, p.110 참조.
조동성,「한국의 종합무역상사」, 법문사, 1986, p.24 참조.
31) 상공부, 전게서, p.114
조동성, 전게서, p.30

출금융지원, 수출실적 비례하여 낮은 이자율 융자, 외국환 거래 은행 다수 신고

셋째, 외환관리의 편의 제공 ; 보증신용장의 회전 사용, 해외지사의 등급을 특종으로 분류 및 50만 달라, 외화 보유 가능

넷째, 조세 감면 ; 최고 24% 까지 법인세 면제, 수출에 대비한 유보자금의 영업세 연기

한편, 기업집단은 종합상사로 계속 지정받기 위하여 새로운 기업을 설립하거나 기존 중소기업을 흡수, 합병 또는 인수하여 표 12에서 볼 수 있는 바와 같이 많은 계열기업을 두었다. 그 뿐만 아니라 수출실석을 올리기 위하여 내기업집단은 중소기업의 주식(10% 이상)을 소유하고 경영권을 장악하여 많은 중소기업을 하청회사(계약기업)로 두었다.

<표 12> 10대 종합무역상사의 계열기업 및 계약기업 수

종합상사	계열 기업					계약 기업
	1972	1974	1978	1984	1985	1981
현대	6	9	31	26	32	70
삼성	16	24	33	21	25	45
럭키금성	18	17	43	24	26	56
대우		10	35	30	25	61
효성		8	24	19	19	104
선경	4	8	23	16	14	21
국제		7	22	18	0	61
쌍용	6	17	20	8	13	24
금호		9	17	10	6	39
고려						
합 계	50	109	248	172	160	481

(자료) 한국무역협회

그러한 결과 표 12에서 볼 수 있는 바와 같이 불과 10여년 만에 기업집단이 많은 계열기업과 계약기업을 거느리게 되었다. 이러한 기업의 수출대행으로 종합무역상사의 수출실적은 1975년에 전체 수

출액의 13.3%에서 1982년에는 48.2%로 증가하였다. 반면에 대기업과 중소기업의 경우 오히려 1978년의 36.6% 또는 36.4%에서 1982년에 각각 29.5%와 22.3%로 감소되었다.32)

이와 같이 종합무역상사로 지정받은 기업집단의 매출액은 초기에는 다른 제조 대기업에 비하여 약 3배가 되었으나 점차 그 격차는 감소되었다. 그러나, 종합상사제도는 3, 4차 경제개발기간에 대기업그룹의 자본축적에 큰 기여를 하였다.

<표 13> 종합상사의 수출 현황

(단위 : 백만 달러)

	1975	1976	1977	1978	1979	1980	1981	1982	1983 (계획)
대우실업	138	259	362	706	1,120	1,415	1,914	1,971	2,600
삼성물산	205	333	390	493	772	1,237	1,607	1,860	2,400
국제상사	64	194	297	472	564	744	849	934	1,150
효성물산	36	106	153	338	583	764	787	599	900
현대종합상사	-	-	323	260	493	1,028	1,721	2,677	3,000
반도상사	31	134	199	330	469	493	619	689	1,000
쌍용	106	101	117	264	422	642	756	972	1,000
선경	52	107	176	283	322	430	585	601	900
금호실업	32	78	135	256	305	356	185	166	502
합 계(A)	864	1,312	2,152	3,402	5,050	7,109	9,023	10,469	13,452
총수출(B)	5,081	7,715	10,046	12,711	15,055	17,505			
A/B(%)	17.0	17.0	21.4	26.8	33.5	40.6			

(자료) 「주간 동서투자」, 제 11호, 1981에 추가

표 13을 보면, 1975년 우리나라 총 수출액은 1975년에 50억 달러였으나 이것이 해마다 증가되어 1980년에는 175억 달러가 되었다. 그리고 9개 종합종합무역상사의 수출액은 총 수출액의 40.6%를 차지하였다. 이 중에서 대우실업의 수출액이 가장 많고,(6년간 141억달러) 그 다음은 삼성물산(123억 달러)과 현대종합상사(102억 달러)이다.

32) 한국무역협회,「무역통계」, 1987

그런데 기업집단의 매출 순이익율은 평균 이익률(약 1%)을 초과하는 경우 현대, 대우, 대림, 두산 등이고 나머지 대기업집단은 그것에 미달하고 있다. 그리고 자기자본 순이익율이 평균치 보다 높은 경우는 삼성, 현대, 대우, 한진, 두산, 롯데 등이다.[33]

<표 14> 상품별 수출 추이

(단위 : 백만 달러)

	1962	1966	1972	1976	1977	1978	1979	1980	1981
농산품			53.0	221.7	414.9	506.4	518.9	458.9	430.9
(%)	(28.6)	(12.1)	(2.9)	(2.7)	(4.1)	(4.0)	(3.5)	(2.6)	(2.1)
수산품			137.5	518.6	747.0	690.3	855.5	759.5	931.7
(%)	(19.2)	(12.2)	(7.6)	(6.4)	(7.4)	(5.1)	(5.7)	(4.3)	(4.4)
광산품			32.2	91.4	89.9	93.9	110.6	135.6	122.2
(%)	(24.5)	(13.9)	(1.8)	(1.1)	(0.9)	(0.7)	(0.7)	(0.8)	(0.6)
공산품			1584.3	7283.2	8794.7	11420.5	13570.5	16150.8	19507.8
(%)	(27.7)	(61.8)	(87.7)	(89.8)	(87.5)	(89.8)	(90.1)	(92.3)	(92.9)
중화학제품			-	2264.2	3157.2	4751	6061	7685.5	9509.8
(%)				(29.3)	(31.4)	(37.4)	(40.3)	(43.9)	(45.3)
경공업제품			-	4428.1	5396.2	6669	7507	6465.3	9998.1
(%)				(54.8)	(53.7)	(52.5)	(49.9)	(48.4)	(47.6)
합 계			1,807	8114.8	10,046.4	12,711.1	15,055.5	17,504.9	20,992.6
(%)	(100.0)	(100.0)	(100.0)	(100.0)	(100.0)	(100.0)	(100.0)	(100.0)	(100.0)

(자료) 관세청, 「무역통계연보」

한편, 중화학공업정책과 종합무역상사의 특혜 조치로 중화학공업의 수출과 주종산업 육성의 효과가 얼마나 나타났는 지를 표 14에서 보기로 하자. 표 14를 보면, 1976년에서 1981년 까지 4차계획 기간에 공산품의 수출은 전체 상품의 3.1%로 약간 증가되었으나, 중화

33) '우리나라 수출실적은 모순이 있다. 외국에서는 제조업의 매상고를 계산하고 무역의 매상고는 수출실적에 포함시키지 않는다. 그리하여 우리나라는 수출입의 금액을 매상으로 친 다음 제조업체의 매상으로 또 한번 쳐 결국은 2중으로 계산하는 셈이 된다. 이것은 가공의 숫자를 만들어 내는 것이다. 중요한 것은 수출 총액이 아니라 순이익이다.'(「아산 정주영 연설문집」, 1985, p.353)

학제품의 경우 16.0%(72억 4천만 달러), 절대액으로는 약 4.2배가 증가되었다. 반면에 농수산물과 심지어 광공산품 및 경공업제품의 수출이 감소되고 있다. 그러나 그것의 절대액은 농산품 이외는 모두 약 2배가 증가 되었다.

중화학공업의 주종인 철강, 기계, 조선, 자동차, 전자제품의 경우를 보면, 일반 기계류의 수출입이 5배 이상의 무역 역조현상이 나타나고 있지만 나머지는 모두 흑자 수출을 보여 주고 있다.[34)]

1980년 말 현재 중화학공업제품의 세계적 수출 순위는 철강이 18위이고 전자제품이 10위이며 조선이 2위, 자동차는 16위이다.

첫째, 철강재 수출은 포항종합제철의 1차 시설확장 이후 부터 급격히 늘어나 75년의 7억 6천 7백만 달러에서 80년의 19억 2천 7백만 달러로 증대되었다. 80년 중 철강재 수출실적을 품목별로 구분해 보면, 후판 17.4%(83만 6천t), 강관 15.7%(75만 7천t), 봉관 14.3(68만 9천t), 냉연강판 9.5%(46만t), 준연강판 6.7%(32만 3천t)이며, 그 밖에 선재(15만 7천t), 형강(12만 8천t), 와이어 로프(11만 3천t) 등이 포함되어 있다.

철강재 수출의 대상지역은 75년 이후 줄곧 미국이 가장 큰 비중을 차지하고, 일본의 경우는 75년 3.1%에 지나지 않았으나 80년에 이르러서는 17.9%로 증대되어 세계적인 철강 생산국인 미·일 두 나라에 진출하였다.

둘째, 조선공업은 철강, 기계, 전기, 전자, 해운 등 연관 산업이 높고, 총 조립산업이며 노동·기술 집약적인 산업으로 고부가 가치를 창출한다. 그래서 국내 기업간에도 경쟁이 심하다.

선박의 수출은 신조선의 경우 1974년 21척에 7천 3백만 달러였던 수출액이 81년에 37척에 9억 9천 1백만 달러에 이르는 등 총 선박수출액은 14억 4백만 달러에 달한다. 1970년대의 선박수출은 1977

---

34) 현대건설주식회사,「현대건설 35년사」, 1권, 1982, pp.250~252 참조

년과 1978년이 피크에 달한 이후 일시 침체된 바 있으나 불황의 회복으로 다시 크게 늘어 났다. 특히 개조선, 수리조선 분야는 현대중공업이 총수출액 7억 6천만달러 중 32.5%를 차지하고 수출선에 있어서도 60~70%를 차지하고 있다. 표 15에서 총 수량이 비록 척수로는 현대중공업이 전체의 27.6%를 차지하나 수주량은 전체의 약 절반을 차지한다.

<표 15> 조선공업의 발달과 효과

	경제 효과				총 수주량		건조 실적		
	매출액 (억원)	부가가치 (억원)	고용 (천명)	수출 (백만달러)	전체(척)	현대 중공업	세계	한국	일본
1974					55	18			
1975					72	23			
1976	2,481	1,076	31	276	151	53			
1977	4,732	2,492	40	528	244	78	27,532	562	11,707
1978	5,197	2,202	42	800	148	18	18,194	604	6,307
1979	3,970	1,250	39	519	130	23	14,289	495	4,697
1980				617	104	28	13,101	522	4,697
1971				1,404	108	38	16,932	929	8,400
합계					1,012	279			

(자료) 조선공업협회, 「조선관계자료집」

셋째, 자동차 수출은 1975년에 처음 완성차를 496대 수출하였으나, 1980년에는 2만 5천 252대를 수출하였다. 차종별 수출은 승용차가 58%를 차지하고 나머지는 트럭(40.3%)과 버스(1%)이다. 그리고 자동차 회사는 1980년 까지 5원화 체제인데 이 중에서 현대자동차가 전체 수출차의 64.3%를 차지한다.[35] 그러나 2원화 체제인 승용차 생산은 1990년대 삼성이 프랑스 르노회사와 합작 생산하면서 수출용 보다도 주로 내수용으로 판매하였다.

---

35) 1980년 각국의 자동차 수출은 총생산량 중에서 서독(53.7%), 일본(54.0%), 프랑스(50.6%), 이태리(36.7%), 영국(36.6%), 미국(9.5%)의 순으로 경쟁력을 지니고 있다.

<표 16> 자동차의 회사별 생산 실적

		1976	1977	1978	1979	1980
승용차	현대	14,826 (55.5)	27,466 (62.4)	57,054 (65.7)	71,744 (63.2)	39,701 (69.4)
	새한	3,788 (14.2)	4,270 (9.7)	12,162 (14.0)	18,430 (16.2)	7,500 (13.1)
	아세아					
	기아	6,991 (26.2)	10,548 (24.0)	16,477 (19.0)	22,140 (19.5)	8,725 (15.2)
	신진	1,096 (4.1)	1,697 (3.9)	1,130 (1.3)	1,250 (1.1)	1,299 (2.3)
	소계	26,701 (100.0)	43,981 (100.0)	86,823 (100.0)	113,564 (100.0)	57,225 (100.0)
버스	현대	1,851 (53.4)	1,773 (32.5)	3,428 (47.1)	5,206 (42.3)	5,756 (47.8)
	새한	1,384 (39.9)	2,418 (44.3)	3,061 (42.1)	5,827 (47.3)	4,737 (39.3)
	기아	233 (6.7)	1,262 (23.1)	790 (10.8)	1,220 (9.9)	1,052 (8.2)
	동아				14 (0.1)	528 (4.4)
	소계	3,468 (100.0)	5,453 (100.0)	7,279 (100.0)	12,307 (100.0)	12,053 (100.0)
화물	현대	2,612 (13.6)	9,015 (25.6)	21,297 (33.6)	26,036 (34.0)	14,899 (28.8)
	새한	3,319 (17.3)	7,249 (20.6)	11,509 (18.1)	14,396 (18.8)	12,176 (23.6)
	아세아	29 (0.2)	63 (0.2)	1,371 (2.2)	375 (0.5)	188 (0.4)
	기아	13,259 (68.9)	18,936 (58.7)	29,269 (46.1)	35,854 (46.8)	24,397 (47.2)
	소계	19,219 (100.0)	35,263 (100.0)	63,446 (100.0)	76,661 (100.0)	51,660 (100.0)
합 계		49,388	84,697	157,548	202,532	120,938

(자료) 「현대건설 35년사」, 제 1권, 1982

자동차 생산은 승용차가 총 생산의 50% 이상을 차지하고 그것은 소형에 집중되고 있다.

1980년 현재 1천 600cc 이하가 85.8%를 차지한다. 승용차는 현대가 전체의 6할 이상을 차지하고 버스도 약 5할을 차지하며 화물 트럭은 기아가 약 5할을 차지한다.(표 16 참조)

우리나라 자동차의 국산화는 국산화 계획이 실시된 60년 이후 21%에서 80년 초에는 승용차가 92%, 버스가 87.4%, 트럭이 91%까지 향상 되었다. 이러한 국산화율 제고는 부품수입에 대한 면세 조치의 폐지 등 정부의 시책과 외국 유명 메이커와의 기술 제휴가 기여하였다.

(b) 해외 건설과 월남 및 중동 특수

우리나라 건설사업은 6.25전쟁시 미군 참전과 전후 복구를 위하여 발달하였다. 특히 1960년대 경제개발사업(프란트 건설과 교통, 도로 등 사회간접자본 등)과 소위 월남전 특수와 중동 특수에 힘입어 비약적인 발전을 하였다. 예컨대 1961년 부터 1971년 까지 제조업의 생산액은 5.3배가 증가하였고 건설업의 경우 5.4배로 증가하였다.36)

1964년 한국군이 월남전에 참전하면서 약 5년간 상품 수출이 해마다 1천 5백만 달러를 초과하지 못하였지만, 건설용역은 1964년 3백만 달러에서 1965년에 6백 40만 달러로 증가한 후 해마다 100%이상 증가하였다.

1967년 월남 특수는 약 1억 3천 2백만 달러인데 이 중에서 건설군납은 전체의 5.7%에 불과하다. 그 밖에 근로자 임금(전체의 24.6%)과 용역 군납 및 군인 봉급(22.7%)이 가장 많이 차지하고, 나머지는

---

36) 1971년 한국의 건설업체는 모두 836개이다. 그리고 국내 공사의 도급방식에 따른 도급액은 지명경쟁이 전체의 52.8%이고, 그 다음은 수의계약(29.7%)과 일반경쟁(17.5%)이다.(대한건설협회,「한국의 중소건설업」, 19721 p.79)
그리하여 수주한 건설회사는 대개 낙찰가의 3~4할을 공제한 후 하도급업체에 공사비로 주고, 공제한 4할을 수주한 회사가 10%, 정치자금 10%, 관련 공무원 등 뇌물 10% 등으로 사용하였다고 한다.(당시 건설부 담당과장 증언)

군납품 수출(10.9%)과 일반상품의 수출(6.4%), 보험(4.5%) 등이다. 가장 많이 차지하는 베트남 용역군납(3천 268만달러)은 대부분 하역비(52.6%)와 운수비(32.5%)이다.[37)]

월남에서의 건설용역은 주로 항만 준설공사(8백만 달러)와 소도시 건설사업(4백 70만 달러)이었다. 또한 태국의 고속도로 공사(5백 22만 달러)를 비롯하여 대림산업, 공영건업, 삼환기업 등이 베트남에서 7건(7백 88만 달러)과 태국에서 1건(5백 23만달러)의 건설사업을 행하였다.

그리하여 1966년에서 1981년간 동남아에서 건설 수주고는 모두 25억 3천 8백만 달러이고 이것은 한국 해외 건설수주 총액의 5.8%에 달한다.[38)]

한편, 중동 특수는 1973년 부터 1981년 까지 해외건설 수주 계약고가 모두 126억 7천만 달러이고 연 고용인원은 38만 2천여명이다. 1966년에서 1980년 까지 건설용역 수출에 가장 많은 실적을 올린 대기업은 현대건설과 한라건설로 전체의 28.2%를 차지하고, 그 다음은 대림산업(10.5%)과 동아건설(18.7%), 대우개발(5.7%), 한양주택(4.6%), 삼환기업(3.7%) 등이다. 현대건설은 1982년 4월 까지 모두 1백억 달러를 초과하였다.[39)]

정부는 중동 특수에 우리나라 건설업체들이 수주경쟁과 상호간 과당경쟁을 하지 못하도록 1975년 말 '해외 건설촉진법'을 제정하였고, 이에 대한 제반 조치를 강구하였다. 또한, 해외 건설사업의 소득에 대하여 법인세의 50%를 감면하고 해외공사 실시에 대한 지불보증을 금융기관이 공동으로 하도록 조치하였다.

---

37) 전국경제인연합회, 「한국경제연감」, pp.197~198

38) 현대건설주식회사, 상게서, pp.197~198

39) 정주영 현대 회장은 창업 이래 연 평균 30% 이상의 고용 증대와 매출액을 증가시켰다고 하고, 지난 20여년간 경제의 근대화와 기업의 대형화 및 국제화에 큰 진전을 이룩하였다고 한다.(「현대건설 35년사」 1권, p.1)

2) 자본조달과 차관 및 금융특혜

(1) 정부의 재정투융자

1950년대 정부의 재정은 주로 외원과 조세에 크게 의존하였다. 1958년 이전에는 외원이 51.5%를 차지하고 조세는 30.1%에 불과하였다. 그러나 1960년 정부 재정의 세입(484억원)은 조세가 전체의 51.5%를 차지하고, 그 다음으로 외원이 34.6%를 차지하였다.[40] 외원은 주로 무상이었으나 1960년 존 F. 케네디가 집권하면서 미국의 대외원조계획을 무상원조에서 유상원조로 전환시켰다. 마침 한국 군사정부는 1962년 부터 5개년 경제개발계획을 추진하려고 하는데 막대한 재원이 필요하였나.[41]

<표 17> 1차~4차 5개년 계획기간의 국내 투자

(단위 : 십억원)

	국내 총투자 (A)	일반정부 (B)	정부기업 (C)	정부관리 기업 (D)	민간부문	(B+C)/A	(B+C+D)/A
1차계획 (1963~1966)	5,365 (100.0)	10.6	12.1	15.6	61.7	22.8	40.0
2차계획 (1967~1971)	28,882 (100.0)	18.0	14.7	13.5	53.8	24.3	38.2
3차계획 (1972~1976)	107,491 (100.0)	12.0	7.3	16.9	63.8	19.9	36.9
4차계획 (1977~1979)	220,761 (100.0)	12.7	5.1	16.5	65.7	19.3	36.3
합계	362,500 (100.0)	4676.6 (12.9)	2389.7 (6.6)	5941.3 (16.4)	64.1	21.8	37.9

(자료) 한국은행, 「한국의 자금순환」, 1978
한국은행, 「경제통계연보」, 1980

40) 경제기획원, 「예산개요」, 1964

41) 제 1차 경제개발 5개년계획사업에 필요한 재원은 2,874억원이다. 그런데 이 기간에 국민저축율의 실적(6.9%)이 계획(9.3%)에 미치지 못하였고(2억 2천 1백만달러) 해외 저축의 실적(8.7%)도 계획(13.3%)에 미치지 못하였으며 농수산부분에 대한 투자실적(8.5%)도 계획(17.4%)에 미치지 못하였다.

정부가 계획한 1~4차 5개년계획기간에 약 362조원(278억 달러)이 소요된다. 정부의 투자액이 전체의 37.9%를 차지하고 나머지는 민간부분이 투자하게 되어 있었다. 이것을 유상원조로 재정을 충당하는 것은 매우 어려웠다. 그리하여 박대통령은 한일 국교정상화를 서둘러 추진하여 대일 청구권 자금으로 무상 증여 3억 달러, 유상 공공차관 2억달러, 그리고 유상 상업차관으로 3억 달러를 배상금조로 한일협정을 맺게 되었다. 이 자금으로 60년대 말 아시아 최대 규모의 제조업체인 포항제철이 대일청구권자금 3천 1백만 달러[42]와 한일협정에 의한 재정차관 4천 3백만달러 및 일본 해외협력기금 차관 5천만 달러로 건설되었다.

한편, 1964년 월남전에 참전하여 3년간 월남특수를 맞게 되고, 1970년대 중동의 석유 호황으로 중동건설 특수를 맞게 되었다. 그뿐만 아니라 조세부담과 국내 저축 및 해외 차관 등이 증가되어 중화학공업과 수출중심의 자립경제를 수립하기 위한 경제개발계획이 달성될 수 있었다.

정부의 1차~4차 경제개발 계획기간(1963년~1979년)에 있어서 공공부문 투자를 표 18에서 보면 국내 총투자의 37.9%를 차지한다. 총투자에서 정부관리기업체가 총 국내 투자(220조원)의 16.5%를 차지하고 그 다음 정부기관의 직접 투자가 12.7%이며, 나머지는 정부기업(공기업)의 투자이다. 반면 민간부분의 투자는 총 국내 투자의 65.7%를 차지함을 의미한다.

정부의 재정투융자는 표 18에서 볼 수 있는 바와 같이 1~4차 기간(1962년~1980년)에 총 재정의 27.1%를 차지하고, 그 다음은 농수산업(22.9%)이며 나머지는 광공업(14.9%)이다.

---

42) 대일청구권자금은 일제시 우체국과 생명보험회사 등에 가입한 막대한 민간청구자금을 보상해 준다고 신청을 받았으나 거의 배상해 주지 않았다.

<표 18> 1차~5차 계획기간 정부의 재정투융자

(단위 : 십억원)

	재정투융자			총재정	국내	국내	구성비(%)		
	투자	융자	합계	(A)	총자본(B)	고정자본(B)	A/B	A/C	A/D
1차계획기간 1962~1966	131.9	38.3	170.2	736.7	582	526.7	22.6	33.1	34.0
2차계획기간 1967~1971	625.2	144.6	769.8	2301.9	2880.2	2640.5	29.3	27.0	29.1
3차계획기간 1972~1976	2253	209.4	2462.4	8341.9	10749.1	9651.1	29.1	23.7	26.0
4차계획기간 1977~1980	5837.5	463.9	6301.4	23382	32946	31996.2	27.4	19.4	19.8
합 계	8,847.6	856.2	9,703.8	34,762.5	47,157.3	44,814.5	27.1	26.1	27.6

(자료) 한국은행,「경제통계연보」, 1980
경제기획원,「예산개요」, 1980

사회간접자본과 기타 서비스에 대한 투융자는 계획기간마다 증대되어 전원개발, 고속도로, 객화차, 전화, 해운, 항만, 주택 부문에 집중 투자되었고, 농림수산업의 경우 계획기간 마다 생산성 제고를 위한 농경지 정리사업 등에 투자하였다.[43] 그리고 공업화 경제개발 계획에 있어서 비료, 정유, 제철, 기계공업 등 기간산업과 중화학공업에 대한 투자는 약간 감소되었다. 이것은 주로 민간투자에 의존하고, 그 유인책으로 중화학공업과 관련된 진흥법을 제정하고 조세 감면, 금융 특혜 등을 실시하여 대기업을 육성하였다.

이와 같이 정부는 공공부문투자(전체의 37.9%), 특히 사회간접자본(SOC)에 많이 투자하여 건설분야에 있어서 민간 대기업을 육성하였다. 또한 정부는 민간부분의 투자가 국내 총 투자액의 65.7%를 차지하였는데 이것은 전술한 중공업분야(철강, 조선, 자동차, 전자 등)에 민간 대기업을 참여시키고 각종 독점과 특혜를 통하여 그들로 하여금 재벌로 육성하였다.

43) 고헌, 경지정리사업의 문제점과 개선방안,「사회정책연구」제 39집, 2009, pp.67~94

(2) 민간기업의 재원조달

1차~4차 경제개발 5개년 계획기간에 민간 자본의 투자는 국내 총 투자액의 65.7%를 차지한다. 민간자본 투자 중에서 기업(법인)의 투자액은 약 4할을 차지한다.

<표 19> 기업의 자금조달 방법

(단위 :%)

	1차 5개년 계획 (1960~1966년)		2차 5개년 계획 (1967~1971년)		3차 5개년 계획 (1972~1975년)	
	대기업	중소기업	대기업	중소기업	대기업	중소기업
<내부자금>	16.5	14.5	15.4	20.0	23.7	22.4
사내유보	12.9	12.8	6.8	9.4	9.6	11.4
감가상각비	3.6	1.7	8.6	10.6	14.1	11.0
<외부자금>	83.5	85.5	84.6	80.0	76.3	77.6
장기 차입금;	12.9	8.7	20.6	13.9	26.3	12.7
은행			12.3	9.6	11.7	8.8
외국차관			10.3	2.8	10.5	0.7
기타			1.9	0.6	4.2	3.2
단기차입금;	14.8	15.3	20.3	17.9	10.9	19.2
은행			17.0	14.6	11.6	16.3
기타			5.8		-0.7	2.9
외상매입금	5.1	7.5	13.9	14.3	11.9	9.7
주식	27.1	35.9	14.8	23.2	12.9	25.5
기타	23.5	11.1	19.4	12.7	14.4	10.7
합계	100.0	100.0	100.0	100.0	100.0	100.0

(비고) 대기업은 상시 종업원이 200명 이상이고 중소기업은 그 이하이다.
(자료) 한국은행,「기업경영 분석」, 매년판
조용범 · 정윤형 외,「한국 독점자본과 재벌」, 풀빛, 1984에서 재작성

기업의 자금조달은 표 19에서 볼 수 있는 바와 같이 1차 5개년 계획 기간에 대기업의 내부(자기)자금이 전체의 16.5%였고 외부자금은 83.5%였다. 대기업의 내부자금은 2차 및 3차 기간일수록 상대적으로 감소되고 외부자금은 증가되고 있다. 그리고 내부자금은 사내유보와 감가상각비이고, 외부자금은 1차 계획기간에는 주식이 전체의 27.1%를 차지하고, 그 다음은 은행 차입금(33.5%)과 외국 차관(15.4%) 등이지만 3차 계획기간에는 주식이 전체의 24.8%로 되고 금

<표 20> 30대그룹의 금융대출 및 부동산 보유, 대출금 등 현황

그룹	금융대출 (억원)	해외금융 지점대출 (억원)	상호지급 보증 (억원)	자기자본		주식유가증권 (억원)	국내 부동산		해외 부동산		총매출액(억원)
				지도 비율	달성 여부		면적 (천㎡)	금액 (억원)	면적 (천㎡)	금액 (억원)	
삼성	20,428	1,058	92,995	16.6	미달	4,871	88,555	13,386	364	135	212,484
현대	14,886	534	55,962	18.9	〃	9,065	30,690	13,737	1,989	144	190,304
대우	11,655	2,294	61,746	17.0	〃	8,700	14,132	9,466	-	-	104,014
럭키금성	13,783	67	16,484	19.7	〃	5,680	20,576	11,631	95	82	156,022
한진	1,488	39	53,789	16.9	〃	1,534	25,706	3,066	3,357	170	27,119
쌍용	3,878	840	17,579	30.7	달성	4,561	36,388	3,343	53	77	43,163
선경	7,111	559	2,066	22.2	〃	2,723	52,284	3,695	199	51	63,888
한국화약	2,800	6	3,295	34.6	〃	2,650	17,589	4,982	-	-	23,626
동아건설	3,017	3	24,581	3.3	미달	766	2,181	1,039	-	-	20,296
롯데	2,241	16	2,639	45.3	달성	1,485	3,422	6,858	-	-	20,003
기아산업	5,113	-	5,889	21.6	〃	1,200	5,279	2,764	-	-	25,073
대림산업	2,987	2	7,263	24.2	〃	1,387	6,221	1,228	40	24	11,782
효성	4,165	611	7,097	29.4	〃	766	4,621	2,026	778	20	29,007
두산	2,600	24	12,054	23.7	〃	960	22,521	3,215	11	10	14,892
동국제강	1,661	40	4,252	35.2	〃	937	23,644	2,641	3	15	14,441
한일합섬	939	67	12,116	40.4	〃	3,161	6,186	2,932	18	13	10,276
금호	3,192	21	11,388	25.2	〃	1,674	5,433	2,320	-	-	9,788
코오롱	2,414	112	8,018	28.3	〃	840	10,424	1,680	0.2	3	14,491
삼미	1,920	188	7,226	34.8	〃	1,086	2,156	1,341	-	-	12,130
극동건설	256	-	4,604	잠식	미달	1,734	5,433	609	-	-	3,783
미원	1,163	11	1,769	26.0	달성	312	3,975	880	386	23	10,336
동부	1,805	-	11,177	25.8	〃	1,498	5,312	1,589	-	-	14,288
동양	1,059	-	763	27.9	〃	677	7,680	473	-	-	4,717
한보	1,343	-	3,060	13.9	미달	16	1,809	854	-	-	2,636
고려합섬	2,131	4	3,240	12.7	〃	360	427	177	-	-	5,897
극동정유	2,349	-	2,797	9.9	〃	275	2,658	332	-	-	2,619
해태	911	29	2,2210	7.1	〃	340	3,059	711	12	16	8,729
통일교	759	4	1,163	33.5	달성	57	2,857	1,243	-	-	4,456
한라	1,315	-	3,109	11.6	미달	304	9,818	825	-	-	4,764
풍산	1,080	-	954	27.7	달성	46	6,054	1,489	-	-	5,920
총 계	120,449	6,539	441,285			159,665	427,090	100,532	7,305.2	783	1,071,944

(비고) 1) 1988년 자료임, 단, 유가증권(주식 등)은 1989년 6월말 자료임.
2) 부동산 가격은 장부 가격임.
(자료) 한국은행 / 동아일보, 1989년 9월 20일

융기관 차입금이 53.7%로 증가 되었다.44)

이러한 것을 보면, 대기업의 자금공급원이 주로 금융기관의 융자

와 주식 및 외국 차관이라고 볼 수 있다. 금융기관의 자금 공급원도 공공차관 및 상업차관 등 전체의 약 절반 이상을 차지하고 나머지는 금융기관의 차입이다. 특히 제조업 분야의 대기업 차입금은 은행차입이 전체의 약 7할을 차지하고, 그 다음은 사채이며(약 10%) 나머지는 외상매입금(약 8%)과 회사채(약 2%) 및 기타이다.[45)]

그러면, 5개년 경제개발계획 기간에 기업집단(소위 재벌)이 자본축적을 하게 된 주요한 요인이 무엇인 가를 보기로 하자.

1988년 말 30대 기업집단은 1980년에 비하여 비록 매출액(107조원)은 5대 재벌의 경우 대개 5~7배가 증가되었지만 자기자본의 비율은 매우 약화되어 있다.

대기업의 기업자금은 주로 타인자본에 의존한다. 즉, 금융기관의 대출금이 약 12조원이고 유가증권이 약 16조원이며 상호지급 보증액은 약 44조원이 된다. 금융대출은 삼성이 약 2.1조원이 되고, 현대는 약 1.5조원, 대우는 약 1.3조원, 럭키금성은 약 1.3조원으로 4대재벌이 각각 1조원이 넘는다. 유가증권과 부동산의 보유도 금융대출과 유사한 순위를 이루고 있다. 그리고 보유 부동산이 약 10조원이 된다. 이 부동산을 담보로 주로 금융기관의 대출에 사용되고 또 부동산 가격 폭등과 인플레이션으로 돈을 벌 수 있다.[46)] 반면에 금융기관 대출이나 유가증권은 상대적으로 가치가 하락된다.

그러면, 대기업의 주요 자금조달원인 외국차관, 금융융자, 사채, 저임금 등의 실태를 고찰하여 본다.

---

44) 기업의 내부(자기)자금이 1963년~1965년에 47.7%이던 것이 1977년~1981년에 23.3%가 되었고, 반면에 외부자금은 52.3%에서 76.7%로 증가되었으며 금융기관의 차입금이 53.7%가 된다.(김관영 외, 「금융산업의 발전과제」, 중앙투자금융, 1983)

45) 이것은 한국산업은행이 종업원 100명 이상 제조업(300~1,000개)을 조사한 보고서인 「주요기업의 단기 경기관측 · 기업금융의 실태조사」의 결과이다.

46) 인플레이션율은 1961년에 30.6%, 1964년 34.6%였고, 1966~1969년간에 연 평균 7.6%였다.

(a) 외화 차관

외화 차관은 전술한 바와 같이 미국이 대외 원조정책의 전환, 즉 무상을 유상으로 전환함으로서 1960년 4월 12일 차관 협정이 체결되었다.

차관 협정은 한미경제합동위원회에서 심의, 결정된 것으로 차관 조건이 매우 까다로웠다. 그 주요한 내용을 보면 다음과 같다.47)

첫째, 전대 실수요자는 종업원 100명 이상, 실 재산 7.5백만원 이하의 민영사업체라야 한다.

둘째, 건당 융자금액은 1만달러 이상 10만달러 이하로 하고, 5만 달러를 넘는 융자금액의 합계액은 차관 총액이 20%를 상회하지 못한다.

셋째, 전대 실수요자는 기존시설을 포함하여 총 소요자금의 50% 이상을 자기자금으로 부담해야 한다.

넷째, 전대 이율은 연 8%로 한다.

이러한 내용이 다시금 미국의 개발차관기금(Development Loan Fund) 이사회(경제담당 국무차관, ICA처장, 수출입은행이사장, DLF 전무, IBRD 미국 상무이사로 구성)의 승인을 받았다. 승인된 협정서의 주요한 내용은 한국의 소규모 민영공장에 설치될 기재의 구매와 이에 관련된 용역의 구매를 위하여 소요되는 외환비용을 전액 공급함을 목적으로 하며 차관조건은 다음과 같다.48)

① 차관금액은 미화 5백만 달러,

② 차입인은 한국산업은행,

③ 상환기간은 10년, 상환이율은 5%로 되어 있다.(차관 수수료 0.75%는 한국정부

47) 한국산업은행 10년사 편찬위원회, 「한국산업은행 10년사」, 1964, pp.427~430

48) 전게서, p.431

부담) 그리고 한국 정부는 어음원리금의 상환을 보증하고,

④ 원리금은 한국 정부의 조세 및 부과금을 면세하며,

⑤ 신청인은 소요 자금의 50% 이상을 자기자금의 부담, 연 8%의 대출 이율,

⑥ 융자 적격 대상업종으로 섬유공업(견방, 모방, 염색가공, 금속공업, 철강, 비금속), 기계공업(전기, 수송), 화학공업(제지, 고무, 비료, 유지, 의약품 등) 요업(유리, 시멘트, 도자기, 건축용 자재) 등이다.

또한, 미국 국제개발처(AID)가 사전에 동의하지 않는 한 미국지역 구매 원칙을 적용하게 되어 있다. 비록 미국의 유상차관일지라도 ① 한미합동위원회 개발차관기금 소위원회의 승인하에 융자대상업종을 결정하고, 또 ② 미국 제품을 구매하게 되어 있어서 한국 기업인은 매판자본가의 역할을 하게 되었다.

이러한 원칙은 한일 국교정상후 일본의 유·무상 차관도 그것을 요구하였다. 그리하여 한국 대기업의 수입선은 주로 미국과 일본에 의존하게 되었다.

이러한 조건은 1961년 10월에 신청대상이 중기업으로 확대되고, 담보비율이 축소되었으며(134%) 자기부담이 폐지되었다.

1961년 산업은행이 융자해 준 기업 및 개인은 모두 213개인데 이 중에 제조업체는 149개이고 대기업(89) 중 40개가 5천만환 이상의 융자를 받았다. 이들의 평균 융자금은 11억 3천만환이다.[49)]

이러한 조건은 표 23의 대출이자율과 인프레율에서 볼 수 있는 바와 같이 금융기관의 일반 대출이나 사채에 비하여 매우 유리하여 대출받기가 어려웠다.

한편, 정부는 1961년 산업은행법을 개정하여 1962년 7월에 제정된 '차관에 대한 지불보증에 관한 법률'의 업무를 맡게 되었다. 이것은 외국차관에 대한 지불보증을 제도화 하여 경제개발 5개년계획에 소요되는 외

49) 공제욱, 「50년대 한국의 자본가 연구」, 백산서당, 1993, p.172

화재원을 외국 민간자본의 도입을 촉진시키려고 하였다.

정부가 지불보증을 할 수 있는 적격업체의 우선 순위는 다음과 같다.[50]

① 경제개발 5개년계획에 책정되어 있는 사업
② 이율과 상환기관 등 차관조건이 현저하게 유리하다고 인정되는 사업
③ 산은의 보증담보를 얻는데 필요한 선취담보물의 제공능력이 확실한 사업
④ 당해 사업에 소요되는 내지비용의 부담능력이 확실한 사업
⑤ 사업주체의 경영능력의 탁월하고 사업계획의 내용이 경제적으로나 기술적으로 타당하고 경영면에서 합리적으로 계획된 것을 인정하는 사업

산업은행은 이상의 적격업체 중에서 외환 사정을 감안하여 선정, 운영하였다.[51]

이러한 과정에 의하여 외화 차관이 초기에 주로 도입되었으나 1980년대 이후에는 은행 또는 본사의 보증이나 신용차입이 더 많아졌다. 도입된 차관은 표 21에서 볼 수 있는 바와 같이 1961년 부터 1982년 까지 약 36억 달러가 되었고, 무상원조도 약 44억 달러가 된다.

표 21을 보면, 총 외채 중에 외국인의 직접투자는 전체의 2.4%에 불과하고, 나머지는 대부분 외화 차관이며 무상 원조는 전체의 8.1%인데 이것은 1960년 이전 6.25 전란시에 지원된 것이다.[52] 그리

---

50) 「차관에 대한 지불보증에 관한 법률」, 시행령 제 3조
51) 산은은 보증담보 조건으로서 ① 보증 원리금을 상환기일 1개월 전에 산은행 보증채무 반제기금으로 적립하고, ② 보증료율은 보증원금의 1%를 적용하여 3개월 마다 후취하며 ③ 담보비율은 보증원금의 100% 이상으로 하였다.
52) 60년대 국내 대기업은 특히 일본의 재벌과 제휴하여 적극 외자도입을 추진하였다. 삼성은 일본의 미쓰이(三井), 현대는 영국의 바크데이 은행, 럭키화학은 일본의 미쓰비시(三菱), 서독의 지멘스, 미국의 칼텍스, 선경은 이또계의 메이징, 코오롱은 도레이, 효성은 메이징, 대한전선은 도시바, 한일합섬은 일본의 旭화섬, 신진은 미국의 GM, 화신은 소니 등과 제휴하였다.

고 외화 차관 중에서 장기 차관이 가장 많고,(60.1%) 그 다음은 중기 차관(4.8%)과 단기 차관(17.4%)이다. 공공차관인 3년 이상 장기차관은 그 비율이 감소하고 상업차관인 1년 미만의 단기차관이 점차 증가되고 있다. 비록 고율인 상업차관(연간 약 6%)이라 할지라도 1960년대는 일반은행 대출금리가 약 18%이고 1980년대는 약 10%였다.[53] 상업차관은 주로 일본 금융기관이 금리차를 노린 고리대 차관이다.

<표 21> 60~70년대 해외 차관과 외국인 투자

(단위 : 백만 달러)

	장기차관(3년 이상)			중기차관(1~3년)	단기차관(1년 미만)	외환갑계정(순)	외국인투자	무상원조	총계
	소계	차관	기타						
1961	4.4	4.4	-	-	-	-	-	3,135.0	3,139.4
1962	6.4	6.4	-	-	24.8	-	0.6	239.3	271.1
1963	43.2	43.2	-	4.5	37.0	-	2.1	216.4	303.2
1964	30.2	30.2	-	6.3	-1.5	-	3.1	149.3	187.4
1965	48.5	39.1	9.4	-	-29.2	-	10.7	131.4	161.4
1966	176.4	172.5	3.9	14.5	-13.9	-	4.8	103.3	285.1
1967	217.6	217.6	-	-	79.5	-	12.7	97.0	406.8
1968	436.2	364.2	72.0	120.0	21.3	-	14.7	105.9	698.1
1969	539.0	509.0	30.0	8.6	111.8	8.3	7.0	107.3	782.0
1970	454.7	429.7	25.0	-	387.5	7.7	25.3	82.6	957.8
1971	741.6	644.0	97.6	49.4	179.8	12.7	36.7	51.2	1,071.4
1972	756.1	736.1	20.0	47.5	13.4	10.9	61.2	5.1	894.2
1973	911.6	862.3	49.3	84.4	25.6	49.1	158.4	2.1	1,231.2
1974	1,430.2	979.6	450.6	78.7	454.3	14.5	162.6	1.0	2,141.3
1975	1,508.6	1,278.3	230.3	216.7	972.9	138.8	69.2	1.2	2,907.4
1976	1,803.5	1,551.9	251.6	143.7	540.2	122.2	105.6	1.7	2,716.9
1977	2,178.5	1,879.1	299.4	91.7	-59.9	428.0	102.3	0.9	2,741.5
1978	3,059.5	2,731.0	328.5	323.5	-689.6	469.5	100.5	0.2	3,273.6
1979	4,226.6	2,699.4	1,527.2	350.7	1,740.9	689.4	127.0	0.2	7,134.8
1980	3,980.2	2,910.1	1,070.1	385.3	2,997.0	1,085.0	96.6	0.4	8,544.5
1981	5,827.5	2,938.4	2,889.1	392.8	960.3	239.4	105.4	0.2	7,525.6
1982	4,417.2	2,795.7	1,621.5	279.3	1,764.4	636.9	100.6	0.1	7,198.5
합계	32,797.7	23,822.2	8,975.5	2,607.6	9,516.6	3,912.4	1,307.1	4,431.8	54,573.5

(자료) 1) 경제기획원, 「한국경제지표」, 1983.3
2) 한국은행, 「경제통계연보」, 1983
3) 경제기획원, 「주요경제지표」, 1982

53) 한국은행, 「경제통계연보」, 각 연도 참조

이러한 외화차관에 대한 원리금 상환도 해마다 증액 되었고, 또 과실 송금도 증가 되었다.

표 22에서 볼 수 있는 바와 같이 1966년 이전에는 원리금 상환이 5천만달러 이하였으나 1969년 이후에는 1억 달러 이상이 되었다. 이러한 원리금은 총 외화 수입의 10% 이상을 차지하여 외화 차관으로 그것을 갚는 꼴이 되었다.

<표 22> 외화 차관의 원리금 상환율

(단위 : 백만 달러)

	외화 수입	원리금 상환			과실송금	합계
		합계	원금	이자		
1959~1966	1,658.9	29.1	20.3	8.8	0.3	29.4
(%)	(11.8)	(1.7)	(1.2)	(0.5)		(1.8)
1967	642.9	30.3	19.6	10.7	0.2	30.5
(%)	(4.7)	(4.7)	(3.0)	(1.7)		(4.7)
1968	880.9	45.6	29.9	15.7	0.6	46.2
(%)	(5.8)	(5.3)	(3.7)	(1.8)		(5.2)
1969	1,150.7	87.7	56.0	31.7	5.5	93.2
(%)	(8.1)	(4.6)	(4.9)	(2.7)		(8.1)
1970	1,379.0	159.0	96.2	62.8	8.1	167.1
(%)	(12.1)	(11.5)	(7.0)	(4.5)		(12.1)
1971	1,615.9	211.6	121.8	89.8	8.3	219.9
(%)	(13.6)	(13.5)	(7.5)	(5.6)		(13.6)

(자료) 한국은행, 「경제통계연보」

(b) 금융독점

우리나라 대기업은 소유자산은 많지만 소유 자본은 그것의 7할이 되지 못하고 부채는 4배 이상이 된다. 자기 자본(5대 기업은 5~6조원)보다 4배 이상되는 이 부채는 외화인 경우 초기에 대개 정부(또는 산은)의 지불보증에 의하여 차관으로 차입되었거나 1980년 이후에는 은행 또는 직접 기업(본사)의 보증으로 차입된 경우가 많다. 또한 국내 금융기관의 융자는 주로 담보물 보증에 의하여 차입되고 사채의 경우 신용차입이 많다.

<표 23> 대출 이자율과 인프레율

(단위 : %)

연도	일반대출 이자율	정책대출 이자율			사채 이자율	GNP 디플레이터
		수출	기계류 자금	국민투자 기금		
1971	22.0	6.0			46.4	12.9
1972	15.5	6.0			37.0	16.3
1973	15.5	7.0	10.0		33.4	12.1
1974	15.5	9.0	12.0	12.0	40.6	30.4
1975	15.5	9.0	12.0	12.0	41.3	24.6
1976	18.0	8.0	13.0	14.0	40.5	21.2
1977	16.0	8.0	13.0	14.0	38.1	16.6
1978	19.0	9.0	15.0	16.0	39.3	22.8
1979	19.0	9.0	15.0	16.0	42.4	19.6
1980	20.0	15.0	20.0	22.0	44.9	24.0
1981	17.0	15.0	11.0	16.5~17.5	35.3	16.4
1982	10.0	10.0	10.0	10.0	32.8	7.1
1983	10.0	10.0	10.0	10.0	25.8	5.0
1984	10.0~11.5	10.0	10.0~11.5	10.0~11.5	24.8	3.9
1985	10.0~11.5	10.0	10.0~11.5	10.0~11.5	24.0	4.2

(자료) 한국은행, 「경제통계연감」

4차의 경제개발계획 기간에 금융기관이 융자한 금액은 주로 제조업(중화학과 경공업)에 집중 투자하였다. 제조업은 1965년 총 융자액(72억원)의 39.9%에서 1982년 총 융자액(2조원)의 54.0%로 증가되었고, 중화학공업은 경공업에 비하여 상대적으로 더욱 증가되었다.[54] 그리고 중화학공업 및 경공업에 대출된 자본은 주로 대기업에 집중되었다. 이미 표 20에서 볼 수 있는 바와 같이 1988년 말 30대 재벌에 대출된 금융기관(은행) 차입금은 모두 12조 449억원으로, 이것은 총 금융기관 대출금(약 65조 7천 8백 3억원)의 18.3%를 차지한다. 이 밖에 여신규제를 피하여 해외 현지 지점에서 6천 5백 39억원을 대출 받았다.

이와 같이 많이 받은 대출금으로 30대 재벌 중에서 16개 재벌은 9개 골프장과 35개 호텔 또는 위락시설 등 레저산업에 진출하였으며,

54) 한국은행, 「경제통계연감」, 1982, p.50

국내 부동산(12만 9천 421평, 약 10조원)과 해외 부동산(2,213평, 약 783억원)을 소유하였다.[55] 그 밖에도 30대 그룹은 주식 등 약 6조원의 유가증권을 보유하고 있다. 이와 같이 재벌들은 중소기업이나 서민들이 얻기 어려운 금융기관의 대출을 특혜로 융자 받아 비생산적인 부동산이나 주식 등에 투자하고 있다.[56]

대기업은 금융기관으로 부터 총 부채의 55.4%(은행은 30.3%, 비은행은 25.5%)를 차입하였다. 은행은 산업은행과 시중은행을 말하고 비은행은 투자금융(서울, 대한 등 11개 단자신용회사) 종합금융(한영종합금융, 한불종합금융, 새한금융 등), 증권회사, 투자신탁회사를 말한다. 사채도 약 10%가 되기 때문에 비록 매출액이 연간 100% 이상 증가되고 수익률이 약 10%가 될지라도 차입금(부채)에 대한 이자를 부담하기 대단히 어렵다.

1970년대 기업이 차입한 금융기관의 이자율을 표 23에서 보면 연간 10%~20% 까지 되었고, 사채율도 24%~46%가 되었다. 그리하여 정주영 회장은 이자율이 5~6%만 되어도 기업을 해볼만 한데 하면서 자주 푸념 하는 것을 들었다.

그러면, 금융기관과 사채의 이율이 어느 정도였는 지를 보기로 한다.

금융기관의 일반 대출이율은 1970년대는 연간 15%~20%가 되었지만 이자율은 수출과 기계류 및 국민투자기금에 따라 차이가 있다. 특히 수출의 경우 1970년대는 연간 6%~9%이지만 기계류 자금의 경우 10%~15%가 되고 국민투자기금의 경우 12%~16%가 되었다. 그런데 1980년대에 들어와서 대출이자율은 모두 10%~11.5%이다. 그러나 사

55) 1971년 3월 일반은행의 부동산 담보대출이 3천 9억원(전체의 64.2%)이었는데 1980년 12월에는 3조 7천 495억원(55.0%)으로 증가되었다. 그리고 신용대출도 1971년 3월에 1,219억원(25.8%)이었는데, 1980년 12월에는 2조 1천 148억원(32.8%)으로 증가되었다.(한국은행, 「경제통계연보」, 1982, p.52)

56) 「동아일보」, 1989년 9월 29일

채 이자율은 해마다 상이하지만 적어도 33%~46% 까지 인상된 적이다.

이것을 보면, 금융기관의 대출을 받으면 사채이율 보다 연간 20% 이상 이익(자본축적)이 가능하였다.

(c) 사채

1960년대 기업의 운영자금은 금융기관 이외 주로 사채에 의존하였다. 금융기관의 차입금(융자)을 받기 어렵기 때문에 고율의 사채를 이용하였고, 심지어 자기 기업에 사채놀이 까지 하였다.[57]

1960년대 기업의 사채 차입금은 해마다 증가되어 1964년 말에는 42.5%가 되었다. 대기업의 사채 차입금은 11.2%~14.5%를 차지하였으나 중소기업은 3할 이상 34.9%~50.8%를 차지하였다.[58] 만약 대기업의 사채 차입율을 약 10%로 본다면, 1980년 대기업의 사채액은 각각 약 1천만원이 된다. 이러한 사채의 금리는 연간 3할 이상이었다.[59] 그러나 1972년 정부의 사채동결 조치로 1970년대 사채 이용기업은 3할 이하이고, 기업 운영자금에서 사채는 5% 이하를 차지하였다.

이와 같이 사채가 급속히 감소된 것은 정부가 1972년에 실시한 소위 '8.3사채 동결' 조치의 결과였다. 이 조치는 기업보유 사채를 1972년 8월 9일 까지 모두 신고케 하였다.[60] 그리하여 정부는 3,352

---

57) 谷浦孝雄은 1972년 정부의 사채동결 조치와 기업공개 정책으로 삼성은 더 이상 기업착취를 할 수 없게 되었다고 한다.(조용범 · 정윤형 외, 「한국 독점자본과 재벌」, 풀빛, 1984, p.168)

58) 한국경제인연합회, 「내자동원 안과 그 전망」, 1965, p. 그리고 한국은행의 「경제통계연보」에 의하면, 1960년대의 사채금리는 56.4%이고, 1970년대는 41.6%이며, 1980년대는 27.7%로 감소되었다.

59) 전국경제인연합회, 「기업금융실태 조사」, 1976. 8
전경련 회장(김용완)은 월례 수출진흥회의에서 박대통령에게 현재 고율의 금리 속에서 부실기업이 속출하게 된다면서 사채는 은행에서 맡아 주고 기업에 세금감면과 금리인하를 해달라고 건의하였다. 그 후 8.3 사채 동결조치가 단행되었다.

60) 1972년 8월 9일 마감된 사채신고 실적은 채권자의 신고가 210,906건에 3,571억원, 채

억원의 사채를 동결하고,(30만원 미만의 소액사채는 제외) 2천억원의 특별 금융조달, 658억원의 산업합리화 자금, 그리고 대폭적인 금리 인하를 단행하였다. 그 밖에 정부는 사채 이율은 월 1.35%로 하며, 산업은행이 장기 저리자금 대여와 법인세, 소득세의 투자공제율을 현행 6%에서 10%로 인상하도록 조치하였다.

이러한 정부의 특혜조치로 대기업은 산업합리화 자금의 75%를 이용할 수 있게 되었고, 4%의 일반 대출금리가 인하되어 그 만큼 대기업자본가는 자본축적을 크게 할 수 있었다.

(3) 저곡가 · 저임금

대기업자본가의 자본축적에 가장 큰 기여를 한 사람은 기업가 이외 농민과 노동자들이다. 왜냐하면 기업이 생산 및 판매한 총 가치에서 생산에 필요한 외부 가치를 공제한 부가가치의 5할 이상을 인건비가 차지하기 때문이다.[61)]

우리나라 공업노동자는 1950년대와 1960년대에 외원자금과 대기

무기업의 신고가 40,767건에 3,456억원에 달하였다. 채권자의 신고는 건당 평균 금액은 170만원, 채무자 신고는 건당 평균 금액은 850만원이었다. 채무기업 종별로 보면, 제조업이 1,950억원으로 56.4%를 차지하고 그 다음으로는 판매업(12.3%), 서비스업(8.1%), 건설업(7.6%)의 순이었다. 제조업 중에서는 방직업의 사채는 354억원으로 전체의 10.3%를 차지하고, 기계제조업은 6.4%, 식료 및 음료품 제조업이 4.8%를 차지하였다. 이와 같이 사채 동결로 인하여 가장 이득을 본 사람은 산업자본가(70%가량)이며, 그 다음은 상업자본가(20% 가량)이다.(이경의, 전철환 외, 상게서, p.82)

61) 김기배,「노사관계와 기업발전」, 이화문화사, 1991, p.225

<표 24> 부가가치의 구성비

(단위 : %)

	1985	1986	1987	1988	1989
인건비	61.6	57.5	56.8	59.8	61.9
금융비용	13.3	12.6	11.3	11.2	12.3
임차료	1.2	0.9	0.8	0.7	0.8
조세공과금	2.1	2.6	2.3	3.3	2.8
감가상각비	11.8	11.2	13.5	12.2	12.4
법인세차감전 순이익	10.0	15.2	15.3	12.8	9.8
합 계	100.0	100.0	100.0	100.0	100.0

업이 수입한 외국의 농산물(밀, 면화, 설탕 등)과 비료 등으로 몰락한, 농어민 출신들이다. 몰락한 농어민들의 이촌인구는 1960년대와 1970년대 농어촌 인구의 감소와 도시인구의 증가에서 알 수 있다.62) 즉, 지난 20년간 대도시 인구는 약 27.4%가 증가되었지만, 그 실수는 1천 461만이 증가되었다. 이 중에서 경제활동인구(60%)를 고려하면 약 876만명의 도시노동력이 창출되었다.63) 이들 중에서 약 6할은 도시의 공업노동자가 되었으며, 나머지는 대도시의 영세민촌을 형성하였다.64)

<표 25> 연도별 · 지역별 고용 형태

	1960	1966	1970	1975	1980
고용주			1.8	2.7	4.0
자영자	46.7	36.9	32.8	28.0	31.4
피용자	22.0	38.8	38.8	40.7	43.4
상용고		18.6	22.4	25.1	
일고		4.7	10.1	8.4	
임시고		5.6	6.2	7.1	
가사종사자	30.4	27.2	26.0	28.5	21.1
미상	0.8	1.1	0.5		
합 계	99.9	99.9	99.9	99.9	100.0

(자료) 김영모, 「한국사회계층연구」, 일조각, 1982

62) 농어민이 몰락하게 된 가장 큰 원인은 정부의 농산물(쌀 등) 수입으로 농산물 가격이 폭락하였으며, 동시에 비료 등이 비싸서 생산비가 제대로 나오지 않고, 농가 부채가 급증하였기 때문이다. 심지어 1970년대 농가소득이 도시노동자가구 소득의 6할 밖에 되지 않는다.(장상한, 80년대 한국자본주의와 농업문제, 「한국의 사회구성 I」, 화다, 1985, pp.327, 324)

63) 1965년~1970년간 서울시의 연평균 인구증가율이 7.9%인데 이 중에서 자연증가율이 1.85%이고 나머지 6.95%는 사회적 증가율이다.(윤종주, 「서울시 출생력 및 이입인구에 관한 연구」, 1970, p.34) 이촌 농어민들의 약 7할은 가구이촌이고, 약 3할은 개별이촌이었다.

64) 서울시의 영세민촌은 1960년대 주로 봉천동, 상계동, 사당동, 거여동, 신림동, 광주단지(현재 성남시)에 형성되었다. 1989년 2월 현재에도 대도시에 100가구 이상 영세민촌이 2,729개소가 있으며 그것의 40.5%가 300가구 이상이 밀집한 영세민촌이다.(김영모, 「한국빈곤연구」, 한복연 출판부, 1990, p.9)

정부가 1974년 11월 실시한 전국 고용실태 표본조사결과에 의하면, 실업자는 64만 5천명(5.3%)이고 준실업자는 10만 6천명(0.9%)이라고 하였다.[65] 실업자의 대부분이 도시와 농촌의 영세민층을 형성하였다. 이와 같이 풍부한 노동시장(실업)과 불완전 고용상태(임시, 일고)가 저임금 노동시장이 형성될 수 있었다.[66]

지난 20년간 직업별 취업인구의 변화(표 25)를 보면, 대부분 농민인 자영업자들이 급속히 감소 되었고, 또 노동자(피용자)들이 급속히 증가 하였다.

<표 26> 직업별 종사자 지위(1975년)

	고용주	자영업	가사 공사사	피용자				합계
				상용고	임시고	일고	소계	
전문기술	4.3	8.8	2.2	78.8	4.3	1.4	84.6	99.9
행정관리직	61.2			37.6	0.8	0.3	38.7	99.9
사무직	1.0	0.8	0.6	90.5	5.8	1.2	97.5	99.9
판매직	5.0	59.7	14.5	11.3	5.5	3.8	20.6	99.9
서비스직	6.8	19.0	7.3	37.0	23.9	5.8	66.8	99.9
농·수산업	1.0	37.7	52.4	1.4	1.6	5.7	8.8	99.9
기능공·노동자	2.7	8.0	3.0	49.4	16.0	20.8	86.2	99.9
합 계	2.7	28.0	28.4	25.1	7.0	8.4	40.7	100.0

(자료) 김영모, 「한국사회계층연구」, 일조각, 1982

한편, 표 26을 보면, 사무직 및 생산직 노동자와 전문기술직이 가장 많다. 이것은 공업화 및 중화학공업의 발달에 따른 취업인구의 증가라 할 수 있다.

---

65) 「동아일보」, 1975년 3월 7일, 비록 ILO의 기준에 의하여 조사하였지만, 주 1회 1시간이라도 취업하였으면 실업자가 아니라는 것과, 또 농번기에 조사하였기 때문에 신뢰성이 약하다.

66) 농민이촌으로 형성된 도시실업인구를 흡수하는 최선의 방안은 공업화 특히, 중화학공업이다. 영국은 위효운동(enclosure movement)으로 생긴 이촌 부랑노동자가 면방직 공업을 발달시켰지만, 우리나라는 곡물 수입 등으로 몰락한 이촌농민들이 중화학공업의 노동자가 되었다.

이와 같이 많은 공업노동자와 사무관리직이 생산(제조업)에 종사하여 부가가치를 창출함으로서 대기업은 성장하였다. 그런데 대기업자본가의 성장에 비하여 노동자들의 임금은 매우 낮은 편이었다.

한편, 1965~1985년간 한·미·일의 화폐임금을 비교하여 보면, 한일간 임금격차는 1965년에 76.9배가 되고 1975년에는 9배가 되며, 1980년에는 10.7배가 된다. 한미간의 임금격차는 1960년대 무려 17.9배가 되고, 1970년에는 73.1배, 그리고 1985년에는 6.7배가 된다.[67] 비록 임금격차가 점차 감소되고 있지만 특히 1960~1980년간 이러한 저임금이 수출에 있어서 강력한 국제 경쟁력의 원동력이 되었다.

<표 27> 한·미·일간 제조업 노동자의 임금 격차

	미국(월/달러) (A)	일본(월/달러) (B)	한국(월/달러) (C)	A/C	B/C
1965	626	177	35	17.9	76.9
1970	804	352	11	73.1	32.0
1975	1,154	758	84	13.7	9.0
1980	1,212	1,205	112.8	10.7	10.7
1985	1,388	1,475	207.4	6.7	7.1

(자료) ILO, *Yearbook of Labour Statistics*

만약 지난 20년간 생산직 노동자들이 미·일 노동자들과 같이 고임금을 받았다면 연간 약 100%의 대기업성장이 불가능 하였을 것이다. 이러한 저임금 노동조건으로 노동자는 주로 임금인상을 요구하면서 강력한 노동쟁의(투쟁)를 하게 되었다.[68]

정부는 이러한 노동쟁의를 막기 위하여 노동 3권을 제약하였다. 특히 1965년 한일국교 정상화 이후 미·일 자본을 비롯하여 외국자본이 많이 들어오면서 '외국인 투자기업의 노동조합 및 노동쟁의에 관

67) 김윤환 외 감수, 「노동자의 상태와 제요구」, 형성사, 1985, 제 3장 3~5절 참조
68) 노동부, 「임금근로 시간제도 종합보고서」, 1985
한국기독교교회협의회, 「1970년대 노동현장과 증언」, 풀빛, 1984 참조.
임채정 외 「노동현실과 노동운동」, 돌베게, 1984 참조.

한 임시특례법'(1969년)이 제정되고, 1974년 국가비상사태 선언으로 '국가보위에 관한 특별조치법'으로 단체교섭권과 단체 행동권을 제한하였다.69) 이러한 노동통제에도 불구하고 노동자들의 저임금에 대한 불만이 1970년대 노동자들의 치열한 임금인상투쟁으로 전개 되었다.

<표 28> 노동쟁의의 원인

원인	1966	1970	1975	1980	1985	1990	1995
임금체불	1.9	4.8	24.0	70.5	23.0	3.1	
임금인상	62.5	59.9	31.6	20.4	31.7	51.9	37.5
休·폐업 및 조업단축	7.3	6.1	5.3	2.7	4.5	1.9	
해고			7.5	1.2	8.3	5.6	1.1
부당노동행위	17.2	18.4	14.3		4.5		
근로조건 개선	10.7	10.9	3.0	3.4	17.7	0.6	
단체협약						15.2	55.7
기타	0.3	3.0	14.3	12.8	10.3	21.7	4.5
합 계			100.0	100.0	100.0	100.0	100.0

(자료) 노동청, 「노동통계연보」, 1972
노동부, 「노동백서」, 각 연도

1969년 노동쟁의가 130건에서 1970년에는 165건, 1971년에는 1,659건으로 증가되었으나, 1972년에는 '국가보위법'으로 노동 3권이 제약되어 노동쟁의가 불법화 되었다. 그래서 노동쟁의가 1972년에 346건으로 감소되었으나 1973년에는 666건으로 증가되었고, 1975년에 1,045건, 1977년 1,864건, 1979년 1,697건으로 증가되었다. 이러한 쟁의(노사갈등)의 원인은 1975년에 임금인상(31.6%)과 임금체불(24.0%) 및 부당노동행위(14.3%)가 가장 많았으나 1980년에 임금체불(70.5%)과 임금인상(20.4%)이 가장 많았다.

이와 같이 낮은 한국 노동자들의 저임금으로 대기업집단 생산제품의 국제경쟁력이 높아질 수 있었다. 다시 말하면 노동자와 농민의 희생으로 대기업자본가는 급속히 성장할 수 있었다.

---

69) 김금수, 박현채 외, 「한국노동운동론」, 1권, 미래사, 1985, pp.125~139 참조.

5. 지배관리체제

우리나라 대기업자본가는 자기자본이 약 20% 밖에 되지 않으면서 많은 계열기업을 소유 및 경영하고, 또 경영자에 대한 견제 세력인 노조가 없으면서 대기업을 운영할 수 있는 것은 창업자에 대한 존경과 전통적인 노동문화에 기초하여 있는 것 같다. 특히 친인척의 혈연과 지연에 기초한 연고관계를 지니고 있다.[70)]

이와 같은 소유와 경영(관리) 및 혈연조직이 어떻게 형성되어 있었으며 그 특징이 무엇인가를 삼성그룹, 현대그룹, 럭키금성그룹을 중심으로 고찰한다.

1) 소유구조

대기업 자본가는 표 9에서 볼수 있었던 바와 같이 많은 계열기업을 거느리고 많은 자산을 소유하며 동시에 많은 부채를 지니고 있다. 이러한 기업과 자산을 지배하고 있는 소유권자는 일반적으로 창업자 또는 승계자의 것으로 알고 있지만 그들의 소유자산이나 소유지분(주식)은 사실상 얼마되지 않는다. 그러면서도 기업집단을 지배하고 있다.

대기업자본가들이 지배하고 있는 그룹의 부채는 자기자본 보다도 대개 5배 이상의 부채(1조 5천억원 이상)를 지니고 있으며(자기 자본은 2할 이내) 심지어 자기 총자산의 7할 이상인 경우가 많다.[71)]

---

70) 1964년 여름 저자는 황성모 교수(서울대)와 함께 제일모직, 럭키화학, 대한중공업의 노동력 조사를 한 적이 있다. 그 당시 대한중공업에는 노조가 있었지만 제일모직에는 노조대신 '장미회', 럭키화학에는 '상조회'가 있어서 주로 지연 등 연고성에 기초한 경영조직 및 노동조직이 발달되어 있었다. 다시 말하면 제일모직 직원(사무원과 근로자)은 대부분 이병철 회장과 성상영 사장의 고향 출신과 대구 출신들이었고, 럭키화학에는 구인회 회장의 고향 출신과 부산 출신이었다.

<표 29> 재벌과 비재벌의 소유 구조

(단위 : %)

		친족분	산하기업분	소계	타회사	금융기관	기타	경영지배력
재벌	상위 10	13.44	18.99	32.43	6.50	8.39	52.68	20.64
	중위 20	19.29	14.93	34.22	1.86	5.91	58.01	29.42
	하위 10	18.65	10.99	29.64	0.46	11.96	57.94	39.16
	평균	17.71	14.96	32.67	2.64	8.00	56.69	26.69
비재벌		20.96	2.99	23.95	4.52	10.66	60.87	

(자료) 服部民夫, 현대한국기업의 소유와 경영, 「アジア 經濟 」, 25권, 5,6호, 1984

1982년 41개 상장기업의 소유관계를 분석한 결과(표 29)에 의하면, 대기업집단(재벌)은 친족의 소유지분이 17.7%가 되고 계열기업인 경우 14.9%가 되며, 나머지는 기타의 경우 56.7%가 되고 금융기관의 경우 8.0%가 된다. 따라서 기업의 경영지배력은 30.0%가 되는데, 10대 대기업의 경우 20.6%에 불과하다. 반면에 비재벌의 소유지분은 친족이 20.9%를 차지하고, 기타가 60.9%, 금융기관이 10.7%를 차지하며 타사가 4.5%를 소유한다.72)

1983~1997년간 동일인(그룹 회장)과 특수관계인(배우자, 8촌 이내 혈족과 4촌 이내 인척)이 소유한 계열회사의 주식지분은 57.2%~43.0%이다.73) 계열회사의 대주주는 실제로 동일인이기 때문에 그룹 회장과 그 친족이 대기업 집단을 지배하고 있다. 그리하여 기업(주식회사)을 지배하는 법적 기구인 주주총회와 이사회 및 감사는 형식적인 것에 불과하다.74)

법적으로 주식회사를 움직이는 세 기둥인 주주총회는 '통과위원회', 이사회는 '거수기', 감사는 '안으로 굽는 팔'에 불과하며(「조선일보」, 1998. 1. 5) 그룹회장 밑

71) 1962년~1975년간 대기업(제조업)의 자금 조달은 외부자금이 약 85%였고 내부자금은 약 25%였다.(한국은행, 「기업경영분석」, 매년판)

72) 服部民夫, 현대 한국기업의 소유와 경영, 「アジア 經濟 」, 25권, 5,6호, 1984

73) 김대환 · 김균 공편, 「한국재벌개혁론」, 나남출판, 1999, p.76

74) 전게서, p.73

에서 실무 실세 지배기구가 중요한 의사결정을 도맡아 처리한다. 현대그룹의 종합기획실과 사장단회의/운영위원회(1994년 12월 현재), 삼성의 회장비서실과 사장단회의, LG의 회장실과 정책위원회/사장단회의, 대우의 기획조정실과 운영위원회/사장단회의, 그리고 선경의 경영기획실과 운영위원회/사장단회의 등이 그것이다.(서울경제신문 산업부, 1995; 168, 177) '그룹회장—실무 실세지배기구—각 계열회사'로 이어지는 한국재벌의 경영조직은 형식상으로는 가장 진전된 서구식 경영구조로 불리는 M-form(decentralized, multidivisional structure : 장기계획 수립과 조직내의 자원배분은 최고 경영층이 담당하고, 각 부서의 실무는 중간 관리층이 담당하는 조직)을 닮으면서도, 실질적으로는 서구 산업화 초기의 경영구조인 P-form(personal form : 개인 혹은 파트너들이 장기계획은 물론 일상적인 운영도 담당하는 조직)과 크게 다르지 않아 보인다. 결국 한국재벌의 계열사들은 법률상으로 독립된 법인들이면서도 그룹 회장에 의해 일사불란하게 통제되어 '하나의 큰 회사내의 부서들'에 불과할 뿐이다.

이러한 것을 보면, 우리나라 창업자인 대기업 회장은 소유권과 경영권을 동시에 가지고 있으면서 기업을 지배하는 제왕적 지위와 권력을 행사하였다. 이들의 지시는 경험에서 나온 통찰력과 직관력이 회사의 초규범적 성격을 지니고 있으며 아래 사람들은 그것을 합리화 한다.

우리나라 대기업이 많은 부채를 지니고 상호 출자하면서 기업을 경영할 수 있는 것은 대기업그룹이기 때문에 가능하다. 대기업의 부채는 대부분 국가(국민) 또는 금융기관이 보증한 해외차관이 많기 때문에 그것은 대기업자본가 개인의 소유가 아니라 만약 부실기업이 되어 몰락하는 경우 국가가 채무를 보증한다. 그래서 대기업자본가는 제왕적 권력을 누리면서 자기의 기업을 국민기업으로 생각하는 경우가 많다.[75]

대기업의 자본(주식) 소유구조는 대주주 개인이 주식을 직접 소

---

75) 이병철, 김우중, 최종현 회장 등은 회고록 등에서 주장하고 있다.

유하는 경우가 있지만 동시에 지주법인(회사 또는 재단)이 계열기업(법인)에 상호출자하여 간접 소유하는 경우가 많다. 예컨대 삼성그룹은 삼성공제회와 삼성문화재단을, 현대그룹은 대주주가 직접 또는 현대건설을, 럭키금성그룹은 럭키화학과 금성사를, 그리고 대우그룹은 대우실업 또는 대우문화재단을 통하여 지배한다. 이러한 지배구조는 상속 등으로 변화 한다.

(1) 삼성그룹

1975년 공개된 삼성그룹의 소유관계는 삼성의 핵심기업인 삼성물산의 대주주가 이병철 회장(10.7%)과 제일모직(9.0%)이고, 그 다음은 삼성공제회(4.9%), 삼성문화재단(4.6%)이다. 초창기 삼성그룹의 모기업이었던 제일제당과 제일모직의 대수주는 삼성문화재단이고(각각 27.4%와 21.9%), 그 다음은 삼성공제회이며(각각 11.8%와 5.1%), 나머지는 이병철 회장과 이건희(3남)가 제일모직의 주식을 각각 8.9%와 5.2%를 소유하고, 제일제당의 경우 이회장의 3자매가 7.9%의 주식을 소유하고 있다.[76] 그리고 삼성전자의 대주주는 동방생명(현 삼성생명 8.1%)과 안국화재(7.1%)의 소유로 되어 있다. 여기에서 이병철을 비롯한 이씨 일가과 두 재단, 즉 삼성문화재단과 삼성공제회의 몫이 상당히 많다는 것을 알 수 있다. 비공개기업인 동방생명의 주식도 삼성문화재단이 소유하고 있다.

이 삼성문화재단과 삼성공제회는 이병철이 개인재산(제일제당 등의 주식)의 일부를 출자하여 설립한 재단법인으로 삼성문화재단은 문화보급사업을, 삼성공제회는 삼성계열회사의 종업원을 위한 복지후생사

---

76) 1977년 8월 이병철 회장(67세)은 자신이 소유한 주식은 삼성그룹 전체의 약 5%이고 아들이 5% 정도, 임원들의 주식까지 합쳐도 전체의 30%가 안 되며, 나머지는 사원들과 일반 주주 및 외국인 주주들이라고 한다.(「일경비즈니스」, 편집장과의 인터뷰)

<표 30> 삼성그룹의 소유구조

	삼성 물산	삼성 전자	삼성종합 건설	제일 제당	삼성 중공업	삼성 석유	동방 생명	제일 모직	안국 화재	상업 은행	신세계
이병철 회장	3.4			0.48				3.0			5.2
차남 이창희 (처 이영자)				4.57							
3남 이건희 (처 홍라희)	5.95	2.81 (0.36)	6.3 (삼성반도체)		0.02		10.0				6.9
장녀 이인희 (남편 조운해)		0.15 (0.19)		5.56							
3녀 이순희 (남편 김규)				1.48							
4녀 이덕희 (남편 이종기)							(5.0)				
5녀 이명희 (남편 정재은)		2.57 (1.81)									9.4 (1.6)
사돈 홍진기 (이건희 장인)	0.66	2.10					9.0				4.5
CEO 강진구		0.16					3.0				4.5
〃 소병해		0.42		0.4			2.0				
〃 경주현	0.04						2.0				
〃 이수빈							4.0				
〃 이은택							3.0				
〃 기 타	2.24	0.49	0.66	2.48			2.0		3.94		
동방생명	9.66	4.6	9.1	7.41	19.3			5.0	5.41	8.45	
삼성물산			11.84		14.2	10.0				3.0	
삼성전자			11.4	20.7	14.74	9.9					
삼성반도체			8.3		19.14						
삼성종합건설					8.75						
제일제당			7.5		8.06	9.7	23.0				
제일모직	1.34				6.19	16.4					
안국화재	5.5	3.5		3.05						2.63	
삼성문화재단							5.0	9.96			
삼성공제회	1.2							2.3			
신세계		0.8					29.0				
상업은행	3.0							8.33	6.18		
한국투신				5.0							
제일생명보험	1.34			2.42							
신탁은행									6.64		
대우증권			6.68	5.39							
동서증권			6.73								

(자료) 조남준, 재벌의 진짜 주인은 누구인가? 「월간 조선」, (1985년 12월호)에서 재작성

업을 하고 있다. 그런데 정관에 의하면 이 두 단체는 이병철 또는 그 후계자가 관리 경영하도록 되어 있다. 양 단체 모두 이병철 회장의가산적 성격은 없지만 이것을 모든 기업의 지배권을 유지하는 수단으로 사용할 수 있다. 이렇게 삼성의 주식지배관계는 중층적 구조를 기초로 하여 이병철과 그 일족의 후계자에 의해서 지배되고 있다.77)

그러나, 10여년 후인 1980년대 초 삼성그룹의 소유관계는 표 30에서 볼 수 있는 바와 같이 3남 이건희 부회장과 동방생명이 최대 주주가 되어 있다. 더욱이 최대 지주회사인 동방생명과 삼성물산의 최대 주주는 이건희 부회장이며 삼성중공업과 삼성종합건설의 최대 주주는 삼성물산과 삼성전자 및 동방생명인데, 이것의 최대 주주는 이건희 부회장이다. 따라서 이병철 회장의 생전에 이미 이건희 부회장 중심으로 주식상속은 거의 완료된 상태이다. 나머지 기업의 대주주는 주로 이맹희(장남)와 이숙희(차녀)를 제외한 자녀들에게 상속하였고, 이병철 회장의 사돈(이건희 장인)인 홍진기, 그리고 계열기업 및 소수의 전문경영인이 극소수의 주식을 소유하고 있다.

(2) 현대그룹

현대그룹의 소유구조는 정주영 회장이 장악하고 있다. 자녀들과 지주회사가 표 31에서 볼 수 있는 바와 같이 계열기업의 주식을 소유하고 있지만, 이들은 경영권에 거의 참여하지 못하였다.

현대건설의 주식은 정회장(12.9%)과 아산복지재단(32%) 및 현대목재(16.3%)가 가장 많이 지니고 있기 때문이다. 아산복지재단은 1977년 말 정회장이 소유한 현대건설 주식의 절반을 출연하여 설립하였고, 그 이사장이 되었다. 그 밖에 주요한 계열기업(현대중공업과 현대

---

77) 谷浦孝雄, 한국의 기업성장; 삼성그룹의 예, 조용범, 정윤형 외,「한국독점자본과 재벌」, 1984, p.165

자동차 등)의 최대 주주도 정회장과 현대건설 및 현대중공업이다.

<표 31> 현대그룹의 소유구조

(단위 :%)

소유자 \ 피소유자	현대건설	현대강관	현대종합상사	현대시멘트	국일증권	미포조선	현대중공업	현대자동차	한국도시개발	동서산업	인천제철
정주영 회장	12.9	0.16	4.97				17.49	2.31	3.37	7.3	4.0
변중석(부인)		0.3									
정몽구(차남)	3.97	20.06					3.0		9.23		
정몽근(3남)			1.53					0.25	0.75	1.3	
정몽우(4남)									0.37		
정몽헌(5남)	5.76	2.2	0.26				3.0	0.34	0.75		
정몽준(6남)							3.0				
정순영(둘째동생)				45.18							
정세영(셋째동생)								4.4			
이양자(장남의처)										10.0	
장정자(동생의처)			0.83					0.55			
김영주(제매)	0.58										
이명박(현대사장)	0.48										
오인호(현대사장)	0.48										
현대건설		56.0			6.25		2.75	6.38	66.66	27.3	9.06
현대강관	5.6								2.0		
현대시멘트			1.88								
국일증권			1.83			2.21					
미포조선					6.25						
현대중공업			11.72		21.25	70.0		11.55		34.0	81.4
한국도시개발	2.09				6.25			1.24			
동서산업									4.67		
아산복지재단	32.0										
현대종합목재	16.3								7.53		
동방화재	1.48										
현대정공		18.4							4.67		
현대종합제철							69.94	2.75			3.03
아세아상선					5.62						
현대종합개발					5.62					9.1	
담오장학회					6.25						
대우증권						3.46		4.84			
가와사키중공업						5.0					
서울신탁은행						2.2		5.6			
고려산업								0.86			
미쓰비시상사								7.5			
미쓰비시자동차								7.5			
현대종합기술개발									9.1		
현대엔지니어링											1.5

(자료) 조남준, 재벌의 진짜 주인은 누구인가?「월간 조선」, 1985년 12월호에서 재작성.

이와 같이 현대그룹의 최대 주주는 정주영 회장이지만 1985년대 중반에 이미 자녀를 중심으로 혈족에게 주식상속이 이루어졌다. 특히 4남 정몽헌이 지주회사인 현대건설의 주식을 많이 소유하고 있으며, 동시에 다른 계열기업의 주식을 많이 소유하고 있다.

(3) 럭키금성

럭키금성그룹의 소유권은 구인회 회장이 허만정 집안과 동업한

<표 32> 럭키금성그룹의 소유관계

	럭키	금성사	럭키금성상사	호남정유	럭키증권	범한화재	희성산업
구자경 회장	0.04	0.04					
구자학(둘째 동생)	0.07		0.18				
구자준(조카)			0.59				
구본무(장남)	0.1	0.44					7.14
구본준(3남)	0.1						
구본준 외	8.7						
허준구(조카 사위)	0.03						
허신구(허준구 동생)		0.09					
럭키		6.81	4.83		10.0		4.5
금성사			6.12		10.0		
럭금상사	0.92				10.0		
범한화재	3.55	3.85	5.07				
럭키개발					4.7		
연암문화재단	0.01	4.52					
칼텍스				50.0			
희성산업				30.0	20.0		
대림산업				20.0			
국제금융공사		7.65					
럭키증권		8.39				3.0	
상업은행						2.3	
서원석(서정귀 아들)						30.0	
기타	0.02	0.12					

(자료) 조남준, 재벌의 진짜 주인은 누구인가?「월간 조선」, (1985년 12월호)에서 재작성

관계로 그 지분이 각각 65%대 35%의 비율이다.[78] 럭키금성그룹은 1990년대 말부터 LG화재, LG벤처투자, 아워홈, LS, GS그룹 등으로 분리되었지만 1980년대 초 럭키금성그룹의 주식분포는 표 32와 같다.

표 32를 보면, 럭키금성그룹의 지주회사인 럭키화학과 금성사가 계열기업의 주식을 많이 소유하고 또 지주회사의 주식을 연암문화재단이 많이 소유하고 있다. 그러나 다른 기업집단처럼 혈족들이 주식을 많이 소유하고 있지 않는 편이다. 다만 장남 구본무(3대 회장)가 희성산업의 주식을 많이 소유하고, 또 희성산업은 그룹내 매출액과 수익성이 높은 호남정유의 주식(30%)을 많이 소유하고 있다.

이와 같이 럭키금성그룹의 소유구조도 삼성그룹의 경우와 마찬가지로 한때 문화재단이 각 계열기업을 장악하고 있었다. 연암문화재단의 이사장은 구자경 회장이다.

2) 관리체제

우리나라 대기업은 거의 대부분 소유와 관리가 분리되어 있지 않다. 더욱이 많은 계열기업을 거느린 대기업 집단의 소유권자는 효율적인 관리를 위한 참모조직과 계선조직이 필요하다. 1970년대 참모조직은 일반적으로 비서실 또는 기획조정실 또는 운영위원회 등이 그 기능을 수행하고 계선조직은 인력개발원 등에서 직속적으로 교육받은 유능한 사원들로 충원된 전문경영인들이다.

(1) 삼성그룹

삼성그룹의 관리체제는 삼성물산의 사장단 회의와 비서실(70~80명) 그리고 인력관리위원회(인력개발원)가 그 기능을 수행한다. 삼성

78) 서울신문사 산업부,「재벌 가맥」, 상, 2005, p.346

물산 비서실은 그룹 전체를 총괄하고 각 회사 사장은 책임경영제(사업부서제)를 실시하였다.[79]

이병철회장은 계열기업이 많아진 1970년대 이후에는 1주에 한두 차례 열리는 사장단 회의에 참석하고 중요한 문제만 협의한다고 하였다.[80]

각 사의 사장회의가 1주에 한두 차례 열려 거기서 그룹 전체의 원칙적인 경영방침을 정합니다. 나는 1년에 한 두번 사장회의에 얼굴을 비치고 젊은 사람들에게 일을 아주 맡겨 버립니다. 내가 하는 일은 1년간 전체 회사의 경영목표를 정하는 회의에 나가 내 나름의 목표와 의견을 말하는 정도입니다.

각 회사의 사장들은 평상 업무에 관해 일절 상의하러 오지 않습니다. 중요한 문제, 이를 테면 새 회사의 창립이나 거액의 차관 도입, 외국과 공동 투자를 하는 따위의 사안일 때는 나를 만나러 옵니다. 보통 생산 물량의 결정이나 부동산 구입이나 판매 등은 모두 자율적으로 결정합니다. 그런 걸 물어도 대답을 하지 않기로 하고 있습니다. 각 사의 사장인사도 사장회의에서 정하고 나의 의견을 들으러 옵니다. 대부분 그 결정대로 됩니다.

이러한 것을 보면, 삼성그룹의 관리체제는 전문경영인들로 구성된 사장단회의, 사실상 삼성물산 비서실의 역할이 중요하다고 볼 수 있다. 그리고 삼성물산 비서실은 그룹의 새로운 사업계획과 계열사간 업무조정, 그리고 경영 및 재무의 감사권을 행사한다.[81]

---

79) 「일경(日經) 비지니스」 편집장과의 인터뷰, 1977년 8월
삼성은 1986년부터 '개인별 사업부제'를 실시하고 있다. 이것은 조직의 목표에 맞도록 개인의 목표를 설정하고 이것을 자주적으로 평가하는 제도이다. 즉 사원은 매일 목표와 실적 및 문제점 등을 계선조직에 따라 보고하고, 그에 따라 실적을 평가 받는다.

80) 이현송, 상게논문, p.167

81) 「コリア 評論」, 1975년 12월과 1976년 1월 합병호, p.41

약 50명으로 구성된 삼성비서실은 중역급의 지위를 갖는 실장과 차장이 사실상 이 회장의 친위대장이며 감사권을 장악하고 있다. 삼성비서실은 이병철의 지휘 아래 새로운 사업의 계획과 계열기업간의 업무조정 이외에도 계열기업의 경영 및 재무를 감사한다. 놀랍게도 계열기업에 있어서 신규 투자나 이익처분 등 전반적인 중요사항이 여기에서 결정된다고 한다.

한편, 삼성의 인력개발위원회(삼성인력개발원)는 삼성의 각 계열기업에 종사할 소위 삼성맨의 입사시 교육, 훈련 뿐만 아니라 재직시 일정기간후 재교육시키는 곳이다. 삼성물산은 1954년 우리나라에서 처음으로 공개채용시험을 실시하였다. 이 회장은 인재양성을 매우 중요시 하였다. 그는 특히 사원 채용시험에서 신입사원의 건강과 인상을 매우 중요시 하였다.[82)]

필기시험을 봅니다만 별로 의미가 없어요. 응모자 95% 이상이 모두 학교 성적이 우수해요. 미국에서도 테스트 방법이 발달하고 있더군요. 삼성에서도 질문사항을 100항목 쯤 마련하거나 3~4명씩 토론을 시켜 보는 등 여러 가지로 파악해 채용 예정수의 2~3배수를 선발해 면접으로 합격자를 결정합니다. 결국 학력 차이가 별로 없으니까 선발 기준은 인물 본위가 됩니다. 그런데 인간의 속을 체크하는 기계는 없고 잠깐 이야기하는 것으로 아무 것도 할 수가 없어요. 나는 우선 건강한 사람인가를 보고 다음에는 인상이 좋은 가를 봅니다. 사람의 내면과 인상은 다르다고 하지만 활동적인 사람, 명랑한 사람을 채용합니다.[83)]

---

82) 이병철 회장은 신입사원 2차 면접시험에 유명한 관상가를 옆에 둔 것으로 알려져 있다. 비슷한 예로 지난해 면접 시험에서 떨어진 수험자(변해룡)가 다시 응모하여 2차 면접시험에서 이회장이 '자네 작년에도 오지 않았느냐'고 하여 낙방되어 유명한 관상가(통의동 거주)를 찾아 갔더니 자네는 호랑이상이라고 하더란다.

83) 「일경 비즈니스」 편집장과의 인터뷰, 1977년 8월

삼성은 채용된 사원에 대한 인사방침은 매우 엄격하였다. 특히 권위에 도전하거나 실적이 부진하거나 실수를 저질르면 용납되지 않고, 스스로 그만 두게 한다. 심지어 새로운 인사발령을 한 후 다음날 출근하면 자기가 앉아 일할 책상을 없애 버린다고 한다. 그리고 실적주의에 따른 조직관리(급여체계)는 사원들이 화장실에 가서 월급 봉투를 뜯어 본다고 한다.

(2) 현대그룹

현대그룹의 관리체제는 정주영 회장을 '왕회장'이라 할 정도로 그는 제왕적 권력을 행사하였다. 정회장은 현대건설 창립 초기 부터 물러날 때 까지 현대 계열기업의 경영에 깊이 관여하였다. 특히 그룹의 주력기업 이외는 사장들에게 맡기는 경향이 있지만 기업이 어려울 때는 직접 챙기는 지도력을 발휘하였다.[84]

정회장은 매주 개최되는 사장단 회의에서 주로 자기의 경영방침을 지시하였다.[85] 그의 지시는 바로 규범이다. 그는 현대가 성공한 것은 운(殞)이 아니라 '때'(시간 및 기회)를 잘 맞춘 것이라고 하였다.[86]

현대는 과거 30년간 매년 30%씩 성장했습니다. 최근 5년간은 20%씩 성장하고 있어요. 앞으로 약 18% 정도로 떨어질 것으로 예상되고, 좀 더 지나면 15%까지 떨어질 것입니다. 왜냐하면 우리는 지금 주력기업인 건설과 조

---

84) 1997년 한강 대홍수로 현대아산병원이 큰 수재를 입었을 때 정회장은 현대건설의 장비와 인력을 동원하여 3개월만에 복구를 하였다. 그리고 당시 아침 7시경 부터 아산복지재단의 전 직원들을 직접 면접하면서 그 자리에서 진퇴를 통고했다고 한다.

85) 정회장은 초기에 5형제, 즉 정인영(전 현대양행사장), 정순영(현대시멘트사장), 정세영(현대자동차사장), 정상영(금강대표이사) 들이 기업경영을 보좌하였다.

86) 「아산 정주영 연설문집」, 1985, 제 4부, pp.323~350

선이 성장할 수 없는 벽에 도달했기 때문입니다. 건설이 더 이상 크게 성장할 수 없고 조선 또한 마찬가지입니다. 주력기업 둘 다 벽에 부닥쳤기 때문에 성장률이 떨어질 수 밖에 없습니다. 그래서 주력기업을 자동차와 전자로 바꿀 생각인 것입니다.(1984. 10. 15)

현대가 성공한 것은 때를 철저히 맞추는 건설회사를 가지고 있기 때문에 공사기간을 줄일 수 있는 능력을 가지고 있고, 이 능력 때문에 건설 원가를 줄일 수 있었다는 데에 있습니다. 남들이 1년에 하는 일을 우리는 9개월에 할 수 있습니다. 공기를 줄이면 그 만큼 금리와 임금 부담 등이 줄어들기 때문에 남들이 1백억으로 하는 공사를 80억으로 할 수 있는 것입니다. 그래서 금리 부담이 적고 원가 상각이 적기 때문에 경쟁력을 가지게 된 것입니다.[87] 그것이 성공의 요인입니다.(1984. 11. 12)

정회장은 공기 단축을 통하여 비록 염가 수주라도 경쟁력을 지닐 수 있기 때문에 이러한 전략으로 중동특수 때 현대건설이 성공한 비결이 있었다. 이러한 전략을 최근 현대건설 사장출신인 이명박 대통령이 성사시킨 아랍 에미레연합(UAE)의 원전건설 계약에서도 찾아 볼 수 있다.[88]

정회장은 제조업은 최소한 투자액의 3배 정도 매상을 올려야 한다고 주장한다. 그것은 원가부담이 적어 져서 투자가치가 있다고 한

87) 현대는 60년대 경부고속도로 건설을 계기로 재벌기업이 되었고, 70년대 현대조선의 건립과 더불어 사우디의 주베일항 건설공사로 세계적인 기업이 되었다. 주베일항 건설비는 약 15억 달러가 되는데 현대는 이것을 9억 3천만 달러로 낙찰받았다. 낙찰 가격은 건설업자들이 제시한 입찰가격의 약 60%가 되었지만 많은 흑자를 내었다.

88) 1985년 4월 15일 정회장이 현대 사장단회의에서 말한 내용에서 그것을 찾아 볼 수 있다. '예를 들어 원자력에 있어서도 지금 건설한다면 최소한도 90퍼센트는 국산화 할 수 있고 그 값과 건설 기간도 과거보다 한 3할 정도는 줄여서 할 수 있었을 것입니다'. '과거에 25억 불에 한 것이라면 지금은 18억 불에 할 수 있는 것입니다'라고 하였다.

다. 그 뿐만 아니라 생산에서 뿐만 아니고 영업에서도 때를 놓치면 어렵다고 하였다.

어디 시장에 뛰어든다 할 때 특히 다른 사람이 독점해서 엄청나게 비싸게 팔고 있는 시장에 뛰어들 때는 기존 회사의 반발이 거세기 때문에 처음 뛰어들 때 아예 결판을 내야 합니다. 전혀 못팔던 때에 비하면 조금이라도 팔았으니까 하고 만족하고 끝날 것이 아니라 저쪽이 독점을 해서 하나에 천만원씩 팔고 있는데 이쪽에서 7백만원만 받아도 이익이 나는 시점이 되었다 하면 그 때 시장에 들고 나가서 단숨에 시장을 3분의 2정도 점유해 버려야 합니다.(1985. 3. 11)

여기에서 정회장의 저돌적인 시장개척 정신과 전술을 알 수 있다.

한편, 정회장은 계열사장들의 근면성과 책임성을 제고하기 위하여 잦은 인사정책을 강조하고, 사장이하 모든 사원들의 신상파악과 전달교육을 당부하였다.

각사 사장들은 자기 휘하에 있는 차장급 이상의 움직임을 완전히 파악하고 있어야 합니다. 간부가 해이해져 버리면 그 밑의 사람들도 전부 해이해져 버리니까요. 사장은 간부들이 자신도 발전하고 휘하의 사람들도 발전하도록 지휘를 잘하고 있는지 파악하고 있어야 하고 그 아래 담당 중역이나 부장들은 저 말단까지 다 파악을 하고 있어야 합니다.(1984. 11. 26)

상기한 것을 보면, 정회장의 직설적이고 담대한 경영전략과 현대의 임직원들에 대한 철저한 인사관리를 알 수 있다.

(3) 럭키금성그룹

럭키금성그룹의 관리체제는 구씨와 허씨 가문의 혈족 중심으로 되어 있지만 인화와 위계질서에 의한 경영이 확립되어 있다. 전문경영인들이라 하더라도 혈족 경영체제에서 풍기는 폐쇄성을 느끼지 못하는 경우가 많다. 비록 전문경영인들이 혈족 경영자에 비하여 승진이 늦어도 다른 재벌에서 볼 수 있는 퇴출을 쉽게 보지 못하기 때문에 소외감을 갖지 않는다고 한다.

이러한 인화에 기초한 경영철학은 구씨와 허씨 가문간에 이루어진 사돈관계의 겹사돈(8건)과 장자승계의 전통[89], 그리고 합작기업(20건)[90] 등에서 찾아 볼 수 있다. 사돈간의 인화는 50여년 동업자였던 허씨 집안(현 GS그룹)이 구씨 집안(현 LG그룹)으로 부터 말썽 없는 재산 분리에서 볼 수 있고, 또 삼성그룹과의 갈등에서도 손자들 보기 민망하다며 구인회 회장의 양보(동양 TV 인계 등)에서 찾아 볼 수 있다.

1969년 말 취업한 구자경 회장(2대)은 70년대 기술주도의 경영합리화를 추진하겠다고 하였다.[91] 그의 경영철학은 첫째로 인화를 통하여 집단적인 창의를 발현시키고, 둘째로 불굴의 개척정신으로 산업고도화를 선도하며, 셋째로 부단한 연구개발을 통하여 기업활동의 선진화(기술자립과 인재개발)를 추구해 나가는 기업가 정신이라고 하였다.

럭키금성그룹은 1947년 락희화학이 창설된 이래 매우 안전하고 점진적이며 다양한 새로운 사업을 개척하여 왔다.[92]

40년대 후반에 미용크림공장을 시작했습니다. 당시에는 크림통에 맞는

---

89) 1969년말 창업자가 타계하였을 때 당시 경영일선에 있던 삼촌들은 모두 2선으로 물러서고 장자를 새 총수로 옹립하였다.

90) 50여년간 20개의 합작사업(외국과는 13건)을 추진하였다.

91) 럭키 40년사 편찬위원회,「럭키 40년사」, 1987, pp.409~410

92) 조동성,「한국재벌연구」, 매일경제신문사, 1990, pp.243~144

적당한 품질의 플라스틱 뚜껑을 공급해 줄 만한 회사가 없었기 때문에 직접 플라스틱 사업을 할 수 밖에 없었습니다. 그러나 플라스틱 뚜껑 만으로는 플라스틱 주조공장을 운영할 수 없어서 머리빗, 칫솔, 비누통도 같이 만들었죠. 플라스틱사업에 관계하고 보니 선풍기 날개와 전화통도 만들게 되었고, 그래서 다시 전기, 전자제품과 통신장비의 생산에 까지 하게 된 겁니다. 플라스틱 사업으로 인해 또 정유사업에도 진출하게 되었는데, 정유사업을 위해서는 수송선 선박회사가 필요했습니다. 그런데 정유회사 하나만 해도 지불하는 보험료가 당시 한국에서 제일 큰 보험회사 총 수입액의 절반 이상이나 되었습니다. 그래서 보험회사를 하나 만들었죠. 관련사업을 통해 자연스럽게 단계적으로 성장해 온 결과가 오늘날 우리가 보는 럭키금성그룹입니다. 장래에는 주로 화학, 에너지, 전자산업을 바탕으로 성장해 나갈 생각입니다. 화학사업은 정제약품과 유전공학 쪽으로 계속 확대해 나갈 방침이고, 전자사업은 반도체, 광통신 분야로 성장해서 결국은 인공위성통신에 까지 진출할 겁니다.

럭키금성은 비록 소유구조가 비혈족 중심, 즉 법인 중심으로 되어 있지만, 그 관리체제는 구씨와 허씨의 혈족 중심으로 되어 있는 것이 특징이다. 그러면서 럭키금성그룹은 전문경영인 중심으로 사업부서제를 운영되고 있다. 사업부서제는 1967년 우리나라에서 처음으로 도입하여 전략산업과 상품 중심의 책임경영, 즉 소사업부제를 실시한다.93) 럭키금성은 공장이 여러 곳에 분산되어 있어서 공장별 사업부서제를 운영하다가 최근에는 상품별 사업부제를 전 그룹에 확산시킨 것 같다.

대우그룹과 선경그룹은 자녀들이 어려서이기도 하지만 전문경영인에 의하여 운영되고 있다. 대우그룹의 경우 최고 경영정책결정기관인 그룹운영위원회의 구성원(13명)을 보면, 창업주의 친인척은 한

---

93) 신유근 외, 「한국 대기업의 경영 특성」, 세경사, 1995, p.179

사람도 없고, 주로 경기고와 관료 출신들이다.[94] 그리하여 사원들 중에 권력지배층 출신의 특채가 많으며 이들이 주로 경제부처와 금융계에 로비를 하는 것 같다. 그리고 선경그룹의 경우 친 형제(2명)와 창업자의 장남(최윤원 선경전무)을 제외하면 132명의 중역은 모두 전문경영인이다. 선경그룹의 최고 의결기구인 운영위원회의 구성원(8명)은 모두 오랫동안 선경에 재직한 전문경영인들이다.[95] 이들에 대한 인사정책은 필요시에만 한다.

3) 족벌체제

우리나라 기업집단 또는 재벌을 족벌체제라고 한다. 족벌체제는 대기업자본가들이 자기 소유자본이 20% 미만이면서 친인척이 대기업의 경영권을 좌우하는데서 비롯되었다.

대기업들이 초창기에는 창업주들의 가족이 어리고 통혼권에 의한 인척이 형성되기 어려워 친구나 전문경영인이 기업을 경영하였지만 기업집단으로 성장되면서 혈족이 경영권을 점차 장악하게 되었다.

이러한 족벌체제의 형성은 대기업마다 상이하지만 통혼권을 통하여 우리나라의 재벌끼리 또는 정치지배층과의 권력공동체를 형성

94) 김우중 회장(경기고, 연세대 경제과졸)을 비롯, 이석희 부회장(경기고 선배), 조동제(대우사장 부산공장담당, 창업동지), 이우복(대우 부회장, 경기고 동기, 창업동지), 윤영석(대우조선공업사장, 경기고 후배), 김용원(대우전자사장, 언론계 출신), 이경훈(대우중공업 사장, 산은 출신), 최명걸(대우부회장, 한은 출신), 홍인기(대우사장, 재무부 출신), 윤석헌(그룹부회장, 전 주불대사), 홍성부(대우건설 부문사장), 이경식(대우통신사장, 체신부 출신), 김정웅(대우자동차 사장) 등이다.(「한국의 50대 재벌」, 1985. p.64)

95) 그룹운영위원회는 조종태(선경건설 부회장), 신광균(워커힐사장), 유석원(선경사장), 정찬주(선경합섬 부회장), 이기동(선경화학 사장), 김항덕(유공사장), 이순석(선경대표이사부사장) 등 최회장을 제외한 나머지 7명은 모두 13년 내지 25년씩 몸담아 왔다.(전게서, p.68)

한다. 이러한 권력공동체의 형성은 친인척 등에 의한 중매도 있지만 대부분 매우 고가의 전문 결혼중매업체를 통하여 이루어지고 있다.96)

그러면, 우리나라의 대표적인 대기업 창업자의 가족과 대기업집단의 핵심 정책결정자를 중심으로 고찰하여 본다.97)

(1) 현대그룹

현대그룹의 창업자 정주영 회장은 강원 고성에서 소농의 장남으로 태어났다. 그는 8남 1녀의 자녀를 두었다. 정회장은 동생들과 함께 사업을 일구었다. 큰 동생(인영, 일본 청산학원 영어과 졸)은 현대건실 사장, 한라그룹 회장, 둘째 동생(순영, 한영준 졸)은 현대시멘트·성우그룹회장, 셋째 동생(세영, 고려대 정치학과, 마이애미대 석사)은 현대자동차 회장, 현대건설 사장, 넷째(신영)는 독일 유학중 사망하였으나 제부(장정자)가 현대학원 이사장, 다섯째(상영, 동국대 경영학과 졸)는 금강건설 회장 등을 역임하였다. 그리고 여동생(희영)은 김영주(현대중공업 사장, 한국프랜지 회장)의 부인이다.

정회장의 장남(몽필, 전 인천제철사장)은 이양자와 결혼하였으나 교통사고로 사망하였고, 차남(몽구)은 이정화와 결혼하여 현대자동차 회장이 되었으며, 그의 아들(의선, 고려대 경영학과, 샌프란시스코 경영학석사)은 기아자동차 사장이고 세딸의 사위는 모두 현대계열기업의 사장이다. 삼남(몽근, 한양대 토목과졸)은 우경숙과 결혼하여 현대백화점 그룹회장이 되었으며 넷째아들(몽우)는 이행자와 결혼하여 현대

96) 강남의 전문중매업체는 여러 개가 있는데 대개 입회금이 3백만원이고, 성사시에 1천만원을 낸다고 한다.

97) 주요한 재벌의 혼맥이나 족벌체계의 실패에 대하여 논문들이 많이 있다.
오경환, 재벌가의 거미줄 혼맥(상),「정경문화」, 1986. 9월호
서울신문사 산업부,「재벌 가맥」, 상, 무한, 2005
백영현·우태현 외,「재벌가의 경영구조와 인맥혼맥」, 제 3부, 나남출판, 2005

알루미늄 회장이 되었다. 그리고 다섯째 아들(몽헌, 연세대 국문과, 동경영대학원 석사)은 현정은(이화여대 사회학과, 학·석사, 신한해운, 현대상선 회장 딸)과 결혼하여 현대아산회장을 지내다가 타계하여 현재 자부가 현대그룹 회장을 지내고 있다. 여섯째 (몽준, 서울상대, MIT 석사, 존홉킨스대 박사)는 김영명(김동주 딸, 전 외무장관)과 결혼하여 현대중공업회장과 5선 국회의원을 맡고 일곱째(몽윤, 샌프란시스코주립대 경영학 석사)는 김혜영(부국물산 김진현 딸)과 결혼하여 현대해상보험 회장을 지내며, 여덟째(몽일, 연세대 경영학과, 조지워싱턴대 석사)는 권준희와 결혼하여 현대기업금융 회장을 맡고 있다.

그 밖에 외동딸(경희)은 정희영(서울대 경제학과, 선진해운 회장)과 결혼하였다. 정주영 회장은 4째 아들까지는 평범한 혼맥을 형성하였으나 다섯째 아들부터는 관계와 재계 출신의 실력자들과 혼맥을 형성하였다.

이와 같이 현대그룹의 창업자는 그 많은 형제 자매와 자녀 및 자부들에게 현대그룹 계열회사의 회장, 사장을 비롯한 중역을 맡기고 있다.

(2) 삼성그룹

삼성그룹의 창업자 이병철 회장은 경남 의령에서 대지주(천석군)의 차남으로 태어 났다. 그는 4남 6녀의 자녀를 두었다.

장남(맹희)은 손영기(전 경기지사 손복남 장녀)의 장녀와 결혼하여 삼성물산 부회장을 역임하였다. 그의 장남(재현)은 제일제당에 근무하다가 현재 CJ그룹의 회장이 되었다.

차남(창희, 와세다대 졸)은 일본인 이영자와 결혼하여 새한제지, 삼성물산 이사와 새한미디어 회장을 역임하였으나 그 기업이 채권단에 넘어 갔다.

삼남(건희, 와세다대, 조지와싱턴대 경영대학원)은 홍진기(전 법무장관)의 장녀(홍라희, 서울대 응용미술과 졸)와 결혼하여 삼성그룹의 2대 회장을 승계하였다. 이병철 회장은 신현확(전 국무총리)의 소개로 홍진기(당시 법무장관)를 4.19 직후 투옥중 알게 되었는데 그 후 그는 이 회장이 설립한 중앙일보 사장직에 취임하였고 삼성전자의 주식을 갖는 등 막강한 영향력을 발휘하였다.

이병철 회장의 장녀(인희, 이화여대 가정학과 졸)는 조운해(대지주 아들, 고령병원장)와 결혼하여 삼성에서 분리하여 한솔그룹을 형성하였고, 차녀(숙희, 이화여대 졸)는 구자학(럭키금성그룹의 3남, 해사졸)과 결혼하였으며, 삼녀(순희)는 김규(전 서강대 교수)와 결혼하였다. 그리고 4녀(덕희)는 이종기(의령 대지주의 아돌, 서울상대 졸)와 결혼하여 남편은 중앙일보 사장, 삼성화재 회장을 지냈으며 5녀(명희, 이화여대 생활미술과 졸)는 정재은(전 국회의원과 삼호무역회장 정상희의 차남, 서울공대졸, 삼성전자 대표 역임)과 결혼하여 현재 신세계백화점을 운영한다.

이와 같이 삼성그룹의 창업자는 화려하게 정·재계 인사들과 혼맥을 형성하였다.

(3) 럭키금성그룹

럭키금성그룹의 창업자 구인회 회장은 경남 진양에서 부농의 장남으로 태어났다. 그는 6남 4녀 의 자녀를 두었다. 그리고 장남 구자경 회장은 4남 2녀의 자녀를 두었다.98)

구인회 회장의 장남(자경, 진주사범 졸)은 하정임과 결혼하여 부산사범 교사와 락희화학 이사 등을 지내다가 창업주가 사망하자 장자

---

98) 구인회 집안(직계)은 아들이 많은데 회(會)자 항렬이 6명이고, 자(滋)자 항렬이 23명, 그리고 본(本)자 항렬은 11명이다.

승계 원칙에 따라 그룹회장이 되었다. 차남(구자승)은 홍승해(금성방직 사장, 전령련 회장을 지낸 홍재선의 딸)과 결혼하였으며 3남(자학)은 이숙희(삼성 이병철 회장의 차녀)와 결혼하여 한 때 제일제당에 입사하여 중앙개발 사장을 지내다가 럭키금성으로 돌아왔다가 현재 아워홈(식당업) 회장을 지낸다. 4남(자두, 연대상대, 뉴욕주립대 석사)은 이의숙(전 국방차관 이홍배 딸)과 결혼하여 금성사 사장, 동양 TV 및 국제신보 사장을 지냈으며, 5남(자일)은 김청자(실업가 김진수 딸)와 결혼하여 일양화학 회장을 지냈다. 그리고 6남(자극, 미국 힐즈데일대 전자공학과 졸)은 조아란(조필대 이대교수 딸)과 결혼하여 럭금 미주 본부장을 지냈다. 장녀(양세)는 박진동(남해군수 박해주 아들)과 결혼하였으나 해방후 학병동맹 피습사건으로 사망했고, 차녀(자혜)는 이재연(대림산업 창업주 이규덕의 아들)과 결혼하였으며 남편은 금성사 사장을 지냈다. 3녀(자영)는 이재원(전 제일은행장 이보형 아들, 일성제지 회장)과 결혼하였으며 4녀(순자)는 류지민(전 대전지법원장 류현영 아들, 서울지검 검사)과 결혼하였으나 모두 타계하였다.

한편, 구자경 회장의 장남(본무, 연세대, 클리블랜드 주립대 경영학석사)은 김영식(전 보사부 장관 김태동 딸, 연세대 사회복지학과 졸업)과 결혼하여 LG그룹의 3대 회장이 되었다. 차남(본승, 고려대 경영학과 졸)은 강영혜(전 희성금석 회장 강세원 딸)와 결혼하여 희성그룹 회장이 되었다. 그의 아들은 구본무 회장의 양아들(종손)이 되었다. 3남(본준, 서울대 계산통계학과, 시카고대학 경영학석사)은 김은미(사업가 김광일 딸)와 결혼하여 LG필립스, LCD부회장이 되었다. 4남(본식)은 조경아와 결혼하여 희성전자 사장이 되었다.

그리고 장녀(훤미)는 김화중(전 대한보증보험 사장 김용관 아들)과 결혼하였고, 차녀(미정)는 최병민(대한펄프창업주 최화식 아들)과 결혼하여 남편은 대한펄프 회장이 되었다.

그 밖에 구인회 회장의 형제들과 그 자녀들도 본가 못지 않게 명문집안과 통혼권을 형성하였다. 형제들은 구태회(서울대 정치학과, 국회부의장 4남 2녀), 구평회(서울대 정치학과, 호남정유사장, 3남 1녀), 구두회(고대 상대, 금성통신사장, 1남 3녀)가 있는데 남자들은 럭키금성그룹의 계열기업에 많이 취업하고 여자들은 주로 명문 집안에 시집을 갔다.

이와 같이 LG그룹 창업자도 화려하게 정·재계 인사와 통혼권을 형성하고 있다. 럭키그룹의 요직은 구씨 집안이 많이 차지하였으나 동시에 동업자인 허씨 집안의 자손들도 많이 참여하고 있다.[99] 구씨와 허씨의 관계는 무려 8건의 겹사돈으로 맺어져 전형적인 족벌 체제를 형성하고[100] 있는 것이 특징이며, 또 이들은 최고 의결기관인 회장단 회의를 구성하여 경영에 참여하였다.[101]

6. 결 론

60~70년대 성장한 대기업자본가는 대부분 해방후 6.25 전란기에 외원과 무역(특히 비료와 농산물 수입) 및 전재 복구 그리고 특혜에 의하여 산업자본가화 되었다. 이들은 특히 농민들의 희생 위에서 성

99) 구씨와 허씨의 동업 관계는 그 지분이 65대 35라고 한다.(서울신문 산업부, 「재벌가맥」, 2005, p.336)

100) 1946년 1월 구인회 회장의 장인(허만식)의 재종인 허만정씨가 삼남인 허준구(당시 24세, 일본 간토우중학 졸, 구철회의 맏사위)를 데리고 와서 사업자금을 내면서 경영수업을 부탁하였다. 그리하여 허준구는 LG건설, LG전선 및 그룹 부회장을 지냈고, 그 아들(5명)도 GS그룹의 사장 또는 회장을 지냈다.(전게서, p.333)

101) 회장단은 구자경(그룹회장), 허준구(총괄 부회장), 구태회(상임 고문), 구평회(부회장) 구자학(금성사 사장), 변규칠(그룹기획조정실장)로 구성되어 있다.

장하였다.

1980년 대기업자본가는 1960년 초 4.19 혁명과 5.16 군사혁명에 의하여 부정축재자로 규정되었지만, 이들은 군사정권이 시작한 경제개발 5개년계획에 경쟁적으로 참여하면서 중화학공업과 무역(특히 보세가공 수출) 및 해외건설의 독점과 특혜에 의하여 현대적 산업자본가, 소위 재벌이 되었다. 이들은 생산관계에 있어서 공업노동자의 저임금과 노동통제(3권 유보 등)에 의하여 축재가 가능하였다.

경제개발 5개년계획은 그 목표(경제성장과 자원동원 및 고용 등)를 달성하기 위하여 막대한 외자를 동원하였으며, 또한 기계, 조선, 자동차, 전자, 건설, 무역 등 전략산업을 육성하기 위하여 관련 법령을 제정하면서 특혜(조세감면, 특혜금융 등)를 주었고, 8.3 조치(사채 동결과 금리인하 조치) 같은 파격적인 친기업정책을 수행하였다.

이러한 전략산업에 대한 특혜조치는 권력의 비호하에 가능하기 때문에 대기업이 유리하였다. 이들은 막대한 외자(차관)를 도입하여 저임금 노동력과 인플레이션 등을 이용하여 축재하였다. 따라서 대기업자본가의 성장이 단순히 이윤을 추구하기 위한 건전한 기업가정신에 기초하였다고 말하기 어렵다. 대기업 집단은 비록 20%의 자기자본을 소유하였지만, 족벌체제를 형성하면서 제왕적 기업경영을 하였던 것이 그 특징이다. 이러한 성격은 기본적으로 농촌에서 장남으로 태어나 가족부양을 책임지는 유교적 가족 윤리에서 비롯된 것 같다.102)

오늘날 대기업자본가들이 거의 대부분 창업주이기 때문에 대기업의 소유와 경영권이 통합되어 있어도 창업주의 개척정신과 지도

102) 농촌출신은 씨앗을 뿌리고 거름을 주어 작물을 키워서 그 결실을 거두어 들이는 과정을 체험하며, 특히 장남은 부모로 부터 장남으로서 가족부양의 책임감을 갖게 교육을 받는다. 그리고 전통적 가족관계는 화목, 조화, 인화가 최선이라는 유교적 윤리에 기초해 있다.

력을 높이 평가하고 있는 것 같다. 그러나 대기업의 자기 자본이 2할 미만이고, 특히 타인 자본은 대부분 국가의 지불보증에 의존하고 있기 때문에 대기업집단의 독립성 문제(즉 대외 의존성과 권력지배), 기업의 소유와 경영의 분리 문제가 제기될 수 있다.

이와 같이 한국의 기업집단(재벌)의 성장은 창업주의 지도력 뿐만 아니라 권력 개입으로 인한 대외 의존적 불균형성장론에서 가능하였다고 볼 수 있다.

제 4장 2010년 대기업자본가의 사회적 배경과 자본축적

1. 서 론

1) 연구목적

한국의 대기업자본가는 2000년대 들어 와서 새로운 전기를 맞게 되었다. 그것은 세계적 기업으로 성장하고[1] 대기업 창업세대가 물러가며 2세대 또는 3세대가 기업체를 계승하게 되었다. 또한, IMF 지배관리 이후 재벌해체론이 제기되었지만 오히려 글로벌 시장에 편입되어 대기업의 재무구조는 더욱 강화 되었다.[2]

이러한 전기는 대기업자본가들과 참모들의 지혜로운 노력에 의하여 오히려 독점자본의 기반을 형성, 강화시키는데 기여하였다. 독

1) 우리나라 대기업은 최근 급성장하여 2010년 세계 500대 기업에 10개가 들어간다. 5백대 기업중 미국이 139개를 차지하고, 나머지는 일본(71개), 중국(46개), 프랑스(35개), 독일(34개) 등이며, 그 규모는 삼성의 매출액이 미국 선두기업(5위권)의 약 3할에 불과하다. 최근 미국과 일본의 경우 감소되어 가고 중국과 한국의 경우 증가되고 있다. 미국의 대기업은 1955년 부터 1990년까지 자동차회사(GM, Ford)가 선두이고, 그 다음이 석유회사(엑숀, 걸프)였으나, 2천년대는 물류회사(Wal-Mart)가 1위이고, 전기전자회사(GE, HP, AT&T 등)가 선전하고 있다.(http://money.cnn.com/fortune 500/2010)

2) 2010년 삼성, 현대차, SK, LG 등 10대 그룹의 자산규모는 국내 총생산(GDP)의 75.6%를 차지하고 매출액은 국민 총생산의 52.3%, 유가증권은 시가 총액의 56.0%를 차지한다.(「경향신문」, 2011년 7월 3일)

점자본의 강화는 1950년대에 귀속재산의 불하, 차관과 금융자본의 독점, 무역(수입), 인프레 등에 의하여 이루어졌고, 1970년대 이후 경제개발(특히 중화학 공업)에의 참여, 수출, 차관, 부동산 투자, 해외 건설, 기업의 인수·합병, 인프레 등에 의하여 자본이 크게 축적되었다. 이러한 자본축적은 주로 정경유착과 권력지원으로 가능하였다.

그러나, 2000년대는 그것이 주로 기업의 구조조정(인수·합병), 노동의 유연성(비정규직 양산), 경기부양책, 기술혁신, 금융정책 지원, 비자금 형성, 탈세 등에 의하여 가능하였다.

한편, 수출지향형의 대기업이 세계적 자본주의체제에 편입되면서 외환위기로 IMF의 지배관리를 받게 되었고, 이의 요구에 따라 시장개방, 기업의 구조조정, 재벌해체, 탈규제, 노동유연성 등을 제고하지 않을 수 없었다. 또한 정보공개로 투명한 기업공개를 하게 되었고, 종래의 어리숙한 기업경영과 노사관리는 새로운 차원을 맞게 되었다. 그러나, 살아날 구멍(친기업정책 등)이 있었다.

이와 같은 방법에 의하여 자본축적을 한 대기업자본가는 오늘날까지 자본과 경영이 통합되어 제왕적 경영을 하면서 점차 독점 대기업이 될수록 전문경영인의 도움을 받지 않을 수 없었다.

이러한 배경에서 새로운 대기업자본가의 형성과 이동이 어떻게 변화하고, 그들의 자본축적이 어떻게 일어나는 가를 고찰하여 본다. 또한, 그들의 출신배경과 임금정책 등이 자본축적과정과 어떠한 상관성이 있는 가를 고찰한다.

2) 연구대상과 방법

대기업자본가는 2010년 4월 공정거래위원회가 상호출자 및 채무보증제한 기업으로 지정한 50대 기업집단, 소위 재벌을 말한다.[3] 이 중에서 주인이 없는 공기업과 외국인 기업 등 기업집단을 제외한 45개의 대기업집단을 주요한 연구대상으로 삼았다. 그들의 출신배경 분석에는 현재 주인이 없는 법정관리기업(10개)을 제외하였다. 이들 대기업집단은 자산 총액이 각각 약 5조원 이상으로 상장 및 비상장 기업의 주식을 가장 많이 소유하고 있다.4)

한편, 대기업의 인수·합병과 사내외 이사 및 경영조직, 그리고 주식지분 등을 알기 위하여 100대 기업 중에서 소위 주인이 없는 공기업, 법정관리기업 등을 제외한 71개 대기업을 선정하였다. 이들 대기업은 해마다 재계 순위의 심한 변동이 일어났지만 그들의 매출액은 각각 약 2조원 이상이 된다. 이들 대기업의 「사업보고서」(2009년과 2010년 12월 말)를 분석하였다.

기업집단은 사실상 사업내용을 지배하는 회사집단으로서 동일인(총수) 및 그 관련자가 30% 이상의 지분율을 지니고 임원의 임면 등 관련 기업에 지배력(영향력)을 행사할 수 있는 경우를 말한다.5)

---

3) 한국 재벌의 개념으로 ① 개인이 소유, 지배하면서, ② 국가경제를 실질적으로 지배하는 ③ 다각화된 기업집단을 말하고,(홍덕률,「재벌의 족벌 경영화 세습; 실태, 원인, 대응방안」, 전국민노총·민교협, p. 4) 또한 ④ 시장의 독과점, ⑤ 가족 및 혈족지배, ⑥ 자력성장이 아니라 정부의 지원이나 특혜에 의한 성장을 추가한다.(권오승, 재벌의 경제력 집중에 대한 법적 규제, 「법과 사회」, 1993, p.48)

4) 2009년 7월 기준으로 1조원 이상 상장주식 소유자는 10명인데, 이건희 삼성회장과 부인 홍라희, 장남 이재용 등 직계가족이 보유한 주식지분 가치가 5조 147억원이다. 그 다음은 정몽구 현대차 회장과 직계가족(6명)의 보유주식 가치가 4조 4천 118억원이고 신격호 롯데회장과 직계가족(4명)은 2조 8천 741억원, 구본무 LG 회장의 직계가족(5명)은 2조 3천 757억원을 보유하고 있다. 그리고 비상장주식의 지분 평가액이 1억원이 넘는 사람은 55명인데, 이건희 삼성회장(2조 9천 887억원)이 가장 많이 보유하고, 그 다음은 최태원 SK회장(1조 38억원), 박현주 미래에셋 회장(9천 495억원), 이재용 삼성전무(6천 934억원) 등의 순이다. 삼성가 4명이 보유한 것이 4조 1천 590억원이다.(「연합뉴스」, 2009. 7. 20)

5) 기업집단은 지배력의 요건을 동일인이 ① 임원의 50% 이상을 선임하거나, ② 회사의 조직변경, 신규사업 투자에 영향력 행사, ③ 지배회사와 당해 회사간 임원겸임, ④ 통상적 범위를 초과한 회사, ⑤ 경영에 지배적 영향

정부는 1987년 3월 재벌의 독과점과 기업 확장 등 경제력 집중을 방지하기 위하여 자산 총액이 많은 30대 기업집단을 지정하여 관리하였으나 그 관리대상이 증가하여 2002년 독점규제 및 공정거래법의 개정으로 일괄 지정제도가 폐지되고 유형별 규제(상호출자의 금지, 출자총액의 제한, 채무보증의 금지 등)를 실시하였다.[6)]

1997년 말 외환위기로 IMF의 관리체제가 되면서 재벌해체론이 다시금 제기되었다. 특히 대규모의 구조조정과 상술한 규제조치로 1990년 이전 재벌의 성격이 많이 약화 되었다. 그러나, 1991년 이후 대기업집단의 분할과 자녀 상속 등 기업계승이 이루어지면서 많은 재벌이 재계순위(자산총액, 매출액 등)의 변화가 일어나게 되었다. 그간 재벌의 부침이 있었지만 전통적인 대기업인 삼성, 현대, LG 그룹에서 분할 또는 상속된 기업이 오늘날 우리나라의 주요한 대기업이 되었으며, 이러한 기업의 소유자(주식, 금융, 토지 등)들이 대자본가가 되어 있다.

그리하여 저자는 대기업자본가를 2010년의 45개 기업집단(재벌)과 2009년 100개 대기업을 연구대상으로 삼았다. 특히 45개 대기업자본가의 경우 은행과 공기업 등을 제외한 45명 대기업자본가의 출신배경과 재무현황 등을 분석하였으며, 100대 기업의 경우 71개 대기업의 인수·합병, 지분구조, 관리체계 및 임금구조 등을 분석하여 접근하였다. 이러한 자료를 분석하면서 대기업자본가(집단)의 재무현황과 주식가치, 그리고 그 소유구조의 변동이 연도와 자료에 따라

력 행사 등이다.(「독점규제 및 공정거래법 시행령」, 제 3조) 그리고 동일한 관련자는 8촌 이내 혈족, 4촌 이내 친인척, 계열회사, 임원, 비영리법인 등 특수관계인을 말한다.

6) 「독점규제 및 공정거래에 관한 법률」, 제 3장 제 9, 10조 참조.
초기에는 대기업집단을 자산 총액으로 4천억원 이상이었으나 그 후 수가 증가되어 최근에는 자산 기준으로 기업집단을 지정한다. 예컨대, 출자총액제한 기업집단은 5조원 이상이고 상호출자제한 기업집단은 2조원 이상이다.

차이가 있었다. 그러나, 이러한 자료의 내용(특히 주식 소유)에 있어서 큰 차이가 심하지 않기 때문에 우리나라 대기업자본가의 특성을 이해하는데 큰 도움이 될 것이다.

본 연구는 대기업자본가에 대한 기존의 문헌조사에 크게 의존하였다. 특히 45명 대기업자본가의 사회적 배경을 알기 위하여 언론사의「인물정보」(이력서)를 주로 분석하였고, 전국경제인연합회의「한국주요기업사전」과 「한국재계인사록」, 대한상공회의소의 「전국기업체총괄」그리고 재벌닷컴의「주식정보」등을 참고하였다.

대기업 또는 기업집단에 대한 문헌조사는 최근 금융감독원 및 공정거래위원회에 보고한, 각 회사의 연말「감사보고서」와 「사업보고서」를 주로 활용하였으며, 증권거래소의 자료는 보완자료로 사용하였다. 또한 대기업의 홈페이지에서 기업의 연혁, 임원 및 재무재표, 사업보고서 등을 활용하였다.[7]

2. 사회적 배경과 자본축적

우리나라의 대기업자본가는 해방 이후 미군정, 6.25전쟁, 그리고 오랜 경제개발 5개년 계획기간을 거치면서 정부의 강력한 지원정책과 특혜에 의하여 성장하였다. 그리하여 중소기업이 새로운 대기업(집단)이 스스로 된다는 것은 매우 어려웠다.

저자가 조사한 45개 대기업자본가의 85.7%가 이미 자손들에 의한 대기업계승자라는 것에서 그것을 잘 알 수 있다. 그 뿐만 아니라

7) 그 밖에 참여연대(참여사회연구소)가 조사한, 「한국 5대 재벌백서」(1999년)와 「한국의 재벌」(5부작, 2005년)은 비록 저자의 연구시기와는 차이가 있지만 그 실상을 이해하는데 큰 도움이 되었으며, 또 서울신문사 산업부가 조사한「재벌가맥」(상, 하, 2005년, 2007년)은 대기업자본가의 혼맥을 이해하는데 큰 도움이 되었다.

이들의 계열기업수가 해마다 증가 되었고, 또 그들이 차지하는 기업의 총 자산이 해마다 급증한데서도 그것을 알 수 있다.[8)]

2010년대 대기업자본가는 해방후 60여년, 즉 2세대가 지났기 때문에 대부분 창업주의 자손들에 의하여 기업계승이 이루어져 왔다. 현재 창업주 본인이 대기업자본가가 되어 있는 경우는 35대 기업의 14.3%에 불과하다. 이들은 대부분 1960년대 이후 기업을 창업하였다.[9)] 그리하여 그 이전 대기업자본가의 사회적 배경과 자본축적 방법과는 상당한 차이가 있다.

표 1을 보면, 총 자산이 50조원 이상되는 대기업가는 신격호 회장(88세)을 제외한 나머지 4대 재벌은 벌써 대부분 65세가 넘은, 창업주의 자손들이다. 4대 재벌의 창업주들은 해방 전후 기업을 창립하여 5.16 이후 중화학공업에 투자하여 꾸준히 기업을 발전시켜 왔지만, 신격호 회장은 일본에서 대기업(롯데)을 창업한 후 한국에 진출하여 주

---

8) 2009년 말 기업집단 48개 중에 새로 지정된 기업집단은 민영화된 공기업(2개)과 외국계 기업(3개) 뿐이다. 계열기업은 2002년에 728개가 2009년에 1,164개로 되었으며 30대 기업집단의 총자산이 GDP의 점유 비율이 1986년의 56.5%에서 2008년에 88.9%로 증가되었다. 그러나, 지식경제부는 1997년 중소기업 중에서 중견기업으로 성장한 기업은 119개이고, 1997년 중소기업 중에서 대기업이 된 경우는 2개사이며, 중견기업 중에서 10년후 대기업이 된 경우 26개사라고 말한다. 정부가 말한 대기업은 매출액 1조원과 종업원이 1천명을 고용한 경우이고 중견기업은 비중소기업 중 매출액 1조원 또는 종업원 1천명 미만을 고용한 기업이다. 이에 따라 대기업은 132개(0.004%), 중견기업은 1,877개(0.06%), 중소기업은 295만 967개(99.9%)이다.(「뉴시스」, 2010. 3. 18)

9) 대한상공회의소는 지난 60년간 1,000대 기업의 지위를 유지한 기업수는 불과 50개이고, 1000대 기업에 들어오려면 평균 15.8년이 소요되고, 또한 10%가 넘는 102개 기업이 탈락되었다고 한다.(「문화일보」, 2008년 8월 12일) 삼일회계법인은 1965년 매출액 100대 기업 중 2008년 까지 살아남은 기업은 12개이고, 창업자는 22명에 불과하다고 한다. 지난 10년간 상장사 주식부자 100명 중 69명이 변경되었다. 우리나라에서는 관행상 대기업과 중소기업이 주종관계로 형성되어 있어서 재벌이 아니면 사업하기 힘들다고 한다. 예컨대 코스닥 시장에 상장된 벤처기업의 80% 가량이 대기업에 제품을 납품하는 하청업체이다.(「조선일보」, 2009년 7월 15일)

로 소비재와 유통산업에 투자하여 대기업 자본가가 되었다.[10)]

오늘날 총자산 10조원 이상인 대기업자본가도 대부분 60세를 넘은, 창업자의 자손들이고, 10조원 미만의 경우도 거의 마찬가지이지만 상기 대기업자본가들에 비하여 연령이 50대 이하가 더 많은 편이다. 그리고 대기업자본가들 중에 오래 동안 10조원 이상의 자산을 가진 4대 재벌의 자손들이 많다. 다시 말하면 현대그룹(정주영 회장)과 삼성그룹(이병철 회장), LG그룹의 자손들이 많다. 삼성그룹의 분할로 조씨 가문의 효성그룹 이외 CJ, 신세계, 한솔그룹이 생겼고, 현대그룹의 분할로 상속된 현대자동차, 현대중공업, 현대상선 등 7개 그룹이 생겼으며, LG그룹의 분할에 의하여 허씨 가문의 GS 이외에 형제들의 LS, E1 등 4개 그룹이 새로 창립되었다.

그리하여 여기에서는 먼저 대기업자본가들의 출신배경을 살펴보고, 이들이 자본축적(대기업)을 하게된 배경(방법)이 어떠한 가를 고찰하여 본다.

먼저 표 1에서 대기업자본가들의 연령, 출생지, 최종학력, 초직, 가족관계등을 재 분석하고, 그 다음에「월간 현대경영」이 조사한 100대 기업 최고경영자(CEO) 164명의 경우와 비교하여 본다.[11)]

---

10) 롯데그룹은 2004년~2010년까지 7조 1천억원을 투자하여 국내외의 27개 회사(우리홈쇼핑, 대한화재, GS백화점, 말레이시아 타이탄 등)를 인수·합병하였다. 그리하여 이 기간에 그룹 매출액이 약 23조원에서 61조원으로 성장하였다.(「경향신문」, 2011년 1월 26일) 신격호 회장은 경남 울산군 삼동면 둔기리 빈농 출신으로 울산농업보습학교를 졸업한 후 한때 경남도립 농축장 기수보를 하였으나 일제 말 도일하여 와세다고공 화학과를 졸업한 후 1948년 롯데(주)를 설립하였고, 1967년 한국에 롯데제과를 설립하였다.

11) 이것은「월간 현대경영」이 조사한 것이다.(「연합뉴스」, 2008년 4월 29일)

<표 1> 2010년 대기업자본가의 출신배경

순위	성명	기업명	계열 회사수	연령	출생지	종교	최종 학력	최초 직업	주식 (억원)	창립 회사	창업자와 관계
1	이건희	삼성	67	68	경남 의령		서울사대부고 와세다대 경제학	동양방송입사	71,572	1952 삼성물산	이병철 3남
2	정몽구	현대 자동차	42	72	강원 고성		경복고 한양대 공업경영	현대차 소장	46,240	1967 현대자동차	정주영 장남
3	최태원	SK	75	50	경기 수원		신일고 시카고대 경제학	선경 부장	20,576	1953 선경직물	최종현 장남
4	구본무	LG	53	65	경남 진양		삼선고, 미 애슈란드대 클리블랜드 경영석사		13,699	1947 럭키화학	구인회 장손
5	신격호	롯데	60	88	경남 울산		울산농업 와세다공업 화학과	회사원	3,451	1974 롯데상사	본인
6	(주)포스코	포스코	48							1968 포항종합제철	박태준 (국영기업)
7	허창수	GS	69	62	부산	불교	경남고/고려대 세인트루이스대경영학 석사	럭키 과장	8,187	2005 럭키화학 분할	허준구 장남
8	정몽준	현대 중공업	16	61	서울	기독교	중앙고,서울 상대 존스홉킨스 국제정치박사	현대중공업 입사	14,121	1973 현대조선중공업	정주영 6남
9	박삼구	금호 아시아나	45	65	광주	불교	광주일고 연세대 경제학	금호타이어 입사		1988 아시아나항공	박인천 차남
10	조양호	한진	37	61	인천	불교	미쿠싱아카데미고 남가주대 경영석사	대한항공 입사	5,009	1945 한진상사	조중훈 장남
11	(주)케이티	케이티	30							1981 체신공사 분리	체신부
12	박용곤	두산	29	78	서울	천주교	경동고 와싱톤대 경영대	한은 입행		1953 두산산업	박승직 장손
13	김승연	한화	48	58	충남 천안	성공회	경기고/ 미 멘토대경영 드폴대 국제정치석사	태평양건설 입사	8,309	1956 한국화약	김종희 장남
14	강덕수	STX	16	60	경북 선산		동대문상고 명지대 경영학	쌍용양회 입사	2,251	2001 쌍용중공업	회사원
15	구태회	LS	44	87	경남 진양		서울대 정치과	금성 부사장		2005 LG그룹 분할 5선 국회의원	구인회 동생
16	대우조선 해양(주)	대우조선 해양	13							1973 대우조선공사	김우중/ 채권단관리
17	(주)하이닉스 반도체	하이닉스	9							1983 현대전자산업	정몽헌/ 채권단관리
18	이재현	CJ	54	50	서울		경복고 고대 법과	제일제당 입사	8,278	1953 제일제당	이병철 장손 이맹희 장남
19	이준용	대림	16	72	서울		경기고/서울대 경제과 덴버대 통계석사	숭실대강사 대림산업전무	4,937	1947 대림산업	이재준 장남
20	김준기	동부	31	66	강원 동해		경기고 고대 경제과	삼척산업 사장	3,277	1964 삼척산업	김진만 장남
21	현정은	현대	12	55	서울		경기여고/이대 사회학 페어레이디킨스대	주부		1950 현대건설	정주영 자부 남편 승계
22	이명희	신세계	12	67	경남 의령		이화여고 이대 생활미술과	신세계 이사	17,569	1955 동아백화점	이병철 5녀
23	현대건설(주)	현대건설	20							1947 현대토건사	정주영/ 채권단 관리

순위	성명	기업명	계열 회사수	연령	출생지	종교	최종 학력	최초 직업	주식 (억원)	창립 회사	창업
24	이중근	부영	15	69	전남 순천		건대 정외과 고대 행정석사	우진건설 대표		1983 부영주택홍산	이 (200
25	조석래	효성	40	75	경남 함안		경기고/와세다 학사 일리노이 공대 석사	효성부장	3,070	1957 효성그룹 (삼성그룹분할)	조홍
26	S 오일(주)	에쓰-오일	2							1991 사우디국영아람코	다 이
27	장세주	동국제강	12	57	부산		중앙고/연세대 매릴랜드주 타우슨대 경제학	동국제강 입사	2,467	1954 동국제강	장승
28	정상영	KCC	10	74	서울		용산고 동국대 경영과	금강스레트 사장	4,500	1958 금강스레트공업	(;
29	조남호	한진 중공업	7	59	서울	불교	경복고 고대 경영학	대한항공		1937 조선중공업	조중 (198
30	지엠대우오토 앤테크놀로	지엠 대우	4							1908 제네럴모터스	대주
31	설윤석	대한 전선	26	29	서울		연세대 경영학	대한전선 부사장	3,792	1955 대한전선	설경 (설
32	이수영	OCI	18	68	경기 개성	불교	경기고/연대 행정학 아이오와주립대 경영석사	영풍상사 입사	5,796	1959 동양제철화학	
33	윤석금	웅진	24	65	충남 공주		강경상고 건대 경영학	한국브리태 니커상무	5,852	도서출판 혜임인터네셔날	
34	정지선	현대 백화점	29	38	서울		경복고 연대 사회학 3년	현대박화점 과장	5,859		정주 정몽
35	삼성테스코 (주)	삼성 테스코	3							1995 삼성테스코 (홈플러스)	
36	이웅열	코오롱	37	54	서울		신일고/고대 경영학 조지워싱턴대 경영석사	코오롱 입사	2,602	1957 한국나일론	이원 이
37	정몽규	현대산업 개발	15	48	서울		용산고/고대 경영학 옥스퍼드대 정치학 석사	현대차 입사	3,831	1977 한라건설 합병	정세
38	박문덕	하이트맥주	16	60	부산	불교	배재고 고대 경영학	조선맥주 입사	2,991	1933 조선맥주	창업
39	현재현	동양	24	61	서울		경기고/서울법대 스탠퍼드대 경영석사	사시 합격 부산지검사		1955 동양시멘트	이양
40	(주)케이티 앤지	KT&G	6							1980 한국담배인삼공사	전
41	장형진	영풍	23	64	서울		서울사대부고 연대 상학과	영풍 입사 (뉴욕소장)	1,925	1946 영풍기업	장병
42	박현주	미래에셋	26	52	광주		광주 제일고 고대 경영과	동양증권 입사	9,495	1997 미래에셋투자자문	
43	현대오일 뱅크(주)	현대오일 뱅크	2							1964 극동정유	정 채권
44	이운형	세아	19	63	서울	기독교	경기고/서울대 건축과 미시간대 경영석사	부산파이프 이사		1960 부산철관공업	이종
45	김남구	한국투자 금융	18	47	전남 강진		경성고/고대 경영과 게이오대 경영석사	동원산업 입사	3,861	1969 동원산업	김재

(비고) 대우조선해양의 채권단은 산은(31.2%)과 자산관리공사(19.1%)이고 현대건설의 채권단은 정책금융공사(11.1%), 외은(8.7%), 우리은행(7.3%), 기타(13.1%)이고 우리사주조합과 소액주주가 전체의 61.5%의 주식을 소유한다. 현대건설은 2011년 현대차그룹이 인수하였다.

1) 출신배경

(1) 연령

대기업자본가들의 연령은 대부분 창업주의 자손들이지만 벌써 전체의 42.8%가 65세 이상이고, 그 다음은 60~65세(22.6%)와 50~60세(20%) 이며 나머지는 30세~50세 이다. 이들의 총 자본 규모가 클수록 연령이 많고 연령이 적을수록 자본 규모가 적다.

그러나, 100대 기업 최고경영자(CEO)의 평균 연령은 58.4세로써 35개 대기업 자본가의 경우에 비하여 젊은 편이다.12) 과거에 비하여 연령이 높아지고 있다.

<표 2> 대기업자본가의 출생연도

총자산	일제시	해방후~1950	1950~1960	1960~1980	합계
50조원 이상	4		1		5
10~50조원	6	4	3		13
10조원 미만	5	4	4	4	16
합계	15	8	7	4	35

(2) 출생지

대기업자본가들의 출생지는 서울이 전체의 40%가 되고, 그 다음은 경남(25.7%)이며 나머지는 전남(11.4%), 경기(8.6%), 강원(5.7%), 경기(5.7%), 경북(2.8%) 등의 순이다. 대기업자본가들의 출생지가 서울과 경남 출신이 많은 것은 창업주의 출신지역 배경과 매우 유사한 것이다. 이것은 당시 상권의 중심지가 서울과 부산(6.25 전쟁시 임시 수도)이었고 1960년대 이후 서울에 거주한 창업주의 자손들이기 때문이다.

그러나, 100대 기업 최고경영자의 출신지는 서울이 전체의

12) 2010년 11월 기업은행 조사에 의하면, 우리나라 기업가의 창업 연령은 평균 38.4세라 한다.

30.5%로서 가장 많고, 그 다음은 경북(13.4%), 경남(11.6%), 대구(5.5%), 경기(5.5%), 부산(4.9%)이며, 나머지는 광주와 인천 및 충남이 각각 3.7%, 강원과 경남이 각각 3.0%, 충북과 울산이 각각 1.2% 등의 순이다. 이것은 35개 대기업자본가에 비하여 지방출신이 많고 비교적 각 지방에 분산되어 있다.

이것을 보면, 규모가 작은 대기업자본가의 출신지가 전국으로 확산되고 있음을 알 수 있다. 그러나 오늘날 대기업 총수들은 자산순위 100명중 97명이 서울에 살고 나머지 3명이 부산에서 산다. 그리고 서울 거주자의 74명이 강북(성북동 17명, 한남동 13명 등)에서 살고 23명은 강남(서초동 7명 등)에서 산다.

<표 3> 대기업자본가의 출생지

	서울	경기	강원	충남	충북	전북	전남	경북	경남	황해	평안	함경	합계
50조원 이상		1	1						3				5
10~50조원	5	1	1	1			1	1	3				13
10조원 미만	9	1		1			3		3				17
합계	14	3	2	2			4	1	9				35

(3) 교육수준

대기업자본가들의 학력은 창업자의 학력에 비하여 높다. 창업주의 학력은 대졸 출신이 전체의 52%였지만 이들은 모두 국내 대학(45.7%) 또는 국외 대학(54.2%)을 졸업하였다. 총 재산이 50조원 이상되는 대기업자본가는 정몽구 회장 이외는 모두 일본 또는 미국에서 대학교육을 이수하였다.

국내대학 출신들은 고려대 출신(9명)과 연세대 출신(6명)이 가장 많고, 나머지는 서울대(2명)와 이화여대(2명)의 출신이다. 이들의 대학 전공을 보면 경제학 또는 경영학을 이수한 자가 전체의 71.4%가 되어, 대기업 창업주들이 자손들에게 기업경영을 맡기기 위하여 가장 관련이 깊은 전공을 선택케 한 것 같다. 나머지 약 3할은 다양한 전공을 이수하였다.

그러나, 100대 기업 최고경영자의 출신대학은 서울대가 전체의 37.8%로 가장 많고, 그 다음은 고려대(15.9%), 연세대(12.8%), 한양대(7.3%), 성균관대(4.3%), 한국외대(3.7%), 인하대(2.4%), 부산대(1.8%)의 순이며, 외국대학 출신이 전체의 4.3%에 불과하다. 이것은 35개 대기업의 경우에 비하여 국내 대학과 서울대 출신이 많다. 35대 기업가가 100대 기업가에 비하여 해외 유학이 많은 것은 초기에 부모 경제력의 영향인 것 같다.

그리고 100대 기업 최고경영자의 출신고교는 경기고가 가장 많아 전체의 14.6%이고 그 다음은 경복고(7.9%), 서울고(5.5%), 경북고(4.9%), 광주일고(7명), 부산고(3.7%), 중앙고(3.7%)의 순이며, 대구상고와 부산상고 출신도 전체의 5.5%가 되었다. 이것을 보면, 100대 기업의 최고 경영자는 전문경영인 출신이 많은 것 같다.

<표 4> 대기업자본가의 최종 학력

	초등	중고등	국내대학	외국대학	기타	합계
50조원 이상			1	4		5
10~50조원			6	7		13
10조원 미만			9	8		17
합계			16	19		35

100대 기업 최고경영자의 전공을 보면, 이공계 출신(45.1%)과 상경계 출신(41.4%)이 가장 많고, 그 다음은 사회과학계(10.5%)와 인문과학계(3.1%) 출신이며, 특히 화공학 전공자가 전체의 11.0%가 된다.

이러한 것을 보면 35대 기업 최고경영자는 총수의 자손들이 많았지만, 100대 기업의 경우 전문경영인 출신이 많아서 그러한 것 같다.

(4) 직업배경

대기업자본가들이 대학교육을 이수한 후, 그들은 대부분 부친이 창업한 기업에 종사하였다. 그런데 기업활동에 참여하면서 사원(과장급 이하)으로 입사한 경우는 전체의 57.1%가 되지만 바로 경영자(임원)로 참여한 경우가 31.4%가 된다. 이들은 대개 기획과 전략 부서에서 일한다. 이러한 기업참여는 외국(일본 등)에서는 좀처럼 보기 어려운 일이다.[13] 따라서 기업의 임원이 되었을 때 유능한 보좌가 필요하다. 그렇지 못한 경우 기업을 망칠 수도 있다.

<표 5> 대기업자본가의 최초 직업

	경영자(임원)	사원	은행원	공무원	기타	합계
50조원 이상	2	2			1	5
10~50조원	4	7	1		1	13
10조원 미만	5	11		1		17
합계	11	20	1	1	2	45

그러나, 100대 기업의 최고경영자는 전문경영인이 많아서 이들은 자기가 종사하는 회사에서 평균 26.9년의 직력을 가진 자들이다.

(5) 주식소유

대기업자본가는 특히 해당기업의 주식을 가장 많이 소유하여야 경영권을 행사할 수 있다. 35대 기업자본가가 소유한 주식을 표 6에서 보면 기업규모에 따라 차이가 있다.[14] 대기업의 총 자산이 클수

13) 외국 특히 일본에서는 일반적으로 다른 기업의 신입 사원으로 출발하여 약 18년간 고된 훈련과 경영의 경험을 거친다.

14) 2009년 8월 10일 자산순위 30대 그룹 총수가 보유한 주식지분 가치는 모두 19조 8천 96억원으로 2008년에 비하여 평가액이 56.1%가 상승하였다. 상장사 주식 부호 1위는 이건희 회장으로 3조 7천 330억원으로 주식지분 가치가 175.3%가 상승하였다. 이것은 삼성 특검으로 차명 주식을 실명으로

록 많은 주식을 소유하고 그렇지 않은 경우 적은 편이다.

최근 공정거래위원회는 현재 자산규모가 5조원 이상인 상호출자제한 기업집단 41개 중에 총수가 있는 대기업집단은 28개이고, 이들 그룹의 총수 일가가 보유한 의결권 지분은 평균 8.04%에 불과하다. 그러나, 총수 일가 지분과 임원, 비영리법인, 계열회사 지분을 합쳐서 총수가 영향력을 행사할 수 있는 지분은 평균 40.5%라고 한다. 이것은 총수 일가 지분의 7.39배이다.[15] 최근 내부지분율은 약 50%가 넘는다.

<표 6> 주식 소유

	1천억원 미만	1천억~5천억원	5천억~1조원	1조원 이상	미상	합계
5조원 이상		1		4		5
10~50조원		3	4	2	4	13
10조원 미만		9	4		4	17
합계		13	8	6	8	35

2) 가족관계와 자본축적

대기업 경영권의 승계조건은 무엇 보다도 가장 많은 주식의 소유자라야 한다. 가장 많은 주식 소유자는 일반적으로 창업자의 주식을 가장 많이 증여 및 상속 받을 수 있는 가족성원이라 볼 수 있다. 창업자는 자기가 설립한 기업을 자손들에게 상속하기를 바란다. 그

전환한 영향도 있지만 삼성전자 등 계열사 주가가 크게 올랐기 때문이다. 그 다음은 정몽구 회장은 99.6%가 상승한 3조 5천 255억원이고 구본무 회장은 70.2%에 상승한 1조 3천3백억원, 김승연 회장은 134.5%가 상승해서 6천 865억원, 그리고 조석래 회장은 147.4%가 상승하여 3천 397억원이었다. 그리고 정몽준 회장(1조 7천 652억원)과 이명희 회장(1조 7천 314억원)은 10% 미만 상승 되었으나 1조원 이상 주식가치를 소유하고 최태원 회장(SK)은 주가가 97.5%가 하락되어 24억원에 불과하다.(「재벌닷컴」, 2009년 8월 11일)

15) 「동아일보」, 2008년 11월 7일

런데 30대 그룹 총수들의 자녀들은 과거 부모세대에 비하여 많지 않다. 아들의 경우 대개 1명이고, 2명 이상을 둔 총수는 6명에 불과하다.

(1) 창업주와의 관계

우리나라 대기업자본가는 과거 장자상속의 관행에 의하여 기업상속을 하는 경향이 있다. 장자가 무능하거나 자손이 없는 경우 다른 아들이나 딸(사위)에게 주식상속, 즉 기업의 경영권을 승계시킬 수 있다. 그러나 최근 상속 또는 증여세가 강화되고 자녀들에 대한 재산균분제(민법 친족상속편)가 실시되어 탈법, 탈세 등 불법 또는 변칙승계를 하는 경우가 많아지고 있다.

우리나라 대기업은 1991년 이후 자녀에게 주식의 상속 및 증여 또는 기업분할이 많이 일어났다. 그리하여 35대 대기업자본가의 7할 이상이 이미 자녀들에게 기업승계가 이루어진 상태이다.

표 7을 보면, 창업자가 직접 경영권을 지닌 경우는 전체의 14.3%이고, 나머지는 상속에 의한 경영권 계승이다. 경영권 계승은 대부분 장남에게(42.9%)에게 이루어졌고, 나머지는 장손(14.3%)이나 다른 자녀들(14.3%)에게 기업이 승계되고 있다. 다시 말하면 대기업의 승계는 가족주의가 기본 원리이다.

<표 7> 대기업 창업주와의 가족관계

	본인	장남	차남 등	딸	사위	장손	형제	미상	합계
50조원 이상	1	2	1			1			5
10~50조원		5	2	1	1	2	1	1	13
10조원 미만	4	8	1		1	2		1	17
합계	5	15	4	1	2	5	1	2	35

한편, 주식 부호들의 창업자와의 관계를 보면, 상위 부자 200명

중에 창업자 본인은 전체의 29%(58명)이고, 나머지는 창업자의 2세가 37.5%(79명), 창업자의 3세는 27%(54명), 심지어 4세도 4.5%(9명)가 된다.

이러한 주식부호들은 대개 대기업의 대주주이다. 2009년 8월 상장사 대주주 및 친인척이 보유한 주식지분은 상위 200명 중 범 LG가 인사가 27명(전체의 13.5%)이고, 그 다음은 범 현대가 인사가 14명, 범 GS가 인사가 12명, 범 롯데가와 범 효성가 인사가 각각 9명을 차지하며, 범 삼성가 인사는 모두 7명이다. 나머지는 동국제강, 영풍, 두산, 금호, 세아, 한화, 동부 OCI, 한진, 대한전선의 가문이 6명~3명씩 차지한다. 그러나, 이들의 주식 자산조사에서는 범 삼성가 출신 인사들이 총 8조 9천 320억원의 상장사 주식지분을 보유하여 최고의 주식 부호가문이었고, 그 다음에 현대가(8조 8편 754억원)와 LG가(7조 4천 574억원), 그리고 롯데가(3조 5천 660억원), GS가(2조 5천 269억원)의 순위이다.16)

이러한 것을 보면, 우리나라 대기업자본가는 동시에 주식부자이고 이들의 기업은 주로 장자 상속이지만 다른 자녀들에게도 주식을 많이 상속 및 증여하였음을 알 수 있다.

(2) 가족의 주식지분

일반적으로 대기업 창업자의 자손들은 대단히 많은 편이다. 창업주 자손들간에 기업 상속과 경영에 관하여 가족불화가 발생하면 대기업이 몰락하게 되는 경우를 많이 볼 수 있었다.

대기업자본가들은 자녀들에게 재산(기업)을 상속하기 위하여 변칙 계승을 하는 경우가 많다. 그것은 우리나라 상속세율이 최고 30%에 할증세 까지 가산하면 50% 이상이기 때문이다.17)

---

16) 「재벌닷컴」, 2009년 8월 27일
17) 「상속 및 증여세법」 참조.

그리하여 다수의 대기업자본가들은 기업승계 때문에 비자금, 탈세 등 불법행위로 법원의 유죄선고를 많이 받는다. 유죄(3년)를 받아도 그들은 대개 집행유예(5년)가 되며, 또한 경제단체는 '경제살리기'라는 명분 등으로 특별사면의 단기간 복역을 한다.[18]

우리나라 대기업자본가들은 비록 자기자본 주식지분율이 대단히 낮지만, 기업의 제왕적 경영권을 행사하고 있는데 그것에 대하여 많이 비판한다. 2010년 5월 말 30대 그룹 총수들의 평균 지분율이 2.5%에 불과하다. 그들의 친인척의 계열사 지분율 2.3%까지 합치면 총수 집안의 전체 지분율은 4.8%이다.[19]

기업집단 중에서 총수의 지분율이 가장 많은 것은 한진중공업의 조남호 회장이고(15.29%) 그 다음은 동국제강 장세주 회장(13.62%)와 웅진 윤석금 회장(13.1%)이다. 반면에 LS그룹 구자홍 회장과 롯데의 신격호 회장이 각각 0.04%와 0.06%로 가장 낮고, 그 다음으로 금호

현대그룹 정주영 회장의 유족들은 총 301억원의 상속세를 내었고, 삼성그룹 이병철 회장의 유족(차남 이창희 회장)은 총 254억원, 3남 이건희 회장이 70억원의 상속세를 내었으며, SK그룹 최종현 회장의 경우 729억원, 태광산업 이임룡의 경우 1,060억원, 한화그룹 김승연 회장의 경우 277억원, 대한유화 이정림 회장의 경우 278억원 등을 내었다.(「조선일보」, 2001년 5월 4일) 사실 많은 편이 아니다.

18) 최근 경제 5단체(전경련, 대한상공회의소 등)는 대통령(청와대)에게 김우중 전 대우그룹 회장, 박용성 전 두산그룹 회장, 최원석 전 동아그룹 회장, 장진호 전 진로그룹 회장, 최순영 전 신동아그룹 회장, 홍원식 남양유업 회장 등 분식회계로 처벌받은 51명과 문병욱 썬앤문그룹 회장, 박연차 태광실업 회장, 박원양 삼미회장 등 정치자금법 위반협의로 처벌받은 기업인 8명을 사면, 복권 해달라고 청원하였다. 그리고 손길승 전 SK그룹 회장, 최태원 SK그룹 회장, 김석준 쌍용그룹 회장, 이건희 삼성그룹회장과 정몽구 현대차 회장의 경우도 마찬가지로 청원하여 사면, 복권 되었다.(동아일보, 2006. 11. 29) 특히 이건희 삼성그룹 회장은 2009년 8월 배임과 조세포탈혐의로 징역 3년 집행유예 5년이 확정되었으나 2009년 8월 29일 이명박 대통령 주재로 열린 국무회의에서 동계올림픽 유치를 위한 명분으로 단독 특별사면안이 통과되었다.

19) 「재벌닷컴」, 2010년 7월 4일

<표 8> 30대 그룹 총수 2세 지분율

순위	그룹명	총수	차새대	직업및 관계	2세 지분율	총수	친족	전체	임원
1	삼성	이건희	이재용	삼성전자 부사장	0.60	1.87	1.00	2.87	0.07
2	현대차	정몽구	정의선	현대차 부회장	1.71	2.89	2.26	5.15	0.03
3	SK	최태원	최인근	SK그룹 회장 장남	0.00	1.44	0.46	1.89	0.53
4	LG	구본무	구광모	LG전자 과장	0.54	1.25	2.58	3.83	0.04
5	롯데	신격호	신동빈	롯데그룹 부회장	1.19	0.06	1.28	1.34	0.05
6	현대중	정몽준	정기선	현대중공업 회장	0.00	1.73	0.55	2.28	0.01
7	GS	허창수	허윤홍	GS건설 부장	0.14	2.69	13.66	16.35	0.01
8	금호	박삼구	박세창	금호아시아나 상무	0.18	0.18	0.87	1.04	0.00
9	한진	조양호	조원태	대한항공 전무	0.10	3.27	3.15	6.43	0.04
10	두산	박용곤	박정원	두산건설 회장	0.52	0.19	3.50	3.69	0.05
11	한화	김승연	김동관	한화그룹 차장	0.41	1.20	0.84	2.04	0.01
12	STX	강덕수	김정연	STX그룹 회장 장녀	0.17	3.38	0.34	3.72	0.28
13	LS	구자홍	구본웅	LS그룹 회장 장남	0.05	0.04	4.29	4.33	1.02
14	현대	현정은	정영선	현대그룹 회장 장남	0.02	2.09	0.52	2.61	0.02
15	CJ	이재현	이선호	CJ그룹 회장 장남	0.76	4.88	1.61	6.49	0.26
16	동부	김준기	김남호	동부그룹 회장 장남	6.86	5.82	9.56	15.39	0.18
17	신세계	이명희	정용진	신세계 부회장	3.69	6.04	8.04	14.08	0.03
18	대림	이준용	이해욱	대림산업 부회장	2.96	4.28	3.34	7.63	0.01
19	대한전선	설윤석	설윤석	대한전선 부사장	2.38	2.38	1.85	4.23	0.23
20	효성	조석래	조현준	효성 사장	5.64	0.75	9.07	9.82	0.29
21	OCI	이수영	이우현	OCI 부사장	1.59	2.31	13.09	15.40	0.79
22	동국제강	장세주	정선익	동국제강 회장 장남	0.23	13.62	7.96	21.57	0.07
23	한진중	조남호	조원국	한진중공업 상무	0.20	15.29	0.96	16.25	0.02
24	KCC	정몽진	정명선	KCC그룹 회장 장남	0.05	1.42	9.73	11.15	0.03
25	코오롱	이웅열	이규호	코오롱그룹 회장 장남	0.00	3.02	0.90	3.93	0.35
26	현대백화점	정지선	정지선	현대백화점그룹 장남	5.52	5.52	2.27	7.79	0.06.
27	웅진	윤석금	윤형덕	웅진코웨이 차장	0.30	13.10	0.91	14.01	0.40
28	현대산업	정몽규	정준선	현대산업그룹회장 장남	0.00	4.71	0.49	5.20	0.01
29	동양	현재현	현승담	동양메이저 부장	0.20	2.49	2.00	4.49	0.04
30	세아	이운형	이태성	세대스틸 대표이사	2.72	3.92	5.67	9.60	0.01
평균 합계					1.3	3.7	3.8	7.5	0.2

(비고) 2009년 5월 31일 기준 / 친족의 지분율에 2세 지분율이 포함됨.
(자료) 「재벌닷컴」, 2010년 6월 3일과 28일에서 재작성

아시아나 박삼구 회장(0.18%), 두산 박용조 회장(0.19%), 효성 조석래 회장(0.75%)이 1% 미만으로 가장 낮다. 그리고 삼성 이건희 회장과 현대차 정몽구 회장의 지분율은 각각 1.87%와 2.89%이고 SK 최태원 회장과 LG 구본무 회장의 경우도 각각 1.44%와 1.25%이다.

이들 대기업 총수와 친인척의 지분율을 합치면 동부제강이 21.57%로서 가장 많고, 그 다음은 GS(16.35%), 한진중공업(16.25%), OCI(15.4%) 동부(15.39%), 신세계(14.0%), 웅진(14.01%) 등의 순위이다.

한편, 30대 기업집단의 유력한 차세대 경영승계자의 지분율은 2010년 5월 말 평균 0.94%이다. 가장 많은 지분율(6.86%)을 지닌 차세대 승계자는 아직 그룹경영에 참여하지 않는 동부그룹 김준기 회장의 장남 김남호이다. 그 다음은 효성그룹 조석래 회장의 장남인 조현준 사장(5.64%)과 현대백화점 정지선 회장(5.52%), 신세계그룹 이명희 부회장의 장남 정용진 부회장(3.69%), 대림산업 이준용 명예회장의 장남 이해욱 부회장(2.96%) 등의 순위이다.

그러나, 삼성 이건희 회장의 장남인 이재용 부사장과 현대차 정몽구 회장의 장남인 정의선 부회장의 지분이 각각 0.6%와 1.71%이며, LG 구본무 회장의 장남인 구광모 과장과 롯데 신격호 회장의 차남인 신동빈 부회장은 각각 0.51%와 1.19%의 지분율을 소유하고 있다.

이와 같이 대기업집단 총수와 차세대 경영계승자의 주식지분율이 많지 않으나 친인척 및 계열사 지분율 까지 합쳐서(약 50%) 기업집단을 소유 및 지배하고 있다.

(3) 기업승계 방법

자본주의사회는 사유재산과 상속제도를 법적으로 보장하기 때문에 전통적 사회가 아니더라도 출생과 더불어 귀속적 신분이 결정되고 있다. 이러한 귀속적 신분으로 발생된 대기업 승계의 문제점을 개선시키기 위하여 법적 장치가 마련되어 있으나 그 불법행위는 해마다 증가되고 있다.

정부는 기업의 공정거래행위(하도급거래 등)를 위해 출자 총액제를 폐지하였으나 해마다 대기업 중심의 부당한 공정거래가 증가하고, 심지어 기업승계를 위한 탈세와 위장 증여, 가격 담합과 일감 몰아주기, 그리고 많은 비자금(횡령) 등이 형성되고 있다. 이러한 불법행위(특히 비자금 형성 등)는 권력층의 보호를 받기 위한 정치자금으로도 사용하겠지만 대부분 자녀에게 기업상속을 위한 것이다.

대기업이 자녀들에게 기업을 상속하기 위한 방법은 여러 가지가 있지만, 근래 가장 전형적인 것이 차명계좌에 의한 비자금 형성과 탈세 및 물량(일감) 몰아주기 등이다. 비자금과 탈세[20]는 대기업집단의 사례분석에서 상론하겠지만, 여기에서는 먼저 대기업주(영풍, 롯데, 태광, GS, 삼성전자, 현대차, 동양, 효성, 한화 등)가 자회사(비상장회사)를 세워 자녀에게 증여세를 조금 내고 물려 준뒤 일감(8할 이상)을 몰아주어 회사를 키우면서 세금을 크게 줄이는 편법 증여·상속의 수법을 예시한다.[21]

기획재정부가 최근 대기업의 계열사 일감 몰아주기로 생기는 수익에 과세하겠다는 방침을 밝힌 가운데 재벌그룹 20곳이 비상장 계열사에 특혜를 주는 방식으로 부를 대물림해 온 사실이 확인됐다.

금융감독원 전자공시시스템과 재벌닷컴에 따르면, 자산순위 30대 그룹 가운데 총수 자녀가 대주주로 있는 20개 비상장사의 내부거래 비중이 거의 절반에 육박한 것으로 나타났다. 작년 말 기준 이들 20개 비상장사의 총 매출 7조 4천 229억원 중 계열사 매출이 3조 4천 249억원으로, 전체 매출의 46.1%를 차지했다. 이는 해당 재벌 20곳의 상장사를 포함한 전체 계열사 평균 내부거래 비율 28.2%를 크게 웃도는 것이다.

재벌그룹 계열사들이 총수 자녀가 대주주인 비상장사에 거래 물량을 대

---

20) 국세청에 의하면 국내 30대 그룹이 설립한 조세피난처 국가의 해외계열사가 2백개 이상이 되고, 2011년 1분기 외국에서 발생한 역외 소득의 탈세는 모두 4천 741억원이다. 역외탈세는 비거주자, 외국법인 위장, 조세피난처 소득은닉 등이 가장 많다.

21) 「조선일보」, 2011년 4월 1일,「뉴데일리」, 2011년 4월 4일

거 밀어주고 고속성장을 도와 주었다. 실제로 해당 20개 기업의 실적은 5년 사이 평균 3.27배로 급증, 대주주인 총수 자녀들이 거액 배당을 손쉽게 챙긴 셈이다.

우리나라의 대기업자본가는 오늘날 까지도 거의 자본과 경영이 통합되어 있으면서 표 8에서 볼 수 있는 바와 같이 대기업의 77.1%가 자손들에게 기업이 상속되고(85.7%) 나머지는 아직 본인 또는 형제들이 기업을 경영하고(14.3%) 있다.

대기업이 자손들에게 상속될 수 있다는 것은 표 6에서 볼 수 있는 바와 같이 언제 그 많은 재산(주식)을 소유할 수 있었느냐 하는 것이다. 달리 말하면 그 많은 주식(자본)이 증여 및 상속 되었다는 뜻이다. 이 많은 주식(자본)의 증여 및 상속세가 고율이라서 합법적으로 이루어지기 보다도 탈세 및 횡령 등 비합법적 세습을 통하여 이루어지고 있다.

이러한 변칙 세습은 거의 모든 대기업에서 이루어지고 있다. 그간 대기업의 상속 및 증여세를 많이 내지 않고, 자손들이 그 많은 자산(주식 등)을 갑자기 보유할 수 있다는 것은 변칙상속을 의미한다.

여기에서는 사례로서 우리나라의 가장 규모가 크고 대표적인 대기업자본가라 볼 수 있는 이건희 회장(삼성그룹)과 정몽구 회장(현대자동차)의 부자간 변칙 세습과정과 SK, 두산, 한화 및 태광그룹의 비자금 형성, 그리고 1990년대 재계 3위였던 대우그룹(김우중 회장)의 몰락에서 대기업 승계(또는 몰락) 및 자본축적 과정을 보기로 한다.

(a) 삼성그룹

재계 1위인 삼성그룹(이병철 회장)은 1950년대 무역업(설탕, 곡물,

비료 등 수입)에서 자본을 축적하여 제일제당과 제일모직을 설립하였고, 이것을 모체로 하여 1960년대 정부의 중화학공업정책에 참여하였으며, 또 삼성전자회사를 설립하여 반도체의 기술개발로 비약적인 발전을 하였다.

이병철 회장으로 부터 삼성그룹을 물려받은 이건희 회장은 다시금 아들 이재용에게 그룹 총수 지위를 물려주기 위하여 종잣돈 61억 4천만원을 1994년 10월 ~1996년 4월간 증여하여 이것으로 에스원과 삼성엔지니어링 및 제일기획의 주식을 상장하기 전에 매입하였고, 그 후 1년 만에 그것을 상장하여 775억원의 차익을 벌었다. 이것으로 중앙개발(현 삼성에버랜드 운영)과 삼성전자의 주식을 매입하여 그룹 지배권을 강화하였다.

이재용은 아버지로 부터 1995년 12월에 61억원 가까이 증여 받았다. 증여세로 16억원을 내고 남은 45억원 정도로 에스 원 주식을 23억원, 엔지니어링 주식을 19억원 어치 구입한다. 두 회사는 곧 상장된다. 에스원과 엔지니어링 주식을 처분하여 총 563억원의 자금을 만든다. 이재용은 이 돈으로 중앙개발의 사모 전환 사채를 산다. 그 결과 이재용은 현재 중앙개발의 지분 62.5%, 삼성전자의 지분 0.97%, 제일기획 지분 35.3%을 취득한 상태라고 한다. 중앙개발은 용인 에버랜드와 캐리비안 베이 등을 운영하는 국내 최대의 부동산 회사로서 자산 가치가 몇 조원에 이른다는 것이 정설이다. 그럼에도 아직 자산 재평가가 이뤄지지 않은 관계로 자본금은 98억원에 지나지 않는다.

여기서 문제의 핵심은 이재용에 대한 중앙개발의 사모전환 사채 발행의 적법성 여부이다. 삼성전자도 사모전환 사채를 발행했지만 상장법인이기 때문에 발행가액에 별다른 문제가 없었다. 그러나, 중앙개발의 경우 현저하게 불공정한 발행가액으로 변칙세습의 결정적 수단이 되었다. 이재용의 중앙개발 지분 취득이 적법하다면 삼성의 3세 승계는 증여세 16억원으로 거의 끝난 것이나 다름 없다. 이미 엄청난 재산을 보유한 이재용은 더 이상 이건희 회장으로 부터 아무런 증여나 상속을 받지 않더라도 총수자리를 물려 받을 수

있다. 그 만큼 중앙개발 지분의 자산가치가 높다.[22]

한편, 이건희 회장 일가가 전·현직 임원들의 이름을 빌려 삼성생명 주식을 차명으로 보유했다는 '명의신탁' 의혹은 경영권 불법 승계의혹 사건의 핵심인 삼성 에버랜드 전환사채의 헐값 발행 사건과 연관되어 있다.

이건희 회장은 1998년 12월 3일 삼성생명 및 계열사의 전·현직 임원 31명으로부터 삼성생명 주식 299만 5,200주(16%)를 주당 9000원 이라는 헐값에 사들였다. 또 1996년 에버랜드 전환사채를 헐값으로 인수한 이재용은 최대주주로 있는 삼성에버랜드도 같은 날 전·현직 임원들로 부터 삼성생명 주식 344만주(18.42%)를 똑 같은 가격인 9000원에 매입했다.(시가는 약 70만원임.)

그리하여 삼성은 '이재용→삼성에버랜드→삼성생명→삼성전자→삼성카드→삼성에버랜드'로 이어지는 순환출자 구조가 완성됐고, 사실상 이재용씨의 경영권 승계 작업도 마침표를 찍었다.[23]

이러한 사실은 삼성그룹 비자금 특검수사에서 밝혀졌다.[24] 즉, 삼성그룹은 에버랜드 전환사채의 조세(양도세)를 포탈하였으며, 또한 삼성 SDS 신주인수권 저가발행(증권거래법 위반) 등이 문제가 되었다.

그리하여 삼성그룹 비자금 특별수사팀(조준웅 검사)이 임명되어 약 9개월간 수사결과 특검은 이건희 삼성 회장에 대한 ① 경영권 불법승계, ② 비자금 조성, ③ 불법 로비의 3대 혐의로 법원에 기소하였다. 특검의 기소 요지와 서울지방법원의 판결 요지는 표 9와 같다.

---

22) 곽노현, 삼성의 변칙세습문제와 대책, 회사법적 관점,「주간 한국」, 757호, 2009년 4월 10일

23) 「한겨레」, 2008년 3월 11일

24) 삼성그룹의 경영권 불법승계 사건은 2000년 6월 법학 교수 43명이 이건희 회장 등 33명을 고발하여 시작되어, 2007년 11월 26일 전 삼성그룹 구조조정본부 법무팀장인 김용철 변호사가 서울 제기동 성당에서 '삼성 비자금'을 폭로하여 특검수사가 이루어졌다. 그 밖에 그는 삼성은 검찰간부 40여명에게 추석이나 설 떡값과 휴가비 명목으로 5백만~1천만원 이상(약 10억원) 주었다고 한다. 이들을 삼성장학생이라 한다.(「한겨레」 2007년 11월 1일)

<표 9> 삼성 비자금 사건에 대한 특별검사의 수사결과와 법원의 판단 요지

특별 검사팀의 수사결과					서울중앙지법의 판결	
사건	적용 법률	이건희회장	이학수 부회장	김인주 사장	판단 요지	판결
차명계좌 및 비자금 의혹 (4조 5373억원)	특정범죄가중처벌법상 조세포탈	수조원의 자금을 차명계좌 통해 은닉, 주식거래 차익에서 발생한 1500억원 이상 양도소득세 포탈한 혐의	같은 혐의 공범	같은 혐의 공범	에버랜드 지분 갖고 있던 기존 주주들이 이익이 될 수 있는 전환사태 인수를 포기한 것이 배임이 될 수 있으나 이건희 전 회장 등의 배임은 아님	이건희 전 회장 등 5명 모두 무죄
에버랜드 전환사채(CB)저가발행 의혹	특정경제범죄가중처벌법상 배임 등	경영권 승계 위해 그룹의 공모, CB헐값 발행애 회사에 손해를 끼친 혐의	같은 혐의 공범	같은 혐의 공범	특검은 BW적정가를 5만5000원으로 산정했으나 입증 부족 손해액은 최대 44억원으로 판단돼 공소시효(7년)가 지났고 따라서 형사처벌을 안함	이건희 전 회장 등 5명 모두에 대해 면소
삼성 SDS 신주인수권부사채(BW)저가발행 의혹	특정경제범죄가중처벌법상 배임 등	경영권 승계 위해 그룹이 공모, BW헐값 발행해 회사에 손해를 끼친 혐의	같은 혐의 공범	같은 혐의 공범	1999년 1월 1일 이후 차명 취득 주식 양도한 경우에만 적극적인 조세포탈 인정됨으로 공소시효가 지나지 않은 2003년 이후 범행에 대해서만 유죄	일부 유죄

표 9에서 특검 수사와 법원 판결에 의하면, 이건희 회장과 이학수 부회장 및 김인주 사장이 삼성그룹의 경영권을 승계하기 위한 비자금 형성이 조세포탈과 배임 등 혐의가 있으나 공소시효가 지났거나 일부 조세포탈만 유죄가 된다고 하였다. 그리하여 삼성그룹의 불법 및 편법 경영권 승계작업은 성공하였다.

(b) 현대차그룹

현대그룹(정주영 회장)의 모체는 1950년대 설립된 현대건설회사였다. 이것을 기반으로 1940년대 말 자동차 수리경험에서 비롯된 현대자동차와 건설회사의 용접 및 전기배선 기술경험에서 현대중공업이 설립되었으며, 1960년대 정부의 중화학공업 정책으로 이것은 급속히 발전하였다.

재계 2위인 현대자동차 그룹(정몽구 회장)은 현대그룹(정주영 회장)으로 부터 분할·상속되어 하나의 대규모 기업집단(42개 계열사)이 되었다.

최근 정몽구 회장은 외아들 정의선 사장에게 경영권을 계승하기 위한 '비자금' 마련이 문제가 되었다.[25] 비자금 마련은 주로 납품단가의 과다 책정이나 부당 내부거래 및 주가조작에 의한 차익 실현이라 볼 수 있다.

국세청은 2007년 3월 24일 글로비스, 엠코, 현대 오토넷 등 현대·기아자동차 그룹의 3개 계열사에 대한 세무조사에서 지난 해 현대차 그룹 비자금사건 수사에 포착된 탈세 혐의와 정몽구 회장 부자의 편법 증여 여부까지 포함되었다고 한다.

검찰은 정회장 등이 펀드의 실제 주인이면서 출처가 비자금이라는 사실을 숨기기 위해 제 3자 명의를 이용한 것으로 파악하고 있다. 투자회사는 이 돈의 출처를 숨긴 채 부실기업 인수와 매각 등에 투자해 펀드 자금을 증식했을 가능성이 높다.

검찰은 현대차그룹이 위아, 본텍, 카스코 등 옛 기아차의 부실 계열사를 구조조정을 이유로 매각했다가 투자회사들을 활용해 2001~2005년 현대차그룹으로 재편입한 인수, 합병 과정을 자세히 살펴 보고 있다. 이 합병이 이뤄진 시기는 정사장의 경영권 승계 작업이 본격화한 때와 일치한다.

투자회사들은 현대차그룹의 비자금이기도 한 투자자금으로 한국자산관리공사에서 부실계열사들을 싼값에 사들여 현대차그룹에 비싸게 팔아 투자자금을 증식했다는 의혹을 받고 있다.

---

25) 정몽구 회장은 2007년 9월 6일 회사돈 693억원을 횡령하고 비자금 1,034억원을 조성한 혐의(특정경제가중처벌법상 횡령 배임등)로 기소돼 서울지법 1심에서 징역 3년의 실형을 선고 받았고, 또 항소심에서 정회장에게 징역 3년에 집행유예 5년을 선고하였다. 재판부는 정회장이 개인 재산(8,400억원)을 사회에 환원하기로 한 사회공헌 약속을 강제하기 위해 사회봉사 명령도 함께 내렸다.(「동아일보」, 2007년 9월 7일)

검찰은 현대차그룹의 비자금이 그룹의 외형을 키우는데 사용됐을 가능성이 있다고 보고 있다. 이 같은 구도가 수사에서 확인된다면 정회장 부자는 자기 돈을 들이지 않은 채 회사 비자금을 이용해 '부를 축적하거나 이전'한 것이다.26)

한편, 현대차그룹은 경영권 계승을 위한 비자금 형성은 부당한 내부거래를 통하여 물량 몰아주기와 회사기회를 유용한 불법행위를 통하여 부(富)의 증식을 도모하였다고 한다.27)

2009년 8월 현대제철은 보유 중인 현대차 지분 5.84%를 팔고 이를 현대모비스가 모두 사들였다. 이를 통해 현대모비스는 현대차 지분을 14.95%에서 20.78%로 높였다. 공정거래법상 지주회사는 자회사 지분을 20% 이상 소유해야 한다. 한편 정의선 기아차 사장은 현대차 부회장과 현대모비스 부회장으로 승진했다.

이러한 상황은 현대모비스의 지분 매입이 현대차그룹의 지주회사 전환과 관련되어 있으며, 정몽구 회장 부자의 경영권 승계와 연결되어 있다는 것을 암시한다. 현재 현대차는 현대차(36.23%)→기아차(16.83%)→현대모비스(20.78%)로 연결되는 순환출자구조를 가지고 있다. 현대차그룹이 지주회사가 되려면 이러한 순환출자 고리를 끊어야 하고, 이를 위해서는 기아차가 보유한 현대모비스 지분(16.88%) 약 2조원을 처리해야 한다. 현대차그룹의 입장에서 볼 때 이를 어떻게 할 것인가가 경영권 승계와 직접적으로 관련되어 있다.28)

---

26) 「조선일보」, 2006년 4월 12일

27) 경제개혁연구소의 2009년 9월 조사에 의하면, 삼성, 현대자동차, SK, 금호, LS, STX 등 21개 기업집단 지배주주 일가 71명이 회사기회 유용을 통한 부의 증식 규모는 순자산가치 기준으로 계산할 경우 총 3조 5,712억원, 시장상대가치 기준으로 계산하는 경우 총 3조 9,748억원에 달했으며, 이들이 애초에 투입한 금액이 4,970억원으로, 투자금액 대비 각각 7.19배, 8.00배에 달하는 이익을 얻었다고 한다.(「재경일보」, 2010년 5월 7일)

28) 정몽구, 정의선 부자의 경영권 승계 시나리오는?, 이상호, 부당내부거래,

이와 같이 경영권 승계에 필요한 종자돈 마련을 위하여 현대차 그룹은 총수 일가가 최대 주주로 있는 비상장계열사에 사업물량을 몰아주는 방식, 즉 회사 기회유용으로 해당 계열사를 지원하는 내부 거래 방식이다.

공정거래위원회는 2007년 현대차그룹 계열사들이 글로비스에 물류업무를 몰아준 것을 적발하고, 이에 대하여 96억원의 과징금을 부과하였다.

당시 현대차·기아차·현대제철·현대모비스 등은 2001년 부터 2006년 까지 약 2조 1660억원에 이르는 부당한 내부거래를 통해 글로비스에게 물류물량을 몰아 주었고, 이를 통해 글로비스는 매출과 순이익을 약 10배 이상 높였다. 이와 동시에 정회장 부자는 2005년 말 글로비스를 상장하면서 자신들이 가지고 있던 주식의 약 40%를 매각해 엄청난 자본이득을 취하였다.

2006년 9월 말 경제개혁연대의 조사에 따르면, 당시에 취득한 정회장 부자의 자본이득은 약 1조 567억원에 해당한다. 하지만 매각 당시 주가가 약 3만원 정도에 불과하던 것이 2010년 6월 24일 현재 13만 5000원인 점을 고려할 때 정회장 부자의 실제 자본이득은 천문학적인 숫자에 해당한다고 볼 수 있다.[29)]

이와 같이 재벌들은 부(기업)의 승계를 위하여 비상장회사의 지분을 독점한 뒤 그것을 상장하여 그 차익이나 배당 또는 주가조작을 통하여 이득을 챙기거나 물량(일감) 몰아주기 등 방법으로 자본을 축적하였고 기업을 계승하였다.

언제까지 묵인해야 하나(하),「프레시안」, 2010년 7월 2일

29) 상게논문, p.2

(c) SK 그룹

재계 3위인 SK그룹은 1953년 4월 최종건 사장이 선경직물회사를 창립하고, 1970년 6월 자기 기업보다 덩치가 큰, 미국 걸프사의 대한석유공사를 인수함으로써 비약적인 발전을 이룩하였다. 1978년 5월부터 동생인 최종현 회장이 경영권을 맡으면서 다양한 사업(회사)을 흡수, 합병 등으로 확장하여 대기업집단을 형성하였다.

최근 2세인 최태원 회장과 최재원 부회장이 기업경영을 세습한 후 2천여억원의 회사자금을 유용하여 특가법으로 기소되었다.

검찰에 따르면, 최 회장은 2008년 10월 선물투자를 위해 SK 계열사 자금 497억원을 빼돌린 혐의와 2005년 부터 5년간 그룹 임원들에게 지급하는 상여금을 부풀리는 방법으로 139억원을 빼돌린 혐의 등 모두 636억원을 횡령한 혐의를 받고 있다. 이에 따라 최회장은 SK 분식회계 사건으로 2008년 5월 대법원에서 징역 3년에 집행유예 5년의 확정 판결을 받은 이후 약 4년 만에 다시 법정에 서게 됐다.

또한, 최회장의 동생 최재원 부회장은 최회장과 공모해 497억원을 횡령하는 등 1,943억원을 횡령 또는 배임한 혐의가 드러났다면서 이날 구속 기소하였다.[30)]

그러나, 검찰은 최 회장의 경우 기업경영활동을 고려하여 불구속 기소하였다.

(d) 두산그룹

재계 12위인 두산그룹은 구한말에 창업한 박승직상점(포목상)을 물려 받은 박두병 회장이 동양맥주회사를 인수, 발전시켜 오다가 그의 자손들이 IMF 이후 기업의 구조조정과 인수·합병에 적극적으로 참여하여 중공업 산업체제로 발전 시켰다. 계열사가 모두 29개이다.

---

30) 「조선일보」, 2012년 1월 6일

이러한 과정에서 모기업인 OB맥주를 매각하는 구조조정에서 소위 형제의 난으로 박용오 회장(차남)은 그룹에서 퇴진하고 두산중공업(3남 박용성), 두산건설(4남 박용현), 두산인프라코어(5남 박용만)를 형제들이 나누어 운영하였다. 가정불화로 나타난 비자금 조성이 문제가 되었다.

서울중앙지검 조사부는 11일 비자금 368억원을 횡령한 혐의(특정경제범죄가중처벌법상 횡령 및 배임)로 불구속 기소된 두산그룹 박용오 전 회장과 박용성 전회장에게 각각 징역 6년을, 박용만 전부회장에 대해 징역 5년, 박용욱 이생그룹 회장에게는 징역 3년을 구형했다.

이에 대하여 서울중앙지방법원은 수백억원의 회사돈을 빼돌려 생활비로 쓰고 수천억 원의 분식회계를 한 혐의로 불구속 기소된 두산그룹 오너 일가에게 모두 집행유예를 선고하였다.[31)]

서울지방지법 형사합의 21부는 8일 특정경제범죄가중처벌법상 횡령과 배임 등의 혐의로 불구속 기소된 박용오 전 두산그룹 회장과 박용성 전회장에게 각각 징역 3년에 집행유예 5년, 벌금 80억원을 선고했다. 박용만 전부회장에게는 징역 3년에 집행유예 4년, 박용욱 (주)넵스 회장에게는 징역 2년 6개월에 집행유예 4년이 선고됐다. 함께 기소된 두산그룹 계열사 임원 10명도 모두 집행유예를 선고 받았다.

재판부는 피고인들이 그룹 계열사를 통해 비자금을 조성하여 생활비 등으로 사용한 사실과 금융기관 대출금으로 유상증자에 참여하고 대출금 이자를 회사 비자금으로 갚아 회사에 손실을 끼친 사실이 모두 유죄로 인정된다고 밝혔다.

이와 같이 대기업이 비자금을 형성하여 유상증자, 대출금 이자 갚기, 생활비 등에 사용하였다. 이에 대한 재판결과에 대하여 유전무죄, 무전유죄라는 비판이 높다.[32)]

---

31) 대법원은 박용오, 박용성, 박용만 형제들에게 1995~2004년간 238억여원을 분식회계하도록 지시한 혐의도 유죄(증권거래법위반)로 확정하였다.

(e) 한화그룹

재계 13위인 한화그룹의 모체는 1952년 설립한 한국화약주식회사(회장 김종희)이다. 한화그룹은 1964년 신한베어링을 인수하고 경인에너지, 태평물산 등을 설립하였다. 1970년대 한화는 사업을 확장하고 업종 다변화에 주력하여 최근 대한생명, 한화증권, 한화건설 등 48개 계열사를 거느리고 있다.

최근 검찰은 한화그룹이 많은 비자금을 형성하여 2003년 당시 재산이 전혀 없던 세 아들에게 경영권을 승계하기 위하여 한화주식 583만주 등 모두 3천 678억원의 재산을 갖게 하였다고 한다.

한화그룹이 348개의 차명계좌와 현금, 채권 등으로 1,000억원대의 비자금을 조성해 운용한 것은 물론 그룹 전직 임원 등의 명의로 설립된 차명주주회사에 부당하게 자금을 지원하는 등 계열사에 1조 1,000억원대의 손해를 끼친 혐의가 드러났다고 검찰이 밝혔다.

서울 서부지검 특별수사팀은 이날 한화그룹 김승연 회장을 피의자 신분으로 불러 비자금 조성과 배임행위 등에 직접 관여했는지를 조사했다. 또 검찰은 이날 전 한화그룹 최고 재무책임자(CFO)인 홍동욱 여천 NCC대표(62)에 대해 1조 1,046억원의 업무상 배임, 1,939억원의 업무상 횡령, 3,200억원의 사기적 부정거래, 조세포탈 등의 혐의로 사전 구속영장을 청구했다.

홍 대표는 2002년 11월 부터 올해 2월 까지 한화그룹 경영기획실 재무팀장으로 재직하면서 차명계좌와 차명주주 회사금고 12개에 보관한 현금, 채권 등으로 600억원 가량의 비자금을 조성·운영하고, 그 과정에서 세금을 포탈한 혐의를 받고 있다. 한화그룹이 전·현직 임직원 명의로 차명 보유하다가

---

32) 검찰이 수백억원대의 비자금을 조성해 횡령한 피의자 피고인을 검찰이 불구속 기소하고 법원이 집행유예 판결을 내리는 것은 기존의 수사와 양형 기준에 어긋나는 것이어서 논란이 일고 있다. 이에 대하여 이 대법원장은 이 판결 때문에 전관예우 논란까지 있다고 비판했다.

오너 일가 등에게 넘긴 600억원 상당의 계열사 주식까지 합치면 한화그룹의 전체 비자금 규모는 1,200억원에 이르는 것으로 검찰은 보고 있다.[33)]

이와 같이 대기업의 사주들은 대개 차명계좌, 차명주식을 통하여 막대한 비자금(횡령)을 조성하고, 또한 편법 상속 및 증여를 통하여 변칙 경영승계를 도모하였다.

(f) 대우그룹

대우그룹(김우중)은 1990년대 말까지 전문경영인(한성실업 무역부장) 출신이 창업한, 과거 재계 3위의 대기업(41개 계열사)이었다. 이러한 대기업의 회장이 자금난(1999년 12월 실사 결과 총 부채는 최대 89조원, 자산은 59조원) 속에서 많은 대선자금(1997년) 지원과 무리한 차입경영, 그리고 '세계경영'을 외치면서 분식회계와 사기대출, 횡령 및 해외 계좌를 통한 재산도피 등 온갖 편법을 동원하였다가 2006년 11월 사법처리(징역 8년 6월에 벌금 1천만원, 추징금 17조 9천 253억원)로 결국 그룹이 해체되었다.

일반적으로 대기업이 해체된 것은 무리한 인수·합병 또는 가족불화 등으로 나타났지만 대우그룹의 경우 무리한, 독단적인 '세계경영의 결과'라고 한다.[34)]

대우그룹이 1997년 이후 3년간 김우중 전회장 지시로 차입금 누락 등 방식으로 처리한 분식회계 규모가 41조원 가량 되고, 이를 근거로 금융기관에서 불법 대출 받은 액수가 10조원 가량 되는 것으로 밝혀졌다.

대검찰청 중앙수사부는 2일 김 전회장이 영국 BFC(British Finance Center)의 30여개 계좌를 통해 3년간 41억 달러의 재산을 해외로 빼 돌리고, 157억 달러

33) 「동아일보」, 2010년 12월 2일, 검찰은 회사에 1조원대 손해를 끼친 혐의(특가법상 횡령·배임)로 징역 9년에 벌금 1천 500억원을 구형하였다.(「동아일보」,2012. 2. 3)
34) 「조선일보」, 2001년 2월 3일

상당의 외화를 해외에서 불법 차입한 사실을 확인했다고 밝혔다.

검찰은 이날 강병호, 장병주 전 (주)대우 사장과 김태구 전 대우자동차 사장, 이상훈 전 (주)대우 전무 등 4명을 특정경제범죄가중처벌법(사기), 외환관리법(해외재산도피) 위반 등 혐의로 구속했다.

검찰은 대우 5개 계열사의 분식회계 액수는 (주)대우 27조원, 대우자동차 4조 5,600억원, 대우중공업 5조원, 대우전자 3조 7,000억원, 대우통신 8,300억원 등 모두 41조 900억원이라고 밝혔다. 이는 금감원이 작년 발표한 분식회계 총액 23조원 보다 2배 가까이 늘어난 규모다. 그리고 불법 대출액은 (주)대우 5조 2,200억원, 대우자동차 1조 8,500억원, 대우중공업 1조 3,925억원, 대우전자 9,557억원, 대우통신 5,800억원 등 총 9조 9천 982억원이다.

대우그룹 회계부정에 대한 검찰 수사로 대우그룹 경영비리의 시작과 끝이 윤곽을 드러냈다. BFC는 김 전회장이 '세계경영'을 내세우면서 81년 해외 자금관리를 위해 영국 런던에 설립한 비밀 금융조직으로 런던 현지 은행인 체이스 맨해튼 은행계좌등 30개 계좌로 이뤄졌다.

그는 해외 금융기관에서 돈을 빌려 이 계좌로 입금한 뒤 자동차 공장 건설 등 해외 사업에 투자했다. 초기에는 이 같은 금융기법으로 싼 이자와 장기상환 등 조건이 좋은 해외 자금을 동원, 해외 법인에 지속적으로 투자함으로써, '세계화 전략'에 성과를 거두기도 했다. 검찰 관계자도 '김 전회장이 처음부터 사기 행각을 벌일 의도로 BFC를 설립해 활용한 것 같지는 않다'고 말했다. 그러나, 1995~1996년 이후 해외사업 부진으로 빚이 쌓이기 시작했고 이 빚을 갚기 위해 다시 돈을 빌리는 악순환이 반복됐다. 1997~1999년에 해외에서 새로 빌린 돈이 미화 157억 달러 등 20조원을 넘었다.

이 무렵 외환위기 사태로 해외 채권은행들의 빚 상환 독촉이 빗발치고, 반면 신규 차입은 어렵게 되자 김 전회장은 국내 재산을 해외로 빼돌리거나 해외 수출대금을 들여오지 않는 방법으로 메워 나갔다. 그는 (주)대우 장병주 사장 등 핵심 측근들을 시켜 가짜로 물건을 수입하고 그 대금을 지급하는 것처럼 서류를 꾸며 1997년 10월~1999년 7월 국내 돈 26억 달러를 BFC로 송금했다. 또 해외 수출대금 15억 달러를 국내로 들여오지 않고 BFC에 넣었다. 이 과정에서 김 전회장은 전사장 등 핵심 측근 4,5명에게만 자금관리 실무를 맡겼으며 특히 중요한 자금이동과 비자금 조성은 본인이 직접 챙긴 것으로 알려졌다.

국내자금의 해외 유출은 곧 국내 계열사의 부실로 이어졌고 대우측은 계열사 부도를 막기 위해 회계장부 조작 등을 통해 회사채와 기업어음(CP)을 무더기로 발행했다. 대우 회사채는 주로 투신사가 인수했고 이는 1999년 이후 투신사의 대규모 부실로 이어졌다. 투신사 부실은 국내 경제 전반에 암적인 요소로 작용했고 이로 인해 20조원이 넘는 공적 자금이 투입되기에 이른 것이다.

이와 같이 대우그룹이 급속히 사업 확장(인수·합병)과 무리한 차입경영을 하면서 '지구는 좁다'는 식으로 세계경영을 방만하게 운영하다가 몰락하게 된 것이다.

3. 자본축적 과정

지난 10년간 저자가 조사한 기업집단(45개)은 꾸준히 경영성과, 약 339조 4천 190억원을 내면서 많은 자본(약 45.6배)을 축적하였다. 그 중에서 삼성그룹이 약 108조원의 경영성과를 내어 전체 기업집단의 약 3할을 차지하고, 다른 개별기업집단에 비하여 약 3배가 많았다. 그 다음은 현대차그룹과 LG그룹, 포스코가 각각 30조원 이상, 그리고 롯데그룹과 KT 및 현대중공업이 각각 10조원 이상을 축적하였다. 과거 현대그룹에 속했던 대기업의 경영성과를 모두 합치면 재계 2위로 약 55조원이 된다.[35] 반면, 지난 10년간 1조원 이상의 적자 경영을 한 기업집단으로 현대그룹, 금호아시아나, 한진그룹 등이 있다.

35) 한국거래소와 한국상장사협의회는 2010년 유가증권시장(코스피)과 코스닥시장의 매출 실적이 1,206조 13억원(1조 627억 달러)으로 전년도에 비해 14.3% 증가하였고, 상장사는 영업이익도 94조 8,435억원으로 전년도에 비하여 38.2%가 증가하였다고 한다.(「중앙일보」, 2011년 4월 4일)

<표 10> 기업집단의 10년간 경영 성과

(단위 : 10억원)

순위	기업집단	2001	2002	2003	2004	2005	2006	2007	2008	2009	2010	합계
1	삼성	8,327	5,320	10,744	7,418	13,274	9,449	12,356	12,363	11,774	17,664	108,689
2	현대자동차	1,232	2,859	2,767	2,797	3,364	5,797	3,771	3,908	4,370	8,429	39,294
3	SK	969	1,157	1,442	3,838	4,564	4,562	4,278	4,897	2,905	2,625	31,237
4	LG	2,037	1,627	2,911	3,557	5,498	3,338	1,209	5,120	4,309	7,332	36,938
5	롯데	517	710	879	1,219	2,022	2,424	3,352	2,695	2,175	3,069	19,062
6	포스코	1,725	961	1,200	2,103	4,044	4,337	3,572	4,081	4,795	3,686	30,504
7	GS					1,345	1,589	1,609	1,631	682	1,967	8,823
8	현대중공업		-131	-253	217	216	386	1,154	2,764	3,491	2,853	10,697
9	금호아시아나	-286	-750	103	55	724	473	993	1,427	-40	-3,867	-1,168
10	한진	-557	-751	225	121	1,272	819	944	248	-1,824	-1,541	-1,044
11	KT		1,526	2,499	1,207	1,491	1,500	1,617	1,193	533	560	12,126
12	두산	-55	-11	-439	54	163	384	346	811	-549	-564	140
13	한화	336	-732	834	1,211	1,246	1,336	1,096	877	835	1,092	8,131
14	STX					274	355	295	853	976	-210	2,543
15	LS					575	462	677	681	223	173	3,091
16	대우조선해양			259	255	243	127	68	311	420	630	2,313
17	하이닉스						1,833	2,016	327	-4,716	-350	-890
18	CJ	-35	130	228	225	258	213	123	-9	278	699	2,110
19	대림	336	62	210	299	593	449	391	638	142	411	3,531
20	동부	288	9	0	-108	78	-96	-141	99	78	205	412
21	현대	-7,191	-1,025	-224	-111	330	551	483	481	892	-919	-6,733
22	신세계	96	242	316	373	401	531	549	629	679	699	4,515
23	현대건설							420	316	454	545	1,735
24	부영		33	52	11	-28	17	40			108	233
25	효성	57	72			81	-25	152	301	152	252	1,042
26	S-오일									444	243	687
27	동국제강	-111	48	38	156	546	336	198	253	487	-29	1,922
28	KCC		101	180	240	215	289	307	282	245	444	2,303
29	한진중공업							121	188	172	86	567
30	GM대우				-223	-173	65	592	541	-881	-399	-478
31	대한전선			61	73	40	309	170	152	-120	-529	156
32	OCI									518	553	1,071
33	웅진									84	270	354
34	현대백화점	131	156	164	198	228	393	394	449	518	587	3,218
35	삼성테스코									-410	-56	-466
36	코오롱	-8	-3	36	-137	-405	87	81	51	134	154	-10
37	현대산업개발	46	-100	110	219	205	327	257		225	30	1,319
38	하이트맥주			122	100	114	586	217			535	1,674

순위	기업집단	2001	2002	2003	2004	2005	2006	2007	2008	2009	2010	합계
39	동양	25	-395	-130	-81	154	115	177	203	-14	44	98
40	KT&G		363	385	527	549	587	743		1,033	903	5,090
41	영풍	16	-15	76	31	241	184	552	639		647	2,371
42	미래에셋										449	449
43	현대오일뱅크	-457	-535			405	277	69			222	-19
44	세아				158	246	282	269		375	16	1,346
45	한국투자금융									572	-136	436
합 계		7,438	10,928	24,795	26,002	44,393	44,648	45,517	49,400	36,416	49,882	339,419

(비고) 2009년과 2010년의 경영성과는 당해 년도 4월 기준임
(자료) 공정거래위원회

표 10을 보면, 우리나라 기업집단의 경영성과가 2008년 금융위기 이후 급속히 성장하고 있음을 알 수 있다. 그리고 기업집단의 경영성과가 연도에 따라 큰 차이가 있다. 예컨대 삼성그룹은 2003년과 2005년이 다른 해에 비하여 당기 순익이 많았고, 현대자동차는 2006년, LG그룹은 2005년, 롯데그룹은 2007년, 현대중공업은 2007년에 가장 큰 당기 순익을 올렸다.

한편, 최근 국내 30대 기업집단의 총수 가족이 보유한 상장기업의 주식가치가 지난 1년 동안 12조 5천억원이 증가하였다. 1년간 1인당 1,100억원을 벌었다. 엄청난 자본축적이다.

한국거래소에 따르면, 자산 순위 30대 대기업 그룹 총수와 1촌 이내 직계 가족(부모, 배우자, 자녀) 118명이 보유한 상장사 주식 평가액은 지난달 30일 기준 53조 929억원으로 작년 같은 시점의 40조 5,925억원 보다 12조 5,004억원 증가했다. 이들이 거둔 수익률은 30.8%로 같은 기간 코스피 상승률(23.7%) 보다 7.1% 포인트가 더 높았다. 주가가 해당 기업의 실적에 영향 받는 것을 감안하면 대기업 그룹 총수 가족들이 지분을 가진 회사의 실적이 다른 기업 보다 좋았다고 해석할 수 있다.

여기에다 대기업 그룹 총수 가족들은 상장사 주식 배당금으로 모두 4,937억원을 벌었다. 이들 가족은 주식 평가이익(12조 5,004억원)과 배당금을 통해 1인당 평균 1,101억원을 불린 셈이다.[36]

<표 11> 30대 대기업 총수 직계가족의 자본 축적

(단위 : 억원)

순위	그룹명	총수 (가족수)	총 지분가치	증감액	배당금	합계(지분가치 증감액+배당금)
1	현대차	정몽구(5)	10조 8,076	3조 7,878	518	3조 8,396
2	현대중공업	정몽준(1)	3조 6,699	1조 7,405	575	1조 7,980
3	롯데	신격호(6)	5조 2,496	1조 5,995	151	1조 6,146
4	SK	최태원(2)	2조 9,772	1조 1,042	157	1조 1,199
5	LG	구본무(5)	2조 9.324	5,349	362	5,711
6	OCI	이수영(3)	1조 3,176	5,419	103	5,522
7	GS	허창수(3)	1조 2,055	5,334	125	5,459
8	영풍	장형진(5)	1조 339	4,752	40	4,792
9	금호아시아나	박삼구(2)	6,229	4,663	30	4,693
10	동부	김준기(3)	1조 2,120	3,396	34	3,430
11	현대백화점	정지선(2)	1조 211	3,379	35	3,414
12	한화	김승연(5)	1조 1,596	2,671	143	2,814
13	CJ	이재현(3)	9,682	2,373	97	2,470
14	KCC	정상영(5)	1조 5,569	2,050	326	2,376
15	삼성	이건희(5)	9조 8,356	694	1,534	2,228
16	효성	조석래(5)	1조 1.319	1,986	149	2,135
17	동국제강	장세주(2)	3 857	1,749	72	1,821
18	LS	구태회(7)	3 852	575	48	623
19	현대	현정은(5)	2 102	515	22	537
20	대림	이준용(7)	1 812	464	17	481
21	신세계	이명희(4)	2조 8,876	303	141	444
22	두산	박용곤(6)	3,884	372	67	439
23	STX	강덕수(1)	1,583	412	17	429
24	현대산업	정몽규(2)	3,069	302	50	352
25	한진중공업	조남호(4)	1,732	-74	30	-44
26	동양	현재현(6)	479	-70	1	-69
27	코오롱	이웅열(3)	1,893	-242	31	-211
28	대한전선	설윤석(2)	716	-459	0	-459
29	한진	조양호(5)	5,216	-1,291	41	-1,250
30	웅진	윤석금(4)	4,841	-,1938	21	-1,917
합 계			512,931	125,004	4,937	129,941

(비고) 기간은 2010년 6월 30일~2011년 6월 30일
(자료) 재벌닷컴

표 11을 보면, 30대 대기업 총수가족이 벌어들인 자본은 상장사의

36) 「조선일보」, 2011년 7월 2일

주식 평가액과 그 배당금이 모두 약 13조원이지만, 이것은 대기업의 영업이익을 반영한 것이다. 동시에 대기업자본가의 자본축적을 의미한다. 역시 돈이 돈을 벌게 한다.

이와 같이 기업집단이나 대기업자본가가 자본축적을 하게 된 것은 굴곡의 시기와 다양한 원인이 있으나, 주로 ① 계열사 인수, ② 사업확장, ③ 부채증가, ④ 기술개발, ⑤ 일감몰아주기, ⑥ 탈세 등을 통하여 가능하였다. 특히 중화학공업과 IT산업의 대기업일수록 많은 자본축적이 가능하고 동시에 다각 편법경영이 자본축적을 이룬 것 같다.

1) 기업의 결합 ; 인수·합병과 담합

정부는 1990년 이후 대기업의 시장 독점과 과도한 경제력 집중을 방지하고 부당한 공동행위와 불공정한 거래행위를 규제하고 있다.[37] 그러나, 이러한 규제를 하기 이전에 이미 대기업 집단은 인수·합병을 통하여 사세(社勢)를 확장하였다.

기업집단의 1차적 자본축적은 표 12에서 볼 수 있는 바와 같이, 대기업의 분할, 확장, 증자 및 기술개발을 통하여 가능하였다. 인수·합병이 심한 대기업은 GS칼텍스, 현대중공업, STX팬오션 등이고, 인수의 경우 삼성전자, 효성, 두산인프라 등이며 합병의 경우 LG전자, 현대제철, 현대건설 등이다. 그리고 삼성과 LG전자, GS칼텍스, SK네트웍스, 현대중공업, LG디스플레이 등은 기업확장의 경우이다. 특히 대우건설, 두산중공업, 두산인프라, 아시아나항공, 제일모직, 고려아연은 많이 확장하였다. 그러나, 현대자동차와 기아차 및 SK네트웍스는 인수·합병이 거의 없었다.

2009년 3월 이명박 정부의 친기업정책, 즉 국제경쟁체제에 맞지 않은 대표적인 기업규제라 하여 '출자총액제한제도'가 폐지되었다.

---

37) 「독점규제 및 공정거래에 관한 법률」, 1992년 1월 13일 제정

그러한 결과, 삼성, 현대차, SK, 롯데, GS 등 10개 기업집단의 31개사의 투자규제가 해제되고 15개 그룹의 총 출자액과 소유계열사가 증가되었다. 다시 말하면 대기업 집단의 문어발식 사업확장이 재현하게 되었다.[38)]

우리나라에 있어서 기업결합은 다른 기업의 인수, 합병을 통하여 이루어지고 있다. 이러한 인수, 합병은 법제정 이전인 1960년~1980년대에 많이 이루어졌다.

기업집단은 기업의 인수·합병을 통하여 기업의 다각경영을 하면서 시장의 독점적 지위를 지닐 수 있다. 다각경영은 독점자본주의의 발달과 더불어 상업, 산업, 금융자본의 각 분야에 있어서 다양한 기업을 주로 확장, 인수·합병을 통하여 이루어진다. 다각 경영이 경기 변동에 의한 기업경영의 위험성을 최소화 시키고 상호 이익을 보완할 수 있다. 그 뿐만 아니라 일부 대기업자본가는 계열사를 통한 부의 증식, 즉 자본축적을 도모하고 있다.

과거 대기업의 인수, 합병은 대우그룹의 해체시 볼수 있는 바와 같이 다른 대기업이 대우그룹 계열기업을 저렴하게 인수하고, 더욱이 정부는 인수기업에 대하여 금융지원과 세제혜택을 제공하였다. 심지어 자기 보다 더 큰 대기업을 인수, 합병하는 경우도 있다.(SK그룹의 한국석유공사 인수 등) 그리고 정책금융과 정책지원은 외환위기(1997년)와 금융위기(2008년) 시 대기업 구조조정과정에서 많이 볼 수 있었다.[39)]

---

38) 2007년 4월부터 2010년 4월까지 15대 재벌의 출자액은 2007년 50조 2,520억원에서 2010년 92조 8,400억원으로 84.7%가 증가하였고, 소유계열사는 472곳에서 679곳으로 43.8%가 증가되었다. 출자액은 2010년 기준으로 삼성그룹이 수위이고(약 15.1조원) 그 다음으로 SK(14.7조원), 금호아시아나(7.8조원), 현대차(7.4조원), LG(7.4조원)의 순이다. 소유계열사는 현대중공업이 2007년 7개사에서 2010년에는 16곳을 소유하여 129% 증가하였고 그 다음은 LS그룹(120%), 포스코(109%), LG그룹(75%), KT(58%)의 순이다.

지난 경제위기시 부실기업이었던 대기업이 과거 현대그룹과 삼성그룹 등의 계열사였던 현대건설, 삼성테스코, 현대오일과 같은 것이 있다.[40] 이것은 현재 채권단(주로 은행과 정책금융공사)이 관리하고 있지만, 다시 모기업이 저렴하게 회사채를 발행, 모금하여 인수할 것이다. 이것은 마치 사업가가 자기 집을 담보로 은행융자를 받았다가 사업이 실패하여 그것을 회수한 채권단의 공매과정을 통하여 다시금 저렴하게 그 집을 낙찰받는 것과 같은 자본축적 방식이다.

표 12를 보면, 우리나라 대기업이 설립된 후 대개 1회 이상 상호를 변경하고, 많은 기업을 합병, 인수한 것을 알 수 있다. 그 뿐만 아니라 대기업이 분할한 경우도 있지만 사업을 확장한 경우가 대단히 많다. 기업의 확장은 규모가 큰 대기업에서 많이 볼 수 있다. 그리고 삼성전자, LG전자, LG디스플레이 및 삼성 SDI에서는 첨단 기술의 개발을 통하여 사업확장이 일어나고 있다.

기업의 다각경영은 단적으로 계열기업(수)에서 그 특성을 찾아볼 수 있다. 우리나라의 45개 대기업집단도 많은 계열기업(1,222개)을 거느리고 있는데, 이것은 기업집단의 규모가 클수록 전자, 자동차, 조선, 건설, 석유·화학 등 중화학공업과 금융, 보험업을 겸영한다. 심지어 중소기업이 운영하는 소비재 산업에 까지 계열사를 두고 있다. 계열사는

---

39) 1997년 12월 5일 정부와 IMF간 자금지원 합의내용에 따라 정부는 재벌개혁의 방향, ① 기업경영 투명성 제고, ② 상호지급 보증 해소, ③ 재무구조 개선, ④ 주력 핵심사업 설정, ⑤ 지배주주 및 경영진의 책임 강화 등을 제시하였다.(김영모, 「한국사회의 이해」, 제 7장 1절 참조) 이것을 실천하고 기업 경쟁력을 제고하기 위한 대기업간 빅딜이 있었는데, 그것에 대한 막대한 공적 자금이 투입되었지만 부실화 되어 정부의 정책지원으로 성장한, 현재 50대 기업 중 5개가 있다.

40) 1998년 외환위기시 현대재벌(정주영)에 속했던 부실기업으로 약 34조원의 공적 자금이 투입되었고, 현대그룹(정몽헌)에 속했던 현대건설, 하이닉스전자, 현대석유화학, 현대상선에 무려 24조 4천억원이 투입되었다.

<표 12 > 100대 대기업의 발달 유형

순위	회사 명	설립 연도 (초기 회사명)	상호 변경	분할	합병	인수	확장	증자	기술 개발
1	삼성전자	1969	1984	3		3	25		16
2	현대자동차	1967							
3	한국전력공사	1982							
4	LG전자	1958	1995	3	8	1	15		10
5	삼성생명	1957(동방생명	1989		1	1	8		
6	포스코	1968	2002			1	6		
7	GS칼텍스	1996(호남정유)	2005		2	6	11		
11	SK네트웍스	1953(선경직물)	2003				15		
12	기아자동차	1944							
13	현대중공업	1973(현대조선)	1978	6	6	4	18		
16	SK에너지	1966(대한석유공사)		1	2				
17	LG디스플레이	1985	2008		2		9		16
20	교보생명			1					
21	KT	1981					3		
22	SK텔레콤	1984(이동통신)	1997		2				
24	LG화학	2001	2001		2				
27	롯데쇼핑	1970(협우실업)	1979	1	1	2			
28	삼성물산	1938	1952	1	2		3		
29	삼성화재	2004					4		
30	현대오일뱅크	1964(극동셸석유)		1		1		9	
31	대한항공	1962	1969	민영화			1		
34	삼성중공업	1974				2			
35	현대모비스	1977(현대정공)	2000	2					
36	하이닉스	1949(국도건설)	1983	7		LG인수	10		
37	신세계	1930(미스코시지점)	1963	1(삼성분리)					
38	대우인터내셔널	1967(대우실업)	2000	인적분할			2		
39	현대제철	1953(대한중공업)	1962	민영화	5	1	3		10
41	대우조선해양	1973	2002	대우중공업			1		
42	한진해운						5		
43	대우건설	2000		대우서 분할	1		21		
45	현대건설	1950			4			14	
47	효성	1957	1998	2	1	9	4	14	2
48	LG상사	1953(락희산업)	1956/1995		1		6	3	
49	현대상선	1976(아세아상선)	1983				4		
51	현대해상화재	2004					3		
52	대림산업	1939(부림상회)			1	1	3		
53	STX팬오션	1966	2004		3	3		4	
55	LIG손해보험	1959	2006			1	7		
56	LG텔레콤	1996				1			
57	동부화재	1968(한국차보험)	1995			1			
58	여천NCC	1979(대림산업)	1999		3		4		
59	SK건설	1962(선경건설)	1997		2		6		
60	두산중공업	1962(한국중공업)	2001		2	3	17		
62	코리안리재보험	1963(대한손해재)	2002		1		8	13	
63	삼성SDI	1970(삼성NEC)	1999	3(양도)		1	9		20

순위	회사 명	설립 연도 (초기 회사명)	상호 변경	분할	합병	인수	확장	증자	기술 개발
64	삼성토탈	1988(삼성종합화학)	2004				6		
65	현대하이스코	1975(경일공업)	2001			2			
67	동국제강	1954	1976				2		
68	두산인프라	1937(조선기계제작)	2005		1	7	4.8		
69	아시아나항공	1988(서울항공)	1997	4(양도)	3		49		
70	롯데건설	1958	1981				14		
71	포스코건설	1982							
72	한화	1952(한국화약)	1993	5(매각)	2	1	4		
73	SK가스	1985	2006				3		
75	현대 위아	1976(기아중공업)	2000		2				
76	삼성테크윈	1977(삼성항공)	2000	2					
77	대우자동차판매	1966(한독실업)	1997	2	2				
78	LS그룹	1962(한국케이블)	2008						
79	쌍용자동차	1986(쌍용차)	2006						
80	제일모직	1954	1976	1	1	2	11,10		
83	신한카드	1988(LG카드)	2007						
86	르노삼성								
87	현대산업개발	1977(한라건설)	1986	4	1				
88	GS리테일	1971(금성전공)	2005	3	3	1	1		
89	대우증권	1970(동양증권)	1983						
90	신한금융지주	2001				3	2		
91	삼성전기	1973(삼성산업)	1987						
92	E1	1984(GS칼텍스)	2003			1			
93	현대삼호중공업	1998(한라중공업)	2003						
96	고려아연	1974			2	3	29.19		
98	글로비스	2001							
99	한화석유화학	1974(한양화학)	1999	3	2	1	3(설립)		
100	삼성카드	1983(세종신용카드)	1995				2		
합 계				56	71	63		57	74

(비고) 100대 기업 중 은행, 외국계 기업 등은 제외
(자료) 각 기업의 연말「사업보고서」, 2009년 12월

기업집단 별로 평균 27.2개이다. 표 1을 보면, 가장 많은 계열사를 거느린 대기업집단은 SK이고(75개), 그 다음은 삼성(67개), 롯데(60개), GS(53개), 현대차(42개), CJ(54개) 등의 순이다.

이러한 계열기업은 해방후 다른 기업을 지속적으로 인수·합병을 해서 이루어지고, 그것이 대규모 기업집단을 형성하였다. 기업결합은 2010년 경기가 회복되면서 상반기에 크게 증가하였다. 대규모집단의 경우 2009년 60건에 비해 2010년에는 90건으로 증가하였고,(결합금액은 8.7조원) 결합의 내용은 주식 취득이 증가하고, 합병은 감소되고 있다.

대기업들이 유통, 금융, 방송분야에 크게 진출하고 있다.[41]

한편, 정부는 대기업의 불공정하고 부당한 거래행위에 대하여 조사하여 제재 조치를 강구하고 있다. 지난 15년간 불법거래 행위는 표 13에서 볼 수 있는 바와 같이 해마다 증가하여 2010년에는 4만 1천 413건이 되었다. 그 중에서 하도급 위반이 2만 474건으로 가장 많고, 그 다음은 공정거래법 위반(7천 746건)과 소비자보호관련법 위반(8천 443건)이다. 이와 같이 조치된 사건은 2010년의 경우 접수된 사건의 27.8%가 된다. 가장 많이 위반한 것은 불공정거래행위와 불공정 하도급거래행위인데, 이에 대한 시정조치는 대부분 경고와 시정명령이다.

<표 13 > 경고 이상의 불공정거래 행위(건수)

	1995	1996	1997	1998	1999	2000	2001	2002	2003	2004	2005	2006	2007	2008	2009	2010
시장지배적 지위남용	3	1	2	5	2	0	4	0	1	0	0	2	38	5	2	87
기업결합 제한	23	36	47	29	19	48	45	46	43	36	17	60	53	27	23	663
경제력 집중억제	3	12	3	11	27	19	16	80	29	149	108	24	44	116	41	790
부당한 공동행위	26	36	22	37	34	47	43	47	23	35	46	45	44	65	63	787
사업자단체 금지행위	40	66	5	101	93	117	88	100	91	62	57	58	58	98	107	1,538
불공정 거래행위	353	352	512	407	172	121	169	210	123	298	481	370	715	565	446	7,746
소 계	448	503	590	590	347	347	365	483	310	580	709	559	952	876	682	11,611
부당한 표시 · 광고	(97)	(130)	(232)	(185)	342	310	328	339	558	436	513	425	304	327	300	4,428
불공정한 약관	51	56	152	112	255	56	100	175	114	79	144	119	93	77	43	2,125
불공정하도급거래행위	387	494	534	582	316	295	3,130	1,632	1,741	1,649	1,741	1,947	1,527	1,438	1,386	20,474
전자상거래법 위반									125	96	125	170	207	189	366	1,343
방문판매법 위반									63	116	63	84	65	44	84	547
가맹사업법 위반									43	20	43	47	46	95	366	783
기타(조사 거부 등)				2		5	11	7	12	13	12	34	30	0	26	204
합 계	886	1,055	1,286	1,286	1,271	1,018	3,933	2,636	3,350	2,989	3,350	3,385	3,224	3,070	3,084	41,413

(자료) 공정거래위원회, 「통계연보」

불공정거래행위 중에서 가장 많이 차지하는 불공정 하도급의 경우를 보자. 하도급은 대기업이 1~3차 협력회사에 사업을 하청 또는

41) 공정거래위원회, 「2010년 상반기 기업결합 동향」, 2010년 7월 27일

재하청을 주어 대기업이 주로 납품대금 지불지연이나 감액 조치를 통해서 이익을 챙긴다.42) 가장 많은 불공정 하도급거래 행위는 건설업 분야에서 많이 볼 수 있다. 일반적으로 건설사 하청업자는 수주액의 약 50%만 받는다.

턴키나 대안입찰 방식의 경우 대형 건설사는 정부가 제시한 설계금액의 평균 93%에 공사를 따낸다. 표준품셈에 근거해 시장가격 보다 많이 부풀려진 정부 설계가격을 거의 다 받는다는 얘기다. 반면 하청을 줄 때는 철저히 시장 가격에 따른 최저가 방식으로 계산한다. 전체 공사비의 절반 정도만 하청업체 몫인 셈이다.43)

이러한 큰 공사를 따내기 위하여 대형건설사는 하청업자에게 로비를 부탁하고, 심지어 설계와 시공을 한 업체에게 맡기는 턴키 방식으로 설계 심의에 드는 비용이 수십억원대에 이르기 때문에 대형건설사 몇 개만이 참가할 수 있다고 한다.44)

수출산업을 주도하는 삼성전자와 LG전자는 협력사(하청업체)가 키워놓은 인력을 빼앗고 단가를 후려쳐서 대표적인 협력사(중소기업)들이 경영난으로 문을 닫게 된다고 한다.45)

---

42) 2009년 중소기업중앙회의 조사결과는 원자재 가격이 18.8% 올랐지만 납품단가는 1.8% 인상에 불과하였다고 한다.

43) 「중앙일보」, 2010년 10월 13일

44) 경실련에서 2004~2008년간 건설비리 관련 검찰수사결과에 대한 언론보도를 분석한 결과는 표 14와 같다.(「중앙일보」, 2010년 10월 13일)

<표 14> 건설비리 관련자 및 뇌물액

관련자 신분	관련자 수	역할	총 뇌물액(만원)
금융권	2	대출	27억 1,500
교수	13	심의평가	52억 3,700
정치인	28	공사수주로비	62억 9,900
공무원	95	각종 인허가	93억 5,700
로비대상 친익척	33	로비대상자 소개	19억 1,400
조합인사	191	재건축 공사관련	75억 6,700
공기업 직원	105	인허가, 심의평가	17억 7,000

45) 「동아일보」, 2011년 4월 14일

특히 삼성전자나 LG전자가 소프트웨어 용역을 발주할 때마다 IT서비스 계열사인 삼성SDS나 LG CNS가 중간에 끼어들어 납품단가를 이중으로 후려치는 것이 보통이다. 한 통신 관련 소프트웨어업체 대표는 '처음 원청업체로부터 입찰가의 10~15%를 깍이고 1차 협력사와 협상하면서 20~30%가 추가로 내려간다'며 '결과적으로 제안가의 30~40%를 깍이다 보니 연구개발은 커녕 직원들에게 급여 주기도 버겁다'고 털어놨다.

이처럼 대기업들이 IT서비스 계열사를 중간에 세우는 것은 내부 물량을 몰아줘 쉽게 장사하려는 의도가 짙다. 대부분 비상장사인 30대 그룹 IT서비스 계열사들의 오너와 가족 지분이 평균 39.97%에 이르는 등 편법 상속 증여의 수단으로 쓰이고 있다는 지적도 나온다.

이와 같이 중소기업의 희생 위에 대기업은 더욱 비대하여 지고 중소기업인 하도급업체(협력업체)는 더욱 몰락한다. 소위 대기업과 중소기업간 양극화가 심화 된다.

재벌닷컴이 2009년 매출 상위 10대 제조업체를 대상으로 거래금액이 200억원 이상인 내부 계열사(54개)와 협력업체(70개)의 영업이익률을 조사한 결과 계열사는 평균 9.57%로 협력업체 5.39%에 비해 4.18% 포인트 높았다. 이는 2008년 회계연도 당시 1.64% 포인트 차이에서 격차에서 크게 확대된 것이다. 1년 사이 내부계열사의 영업이익률은 8.48%에서 9.57%로 1.09% 포인트 증가했지만, 외부 협력업체는 6.84%에서 5.39%로 1.45% 포인트 떨어졌다.46)

한편, 대기업의 경영성과가 하청업자(협력회사)의 희생(연간 평균 이익률의 12.5%)에서 가능하였음을 삼성전자의 무선사업(핸드폰 등)에서 알 수 있다.

삼성전자 자료를 보면, 납품단가 인하가 대기업 이익의 결정적 영향을 끼치는 것을 알 수 있다. 삼성전자 무선사업부의 '원가절감 목표와 실적'자료를 보면,

46) 「연합뉴스」, 2010년 7월 9일

2002년~2005년 4년간 국내 부품업체들을 대상으로 한 단가 인하 규모는 3조 28억원에 달한다. 이는 같은 기간 삼성전자 무선사업부의 영업이익 10조 7,925억원의 28%를 차지한다. 주목할 것은 단가 인하가 영업이익에서 차지하는 비중이 2002년 23%에서 2005년 49%로 2배 이상 높아지는 등 매년 지속적으로 치솟고 있는 점이다.

삼성전자가 2001년 이후 10년간 벌어들인 총 영업이익은 76조 3,652억원이다. 무선사업부의 영업이익 대비 납품단기 인하액 비중을 전체 사업부로 확대 적용해 보면, 지난 10년간 국내 부품업체들이 부담한 납품단가 인하액은 총 25조~30조원이라는 계산이 나온다. 지난 10년간 삼성전자의 평균 영업이익률은 12.5%이다. 하지만 이런 납품단가 인하가 없었다면 7% 중반대로 급락한다. 결국 국내 부품업체들의 납품단가 인하가 없었다면 삼성전자의 뛰어난 경영실적 달성도 어려웠다는 뜻이다.[47)]

그 밖에 삼성전자와 LG전자의 부당한 공동행위(담합)로 가전제품(평판 TV, 세탁기, 노트북)의 국내 시장점유율이 90% 이상이 되는데(2011년) 그간 가격인상(미국보다 20% 비쌈) 등 담합 행위로 과징금 446억원이 부과되었다. 그런데 LG는 자진신고하여 과징금을 면제 받고 삼성전자는 그 다음 신고하여 과징금의 절반을 내게 되었다.[48)]

이와 같이 주로 계열기업이나 협력업체의 생산에 의존하여 조립생산하는 대기업이 중소기업과 공존하지 않고 오히려 착취하는 주종관계를 형성하며, 심지어 담합하여 소비자를 착취하여 자본축적이 가능하였다.

2) 기업의 수출입 : 세계화 경영

대기업의 자본축적은 해외 무역이 중요한 역할을 하였다. 해외무역은 1970년대 종합무역상사의 개척적 역할, 중화학공업의 육성 및

47) 「한겨레21」, 2011년 11월 11일
48) 「조선일보」, 2012년 1월 13, 14일

중동건설 진출 등이 수출입 무역의 수지 개선책이 되었다.

한국무역의 수지개선은 1998년 부터 가능하였다. 그 이전에는 가발 및 보세 가공무역 등이 중심이라서 특히 일본과 미국에서 수입역조 현상이 오래 지속되었으나, 전자제품과 건설업의 해외 수출은 오히려 수출역조 현상을 자아 내었다. 미국과 일본이 중심이었던 수출지역을 유럽과 중동 등 다변화 함으로써 급속한 외화 획득이 가능하였다. 이러한 수출 신장은 국내 수요 신장과 더불어 나타나게 되었다. 그러나, 아직도 일본 및 중동과는 수입역조 현상(연간 약 300억달러)이 오랫 동안 지속되고 있다.49)

<표 15> 한국 무역의 연도별 수출입 현황

(단위 : 천달러, %)

년도	수출		수입		수지
	금액	증가율	금액	증가율	금액
1960	32,827	65.7	343,527	13.1	-310,700
1970	835,185	34.2	1,983,973	8.8	-1,148,788
1980	17,504,862	16.3	22,291,663	9.6	-4,786,801
1990	65,015,731	4.2	69,843,678	13.6	-4,827,947
1998	132,313,143	-2.8	93,281,754	-35.5	39,031,388
2000	172,267,510	19.9	160,481,018	34.0	11,786,492
2005	284,418,743	12.0	261,238,264	16.4	23,180,479
2010	221,513,928	34.4	203,873,138	40.2	17,640,791
누계	4,393,660,792	22.8	4,244,400,670	15.9	149,328,125

(비고) 누계는 1957~2010년 6월 까지의 수출임.
(자료) 한국무역협회

49) 대일 무역 적자는 해마다 증가하여 2009년에는 약 276억 달러를 초과한다. 대일무역적자가 발생하는 주 원인은 우리나라 수출 주력업종인 반도체와 플랜트 등의 수출이 증가할수록 그 핵심부품(전자집적회로 등)과 소재 및 기술을 일본으로 부터 수입하기 때문이다. 2007년 부품소재산업의 적자가 189억달러이다. 전자제품을 많이 수출 할수록 일본은 가만히 있어도 4할 이상의 이익을 본다. 따라서 부품소재개발이 핵심과제이다. 그리고 대중동 무역적자도 해마다 증가하고 있는데, 그것은 에너지와 화섬의 원료인 원유 도입(2007년 603억 달러)이 급증하였기 때문이다. 따라서 수력, 태양열 등 대체에너지 개발이 핵심과제이다.

2008년 무역수지는 국제금융위기로 수출입이 모두 적자였으나, 2009년 이후는 고환율정책으로 그것이 회복되어 다시금 2009년에 비하여 34.4%의 증가율을 보여 주고 있다. 무역수지가 개선된 것은 대기업의 수익, 즉 자본축적이 그 만큼 증가된다는 것을 의미한다.

이와 같이 국제경쟁력이 나타나는 것은 무엇보다도 노동자의 저임금과 공기 단축, 그리고 고환율 및 저금리정책 등에서 비롯되었다고 볼 수 있다.(제 7장 참조)

그러면, 한국 무역의 수지개선을 주도하는 산업제품이 무엇인가를 보자.

표 16을 보면, 최근 우리나라 무역에 있어서 수출이 수입을 초과하고 있다. 2009년에는 수입이 수출의 88.9%를 차지하지만 2010년에는 약간 증가되어 92.0%가 되었다. 그리고 수입과 수출의 제품 비율이 비슷하나,

<표 16> 산업 제품별 수출입

(단위 : 천달러, %)

	2009년				2010(1~6월)			
	수입	%	수출	%	수입	%	수출	%
1차 산품	94,141,225	28.6	9,337,289	2.7	59,997,362	29.4	5,415,076	2.4
공산품	228,943,296	71.4	354,196,272	97.3	143,875,775	70.6	216,098,852	97.6
경공업제품	18,912,621	5.7	23,805,427	6.6	11,649,613	5.7	14,093,622	6.4
중화학제품	210,030,675	65.7	330,390,845	90.7	132,226,162	64.9	202,005,230	61.2
IT제품	50,255,126	15.8	100,310,342	26.4	29,023,497	14.2	59,499,451	26.9
기타	159,775,549	49.9	230,080,504	64.3	103,202,665	50.6	142,505,779	64.3
총 계	323,084,521	100.0	363,533,561	100.0	202,873,138	100.0	221,513,928	100.0

(자료) 한국무역협회

특히 수출에 있어서 공산품이 전체의 97.6%를 차지하고, 그 중에서 중화학제품이 91.2%를 차지한다. 중화학제품의 수출은 IT제품이 26.9%를 차지하고 나머지는 선박 등이다. 그리고 수입품의 38.8%는 가공한 역수출품이 되고 나머지는 국내 내수용이 된다.

<표 17> 중화학공업의 주요 품목

	2009			2010		
	수출액	구성비	증가율	수출액	구성비	증가율
반도체	31,042	8.5	-5.3	23,636	10.7	99.0
자동차	25,411	7.0	-27.5	16,862	7.6	57.1
무선통신기기	30,986	8.5	-13.2	12,712	5.7	-17.1
컴퓨터	8,013	2.2	-25.1	4,508	2.0	26.1
선박해양구조물및	45,128	12.4	4.6	24,562	11.1	1.8
석유제품	22,965	6.3	-38.9	14,222	6.4	49.2
합성수지	13,260	3.6	-11.1	8,422	3.8	39.2
영상기기	4,316	1.2	-35.2	3,096	1.4	57.2
철강판	12,060	3.3	-24.4	7,541	3.4	38.6
의류	1,241	0.3	-18.7	675	0.3	21.1
합 계	363,534	100.0	-13.9	221,514	100.0	34.4

(자료) 한국무역협회

중화학제품의 품목별 수출액을 보면 표 17과 같다. 표 17을 보면, 중화학제품 중에서 선박해양구조물이 11.1%로 가장 많이 차지하고, 그 다음은 반도체(10.7%), 자동차(7.6%), 석유제품(6.4%), 무선통신기기(5.7%), 합성수지(3.8%), 철강판(3.4%), 컴퓨터(2.0%) 등의 순이다.

이러한 것을 보면, 우리나라 대기업이 상술한 중화학제품의 생산 및 수출 업체이고, 동시에 그 제품의 수출 순위에 따라 대기업의 순위가 결정되고 있음을 알 수 있다.

한편, 기업집단은 거의 모두 종합건설회사를 두고 있다.50) 종합건설회사가 국내 공사 수출액의 6할 이상을 차지한다.

2010년 우리나라 건설회사의 약 2%인 255개 건설회사가 90개 국가에서 674억 달러를 수주하였다. 주로 중동지역에서 수주를 많이 하고(전체의 66%인 472억 달러) 나머지는 아프리카(33%) 등에서 수주를 하고 있다. 건설회사는 지난 40여년간 약 4천억 달러를 수주하였다.

---

50) 전국의 종합건설업체는 2010년 5월 현재 모두 12,210개이다. 이 중에서 건축회사가 전체의 34.7%로 가장 많고, 그 다음은 토건회사(28.3%)와 토목회사(24.7%), 조경회사(9.9%), 산업환경회사(2.5%)의 순이다.(대한건설협회, 「건설통계 핸드북」, 2010, pp.8~9)

<표 18> 건설회사의 해외 수주 현황

(단위 : 억달러)

	총합계	2004년	2005년	2006년	2007년	2008년	2009년	2010년
수주금액	4,116.7	75.0	108.6	164.7	397.9	476.4	491.5	674
수주건수	7,759	224	281	326	619	642	559	566
진출국가	152	48	50	49	76	87	81	90
진출업체 (하청제외)	811	94	114	134	201	269	288	255

(비고) 총합계는 1965년 12월 1일에서 2010년 말 까지임.
(자료) 해외건설협회

대한건설협회가 밝힌 매출 영업이익율이 약 6.0%라고 한다면51) 그간 해외건설에서 축적한 자본이익은 약 240억 달러로 추산된다. 이러한 영업이익은 그간 수주를 많이 한 현대건설(730억 달러), 대우건설(339억 달러), 삼성건설(214억 달러), 대림건설(209억 달러), GS건설(241억 달러), 현대중공업(202억 달러), 한전건설(106억 달러), 두산건설(171억 달러), SK건설(171억 달러) 등의 몫이며, 1백억 달러 이하 수주한 건설회사는 한진중공업(71억달러), 포스코건설(69억 달러), 한진중공업(71억 달러) 등으로 이들은 우리나라 100대 대기업에 속한다.

대형 건설업체는 전술한 바와 같이 공사비(수주액)의 약 50%만 하청업체에 지급하고, 비록 세금과 기타 비용 지출을 내더라도 많은 이익을 창출하였을 것이다. 최근 개국 이래 최대 토목공사라는 '4대강 사업'(22조 2천억원 투자계획) 중에 공사비 8조 6천억원의 절반 가

51) 지난 건설업체의 주요 경영지표는 다음과 같다.

<표 19> 건설업 주요 경영지표

(단위 : %)

	2005	2006	2007	2008	2009	2010
건설매출증가율	3.0	7.9	11.6	17.2	8.3	3.9
총자산증가율	10.7	13.0	19.2	35.3	5.2	5.1
매출액영업이익율	5.9	5.8	6.4	5.8	5.2	5.0
부채비율	151.4	153.6	159.8	193.1	169.1	145.6
유동비율	141.1	141.3	144.5	129.0	130.7	133.3
매출원가/매출액	87.1	86.9	86.3	87.1	88.1	87.4
금융비용/매출액	1.3	1.3	1.4	1.5	1.8	1.8

(자료) 대한건설협회

량을 시공능력 순위 10개 토목, 건설업체(삼성물산 7,302억원, 현대건설 6,502억원 등)가 전체 공사의 54%인 4조 6천억원의 사업을 수주하였다. 이들의 낙찰금액은 예정가의 93.9%~99.3%이고 4대강 공사 평균 80% 보다 높았다.[52] 만약 매출 이익율이 6% 또는 그 이상이라 한다면 적어도 5천억원 이상의 자본 축적이 가능하였다.

이와 같이 국내외에서 돈을 많이 벌어들인 건설회사들이 재계 100대 기업이 되어 있다. 이들의 자본축적은 해외 보다도 주로 국내 공사(공공공사 49.2%, 민간공사 50.8%)에서 전체 국내외 수주액의 약 80%를 차지하였고 해외 공사는 전체의 13.7%에 불과하였다.[53]

3) 자본의 독점 ; 이익과 부채

우리나라 기업집단의 자본축적은 주로 제조업과 건설업 및 금융업에서 가능하였다. 이러한 성장은 우리나라의 산업별 경제성장률에서도 찾아 볼 수 있다.

지난 5년간 산업별 경제성장율(표 20)을 보면, 제조업(전자, 자동차, 조선 등)이 가장 많은 기여를 하였고, 그 다음이 전기가스 및 수도사업과 서비스업(금융 등)이며 나머지는 건설업이다. 이러한 산업에 참여한 기업이 우리나라의 대기업이 되어 있음을 표 20에서 확인할 수 있다.

이러한 업종의 기업성장(수익성)이 지속성을 갖는 것이 아니라 경제위기(외환 또는 기업위기)와 정책사업(고환율, 저금리, IT 산업육성,

---

52) 「국민일보」, 2010년 11월 9일, 그런데 정부는 지방건설업체에 4대강 사업 건설공사비의 40% 이상을 준다고 하였다.

53) 전게서, p.10 2010년 말 100대 건설사의 25%가 영업적자를 내었고, PF 지급보증액(64조 754억원)이 자기자본(62조 3,711억원) 보다 많아 평균 부채율이 202%이다. 정부는 도산 위기의 건설사를 살리기 위하여 올해 4차의 부동산경기대책(5.1, 3.22, 8.29)을 발표하였다.

뉴타운재개발, 4대강사업 등)에 따라 그 순위가 결정되고 있다.

<표 20> 산업별 경제성장률

(전년 동기대비, %)

연도	2005	2006	2007	2008	2009	2010
GDP성장률	4.0	5.2	5.1	2.3	0.2	8.1
건설업	-0.3	2.2	2.6	-2.5	1.9	1.5
제조업	6.2	8.1	7.2	2.9	-1.6	20.7
전기가스 및 수도사업	7.4	4.1	3.8	6.2	4.9	5.0
서비스업	3.5	4.4	5.1	2.8	1.0	4.4

(자료) 1) 성장률은 전년 동기대비한 것임
2) 한국은행, 「국민계정」

지난 10여년간 경제위기(1997년 외환위기와 2008년 금융위기)로 말미암아 막대한 공적 자금이 투입되어[54], 우리나라 대기업은 소위 '대마불사'(大馬不死) 임이 확인되었다. 표 21에서 볼 수 있는 법정관리기업체(하이닉스, 현대건설, 대우 GM 등)가 그 전형이다.

그러면, 45개 기업 집단의 2010년 말 재무구조의 특성을 표 21에서 보자.

첫째, 기업집단의 총 계열사가 1,222개가 되는데 7대 그룹의 경우 각각 42~75개가 된다. 지난 30년간 약 2.8배의 계열사가 증가된 것은 문어발식 산업독점화 및 시장독점화 현상이고[55], 또 2009년 상

54) 김대중 정부는 1998년 외환위기 이후 대기업과 금융기관에 투입한 공적자금 지원액이 168조 4천억원이고 회수된 것은 그것의 52.9%라고 한다. 그리고 이명박 정부는 2008년 금융위기시 1년간 투입된 공적 자금이 255조 4천 1억원이다. 이 자금의 61.8%는 채권(국가부채) 발행에서 조성되었고, 나머지는 공공자금 등이다. 그리고 회수된 자금은 2009년 6월 말 까지 전체의 21.2%에 불과하다.(고헌, 국가부채의 사회계층적 고찰, 「사회정책연구」, 제 40집, 2010, p.7)

55) 지난 5년간(2006~2011년) 30대 그룹의 계열사는 500개에서 1,087개로 증가되었는데, 증가된 계열사의 45.0%가 적자를 내었다. 가장 많은 적자를 낸 계열사는 효성(64%), 한화(63%), LS(55%), 포스코(51%), STX(50%), 롯데(50%) 등이다. 비상장계열사의 지분은 대개 총수가족이 가장 많이 보유하는데 이것은 물량 몰아주기에 의한 편법 세습경영이다. 즉 내부거래 비중은 대개 80% 이상이다.(「조선일보」, 2011년 6월 22일)

<표 21> 2010년 기업집단의 재무구조

(단위 : 10억원)

순위	기업집단	계열회사	자산총액		자본총액	자본금	매출액	부채액	당기순이익
			공정자산	일반자산					
1	삼성	67	192,850	343,812	131,299	11,953	220,120	212,513	17,664
2	현대자동차	42	100,755	122,718	54,123	7,945	94,652	68,596	8,429
3	SK	75	87,522	89,043	40,450	5,864	95,118	48,593	2,625
4	LG	53	78,918	78,918	43,155	7,530	94,638	35,763	7,332
5	롯데	60	67,265	74,334	45,283	3,767	39,570	29,050	3,069
6	포스코	48	52,889	52,890	36,384	1,882	42,479	16,506	3,687
7	GS	69	43,086	43,081	19,090	2,070	43,900	23,991	1,967
8	현대중공업	16	40,189	41,187	15,601	1,331	32,554	25,586	2,853
9	금호아시아나	45	34,942	34,942	6,910	4,680	22,222	28,032	--3,867
10	한진	37	30,387	30,387	7,762	1,151	12,074	22,625	-1,541
11	KT	30	27,099	28,483	11,507	2,342	18,995	16,976	560
12	두산	29	26,788	28,689	9,347	2,411	17,208	19,343	-564
13	한화	48	26,378	81,934	14,088	6,358	28,989	37,846	1,092
14	STX	16	20,901	21,174	6,256	970	15,796	14,918	-210
15	LS	44	16,179	16,180	7,423	1,554	19,433	8,757	473
16	대우조선해양	13	15,999	15,999	3,594	1,117	13,535	12,405	630
17	하이닉스	9	13,614	13,614	5,539	2,980	7,756	8,074	-350
18	CJ	54	13,021	13,022	6,613	1,099	9,630	6,409	697
19	대림	16	12,992	12,992	5,794	670	10,627	7,198	411
20	동부	31	12.487	26.815	4.974	1.348	15.488	21,841	205
21	현대	12	12.472	20.835	5,244	1,830	10,727	15,591	-919
22	신세계	12	12,438	12,438	5,555	315	12,368	7,089	699
23	현대건설	20	9,810	9,810	3,830	1,140	10,727	5,795	545
24	부영	15	9,161	9,162	4,669	221	1,322	4,494	108
25	효성	40	9,124	10,259	3,895	529	9,540	6,364	252
26	S-오일	2	9,119	9,119	3,969	327	17,639	5,150	243
27	동국제강	12	9,107	9,107	3,841	680	6,486	5,267	-29
28	KCC	10	8,701	8,701	5,379	455	4,492	3,322	444
29	한진중공업	7	8,630	8,630	3,357	479	4,128	5,274	86
30	GM대우	4	8,204	8,204	1,825	173	9,571	6,379	-339
31	대한전선	26	7,953	7,954	2,160	1,252	4,300	5,794	-527
32	OCI	18	7,769	7,769	3,597	387	5,237	4,172	553

순위	기업집단	계열회사	자산총액		자본총액	자본금	매출액	부채액	당기순이익
			공정자산	일반자산					
33	웅진	24	6,874	6,871	2,978	947	4,573	3,893	270
34	현대백화점	29	6,857	6,857	4,822	465	3,420	2,035	587
35	삼성테스코	3	6,836	6,836	587	938	5,479	6,250	-56
36	코오롱	37	6,829	6,825	2,356	600	6,675	4,469	154
37	현대산업개발	15	6,693	6,691	2,651	826	2,944	4,040	30
38	하이트맥주	16	6,254	6,254	2,990	423	2,265	3,264	535
39	동양	24	5,951	29,006	2,989	2,021	7,072	26,017	-16
40	KT&G	6	5,817	5,817	4,700	1,082	3,653	1,117	903
41	영풍	23	5,790	5,790	4,359	285	5,130	1,431	647
42	미래에셋	26	5,753	21,422	5,570	3,041	5,239	15,882	449
43	현대오일뱅크	2	5,633	5,633	1,671	1,235	10,868	3,961	222
44	세아	19	5,147	5,147	3,009	472	4,056	2,138	16
45	한국투자금융	18	5,039	16,529	4,696	847	4,246	11,833	-136
합 계		1,222	1,081,288	1,374,278	560,922	88,645	1,001,468	826,043	53,750

(비고) 2010년 말 기준임.
(자료) 공정거래위원회

호출자총액 제한제도(40%)가 폐지되면서 자녀세습을 위한 일감 몰아주기가 대기업자본가의 간접적인 자본축적 방식 때문이다.

둘째, 기업집단의 공정자산 총액은 모두 약 104조원이고 일반자산의 경우 약 137조원으로 평가된다. 자산은 30년전에 비하여 약 55.9배가 증가되었고, 이것은 대부분 부동산이다.[56] 기업집단중 가장 많은 자산 소유집단은 삼성(약 343조원)이고, 그 다음은 현대차(약 122조원)이지만, 범현대가(9개 집단)의 경우 약 220조원이 된다.

셋째, 기업집단의 자본총액은 모두 약 560조원인데, 이것은 30년전에 비하여 약 148배가 증가되었다. 나머지는 대부분 계열회사와 외국

---

56) 자산 순위 10대 그룹 소속 581개 계열사가 보유한 토지의 공시지가 총액은 2011년초 기준으로 60조 9,638억원이다. 공시지가는 시세의 약 80%이기 때문에 토지 자산가치는 75조 이상이 된다. 가장 많이 토지를 보유한 그룹은 롯데(13조 8천억원)이고 그 다음은 삼성(13조 4천억원), 현대차(8조 9천억원), SK(6조 1천억원), LG(4조 9천억원), GS(4조 3천억), 한화(3조 4천억원), 현대중공업(2조 6천억원), 두산(2조 2천억원), 한진(1.8조원)의 순위이다.(「조선일보」, 2011년 6월 7일)

자본이다. 외국자본은 2011년 3월 말 현재 상장주식 395조 4,511억원(전체 시가 총액의 30.6%)이 된다. 이 중에서 미국인의 보유액이 39.2%를 차지한다.[57]

넷째, 기업집단의 자기자본은 자본총액의 약 15.8%이다. 그러나 총수의 친인척과 관련 계열사의 자본까지 합치면 대개 50% 내외가 된다.

다섯째, 기업집단의 부채액은 약 826조원인데 이것은 30년 전에 비하면 약 40배가 증가되었고, 이것은 자기자본의 9.2배가 된다. 상위 10대 대기업집단의 부채는 지난 3년간 205조 750억원이 증가되었다. 삼성의 부채액(약 58조원)이 가장 많이 증가되었고, 그 다음은 현대차(약 31조원), 한화(약 20조원), LG(약 19조원), 롯데(약 17조원) 등이다. 2010년 말 37개 기업집단(주채무계열)의 금융부채가 모두 238조 7천원으로, 이것은 전체 금융부채액의 16.3%가 된다.[58]

여섯째, 기업집단의 매출액은 지난 30년전에 비하면 약 35.6배가 증가된, 약 1천 4조원이지만, 당기순이익은 약 53조원이다. 기업집단 45개 중 11개(24.4%)가 적자경영을 하였다. 반면에 34개 그룹은 흑자경영을 하였는데, 이 중에서 삼성이 35.4%를 차지하였고, 나머지는 현대차(4.9%)와 LG(14.7%), 롯데(6.2%), 현대중(5.7%), SK(5.3%) 등이 차지하였다.

이와 같이 지난 30년간 대기업집단(재벌)의 경제력 집중이 대단히 심하여 우리나라 기업간 계층간 양극화가 대단히 심화되었음을 짐작할 수 있다.

한편, 12개 기업집단이 운영하는 금융회사(81개)의 매출액은 약 85조원이고 이것의 순익은 5.5%인 4조 6천 880억원이었다. 금융회사의 순익이 비금융회사의 9.4%에 해당한다.[59] 이것은 2000년대 초 은행, 증

57) 금융감독원, '2011년 3월 외국인 증권투자 동향 및 보유현황'(보도자료), 2011년 4월 4일

58) 금융감독원, '2011년도 주채무계열(37개) 선정결과'(보도자료), 2011년 4월 6일

59) 한국은행은 2011년 9월 말 금융회사의 가계 대출금이 840조 9천억원(은행

권, 신용카드사가 보험상품을 팔 수 있도록 한 방카쉬랑스 제도의 도입 때문이다. 그런데 1987년 11월부터 2010년 6월 까지 금융기관에 투입된 공적 자금이 모두 98조 3천억원이다. 은행의 경우 86조 9천억원이고, 증권·투신의 경우 21조 9천억원, 종금의 경우 22조 8천억원, 보험의 경우 21조 2천억원, 그리고 저축은행의 경우 8조 5천억원이다.[60] 이와 같이 대기업이 주로 운영하는 금융기관이 많은 공적 자금지원을 받으면서 순익을 많이 내었다는 것은 국민과 중소기업의 희생 없이 가능한 일은 아닌 것 같다.[61]

<표 22> 주요 기업집단의 금융 실적

기업집단	계열사		금융업 실적		
	전체	금융	매출(억원)	순이익(억원)	순이익률(%)
삼성	63	10	40조 5330	1조 8630	4.59
한국투자금융	14	12	2조 6080	6450	24.73
현대차	41	4	6조 1950	6020	9.71
한화	44	9	14조 4980	3700	2.55
동부	32	7	7조 5660	3290	4.34
동양	22	7	4조 2190	2440	5.78
롯데	54	3	2조 3310	1920	8.23
현대	11	2	2조 9670	1870	6.30
현대중공업	15	5	3080	900	29.22
금호아시아나	48	2	2조 7700	850	3.06
SK	77	1	3800	440	11.57
두산	26	4	3930	100	2.54
전 체	1,137	81	85조 1540	4조 6880	5.50

(자료) 공정거래위원회

2010년 금융분야의 경우 현대중공업(5개사)과 한국투자금융(2개사)이 가장 많은 수익을 내었으며(각각 29.2%와 24.7%) 그 다음은 삼성(4.6%),

26조원, 카드·캐피털사 7조원, 농협 6조원, 보험 5조원 등) 가계이자부담액이 총 56조 2천억원이라고 한다.(「동아일보」, 2011. 11. 28)

60) 금융위원회, 공적 자금관리위원회, 「공적자금관리백서」, 2010년, p.238

61) 2011년 국내 은행들의 약 20조원의 순이익을 예상하지만 3년전 금융위기시 지원 받은 공적자금을 갚을 생각은 하지 않고(손실의 사회화) 은행원과 주주들의 이익만 챙기려고 한다.(이익의 사유화)(「조선일보」, 2011. 10. 13)

현대차(9.7%), 롯데(8.2%), SK(11.6%) 등의 순이다. 그러나, 삼성그룹의 경우 순이익이 1조 8천 630억원인데 이것은 그룹 전체 이익의 15.8%에 해당되고 현대차그룹의 경우 6천억원이 된다. 매우 효율적인 경영이다. 그러나, 대기업이 운영하는 금융회사의 경우 매출액은 93조 1천 958억원이고, 순익은 3.6%인 3조 3천 450억원이다. 45개 대기업 금융회사가 낸 순익은 삼성그룹이 47.8%를 차지하였고, 그 다음은 현대자동차(19.5%)와 미래에셋(13.1%), 그리고 롯데(5.9%)가 대부분 차지하였으나, 한국투자금융은 136억원의 적자를 내었다.[62] 그리고, 2008년 주요 대기업집단의 금융실적은 현대중공업(5개사)과 한국투자금융이 가장 많은 수익을 차지하였고(각각 29.2%와 24.7%) 그 다음은 삼성(4.6%), 현대차(9.7%), 롯데(8.2%), SK(11.6%) 등의 순이다.

이와 같이 대기업집단은 금융기관을 통하여 많은 자본축적을 행하였다.

기업집단의 당기 순익은 그 변동이 심하다. 특히 정보기술산업체(삼성전자와 LG전자 등)와 자동차산업체(현대차와 기아차 등)는 지속적 성장(약 7조원)이 가능하였지만 건설업체와 금융업체 및 조선업체는 많은 적자를 내었다. 특히 금호타이어와 대한전선, 두산인프라코어, STX 팬오션, 현대상선, 현대제철 등의 적자가 심하였다.

기업집단은 대기업간 주로 상품 가격을 담합하여 부당이득으로 자본축적을 하였다.

경실련은 공정위가 적발한 35건의 담합행위를 분석한 결과, 2003년 이후 22개 대기업집단 중 63.6%가 연루되었고, 35건의 담합행위에 계열사의 평균 과징금은 76억원에 달하며, 담합사건의 소비자피해 추정액이 4조 7천 476억원에 달한다고 주장했다.[63]

---

62) 「내일신문」, 2009년 6월 17일
63) 「네이버뉴스」, 2007년 5월 3일

<표 23> 2003년 이후 30대 기업집단 내 담합행위 계열사의 과징금

재계 순위	기업 집단	연도	내용	대상업체	건수	과징금 (백만원)
1	삼성	2004 2005 2007 2007	한국마사회 중계용 TV 입찰 가성소다 가격 합성수지 가격 합성수지 가격	삼성전자 삼성정밀화학 삼성토탈 삼성종합화학	4	14,517
3	현대 자동차	2003 2003	철근가격 인상 철근가격 인상	INI스틸(현 현대제철) 한보철강공업(현 현대제철)	2	32,345
4	SK	2006 2007 2007	음성통화 무제한 정액 합성수지 가격 휘발유 등 판매가격 인상	SKT SK SK	3	43,660
5	LG	2004 2004 2005 2005 2005 2006 2006 2006 2007 2007	조달청 등 백신구매 입찰 한국마사회 중계용 TV 입찰 시내전화 등 요금 시외전화, 국제전화 요금 가성소다 가격 음성통화 무제한 정액 PCS, 요금인하시 인하폭 세탁, 주방세제 가격 합성수지 가격 합성수지 가격	엘지생명과학 엘지전자 데이콤 데이콤 LG화학 LGT LGT LG생활건강 씨텍 LG화학	10	38,478
7	롯데	2007 2007 2007	합성수지 가격 아이스크림 가격 인상 아이스크림 가격 인상	호남석유화학 롯데삼강 롯데제과	3	2,879
11	GS	2007 2007	합성수지가격 휘발유 등의 판매가격 인상	GS칼텍스 GS칼텍스	2	25,300
14	현대중공업	2005	굴삭기 등 판매가격 인상	현대중공업	1	19,415
15	한화	2005	가성소다 가격	한화석유화학	1	3,301
17	두산	2005	굴삭기 등 판매가격 인상	대우종합기계 (두산인프라코어	1	40,538
18	금호아시아나	2005	타이어 가격 인상	금호타이어	1	1,912
24	CJ	2004 2006 2006	조달청 등 백신구매 입찰 밀가루 공급물량과 가격 세탁, 주방세제가격 인상	CJ CJ CJ	3	16,457
25	LS	2003	전력선 구매입찰 참여	엘지전선(현 LS전선)	1	8
26	대림	2007	합성수지가격	대림산업	1	11,700
30	동국제강	2003 2006	철근가격 인상 록볼트 가격	동국제강 유니온스틸	2	16,592
계열사의 평균 과징금					35	7,631

(자료) 경실련 내부자료

공정거래위원회가 부과한 부당거래의 담합행위에 대한 과징금은

2005년 KT의 1,130억원이 가장 많았고, 그 다음으로 현대·기아자동차 그룹계열사들의 물량 몰아주기와 가격인상 등으로 내부지원 하여 631억원(현대차는 508억 1천만원)이 부과되었다.64)

기업의 안정성은 기업이 소유한 자산과 자본금 및 부채를 종합해서 평가할 수 있다. 우리나라 45대 기업집단의 차입금(부채)이 자기자본의 약 8.9배가 되고, 자본총액의 약 1.4배를 초과한다. 표 21에서 볼 수 있는 바와 같이 5대 대기업의 차입금은 자본총액에 비하여 대개 1.5배 이하이다. 그러나 차입금이 자본총액의 8배가 넘는 동양(8.3배) 그리고 4배가 넘는 하이트맥주(7.4배) 한화(4.5배) 금호아시아나(4.3배)가 있다. 이러한 대기업집단의 부채는 자산 총액에 미달하지만 기업의 불안정성(부실기업)이 상존하고 있다.

금융연구원은 기업이 영업이익으로 이자를 갚을 수 있는 능력, 즉 이자보상비율(영업이익/이자비율)이 100%에 미치지 못하면 부실기업이라고 한다.

이러한 부실기업이 2008년 현재 상장회사 1,600개의 35.1%(561개)나 된다. 이자 보상비율이 3년 연속 100%에 미치지 못한 기업이 전체의 18.1%(289개)가 된다. 이러한 만성적 부실기업은 정보기술(IT), 전자, 미디어 업종에 가장 많은데 이것은 부동산과 잦은 증자로 버티고 있다.65)

공기업 및 민영화 공기업을 제외한 자산순위 30대 그룹 975개 계열사의 차입금 및 현금자산 보유현황을 보면, 2009년 말 기준으로 차입금은 총 118조 5천 419억원이었다. 반면 이들이 보유하고 있는 현금자산(현금 및 현금성 자산)은 총 59조 297억원으로 차입금의 48.1%에 그쳐 절반 수준에 못 미쳤다.

또 30대 그룹의 금융계열사를 제외한 평균 부채 비율은 지난해 말 153.6%를

64) 「동아일보」, 2007년 9월 7일

65) 「매일경제」, 2010년 10월 21일

기록했으며, 영업이익과 이자비용의 배율을 나타내는 이자보상배율은 4.06배로 나타났다.

현금자산은 삼성이 14조 3천 18억원을 보유해 30대 그룹 중 현금자산이 가장 많았고, 현대차가 7조 5천 777억원, SK가 5조 8천 448억원, LG가 3조 6,498억원의 순으로 많았다. 이어 GS가 2조 8천 987억원, 롯데가 2조 6천 929억원, 현대중공업이 1조 9천 478억원, STX가 1조 7천 8천30억원, 한진이 1조 5천 814억원, 두산이 1조 4천 156억원, 대림이 1조 2천 507억원이었다.66)

이와 같이 금융위기에도 불구하고, 사상 최대의 호황으로 2004년에 이어 최대의 자본축적을 한 대기업은 신규투자를 기피하고, 또한 많은 금융부채를 갚을 생각도 하지 않는다. 그것은 현재 정부가 고환율과 저금리 정책을 유지하기 때문이다. 그러나, 부채비율(액)이 당기순익을 초과하는 대기업은 정부가 금리인상을 단행할 경우 몰락하게 된다.

<표 24> 10대그룹 비금융 회사 부채비율 변동(1997~2008년)

(단위 : %)

	2008년 12월	2007년 12월	2005년 12월	2004년 12월	2003년 12월	1998년 12월
삼성	77.7	59.1	49.9	50.0	56.5	134.2
현대차	87.9	86.5	101.2	104.8	108.3	289.5
SK	118.8	92.9	125.3	137.2	194.3	311.2
LG	74.1	69.8	87.8	103.5	130.5	276.3
롯데	39.1	39.5	69.1	70.3	68.7	117.4
GS	87.0	86.3	97.9	93.3	130.5	276.3
현대중공업	314.2	178.8	243.9	234.4	247.1	289.5
금호아시아나	169.1	181.5	193.5	201.3	265.4	482.9
한진	278.7	190.8	184.7	217.2	286.5	482.1
한화	165.5	136.9	159.3	179.2	194.6	658.7
평균 합계	101.9	84.3	91.8	97.5	118.2	315.9

(비고) 2008년 12월 부채비율은 10대 그룹 계열 상장사 기준임.

지난 10년간 10대 기업집단의 부채비율을 표 24에서 보면, 1998

66) 「재벌닷컴」, 2010년 7월 4일

년 말 총 자본의 3.1배이던 것이 이것이 점차 감소되어 오다가 2008년 말에 1.0배가 되었다가 다시금 증가되고 있다. 이러한 현상은 그간 정부의 재벌정책(해체론)의 영향으로 내실을 기하였지만, 이명박 정권의 친기업정책(저금리 등)의 결과로 금융기관의 대출을 독점하는 것 같다. 이로 인하여 기업의 이자 비용이 급증하여 이자 수익의 3배에 달하였다.[67)]

4) 시장의 독점 ; 매출이익

우리나라 기업집단은 일반적으로 기업의 자산이나 매출액 등으로 평가하고 있다. 2010년 기업의 매출액은 표 20에서 볼 수 있는 바와 같이 35대 기업집단 중 최저 매출 기업집단이 약 4조원 이상이고, 최고기업 집단은 약 220조원의 삼성그룹으로 35대 기업의 21.6%를 차지한다. 그 다음은 현대차(약 97조원), SK(95조원), LG(30조원), 롯데(21조원) 등의 순위이다. 그리고 단종 업종으로 현대자동차가 재계 2위를 차지하며 삼성전자와 더불어 국내 뿐만 아니라 세계 시장에서도 상당한 경쟁력을 지니고 있다.[68)]

2009년 시장에서 경쟁력이 있다는 것은 매출액 뿐만 아니라 당기 순이익에서도 찾아 볼 수 있다. 대부분의 대기업이 표 20에서 볼 수 있는 바와 같이 당기 순이익을 내고 있다. 그 중에서 삼성그룹의 매출액이 전체 기업집단의 35.4%를 차지하고 그 다음은 현대자동차(16.9%), LG(14.7%), 포스코(7.4%), 롯데(6.2%) 등의 순위이다. 반면에

---

67) 한국은행이 7,180개 업체를 조사한 결과 2009년 국내 전체 기업의 이자비용은 42조 3천 6백억원으로 추산하고 기업이 금융회사에 예치하여 얻은 이자수익이 14조 8천 9백억원으로 이자비용이 수익보다 2.85배가 많다. 대기업의 경우 2.4배이지만 중소기업은 3.88배이다.(「연합뉴스」, 2010. 7. 5)

68) 대기업의 시장경쟁력은 정부의 금융정책(저금리, 고환율, 감세 등)의 지원과 저임금 및 저곡가정책에서 가능하다.(본서 제 6장, 7장, 8장 참조)

금호아시아나와 한진은 각각 3조 8천억원(7.8%), 1조 5천억원(3.1%)의 적자를 내었다. 다시 말하면 5대 기업집단의 순익이 전체의 80.6%를 차지한다. 이것은 자본과 이익이 극소수의 대기업에 집중되어 대기업간에도 양극화가 일어나고 있음을 의미한다.

한국거래소에 따르면 2009년 삼성전자를 비롯한 삼성 계열 12개 상장사 순이익은 모두 11조 9천 874억원인 것으로 집계 됐으며, 이는 유가증권시장 내 565개 상장사의 총 순이익 47조 7천 412억원의 25.11%나 됐다. 또 금융위기 이전인 2007년의 17.70%에 비해 무려 7.41% 포인트나 높아진 것으로, 같은 기간 순이익 규모도 무려 3조 3천 396억원이나 증가했다.

전체 상장사에서 삼성그룹 상장 계열사의 순이익이 차지하는 비중이 이처럼 커지면서 삼성을 비롯해 현대기아차, SK, LG, 롯데 등 5대 그룹의 순이익은 모두 29조 724억원으로 전체의 60.90%나 됐다. 이들 5대 그룹 계열 상장사 수는 45개사에 불과하다.

이에 비해 매출액은 삼성그룹 계열이 98조 7천 237억원에서 134조 3천 900억원으로 36.1%나 증가했으나 매출액 기여도는 13.74%에서 15.26%로 1.52% 증가하는데 그쳤으며 현대기아차는 매출액이 70조 2천 749억원에서 66조 4천 418억원으로 오히려 줄면서 기여도도 9.78%에서 7.54%로 2.23% 포인트 낮아졌다. 이에 따라 5대 그룹 기여도는 2007년 37.84%에서 작년 43.29%로 5.44% 포인트 높아지는데 그쳤다. 시가 총액의 경우 삼성 계열 상장사는 2007년 124조 1천 997억원에서 164조 1천 222억원으로 32.14% 증가했으며 전체 시총에서 차지하는 비중은 13.05%에서 18.90%로 증가, 전체의 5분의 1수준에 육박했다.[69]

이와 같이 매출액과 수익이 증가된 것은 시장독점화와 정보산업(IT), 자동차 및 조선 등의 글로벌한 경쟁력으로 영업이익이 개선되었고[70], 또한 저금리와 고환율 및 주가상승 등 영업외 순수익이 증

---

69) 「재벌닷컴」, 2010년 3월 11일

70) 총수가 있는 자산순위 30대 그룹의 2004년과 2009년의 경영실적을 비교한 결

가한 결과이다.

<표 25> 회사기회 유용(일감 몰아주기)을 통한 부의 증가액

(단위 : %, 백만원)

기업집단	주주명	최초 취득 금액(A)	주식 평가액(B)	배당금 (C)	매각금액 (D)	부의 증가액 (E=B+C+D+A)	수익률 (E/A)
현대자동차	정의선	44,557	2,017,499	68,748	142,020	2,183,710	4,901
SK	최태원	10,128	1,940,200	41,876	71,960	2,043,908	20,182
현대자동차	정몽구	18,058	1,217,766	40,277	252,672	1,492,658	8,266
대림	이준용	24,543	521,186	55,450		552,093	2,250
SK	최기원	5,831	457,800	9,161		461,131	7,909
현대백화점	정몽근	14,733	95,237	18,157	277,348	376,009	2,552
대림	이해욱	218,909	307,255	25,913	195,594	309,853	142
GS	허정수	14,50	183,475	44,240		213,215	1,470
STX	강덕수	148,669	162,730	9,343	162,416	185,820	125
신세계	정용진	4,167	157,916	10,208		163,958	3,935
GS	허용수	4,567	135,414	32,496		163,343	3,577
CJ	이재현	34,317	13,385	7,317	142,927	129,313	377
하이트진로	박문덕	18,690	7,603	36,588	99,494	124,995	669
삼성	이재용	12,520	89,289	6,686	2,494	85,949	686
효성	조현준	1,284	54,220	55	11,848	64,839	5,051
현대자동차	정성이	1,200	56,835	7,200		62,835	5,236
GS	허인영	1,442	42,748	10,259		51,565	3,577
GS	허완수	1,430	42,411	10,178		51,158	3,577
효성	조현상	790	47,484	55		46,748	5,915
영풍	장형진	503	39,225	4,065	97	42,884	8,520
OCI	이화영	7,910	47,715	2,825		42,631	539
STX	강정연	4,000	41,362	2,840		40,202	1,005
STX	강경림	4,000	41,362	2,840		40,202	1,005
LG	구연경	2,000		1,508	40,544	40,202	2,003
합 계		1,319,469	8,850,068	567,452	1,860,714	9,958,766	755
평 균		6,900	46,579	2,975	9,573	52,255	

(비고) 합계와 평균은 표 25에서 제외된, 4백억원 이하 증가된 주주(24명)의 자료도 포함됨.

(자료) 경제개혁연구소, 회사기회 유용과 지원성 거래를 통한 지배주주 일가의 부(富)의 증식에 관한 보고서(2011년),「경제개혁리포트」, 2011-4호

과 매출은 528조 8천억원에서 853조원을 61.3%, 순익은 37조 8천억원에서 42조 6천억원으로 12.7%가 각각 증가했다. 그러나 같은 기간 동안 30대 그룹의 매출 대비 순이익율은 지난 2004년에 평균 7.1%이던 것이 지난 해 평균 5.0%로 1.9% 포인트가 낮아진 것으로 조사됐다.(「재벌닷컴」, 2010년 7월 11일)

한편, 최근 기업집단이 총수 일가가 계열사에 일감을 몰아주어 계열사 뿐만 아니라 총수 일가족, 즉 대기업자본가의 자본축적과 나아가 편법 기업승계를 이루고 있다.

최근 공정거래위원회가 국내 43개 대기업집단(1,083개)을 조사한 결과 2010년 전체 매출액 1천 201조 5천억원의 12%인 144조 7천억원이 내부거래, 즉 일감 몰아주기로 이루어졌다고 한다. 비상장사(867개)의 경우 22.6%이고, 상장사(216개)의 경우 8.8%이다. 내부거래 금액이 가장 많은 기업집단은 삼성으로 35조원대이고 현대자동차(25조원)와 SK(17조원) 등 5대 그룹을 합하면 103조원으로 전체 내부거래금액의 70%를 초과하였다.71)

계열사 일감 몰아주기에 의한 재벌총수 친인척의 부(富)의 대물림 방식은 ① 오너 2~3세가 개인적으로 지분을 보유한 광고, 물류, 전산 관련 비상장계열사 설립, ② 주요 계열사에서 일감 몰아주기로 비상장 계열사의 매출·수익 증대, ③ 비상장 계열사, 오너 2~3세에 고액 배당 실시, ④ 오너 2~3세, 고액 배당을 통해 확보한 현금으로 주력 계열사 지분 확대 및 신규사업 진출이다. 그리고 30대 그룹의 전체 계열사간 평균 내부거래 비율은 88.8%이고, 7대 재벌의 경우 57%이다.72)

최근 경제개혁연구소는 29개 기업집단(재벌)의 85개 회사와 지분 30%가 넘는 190명의 대주주, 가족들을 조사한 결과 지난 10년간 종잣돈 1조 3,195억원으로 9조 9,588억원(7.5배)의 이익을 챙겼다고 한다. 표 25에서 볼 수 있는 바와 같이 4백억 이상 대기업자본가는 24명이고,

---

71) 「YTN뉴스」, 2011년 10월 17일

재정부가 입안한 세법개정안에 따르면, 2010년 5대 재벌기업이 내야 할 증여세는 현대차 정몽구 회장이 가장 많은 약 237억원을 내야 하고 그 다음인 정의선 부회장은 약 191억원을, SK 최태원 회장이 약 86억원, 최기원 부회장은 약 11억원, 그리고 삼성전자 이재용 사장은 약 15억원을 내야 한다.(「국민일보」, 2011. 10. 17)

72) 「조선일보」, 2011년 6월 13일

부의 증가액 상위 10명이 차지하는 부는 전체의 80.2%가 된다. 그리고 가장 높은 수익률은 최태원 회장이 올렸고(약 201배) 절대액은 정의선 부회장과 최태원 회장이 올렸다. 정의선 부회장과 최태원 회장은 각각 2조원 이상을 올렸고, 그 다음은 정몽구 현대차회장(1조 5천억원)과 이준용 대림회장(5천 5백억), 최기원 SK부회장(4천 6백억원)이며, 나머지 기업자본가도 많은 이익을 가졌다.73)

5) 노사간 소득격차

기업의 정상적인 자본축적은 시장과 생산관계에서 발생한다. 그러나, 우리나라의 경우 비정상적 생산관계와 정부개입(시장 조작)에 의하여 그것이 왜곡되고 있다. 비정상적인 자본축적은 이미 제 2장 제 2절에서 본 바와 같이 대기업의 경영권 계승을 위하여 '비자금'의 형성과 주가 조작 및 탈세 등 불법, 변칙행위에 의하여 자본을 축적하고 족벌체제가 형성되었다.

이와 같은 변칙승계와 자본축적은 기업 총수 뿐만 아니라 그 뜻을 실현시키는 기업 임원들의 노력에 의하여 가능하였다. 그리하여 총수

73) 가장 이익을 많이 챙긴 현대차 그룹 정몽구, 정의선 부자의 사례를 본다.

현대차 정의선 부회장은 2001년 비상장회사 '글로비스'(현대차를 수출하는 등 그룹물류기업)에 29억 9,300만원을 투자했다. 그리고 딱 10년만에 1조 8,967억원의 투자 수익을 냈다. 물론 평가익이다. 이미 챙긴 돈인 배당금만 갖고도 투자액의 10배(335억원)를 벌었다. 수익률은 무려 6만 3,000%에 달한다. 세계 최고의 투자가인 워런 버핏도 혀를 내두를 수익률이다. 현대 · 기아차의 자동차를 운반하고 수출입물류를 담당하는 글로비스는 자본금 150억원으로 출발, 불과 10년만에 매출 5조 8,300억원의 거대 기업으로 성장했다. 현대차 · 기아차를 비롯한 그룹 계열사들의 물량 몰아주기 덕분이다. 500원짜리 주식은 지난 2005년 상장하자마자 큰 폭으로 올랐고, 최근에 16만 5000원 선에 거래되고 있다. 그 뿐만 아니라 정 부회장은 현대엠코, 이노션, 본텍, 위스코, 오토에버시스템즈 등 다른 5개 계열사에도 410억원가량 투자해 2,800억원대의 투자수익을 올렸다. 여기에 이들 계열사 역시 증시에 상장하면 정 부회장은 다시 한번 천문학적인 시세 차익을 올릴 수 있다.(「조선일보」, 2011년 6월 30일)

는 기업의 소유자(주식) 및 경영자로서의 이익(이윤과 임금)을 쉽게 챙기고 임원들은 파격적인 고임금의 대우를 받으면서 총수와 그 가족에 대하여 가신(家臣)으로서 충성을 다 한다. 반면에 임원들은 일반 직원과 노동자들에게도 업적주의 임금체계와 승진제도를 적용하면서 기업의 성장과 노동자의 생산성을 극대화 시킨다.74)

그러면, 대기업의 생산관계와 임금구조를 파악하여 본다. 여기에서 노사간, 직종간 임금격차가 어느 정도이며, 그러한 것을 가능하게 한 경영자의 자질과 관리방법이 어떠한 가를 고찰하여 본다.

기업의 생산관계는 노사관계, 즉 계급관계를 말한다. 다시 말하면 계급관계는 사용자(부르조아지)와 노동자(프로레타리아)의 수입원과 수입액의 차이에서 결정된다. 사용자(주주)의 수입원은 이윤이고 노동자의 수입원은 임금이다. 그런데 대기업자본가(총수)는 대주주인 동시에 경영자(관리직)이다. 그리고 경영자는 법적으로 사내외의 이사(임원)와는 다를 수 있다. 사내 이사(임원)는 사원(노동자) 출신이 승진하여 경영자(관리직)인 동시에 법적 이사(소유권자)가 된 경우가 많다. 대기업에는 법적 미등기이사가 대단히 많다. 이들은 소유권자가 아니면서 이사의 지위를 부여하여 부르조아지의 신분을 갖는다.

그러면, 이들의 계급적 성격은 무엇인가 하는 것이다. 대기업의 총수와 대주주는 분명히 자본가계급(부르조아지)이지만 대기업에 많이 있는, 임기가 제한된 미등기 이사(임기 3년의 계약직)들을 자본가계급으로 볼 것인가, 아니면 신중산층으로 볼 것인가에 대한 계급구분의 문제가 있다.75) 그러나 현재 대기업의 등기이사(대개 5명 내외)는 비록 주주는

---

74) 우리나라의 경제성장, 즉 국민소득의 연평균 증가율이 1963~2000년에 7.2%였는데 이 중에서 노동의 기여도가 자본의 기여도 보다도 약 2배가 된다고 한다.(김동석 외, 한국경제의 성장요인 분석 1963~2000, 한국개발연구원 연구보고서, 2003, p.135) 그리고 한국생산성본부는 우리나라 평균 노동생산성(취업자 1인당 부가가치)이 2000~2007년간 4만 2천 373달러라고 한다.(「연합뉴스」, 2010년 2월 11일)

아닐지라도 자본가계급으로 보는 것이 타당할 것 같다. 왜냐하면 그들은 실질적 자본가(주주)는 아닐지라도 법적 등기이사의 수입액은 일반 직원(관리직 또는 사무직 등)에 비하여 현격한 차이(약 10배)가 있고, 그들은 대부분 토지, 아파트 또는 빌딩을 소유하며,[76] 또 전문경영자 중에 50.1%가 자사주(10억 이상)를 지니고 있기 때문이다.

우리나라 100대 기업의 생산관계와 임금구조의 특성을 표 26에서 파악하여 본다. 표 26을 보면, 100대 기업에 들어가는 대기업의 업종이 매우 다양하여 이들의 생산관계를 획일적으로 파악하기는 어렵다. 우선 대기업의 사업보고서에서 통일된 직종 구분이 되어 있지 않고, 특히 누락된 경우가 많다.[77] 밝혀진 대표적인 대기업의 생산관계를 보면, 관리사무직과 생산기능직의 비율이 비슷하다. LG전자산업의 경우 관리·사무직이 전체 직원의 71.5%를 차지하고 생산직이 26.8%이며, 판매직이 1.6%이다. 현대자동차의 경우 관리·사무직이 전체의 32.3%이고, 생산직이 56.5%이며, 판매직은 9.5%이다. 그리고 현대중공업의 경우 관리·사무직이 전체의 36.1%이고 생산·기능직이 56.5%이며 판매직이 9.5%이다.

---

75) 기업체의 모든 이사들을 마르크스주의자 또는 신마르크스주의자들이 획일적으로 부르조아계급으로 구분한다. 이사 중에서 일반 상무, 전무, 부사장, 사장 및 부회장 등이 구별되고 심지어 사장, 부회장 중에 등기이사가 아닌 경우가 있다. 더욱이 회장은 법적 책임을 회피하기 위하여 거의 대부분 미등기이사(전문경영인)가 되어 있다.

76) 예컨대 삼성그룹 이학수 전 부회장은 강남 대치동에 상품종합 도매업체인 L&B 타워(토지 200평, 지상 19층, 연면적 4천 215평)를 소유하고, 현대건설 이명박 전 회장은 퇴직시 예금(약 24억원) 이외도 서초구 양재빌딩(대지 70평, 건물 200평)과 서초동 건물(2건)을 소유하고 있었다.

77) 2010년 300인 이상 사업장의 대기업(자동차, 조선, 전자, 철강분야) 사내 하도급 근로자는 전체의 24.6%(32만 5천 932명)인데 이들이 그간 비정규직 신분이었다. 그러나 최근 대법원이 사내 하청업체 근로자를 2년 이상 고용하면, 대기업의 정규직이 된다.

<표 26 > 100대 기업의 임직원수와 급여액

순위	회사명	직원 수(명)					보수(백만원)						평균 근속 연수
		관리 사무직	기술 연구직	생산 기능 직	기타 (판매 직종)	합계	임원 총급여		임원 평균급여		직원 총급여	직원 평균급여	
							사내	사외	사내	사외			
1	삼성전자					85,085	431	3	108	0.7	5,704,079	67.8	7.9
2	현대자동차	18,014		31,646	5324	55,984	6,882	241	1,721	48	4,206,659	75	17.0
3	한국전력	4,716	9728	5589	137	20,170	997	292	142	36	1,281	63.5	17.4
4	LG전자	21,133		7,937	484	29,554	2,639	60	1,320	60	1,886,007	63.82	8.8
5	삼성생명	6,210				6,210	3,805	143	951	48	274,074	43.8	12.5
6	포스코	1,547		14,969		16,516	5,114	502			998,273	59.7	19.4
7	GS칼텍스	1,613		1,239	169	3,021	2,332		583		207,351	68	13.6
8	SK네트웍스	2,022		47		2,069	1,420		29		108,276	47	7.9
12	기아자동차	6,014		23,249	3,361	32,624	1,795	150			1,395	42.8	15.3
13	현대중공업	9,010		15,146	826	24,982	1,163	42	387	42	1,746,166	69	18.7
14	에쓰오일					2.473	330	404	330	67	157.816	63.8	14.9
16	SK에너지	3,025		2,424	93	5,542	12,562		1,256		249,522	45	14.9
17	LG디스플레이	7,384		15,083		22,467	1,418	241	473	44	689,421	33.04	4.3
20	교보생명					4,208	856	32			174,509	41	12.1
21	KT	30,636			205	30,841	365	43	122	6	1,988,460	55.23	18.5
22	SK텔레콤	4,451				4,451	1,016	263	397	53	220,822	48	11.1
24	LG화학	3,770		4,424		8,194	3,716	180			512,233	62.5	12.5
27	롯데쇼핑					9,081	4,472	144			375,226	41	6.85
28	삼성물산	4,665				4,665	9,747	389			315,330	67.3	10.4
29	삼성화재					5,173	1,606	95			302,375	58	8.7
30	현대오일뱅크	868		936	90	1,894	1,284		142		95,612	50	12.8
31	대한항공	4,419	10,907		408	15,734	2,480	37	496	18	927,433	59	13.9
37	신세계	4,338			11,305	15,643	8,302	67			493,832	31.6	5.5
38	대우인터내셔널					1,431	896	187	448	62	58,351	41	11.8
39	현대제철	1,990		5,581	107	7,678	4,238	245			443,918	57,817	11.8
40	대우조선해양	4,396		7,485	284	12,165	298	77			213,875	17.6	16.4
42	한진해운	708		719		1,427	358	20	89	4	7,237	507	10.0
43	대우건설					4,811	1,246	88	311	44	307,638	64	8.4
45	현대건설					3,927	4,194	222			254,942	64.9	12.7
47	효성					7,047	4,915	216			349,466	49.59	11.8
51	현대해상	2,811			10	2,821	1,716	108	572	36	120,339	42	11.0
52	대림산업					3,762	1,466.2	89.6	366.5	44.8	234,298	66	12.8
53	STX팬오션					2,135	1,787	394	357	78	75,968	58.62	7.5/9.9
55	LIG화재					2,693	5,221	108			167,222	62	10.6
56	LG텔레콤	1,294	477		749	2,520	1,401	200	700	50	132,709	52	4.8
57	동부화재					3,375	697	66	400	33	113,131	33	7.4
58	여천NCC	228		632		860	350		175		68,722	79	18.9
59	SK건설					3,414	1,473	168	528	43	206,972	60	7.3
60	두산중공업	3,580	2,201		72	5,853	7,414				371,772	62.1	14.6
62	코리안리재보험					260	2,854	128	713	32	21,177	81	8.8

순위	회사명	직원 수(명)					보수(백만원)						평균 근속 연수
		관리 사무직	기술 연구직	생산 기능 직	기타	합계	임원 총급여		임원 평균급여		직원 총급여	직원 평균급여	
							사내	사외	사내	사외			
63	삼성SDI	1,693	1,753	2,747		6,193	3,274	265	1,091	66	37,3548	57	11.4
64	삼성토탈	405		503		908	3,562		1,187		78,864	87	14.1
65	현대하이스코	598		543	32	1,173	2,739	144			64,162	54	12.5
67	동국제강	586		1,272	25	1,863	2,691	7			85,659	46	12.4
68	두산인프라코어	2,317		2,133	79	4,529	5,447	432			266,062	59	16.1
69	아시아나항공	2,978		4,880	281	8,139	1,429	192			477,441	58.7	9.3
70	롯데건설	627		1,405		2,032			400		107,083	52.7	5.8
71	포스코건설	424		2,650		3,074	2,545		318		171,644	55	9.2
72	한화	1,345		1,653	166	3,164	7,613.5	96			159,391	50.4	11.6
73	SK가스					276	3,547				14,959	54	11.9
75	현대위아	977		967	34	1,978	1,228		409			61	15.3
76	삼성테크윈		3,568		731	4,299	1,923	175			261,701	6,0.87	13.4
77	대우자판	581		234	380	1,195	773		246		59,115	49,468	-
78	LS그룹	39				39	2,027	144			1,856	3	7.8
79	쌍용자동차	1,499		3,232	32	4,763	817	29	272	10	192,066	40	14.0
80	제일모직					3,257	3,400	230			187,650	56	9.1
83	신한카드					3,383	1,591		265		190,638	56	7.7
86	르노삼성												
87	현대산업개발	368	969		455	1,792	2,736	170			99,829	55.7	9.3
88	GS리테일	3,186			268	3,565	2,176	24	725	12	120,186	34	6.4
89	대우증권	1.452			1,809	3,261	2,409		240		306,007	92	8.2
90	신한금융지주				135		2,312	618	1,156	48	8,501	63	2.3
91	삼성전기					10,100	1,976	127	659	64	587,232	58.14	8.7
92	E1					211	1,357	84	378.5	42.0	12,003	56.9	13.9
93	현대삼호중공업	1,386		2,993	36	4,415	536	170	179	426	282,596	64.9	10.4
96	고려아연	231		661	5	897	1,203	108	300	54	42,303	47	12.7
98	글로비스					448	2,022		250		23,155	51	3.6
99	한화석유화학	815		1107	111	2,033	6,508		2,169		145,584	71	14.
100	삼성카드	1,525			1,999	3,524	9,670	254			177,657	50.4	7.6
합 계		170.423	29.603	164.086	30.202	550,800	192,768	8,914	23,361	1,572	29,123,123	111,251	10.9

(자료) 각 기업의 연말「사업보고서」, 2009년 12월 말

이것을 보면, 전자기술 업종의 생산관계, 즉 노사관계는 화이트 칼라와 블루 칼라가 약 7대 3의 비율이고 자동차 업종의 경우 3대7이며 중공업(조선)의 경우 약 4대 6이라고 할 수 있다. 다시 말하면, 전통적인 중화학공업 분야의 노사관계, 즉 계급구조는 다수의 노동자(약 6~7할)와 신중산층(약 3~4할) 그리고 극소수의 자본가(약 1%의

주주임원)로 구성되어 있으며, 현대적인 기술산업분야의 경우 소수의 노동자(약 3할)와 다수의 신중산층(약 7할), 그리고 극소수의 자본가(약 1%의 주주 및 임원)로 구성되어 있다.

이와 같이 계급구성에 있어서 신중산층이 다수를 차지한 기술산업 분야에서는 노사간 대립구조가 심하지 않고, 그렇지 않는 제조공업 분야(특히 하청회사)에서는 노동자가 계급구성에 있어서 다수를 차지하기 때문에 노사간 대립구조가 매우 심하다고 볼 수 있다.

그런데 전자와 자동차 업종에 있어서 과거와 같이 생산직(노동자)이 적은 것은 전자 및 자동차의 계열 및 협력회사에서 많은 부품을 공급 받아 재조립 공정을 실시하기 때문이다. 다시 말하면 생산직 노동자는 대기업의 종속관계인 계열 및 협력회사 즉, 하도급회사(중소기업)에서 많다는 것이다. 이와 같이 하도급 회사는 대기업의 하청 또는 재하청의 종속적 성격을 지니고 있다.[78]

한편, 직원들의 임금구조는 표 26에서 볼 수 있는 바와 같이 대기업간에 차이가 있다. 특히 임원(이사급 이상)과 직원(부장급 이하와 생산 및 판매직) 간에는 그 차이가 약 10배 이상이 된다. 그러나, 직원 또는 생산직 간에는 큰 차이가 없으나 대기업일수록 그 수준이 높다. 예컨대 대기업일수록 평균 급여액이 그렇지 않은 경우에 비하여 약 2배의 차이가 난다. 그리고 매출액(수익성)이 높은 전자, 자동차, 조선, 건설업 분야 직원들의 평균 급여액은 다른 분야에 비하여 높은 편이다.

이러한 것을 보면, 대주주와 고위 관리직(임원)의 자본가와 화이트

78) 공정거래위원회는 2010년 7월 20개 건설업체를 조사한 결과 모두 범법 행위를 저질러 약 4억원의 과징금과 위반금액 51억원을 936개 관련 하도급업체에 지급토록 조치하였다. 법 위반행위는 ① 부당한 하도급금 결정(6개 업체), ② 하도급 대금 및 지연이자 미지급(12개 업체), ③ 어음 할인료 및 수수료 미지급(9개 업체), ④ 선급금 지급 위반(4개 업체), ⑤ 지급보증 불이행(8개 업체) 등이다.

칼라인 신중산층 및 생산직인 노동자 간에는 수입액의 차이가 매우 심하여 계급갈등이 상존하여 있다.

500대 기업의 총수와 임원 및 직원들의 소득구조를 보기로 하자.

2009년 말 한국 CXO 연구소는 500대 기업의 사업보고서를 토대로 임직원 보수를 비교한 결과 다음과 같이 지적하였다.[79]

조사대상 기업의 임원 1인당 평균 보수는 3억 5천 440만원으로 전년 3억 2천 410만원 보다 9.3% 올랐다. 100대 기업의 임원 평균 보수도 7억 4천 970만원으로 전년 6억 8천 890만원 보다 8.8% 뛰었다. 이에 비해 500대 기업의 직원 1인당 평균 보수는 4천 430만원으로 전년 4천 440만원 보다 0.2% 줄었다. 100대 기업의 직원도 5천 330만원에서 5천 260만원으로 1.3% 내렸다.

500대 기업 임직원의 1인당 평균 보수 격차는 2008년 7.3배에서 작년 8.0배로 벌어졌고, 100대 기업은 12.9배에서 14.3배로 확대됐다. 작년 500대 기업 임원에게 지급된 보수 총액은 7천 518억 9천 460만원이었고, 직원에게는 총 49조 5천 591억 1천 160만원이 지급됐다.

작년 임원 보수가 가장 높은 기업은 삼성전자였다. 삼성전자는 등기이사(사내) 4명과 퇴직임원 5명에게 총 431억원을 지급, 1인당 평균 47억 8천만원을 줬다. 그 다음으로 LG의 임원이 1인당 평균 31억 9천만원이었고, CJ제일제당(29억 4천만원), 신세계(27억 6천만원), 삼성물산(24억 3천만원) 등의 순으로 나타났다.

직원 보수는 KB금융지주가 평균 9천 500만원으로 가장 많았고 제일기획이 7천 530만원, 삼성엔지니어링 7천 500만원, 현대자동차 7천 500만원, 휴켐스 7천 480만원 등의 수준이었다.

이것을 보면, 우리나라 기업체에 있어서 임직원의 보수 차이는 500대 기업의 경우 8.0배이고 100대 기업은 14.3배이다.

저자가 조사한 2008년 우리나라 10대 대기업자본가(총수)의 연간 이윤과 등기임원의 월급, 그리고 일반 직원의 연봉은 표 27과 같다.

---

79) 「연합뉴스」, 2010년 4월 18일

2008년 대기업 총수의 이윤배당은 정몽준 회장(현대중공업)이 연간 410억원으로 가장 많고, 그 다음은 정몽구 회장(현대차), 이건희 회장(삼성), 구본무 회장(LG)의 순이다.[80] 이들의 이윤 배당금은 등기 임원의 평균 연봉(약 87.8억원) 보다도 약 144배 많다.[81] 그러나, 신격호 회장(롯데), 최태원 회장(SK), 허창수 회장(GS)의 배당이윤은 등기임원의 경우에 비하여 큰 차이가 없으며 나머지 회장은 오히려 등기임원의 연봉에 비하여 매우 적다.[82]

2007년 10대 그룹 69개 계열사 등기 임원의 평균 연봉은 9억 641만원이다. 그런데 삼성그룹 등기임원(4명)의 연봉은 무려 약 245억원이 된다.[83] 그리고 삼성그룹 일반 직원(부장급 이하)의 연봉은 등

---

80) 2010년 10대 그룹 총수와 대주주가 받을 이윤 배당금은 작년에 비해 9.6% 증가한 1,393억 2천만원이라고 한다. 가장 많이 받은 총수는 이건희 삼성회장이고(385억 9천만원) 그 다음은 정몽구 현대차 회장(328억 9천만원), 정몽준 현대중공업 회장(287억 4천만원), 구본무 LG 회장(184억 7천만원), 허창수 GS회장(107억 5천만원)의 순위이다.(「뉴스 토마토」, 2010년 2월 1일) 한편, 국책은행장의 연봉은 3억원 이상이고 공기업의 경우 평균 1억 5천 4백만원이다.(「조선일보」, 2004년 10월 8일)

81) 금융감독원은 2008년 3월 10대 그룹 상장계열사 69개사가 주총 안건으로 제시된 이사 보수한도는 1인당 평균 7억 7천 1백만이라고 한다. 그간 이사 보수한도는 매년 약 20%의 증가율을 보였다. 그런데 삼성그룹의 경우 특검의 조사(비자금조성)로 20.18%가 삭감되었다.(「매일경제」, 2008년 3월 24일) 그리고 2007년 증권회사 등기임원의 평균 연봉은 5억 2100만이었다.(「동아일보」, 2008년 7월 7일)

82) 2007년 말 30대 대기업집단의 일반 직원(61만 299명)의 총 급여는 33조 5천 967억원으로서 1인당 5천 505만원이다. 가장 월급이 많은 직종인 건설회사로, 현대건설의 경우 연봉이 7천 110만원이고 그 다음은 삼성물산(6천 9693만원), GS건설(6천 814만원), 현대중공업(6천 663만원), 현대자동차(6천 659만원), 삼성중공업(6천 535만원), 삼성전자(6천 21만원) 등이다.(「중앙일보」, 2008년 4월 2일)

83) 10대 기업 임원의 평균 연봉은 13억 1천 584만원이고, 이것은 100대 기업의 경우에 비하면 4.6배가 되었다. 그리고 100대 상장기업의 임원과 직원의 평균 연봉은 7.6배였다. 2002년 삼성그룹 임원들의 평균 연봉은 13억 1천 584만원이고 삼성전자의 경우(7명) 52억 1천 400만원이었다.(「한겨레」, 2008년 4월 7일)

기임원 연봉의 3%에 불과하다. 그 다음은 현대차의 경우 6.8%, 현대중공업의 경우 8.4%, 한진그룹의 경우 9.8%, LG 그룹의 경우 11.0%의 순이다.[84)]

<표 27> 10대 기업집단의 이윤과 임금격차

자산순위 (회장)	상장사 이윤배당 (억원)	임원월급(A) (만원)	일반직원 연봉(B) (만원)	연봉차이 A/B(배)	당기 순이익 (억원)
삼성 이건희	260.9	20억 4060	6천 21	38.7	7조 4천250억
현대차 정몽구	288.7	9억 7475	6천 659	14.6	1조 6천 824억
SK 최태원	82.7	6억 3890	4천 77	1.7	1조 3천 573억
LG 구본무	136.8	4억 9940	5천 510	9.1	9천 426억
롯데 신격호	12.1	2억 9307	4천 218	7.0	
현대중공업 정몽준	410.5	7억 4448	6천 255	11.9	1조 7천 360억
GS 허창수	53.6	5억 8672			3천 731억
금호아시아나 박삼구	13.7	4억 2113	5천 467	7.7	
한진 조양호	3.3	5억 5848	5천 507	10.1	38억
두산 박용곤	8.7	2억 3천 60	5천 728	4.2	211억
합계 (평균)	1,271.0	7억 319	4천 951	14.2	13조 5천억

(비고) 1) 이윤은 2008년 상장사 현금 배당액이고 등기임원과 일반 직원의 임금은 2007년말 기준임.
(자료) 금융감독원 전자공시시스템, 「2007년 사업보고서」, (2008년)에서 재작성

이와 같이 우리나라 대기업의 임원과 직원간의 임금격차(14.2배)는 대단히 심하고 대기업간 직원들의 임금 격차는 심하지 않다는 것을 알 수 있다. 이것은 사내 임원(등기)들의 계급적 이익이 기업 총수의 경우와 거의 마찬가지라는 것을 알 수 있다.[85)] 즉 관리직 임

84) 2008년 말 대기업의 대졸 초임 연봉은 3천 97만원이다. 이것은 500대 기업의 대졸 신입사원의 평균 임금(3천 93만원)과 거의 같다. 업종별로는 금융업종의 경우 3천 557만원으로 가장 많고, 그 다음은 조선, 중공업(3,400만원), 석유・화학(3,120만원), 건설업(3,102만원), 항공운수(3,065만원), 제조업(3,053만원), 기계・철강(2,997만원), 자동차(2,975만원), 전기・전자(2,951만원), IT・정보통신(2,941만원), 식음・외식(2,879만원), 유통・무역(2,861만원)의 순이다.
2000년 중소기업(5~299인) 상용직 근로자의 평균 임금(153만원)이 대기업 임금(214만 7천원)의 71.3%였으나 2010년에는 62.9%로 하락하였다.(고용노동부)

85) 임원은 매년 재계약 하는 성과급 임시직이라서 고용 불안은 있다. 그러나 삼성그룹에서 상무가 되면, 3천cc 이하급 승용차와 유지비가 제공되고, 연봉도

원들로 하여금 동일한 계급의식을 갖게 한다.

대기업 중에서도 삼성전자 임원(등기)들의 1인당 평균 연봉이 2007년에 무려 133억원이 되고, 일반 직원의 경우(연봉 6천 21만원)에 비하여 220.8배가 된다는 것은 놀라운 일이다. 이러한 것은 삼성전자의 임원들로 하여금 기업 총수와 그 가족들의 이익을 최대화 시키기 위한 가신(家臣)으로서 사명감을 지니게 한다. 제 2장 제 2절에서 지적한 바와 같이 삼성전자의 임원들이 이건희 회장의 아들 이재용(삼성전자의 이사)에게 기업계승을 위하여 상장후 주식의 많은 차익 조성, 차명계좌에 의한 막대한 비자금의 조성, 정관계 및 법조계에 대한 로비(소위 떡값검사 또는 삼성장학생) 등 갖은 불법행위를 주도 하여 공범이 될 정도이다.

4. 지배관리체제

우리나라 대기업자본가는 대기업의 소유권자인 동시에 경영권을 장악하고 있다. 대기업의 소유권은 총수의 지분이 극소수이지만 친척과 임원 등 특수관계인들의 지분을 합쳐서 소유권을 방어하고, 경영권은 총수와 가족이 직접 경영에 참여하며, 동시에 전문경영인을 고용하여 이들에게 특혜를 주어 가신(家臣)으로서 역할을 하게 한다.

1) 소유지배구조

초임 상무가 1억 5천만원과 연봉의 최고 50%의 초과 이익분배금 등 2억원을 받는다. 현대·기아차는 부사장 부터 3,300cc 이상의 차량과 골프회원권을 주고, LG그룹의 경우 상무가 되면 연봉이 100% 인상과 성과급, 3천cc 이상의 차량이 지급되며, 또 골프회원권 및 법인카드가 제공된다.(「경상일보」, 2011. 12. 13)

(1) 기업집단

최근 우리나라 기업집단(총자산이 5조원 이상, 38개)의 주식 소유율을 보면 많이 증가되었다. 2009년 4월 기업집단이 공기업이었거나 법정관리기업은 대개 40% 내외의 동일인(소유권자, 즉 국가)의 지분율을 소유하고 있지만 민간 기업집단의 경우 동일인(그룹 회장)의 지분율은 평균 5% 이하이고, 친족(1.68%)과 계열회사(24.9%)의 지분율을 합쳐서 평균 32.9%를 유지한다. 그리고 5대 재벌의 경우는 45% 이상이다. 그러나, 총수가 있는 민간기업집단의 경우 2011년 4월 현재 그 평균치가 54.2%가 되었다.

기업집단의 내부지분율이 증가된 것은 표 28에서 볼 수 있는 바와 같이 총수와 계열회사의 지분율이 증가되었기 때문이다.

2011년 기업집단(38개)의 내부지분율은 총수의 지분율이 불과 2.23%이고 총수와 친족을 합친 경우 5.52%에 불과하다. 그러나 총수가 지배하는 계열회사의 지분 47.36%까지 합치면 전체 주식의 54.2%를 차지하여 기업집단의 소유권 뿐만 아니라 의결권을 확보하고 있다.

<표 28> 기업집단의 내부지분율 변화

(단위 : %)

연도	총수 일가			총수 일가 이외			내부
(기업집단)	총수	친인척	소계	계열회사	기타	소계	지분율
2007년(43)	2.11	2.79	4.90	44.22	2.45	46.67	51.57
2008년(28)	1.74	2.49	4.23	44.44	2.29	46.73	50.96
2009년(31)	2.03	2.50	4.53	45.87	2.46	48.33	52.86
2010년(35)	2.12	2.28	4.40	43.58	2.52	46.10	50.50
2011년(38)	2.23	2.24	4.47	47.36	2.37	49.73	54.20

(비고) 2007년은 자산규모 2조원 이상, 2008~2011년은 자산규모 5조원 이상의 상호출자제한 기업집단임.

(자료) 공정거래위원회

<표 29> 기업집단의 내부지분율

(단위 : %)

기업 집단	총수	자본금 (억원)	총수	배우자 혈족1촌	친족	총수+ 친족	계열회사	기타 총수관련자	총수측 합계	기타
삼성	이건희	118,464	0.54	0.44	0.45	0.99	41.97	2.70	45.66	54.34
현대자동차	정몽구	96,394	2.12	1.32	1.63	3.75	44.43	1.01	49.19	50.61
SK	최태원	65,508	0.08		0.71	0.79	62.56	1.27	64.62	35.38
LG	구본무	78,276	1.23	1.27	2.66	3.89	34.66	5.72	44.27	55.73
롯데	신격호	42,682	0.05	2.16	2.19	2.24	56.87	0.34	59.45	40.55
현대중공업	정몽준	30,669	1.34		0.15	1.49	68.98	3.10	73.57	26.43
GS	허창수	23,061	2.38	0.21	13.87	16.25	41.99	0.53	58.77	41.23
한진	조양호	13,827	3.09	0.42	3.24	6.33	37.91	5.67	49.94	50.09
한화	김승연	75,251	1.16	0.79	0.81	1.97	54.20	0.80	56.97	43.03
두산	박용곤	26,127	0.18	1.01	3.37	3.55	49.33	5.83	58.71	41.29
금호아시아나	박삼구	28,849	0.24	0.19	1.43	1.67	36.85	1.99	40.51	59.49
STX	강덕수	10,356	2.51	0.77	0.77	3.28	53.62	2.40	59.30	40.70
LS	구태회	17,974	0.04	1.07	4.49	4.53	63.98	3.91	72.42	27.58
CJ	이재현	14,560	5.72	1.44	2.01	7.73	60.13	3.43	71.29	28.71
신세계	이명희	4,205	8.41	8.41	8.41	16.82	37.03	0.03	53.88	46.12
동부	김준기	14,990	10.58	5.18	5.48	16.06	40.52	5.30	61.88	38.12
현대	현정은	19,201	1.51	0.48	0.60	2.11	28.57	3.16	33.84	66.16
대림	이준용	7,693	2.97	2.71	2.89	5.86	48.51	1.10	55.47	44.53
부영	이중근	2,201	30.24	2.32	9.98	40.23	36.73	1.17	78.13	21.87
KCC	정상영	4,406	1.59	10.75	10.95	12.54	40.25	0.83	53.62	46.38
동국제강	장세주	7,599	8.51	0.39	6.53	15.04	40.75	1.90	57.69	42.31
효성	조석래	7,093	2.56	8.65	8.65	11.21	47.00	2.26	60.47	39.53
OCI	이수영	3,988	4.09	4.67	17.54	21.63	37.83	2.21	61.67	38.33
현대백화점	정지선	5,202	5.09	1.84	4.75	9.84	50.46	0.79	61.09	38.91
한진중공업	조남호	5,392	13.64	0.62	0.87	14.51	40.64	3.41	58.56	41.44
웅진	윤석금	13,428	10.86	0.36	0.45	11.31	51.13	1.18	63.62	36.38
코오롱	이웅렬	7,218	5.19	1.61	1.64	6.83	55.04	1.22	63.09	36.91
영풍	장형진	3,336	3.17	2.31	3.46	6.63	58.69	10.04	75.36	24.64
현대산업개발	정몽규	8,610	7.74	0.04	0.80	8.54	37.51	1.06	47.11	52.89
동양	현재현	18,801	0.63	0.51	0.63	1.26	42.00	3.24	46.50	53.50
대한전선	설윤석	13,614	5.38	0.96	4.18	9.56	44.78	2.10	56.44	43.56
미래에셋	박현주	30,245	3.55	0.11	0.19	3.74	42.66	0.43	46.83	53.17
하이트진로	박문덕	4,187	8.97	0.49	0.52	9.49	50.11	6.07	65.67	34.33
대성	김영대	2,738	1.61	0.97	17.69	19.30	58.79	5.25	83.34	16.66
세아	이운형	5,377	3.14	2.68	7.68	10.82	66.25	0.44	77.51	22.49
한국투자금융	김남구	8,235	6.84			6.84	45.77	2.01	54.62	45.38
태광산업	이호진	8,388	10.66	0.86	3.59	14.25	68.05	1.05	83.35	16.65
유진	유경선	5,527	0.89	0.75	1.77	2.66	22.71	1.12	26.49	73.51
합 계		853,988	2.23	1.05	2.24	4.47	47.36	2.37	54.20	45.80

(비고) 1) 2011년 4월 5일 현재 총수있는 기업집단(38개)의 지분율, 즉 자본금(보통주와 우선주)의 비율 임

2) 기타 동일인 관련자는 임원, 비영리법인, 자사주를 말함.

3) 기타 합계는 일반주(내외국인, 기관, 펀드 등) 임.

(자료) 공정거래위원회

이와 같이 소유권과 의결권을 자유롭게 행사할 수 있는 기업집단은 대부분이지만 특히 대기업집단(삼성, 현대차, LG, 한진, 금호, 현대, 유진)의 경우 그렇지 못하다. 아직 기타(외국인, 기관, 펀드 등)의 소유 지분이 5% 이하로 분산되어 있기 때문에 그들은 통일된 주주권을 행사하기 어려울 것이다.

기업집단의 소유지분율이 낮아도 의결지분율은 높은 것(약 40%)은 계열회사 등 특수관계인의 협력에 의해서 가능하고, 그것 때문에 소유지배 괴리도가 의결지분율 보다 낮은 편이다. 따라서 의결권 승수도 SK, 동양, 한화를 제외하면 거의 대부분 5% 이하이다.(부록 9 참조)

이러한 것을 보면, 장차 총수일가 및 계열회사의 소유내부지분율을 높이지 않으면 기타인 외국인, 금융기업, 민간 펀드 등에 의하여 기업소유권이 좌우될 가능성이 있다.

(2) 대기업

우리나라 100대 기업중 2009년경 주식의 소유율을 표 30에서 보면, 주요기업의 경우 총수와 특수관계인이 소유한 지분율이 약 3할이고, 다른 것은 주로 외국인과 국내인 및 금융기관이 소유하고 있다. 문제는 삼성전자, 현대차, 한국전력, LG전자, 포스코, SK에너지, SK텔레콤, KT, 현대오일뱅크, 현대모비스, 신한금융 등 대기업일수록 외국자본이 지배하고 있다는 것이다.

외국인은 1998년 2월경 금융기관과 중소재벌 지분율을 각각 약 3할 정도 보유하였으나 외환위기 이후에는 주로 대재벌, 즉 삼성, 현대, 대우, LG, 한전, 포철 등을 중심으로 그것을 보유하였다. 외국인 주식 보유는 IMF 이후 2000년 중반에는 약 6할 이상을 차지하였지만, 2008년 금융위기 이후 2010년 경에는 약 3~4할 정도이다. 외국인의 주식보유는 특히 한국의 정치적 경제적 상황에 따라 크게 변화하였다. 그리고 금융기관의 주식 보유율은 한국전력과 LG전자, 현대오일뱅크, 대우조선, 제일모직 등이 전체 주식의 5

할 이상을 차지하고 개인의 경우 약 4할을 차지한 현대제철, LG화학, 대우증권, 아시아나항공을 제외한 대기업 마다 약 2할 이상을 차지한다.

이와 같이 재벌기업은 외국인의 자본에 크게 의존하고 있기 때문에 자본의 해외 의존성과 국부(이윤)의 해외 유출이 매우 심각하였다.86)

최근 우리나라의 국민연금기금과 미래에셋자산이 상당히 많은 대기업에 투자하여 그 지분율을 각각 약 5% 이상 차지하고 있다. 국민연금(기금이 약 339조원)이 5% 이상 주식을 소유한 상장기업은 150여개가 된다. 이 중에서 삼성그룹(5.5%), 현대차(5.95%), 포스코(5.33%), LG화학(5.67%), 신한지주(6.08%), KB금융(5.80%), 하이닉스(8.1%), SK이노베이션(6.58%), LG디스플레이(6.50%) 등에 많은 주식을 소유하고 있다.87) 공적보험인 국민연금이 주식을 많이 갖게 되면 의결권을 행사하여 기업가치를 훼손하는 경영인의 전횡이나 도덕적 해이를 막는데 기여할 수 있다.

이와 같이 대기업의 지분구조가 회사마다 큰 차이가 있으나 비교적 안정되고 수익성이 높은 대기업의 경우 외국인과 기타 및 금융기관이 독점하고 있다.

그러면, 주요 대기업집단(재벌)내 주력기업의 총수 및 일가의 주식보유율을 검토하여 보자.(부록 8참조)

표 30을 보면, 삼성그룹 계열사 중에 비상장사인 삼성에버랜드가 특수관계인과 소속회사가 전체 주식의 86.03%를 보유하여 가족회사의 특징이 있다. 삼성에버랜드는 삼성그룹 출자의 고리 역할을 한다. 그래서 삼성에버랜드는 총수와 친족이 46.03%를 차지하고 있다.

---

86) 외국인은 1992년 증시개방 이후 20년간 유가증권시장에서만 340조원 이상 벌어갔다.(평가이익 303조원, 배당수익 36조원) 한국거래소는 2011년 12월 23일 국내 유가증권 시가총액이 106조 152억원인데, 이 중에서 32.88%(349조 8,095억원)를 외국인이 보유하고 있다고 한다.(「매일경제」, 2011. 12. 28) 그리고 2011년말 224개 회사의 외국인 배당금은 3조 2천 200억원(전체 현금배당액의 36.6%)이다.

87) 「조선일보」, 2011년 4월 3일

<표 30 > 대기업의 지분구조(보통주식 보유율)

순위	회사명	총수 (대주주)	특수 관계인	자사주 (우리사주)	그룹 계열사	금융 기관	외국인	개인	기타	합계	최대 주주
1	삼성전자	3.38	1.62	13.72	12.79		29.33	5.88	8.57	100.0	삼성생명 7.5%, 삼성물산 4.0%, 국민연금 5.0%
2	현대자동차	5.17	0.04	4.99	20.78	19.13	34.49		23.12	100.0	현대모비스 20.78%, 정몽구 5.17%,국민연금 5.9%
3	한국전력					51.07	23.42		25.14	100.0	정부 21.12%, 산은 29.95%
4	LG전자			31		42	34.76		3.01	100.0	LG의 43.7%가 구본무, 국민연금 5.0%
5	삼성생명	20.76		2.85	39.95	15.11		18.32	20.96	100.0	이건희 20.7%, 삼성에버랜드 19.3%, 신세계 11.0%
6	포스코			12.18		18.74	49.00	5.34	28.83	100.0	국민연금 5.4%, 일본철강 5.0%
8	SK네트웍스	39.98		42.1		19.27	6.31	7.61		100.0	SK(주) 39.1%, 정책금융공사 8.2%, 국민연금 5.0%
12	기아자동차	38.67	1.99			2.40	24.12				현대차 39.2%, 국민연금 5.0%
16	SK에너지	30.81					30.45				SK(주) 33.4%, 국민연금 5.5%
20	교보생명	33.62		1.03		15.78	18.43		24.48	100.0	
21	KT			14.51		9.22	48.99	37.81		100.0	개인은 국내 주주임
22	SK텔레콤	23.09		10.68		9.06	48.98	33.34	2.88	100.0	SK(주) 99.9%
24	.LG화학	33.53		0.54			29.91	43.86		100.0	LG(주) 78.0%, 국민연금 5.6%
28	삼성물산						18.30				삼성SDI 7.4%, 국민연금 5.8%
30	현대오일뱅크		1.26		28.74		70.0	1.26		100.0	Hanoal Holding D.V가 50%보유
34	삼성중공업	56.36		21.26	21.93		21.47			100.0	삼성전자 17.6%, 삼성생명 3.4%
35	현대모비스	16.88	6.96	2.18	5.66		43.41		65.97	100.0	기아자동차 16.8%, 정몽구 6.9%, 미래에셋 6.9%
36	하이닉스	(6.4)				28.1				100.0	정책금융 5.5%, 국민연금 8.0%, 미래에셋 4.7%
38	대우인터내셔	59.64				40.34	7.66	0.9		100.0	자산관리공사 35.5%
39	현대제철	21.29	12.52				17.51	47.06	19.13	100.0	기아자동차 21.45%, 정몽구 12.5%
41	대우조선			1.22		50.37	17.01		0.72	100.0	자산관리공사 19.34%
42	현대건설	11.13				17.33	21.09				정책금융공사 11.1%, 외환은행 8.7%,우리사주 61.5%
47	효성			5.3		35.3	21.00	44.7	1.6	100.0	조현준 6.9%, 조현문 6.9%, 조현상 6.7%
48	LG상사		29		45.91	38	7	26		100.0	국민연금 9.4%, 구본길 2.7%
49	현대상선	18.89					13.65	7.06	35.24	100.0	현대엘리베이터 24.5%
51	현대해상					63.97	14.91	31.30	0.06	100.0	국민연금 8.7%, 미래에셋자산 7.0%
52	대림산업		24.06			19.42	44.12		21.25	100.0	JFA자산관리 8.2%
53	SK팬오션	32.4		2.7	1.6		1.3		46.4		JFA자산관리 8.2%
55	LIG손해보험	26.16				34.15	18.71	42.02	22.84	100.0	구본상 7.1%, 구자원 4.8%
56	LG텔레콤						27.66		58.24		LG가 69.5%, 국민연금 6.2%
57	동부화재	14.06	17.10	10.60			33.18				김남호 14.0%, 김준기 7.8%
60	두산중공업	50.3				14.1	12.58	22			두산이 41.3%, 산은이 7.2%
62	코리안리재	20.15		15.0		13.03	38.3.9		35.74		원혁희 회장 일가 20.15%
65	현대하이스코	26.13	13.91					0.20			
67	동국제강	15.26	10.29	0.8			31.73		58.85	100.0	김남호 14.0%, 김준기 7.8%
68	두산인프라코	39		7	12.2	14	6	22		100.0	두산중공업 38.86%
69	아시아나항공	33.50			14.12	6.96	0.70	44.71		100.0	금호산업 33.5%, 금호석유 14.0%
73	SK가스	45.5				5.7			15.7		SK(주)가 45.5%
76	삼성테크윈	25.5			5.7		14.84	2.7			삼성전자 25.4%, 미래에셋, 11.9%
77	대우차판매	8.10						3.15			우리사주조합 11.20%
79	쌍용자동차	51.32						(500)			시티은행 31.5%
80	제일모직			4.42	7.49	49.76	24.20	15.23		100.0	미래에셋 8.3%, 한국투자 6.6%
87	현대산업개발	13.3	0.1				57.51		61.97	100.0	정몽규 13.3%
89	대우증권	36.39		0.11		5.03	7.78	57.65		100.0	산업은행 39.1%
90	신한금융지주					18.63	60.36	17.32	69.01	100.0	BNP Paribas그룹 6.35%, 국민연금 6.0%
91	삼성전기	22.80				11.45	16.82				삼성전자 23.7%, 국민연금 7.1%
92	E1	45.3		13.4		7.6	10.8	22.9		100.0	구자열 17.6%, 구자용 11.9%, 구자균 11.6%
99	한화석유화학	41.19					20.35	(3.93)			한화(주) 37.8%
100	삼성카드	35.29		0.40	32.42			31.89		100.0	삼성전자 35.3%, 삼성생명 26.41%

(자료) 1) 지분내용은 공정위의 소속회사 내부지분율(2009년 4월)임. 단, 외국인지분율은 2010년 8월 16일. 자료임
2) 대주주는 한국거래소 상장법인지분정보센터의 자료(2010년 6월 1일)

삼성그룹의 주력기업인 삼성전자의 주식지분은 이건희 회장이 전체 주식의 3.38%를 소유하고, 나머지는 대부분 외국인(29.33%)과 자사주(13.72%) 및 그룹 계열회사(12.79%)가 소유하고 있다. 그룹 계열회사는 삼성에버랜드(25.1%)와 삼성생명보험(7.5%)과 삼성물산(4.0%) 등인데 이 회사들이 삼성그룹 순환출자의 핵심적 역할을 한다.

현대차그룹의 주력기업인 현대자동차의 주식지분은 정몽구 회장이 전체 주식의 5.17%를 소유하고, 나머지는 계열회사인 현대모비스(20.78%)와 국민연금(5.95%) 및 소액주주(60.3%)이다. 그리고 계열사인 현대모비스는 정몽구 회장(6.96%)과 기아차(16.88%) 및 소액주주(57.6%)의 지분율이 많고, 기아차는 정의선 부회장(1.74%)과 현대차(33.75%) 및 소액주주(62.1%)의 지분율이 많다. 현대자동차는 삼성전자와 마찬가지로 상호 순환출자하는, 해외에 개방된 글로벌 기업이다.

현대자동차의 주식지분은 정몽구 회장이 전체의 5.17%를 소유하고, 나머지는 외국인(34.49%)과 그룹 계열회사(20.78%)와 금융기관(19.13%)이 차지하고 있다. 그룹 계열회사는 현대모비스와 현대제철인데 현대모비스는 현대차그룹의 순환출자에 핵심적 역할을 한다.

그 밖에도 삼성, 현대차, LG, SK 등 대기업집단의 계열회사는 외국인과 금융기관의 투자가 많다. 외국인의 지분율이 2천년대 중반에 6할 이상을 차지한 적 있지만 지금은 약 3할로 감소되었다.[88]

---

88) 국내 주식시장의 최대 투자자는 미국계 캐피털 그룹인데 2003년 11월 기준 국내 보유주식 평가액은 8조 60억원(전체 상장시가의 2.6%)이다. 이것은 신고의무인 지분 5% 이상 보유종목(27개사)의 주식만을 계산하였기 때문에 실제 보유액은 이것 보다 크다. 캐피털그룹은 삼성그룹 계열사(삼성전자의 지분율 6.43% 연 4조 4천억원을 비롯하여 삼성전기, 에스원, 삼성화재, 제일기획 등)의 지분만 5조원을 보유하여 이건희 회장 일가 지분(약 2조 2천억원)의 2배를 상회한다. 그리고 현대자동차의 지분율은 5.6%인 약 5천 5백억원이다.(「조선일보」, 2003년 12월 1일) 그러나 국민연금이 2010년 말 현재 약 54조원의 주식을 투자하여 최대 투자자가 되었다.

이러한 것을 보면, 아무리 글로벌시대라고 하지만 이익만 쫓는 외국인(투자회사, 펀드 등)과 금융기관 및 민간펀드들이 소위 투자자본 또는 대출자본을 회수하면 부채액이 자본 보다 많은 대기업 및 대기업집단은 하루만에 몰락할 수 있다. 또한 우리나라 대기업이 세계시장에 편입되어 있고 대기업의 성장이윤이 많을수록 그것의 약 4할은 외국으로 많이 유출되고 있음을 말한다.89)

이와 같이 우리나라 대기업 총수들의 소유권은 약하면서 의결권은 특수관계인과의 협력하에 기업의 운영권을 장악하고 있으나 대기업의 지분율이 국내외 시장에 개방되어 있어서 종래와 같이 대기업 총수가 점차 제왕적 경영을 할 수 없을 것 같다.

(3) 지배체제

우리나라 대기업 총수들이 극소수의 주식을 소유하면서 특히 계열회사의 협력으로 대기업을 지배하고 있음을 앞 절에서 알 수 있었다. 그런데 이러한 총수들이 어떻게 기업집단을 지배하고 있는가 하면 소위 '순환형 출자구조'를 통하여 장악하고 있다. 순환형 출자구조는 적은 돈으로 다수의 기업을 지배할 수 있다.

그러면, 대표적인 기업집단의 순환형 출자구조를 분석하여 본다.90)

○ 삼성그룹의 순환출자 유형은 8가지가 있는데 그것은 다음과 같다.(부록 10과 14 참조)

---

89) 한국거래소에 의하면 2010년 말 결산한 상장사(650개)의 배당 총액은 모두 10조 7천 575억원인데, 이 중에서 외국인 배당금은 전체의 41.9%이다. 외국인 배당금은 삼성전자(7천 569억원), 포스코(3천 830억원), 신한지주(3천 506억원), SK 텔레콤(3천 281억원), KT(2천 872억원) 등의 순이다.(「연합뉴스」, 2011. 2. 28)

90) 공정거래위원회, 2011년 대기업집단 주식소유 현황 등에 대한 정보공개(2)를 참고. 금융감독원, 전자공시스템, 기업별 2010년 말 사업보고서 참조.

삼성 생명보험 ⟶ (7.45%) 삼성 전자 ⟶ (35.29%) 삼성 카드 ⟶ (25.64%) 삼성 에버랜드 ⟶ (19.34%) 삼성 생명

다른 유형은 삼성카드 대신에 삼성전기나 삼성 SDI 또는 삼성물산 등으로 대치되어 있다.

<삼성그룹의 순환출자구조와 대주주>

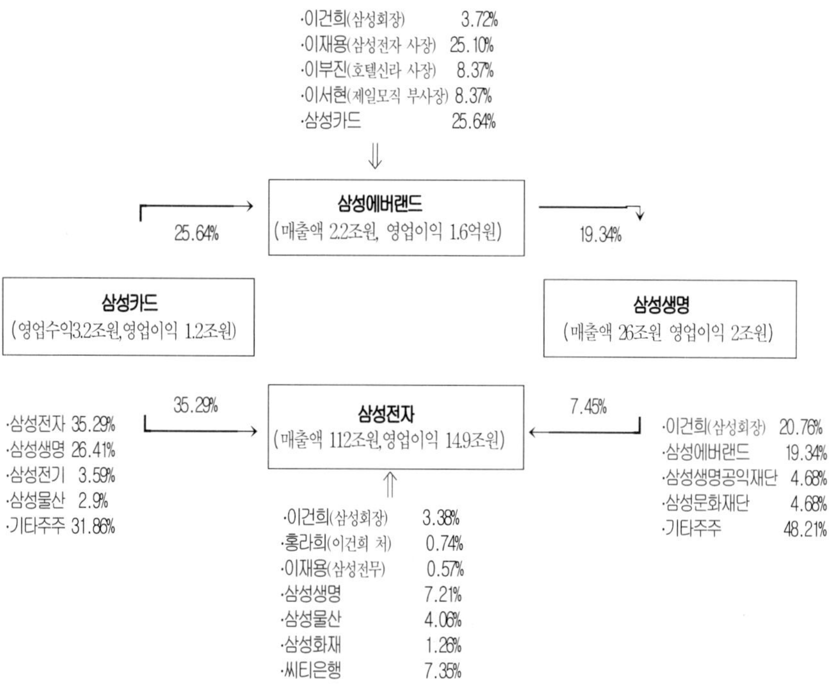

삼성그룹 지배구조의 핵심은 자연농원으로 알려진 삼성에버랜드(목적사업은 건설, 부동산, 음식점, 골프장 운영, 관광객 이용시설 등)이다. 삼성에버랜드(비상장)는 2011년 4월 삼성생명(비상장)의 지분 19.34%를 소유하고, 삼성생명이 삼성전자의 지분 7.45%를 소유하며, 삼성

전자는 삼성카드의 지분 35.29%를 소유하고 삼성카드는 다시금 삼성에버랜드의 지분 25.64%를 소유하고 있다.

삼성에버랜드는 2010년 12월 말 이건희 삼성회장이 3.72%의 주식지분을 소유하고, 자녀들인 이재용 삼성전자 사장이 25.1%, 그리고 이부진 호텔신라 사장과 이서현 제일모직 부사장이 각각 8.37%를 소유하여 친족이 전체의 42.31%를 소유한다. 나머지는 계열회사인 삼성카드가 25.64%를 소유하여 이건희 총수가족이 실제로 전체 주식의 86.02%를 소유하고 있다.

삼성전자의 경우 이건희 총수의 지분율이 전체의 3.38%이고, 계열회사인 삼성생명(7.21%)과 삼성물산(4.06%) 및 삼성화재(1.26%)의 지분율이 많으며(총수측의 지분율은 15.25%) 나머지는 시티은행(City Bank N. A)(7.35%)과 전체 주식의 1/100에 미달하는 소액주주(59.30%)들이 소유한다.

삼성생명의 경우 이건희 회장이 20.76%의 지분을 소유하고, 그 다음은 삼성에버랜드이며(19.34%) 나머지는 주로 기타 주주(48.21%)이다. 그리고 삼성카드의 지분율은 대부분 삼성전자(35.29%)와 삼성생명(26.41%) 및 기타 주주(31.86%)이다.

삼성그룹의 순환형 출자구조에서 볼 수 있는 바와 같이 비록 계열기업이 다수 의결권을 가지고 이건희 삼성회장이 관여하고 있지만, 실제로 이재용 사장이 삼성그룹의 지배권을 장악하고 있다.[91]

○ 현대차그룹의 순환출자 유형은 2가지가 있는데 그것은 다음과 같다. (부록 11과 16 참조)

---

91) 삼성그룹은 1996년부터 유지해 오던 순환형 지배구조를 2012년부터 수직형 지배구조로 바뀌게 된다고 한다. 삼성카드가 비금융사인 삼성에버랜드의 지분 5% 이상을 보유할 수 없기 때문이다.

현대자동차 → (33.70%) 기아자동차 → (16.88%) 현대모비스 → (20.78%) 현대자동차

다른 유형은 기아자동차가 현대모비스에 출자하기 전에 현대제철(5.66%)을 거쳐 다시금 현대자동차(20.78%)에 투자한다.[92]

이와 같이 현대자동차그룹은 4개 핵심 계열사의 순환출자로 지배구조가 형성되어 있다.

<현대차그룹의 순환출자구조와 대주주>

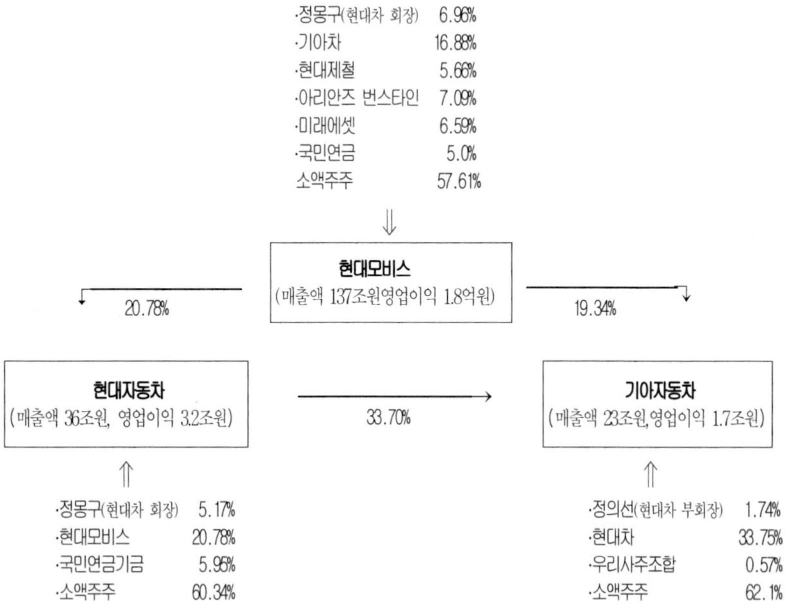

92) 2010년 9월 30일 현재 현대차의 정몽구 회장은 현대차(5.17%)와 현대모비스(6.96%), 현대제철(12.52%) 및 글로비스(20.29%)의 지분을 소유하고 있으며, 그의 아들 정의선 부회장은 글로비스(31.88%)와 기아자동차(1.75%)의 지분을 소유하고 있다.

현대차그룹의 핵심적 고리역할은 자동차 부품공급사인 현대모비스가 행한다. 현대모비스는 현대자동차 주식의 20.78%를 소유하고 현대차는 기아자동차 주식의 33.70%를 소유하며 기아차는 현대모비스 주식의 16.88%를 소유한다.

현대차그룹의 순환형 출자구조를 본다면, 계열기업이 다수 의결권이 있지만, 정몽구 회장이 현대차 그룹의 지배권을 장악하고 있다. 정몽구 회장은 현대차와 현대모비스의 주식지분율을 각각 5.17%와 6.96%를 소유하고, 정의선 부회장은 기아차의 주식지분율1.74%를 소유하고 있다.

○ SK그룹의 순환출자 유형은 2가지가 있는데 그것은 다음과 같다. (부록 13참조)

SK C&C → (31.82%) SK → (23.22%) SK텔레콤 → (30%) SK C&C

다른 유형은 SK텔레콤 대신에 SK네트워크 서비스로 대치 되어 있다.

SK그룹은 지주회사로서 주식소유를 통하여 자회사의 사업을 지배한다. 2010년 말 자산 총액의 10% 이상을 차지하는 자회사(8개)는 석유・화학사업을 하는 SK에너지(지분율 33.4%, 매출액 43.2조원, 영업이익 1.7조원)와 정보, 통신사업을 하는 SK텔레콤(지분율 23.2%, 매출액 12.4조원, 영업이익 2.3조원), 무역・에너지판매를 하는 SK네트웍스(지분율 39.1%, 매출액 23.5조원, 영억이익 2.4조원) 등이 있다.

SK지주회사의 지분율은 최태원 회장이 0.02%를 소유하고 계열회사(합성수지사업)인 SK C&C(최대주주는 SK지분율 42.5%와 최신원 회장 3.4%)는 31.82%를 소유한다.

○ 롯데그룹의 순환출자 유형은 6가지가 있는데 그것은 다음과 같다. (부록 14 참조)

롯데쇼핑	→ (6.03%)	롯데알루미늄	→ (15.29%)	롯데제과	→ (8.52%)	롯데쇼핑
롯데쇼핑	→ (79.01%)	롯데미도파	→ (2.96%)	롯데제과	→ (8.52%)	롯데쇼핑

다른 유형은 롯데쇼핑이 롯데카드(1.59%) 또는 롯데리아(32.17%)를 거쳐 롯데 칠성음료(4.26%) 또는 롯데정보통신(5.22%)으로 출자하고 있다.

롯데그룹은 롯데제과에서 출발하였다. 롯데제과의 주식지분율은 2010년 말 신격호 회장이 6.83%를 소유하고 그 다음은 신동빈(4.05%), 신동주(3.48%), 신영자(2.52%) 등 자녀들이 소유하며, 나머지는 계열기업인 롯데알미늄(15.29%)와 롯데호텔(13.21%), 롯데장학재단(8.69%) 및 소액주주(24.86%)가 소유한다. 그리고 롯데쇼핑의 경우 신격호 회장의 아들인 신동빈(14.59%)과 신동주(14.58%), 그리고 롯데호텔(9.58%)과 롯데제과(8.52%)가 소유하고 있다.

이러한 대기업집단의 지배구조는 저자가 조사한 100대 기업의 지분구조 (표 30)에서도 매우 유사하다는 것을 알 수 있다. 다시 말하면 삼성그룹의 경우 2011년 4월 현재 계열총수와 친족의 지분율은 전체 주식의 0.99%에 불과하지만 계열회사의 지분율은 41.97%가 되어 내부지분율이 전체 주식의 45.66%가 된다. 현대자동차의 경우도 총수와 친족의 지분율은 전체 주식의 3.75%가 되지만, 계열회사의 지분율이 39.79%가 되어 내부지분율은 전체의 45.94%가 된다. LG의 경우 총수와 친족의 지분율은 전체의 3.89%이지만 계열회사의 지분율이 34.66%가 되어 내부지분율이 44.27%가 된다. SK의 경우 총수와 친족 지분율은 0.79%이지만 계열회사의 지분율 62.56%를 합치면 내부지분율이 52.34%가 된다. 그리고 롯데의 경우 총수와 친족의 지분율은 2.24%이고 계열회사의 지분율은 56.87%를 합치면 내부지분율이

62.85%가 된다.

이와 같이 대기업 총수가 소수의 지분율과 계열기업의 지분으로 순환 출자하여 다수의 기업, 즉 기업집단을 지배하고 있다. 다른 기업집단도 전술한 대기업집단의 경우와 매우 유사하다. 기업집단은 작은 자본으로 순환 출자하여 대기업을 지배하고 동시에 다른 기업을 인수·합병하여 계열기업을 늘리면서 기업집단은 더욱 비대해 진다.[93]

만약 대기업의 순환출자를 금지시키면 기업경영권이 외국인에게 넘어갈 가능성이 있다.

2) 경영관리체제

(1) 경영조직

기업의 경영조직은 최고 의사결정기관인 이사회와 참모조직 및 계선조직으로 구성되어 있다. 이사회는 사내이사(대개 3~5명)와 사외이사(4~7명)를 두고 있다. 정부는 대기업의 공공성과 투명성을 높이기 위하여 이사회 구성에 있어서 특수관계인을 배제하고 사외이사를 두게 하였다.[94] 그뿐만 아니라 참모조직과 계선조직 까지 합병, 축소 시켰다.

2010년 4월 총수가 있는 기업집단(35개)의 전체 이사는 1,347명(평균 7.0명)이다. 이 중에서 사외이사는 이사회 내 45.6%를 차지하는

---

93) 그러나, 일본 동경의 어느 부동산업자(재일교포)처럼 긴자에 빌딩 한 채가 있어서, 그것을 은행의 담보 대출과 임대 보증금으로 다른 빌딩을 소유하게 되었고, 다시 그 빌딩을 담보로 대출 받아 또 다른 빌딩을 소유하여 결국 28개의 빌딩을 소유, 임대사업을 하였다. 그러나 1990년대 불어닥친 불경기와 대출금 회수로 도미노 현상이 나타나서 몰락하였다.

94) 이사회는 상법의 법령과 정관에 정해진 사항, 주주총회로 부터 위임된 사항, 회사경영의 기본방침과 업무집행에 관한 중요한 사항을 의결하고 이사의 업무집행을 감독한다. 삼성전자는 신속하고 효율적인 의사결정을 위해 관련 법규에 따라 이사회내 경영위원회, 감사위원회, 사외이사후보추천위원회, 내부거래위원회 등을 운영한다.

<표 31> 100대 기업의 관리체제

순위	회사 명	회장	부회장	사장	부사장	전무	상무	이사	사외이사	상임감사	비 고
1	삼성전자	1	1	14	35	60	400		5		연구위원280명,전문위원53명/고문41명
2	현대자동차	1	7	5	14	29	49	88	5		
3	한국전력			1	2	3		4	8	1	전무는 본부장
4	LG전자	1	1	9	38	9	257		4	1	연구상무40명 포함, 자문 23명
5	삼성생명	1		1	5	9	54		5	1	
6	포스코	1		2	6	6	28				
7	GS칼텍스	1		3	5	11	33	6	2		외국인등기이사 7명
11	SK네트웍스			5	2	7	33		4		
12	기아자동차	1	1	2	10	15	17	33	5		이사대우 51명 포함
13	현대중공업			1	8	29	140		6		전문위원 32명
14	에쓰오일				8		64	5	6		수석부사장 3명 포함
16	SK에너지	1	1	2			49		7		고문 4명
17	LG디스플레이			1	8	1	28		5		고문 2명
20	교보생명	1		1	3	2	27		7		
21	KT			1				92	5		연구위원 4명
22	SK텔레콤		2	3				96	6		이사는 상근임원
24	LG화학	1	1	1		2	7		4		
27	롯데쇼핑	1		2	3	8	19	22	6		
28	삼성물산			3	9	26	108		5		
29	삼성화재			1	3	9	32	8	4		
30	현대오일뱅크			1	1	2	25		4	2	고문 3명
31	대한항공	1	1	1	4	7	87				상무보 포함
34	삼성중공업										
35	현대모비스	1		2					5		대우이사 19명 포함
36	하이닉스			1	2	1			8		고문 7명
37	신세계	1	1	1	9		44		4		상무보 포함
38	대우인터내셔널			1	3	5	26		4		전임원 보통주식 소유
39	현대제철	1	1	1	10	23	13	43	5	1	이사보 포함
41	대우조선해양			1	5	14	29		4		상무보 36명 포함
42	한진해운	1		1		4	46	1	6		고문 8명
43	대우건설			1		9	58	1	5		
45	현대건설			1	4	9	80		5		상무보 포함
47	효성	1	2	3	12	24	101		6		상무보 45명 포함, 고문 11명
48	LG상사	1	2	1	2	3	20		6		자문 1명
49	현대상선	1		2		2	29	2	5		상무보 11명 포함
51	현대해상화재			1	5	2	27		5	1	상무보 11명 포함
52	대림산업	1	1	3	4	10	58		7		상무보 34명 포함,고문 3명

순위	회사 명	회장	부회장	사장	부사장	전무	상무	이사	사외이사	상임감사	비 고
53	STX팬오션	1	1		2	5	15	1	5		부상무 9명 포함
55	LIG손해보험	1		2	2	4	4		6		고문 1명
56	LG텔레콤			1	2	3	23		3		
57	동부화재			1	6		22			1	
58	여천NCC			1	1	2	12		4	2	상무보 10명 포함
59	SK건설		2	2		12	63				
60	두산중공업		1	1	7	16	74	2	3		
62	코리안리재보험	1		2		1	6		5		자문 1명
63	삼성SDI			1	1	8	40	1	4		연구상무14명, 계약상무4명 포함
64	삼성토탈			1	2	5	17		5		
65	현대하이스코		1	1		4	6	13	4		
67	동국제강	1		1	2	6	8	18	7		전임원 주식보유
68	두산인프라코어	1		1	4	15	82	13	8		연구위원3명
69	아시아나항공	1		1	4	6	22		5		상무보 10명 포함
70	롯데건설	1		1	4	3	10	1			미등기 임원 52명
71	포스코건설	1				7	27				집행위원(전무,상무)
72	한화	1	2		1	6	46		5		상무보 35명 포함,연구위원 5명
73	SK가스	1		1			7	19	2	1	
75	현대 위아			1	2	4	7	18			이사대우 12명 포함
76	삼성테크윈			1	2	5	26		4		상근대우 3명 포함
77	대우자판			1	4	7	34		4		상무보 21명 포함
78	LS그룹	1		1		1	1	2	3		지주회사
79	쌍용자동차			1	3		13		3		공동관리 2명,대표 1명,상무보 10명 포함
80	제일모직			1	1	10	42		4		
83	신한카드		1	1	4		5	1	5	1	고문 1명
86	르노삼성										
87	현대산업개발	1	1	1	5	5	13		6		상근 고문 1명
88	GS리테일			1	4	2	10	1			
89	대우증권			1	4	4	28	2	4		상무보 14명,이사대우 4명 포함
90	신한금융지주	1		1	4		3		10		
91	삼성전기			1	4	7	45		5		
92	E1			1	2	1		2	3		명예회장 1명, 상근고문 1명
93	현대삼호중공업			1	7	1	18	4			
96	고려아연	1	1	1	2	2	7	6	5		명예회장 1명
98	글로비스			1	1	1	1	10	5	1	이사대우 6명
99	한화석유화학		1	1	2	4	9	1	4		고문 2명
100	삼성카드			1	2	1	20		4	1	
합 계		34	33	116	302	499	2756	516	313	14	4,583
(%)		(0.7)	(0.7)	(2.5)	(6.6)	(10.9)	(60.1)	(11.3)	(6.8)	(0.3)	(100.0)

(자료) 각 회사의 연말「사업보고서」, 2009년 12월

614명(평균 3.2명)이다.[95)]

일반적으로 대기업은 현재 이사(일반, 상무, 전무 등)와 최고경영자(부사장, 사장, 부회장, 회장) 및 감사를 두고 있다. 최고 경영자와 상무 또는 전무이사, 그리고 감사 중에서 등기임원을 두고 사외이사는 모두 형식적인 등기임원이다. 모든 회사는 표 31에서 볼 수 있는 바와 같이 최고 경영자로서 회장과 사장을 두고 있으나, 대다수의 회사가 일반적으로 회장 또는 부회장은 대표이사가 되고 사장은 본부장, 부사장과 전무는 센터장, 그리고 상무와 이사는 실장 또는 부장의 직을 수행한다. 2010년 재계 1위인 삼성전자의 관리체계를 보면, 대단히 방대한 조직이다. 즉, 회장과 부회장이 각각 1인이나 사장(14명)과 부사장(35명) 아래에 전무이사와 상무이사가 각각 60명과 400명을 두고 있다. 그 뿐만 아니라 일반이사 이외에 연구위원(이사급)과 전문위원(변호사 등)이 각각 280명과 53명이 있다. 그리고 퇴직후 일정기간 예우를 하는 고문(41명)과 상담역(7명) 및 자문역(105명)이 대단히 많다.

이와 같이 방대한 삼성그룹이 세계적인 기업으로 성장한 배경에 대하여 이학수 부회장(전략기획실장)은 '삼각편대론', 즉 회장의 리더쉽과 각 계열사의 자율경영, 전략기획실의 관제탑 기능이 유기적으로 결합된 것이라고 한다.[96)] 그러나 각 계열사의 자율경영체제는 부인되고 있는 것 같다. 삼성그룹의 실세 그룹은 구조조정본부(현재는 전략기획실)이고, 구조본(인사팀, 재무팀, 감사팀, 기획홍보팀, 법무팀 등)의 실세 그룹은 재무팀이며, 재무팀의 실세 그룹은 관재파트였다고 한다.[97)] 다시 말하면 각 계열기업에도 각 팀이 있어서 구조조정 본

---

95) 공정거래위원회, 2010년 대기업집단 지배구조 현황에 대한 정보공개, 2010. 4, p.2

96) 이학수 부회장 인터뷰,「조선일보」, 2006년 10월 14일

97) 김용철,「삼성을 생각한다」, 사회평론, 2010, p.157

부의 직접 지휘·감독을 받는다는 것이다.

현재 재계 2위인 현대자동차의 경우는 회장(1명) 아래에 7명의 부회장과 5명의 사장이 있고, 또 많은 부사장(14명)과 전무이사(29명) 및 상무이사(49명) 그리고 일반이사(88명)가 있다.

이와 같은 방대한 조직은 LG전자, 현대중공업, 삼성물산, 효성 등에서도 찾아 볼 수 있다. 이들이 동시에 생산직의 생산력 향상과 효율적인 노무관리를 수행한다.

이와 같이 대기업의 소유지배관계와 경영관리체계의 특성을 보면, 이제는 우리나라 대기업집단 또는 대기업의 경영은 창업세대의 제왕적 경영이 거의 불가능하고 전문경영인에 의한 합리적 효율적 경영을 추구하게 될 것이다.

(2) 경영자의 자질

기업의 경영자는 기업의 이윤추구를 위하여 노동의 생산성을 제고하고 경영을 합리화 시키는 일이 가장 중요한 것이지만 우리나라의 경우 기업의 승계와 비생산적인 업무에 종사하는 일이 더 많았다. 이러한 일을 처리하기 위하여 삼성그룹의 경우 전략기획실의 역할이 매우 중요시 되었다. 이러한 역할은 삼성그룹의 비자금 의혹을 수사한 특별검사팀이 이건희 회장과 이학수 부회장(전략기획실장) 등 10명의 경영자를 경영권 승계를 위한 배임과 비자금 조성을 위한 조세포탈 및 불법로비 혐의로 기소한 내용을 보면 잘 알 수 있다.

불법 경영권 승계 의혹과 관련해 이회장과 전현직 전략기획실 핵심 임원인 이학수, 김인주, 현명관, 유석렬씨에 대해서는 에버랜드 전환사채(CB)를 헐값에 발행한 뒤 이 회장의 장남인 이재용 삼성전자 전무가 사도록 해 에버랜드 측에 최소한 969억원의 손해를 안긴 혐의(특정경제범죄가중처벌법상 배임)가 적용됐다.

차명계좌 및 비자금 의혹과 관련해 이 회장과 이학수, 김인주, 최광해씨는 삼성생명 주식 2조 3,000억원어치를 포함해 총 4조 5,000억원을 은닉하고 1,199개의 차명계좌로 계열사 주식을 거래해 남긴 차익 5,643억원에 대한 양도소득세 1,128억원을 내지 않은 혐의(특정범죄가중처벌법상 조세포탈)로 기소됐다.

정관계 및 법조계를 대상으로 한 불법 로비의혹의 경우 김용철 변호사의 진술에 신빙성이 없으며, 삼성 채권이 2002년 대선자금과 최고 권력층에 제공됐다는 의혹 등은 채권 유통 흔적이 없다는 이유로 내사 종결했다.98)

<표 32> 삼성 비자금 사건 피고인별 혐의

피고인	직책	죄명	사건	학력	출생지
이건희 (66세)	삼성그룹 회장	특경가법 위반(배임) 특가법 위반(조세) 증권거래법 위반	에버랜드,삼성SDI 양도소득세 포탈 주식소유변동 미보고	서울사대부고 와세다대 경제학부	경남 의령
현명관 (66세)	전 비서실장	특경가법 위반(배임)	에버랜드	서울고 서울법대/행시	남제주
이학수 (61세)	전략기획실장 (부회장)	특경가법 위반(배임) 특가법 위반(조세)	에버랜드, 삼성SDI 양도소득세 포탈	부산상고 고려대 상대	경남 밀양
유석렬 (57세)	삼성카드 대표이사 (전 재무팀장)	특경가법 위반(배임)	에버랜드	경기고 서울대 경영학	충북 청주
김인주 (49세)	전략기획실 사장	특경가법 위반(배임) 특가법 위반(조세)	에버랜드, 삼성SDI 양도소득세 포탈	마산고 서울대 산업공학	경남 김해
김홍기 (61세)	이섬테크 회장 (전 삼성SDI대표이사)	특경가법 위반(배임)	삼성 SDI	서울사대부고 서울 상대	경북 안동
박주원 (54세)	삼성 SDS 미국법인장 (전 경영지원실장)	특경가법 위반(배임)	삼성 SDI	서울고 서울대 경영학	
최광해 (52세)	전략기획팀장 (부사장)	특가법 위반(조세)	양도소득세 포탈	경남고 서울대 경제학	부산
황태선 (60세)	삼성화재 대표이사	특가법 위반(횡령)	미지급보험금 횡령	성의종고 고려대 경영학	경북 상주
김승언 (50세)	삼성화재 전무	특검법 위반, 증거인멸	전산자료 삭제	휘문고 한양대 물리학	

(자료) 「동아일보」 기사(2008. 4. 18)와, 학력 및 출생지는 저자가 추가 하였음.

상기한 불법 경영권 승계를 위한 차명 비자금 및 불법 로비의 사건은 전문경영인의 장기간 조직적인 경영전략에 의해서 가능하다. 특히 이건희 회장, 이학수 실장, 김인주 사장, 유석렬 재무팀장, 최광희 전략

98) 「동아일보」, 2008년 4월 18일

팀장은 대부분 제일모직 경리과 출신들로서 기업승계를 위한 주가 차익의 실현, 차명자금의 관리, 대선 자금, 관료 로비 등을 주도하였다. 이러한 역할을 할 수 있는 것은 이들의 학연과 지연 및 돈으로 특히 1997년 외환위기 이후 불과 몇 년 사이에 삼성재벌은 정치권과 사법부, 그리고 행정부와 언론계에 삼성의 장학생을 심었기 때문에 가능하였다.[99] 다시 말하면 돈으로 권력공동체를 형성하였다.

그러면, 우리나라 기업집단 경영자의 출신배경을 자세히 고찰하여 보자.

일반적으로 임원은 이사, 상무이사, 전무이사, 사장, 부회장 및 감사를 말한다. 그런데 이사도 등기이사와 미등기이사로 구별하고, 또한 등기이사도 사내이사와 사외이사로 구별된다. 이사가 되려면 승진 기간이 기업 마다 다르지만 삼성이나 현대차와 같은 대기업의 경우 대체로 22~23년이 걸린다.[100] 그러나, 총수 일가 자녀들은 3.8년만에 임원이 되고, 2년 마다 승진한다.[101] 그런데 대학을 졸업한 신입사원 중 약 14%는 임원까지 승진되며(금융계는 5%) 임원 평균 재임기간은 4~5년이다.[102]

저자가 조사한 우리나라 100대 기업 등기임원의 학력은 서울대 출신이 전체의 21.5%를 차지하고, 그 다음은 연・고대 출신이 25.7%이며 나머지는 기타 국내 대학(28.8%)과 해외 대학(21.5%) 출신

---

99) 김용철, 상게서, p.340
재벌들은 정권이 바뀌면 정권 실세의 지연, 학연에 따른 연결망의 기업인사를 단행한다.

100) 한국 상장회사협의회가 지난해 704개 상장사 임원 1만 3천 384명을 조사한 결과 임원은 상장사당 평균 19명이고 연령은 50대가 54.4%이며, 그 다음은 40대(28%)와 60대(12.6%) 순이다. 학력은 전체 임원의 34.2%가 석사 이상이다. 출신대학은 서울대가 전체의 17.5%이고 고려대(8.3%), 연세대(7.3%), 한양대(5.9%), 성균관대(4.7%)의 순이며 전공분야는 이공계(41.6%)가 상경계(34.8%)와 인문계(13.7%)보다 많다.

101) MBN, 2010년 12월 10일

102) 「중앙일보」, 2010년 1월 31일

이다.

최근 시가 총액 상위 기업들이 금융감독원에 제출한 사업보고서에 등장하는 임원 1,635명의 최종 학력을 분석한 결과 전체의 약 22.4%(366명)가 유학파였다. 이는 우리 기업의 국제화가 상당 부분 진척된 것으로 해석할 수 있다. 그리고 포스코, 현대중공업, LG전자 임원을 가장 많이 배출한 학교는 지방 국립대인 부산대다. 또 국내 최대기업인 삼성전자 임원 가운데 한국과학기술원(KAIST) 출신이 가장 많았고, 다음은 경북대와 서울대 순이었다. 전체 임원의 22%가 해외 유학파였다.

시가 총액 1위인 삼성전자 임원을 가장 많이 배출한 학교는 한국과학기술원(석사 33명, 박사 38명)이었다. 이어 경북대(학사 45명, 석사 20명), 서울대(학사 38명, 석사 15명, 박사 11명), 성균관대(학사 47명, 석사 12명), 한양대(학사 39명, 석사 11명) 등이다. 삼성전자는 국내외 대학과 산학협력 협약을 맺고 임직원의 일부를 파견해 교육하고 있다. 특히 한국과학기술원에는 1995년 부터 매년 직원 일부를 파견해 MBA 교육을 받도록 했다. 그래서 임원 가운데 카이스트 출신 비율이 높다. 삼성은 또 성균관대 재단을 운영하였다. 경북대 출신 임원이 많은 이유는 우선 삼성전자의 모태라고 할 수 있는 구미공장과 경북대가 가깝기 때문이다. 또 지난 70년대 이후 정부가 지방대 특성화 작업을 하면서 경북대를 전자 특성화 학교로 육성했기 때문에 전자업체에 경북대 출신이 많다.103)

최근 대기업들이 채용이나 승진에서 학벌이나 성별을 따지지 않고 중요한 것은 실력과 열정이라고 하는데 사실은 그렇지 않다.

저자가 조사한, 우리나라 100대 대기업의 등기이사는 표 33에서 볼 수 있는 바와 같이 본부장 또는 부사장이 전체의 24.3%되고 그 다음은 사장(23.9%), 회장(11.5%), 부회장(9.0%)이며 심지어 일반이사가 등기이사 된 경우도 20.8%가 된다.(소위 법적 책임을 지는 바지회장, 바지사장) 회장

103) 「조선경제」, 2010년 4월 2일

<표 33 > 100대 기업 등기 임원의 출신배경

순위	기업명	학력					직력						합계
		서울대	연고대	기타 국내대	해외 유학	기타	회장	부회장	사장	본부장 부사장	이사	기타	
1	삼성전자	2		2				1	1	2			4
2	현대자동차	1		3			1	1	1	1			4
3	한국전력		1	3	3				1	5		1	7
4	LG전자	3						1	1	1			3
5	삼성생명	1		2	1				1	2		1	4
6	포스코	2	1	4					1	3	2	2	8
7	GS칼텍스	1	2		2		1		2		1		4
8	SK네트웍스		1		1	1			2	1			3
12	기아자동차			3	1				2		2		4
13	현대중공업			1	2	1	1		2			1	4
14	에쓰오일			1		4			1		4		5
16	SK에너지		1		2		1		2				3
17	LG디스플레이		1	1					1	1	1		3
20	교보생명	2			1		1	1				1	3
21	KT		1		2					2		1	3
22	SK텔레콤			1	1				2				2
24	LG화학	1			2		1	1	1				3
27	롯데쇼핑	1		2	2		1	1	1		2		5
28	삼성물산		1	2		1			2	2	1		5
29	삼성화재		2	1					1	1		1	3
30	현대오일뱅크	2	1	1		2			1		4		5
31	대한항공	3	2				1		1	2		1	5
37	신세계		3	2	1			1		3	1	1	6
38	대우인터내셔널							1	1	1			3
39	현대제철			3			1	1		1			3
40	대우조선해양		1	2					1	2			3
42	한진해운		1	2	1		1		1		2		4
43	대우건설		1	1				2					2
45	현대건설		3						1	1	1		3
47	효성	1	1		3		1	1	1	2			5
48	LG상사	1	2		1			2	1	1			4
49	현대상선	1	2	1	1		1		1	1	1	1	5
51	현대해상화재		1		1	2			1	2		1	4
52	대림산업	3	2		2		1	1	3	1		1	7
53	SXT팬오션	1	2	1		1	1	1		2	1		5
55	LIG손해	1	1	2	1		1		1		2	1	5
56	LG텔레콤	1				2			1		2		3
57	동부화재								1	1		1	3

순위	기업명	학력					직력						합계
		서울대	연고대	기타 국내대	해외 유학	기타	회장	부회장	사장	본부장 부사장	이사	기타	
58	여천NCC	2							1	1			0
59	SK건설	2			2			2	2				2
60	두산중공업	1	1	1	4			2	2	1	2		5
62	코리안리재	2	1	1			1		1		1	1	1
63	삼성SDI			3					1		2		3
64	삼성토탈	1		2		2			1	2			4
65	현대하이스코			2	1			1	1		1		3
67	동국제강	1	3	1			1		1	2	1		1
68	두산인프라코어						2	2	2	1			0
69	아시아나항공	1	1	2					1	3			2
70	롯데건설		1	6	2		1			1	6	1	8
71	포스코건설						1			4	3	1	0
72	한화	1	1	1	1		1		1	1	1		2
73	SK가스		1	1	1			1		1		1	2
75	현대위아								1	1	1	1	0
76	삼성테크윈		1	1					1	1			1
77	대우자동차판매			2	1				1	2			3
78	LS그룹		2		1		1		1		1		1
79	쌍용자동차	1	1	2		1			1	2	1	1	3
80	제일모직	2		1					1	1	1		1
83	신한카드								1		1	1	0
86	르노삼성												
87	현대산업개발	1	3	1			1		1	3			1
88	GS리테일		3	1					1	1	1	1	1
89	대우증권		2		1				1		1	1	1
90	신한금융지주		1			2	1		1	1			2
91	삼성전기		1		2				1	2			2
92	E1		1	1						1	1		1
93	현대삼호중공업	1	1	1					1	1	1		1
96	고려아연	1	1		2		1	1	1				2
98	글로비스		1	2		1				1	1	1	3
99	한화석유화학	1	2	1	1				1	1	1		2
100	삼성카드	1	1			1			1		1	1	1
합 계 (%)		47 (18.4)	64 (25.0)	74 (28.9)	50 (19.5)	21 (8.2)	26 (9.3)	25 (8.9)	71 (25.4)	76 (27.1)	56 (20.0)	26 (9.3)	280

(비고) 1) 해외유학생은 다수가 서울대 출신임.
2) 이사는 전무이사가 많고 기타는 대개 감사임
(자료) 각 기업의 연말「사업 보고서」, 2009년 12월

또는 부회장의 비율이 적은 것은 본부장 또는 부사장에 비하여 실

수가 많지 않기 때문이다. 그리고 등기이사가 현실적 실력자이지만 직책상 회장 및 부회장을 넘어설 수 없다. 비록 사장, 부회장과 같은 상급 직위라 하더라도 등기이사가 되지 못한 경우도 많다.

100대 대기업 등기이사의 학력은 해외 유학 출신이 전체의 27.5%로 가장 많고, 그 다음은 지방대(27.5%), 연·고대(22.1%) 및 서울대(19.3%) 출신이지만 해외 유학출신의 다수가 서울대 졸업생들이기 때문에 전체 등기임원의 약 절반이 서울대 출신이다.

대기업의 임원이 되면 재임시 연봉이 인상되고 차량, 기사, 비서 등이 제공되며 퇴직 후에도 일정기간 대우를 보장 받는 것이 일반 직원과 다르다. 우리나라 100대 기업 임직원들의 평균급여는 표 23에서 볼 수 있지만 이들에 대한 대우(급여, 차량지원, 복지 등)는 일반 직원의 경우와 매우 다르다. 삼성그룹의 경우를 보자.[104)]

삼성의 임원은 그룹 전체 직원의 1%에 불과하다. 삼성 임원이 된다는 것은 하늘의 별을 따는 일이라는 게 삼성맨들의 전언이다. 그 만큼 삼성 임원이 되기가 어렵다는 얘기이다. 실제, 삼성 입사자가 상무 이상의 임원이 될 확률은 1.0~1.3%에 불과하다. 쉽게 말해 삼성에 입사한 사원이 10여년 후 100명 중 1명이 임원에 오를 가능성이 있는 셈이다. 다시 전무와 부사장, 사장 등이 될 확률은 다시 10분의 1로 줄어든다.

삼성임원은 급여에서 차별화 된다. 일단 삼성 상무가 되면 1억 2,000만원 이상의 연봉을 받는 것으로 전해졌다. 연차가 높은 상무의 경우 개인별 차이가 크지만 통상적으로 2~5억원의 연봉을 보장 받는 것으로 알려졌다. 삼성 전무급도 역시 개인별 차이는 있지만 통상적으로 5~8억원 가량의 연봉을 받는 것으로 전해졌다.

삼성 임원에게는 직급에 따라 승용차도 제공된다. 일단 올해 신임 상무는 그랜저, SM7, 오피러스, K7 등 중 하나를 선택해 이용할 수 있다. 삼성의 전무급 이상 임원은 3,000CC이상의 에쿠스와 제네시스 등 승용차를 제공 받게 된다. 삼성의 전무급

---

104) 「파이낸셜 뉴스」, 2010년 12월 8일

이상 임원은 승용차 기사와 기름값도 지원된다. 삼성 사장급 이상 임원의 경우 고급 외제차 까지 이용할 수 있다. 이 뿐만 아니라 삼성 상무급 이상 임원은 비서 직원과 독립 사무공간도 지원된다. 이외에도 법인카드 골프 회원권도 삼성 임원이 갖는 혜택이다.

삼성 임원은 해마다 업무성과에 따라 유임과 퇴출이 결정된다. 한마디로 삼성 임원을 '임시직원'이라고 부르는 이유이다. 그러나, 삼성 임원은 퇴직하더라도 1~3년 동안 고문, 자문역 등의 직책을 받는 형태로 일정 연봉과 사무공간을 보장 받게 된다.

<표 34> 그룹별 퇴직 임원 관리

그룹	퇴직후 연봉	자문역 및 고문 위촉	퇴직임원 지원제도	기타
삼성	현직의 50~70%	사장급 상담역 3년 정도 부상장급 이하 비상근 자문역 1~2년	성우회, 전자사랑 등의 모임을 통해 정보교류, 사무실 지원	고문의 경우 차량,비서,학자금 지원
현대차 그룹	현직의 50~70%	전무 이상 고위 임원 필요시 1~2년간 자문역	-	상임고문에게 차량지원, 차량구입시 혜택
LG	일정 금액 보수	사장급 1~2년 상임고문 이후 비상근 자문역 부상장급 이하 자문역(2년)	전직 지원서비스 프로그램	고문의 경우 별도 사무실, 차량, 비서지원
SK	80% 안팎	상무1년, 전무 2년, 부사장 이상 3년 이상 고문으로 위촉	SK에너지의 유경회 SK텔레콤의 상우회	전용 사무실 및 일부 임원 직전 차량 제공
롯데	현직의 40~60%	부사장 이상 1년 이상 고문, 전무 이하 자문으로 위촉	전직 지원서비스 프로그램	고문의 경우 비서, 기사, 차량 지원
포스코	사장급 현직의 70%	사장급 상임 고문 부사장급 이하 자문역	-	고문의 경우 비서, 기사, 차량 지원
GS	-	사장급 2년가량 고문 부사장급 이하 자문역	-	고문의 경우 사무실, 비서, 차량 지원
두산	CEO급 직전 연봉의 70% 정도	-	-	-
한화	기여도에 따라 직전 연봉의 30~50%	대표이사 상근 고문 일반임원 고문	한화회 활동으로 친목 도모	상근고문은 사무실, 차량, 비서 지원
CJ	-	1~2년간 고문, 자문역으로 위촉	고문, 자문역 임기 종료후 CJ클럽 가입	직위와 공헌도 감안해 차량, 비서지원

(자료) 「매경 Economy」, 2010년 2월 27일

임원들에 대한 퇴직후 대우는 기업 마다 상이하지만 표 34와 같이 대개 고문 또는 자문역과 같은 명예직과 재직시 연봉의 50~70%를 제공하며 또한 사무실과 비서 및 차량(기사)을 제공한다.[105]

이러한 예우는 주로 오랫 동안 기업에 종신한 노력의 보상이지만 그것은 퇴직후에도 기업과 총수를 위한 헌신의 뜻이 담겨져 있다.

<표 35> 11개 대기업 미등기 임원의 최종 학력과 전공

		삼성전자	현대자동차	LG전자	삼성생명	포스코	SK네트웍스	교보생명	SK텔레콤	대우건설	현대중공업	제일모직	합계(%)
대학	서울대	56	20	22	8	9	8	4	16	20	27	10	200(7.4)
	고대	38	13	15	5	5	13	1	11	9	9	1	120(4.4)
	연대	39	18	17	3	1	5		8	8	9	6	114(4.2)
	국내	487	121	109	37	28	21	20	32	35	158	30	1078(39.9)
	해외유학	152	19	83	17		2	6	28		17	2	326(12.1)
	고졸	2		1				2			3	1	9(0.3)
	기타		1						95		223		319(11.8)
전공	경영			82	30	4		4	36			11	167(6.2)
	법학			12	5	6		7	7			3	40(1.5)
	경제			3	18	4		6	11			4	46(1.7)
	사회과학			6	7			5	9			2	29(1.1)
	전자전기			64				2	24			2	92(3.4)
	기계금속섬유			41		22			2			15	80(3.0)
	자연과학			8	4	2		3	2			4	23(0.9)
	인문예술			28	6	5		3	3			5	50(1.9)
	기타							고졸;2	없음:1			고졸:1 없음:2	6(0.2)
합 계(%)		774	192	491	140	86	49	65	285	72	446	99	2699 (100.0)

(자료) 각 기업의 연말「사업보고서」, 2009년 12월

100대 기업의 미등기 이사는 대기업별로 상당히 많다. 이사직은 일반직이 아니고 계약직이라서 임기(3년)가 지나서 유임(3년) 또는 승진하지 못하면 회사를 그만 두게 된다. 따라서 이들은 법적 책임(권

105) 「매경 Economy」, 2010년 2월 27일
최근 소송사건에서 삼성전자 부사장의 2008년 연봉은 세무서에 신고한 급여가 5억 1700여만원이고 상여금은 6억 9천여만원, 모두 10억 2천만원이다. 삼성전자의 임원은 퇴직 후 계약직이나 자문위원으로 위촉되어, 계약제 임원은 재직 당시 연봉의 60~70%의 이익 배분금, 생산성 격려금을 받고 자문역은 40~50%를 받는다.(「경향닷컴」, 2010년 7월 21일)

리)은 없으면서 장기 직원의 퇴직 효과를 노린 것 같다.

미등기이사는 표 35에서 볼 수 있는 바와 같이 삼성전자의 경우 무려 774명이나 되고 현대중공업의 경우 446명, LG전자의 경우 247명, 현대자동차의 경우 192명, 그리고 삼성생명과 대우건설은 각각 70여명이 된다.

미등기 이사의 학력은 서울대와 연고대에 비하여 지방대 출신이 많다. 삼성전자의 경우 국내 타 대학 출신이 전체의 62.4%가 되고, 해외 유학 출신도 19.5%가 된다. 이러한 현상은 현대중공업, 현대자동차, LG전자, 삼성생명의 경우도 유사하다. 이들이 승진하여 대개 최고 경영자(사장급 이상)가 되는데 최고경영자의 출신대학에 비하면 매우 높은 비율이다.

(3) 사외이사

1997년 말 외환위기 이후 기업의 투명성과 경영자 감시를 제고하기 위하여 사외이사제도를 도입하였다.[106] 그러나, 사외이사들은 민간기업에서는 경영자의 횡령, 배임 등을 막지 못하고, 오너의 '거수기' 및 로비용 노릇을 하고, 공기업에서는 경영자를 견제하기 보다 군림하고 있다.[107] 전자는 사외 이사를 기업 총수 측에서 주로 선임하지만 후자는 사외이사회에서 주로 추천하기 때문에 나타난 현상이다. 따라서 사외이사회는 대기업 총수 또는 정치권의 영향력이 크게 작용하고 있다.

최근 재벌닷컴에 의하면, 30대 그룹 계열사 1,140개 중에 사외이사가 있는 경우 전체의 24.5%(279개)이다. 279개 계열사 사외이사(799명) 중 공

---

106) 상장기업(646개)의 사외이사 선임은 2005년 말 98.3%가 완료 되었고, 코스닥 법인의 경우 65.4%이다.(한국상장사협의회)

107) 최근 말썽이 된 KB금융(국민은행)의 사외이사(이사회의 75%인 9명)는 ① 회장 선출권, ② 사외이사후보 추천권, ③ 의사결정권, ④ 최고의 연봉(1억 1800만원) ⑤ 사외이사의 보수 결정과 연임 가능 등으로 주주를 대신해 경영진의 감시 보다 견제 없는 권력집단이 되었다고 한다.(「조선일보」, 2009년 12월 4일)

무원 출신이 38.5%를 차지하고, 그 다음은 기업체 임원(30.5%)과 대학교수(15.0%) 등이다. 공무원 출신은 판·검사(12.3%), 장·차관(6.1%), 국세청(5.8%), 금융기관(3.1%), 감사원(1.0%) 등 소위 전관예우의 권력기관이다.108)

<표 36> 현 정권 인사의 재벌기업·공기업 금융회사 사외이사 선임 현황

	조사 대상		현정권 인사 선임	
	회사 수	사외이사 수	회사 수(%)	사외이사 수(%)
재벌기업집단 소속 회사	189	710	31(16.4)	35(4.9)
금융그룹 및 금융회사	60	379	20(33.3)	26(6.9)
공기업 등	24	130	12(50.0)	23(17.7)
기타	1	8		
합 계	274	1,227	63(23.0)	84(6.8)

경제개혁연구소는 지난 약 2년간 대기업집단, 금융회사, 공기업 등 274곳에서 신규 또는 재선임원 1,227명의 전·현직 사외 이사를 조사한 결과 63곳에서 84명의 이명박 정권인사가 사외이사로 선임되었다고 한다.109)

표 36에서 볼 수 있는 바와 같이 공기업의 50.0%와 금융회사의

108) 「연합뉴스」, 2011년 7월 22일.

2011년 367개 상장사의 사회이사 신규 및 재선임 대상 614명 중에 기업인이 전체의 252명(41.0%)으로 가장 많고, 그 다음은 전직 관료가 143명(23.2%), 교수가 126명(20.5%), 법조인이 42명(6.8%)이며, 나머지는 회계사, 세무사, 언론인(8.3%) 등이다. 전직 관료는 기획재정부(11명), 감사원(8명), 공정거래위원회(8명), 금융감독원(7명), 예산처(4명) 출신이다.(「중앙일보」, 2011년 3월 15일)

109) 경제개혁연구소가 분류한 친이 인사는 ① 대선 당시 이명박 후보의 당선 및 취임 과정에서 지원한 인사, ② 정권 출범 이후 고위 공직자로 임명되거나 후보로 내정된 인사, ③ 대통령 직속 4개 위원회 위원장, ④ 2004년 이후 한나라당 의원 또는 당직자, ⑤ 2008년 총선 및 재보선, 2010년 지방선거에서 한나라당 후보로 출마한 인사, ⑥ 소망교회 인맥과 친인척 등이다. 친이 인사가 회사별로는 한국전력이 5명, 우리금융이 4명, 신한금융그룹도 3명, 한국가스공사는 3명, 그리고 대우조선해양, 포스코, KT, KT&G도 각각 2명의 친이 사외이사를 선임하였다.(「경향신문」, 2010년 10월 14일)

<표 37 > 100대 기업 사외이사의 출신배경

순위	기업명	학력					직업						합계
		서울대	고·연대	국내대학	해외유학	기타	회사임원	변호사	회계사세무사	고위관료	교수	기타	
1	삼성전자	2			2	1	2			1	2		5
2	현대자동차	2	2		1			2		1	2		5
3	한국전력	3		1	3	1	1	1		1	2	4	8
4	LG전자		1		2		1			1	1	1	4
5	삼성생명	2			3		1	1		1	2		5
6	포스코	9			4		2	1		1	5		9
7	GS칼텍스	1				5	6						6
8	SK네트웍스			2		2	1		1		1	1	4
12	기아자동차	1	1	2	1			1		1	2	1	5
13	현대중공업	1			5								6
14	에쓰오일				1	1	4	1			2		7
16	SK에너지	1	2		3						6		6
17	LG디스플레이			1		4	2	1			1	1	5
20	교보생명.	1			5		1			1	3	1	6
21	KT		1	1	5		1		1		3	2	7
22	SK텔레콤	3			2	1	1				4	1	6
24	LG화학	1		1	2		2			1	1		4
27	롯데쇼핑	2	3	1			1	1		1	2	1	6
28	삼성물산	1		1	3					2	3		5
29	삼성화재	1	2	1			1			2		1	4
30	현대오일뱅크		1	1	1	1	3	1					4
31	대한항공	5			1			1		1	3	1	6
37	신세계	1	1	1	1			2		2			4
38	대우인터내셔널	1	2	1			2	1			1		4
39	현대제철	1		3	1					1	4		5
40	대우조선해양			1	3	1	3				2		5
42	한진해운	1			5								6
43	대우건설	1	2	1									4
45	현대건설		3				3						3
47	효성	2			4		1	1		1	3		6
48	LG상사		2		1					1	2		3
51	현대해상	3			1	1	1	1		1	2		5
52	대림산업	1		3	2			3		1	3		7
53	STX팬오션	2		2	1								5
55	LIG화재	3		2	1			2			4		6
56	LG텔레콤		1		3					1	2	1	4
57	동부화재												
58	여천NCC	2	1	1			4						4

순위	기업명	학력					직업						합계
		서울대	고·연대	국내대학	해외유학	기타	회사임원	변호사	회계사 세무사	고위관료	교수	기타	
59	SK건설												
60	두산중공업	5			3		1		1	2	3	1	8
62	코리안리재보험	2	1	1	1		1			2	2		5
63	삼성SDI	3						1	1		2		4
64	삼성토탈	1	1	1	2		3					2	5
65	현대하이스코	1	1		2					2	2		4
67	동국제강	2		1	1	4	3	2		1	1		7
68	두산인프라코어						3	2	1	1	1		8
69	아시아나항공	3		1	1	4	2			1	2		5
70	롯데건설												4
71	포스코						2	1		2			5
72	한화	2	1	2			2	1		1	1		5
73	SK가스	1			1		1				1		2
75	현대위아												
76	삼성테크윈	3		1			2	1		1			4
77	대우자동차판매	2			2		2		1		1		4
78	LS그룹	1	2				2	1					3
79	쌍용자동차			1	1	1	1	1			2		4
80	제일모직	1	1		2			1		1	2		4
83	신한카드						1			2	1	1	5
86	르노삼성												
87	현대산업개발	2	1	1	2		1	1	1	1	2		6
88	GS리테일												
89	대우증권	1		1	2					2		2	4
90	신한금융지주	2	1		7		8				2		10
91	삼성전기		2		3			1		2	1		5
92	E1		1	2			2	1					3
93	현대삼호중공업	4											5
96	고려아연	1	1	2	1			1		3		1	5
98	글로비스			4		1	4	1					5
99	한화석유화학		1	1	2		2				2		4
100	삼성카드			2	1	1					4		4
합 계 (%)		91 (29.5)	39 (12.7)	48 (15.6)	101 (32.8)	29 (9.4)	87 (28.9)	37 (12.3)	7 (2.3)	47 (15.6)	100 (33.2)	23 (7.6)	301

(자료) 각 기업의 연말「사업 보고서」, 2009년 12월

33.3%가 친이 사외 이사를 두었고, 심지어 민간 대기업에도 친이 사외이사를 두고 있다.(16.4%)

이것을 보면, 상장법인의 사외이사는 대개 경영인과 힘 있는 전

문직 출신이 약 7할을 차지하고 있다.

2009년 대기업(10개사) 사외 이사들의 보수는 금융감독원에 의하면 1인당 평균 5천 810만이다. 가장 많이 받는 경우는 포스코로 8천 300만원이고 그 다음은 LG전자와 SK텔레콤으로 7천 7백만원 그리고 삼성전자는 6천 6백만원이다. 그리고 KB금융과 신한금융의 경우 각각 약 1억 2천만원이고 우리금융과 하나금융은 각각 4천 800만원이다.110) 이러한 보수는 전문직(교수 등)의 급여수준과 유사하다.

다음에 대기업 사외이사의 출신배경(학력과 직업)이 어떠한 가를 고찰한다.

저자가 조사한 100대 기업의 사외 이사는 해외 유학출신이 36.3%로서 가장 많고, 그 다음은 서울대 출신이 전체의 23.2%이며 나머지는 고·연대(17.3%)와 기타 국내 대학 출신(15.6%)이다. 유학출신 중에 서울대 출신이 대부분이다. 그리고 이들의 직업을 보면, 회사 임원 출신이 전체의 37.6%를 차지하고 그 다음은 대학교수(25.1%)이며 나머지는 고위 관료(13.9%)와 변호사(12.2%) 출신이다.

이것을 보면, 대기업의 사외 이사는 우리나라 권력지배층 출신이 대부분 임명되고, 이들은 주주대표로서의 역할을 제대로 하지 않고, 오너와 권력층의 눈치를 보면서 과거 자기 급료 이상의 사외 이사비를 수령하고 있는 실정이다.

이와 같이 사외 이사제도가 입법 취지대로 주주대표로 경영의 감시와 견제기능을 제대로 하지 못하면서 대주주와 경영진의 이익과 보은인사 또는 기업에 영향력을 행사할 가능성이 크다. 따라서 사외이사가 대부분 본래의 역할을 하지 못하면서 새로운 기업권력층이 되어 있기 때문에 이것은 폐지 되어야 한다.

---

110) 「연합뉴스」, 2009년 3월 7일

5. 결 론

2010년의 대기업자본가들은 1960년대 이전 창업세대와 비교하여 보면, 그들의 출신배경이나 자본축적과정 및 경제력이 매우 상이하였다. 그간 대우그룹, 국제상사, 한보그룹, 동아그룹 등과 같은 대기업자본가가 몰락한 경우도 있고, 또 재계 순위에 있어서 그들의 지위 변화를 볼 수 있지만, 1960년대 이전 창업한 대기업자본가, 소위 50대 재벌들은 여전히 강력한 경제력을 지니고 있다. 특히 그들의 자손들에 의하여 대기업이 승계되고 자본축적 방법이 과거의 성격(주로 정경유착과 권력비호 및 특혜)과는 매우 다르며, 불법적인 변칙승계에 의하여 새로운 대기업자본가를 형성하였다.

현대그룹(정주영 회장)과 삼성그룹(이병철 회장), LG그룹(구자경 회장)은 기업분할로 새로운 그룹(효성그룹, GS그룹, LS그룹 등)을 창출하였고, 또한 자녀 상속에 의하여 현대자동차, 현대(상선)그룹, 현대중공업, CJ그룹, 신세계그룹 등으로 기업이 승계되어 이들이 재계를 지배하고 있다. 대기업의 변칙승계는 무엇 보다도 비자금(횡령)의 형성과 상장주식의 차익, 탈세와 정책지원 등을 통하여 이루어졌다. 이러한 것이 2010년대 대기업자본가가 되는 일차적 수단이었다. 그들의 변칙적 기업승계는 파격적인 보수를 받는 유능한, 경영자들의 헌신적인 노력에 의하여 가능하였다.

한편, 대기업자본가는 자기자본은 5% 미만이지만 친인척 등 특수관계인과 계열회사의 지분(4할 미만)을 합쳐서 계열회사에 순환 출자하여 기업집단을 장악하고 있다. 기업경영권을 행사할 수 있는 자기 소유권을 최소화 하면서 금융 부채와 외국 자본에 크게 의존하여 대기업을 지배, 관리하고 있다.

이러한 소유지배구조는 타인자본 즉, 외국인과 금융기관에 크게 의존하고 있는데 만약 외국자본이 철수하거나, 계열기업간 상호순환출자의 금지나 금융기관이 대출회수 조치하면 기업집단의 대부분이 연쇄적인 몰락 위험성을 지니고 있다.

최근 수익을 많이 내는 대기업(전자, 자동차, 조선 등)은 외국자본이 약 4할 이상이 되어 정부의 많은 특혜적인 정책(금융 및 조세 등) 지원을 받고 있지만, 과연 국민기업이라 할 수 있을지 의문이 간다. 이들 기업의 시장은 주로 내수시장에 의존하고(약 7할) 수출을 많이 할수록 핵심부품(약 3~6할)이 외국(특히 일본)에서 수입한 것이라서 그 만큼 외국자본과 수입품에 기업이윤이 흘러 들어간다. 다시 말하면 우리나라 무역 의존도가 82.4%(2010년) 정도로 자본과 기술 및 생산(수출)의 해외 의존성이 대단히 높다.

대기업자본가들의 이차적 자본축적 과정은 특히 경제위기(1998년 외환위기와 2008년 금융위기)시에 정부의 금융과 조세 지원으로 구조조정 및 빅딜(인수, 합병)에 참여하면서 대기업집단이 되었다. 이와 같이 독점적 생산기반으로 자본(금융부채)과 시장(국내외)의 독점 그리고 생산관계에 있어서 이익을 과점하여 자본축적이 용이하였다. 더욱이 대기업은 많은 하청적 협력회사(중소기업)의 희생에서 대기업의 이익이 신장되었고, 정부의 금융정책(저금리, 고환율, 감세 등) 지원과 저임금 및 저곡가정책으로 소위 국제경쟁력을 유지할 수 있었다.

이와 같이 온갖 불법, 변칙으로 성장, 승계한 대기업집단을 정부가 그 특혜와 특권을 개혁하지 않으면 사회적 정치적 문제에 직면하게 될 것이다. 대기업자본가의 성장은 국가발전, 즉 사회적 역할 분화와 경제적 규모의 확대로 가지지 못하거나 적게 가진 자의 사회경제적 지위가 더욱 상대적으로 하락한다. 이것은 경제적 인프레이션으로 사회적 지위(신분)의 변동이 일어난 것이다.

한편, 우리나라의 대기업자본가는 일반적으로 족벌체제를 형성하여 기업가(경영자)로서, 또는 자본가(대주주)로서 이중적 이득을 획득하고 동시에 제왕적 경영을 한다. 그러나 이들은 회장, 부회장, 사장 등의 직위를 가지면서 법적, 형식적인 책임을 면하기 위하여 등기이사로 등록하지 않고 가신들을 통하여 경영권을 행사하고 있는 것이 그 특징이다.

그리하여 우리나라 정부와 여·야당은 지나친 경제력 집중과 양극화를 조성하는 독점자본주의의 폐혜를 시정하기 위하여 재벌개혁론(제 7장 4절 참조)을 주장하고, 심지어 재벌해체론을 주장하는 경우도 있다.

제 5장 공기업 경영인의 충원구조와 보수체계

1. 서 론

우리나라에 공기업을 비롯한 공공기관이 2009년말 397개이다. 공기업(24개)은 주로 경제개발과정에서 설립되었다.[1] 과거 공기업은 주로 중앙정부에 소속되었으나 지방자치제가 최근 실시되면서 지방자치단체도 공공성이라는 명분하에 이익추구를 위하여 많은 공기업(법인)을 설립하였다.

공기업은 직원 정원이 50인 이상이고, 자체 수입액이 총수입액의 1/2 이상인 기관 중에서 기획재정부 장관이 지정한 법인체를 말하

---

1) 공공기관 운영체계의 주요 변화는 다음과 같다.

공공기관 운영체계의 변화

	특징	지배구조 · 임원선임	경영평가
1기(1962~1984)	경제개발과정에서 공기업 신설 급증	주무부처가 예산결정,사업계획 승인, 포괄적 업무 감독권 행사	주무부처 장관이 실적 평가 (77년 경제기획원으로 이관)
2기(1984~1999)	-정부투자기관 관리 기본법 시행 -민영화 프로그램 도입	기관장은 정부가 임명 임직원 임명권은 기관장에게 위임	전문 평가단에 의한 경영평가제 도입
3기(1999~2007)	자율 · 책임경영 확대	-사장추천위원회제도 도입 정부 당연직 이사 폐지 -이사,감사에 손해배상 책임	-사장과 경영계약제 도입 -경영실적 저조한 사장, 상임이사 해임 건의
4기(2007~현재)	공공기관 운영에 관한 법률시행, MB정부 공공기관'선진화'시작	-비상임이사와 외부위원으로 임원추천위원회구성, 모든 임원추천-이사회 기능강화, 시장형 공기업 감사위원회 설치 의무화	평가 대상 축소하고 평가지표 차별화, 평가결과와 인사 연계 강화

(자료) 기획재정부

며, 자산 규모가 2조원 이상이면 시장형 공기업이라고 한다.2)

공기업의 총 수입중 자체 수입이 85% 이상인 경우 한국전력공사, 인천공항공사, 토지주택공사, 도로공사, 철도공사, 가스공사 등 8개이며, 한국전력, 대한석탄공사, 한국도로공사, 한국수자원공사, 산업은행, 국민은행, 기업은행, 한국가스공사, 담배인삼공사, 인천공항 등 20여개 공기업도 우리나라 100대 기업에 들어간다.

공기업은 오늘날 GDP의 10% 이상을 차지할 정도로 아직도 우리나라 산업발전에 큰 기여를 하지만 그간 많은 문제점이 있다고 정부 뿐만 아니라 언론기관과 식자들 까지 지적하여 왔다.

> 공기업이 '위기'다. 국회 국정감사를 통해 속속 드러나고 있는 공기업의 도덕적 해이는 심각하다. 빚은 폭증하고 있지만, 내부는 성과급과 복지기금 등 나눠먹기에 몰두 중이다. 천문학적 부채는 마치 '남의 일'이다. 경영진과 감사 등 주요 나리들은 모두 친정부 인사들의 차지다. 그 결과 경영 보다는 정치 논리가 앞서는 무책임의 상황이 부채 증가와 도덕 불감증의 토양이 되고 있는 것이다. 공기업들은 정말 이대로 괜찮을까.3)

심지어 정부는 공기업의 민영화를 위하여 그간 5차례나 개혁을 시도하였지만, 모두 실패하였다. 현 정부도 공기업의 방만한 경영과 경영부실 및 기능 중복에 따른 폐해를 없애기 위하여 선진화 추진 계획, 즉 향후 5~7년간 자산 매각으로 60조원 수입을 창출하여 중소기업, 고용, 교육에 투자한다고 밝히고 있다.

이것을 보면, 우리나라 공기업은 ① 방만한 부실경영(빚더미)과 ② 도덕적 해이(나눠먹기식 돈잔치), 및 ③ 낙하산 인사(관료 및 정치

---

2) 정부가 공기업에 출자한 자본기준(50%)에 따라 그 이상이면 정부 투자기관이고 그 이하이면 정부 출자기관이라고 한다.

3) 「경향신문」, 2010년 10월 12일

권 인사) 등이 가장 주요한 문제점으로 제기되었다. 이러한 문제점은 중앙정부 뿐만 아니라 지방자치단체의 권력을 장악하고 있는 인사들과 정당(정치인) 및 정부(관료)의 일차적 책임이 중요하지만 이차적으로 공기업 경영자들도 그 책임을 지지 않을 수 없다.

그리하여 저자는 이러한 문제를 야기한 공기업의 현황과 특히 경영자(임원)들의 임용절차 및 출신배경, 그리고 이들의 보수체계를 분석하여 그 특성이 무엇인지를 밝히고, 나아가 그들의 계급적 성격을 규명하여 보려고 한다.

본 연구에서 사용한 자료는 기획재정부가 발표한 '공기업 경영실적 분석'(2009년)도 있지만, 대부분은 공정거래위원회가 2010년 4월 지정한 대규모 기업집단인 한국토지주택공사(LH), 한국전력공사, 한국도로공사, 한국가스공사, 한국철도공사, 인천국제공항공사, 서울시도시철도공사, 인천시도시개발공사 등 8개와 2010년 4월 탈락된 한국수자원공사, 한국석유공사, 한국농어촌공사가 기획재정부와 공정거래위원회에 제출한 경영정보(연간 사업보고서)이다. 그 밖에 신문기사 등 문헌조사와 공기업 임원들의 이력서 등을 분석하여 그들의 사회적 계급적 성격을 규명하여 본다.

2. 공기업의 재무구조

1) 자산규모와 부채

우리나라 공기업 중에 2010년 4월 자산 총액이 2조원 이상 되는 것은 모두 8개 이다. 이 중에서 공기업이 공개된 것은 한국전력공사의 56.2%이고 한국가스공사의 94.6%이며 나머지는 비공개되고 있다. 그리고 우리나라 10대 대규모 기업집단에 속한 공기업은 한국토지주택공사(130조원)와 한국전력공사(123조원) 및 한국도로공사(45조원) 등이다.

이러한 공기업의 소유지분은 아직 대부분 기업공개와 민영화가 이루어지지 못하여 한전과 가스공사 등을 제외하면 정부소유가 100%이다. 한전의 경우 정책금융공사(29.9%)와 외국인(24.8%) 및 정부(21.1%)가 최대 주주이고 한국가스공사의 경우 정부(26.8%)와 한전(24.4%) 그리고 일반주주(21.6%)와 외국인(7.0%)이 최대 주주이다. 특히 외국인자본이 에너지 분야에 대주주가 되어 있는 것은 장차 큰 문제가 될 수 있다.

우리나라 공기업(25개)의 재무구조를 표 1에서 보자.

표 1을 보면, 2009년 말 우리나라 공기업의 총 자산은 35조원이고 총부채는 약 213조원이다. 최근 총 자산과 총 부채가 급속히 증가되고 있다. 그리고 2009년 공기업의 경영실적은 총 매출이 약 95조원이고, 순이익은 약 2.3조원이다. 부채가 배제된 경영실적은 문제가 있다. 순이익이 증가한 공기업은 교통·통신부문이고, 그 다음은 에너지 부문이며, 부동산 부문은 오히려 적자를 내었다.

공기업의 자산은 교통·통신 부문의 경우 지난 1년간 도로·철도·항만의 시설투자와 수도건설, 수자원 개발 등 사업확장의 결과로 자산(95.6조원)이 증가되었지만 또한 부채도 증가되었다. 그리고 에너지 부문은 시설투자와 투자금 조달, 토지매입, 신규 광구투자 등으로 자산(115.3조원)과 부채(59.6조원)가 증가되었다. 그러나, 부동산 부문은 임대주택 건설, 경제자유구역, 평택 미군기지 이전, 4대강 사업 등으로 자산(135.8조원)이 1년간 무려 24.9조원이 증가되었으며 부채도 24.3조원이 증가되었다. 그래서 부채비율이 465.5%가 되었다.

<표 1> 공기업의 재무구조

(단위 : 억원)

부문	기관	자산	부채	부채비율 (%)	자본	매출	영업이익	순이익
에너지	한국전력	669,855	288,976	70.3	410,879	336,857	-5,687	-777
	가스공사	229,335	177,753	344.3	51,612	193,918	7,940	2,380
	지역난방	29,027	20,329	233.7	8,698	12,482	1,707	1,496
	석유공사	171,146	86,926	103.2	84,220	18,001	5,621	4,223
	광물자원	16,498	9,006	120.52	7,492	1,477	190	213
	석탄공사	7,407	13,100		-5,693	2,393	-125	-480
	소계	1,153,268	596,060	107.0	557,208	565,128	9,646	7,055
부동산	토지공사	-	-	-	71,390	43,042	4,245	659
	주택공사	-	-	-	123,239	75,683	6,304	1,170
	토지주택	-1,300,710	-1,092,428	524.5	-	65,828	2,425	4,972
	대한주택보증	53,195	21,786	69.4	38,932	5,368	-7,434	-7,322
	감정원	4,001	3,588	868.8	381	1,149	37	39
	소계	1,357,906	1,117,802	465.5	233,942	191,070	5,577	-482
교통 · 수송	인천국제	80,406	36,917	84.9	41,001	11,866	4,379	2,668
	한국공항	25,682	2,313	9.9	22,826	4,337	367	426
	철도공사	186,110	87,547	88.8	92,112	35,288	-6,861	6,486
	도로공사	451,555	218,418	93.7	218,594	35,513	9,337	562
	부산항만	45,750	13,021	39.8	32,360	1,870	881	407
	인천항만	21,841	1,073	5.2	20,756	730	45	28
	컨테이너	11,581	11,529	22,171.2	-288	270	-303	344
	수자원공사	132,771	29,956	29.1	100,194	20,054	1,295	816
	소계	955,696	400,774	72.2	527,555	109,928	9,140	11,737
기타	마사회	23,142	3,643	18.7	18,153	72,838	2,726	2,855
	관광공사	9,592	3,901	68.5	4,162	2,975	-530	1,570
	조폐공사	3,745	765	25.7	3,000	3,530	65	5
	산재의료	2,313	854	58.5	1,473	1,816	-192	-138
	제주국제	4,551	1,787	64.7	2,040	3,721	815	718
	방송광고	9,733	6,456	197.0	3,248	2,765	22	59
	소계	53,076	17,406	48.8	32,076	87,978	2,906	5,069
합 계		3,519,946	2,132,042	153.6	1,326,452	953,801	27,269	23,379
LH 제외시		2,219,236	1,039,614	88.1	1,313,823	769,248	14,295	16,578
한전 제외시		2,820,091	1,843,066	188.6	917,062	616,944	32,956	24,156
LH, 한전 제외시		1,519,381	750,638	97.6	722,433	432,391	19,982	17,355

(비고) 1) LH는 대한주택공사와 한국토지공사의 합병(09‘, 10. 1)으로 4/4분기 실적임.
2) 감정원의 부채비율은 토지보상법상 보상수탁사업관련 예수금(2009년 3,078억) 제외시 123.4%(2008년 169.6%)임.

(자료) 기획재정부, 「2009년 공기업 경영실적 분석」(보도참고자료), 2010. 4

한편, 공기업의 경영실적은 최근 매출액과 영업이익 및 순이익이 표 2와 같이 급속히 감소되었다.

<표 2> 공기업의 경영실적

(단위 : 조원, %)

구분 \ 년도	2005	2006	2007	2008	2009	전년대비 증가율
자산 (증감액)	215.1	240.8 (25.7)	267.5 (26.7)	309.8 (42.3)	352.0 (42.2)	13.6
부채 (증감액)	99.1	119.0 (19.9)	138.4 (19.4)	177.1 (38.7)	213.2 (36.1)	20.4
부채비율	85.8	97.6	107.2	133.5	153.6	-
매출액 (증감액)	61.8	69.2 (7.4)	77.7 (8.5)	95.2 (17.5)	95.4 (0.2)	0.2
영업이익	4.7	5.5	5.5	1.7	2.7	-
순이익	4.3	4.3	5.2	0.3	2.3	-

(자료) 기획재정부

2009년 공기업의 경영 실적은 매출이 95.4조원이고, 순이익은 2.3조원으로 지난 해 비하여 약간 증가되었다. 2008년 금융위기로 인한 경기침체에도 불구하고 국제유가의 안정과 고환율 등으로 경영적자를 모면하게 된 것 같다. 그러나 부동산의 경기 침체로 부동산 부문 공기업은 적자경영을 하게 되었다. 그리고 교통·수송부문은 경기침체 등으로 운송사업이 부진하였지만, 임대수익과 역세권 매각 등 비운송사업의 확대로 매출 및 순이익이 증가 되었다. 그 밖에도 마사회와 관광공사의 수익이 증가 되었다.

이러한 것을 보면, 공기업의 재무구조의 가장 큰 문제는 최근 급속히 증가한 부동산 부문 공기업의 부채(율)이고, 또 과거에 비하여 공기업의 수익(율)이 많이 떨어졌다는 것이다. 공기업이 아무리 국책사업을 수행한다 할지라도 막대한 부채(국채)를 기채하여 국민의 부담을 가중시키는 것은 아주 잘못된 것이며, 정부와 당사자들의 무한책임이 추궁되어야 할 것이다.

그러면, 정부가 지정한 대규모 공기업집단의 재무구조를 구체적으로 고찰하여 보자.

공기업집단의 자산 규모를 보면, LH(한국토지주택공사)와 한전이 각각 약 130조원이 되어 가장 크고, 그 다음은 도공과 가스공사 및 철도공사이며 나머지는 10조원 이하이다.

< 표 3> 대규모 공기업집단 재무현황

(단위 : 십억원)

순위	기업집단	계열회사	자산총액	부채	자본총액	자본금	매출액	당기순이익	최근5년간 부채증감(%)	비고 (소유지분)
1	한국토지주택공사	4	130,071	109,242	20,828	20,301	6,582	497	231.4	정부 84.8%, 정책금융공사 15.2%
2	한국전력공사	13	69,985	28,897	41,087	3,207	33,685	-77	55.0	정책금융공사 29.9%,외국인 24.8%, 정부 21.1%
3	한국도로공사	1	45,155	21,841	23,313	22,492	3,551	56	46.8	국토해양부 79.0%,정책금융 8.5%,수출입은행 8.0
4	한국가스공사	3	22,933	17,772	5,161	386	19,391	238	158.7	정부 28%,한전 24.4%,일반주주 21.6%,외국인 7.0
5	한국철도공사	11	18,610	8,754	9,856	9,642	3,528	648	51.0	정부 100%
6	한국수자원공사		13,277	2,995	10,281	6,493	2,005	81	56.1	
7	한국석유공사		17,114	8,692	8,421	6,649	17,114	8,421	159.5	
8	한국농어촌공사		1,662	4,194	1,613	1,295	3,053	66		
9	인천국제공항공사	2	8,040	3,691	4,348	3,617	1,186	266	3.6	
10	서울시도시철도공사	2	7,356	5.2	6,100	10,606	524	-214		정부 100%
11	인천도시개발공사	3	6,798	3.4	1,849	1,824	512	34		

(자료) 1) 부채는 기획재정부 자료(2009년)이고 나머지는 공정거래위원회 자료(2010년)임.
2) 서울시와 인천시도시개발공사는 행정자치부 자료(2010년)임.

공기업의 부채율(145.6%)은 민간기업집단의 부채율(2009년 112.4%)보다 높고, 최근 갑자기 증가되어 가고 있다.[4)] 2009년 현재 10대 공기업의 부채가 301조 6천억원이 되고 한국토지주택공사의 부채는 116조 5천억원이 되며 한국전력공사의 경우 25조 9천억, 한국도로공사의 경우 19조 2천억원이 된다. 이와 같은 부채는 토지주택공사의 경우 총 자산의 83.9%가 되고 자본총액의 5.2배가 되며 가스공사의 경우 각각 77.5%와 3.4배가 된다. 그리고 한전, 철도, 도로공사의 부

4) 지방 공기업의 부채와 적자도 대단히 심하다. 행정안전부의 지방공기업 결산현황(2002~2006년)을 보면, ① 지방공기업이 25.6%(현재 358개사)로 증가되었고, 부채는 24.7%(현재 59조 6천억원) 증가하였으며, 당기 순이익은 5년간 1조 4천억원의 적자이다.(「동아일보」, 2008년 8월 15일)

채는 총자산의 41% 이상이 되고 자본총액의 70~93%가 된다. 더욱이 4대강 사업으로 부채가 많아진 수자원공사는 현재는 각각 22.5%와 29.1%이나 4대강 사업이 2012년에 완성되면 그 부채는 엄청날 것이다. 따라서 공기업의 부채는 눈먼 돈으로 생각하는 위정자나 임원은 무한책임을 져야 한다.

한편, 공기업이 진 막대한 부채에 대한 이자(연간 약 23조원)는 비록 공금리에 의하여 추산하더라도 막대한 부담이기 때문에 공기업은 제대로 이익을 창출하기 어렵다. 따라서 정부(국민) 부담이 없으면 만성적자와 파산을 면하기 어렵다.

이 중에서 가장 심각한 것은 한국토지주택공사(LH)와 한국수자원공사인데 각각 총자산의 89.2%와 41.2%가 된다. 이것은 이명박 정부의 소위 '4대강 사업'[5]을 추진하기 위하여 관련된 공기업, 예컨

5) 여야간 논쟁이 심한 '4대강 살리기 사업비'는 표 4와 같이 총 22.2조원이고 본 사업비는 16조 9천억원, 직접연계사업비는 5조 3천억원이다. 본 사업은 2011년에 완료하고 5개 댐과 96개 농업용 저수지 건설, 그리고 직계연계사업은 2012년에 완료하는 것을 목표로 한다. 그런데 4대강 사업의 관리운영비는 2012년 완료되더라도 매년 6천 300억원(관리비 940억원, 인건비 89억원, 투자 8조원의 이자 4천억원)이 소요되는 것으로 추산한다.(「경향신문」, 2010.11.21) 그리고 국토부 소관사업은 15.4조원이고 한국수자원공사가 8조원을 자체(직접) 투자함.

<표 4> 4대강 살리기 사업의 부처별 예산

(단위 : 조원)

	합계	본사업	직접연계사업	비고
합 계	22.2	16.9	5.3	
국토부	15.4	13.6	1.8	
농식품부	2.9	2.8	0.1	
환경부	3.9	0.5	3.4	

<표 5> 국토해양부의 4대강 사업예산

(단위 : 조원)

	계	2009	2010	2011	2012
합 계	15.4	0.8	6.7	6.8	1.1
수 공	8.0	-	3.2	3.8	1.0
국 고	7.4	0.8	3.5	3.0	0.1

대 한국수자원공사는 막대한 부채(8조원)를 안게 되었다. 그리하여 정부는 수자원공사와 토지주택공사의 손실(적자)을 보전하기 위하여 각각 소위 '친수법'과 'LH공사법'을 제정하였다.6)

이와 같이 공기업의 부채는 기업경영의 부실에서도 자초하겠지만, 전술한 바와 같이 정부의 입김에 의하여 초래되는 경우가 대단히 많다.

2) 손익계산서

대규모 공기업이 막대한 부채를 지고 있으면서 기존의 독점 사업을 유지하고, 심지어 적자도 있지만 당기 순이익도 내고 있다. 2007년 전체 공공기관 298개 중 89개가 적자를 내었다. 영업적자를 내는 공기업은 한국전력(5,686억원)과 철도공사(6,860억원)인데 이들은

<표 6> 대규모 공기업의 손익계산서(2009년)

(단위 : 십억원)

	매출액	매출원가	판매및 관리비	영업 이익	영업이외 수익	영업외 비용	법인세	총수익	총비용	당기 순이익	비 고		
											인건비	차입금	차입 상환금
한국토지주택공사	6,582,809	6,222,672	117,655	242,482	529,277	529,277	39,391	7,112,086	6,614,863	497,223	8.2	2,124	2,770
한국전력공사	33,685,714	33,094,813	1,159,598	-568,697	2,304,375	1,856,118	-42,727	35,990,089	36,067,802	-77,713	12.82	7,922	5,244
한국도로공사	3,551,260	2,472,440	145,090	933,730	497,641	1,363,981	11,214	4,048,901	3,992,725	56,176	2.55	4,255	8
한국가스공사	19,391,829	18,383,421	214,398	794,010	1,068,007	1,548,291	75,723	20,459,836	20,221,833	238,003	17.87	2,600	
한국철도공사	3,528,828	4,054,822	160,077	-686,071	2,479,109	753,441	390,976	6,007,937	5,359,316	648,621	1.7	21.75	84
시울시도시철도공사	514	708	35	-228	39	25		-193		-214	26.2		
한국수자원공사	2,005,384	1,782,473	93,371	129,540	135,054	172,677	10,341	2,140,438	2,058,862	81,576	2.50	1,089	29
한국석유공사	1,800,052	1,162,472	75,463	562,117	764,768	677,941	226,652	2,564,820	2,142,528	422,292	7.0	3,090	311
한국농어촌공사	3,053,349	2,931,529	43,086	78,734	36,610	7,212	41,697	3,089,959	3,023,524	66,435	3.69	817	1,081
인천국제공항공사	1,186,561	663,958	84,707	437,896	135,997	247,570	59,546	1,322,558	1,055,781	266,777	46		

(비고) 손익계산서는 2009년 결산자료임

(자료) 기획재정부,「공공기관 경영정보 공개시스템」, 2010

행정안전부,「지방공기업별 경영정보」, 2010

6) 국회는 2010년 12월 8일 소위 날치기로 4대강 사업으로 막대한 투자손실을 보게된 한국수자원공사를 위하여 '친수구역활용특별법' 등을 제정하였다.

영업 이외의 수익에서 적자를 어느 정도 감소시키고 있지만, 한전은 당기 순적자가 약 777억원이 된다. 그러면서도 영업외 비용과 임직원의 급료 및 복리후생비가 가장 많은 편이다.

3. 충원제도와 충원구조

1) 충원제도

공기업 및 공공기관의 임원 충원은 주로 추천제와 공모제에 의하여 이루어져 왔다. 과거 추천제에 의한 임원 충원이 특히 대선에 의한 논공행상으로 임명되어 그 결과 비전문가(주로 정치인)에 의한 경영부실이 문제가 되어 사회적 논란이 많았다.

그리하여 2008년 2월 개정된 '공공기관의 운영에 관한 법률'에 의하여 공모제가 실시되었으나, 과연 이것이 과거의 문제점(비전문가, 경영부실 등)을 해소하였는지 궁금하지 않을 수 없다.

노무현 정부시 정부는 공공기관장의 선임을 과거 추천제의 문제를 시정하기 위하여 '공모제'와 '추천제'를 병행하였지만, 그 결과는 관료와 정치권 인사가 많이 선임되었다. 그리하여 현 정부는 대통령의 지시에 따라 정부 부처 장관이 추천한 인사관행을 지양하고 민간 전문가를 채용할 수 있도록 '공모제'를 의무화 하기로 하였다.

노무현 정부는 2004년 공공기관 기관장 선임 절차를 제도화 하기 위해 공모제를 한국전력 등 14개 정부투자기관에서 신용보증기금 예금보험공사 등 77개 정부산하기관으로 확대 시행했다. 하지만 일부 기관이 추천제를 병행한 데다 주무 부처가 직간접적으로 후보자를 내정하는 방식으로 공모에 영향을 미쳐 '낙하산 인사' 시비가 끊이지 않았다.

우선 재정부는 되도록 민간의 전문가를 기관장으로 영입하는 한편 외국인 기관장을 허용하는 방안도 검토하기로 했다. 특히 공모 과정에서 정치적 로비를 동원할 경우 선임과정에서 불이익을 주도록 할 예정이다.

이 같은 공공기관장 선임 방안은 공공기관 운영법의 시행지침에 명시돼 5월 중순 이후 공공기관장 선임 때부터 본격적으로 도입된다. 이 지침은 303개의 공공기관 중 주택공사 · 토지공사 · 한전 · 가스공사 등 대형 공기업, 국민연금관리공단 · 사학연금관리공단 · 공무원연금관리공단 등 연기금 · 우리은행 · 우리금융지주 · 기업은행 등 민간과 경쟁관계에 있는 공공기관 49개, 정부출연연구기관과 대학병원 등 90여 곳에 우선 적용된다.[7)]

이와 같이 공모제가 실시된 후 공기업 경영자(임원)들의 충원이 과연 공정하게 전문가가 충원되었는지 후술하는 바와 같이 많은 의문이 간다.

신정부가 2008년 2월 개정, 실시한 공공기관장과 주요 임원에 관한 충원제도는 표 7과 같다.

<표 7> 공공기관 경영자(임원)의 임명 절차

	자격(추천기준)	임기	추천자	제청자	임명권자	비고
공기업						
사장	전문학식과 경험이 풍부하고 최고경영자의 능력소유자 공채 가능	3년	임원추천위원회 (복수추천)	주무장관 (사장)	대통령 주무장관	소규모기관은 기재부장관이 임명
상임이사	전문학식과 풍부한 경험	2년	상동	상동	기관장(사장) 기획재정부장관	소규모는 기획재정부장관이 임명
상임감사	상동	2년	상동	기획재정부장관	대통령	
준정부기관						
기관장	상동	3년	임원추천위원회 (복수추천)	주무장관	대통령	2조원이하기관은 주무장관이 임명
상임이사		2년	추천위원회		기관장	
감사	상동	2년	임원추천위원회 (복수추천) 운영위원회		기획재정부장관 또는 대통령	상임감사위원은 규모에 따라 대통령 또는 기재부장관이 임명

(자료) '공공기관의 운영에 관한 법률', 제 2장 제 8조

7) 「동아일보」, 2008년 5월 7일

공공기관의 임원(사장, 기관장, 상임감사 등) 충원은 표 7에서 볼 수 있는 바와 같이 기획재정부장관 소속하에 '공공기관운영위원회'를 두고, 운영위원회는 임원추천위원회의 복수 추천된 후보자를 심의, 의결하여 최종적으로 공기업의 규모에 따라 대통령 또는 주무장관이 임명하게 되어 있다.

공공기관운영위원회는 기획재정부장관이 위원장이 되고, 관련 행정기관의 차관 또는 차장 등으로 구성하여[8] 다음과 같은 공기업과 준정부기관의 지정, 신설, 경영공시, 임원의 임명과 추천 및 해임건의, 및 경영실적 평가 등과 같은 주요한 정책을 심의·의결을 한다.[9]

① 공기업, 준정부기관과 기타공공기관의 지정, 지정해제와 변경지정
② 기관의 신설 심사
③ 공공기관의 경영공시
④ 공시의무 등의 위반에 대한 인사상 조치 등
⑤ 공공기관의 기능조정 등
⑥ 공공기관의 혁신지원 등

---

8) 공공기관 운영위원회는 다음과 같이 구성한다.('공공기관의 운영에 관한 법률'제 9조 및 시행령 제 11조)
① 국무총리실의 차관급 공무원으로서 국무총리 실장이 지명하는 공무원 1인
② 대통령령이 정하는 관계 행정기관(기획재정부, 행정안전부, 국민권익위원회)의 차관, 차장 또는 이에 상당하는 공무원
③ 제 2호에 해당하지 아니하는 주무기관의 차관, 차장 또는 이에 상당하는 공무원
④ 공공기관의 운영과 경영관리에 관하여 학식과 경험이 풍부하고 중립적인 사람으로서 법조계(10년 이상 경력), 경제계(상장법인 20년 이상 경력과 3년이상 재직자, 10년 이상의 공인회계사), 언론계, 학계(부교수, 5년 이상 경력) 및 노동계 등 다양한 분야에서 관련 부처 장관의 추천으로 대통령이 위촉하는 11인 이내의 사람

9) '공공기관의 운영에 관한 법률', 제 9조

⑦ 시장형 공기업과 준시장형 공기업의 선임, 비상임이사 임명
⑧ 공기업, 준정부기관의 임원 임명 등
⑨ 보수지침
⑩ 공기업, 준정부기관의 임원에 대한 해임이나 해임 건의 등
⑪ 비상임이사, 감사에 대한 직무수행실적 평가 등
⑫ 공기업, 준정부기관의 경영실적 평가 등
⑬ 공기업, 준정부기관의 경영지침
⑭ 공기업, 준정부기관에 대한 감독의 적정성 여부의 점검과 개선
⑮ 그 밖에 공공기관의 운영과 관련하여 대통령령이 정하는 사항

그리고 임원추천위원회는 임원의 임기가 만료되었을 때 기관장이 추천한다. 공기업의 장은 임원추천위원회가 복수로 추천하여 운영위원회의 심의·의결을 거친 사람 중에서 주무기관장의 제청으로 대통령이 임명한다. 다만 기관 규모가 작은 경우 주무장관이 임명한다. 공기업의 상임이사는 공기업의 장이 임명하고, 상임감사위원은 정한 절차에 따라 대통령 또는 기획재정부 장관이 임명한다. 공기업의 비상임이사는 운영위원회의 심의·의결을 거쳐 기획재정부장관이 임명한다. 그리고 준정부기관의 장과 상임이사는 절차에 따라 대통령이 임명하고 상임이사는 기관장이 임명한다. 공기업 및 준정부기관의 임원은 법조계, 경제계, 학계 및 노동계, 관련기관 등에서 학식과 경험이 풍부한 사람 중에서 선임된 위원 5~15명으로 구성하게 되었다.[10)]

그런데 이러한 절차에 의하여 구성된 공공기관운영위원회와 임원추천위원회가 관련 부처의 추천으로 구성되기 때문에 장관 또는 대통령의 의지가 반영되지 않을 수 없다. 따라서 과연 양심적인 인사 정책을 수행하고, 외부(특히 관련 부처와 청와대 등)의 입김이 작용

---

10) '공공기관의 운영에 관한 법률' 시행령, 제 23조

하지 않았는지 의문이 간다. 그것은 최근 언론에 보도된 국민은행과 한국전력 등의 추천과정에 그 문제점을 잘 알 수 있다.

2) 충원구조

우리나라 공기업의 운영관리체계는 대개 사장→상임이사 · 감사→직원(부장, 과장, 팀장 등)으로 되어 있고, 과원(팀원)들은 정규직과 비정규직 사원(근로자)으로 구성되어 있다.

<표 8> 공기업의 임직원수

	기관장	이사	감사	직원	비정규직	합계
한국토지주택공사	1	14	1	6,818	1,232	5,600
한국전력공사	1	14	3	20,170	211	19,314
한국도로공사	1	14	1	4,210	186	4,052
한국가스공사	1	14	1	30,579	447	27,255
한국철도공사	1	14	1	2,762	28	2,762
서울시도시철도공사	1	12	1	6.644	88	6,570
한국수자원공사	1	12	1	4,024	667	4,032
한국석유공사	1	12	1	1,181	7	1,195
한국농어촌공사	1	12		5,142	1,044	5,068
인천국제공항공사	1	12		842	9	822
합 계	9	118	9	75,928	3,830	70,100

공기업의 구성원을 보면, 한국가스공사와 한국전력공사가 약 2만명 이상으로 가장 크고 나머지 공기업은 대개 5천명 이하이다. 그런데 구성원(규모)과는 관계없이 임원 구성을 동일하게 기관장(사장) 1명, 이사 14명 또는 12명, 그리고 감사 1명으로 조직되어 있는 것이 특징이다.

우리나라 공기업의 역대 사장은 경제부처의 관료 출신이 가장 많고, 그 다음은 군출신과 정치인들이라 할 수 있다.

주요 공기업 24곳의 창립 이후 현재 까지 역대 사장은 모두 301명인데 재정경제부, 행자부 등 관료 출신 사장이 전체의 45.2%(136명)이고 군출신 사장은 22.9%이며, 나머지는 공기업 내부 승진자(4.7%), 정치권(4.7%), 민간기업(4.7%), 기타(학계, 언론계 등 17.8%) 등이다. 비록 관료, 군 출신이면서 정치연관 경력이 있는 자는 전체의 21.9%(66명)이 된다.

1992년 이전에는 군 출신 공기업 사장의 비율이 33.9%나 됐지만, 군사정권이 끝나고 김영삼 정부가 출범한 1993년 이후에는 이 비율이 9.6%로 떨어졌다. 그리고 관료 출신은 35.2%에서 57.4%로 정치 연관 경력이 있는 정치관련자는 12.1%에서 33.8%로 각각 증가되었다. 관료출신 공기업 사장 중에서는 재경부, 행자부, 산업자원부, 건설교통부 출신이 상대적으로 많았다.11)

한편, 이명박 정부시 임명된 공공기관장 121명과 노무현 정부시 임명된 이들의 전임자 121명의 출신배경(출신대학, 경력 등)을 조사한 결과 큰 차이는 보여주지 않고 있다. 새로 임명된 기관장의 주요 출신경력은 관료 44명(36.4%), 교수 28명(10.7%), 기업·금융인 13명(10.7%), 연구원 13명(10.7%), 정치인 8명(6.6%) 등의 순이다. 이들은 전임자와 비교해 기업·금융인, 교수, 연구원 등 전문직 출신이 35명(28.9%)에서 54명(44.6%)으로 19명이 늘었다. 그리고 신임자들은 대구·경북 출신이 많은 편이다.12)

2008년 부터 이명박 정부가 공공기관의 임원(CEO)을 공모제를 통하여 과거 논란이 되었던 퇴직 관료와 정치인의 낙하산식 인사를 단절하고, 민간전문가를 활용할 수 있었는지 궁금하다.

사실 정권이 교체되면서 많은 공기업 및 공공기관(준 정부기관)의 임원들이 사퇴 압력(감사원 감사와 검찰의 수사, 관련 장관의 사퇴종용 등)을 받아 온 것 같다. 예컨대 지식경제부 산하에 있는 한국전력공사, 가스공사, 석유공사, 석탄공사, 지역난방공사 등 24개 기관장의 사표가 임기가 만료되기 전 집권한지 3개월여만에 일괄 수리되고 공모 절차에 들어 갔다.13)

---

11) 「동아일보」, 2007년 10월 16일
12) 「동아일보」, 2008년 8월 29일
13) 「동아일보」, 2008년 5월 14일

<표 9> 주요 공기업 경영자(임원)의 출신배경

공기업명	성명	직위	연령	출생지	종교	최종 학력		주요 전직	정권과의 연고관계	비고
						고교	대학			
한국토지주택공사	이지송	대표이사	60	충남 보령	기독교	경동고	한양대 토목공학(석,박사)	건설부(수자원공사) 현대건설 사장	청계천 복원공사 지휘자	
	방판칠	감사	64	경남 진해		진해고	경상대 임학과	육군 중장(ROTC)	선진국민연대 상임고문	
한국전력공사	김쌍수	대표이사	65	경북 김천		성의종합고	한양대 기계공학	LG전자 사장 LG부회장		
	강승철	감사위원	50				서울대 자원공학 미 버클리대석사	새한CMC대표 대구시민간자문관	서울미래경제포럼대표 대통령직인수위원회 상임자문위원	
한국도로공사	류철호	대표이사	62	서울		경기고	서울대 토목공학	대우건설 부사장 경수고속도로 대표이사		
한국철도공사	허준영	대표이사	58	대구	기독교	경북고	고려대 행정학과 명지대 산업공학박사	외무부 사무관(외시14회) 경철서장, 경찰청장		
	김해진	감사	50	경남 밀양	불교	브니엘고	부산대 독어독문과	경향신문 정치부장	대통령후보 언론특보 대통령직인수위원회 전문위원	특임장관실 차관
한국가스공사	주강수	대표이사	65	서울	불교	서울고	서울대 지질학과	현대자원개발부사장 대한광업공사 고문		
	정광윤	감사위원	58	경남 통영		마산상고	동아대 법학과	도시연구소연구원	국회의원 보좌관 한나라당선대위대변인	
인천국제공항공사	이채욱	대표이사	64	경북 상주	기독교	상주고	영남대 법학과	삼성물산 본부장 GE코리아 사장		
	박종기	감사위원								
서울시도시개발공사	유민근	사장	54	전북 전주	천주교	경동고	연세대 행정학과	두산건설 부사장 한일건설 대표		여의도연구소 정책자문위원
인천시도시개발공사	이춘희	사장								
	임경환	상임감사						인천시 연수구부청장		
한국수자원공사	김건호	대표이사	65	서울		경기고	서울대 토목학과	건설부 차관(기술고시1회) 한국공항공단이사장		한나라당 국책자문위원
	조정현	감사위원	50			경복고	서강대 정치외교학(학, 석, 박사)	국회정책연구위원	한나라당 전문위원(공채6기)	
한국석유공사	강영원	사장	60	전남 장흥	기독교	경기고	서울대 정치외교학과	대우인터내셔널 부사장		
	최성룡	감사	53	경북 포항		포항고	동국대 철학과	국회의원 비서관	대통령취임준비자문위원	

공기업명	성명	직위	연령	출생지	종교	최종 학력		주요 전직	정권과 연고관계	비고
						고교	대학			
한국농어촌공사	홍문표	사장	64	충남 홍성	불교	한영고	건국대 축산학과 한양대 행정석사	한나라당 사무부총장 국회의원(홍성,예산)	대통령직인수위 위원	
	김경안	감사	55	전북 정읍		남성고	원광대 행정학과 (학, 석사)	전북도의원 전북도당위원장	한나라당전주당원 위원장	
한국광물자원공사	김신종	사장	61	경북 안동		경북고	서울대 농과대학 서울대 행정대학원 석사	산자부 자원실장 (행시22회)		
	남준우	감사	54	충남 서산		서령고	국제대 무역학과 연세대 행대원	한나라당 의원국장 한나라당 정책조정실장	대선준비팀 부팀장	
농수산물유통공사	하영제	사장	57	경남 김해		경남고	서울대 농교육학과 동국대 행정학박사	거창군수(행시23회) 농수산부 2차관		
	김상인	감사	59	경북 포항		포항고	성균관대 경영학과 서울대 행대원	기무사령부 기획실장		
대한무역진흥공사	조환익	사장	61	서울		중앙고	서울대 정치학과 뉴욕대 경영학 석사 한양대 경영학 박사	상공부 미주과장(행시14회) 산자부 차관		
국민연금관리공단	전광우	이사장	62	서울	기독교	서울사대부고	서울대 경제학과 미 인디애나대 경영학 박사	미시간주립대 교수 세계은행 수석연구원 재정경제부장관 고문	금융위원장	
	이영우	감사	53	경남 밀양		동래고	부산대 무역학과	경남은행 부행장		
국민건강보험공단	정형근	이사장	66	경남 거창		경남고	서울대 법학과 서울대 법학박사	서울지법검사(사시 12회) 안기부 1차장 국회의원(부산북,강서3선)	대선부위원장	
	한종석	감사	61			송원고	육군3사관교	국회의원 보좌관 한나라당 1정조부위원장	대통령직 자문위원	
산업은행	민유성	행장	57	서울	천주교	경기고	서강대 경영학과 미 뉴욕주립대 석사	씨티은행 부장 리먼브라더스 서울지점장		
우리은행	이종휘	행장	62	대구 달성	기독교	경북대부속고	서울대 경영학과	한빛은행 상무 우리은행 수석부회장		
	조현명	감사	60	경남 산청			영남대 경영학과 경희대 경영학박사	감사원 1사무차장		
기업은행	윤용로	행장	56	충남 예산		중앙고	한국외대 영어과 미네소타대 행정석사	재정경제부 과장(행시21) 금융감독원 부위원장		
	김준호	감사	57	구미		부산고	고려대 무역학과 미 조지아주립대 MBA	감사원(행시22회) 하나은행 부행장		

(비고) 2010년 11월 기준

이명박 정부에서도 과거 정부에서 임명된 사장 및 기관장을 임기만료

전에 갈아치우기 위하여 사표를 강요한 것을 보면, 스스로 낙하산 인사를 하겠다는 뜻이라고 볼 수 있다.

2010년 11월 현재 주요 공기업 임원들의 출신배경을 표 9에서 보면, 낙하산 인사가 근절되지 않았다는 것을 알 수 있다.

표 9를 보면, 주요 공기업 대표(사장)는 과거와 마찬가지로 대선 또는 정당과 관련된 정치인, 관료들이 가장 많고, 특히 기관장은 현대건설 등 건설회사의 임원출신이 3명이나 되며 감사는 정치성향이 매우 강하다. 그리고 그들의 출신지가 영남이 많다.

최근 MBC PD수첩이 2006년 12월 부터 2010년 12월 까지 공공기관 운영에 관한 법률에 따라 지정된 348개 공공기관의 사장, 감사, 이사(모두 6,431명)를 조사한 결과 이명박 정권과 관련된 인사가 306명으로, 이것은 노무현 정부시 125개 기관 185명에 비하여 두배 가까운 숫자라고 하였다. 낙하산 인사가 가장 많은 기관은 한국철도공사, 한국토지주택공사, 한국농어촌공사, 한국가스공사 등에 각각 6명, 한국전력공사, 한국환경공단에 각각 5명, 그리고 한국폴리텍에 4명이 임명되었으며, 한국철도공사는 자회사 까지 포함하면 15명이라고 한다.[14)]

이것을 보면, 공공기관 경영자(임원)의 임명 절차에 있어서 '공모제'라는 것이 무의미한 것을 알 수 있다.[15)] 이것은 정경유착과 전관예우의 결

---

14) 「MBC뉴스」, 「동아일보」, 「한겨레」, 2011년 1월 12일
참여정부시 정부산하 기관의 임원은 대부분 열린우리당 총선 출마자와 노대통령 후보시절 특보, 대선대책위원, 대통령직인수위원 등 여당 정관계 출신 기관장이 119명(42.2%)으로 가장 많고, 감사가 84명(29.8%), 그리고 이사가 79명(28.0%)이다. 이들의 출신지역은 호남이 45명(33.6%)이 가장 많고 그 다음은 영남(23.9%), 서울·경기(20.1%), 충청(11.9%), 강원(6.0%)의 순이었다.(「동아일보」, 2006년 4월 5일)

15) 최근 빈발하는 금융사고(불법대출과 분식회계 등)는 금융감독원 출신이 금융회사 감사와 공모했기 때문이다. 현재 금감원 출신 45명이 저축은행(9명), 증권·투신사(15명), 보험사(7명), 카드사(5명)의 감사가 되어 있다.(「조선일보」, 2011년 4월 29일) 그리고 최근 10년간 저축은행에 간 금감원 출신 직원이 80여명이 된

과이다.

한편, 지방공기업 최고경영자의 출신배경은 전체(125개)의 74.4%가 퇴직공무원이다. 서울시의 경우 123개 중에 78.3%를 차지하고 경기도의 경우 33개 중에 61%, 그리고 부산, 인천, 충북, 충남의 경우 100%를 차지한다. 따라서 이것은 퇴직공무원들의 노후보장용이라 할 수 있다.16)

이러한 것을 보면, 비록 민간전문직 출신일지라도 공기업 임원들은 대통령과의 연고성이 있어야 충원될 수 있다는 것을 알 수 있다. 그 뿐만 아니라 공기업 직원들도 과거 권력지배층(대통령비서실장, 안기부장, 경호실장 등)의 소위 빽이 있어야 충원 및 승진되었다고 한다.17) 따라서 정부의 임원공모제는 아무런 실효성이 없는 것이다.

4. 공기업의 보수체계

일반적으로 기업의 임금체계는 이사회 또는 단체협약에서 결정

다. 감사 37명, 대표이사 4명, 사외이사 36명 등이다. 감사의 연봉은 4~5억원이 되고 사외이사는 1억원이 된다. 그 밖에도 금융회사(증권, 생보, 손보 등)에 금감원 출신이 감사를 독식하였다.

16) 행정안전부에 따르면, 지방 공기업 127곳 74.8%의 사장이나 이사장은 지방공무원(부사장, 국장)이나 정치인(시의회의장, 의원, 비서관 등)이다. 그리고 지방공단의 경우 77곳의 90.9%가 퇴직 공무원과 정치인이다.(「연합뉴스」, 2011년 5월 8일)
2008년 8월 서울시 자치구의 24개 시설관리공단 이사장은 현재 까지 모두 58명이 임명되었는데 그 중에서 공무원(부구청장 또는 국장) 출신이 전체의 67.2%(39명)로서 가장 많고, 그 다음은 민간기업(13.8%), 지역인사(13.8%), 구의원(5.2%) 등이다.(「동아일보」, 2008년 8월 28일)
최근 지방자치단체에서 각종 공단 또는 재단 등을 많이 설립하여 부채와 적자를 많이 내고 있는데 정부는 최소정부라 하면서 정부 및 지자체가 할 일을 공단 또는 재단을 많이 설립하여 주로 퇴역 관료들의 후생 사업을 한, 오히려 최대정부를 지향하고 있다.

17) 과거 한국수자원개발공사장을 지낸 인사의 증언에 의하면 인사철이 되면 권력지배층으로 부터 많은 청탁 전화가 온다고 한다.

되지만 공공기관의 경우 이사회와 기획재정부의 공공기관운영위원회에서 심의·의결한다. 그러나, 과거 공기업의 경우 임금체계는 이사회가 결정하였고 직원(노동자)의 경우 단체협약과 노사협의에 의하여 결정되는 경향이 있었다. 그런데 공기업의 보수체계가 공무원이나 사기업의 경우에 비하여 만성적자를 내면서 고임금이고, 또 후생복지비가 많아서 이에 대하여 많은 비판이 있었다. 더욱이 공기업 등 상당수 공공기관 노사가 이면합의를 통하여 편법으로 월급과 수당을 올리고, 과도한 복지혜택(월동비, 품위유지비, 효도휴가비, 급량비 등)을 누려왔다고 한다.[18)]

<표 10> 공공기관 임직원의 보수

	기관수	임직원수 (명)	기관장 연봉 (백만원)	직원평균보수 (백만원)
공기업	24	76,697	167	60
준정부기관	80	65,564	136	56
기타 공공기관	193	100,549	137	61
합 계	397	242,810	140	59

(비고) 2009년 자료
(자료) 공공기관 경영정보 공개시스템, 2010

우리나라 공기업은 2009년 말 현재 모두 24개이고, 이에 종사하는 임직원은 모두 7만 6천 697명이다. 공기업 사장의 연봉은 평균 1억 6천 7백만원이고 직원들의 평균 보수는 연봉이 6천만원이다. 이러한 급여 수준은 우리나라 대기업집단 임직원의 평균 보수 보다 약간 높은 편이다.

그리하여 이명박 대통령은 공기업의 관료성과 비효율성을 지양하고 경쟁력을 높이기 위하여 공기업의 민영화 등 실적과 경영평가에 따른 임금체계의 개혁 필요성을 강조하였다.

18) 한국조세연구원의 보고서(「경향신문」, 2010년 4월 24일)

1) 임원의 보수

공공기관의 보수체계는 각 공공기관의 이사회(이사장은 기관장)에서 임금 등 인건비를 일차적으로 결정하고, 이것을 정부의 공공기관운영위원회가 심의·의결을 한다. 그러나 이것은 거의 형식적인 절차였고 이사회가 주도적 결정을 하였다.

공기업 등 공공기관 임원의 보수기준은 다음 사항을 고려하여 기획재정부 장관이 공공기관운영위원회의 심의·의결을 거친 보수지침에 따라 공기업의 이사회에서 정하게 되어 있다.[19)]

① 기관장 : 공기업, 준정부기관의 경영성과와 제 31조 제 3항 및 제 4항의 규정에 따른 계약의 내용과 이행 수준
② 상임이사(상임감사위원은 제외한다.) : 제 31조 제 6항에 따른 성과계약 이행 실적 평가 결과
③ 상임감사 및 상임감사위원 : 제 36조에 따른 직무수행 실적평가 결과
④ 임원의 보수기준을 정하는 이사회에는 이해관계가 있는 임원은 참여할 수 없다.
⑤ 공기업, 준정부기관으로 지정 변경지정을 제외된 해의 임원의 보수는 지정 당시 법령 등에 따른다.

지난 10여년간 공공기관장의 총 보수는 표 11에서 볼 수 있는 바와 같이 해마다 약간 증가되고 있으나 국책은행의 경우만 2006년 이후 급감하고 있다. 그러나, 정부의 방침데로 본봉은 10~20% 감소되었지만 성과급이 15~34%가 증가되어 실제로 총 보수는 종전과 다를 바 없다.

국책은행장의 보수가 높은 것은 시중은행장(신한, 국민, 외환 등)의 총 보수(급료, 성과급, 활동수당 등)가 대개 10억원 이상이 되기 때문

19) 2008년과 2009년 말 개정된, '공공기관의 운영에 관한 법률', 제 33조

이다.[20]

<표 11> 공공기관장의 연도별 총보수

(단위 : 백만원)

	2003	2004	2005	2006	2007	2008	2009	2010
공기업	5.4	1.7	1.9	1.9	2.1			
금융공기업	3.0	3.2	3.3	3.6	3.6			
국책은행	1.6	5.9	6.4	7.1	7.1	5.7	4.8	

(비고) 1) 공기업은 한전, 도로공사 등 24개이고 금융공기업은 투자공사, 신보, 예보, 자산공사 등 8개이며 국책은행은 산은, 기은, 수출은행 등 34개이다.

(자료) 기획재정부

기획재정부는 2008년 5월 '공공기관 경영계약제'를 마련해 국무회의에 보고했다고 밝혔다. 이 방안에 따르면 정부는 앞으로 새로 임명되거나 유임되는 공공기관장의 기본 연봉을 차관급 연봉(올해 1억 800만원)을 기준으로 설정하고 기본 연봉이 상대적으로 높은 기관의 기본 연봉을 하향 조정키로 했다. 또 성과급은 경쟁 정보, 경영리스크 등에 따라 지급률 상한을 차등 적용하된 한국전력공사 등 24개 공기업과 산업은행 등 금융공기업 등은 기본연봉의 200%, 준정부기관은 기본 연봉의 100%, 기타 공공기관은 120%를 넘지 못하도록 했다.

이에 따라 한전 등 공기업 사장이 올해 받은 총보수는 최대 3억 2400만원을 넘지 못한다. 작년도 공기업 사장들의 총보수는 평균 2억 1800만원 이었다는 점에서 큰 폭의 급여 하락은 없을 것으로 보인다.

정부는 다만 금융공기업 사장의 기본 연봉은 민간 동종업계의 보수수준 등 금융산업의 특수성을 감안해 추후 공공기관운영위원회 내에 설치될 보수조정소위를 합리적으로 조정키로 했다.

재정부는 현재 금융공기업 사장의 기본 연봉을 차관급의 150% 정도로 검토하고 있다. 이렇게 결정되면 올해 금융공기업 사장의 기본연봉은 1억 6200만원이 되고 성과급 200%를 받으면 총보수는 4억 8600만원이 된다.[21]

---

20) 「연합뉴스」, 2010년 10월 4일

21) 「동아일보」, 2008년 5월 14일
2006년 공기업 및 공공기관 중 298개 중 CEO연봉이 5억원이 넘는 곳은 4곳이고 2억원 초과~5억원 이하 연봉을 받는 CEO는 26명이었다. 또 1억원 초과~2억원 이

<표 12> 공기업 임원의 연봉

(단위 : 천원)

	기본급	고정 수당	실적 수당	급여성 복리후생비	경영평가 성과급	기타 성과급	합계	비고
한국토지주택공사	95,954				30,705		126,659	
한국전력공사	118,296				75,709		194,005	연봉제
한국도로공사	94,600						155144	
한국가스공사	107,542				68,827		176,369	연봉제
한국철도공사	92,700				88,992		181,692	
서울시도시철도공사	117,023				55,647		30,666	
한국수자원공사	94,554				90,772		185,326	연봉제
한국석유공사	96,150				30,768		126,918	연봉제
한국농어촌공사	92,700				26,698		119,398	연봉제
인천국제공항공사	107,542				34,413		141,955	연봉제
평 균	100,004				55,810		156,351	

(자료) '공공기관 경영정보 공개시스템', 2010

저자가 조사한 대규모 공기업 사장의 총 보수는 표 12에서 알수 있는 바와 같이 연봉이 약 1억 5천 6백만원이다. 이 중에서 기본급은 약 1억원이고, 경영성과급이 약 5천 5백만원이다. 기본급은 개별 공기업간에 거의 차이가 없으나, 성과급은 수자원공사와 철도공사가 다른 공기업에 비하여 많고 따라서 연봉도 많은 편이다.

이와 같이 공기업 임원들의 연봉이 비슷하게 하향 조정된 것은 정부의 강력한 운영지침에 따른 것이다.

2) 직원의 보수

공기업 직원들의 평균 보수는 약 5천 7백만원이지만 9개 대규모 공기업의 경우 대개 10년 이상 근속하여 그 보다 약간 많은 약 6천 2백만원을 받는다.22)

하 연봉을 받는 CEO는 167명이었고 81명의 연봉은 1억원을 넘지 못했다.(「동아일보」, 2008. 4. 17)

22) 120개 공기업의 2010년 직원보수 예산을 분석한 결과 1인당 연봉이 5천 15만원이고 2009년의 6천 107만원 보다 3.8% 감소되었다. 1인당 연봉이 1억원이 넘

<표 13> 공기업 직원의 평균 보수

(단위 : 천원, 명, 년)

	1인당 평균보수	기본급	고정 수당	실적 수당	급여성 복리후생비	경영평가 상여금	기타 상여금	종업원 수	평균근속 연수
한국토지주택공사	58,701	42,888	1,003	2,152	2,879	9,779		6,843	13.3
한국전력공사	65,051	44,510	897	4,515	2,179	12,950		20,387	17.4
한국도로공사	60,736	38,824	2,255	4,685	5,122	9,814	36	4,235	15.6
한국가스공사	67,714	34,992	9,257	7,697	3,248	8,092	1,429	2,768	13.98
한국철도공사	55,304	24,963	12,760	7,848	4,254	5,479		30,967	18
서울시도시철도공사	47,146	132,396	10,894			31,354	130,200	6,466	12
한국수자원공사	62,993	41,961	1,011	6,214	2,745	10,677	385	4,013	14.6
한국석유공사	64,428	48,427	805	1,424	3,572	10,201		1,183	11.8
한국농어촌공사	55,106	42,095	191		507	12,261	50	5,130	18.03
인천국제공항공사	70,494	46,095	1,061	3,473	9,240	10,624		866	10.3
평 균	62,280	40,528	3,248	4,223	8,860	9,986	475		

(자료) '공공기관 경영정보 공개시스템', 2010

공기업 직원이 받는 보수는 표 13과 같이 기본급이 전체의 65.1%를 차지하고 그 다음은 경영평가 상여금(14.2%)과 복리후생비(14.2%)가 가장 많다. 현재 경영성과 상여금은 공기업간 차등이 거의 없다. 그런데 공기업이 거의 대부분 부채가 대단히 많은데도 불구하고 해마다 임직원에게 많은 경영성과금을 지급하는 것은 큰 문제이다.[23] 그리고 복리후생비의 내역을 보면, 기업차원에서 지급해야할

는 곳은 산은금융지주(1억 1,637만원)와 한국거래소(1억 406만원)이다.(「폴리뉴스」, 2010. 9. 22)

23) 공기업 22곳의 경영실적 자료를 분석한 결과 부채가 212조원에 달한 공기업 22곳이 성과급으로 1조 746억원(1인당 평균 1,450만원)을 받았다. 성과금을 받게 된 것은 많은 부채와 미분양 주택이 있는 데도 기획재정부의 경영평가 결과가 좋았기 때문이라고 한다.(「경향신문」, 2011년 3월 8일) 공기업 중 가장 규모가 큰 한국전력의 경우 2010년 1조 7천 875억원의 적자를 내고, 또 약 33조원의 부채가 있는 상황에서 임직원의 임금을 전년 보다도 10.7% 인상하여 평균 7천 152만원이다. 더욱이 1억원 이상 연봉자가 760여명이나 된다.(「MBC뉴스」, 2011. 9. 19) 신임 김중겸 사장은 TK, 고려대, 현대건설 사장 출신으로 이 대통령과 인연이 있으며, 한전 11개, 자회사 경영진과 감사 22명 중 17명이 현대, 대통령직인수위원회, 한나라당, TK, 고대 출신의 낙하산 인사라고 한다.(「아시아 경제」, 2011. 9. 19)

것인지 의문이 간다. 한전의 경우 가족수당과 시간외 근무수당 등을 기본급에 편입시키고 있다.

3) 임직원의 복리후생비

공기업 임직원들의 복리후생비는 직원들이 많은 한전과 철도공사 및 수자원공사가 많으나 직원수에 비하여 후생복지비가 상대적으로 많이 지출되는 공기업은 수자원공사와 가스공사 및 도로공사이다. 수자원공사의 1인당 복리후생비는 약 9백만원이고 도로공사는 약 8백만원, 그리고 가스공사는 약 7백만원이다.

<표 14> 공기업 임직원의 복리후생비

(단위 : 천원)

급여성	자녀 학자금	중식 보조비	특별근무 당직비	교통 보조비	육아 장애자 보조	장기 근속 격려금	선택 적복지	경조비	야식대	자기 개발비	기타	소계
한국토지주택공사	686,292	1,200,112	156,932	465,776	72,390	859,538					1,001,100	4,442,14
한국전력공사	5,896,610		4,835,274	10,459,005		2,490,320		20,725,623			26,441	44,433,27
한국도로공사	1,551,882		1,704,847	3,407,578					6,485,103		8,544,352	21,693,76
한국가스공사	646,863	3,259,928	659,596	535,410		70,600	9,361,097			2,770,908		17,304,40
한국철도공사	23,396,023						17,318,687	5,515,,580			106,395,797	152,626,0
서울시도시철도공사	9,890,000										3,393,000	13,283,00
한국수자원공사	1,309,634	4,658,798	1,223,370	702,195	106,950						2,301,421	10,302,36
한국석유공사	311,494			148,261		153,425	3,217,363		213,304		395,122	4,438,96
한국농어촌공사	1,728,099		527,612			347,251			1,050,157			3,653,11
인천국제공항공사	239,145		125,000	4,267,525	764,885		1,418,296		397,239	643,913	579,833	8,435,83
비급여성	공상 치료비	건강 진단비	의무실 운영비	국민연금 부담금	피복비	채육 행사	서클	기타	소계	합 계		
한국토지주택공사	22,560	2,348,928	175,348	3,208,647			83,257	532,059	6,370,799	11,539,136		
한국전력공사		2,213,529	79,329			3,717,434	569,748	7,711,915	14,291,955	58,725,228		
한국도로공사		1,260,300	98,742	8,243,317		629,422	837,941	1,001,020	12,070,742	33,764,504		
한국가스공사		617.945	263,997			149,814	69,843	1,050,184	2,151,783	19,456,185		
한국철도공사								40,923,391	40,923,391	193,549,478		
서울시도시철도공사												
한국수자원공사		1,731,559			715,143	370,172	255,124	24,675,036	27,747,034	38,049,402		
한국석유공사							104,367	74,809	179,176	4,618,145		
한국농어촌공사		2,413,866			336,694	425,791		1,411,458	4,587,809	8,240,928		
인천국제공항공사		221,616			138,817	52,290	28,800	323,216	764,739	9,200,575		

(비고) 한국토지주택공사와 철도공사 및 서울시도시철도공사의 기타는 주택자금(무상임대)임.
(자료) '공공기관 경영정보 공개시스템', 2010

공기업의 복리후생비를 표 14에서 보면 다른 사기업에서 볼 수 없는 항목이 많이 개설되어 있다. 그 중에서 대학생까지 지급하는 자녀학자금과 내용을 알 수 없는 선택적 복지비 및 건강진단비 등이 지급되고 있다. 그리고 국민연금 부담금은 법정비인데 이것이 2개 공기업만 복리후생비로 분류되어 있다.

5. 공기업의 민영화 과제

정부는 공기업의 많은 문제점(부채, 저생산성, 비효율성, 낙하산 인사 등)을 해결하기 위한 방안으로 민영화 또는 선진화 계획을 주장한다.[24] 이러한 주장은 민노총 등 시민단체는 신자유주의적 발상이라 하여 강력히 반대한다. 만약 공기업의 주요한 문제점이 해결될 수 있으면 민영화 방안이 그 대안이 되겠지만 이것은 민간 대기업 또는 외국자본의 사냥터가 된다.[25] 그래도 공공성이 큰 국가의 기간산

---

24) 최근 45개 공기업과 공공기관의 비상임이사 109명을 대상으로 공기업 개혁 의식조사 결과는 공기업의 경영효율성이 비효율적이라 말하고(39.5%) 효율적이라는 경우 14.7%에 불과하여, 개혁의 필요성을 주장하는 경우 86.5%가 되고 기간산업(전력, 수자원 등)을 제외한 공기업의 민영화를 응답자의 79.4%가 주장하고 이의 반대론은 15%이다.(「동아일보」, 2008년 12월 31일)
한편, 2004년~2009년간 26대 대규모 기업집단의 경영분석결과 총수가 있는 민간그룹 19곳은 당기순이익이 12.1% 증가되었고, 총수가 없는 민간그룹(포스코, KT, 대우조선해양 등)은 순이익이 15.2% 감소하였으며, 공기업 및 준정부기관(한전, 도로공사, 가스공사, 철도공사)은 순이익이 49%나 감소되었다고 한다. 또한 고용과 매출에 있어서도 세 그룹간 차이가 더욱 심하였다.(「동아일보」, 2010년 11월 27일)

25) 2000년 외환위기시 제일은행, 한미은행, 외환은행을 외국 사모펀드에 헐값으로 매각하면서 영국 스탠다드차터드은행(뉴브리지 캐피털), 미국 씨티은행(칼라일), 싱가포르 투자청(미국 론스타) 등에 막대한 매각 차익을 보게 하였다. 예컨대 외환은행 매각시 금감원, 재경부 등 경제 관료(소위 이헌재 사단)들은 BIS 비율을 조작하여(9.14%를 6.16%) 부실은행으로 만들어 국가적

업 까지 민영화 시키는 것은 바람직하지 않다. 더욱이 그것을 외국 자본에 넘겨 주게 되면 국민이익, 심지어 국가의 존립마저 위협을 받을 수 있기 때문이다. 따라서 현재의 공기업 중 국가의 기간산업이 무엇인지를 판별하기 위한 작업(원칙)이 선행되어야 한다. 과거 유럽에서는 국가 기간산업으로 광산, 철도, 항공, 은행 등을 지적한 바 있다. 그러나 오늘날에는 다를 것이다.

최근 정부는 현재 305개 공공기관 중 50~60개를 민영화 또는 통폐합하여 향후 5~7년간 60조원의 수입이 될 것이라 하였다.[26)]

① 에너지 공기업 중심의 완전 민영화; 한국전력기술, 한전 KPS, 한국지역난방공사, 한국가스공사, 제주공항, 코레인 자회사 5개, 한국토지신탁, 88골프장, 뉴서울골프장
② SOC관련 공기업의 경영권 민영화 : 인천국제공항공사, 한국도로공사, 부산, 인천, 울산시의 항만공사
③ 일반 공기업의 사업부문 매각 : 한국관광공사, 한국방송광고공사
④ 일부 공공기관의 기능 통폐합 : 한국토지공사, 대한주택공사, 한국문화콘텐츠진흥원, 영화진흥위원회, 한국게임산업진흥원
⑤ 자체 구조조정 : 나머지 250여개 기관

정부의 민영화 추진 방향을 보면, 소유와 경영의 분리 차원에서 접근한 것은 바람직한 것처럼 보이나 그것은 공기업의 민영화가 아니며, 또한 무엇이 국가의 기간 산업인지를 가리지 않고 있다. 예컨대 에너지 분야 공기업을 완전히 민영화 하겠다고 하는데, 오늘날

손해를 보게 하였다. 더욱이 이들은 조세회피 지역을 이용하여 매각 대금의 10%인 세금 한푼 받지 못하게 되었다.(「동아일보」, 2006년 3월 17일~4월 11일)

26) 「동아일보」, 2008년 5월 13일(정규직 임직원수)과 2009년 1월 16일(매각대상 공기업 출자 회사 및 출자액)

에너지 분야가 국가의 기간산업으로 간주되지 않고 민영화 시켰을 때 남미와 EU에서 볼 수 있는 바와 같이 그 부작용(독점과 횡포로 공급 및 가격 폭등)이 대단히 심각해질 수 있다.

요금인상 함정은 사기업의 이윤 극대화로 요금이 올라가고 서비스 질은 떨어진다는 논리다. 상수도사업이 민영화 되면 '하루 물값이 14만원으로 오른다'는 최근 수돗물 괴담이 대표적인 예이다. 이를 해소하기 위해 가격 등을 감독하는 별도의 규제기구를 설립하고 도서벽지의 서비스 적자를 보전하는 기금 신설 등이 필요하다.

고용불안 함정은 민영화 이후 대대적 구조조정과 인력감축에 대한 우려이다. 생산성 향상을 통한 경비절감, 일정기간 고용보장·승계 등이 극복 방안이 될 수 있다.

일부 대기업으로의 경제력 집중이 심화된다는 논리를 벗어나려면 국민주 방식이나 황금주 제도, 소유지분한도 설정, 기관투자가 중심의 안정주주제도 시행 등이 필요하다.

거대 공기업의 민영화로 증시가 장기 침체에 빠질 수 있다는 함정에 대해서는 전환사채나 해외 주식예탁증서(DR) 발행, 블록딜 및 분할매각 등 방식이 시도될 수 있다.[27)]

공기업 민영화를 추진하기 어려운 것은 무엇보다 민영화를 원하지 않는 기득권자, 즉 행정관료와 임직원 및 정치꾼들 때문이다. 관료들은 퇴직후 산하 공기업에서 적어도 2~3년 이상 임직원을 할 수 있고, 임직원은 높은 연봉과 후생복지비를 받을 수 있으며, 정치꾼들은 대선, 총선 등의 논공행상으로 취업하여 높은 보수를 받을 수 있다. 이러한 이익의 연결고리를 단절하는 것이 급선무이다.

27) 현대경제연구원,「공기업 민영화 ; 10년의 공백과 4가지 함정」, 2010, 4가지 함정은 ① 공공요금인상, ② 구조조정으로 고용불안, ③ 대기업에 경제력 집중, ④ 주식증가로 증시침체를 말한다.

또한, 방만한 자회사 설립과 비효율적인 공기업은 과감하게 소유 또는 경영의 차원에서 민영화를 추진해야 할 것이다. 현재 정부계획안대로 경쟁력, 수익성 등 기술적 경영적 차원에서 공기업 민영화를 시도할 것이 아니라 기본적으로 공공성이 강한 국가기간산업은 공영화 하고 그렇지 못한 경우 민영화 해야 할 것이다.

6. 결 론

우리나라 공기업은 본론에서 실증한 바와 같이 방만한 부실경영(빚더미)과 도덕적 해이(나눠먹기식 돈잔치) 및 낙하산 인사(관료 및 정치권 인사)가 그 특징이다. 이러한 것에 대한 책임은 일차적으로 정부에 있지만 이차적으로 공기업의 경영자들에게도 있다.

현 정부는 낙하산 인사를 배제하고 합리적이고 효율적인 경영을 한다고 인사제도(공모제)를 마련하였지만 그 결과는 과거 정부와 다를 것이 없었다. 따라서 공기업이 정치권과 관료들의 먹이사슬이 되어 있는 한 어떠한 개혁(민영화 등)도 성공하기 어렵다.

공기업 경영자들은 결국 정치적, 행정적 배경(연고성)이 없으면 충원되기 어렵기 때문에 이들은 민간 대기업자본가처럼 기업의 소유권이 없고 경영권만 있어서 기업가 정신을 찾아 보기 어려우며 기업자본가와 같은 부르조아 의식도 지니고 있지 않다. 그러나 그들은 공기업의 경영권을 지니고 있고, 또 그들의 수입액이 대기업경영자와 비슷하기 때문에 비록 단기간의 임기제(대개 2~3년)이지만 부르조아 의식을 지니고 있다. 다시 말하면 공기업 경영자들은 신부르조아지라 할 수 있다.

그러면, 공기업 경영자들의 사회 경제적 배경과 그 특성을 약술하여 본다.

첫째, 우리나라 중앙 및 지방의 공기업은 최근 부채가 급증하고 적자경영으로 부실기업화 되어 있다. 기업부실이 심할수록 공기업은 정치꾼과 경제관료 출신의 퇴직후 후생사업처가 될 것이다.

둘째, 현 정부는 낙하산 인사를 배제하기 위한 합리적 충원제도(공모제)의 실시를 공언하였지만, 최종 임명권자가 대통령 또는 기획재정부 장관이기 때문에 그것은 유명무실하게 되었다. 다시 말하면 정권 교체로 대통령 또는 정부의 논공행상과 연고성에 따라 공기업 경영자는 충원될 것이다.

셋째, 공기업 경영자의 보수체계는 고임금이고, 후생복지비가 대단히 많다. 임금은 현재 기본급이 전체의 65.1%이고 상여금과 후생복지비가 각각 14.2%을 차지한다. 공기업은 사장의 평균 연봉은 1억 6천 7백만원이고 10년 이상 재직 직원의 경우 6천 2백만원이다. 오늘날 보수체계가 과거에 비하여 많이 낮아진 것은 정부 기준(사장의 기본급은 정부의 차관급)의 지침 때문이다. 비록 본봉이 감소되었지만 성과급과 후생복지비는 증가 되었다.

넷째, 정부는 공기업의 민영화를 추진하고 있지만, 이것은 국가의 기간산업을 제외하고 추진하는 것이 좋을 것이고, 현 정부의 접근방식대로 소유와 경영의 양 차원에서 그 적합성을 찾는 것이 타당하다.

제 6장 국가부채의 사회계층적 고찰

-금리, 환율, 감세정책을 중심으로-

1. 서 론

정부는 최근 급증하는 국가부채 또는 국가채무에 대하여 크게 걱정할 것이 없다고 한다. 왜냐하면 2009년 말 국가채무는 GDP의 35.6%(366조원)이고, 이것은 선진국가의 경우(OECD 평균은 75.4%)에 비하여 낮기 때문이라고 한다.[1] 그러나 국가부채 또는 국가채무의 개념을 어떻게 규정하느냐에 따라 견해의 큰 차이가 있다.[2]

정부는 국가채무를 협의의 정부 부채로 보고 있지만, 그것을 정부와 공기업 부채(중의)로 본다면, GDP의 59.1%(610조 8천억원)가 되고, 또한 광의로 한은부채, 통화안정기금, 보증채무, 4대 공적 연금 책임준비금 등을 포함시키면 GDP의 69%(1,050조원)가 된다. 이것은 유럽연합(EU)이 규정한 재정건전화 기준(60%)을 초과한다. 만약 국가부채를 국가의 경제주체들, 즉 정부, 기업 및 가계의 부채로 본다면

---

1) 기획예산처, '국가채무에 대한 올바른 이해', 2001. 5. 4
기획재정부, '국가채무 관리계획 수립'(보도자료), 2008. 9. 30

2) 정부는 IMF 기준에 의한 국가채무(national debt)를 현금주의에 기초한 '국가재정법'(제 91조)에 국가의 회계 또는 기금이 부담하는 금전채무의 개념을 사용하고, 국가부채(national liability)의 개념은 '국가회계법'에 따라 복식부기, 발생주의의 회계방식에 기초한 금전 채무로 본다. 본고에서는 국가부채의 개념은 정부 뿐만 아니라 국가의 경제주체, 즉 정부, 기업 및 가계가 대내외적으로 부담해야할 채무를 말한다.

3천 678조원이 된다.

2009년 말 정부와 공기업의 현재 부채가 약 610조원이 되었고, 또 민간기업 부채가 약 1,506조원, 그리고 가계부채는 약 733조원이 되었다.[3] 정부와 공기업의 부채는 GDP(1,050조원)의 약 59.1%(610.8조원)가 된다.[4]

이러한 부채에 대하여 정부는 크게 우려하고 있지 않지만 언론과 전문가들은 심히 우려하고 있다. 사실 이러한 부채 때문에 국가정책, 특히 경제정책이 파행을 겪고, 복지정책이 왜곡되고 있음을 볼 수 있다. 더욱이 정부는 친기업 정책을 강구하면서 국민들을 위한 예방적인 복지정책, 특히 사회보장정책이 약화되고 있다. 그럼에도 불구하고 정부는 오랫 동안 유지하고 있는 저금리, 고환율의 금융정책을 유지하고 재정적자와 감세정책을 실시하고 있는데, 이러한 정책이 과연 누구를 위한 것인지 의문이 간다.

이에 대하여 정부와 언론 및 전문가들간에 상반된 견해를 보여주고 있다. 그 주요한 정책적 잇슈는 다음과 같다.

첫째, 공기업 부채는 정부 부채가 아니기 때문에 국가 부도의 위험성이 없다.

둘째, 가계부채는 70% 이상이 고소득층에 집중되어 있어서 한국 경제의 큰 문제는 아니다.

셋째, 금리가 오르면 저소득층에 큰 타격이 간다.

넷째, 고환율 때문에 대기업(전자, 자동차 및 조선 산업 등)이 흑자를

3) 「한국경제신문」, 2010. 2. 10
한편, 「연합뉴스」에 의하면 2009년 말 개인, 기업 및 정부의 이자부 금융부채는 2천 447조 4천원이라 한다. 개인부채는 854조 8천억원, 기업부채는 1천 233조원(공기업 112조원, 민간기업 428조원), 중앙정부와 지방정부의 국가채무는 359조 6천억원이다.(2010. 4. 18)

4) 「경향신문」, 2010년 2월 9일

보았다.

다섯째, 감세정책이 대기업이나 부자 보다도 중소기업과 서민에게 유익하다.

이에 대한 상반된 주장도 있는데 과연 어떠한 견해가 타당하고 그러한 견해가 누구를 위한 것인지 검토할 필요가 있다.

이러한 과제에 대한 검토는 단순히 예금자와 대출자간의 금리, 수입·수출간의 환율, 그리고 기업간 또는 계층간의 감세혜택율 등, 그리고 좁은 의미(정부)의 국가부채 개념으로 파악해서는 안 되겠고, 거시적 차원에서의 총체적 분석이 필요하며, 이에 따른 이해가 필요하다고 생각한다. 사실 정부가 경제정책(특히 재정, 금융, 조세 등)을 어떻게 수립, 집행하느냐에 따라 그것이 사회계층 및 사회정책에 미치는 영향은 지대하다고 볼 수 있다. 따라서 이러한 과제에 대하여 국가–기업–가계간의 유기적 총체적 분석에 의하여 파악하여 보려고 한다.

상기한 과제에 대한 사회계층적 분석틀은 다음과 같다.

<그림> 국가부채의 계층적 분석틀

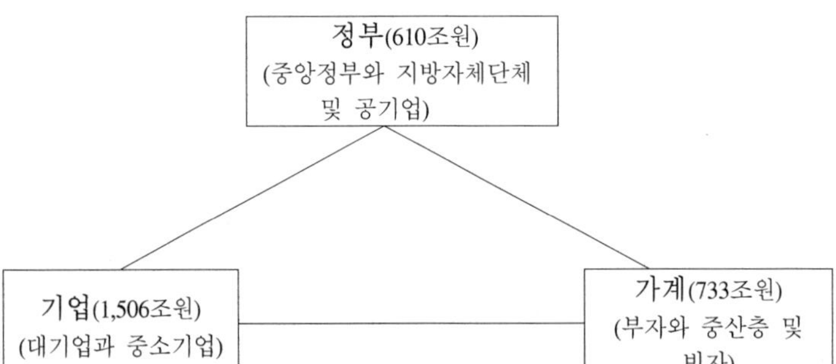

국가 부채의 개념은 단순히 정부부채로만 볼 것이 아니라 정부,

기업 및 가계(국민)의 3자 부채를 포괄하여 보아야 할 것이다. 왜냐하면 3자 부채의 유기적 책임성이 존재하기 때문이다. 그리고 3자 부채의 성격을 파악하기 위하여 정부부채는 중앙정부와 지방자치단체 및 공기업의 것을 망라하고, 민간기업의 경우 대기업과 중소기업으로 구분하며, 가계(국민)의 경우도 부자와 중산층 및 빈자로 사회계층을 구분하여 분석할 필요가 있다.

이러한 분석틀에서 국가부채, 즉 정부, 기업 및 가계 등 3자 부채의 사회적 책임성이 규명될 수 있을 것이다.

2. 국가부채와 재정정책

1) 정부 부채

정부는 국가채무를 IMF의 기준에 따라 정부가 직접적 상환의무를 부담하는 확정채무라고 한다. 다시 말하면 공기업 부채와 4대 공적 연금의 잠재부채 및 통화 안정기금(한국은행 부채) 그리고 정부의 보증채무는 국민세금으로 갚아야 하는 국가채무가 아니라고 한다.

정부가 말하는 국가채무는 좁은 의미로 정부, 즉 중앙정부와 지방자치단체의 부채를 말한다.[5] 그러나 넓은 의미로 국가는 국민과 기업에 기초하여 설립된 상부 조직이기 때문에 가계와 기업이 부채로 부도가 났을 때, 이를 방관할 수 없고 이에 대한 책임이 없다고 말할 수 없다. 따라서 국가부채는 정부-기업-가계의 유기적 관계로 정부 부채 뿐만 아니라 공기업 및 사기업 그리고 국민의 가계부채

5) 정부는 공기업부채는 국가부채와는 다르다고 주장한다. 'IMF 재정통계편람'도 공기업 부채는 정부채무에서 제외하고, 국가부채 통계에 공기업 빚을 포함시키는 나라도 없다고 한다.(기획재정부, 홈페이지 참조) 그러나 부채의 성격에 따라 다르다.

까지 모두 고려하지 않을 수 없다. 그것은 특히 경제정책의 모순된 산물이기 때문이다.

2009년 말 현재 국가부채는 정부부채가 366조원으로, 이것은 GDP의 35.6%를 차지한다.[6] 그리고 공기업[7]의 부채까지 합치면, 지난 1년전 보다 23%(114조원)가 증가되어 현재 610조원에 이르고 있다. 공기업 부채가 정부부채가 아니라고 한다면 그것은 매우 무책임한 발언이다.

최근 정부가 강력히 추진하고 있는 4대강 사업예산(6조 8천억원)의 47.0%(3조 2천억원)를 수자원공사에서 기채시킨다던가, 또한 세종시와 혁신도시에서 부지 조성원가보다 싼 값으로 기업에 땅을 공급하여 그 손실을 대신 짊어질 수 밖에 없다. 보금자리 주택과 국민임대 주택과 같은 국책사업도 마찬가지이다.[8]

이와 같이 국가부채의 개념에서 공공기관의 부채 개념을 정부부채의 개념이 아니라고 말하기는 어렵다.

그러면, 정부가 말하는 국가채무(정부부채)가 지난 14년간 얼마나 증가되어 왔으며, 그것이 증가된 주요한 이유가 무엇인가를 보기로 한다.

---

6) 국회 예산정책처는 '2010년도 예산안 국가채무관리계획 분석' 보고서를 통하여 2013년 국가채무 규모를 국내 총생산(GDP) 대비 39.2%인 525조 6천억원으로 예측하였고 정부는 국회에 제출한 국가채무관리계획을 통하여 2013년 국가채무규모를 GDP대비 35.9% 수준인 493조 4천억원이라고 하였다.(「한국일보」)

7) 공공기관은 정부의 투자, 출자 또는 정부의 재정지원 등으로 설립, 운영되는 기관으로서 '공공기관의 운영에 관한 법률' 제 14조 1항에 따라 기획재정부 장관이 지정한 기관을 말한다. 2009년말 현재 관련 법률에 의하여 공공기관으로 지정된 것으로 모두 297개이다. 이 기관은 2009년에 공기업 24개, 준정부기관 80개, 기타 공공기관 193개가 있다.

8) 「조선일보」, 2010년 2월 9일(사설)

<표 1> 국가 채무의 연도별 증가액

(단위 : 조원)

	1997	1998	1999	2000	2001	2002	2003	2004	2005	2006	2007	2008	2009	2010
국가채무(조원)	60.3	80.4	93.6	111.4	122.1	133.6	165.7	203.1	248.0	282.8	298.9	309.0	359.6	407.2
(GDP 대비, %)	(12.3)	(16.6)	(18.6)	(18.5)	(18.7)	(18.5)	(21.6)	(24.6)	(28.7)	(31.1)	(30.7)	(30.2)	(33.8)	(36.1)
일반 회계	-	9.7	20.1	22.1	24.5	26.4	29.4	31.9	40.9	48.9	55.6	63.0	97.0	126.8
공적 자금	-	-	-	-	-	-	14.4	29.4	42.4	53.2	52.7	49.2	49.5	48.0
외환시장안정용	4.2	9.0	10.8	13.5	14.6	20.7	33.5	51.3	67.1	78.6	89.7	94.0	104.9	124.8
국민주택기금	16.4	19.0	24.0	27.8	31.7	34.0	36.8	36.7	39.7	43.3	43.6	45.2	48.5	50.3
지방정부순채무	9.9	9.0	8.9	10.4	9.0	7.0	6.9	7.0	9.2	9.6	9.8	10.3	13.5	12.6
기 타	29.8	33.7	29.8	37.6	42.3	45.5	44.7	46.8	48.7	49.2	47.5	47.3	59.7	35.9

(자료) 기획재정부, 「국가채무관리계획」

표 1을 보면 정부부채가 해마다 증가되고 있다. 1998년 IMF 지배관리하인 김대중 정부시 20조원이 증가되었으나 그 후 약 10조원씩 매년 증가되었다. 노무현 정부시 연간 약 40조원씩 증가되어 오다가 이명박 정부시에는 2009년 한 해에 무려 약 160조원이나 증가된 적이 있다.

이러한 정부부채는 일반 회계에 차지하는 비율과 공적 자금의 증가로 초래 되었고, 또한 외환시장안정용(외평채)과 국민주택기금용으로 급격히 많이 증가 되었다. 여기에서 공적 자금은 1998년 IMF 관리시 부실기업 등 대기업 구조조정용과, 2008년 이후 글로벌 금융위기시 대기업에 대출을 많이 한 금융기관 지원금으로 많이 투입되었다. 그리고 외환시장 안정용도 사실상 대기업(전자, 자동차, 조선, 석유화학 등)의 이윤추구를 위한 수출보전용이었다.

한편, 정부가 2001년~2010년간 국가채무를 분석한 결과는 표 2와 같다.

표 2를 보면 국가채무는 9년간 약 285.1조원이 증가되었다.(GDP 대비 36.1%) 이 중에서 적자성 채무는 152.9조원이고(48.1%) 자체상환이 가능한 금융성 채무는 132.2조원이 증가되었다.(51.8%) 2010년 현재 적자성 채무중 공적 자금이 48.0조원이고 일반 회계적자는 126.8

조원이며, 금융성 채무는 대부분 외환시장 안정용(69조원)이다.[9)]

<표 2> 2003년~2010년간 국가채무의 증가 내용

(단위 : 조원, %)

	2001	2002	2003	2004	2005	2006	2007	2008	2009	2010	연평균 증가율
국가채무(조원)	121.1	133.6	165.7	203.1	248.0	282.8	298.9	309.0	359.6	407.2	273.6
(GDP대비 %)	(18.7)	(19.5)	(22.9)	(26.1)	(30.6)	(33.4)	(33.2)	(30.1)	(33.8)	(36.1)	16.8
적자성 채무	43.3	43.0	60.0	77.6	100.9	120.0	127.1	132.6	168.7	196.2	12.2
(GDP대비)		(6.3)	(8.3)	(10.0)	(12.4)	(14.2)	(14.1)				
(구성비)	(35.5)	(32.2)	(36.2)	(38.2)	(40.7)	(42.4)	(42.5)	(42.9)	(45.6)	(48.2)	
일반회계적자국채	24.5	26.4	29.4	31.9	40.9	48.9	55.6	63.0	97.0	126.8	8.4
공적자금국채전환		-	14.4	29.4	42.4	53.3	52.7	49.2	49.5	48.0	4.2
금융성 채무(조원)	78.5	90.6	105.7	125.5	147.1	162.8	171.9	176.4	190.9	211.0	14.6
(GDP대비 %)		(13.2)	(14.6)	(16.1)	(18.2)	(19.2)	(19.1)				
(구성비)	(64.5)	(68.2)	(64.0)	(61.8)	(59.3)	(57.6)	(57.5)	(57.1)		(51.8)	
외환시장 안정용	14.6	20.7	33.5	51.3	67.1	78.6	89.7	94.0	104.9	124.8	12.2
서민주거 안정용	32.5	34.0	36.8	36.7	39.7	43.3	43.6	45.2	48.5	50.3	1.9

(자료) 기획재정부, '국가채무관리계획'

김대중 정부는 1998년 외환위기 이후 대기업과 금융기관에 투입한 공적 자금 지원액이 168조 4천억원이고 회수된 것은 그것의 52.9%라고 한다.[10)] 그리고 이명박 정부는 2008년 금융위기시 1년간 투입된 공적 자금이 255조 4천 1억원(예금보험공사의 86조 8690억원, 자산관리공사의 168조 5811억원)이다. 이 자금의 61.8%는 채권(국가부채) 발행에서 조성되었고 나머지는 공공자금 등이다. 그리고 회수된 자금은 2009년 6월 말 까지 전체의 21.2%에 불과하다.[11)]

최근 금융위기를 해결하기 위하여 정부가 막대한 공적 자금으로

9) 기획재정부, '국가채무관리계획' 수립, 국회 제출, 2008. 9. 30
기획재정부는 2009 회계연도 결산 결과 중앙정부의 재정적자가 43조 2천억원이고 이것은 GDP(1,063조 1천억원)의 4.1%라고 한다. 금융위기가 발생한 2008년에는 15조 6천억원의 재정적자였다. 10년전 IMF 외환위기 직후인 1999년의 재정적자는 20조 4천억원이고 이것은 GDP의 5.0%였다.

10) 「동아일보」, 2007. 11. 15

11) 금융위원회,「공적 자금관리백서」, 2009, pp.48, 55

금융지원을 하였지만 외국계 금융기관의 부실(과잉 차입금, 부실대출 등)을 해소하는데 크게 기여하였다.[12] 또한 금융시장의 금리억제정책은 기업활동을 강화시키려는 것이지만 현실적으로 대기업의 재무구조 개선에만 기여하였다. 반면에 금융의 자율성과 시장 정상화는 침해되었다.

이와 같이 정부부채가 많이 발생된 것은 1998년 외환위기시 기업구조조정과 2008년의 금융위기시 저환율정책을 위하여 투입된 친기업정책의 공적 자금 때문이었다.[13]

만약 국가부채의 개념을 협의(정부부채)로 보면, 1999년 말 약 366조원으로 이것은 GDP의 35.6%이고, 만약 중앙정부와 지방자체단체 및 공기업의 부채, 즉 중간 개념으로 국가부채를 보면, 1999년 9월 말 610조원으로 이것은 GDP의 60%를 초과한다.[14]

한편, 정부부채와 공기업부채는 표 2에서 볼 수 있는 바와 같이 해마다 증가되어 2008년에 1,296조원(GDP대비 126.6%)으로 공기업 부채가 정부부채(협의)의 4배를 초과하였다. 공기업 부채는 4대 공적 연금의 책임준비금 부족분이 가장 많고(전체의 57.4%) 그 다음은 공공기관(104개)의 부채 등이다.

이에 대하여 정부는 선진국(G 20)의 평균치(75.1%)의 절반에 미치지 못하기 때문에 우려할 것이 없다고 하지만, 한국경제의 대외의존도(2008년 92.3%)가 대단히 심하고, 또 국가부채의 수준이 60% 이상이면 국가부도의 위험성이 있다고 본다.[15] 따라서 정부와 공기업 및

---

12) 「동아닷컴」, 2010년 2월 10일

13) 금융위원회, 「공적 자금관리백서」, 2009. pp.48, 55

14) 국가부채가 GDP의 60%를 초과하면 국가부도가 발생한다고 한다.

15) 주택공사, 토지공사, 수자원공사 등 10개 공기업의 빚이 이명박 정부 집권 5년간 해마다 평균 36조원씩, 모두 181조원이 증가될 것으로 전망하고, 그 이자비용이 45조 2천억원으로 추정한다.(「한겨레」, 2009. 10. 12) 또한 각 지방자치단체 지역발전을 한다고 경쟁적으로 외자를 유치하였다.

공적 금융기관의 부채를 합치면, 국가부채율이 약 70%이기 때문에 국가부채를 특별관리를 해야한다고 주장한다.[16] 만약 국가부도사태가 발생된다면 그 책임은 정부와 공공기관 및 대기업 보다도 오히려 국민(조세)이 고스란히 책임지게 되는 것이다.

2) 기업 부채

한국은행은 민간 기업부채는 2009년 9월 말 현재 1천 506조 4천 814억원으로 1년전 보다 5.6% 증가하였고, 이것은 명목 국내 총생산(GDP)의 약 1.5배라고 한다. 민간기업 부채는 2003년 873조원이었는데 지난 6년간 57.9%가 증가되었다.[17] 그런데 민간기업의 부채율이 2001년의 219.5%에서 2004년 98.1%로 급속히 감소되어 왔는데 2005년 이

---

16) 「조선일보」, 2010년 2월 9일 사설

<표 3> 10대 공기업 부채 증가 추이

연도	주택공사	토지공사	한국전력	도로공사	가스공사	철도시설공단	석유공사	수자원공사	철도공사	지역난방공사	합계
2007	39.9	11.2	21.6	16.5	8.7	9.9	3.7	1.6	5.9	1.3	12.0
2008	51.8	64.7	25.9	19.2	17.9	11.9	5.5	1.9	6.8	1.7	301.6
2012	103.3	56.8	33.8	25.0	22.2	17.7	15.8	14.7	9.4	12.8	150.1

(자료) 기획재정부

한편, 지방정부도 열악한 재정자립도(평균 53.6%) 때문에 지역개발공사들의 채권발행이 2009년에 급증하여 12조 9천 865억원이 되었다. 지방채 발행은 지방재정법에 따라 지자체의 전전연도 예산액의 10% 범위로 규정되어 있다.(「조선일보」, 2010. 3. 19)

<표 4> 14개 광역자치단체의 지역개발공사 채권발행액

연도	SH공사	경기도시공사	인천도시개발공사	부산도시공사	대구도시개발공사	광주도시개발공사	대전도시개발공사	강원도개발공사	경북도개발공사	전남개발공사	경남개발공사	제주국제자유도시개발센터	충북개발공사	전북개발공사
2008.2	868	3961	1591	824	1850	67			2827	78	81	500	4	49
2010.2	5조 197	2조 7394	3조 4540	9110	2195	870	2765	4862	6225	2471	398	1260	1830	1167

(자료) 행정자치부

17) 한국은행,「2009년 기업경영 분석」, 2010. 6

2011년 12월 금융감독원은 중소기업대출액(456조 2천억원)의 33.9%(약 157조 9천억원)가 개인사업자(자영업자) 대출이라고 한다.(「연합뉴스」, 2011. 12. 20)

후 그것이 급속히 증가하였다.

한국은행은 기업부채의 증가율이 증가되기 시작한 것은 2007년부터이고, 이러한 증가율은 기업들이 자산 재평가 실시 등으로 자기자본을 확충하였음(16.0%)에도 불구하고 순이익이 급감한 데다 외화부채를 포함한 차입금 및 회사채가 더욱 크게 증가하였기 때문이다.[18] 그러나, 국제 원자재(원유 등)의 가격과 환율 상승에 따른 제품판매가격이 인상되고 수출호조 등으로 전 산업매출액이 19.1%가 증가되었기 때문에 그 수익도 증가되었다고 다른 주장을 한다.[19] 특히 제조업 분야에서 2008년과 2010년 매출액이 증가된 것은 표 5에서 잘 알 수 있다.

우리나라 제조업의 수출의존도는 2008년에 41.0%(대기업은 57.3%, 중소기업은 15.6%)이다. 따라서 수출 의존도가 높은 대기업의 매출 증가율이나 중소기업의 경우 큰 차이가 없다.

<표 5> 제조업 기업규모별 재무구조

(단위 : %)

	2004	2005	2006	2007	2008	2009	2010
전 제조업	17.1	5.9	6.3	9.3	20.8	2.2	17.5
대기업	19.9	5.9	6.5	10.2	22.0	0.4	18.5
중소기업	12.3	5.9	5.9	7.8	18.9	5.0	16.0
수출기업	19.8	4.3	8.0	8.9	22.2	3.0	18.3
내수기업	14.8	7.3	4.8	9.7	19.5	1.5	16.8

(비고) 2007년 이전은 소규모기업 제외
(자료) 한국은행, 「2008년 기업경영분석」(잠정), 2009. 6

그런데 사실은 기업의 부채가 증가된 것은 표 7에서 볼 수 있는 바와 같이 주로 토지 증가율(34.3%) 즉 부동산의 취득이라 볼 수 있다. 이것은 이명박 정부가 집권한 후 종합부동산세의 완화 조치 때

18) 이윤호, 「재벌의 재무구조와 자금조달」, 나남출판, 2005, p.159
19) 「매일경제」, 2009년 3월 17일

문이라 할 수 있다. 다시 말하면 정부의 기업 투자를 위한 재정지원이나 금융 대출의 증가는 대부분 비생산적인 부동산에 투자한 것이다. 부동산은 그것을 담보로 대출을 받을 수 있고, 또 인프레이션으로 가격 상승 등 이중 이익을 보장하여 준다.

<표 6> 전산업 재무구조 관련 주요지표 추이

(단위 : %)

	2004년	2005년	2006년	2007년	2008년	2009년	2010년	일본 (2008)	미국 (2010)
부채비율[1)]	114.0 (104.2)	110.9 (100.9)	105.3 (98.9)	116.1 (108.0)	129.8 (3.2)	123.0 (190.6)	114.8 (101.5)	190.0 (128.7)	- (125.9)
차입금의존도[2)]	25.6 (24.0)	24.1 (22.9)	23.1 (22.4)	26.6 (25.1)	28.9 (26.0)	28.9 (26.0)	28.2 (25.0)	36.5 (28.1)	- (24.2)
자기자본비율[3)]	46.7 (49.0)	47.4 (49.8)	48.7 (50.3)	46.3 (48.1)	44.9 (47.7)	44.9 (49.6)	46.6 (43.7)	34.5 (43.7)	- (44.3)

(비고) 1) ( )내는 제조업 기준, 2007년 및 2008년 지표는 소규모기업 포함.
2) 부채/자기자본, 3) (차입금+회사채)/총자본, 4) 자기자본/총자본임.
(자료) 한국은행,「2008년 기업경영분석」(잠정), 2009. 6

<표 7> 전산업 성장지표 추이

(단위 : %)

	2004	2005	2006	2007	2008	2009	2010	일본 (2009)	미국 (2010)
매출액 증가율	13.3 (17.1)	4.3 (5.9)	6.0 (6.3)	9.5 (9.3)	18.6 (20.4)	2.6 (2.2)	14.5 (17.5)	-9.3 (-14.3)	- (12.4)
총자산 증가율	6.7 (8.0)	8.3 (9.4)	8.3 (8.1)	11.8 (13.6)	16.2 (19.1)	8.4 (8.8)	9.6 (11.7)	-	- (7.2)
유형자산 증가율	3.8 (4.8)	4.6 (6.2)	5.2 (6.0)	4.9 (4.9)	14.4 (15.5)	8.6 (8.0)	8.1 (9.7)	0.3 (-3.8)	- (4.8)
(토지및 건물 증가율)	3.6 (2.7)	5.0 (5.3)	3.7 (4.3)	4.4 (5.9)	17.7 (20.7)	11.0 (12.2)	6.6 (7.6)	-	-
토지 증가율	2.5 (1.4)	4.4 (3.4)	4.3 (3.1)	5.1 (6.0)	29.7 (34.1)	17.1 (17.0)	7.7 (7.3)	-	-
건물 증가율	4.5 (3.9)	5.5 (6.9)	3.3 (5.4)	3.8 (5.9)	7.4 (8.6)	5.0 (6.8)	5.2 (8.0)	-	-
(기계설비 증가율)	2.4 (3.2)	3.7 (6.8)	4.0 (7.1)	3.1 (3.2)	7.5 (2.5)	5.1 (3.5)	9.5 (14.5)	-	-

(비고) 1) ( )내는 제조업 기준, 매출액 증가율은 전년대비 총 자산증가율 등 자산증가율은 전년말 대비
2) 2007년 이전은 소규모 기업(매출액 하위 10% 이하 수준 해당업체 등) 포함
(자료) 한국은행,「2010년 기업경영 분석」, 2011

민간기업의 부채가 감소되는 것은 IMF 이후 기업활동의 채산성

이 없어서 투자를 하지 않고 빚을 갚기 때문에 나타난 현상이지만, 기업부채가 급격히 증가된 것은 2008년 기업에 대한 자금 공급(163조원), 저금리 및 고환율의 친기업정책 효과라고 볼 수 있다.[20]

지난 5년간 기업의 성장을 표 7에서 보면, 특히 2008년에 매출액과 자산 토지, 건물과 같은 부동산이 3할 이상 증가 되었다. 기업부채의 급증은 부동산 매입의 급증에서 비롯 되었음을 알 수 있지만 기계설비 등 자본재에 대한 투자는 거의 없었다.

3) 가계 부채

2009년 말 가계부채는 733조 7천억원으로 GDP의 69.9%이고, 2010년 말에는 795조 4천억원이다. 가계부채는 1999년~2010년에는 연 평균 13.0% 증가하여[21] 오다가 2008년경 정부가 경기부양을 위하여 금리 인하와 부동산 규제 완화를 위한 조치를 하면서 가계부채가 급증하였다. 2011년 9월말 까지 현재 가계부채는 약 892조원이다.

지난해 말 현재 가계부채 규모는 733조원, 가구당 빚은 4,337만원에 이른다. 10년 전에 비해 배가 넘는 수준으로 급증했다. 문제는 가계부채 증가 그 자체가 아니다. 소득 보다 더 빨리 늘어나고, 그럼으로써 빚 갚을 능력(상환능력)이 악화한다는 점이다. 실제로 2000~2009년 개인의 가처분소득은 연 평균 5.7% 증가한데 반해 가계부채는 11.6%로 증가했다. 이에 따라 부채상환능력을 나타내는 가처분소득 대비 금융부채 비율은 지난 해 1.4배에 달했다. 미국(1.3배), 일본(1.1배), 독일(1배) 등 주요 선진국 보다 높은 수준이다. 주목할 점은 글

---

20) 이명박 정부는 친기업정책으로 2008년(2조원)과 2010년(5조원)에 '주택미분양 해소와 거래활성화 방안'을 내 놓았다. 후자의 경우 미분양주택 5만호를 해소하기 위하여 연내 5조원의 자금을 지원, 비록 환매조건부이지만 주택업자(대기업)의 자금난을 덜어 주겠다고 한다.(「서울신문」, 2010년 4월 24일)

21) 금융위원회, 금융감독원, 「가계부채 연착륙 종합대책」, 2011, p.1
가계대출은 주로 은행(746조원)과 상호금융(154조원) 및 신용카드(49조원)이다.

로벌 금융위기 이후 상당수 국가에서 부채축소(디레버리징)가 이뤄진 반면, 우리나라에선 유독 거꾸로 빚이 늘었다는 사실이다. 지난 해 경제성장률은 0.2%였고, 선진국가의 평균 소득은 0.5% 늘어나는데 그쳤지만, 가계부채는 6.6%나 증가했다. 우리나라 가정만 부채구조조정을 하지 않았다는 얘기다.[22)]

한편, 개인 가처분소득 대비 가계부채 비율은 표 8에서 볼 수 있는 바와 같이 1990년에 60.1%였던 것이 2006년에는 142.3%로 증가되었고,[23)] 가처분소득대비 금융부채 비율은 2009년 2/4분기에 14.3%에 이른다.[24)] 그리고 기업의 자기자본에 대한 부채비율은 1995년의 305.6%에서 2006년에는 110.9%로 급속히 감소되었다.[25)]

이러한 변화에서 가계부채의 증가는 부동산 가격상승에 따른 비생산적인 부동산 투자와 관련이 깊고, 기업부채의 감소는 구조조정 등 재무구조의 개선을 위한 것도 있겠지만, 생산활동에 투자를 기피하고 있음을 알 수 있다.

우리나라 가계부채는 2000~2007년간 연평균 13.3% 증가하여 2007년 말 현재 명목 GDP의 87.6%까지 확대되었고 이는 OECD 평균인 64.4% 보다 훨씬 높은 수준이다. 이에 따라 가계부채는 미국발 금융위기의 여파로 국내 금융부문의 취약성이 노정되고 실물경기 마저 크게 둔화되고 있는 상황에서 거시경제 불안의 또 다른 뇌관으로 작용할 가능성이 있다.

가계중 부채가 있는 부채 가구의 재무 건전성 지표 추이를 분석해 본 결과 자산이 많은 상위 소득계층이 부채도 많이 보유하고 있기 때문에 부채가구의 재무건전성은 2007년 까지 평균적으로 양호한 것으로 보인다. 그런데 소득 및 자산 대비 부채수준이 높고 가계 적자인 취약가구를 기준으로 재무 건전성을 평가해 보면 총 자산 기준으로는 취약가구가 보유한 부

22) 「한국일보」, 2010년 4월 24일
23) 대한상공회의소, 「우리나라 가계, 기업의 부채현황과 정책과제」, 2007. 5
24) 「경향신문」, 2010년 3월 1일
25) 대한상공회의소, 상게서, p.3

채 비중이 그 간의 부동산 가격 상승에 힘입어 감소하였으나 금융자산 기준으로는 크게 증가하고 있는 것으로 나타났다. 이러한 결과는 우리나라 부채가 부동산 가격하락 위험에 크게 노출되어 있음을 시사한다.[26)]

이와 같이 가계부채의 증가는 자본이 생산부문 보다 비생산 부문에 흘러 들어가 생산동력을 꺾을 수 있고 부동산 가격이 급락하거나 금리가 상승할 경우 소비가 크게 위축되어 경제불안의 큰 요인이 될 수 있다.[27)]

<표 8> 가계 및 기업의 부채 비율 추이

	1990	1995	2000	2001	2002	2003	2004	2005	2006	2007	2008
가계부채 (개인가처분 소득중)	60.1	72.7	83.7	96.3	127.9	128.8	114.0	110.9		85.0	96.4
기업부채 (전기업 자기자본중)	297.2	305.6	221.1	195.6	144.7	131.3	127.0	134.8	142.3		

(비고) 가처분이란 소득에서 세금과 이자 지급 등 비소비지출을 공제한 것임.
가처분소득은 개인소비와 개인 저축의 합산으로 볼 수 있음.
(자료) 한국은행,「기업경영분석」

그러나, 금리가 상승할 경우 경제불안의 요인이 된다고 반드시 말하기는 어렵다. 왜냐하면 가계부채의 주요한 요인은 집값 상승기에 은행 부채를 얻어서 이익을 보겠다는 투기꾼들(대부분 고소득층임)이 약 절반이 넘고[28)] 또, 기업부채가 2007년 이후 급등하였기 때문에 금리인상이 반드시 경제불안의 요인이 된다고 단정하기 어렵다.

26) 김현정 · 김우영, 한국 노동패널 자료를 이용한 가계부채 분석,「금융경제연구」, 제 366호

27) 대한상공회의소, 전게서, p.3

28) 씨티그룹은 가계부채의 69%가 총 자산의 76%를 소유한 소득 상위 20%에 집중되어 있어서 가계부채에 비례하여 경제에 악영향을 미치지 않을 것이라고 한다.(「경향닷컴」, 2010. 3. 25) 주택 구입자의 8할 이상이 금융융자를 받았고, 주택 소유자의 31.0%가 금융대출(평균 1억 9천만원)을 갚지 못하고 있다고 한다. 국민은행 조사에 의하면 2002~2006년간 주택구입 가구의 소득대비 부채비율은 중간소득계층이 가장 높다고 한다.

우리나라의 가계부채는 주로 주택담보대출이라 할 수 있다. 주택담보대출은 2009년 12월말 약 264조 2,283억원이다. 한국은행에 따르면, 담보대출이 9억원이 넘는 고가 주택의 약 절반이 소득의 6배가 넘는 과다 차입자이고 3억원 이하 집을 산 사람 보다 약 2배가 많았다고 한다.[29] 이것은 주택가격이 오르고 인프레가 일어나면 큰 문제가 없으나 이것이 어려우면 가계의 큰 부담이 될 수 있다.

3. 저금리 · 고환율과 금융정책

정부는 오랫동안 저금리와 고환율(원화가치 하락)의 금융정책을 유지하고 있다. 왜냐하면 금리 상승(고금리)은 기업의 수익성을 악화시키고 기업의 투자를 위축시키며 원화가치의 상승(저환율)은 기업의 수출 감소와 수입 증가로 인하여 무역수지가 악화되기 때문이라고 한다.[30] 따라서 우리나라의 저금리 정책과 고환율 정책은 경기활성화와 수출 증대를 위한 대기업(전자, 자동차, 조선 등 대기업)의 이익 창출에 크게 기여하였다.

반면, 비수출 주도기업이나 외화를 사용하는 국민(해외 유학 및 관광 등)은 상대적으로 불이익을 받고 있으며, 대기업의 석유 수입과 정부의 무기 수입은 크게 손해를 본다.

이와 같이 저금리와 고환율 정책이 과연 정부, 기업 및 가계의 3자에게 얼마 만큼 손익을 주며, 나아가 국부 차원에서 그러한 정책

29) YTN뉴스, 2011년 5월 6일

30) 이에 대한 찬반의 논리가 있는데 경제부처와 관변 학자는 이를 지지한다.
기획재정부는 우리나라 경제의 무역의존도(경상국민소득대비 수출입 비중)가 2009년 82.4%라고 한다. 우리나라 경제의 무역의존도는 1990년에 51.1%가 1998년 외환위기시 65.2%로 되었다가 그간 상승되어 2008년 리먼사태로 환율급등과 수출감소로 92.3%까지 치솟았다. 2009년 일본의 무역의존도는 22.3%, 미국은 18.7%, 중국은 45.0%이다.(「연합뉴스」, 2010. 6. 16)

이 얼마나 유익한 가를 고찰한다.

1) 저금리 정책

일반적으로 저금리 정책은 경기부양책으로 알려져 있다. 그러나 저금리 정책의 수혜자는 부채가 가장 많은 대기업이나 정부 및 공공기관이다. 왜냐하면 그것은 사기업(대부분 대기업)의 부채(2009년 말 1,506조원)와 정부 및 공공기관의 부채(1,296조원)가 가계부채(733조원)의 각각 약 2배가 되기 때문이다. 다시 말하면 금리가 오르면 기업과 정부 및 공기업은 가계(민간)보다 약 4배 이상 부채이자를 내야 한다. 따라서 기업과 정부는 스스로 손해 볼 이자율을 인상하지 않는다. 왜냐하면 금리가 상승하면 기업의 신규 대출이나 이자 부담이 증가하고, 반면에 소비수요의 위축으로 매출 및 성장에 부정적 영향을 주기 때문이다.[31] 사실 수출기업의 이익이 매출액의 3.3~5.6%에 미달하기 때문에 오히려 정기예금(현재 정기예금 금리가 약 5%임)을 하는 것이 더욱 실익이 있다고 생각한다.[32]

그런데 금융감독원은 금리가 오르면 소득대비 원리금 상환비율이 상위 소득계층(20%) 보다 하위 소득계층(20%) 및 중소기업이 가장 큰 타격이 있을 것이라고 하였다.[33] 그러나 절대액 기준으로 본다면 반드시 그렇지 않다.

2009년 3자(정부, 기업, 가계)의 부채액이 현재 금리에 따른 연간 이자 부담금의 단순 추계액이 표 9에서 볼 수 있는 바와 같이 기업과 정

31) 이태환, 신 3고와 한국경제, 「SERI 경제포커스」, 2010. 2. 16(p.10제) 280호

32) 2009년 말 기업들의 저축예금은 215조 797원으로 1년전에 비하여 21.3%가 증가하였고, 2000년의 26.9% 증가 이후 가장 크게 증가하였다.(YTN 뉴스, 2010. 3. 2)

33) 금융감독원, '2010 금융리스크 분석 보고서', (YTN 뉴스 2010.2. 2)

이러한 주장은 삼성경제연구소의 전게 보고서에서 볼 수 있다. 그러나 금리 1%가 오르면 가계 연간 순이자 부담이 1조 3천억원이 되고 기업은 5조 6천억원이 될 것이라고 하였다. 이것을 보면 절대액은 상이하다.

부의 연간 부채이자 부담이 약 203조 3천억원으로 막대하다.[34] 따라서 저금리 정책은 기업과 국가가 최대 수혜자라는 것을 알 수 있다.

<표 9> 금리 상승에 따른 3자 부채이자(추계)

	부채액	2009년 이자	금리(연간 평균치)
정부(협의)	610조원	27.8조원	채권(4.56%)
국가(광의)	1,296조원	59.1조원	〃
기 업	1,506조원	77.7조원	회사채(5.16%)
가 계	733조원	38.7조원	주택 대출금(5.29%)

(비고) 광의의 국가부채는 2008년의 자료이고 나머지는 2009년의 자료임

기업과 정부의 부채이자에 대한 부담이 클수록 저금리정책을 선호, 유지할 것이다. 반면에 저축을 하는 국민은 상대적으로 희생될 것이다.[35]

그러면, 국민 중에 희생되는 사람은 누구인가? 이에 대하여 금융자산 보유자 보다 가계부채 보유자 중에서 저소득층의 비중이 높다고 보아서 금리 상승시 이자 부담이 중, 저소득층에서 증가할 것이라고 말하는데[36] 반드시 그렇지 않다. 왜냐하면 가계부채자의 대부분이 주택가격과 물가상승의 희생자가 되지 않고 오히려 돈을 벌겠다는 부유층이 대부분이기 때문이다.(각주 28 참조) 따라서 저금리를 감수하는 양심적인 예금자(대부분 노인과 은퇴자, 자영업자 등 서민층)의 희생이 더 큰 것이다.

---

34) 「연합뉴스」에 의하면, 2009년 연간 이자비용은 137조 7천억이고 GDP의 13%에 달한다고 하였다.(2010. 4. 18)

35) 2009년 평균 예금금리가 3.19%가 되면서 평균 물가상승률(2.8%)과 비슷하게 되었고, 여기에 이자소득세(정기예금의 15%) 까지 공제하면 남는 것이 없다.(연합뉴스)

36) 이태환, 전게 논문, 그는 금리 1% 상승시 연간 순이자 부담은 가계가 1.3조원이고 기업이 5.6조원이라고 한다.(p.10)

2) 고환율 정책

고환율(원화가치 하락) 정책은 주로 수출기업을 위한 수출촉진용이다. 정부가 보유한 외환 보유고(2011년 5월 약 3천억 달러)도 외환위기에 대비하기 위한 것이지만 동시에 수출기업을 위한 것이다.

수출기업은 큰 이익이 되지만 일반 국민은 물가에 시달려야 하고 외평기금을 통해 국민세금이 한해 수조원씩 들어간다. 국가채무 중 외평채가 1997년에 7%였으나, 2010년에는 30.5%로 증가하였다.37)

기획재정부가 국회에 제출한「2010년 국가결산 보고서」를 보면, 지난해 외평 기금의 당기순 손실은 5조 1,000억원에 이른다.(누적손실액은 지난해 18조 9천억원으로 2년만에 배이상 증가함) 환율 변동에 따른 '환평가 손실'이 1조 4,400억원, 금리차 손실(역마진)과 파생상품 손실을 합친 '이차 손실'이 3조 6,600억원이었다. 지난 해 파생상품 손실은 미미한 수준인 것으로 알려져, 금리차 손실만 3조 5,000억원 정도일 것으로 추정된다.

정부는 외평기금에서 국채(외평채)를 발행해 자금을 마련한 뒤 외환시장에서 달러를 사들여 원-달러 환율의 하락을 막는데 사용해 왔다. 이런식의 외환시장 개입이 늘면서 외평채 잔액은 1997년 4조 2,000억원에서 2010년 120조 6,200억원으로 급증했다. 그러나 외평기금 조달금리(외평채 금리) 보다 운용금리(미국 국채 등에 투자)가 낮기 때문에 구조적인 역마진이 발생한다. 이런 금리 차이는 2009년 2.46%에서 2010년 2.79%로 확대됐고, 금리차 손실고 2조 6,300억원에서 3조 5,000억원으로 커졌다.

이와 같이 우리나라 외환정책은 외화 보유액을 증가시키면서 고환율 정책을 유지하여 국가부채의 주요한 요인이 되었다.38)

---

37) 「한겨레」, 2011년 5월 31일

38) 2011년 6월 말 외채는 3,963억 달러이고, 외환 보유액은 3,110억 달러이다. 외채의 38%(1,512억 달러)가 만기 1년 미만의 단기 외채이다. 총 외채의 금리가 연리 4% 미만이면 매년 160억 달러를 지급해야 한다. 만약 고환율이거나 외국자

표 10을 보면, 원화가치(환율)가 2006년 까지 상승하다가 2007년부터 다시금 하락되어서 2009년 1달러대 1,167.6원이 되었다.39) 다시 말하면 수출기업은 저환율(원화가치 상승)이면 수출 감소와 수입 증가로 무역수지가 악화된다고 대기업과 언론들이 야단이었지만 고환율(원화가치 하락)일 때는 조용하다. 이러한 현상은 경언유착(광고 수입 등)의 결과이다.

이러한 현상으로 수출기업의 영업이익은 손해를 보았지만 환차익으로 크게 환율 효과를 본 결과가 나타났다.

<표 10> 한국의 외환보유와 해외수지

연도	외환보유액	환율(기말 기준)		총대외지불부담(억 달라)	
		월/달러	원/엔	총외채	순채권
2004	199,066	1,043.8	1,012.07	1,723	1,167
2005	210,391	1,013.0	859.90	1,879	1,292
2006	238,956	929.6	781.83	2,601	1,208
2007	262,224	938.2	833.33	3,832	374
2008	201,223	1,257.5	1,393.89	3,811	-326
2009	269,995	1,167.6	1,282.82	-	-
2010	273,694	1,156.5	1,287.00	-	-

한국상장사협의회에 따르면, 올들어 지난 3분기 까지 유가증권 시장내 상장된 제조업체 371개사들의 매출액이 총 359조 6,000억원으로, 이 가운데 환율효과를 제거한 매출액은 330조 3,000억원인 것으로 나타났다. 전체 매출의 8.14%인 29조 3,000억원이 환율 덕에 늘어난 것이다.

이처럼 환율이 매출 확대에 기여한 것은 지난 2004년 이후 처음이다. 2005년 평균 1,024원이었던 달러-원 환율이 2006년과 2007년 연속 900원대에 머물면서 기업들의 매출액이 감소되었다.

2007년을 저점으로 환율이 상승하기 시작하면서 2008년 부터 환율의 매출액 감

금이 이탈하면 금융위기가 온다.(「동아일보」, 2011년 8월 9일)

39) 2008년 경제위기 이후 환율이 50% 이상 상승하였다. 일본과 중국의 경우에 비하면 거의 50%가 상승되었다.

소효과가 줄어들기 시작했고, 올해 드디어 확대 효과를 내는 쪽으로 전환된 것이다.

수출기업과 내수기업이 모두 환율 효과를 누렸지만, 역시 수출 비중이 높을수록 수혜가 컸다. 수출이 전체 매출의 50%를 넘는 수출기업의 경우 전체 매출액의 10.3%에 달하는 24조 9,000억원을 환율로 벌어들인 반면, 내수기업은 매출액의 3.7%인 4조 4,000억원을 더 버는데 그쳤다. 아울러 삼성과 LG, 현대차, POSCO, SK 등 5대 그룹이 받은 환율 효과는 17조 9,000억원으로, 5대 그룹 외 기업군의 11조 3,000억원 보다 6조원 가량 많은 것으로 집계됐다.[40]

이와 같이 수출기업의 영업이익이 하락하였음에도 불구하고 당기 순이익이 급증한 것은 주가 상승으로 지분법 이익과 환율 하락에 의한 환차익 등 영업외 이익이 증가되었기 때문이다. 반면에 1980년 해외에서 도입된 원유수입(2009년 약 226억달러)과 무기수입(약 35억달러)[41], 그리고 2008년 6월~11월간 해외 여행비(약 40.6억 달러)와 유학연수비(약 21.7억 달러) 등은 크게 환차손을 보게 되었다.

그리하여 대기업은 고환율로 큰 이익을 보게 되었지만 정부와 국민들은 고환율로 큰 손해를 보게 되었다.

4. 감세와 조세정책

국가의 재정을 건전하게 하기 위하여서는 국가부채를 감소시키는 수 밖에 없다. 이러한 방법은 조세를 증대 시키거나 재정을 감축시키는 것이 가장 효과적인 방법이다. 그런데 정부는 오히려 친기업

40) 「이데일리」, 2009년 12월 22일

41) 미 의회조사국이 발간한 보고서에서 2002~2008년간 한국이 수입한 무기는 총 64억 달러이다.(「연합뉴스」, 2009. 9. 11) 그리고 스웨덴의 국제평화연구소(SIPRI)는 한국이 지난 10년간 110억달러의 무기를 구매하였다고 한다. 그 다음은 중국(243억달러), 인도(174억 달러), UAE, 그리스 등이다. 한국의 구매 무기는 항공기(52억달러), 미사일(15억 달러), 방공무기(13억 달러) 등 첨단 무기이다.(「한겨레」,2010. 3. 16)

및 감세정책을 강구하여 국가부채의 감축에는 관심이 없는 것 같다. 이러한 것은 매우 역설적인, 잘못된 경제정책이라 할 수 있다.

1) 감세정책

감세정책은 일반적으로 대기업이나 자본가 계급의 이익을 위한 우파 정책이다. 1980년대 미국 레이건(공화당)이 집권하였을 때 대기업의 법인세를 경감시키기 위하여 연방재정을 축소하고, 특히 지방의 복지예산(AFDC 등)을 감축시킨 것은 그 좋은 예이다. 그러나, 국가재정이 빈약하거나 국가 부도의 위험성이 있는 나라에서 법인세와 소득세의 감세정책을 강구한다는 것은 명분이 없다.

<표 11> 국세청 소관 세목별 징수세액

(단위 : 억원)

	1987년	1997년	2007년	2009년
내국세	100,120	521,531	1,325,081	1,364,769
직접세	39,245	256,201	771,152	721,050
소득세	21,589	148,679	388,560	344,233
법인세	16,824	94,247	354,173	352,514
토지초과이득세	-	△8	-	-
상속세	327	6,047	10,590	12,207
증여세	370	5,565	17,829	12,096
자산재평가세	135	1,672	-	-
간접세	57,357	253,647	518,341	569,316
부가가치세	36,505	194,880	409,419	469,915
특별소비세	11,896	30,364	51,611	36,420
주세	5,815	17,898	22,623	27,641
전화세	2,357	7,886	-	-
증권거래세	784	2,619	34,688	35,339
인지세	998	3,901	5,880	5,437
과년도수입	2,520	7,782	29,708	68,966
교통세	-	55,471	114,635	100,920
방위세	15,926	△93	3	2
교육세	4,113	53,986	38,571	37,512
농어촌특별세	-	5,564	28,195	28,032
종합부동산세	-	-	24,143	12,071
합 계	120,159	636,459	1,530,628	1,543,305

(자료) 「국세통계연보」, 2009

우리나라의 연간 세수입은 지난 10여년간 약 12.8배가 증가되어 2009년 약 154조원이 되었고 내국세는 약 138조원이다. 그리고 소득세는 내국세 중에서 25.2%이고 법인세는 25.8%이며 나머지는 부가가치세로 전체의 34.4%를 차지한다.

현 정부는 감세정책을 이미 실시하여 표 11에서 볼 수 있는 바와 같이 2009년 소득세와 법인세의 징수율이 2007년에 비하여 각각 4.1%(약 4.4조원)와 0.9%(약 2천억원) 감소되었고, 반면에 소비자가 부담하는 부가가치세는 3.5%(약 6조원)가 증가되었다. 만약 현재 실시유보되고 있는 8천 8백만원 이상 고소득세율과 과세표준 2억원 초과기업의 법인세율을 각각 2% 인하한다면 현 정부 집권 5년간 감세액은 국회예산처의 추산대로 약 66조 5천억원으로 이것은 대부분 대기업과 고소득자에게 돌아갈 것이다.

<표 12> 감세정책의 정부안 및 국회안

법 안	내 용	기 존	정부안	국회개정안
종합부동산세	적용 대상 기초공제 신설 석유류 인하 고령자 세액공제 신설 장기보유 세액공제 신설 비수도권 1주택 종부세 비과세	6억원 없음 1~3% 없음 없음 없음	6억원(주택),5억원(토지) 3억원(단독 명의) 0.5·2% 60세 이상(10%) 65세 이상(20%) 70세 이상(30%)	불변 불변 난방용 유류세 30% 인하 60세 이상(1%) 65세 이상(2%) 70세 이상(3%)
소득세	세율 인하	8~35%	6~33% (2년 과표 구간별 차등 인하)	1.2천~4.6천만원: 16→15% 4.6천만원~8.8천만원: 25%→24% 8.8천만원 이상: 35%→33%
법인세	세율 인하 과표 조정	13~25% 1억원	11~22% (대기업도 2008년 부터) 2억원	 2억 이하:10%→33% 2억 이상:22%→20%
양도소득세 (2009. 1~2010. 12)	2주택자 3주택 이상	50% 60%	일반세율(6~35%) 45%	9~36%→ 6~35%
가업상속공제	가업영위 기간 공제율 확대	12년 이상 20%	10년 이상 40%	20%→ 40%
신용카드 매출세액 공제확대		1%	1.3%	20%→ 25%
지방 미분양 양도세 특례 (2008. 11. 3~2010. 12. 31 취득분)		없음	일반 세율 적용 장기보유 특별공제	2010년까지 면제
고향주택 농어촌주택과 동일한 과세특례 (취득기간, 2009. 1~2011. 12		없음	신설	비과세

(비고) 국회에 제출된 기획재정부의 감세안과 국회 통과된 감세 개정안임.

정부는 감세법안을 국회에 제출하여 개정 법안을 마련하였다.42)

정부가 국회에 제안한 감세법안의 주요한 내용과 그 후 많은 논란 끝에 국회 통과된 감세안은 표 12와 같다.

표 12를 보면, 정부의 감세안이 주로 세율을 하향조정하고 고가의 주택 보유자(주로 부자 · 노인)의 감세와 양도세율을 인하하였으며, 또한 법인세(기업부담)를 크게 하향 조정하였다. 이러한 감세정책의 효과가 고소득자에게 감면액의 76.4%가 돌아갈 것이라고 하였다.43)

이것을 보면, 정부의 감세정책은 소수의 고소득자를 위한 부자감세정책이라는 것을 알 수 있다.

2) 소득세

---

42) 기획재정부는 2008년 9월 1일 '2008년 세제 개편안'을 발표하여 향후 5년간 약 26조원의 국민세금이 감면된다고 하였다. 종합소득세는 2009년과 2010년에 각각 1%씩 인하하고, 양도소득세는 고가주택 기준을 9억원 초과로 높이고 지금 까지 20년 보유에 80%의 공제를 10년만 보유하면 되며, 종합부동산세는 과표 적용율이 매년 10% 높아지는 것을 작년 수준인 80%로 동결하고, 세부담 상한도 기존 300%를 150%로 인하하였다. 현행 10~50%인 상속 · 증여세율도 2년간 인하하여 최고 67%의 세금이 감소되고 법인세율도 과표 1억원 이하는 13%, 1억원 이상은 25%이던 세율은 2008년도부터 과표 2억원을 11%에서 2%, 2009년 부터는 3% 감소한다고 하였다.(「연합뉴스」, 2008. 9. 1)

43) 「경향닷컴」, 2009년 11월 6일

조승수 의원은 국회 예산정책처에 의뢰 받은 지난해 감세 및 올 증세효과 자료를 재분석한 결과 정부의 올해 고소득층 기준인 개인소득 4,800만원 이상인 사람에 대한 감세효과가 양도소득세와 종합부동산세 감면효과 까지 감안하면 76.4%로 나왔다고 밝혔다.

정부는 지난 해 '부자감세' 논란이 벌어지자 고소득층 분류 기준을 과세표준 8,800만원(연봉 1억 2,000만원) 이상을 적용, 감세 혜택의 58%인 6조 8,000억원이 중산층과 서민에게 돌아간다고 밝혔다.

이에 예산정책처는 '통계청 가계동향조사 결과를 바탕으로 지난 해와 올 해 세제개편안을 반영해 종합소득세, 근로소득세 등 세금 변동액이 어느 계층으로 돌아가는지를 분석한 결과 소득 4,800만원 이상 고소득자에게 감면액의 57.3%가 돌아간다'고 분석했다.

최근 국회에서 여야의 감세법안에 대한 논의는 주로 소득세의 세율 조정에 관한 것이다.

한나라당은 최고세율을 적용하는 과세 표준을 신설해 억대 연봉자의 소득세 감세를 보류하는 대신 기업의 투자 여건을 고려해 법인세 감세를 유지하기로 했다. 또 올해 말 종료하기로 한 임시투자 세액공제는 중소기업에 한해 연장하는 방안을 추진 중이다.

현행 법상 최고세율(35%)이 적용되는 과표는 '8,800만원 초과' 구간이며 감세정책에 따른 소득세율 추가 인하로 내년 부터 33%의 세율이 적용된다. 그러나 1억원을 기준으로 과표를 신설할 경우 8,800만원 초과 1억원 이하 구간은 인하된 세율인 33%를 적용하되 1억원 초과 구간은 최고세율 35%를 적용할 수 있다.

민주당과 민주노동당 등 야당 소속 국회 기획재정위원들도 소득세 최고 구간 신설에 별다른 이견이 없다. 다만 세율과 과표구간 정도가 여당의 방안보다 크다.

국회 예산정책처도 '2009년 세제 개편안 분석' 보고서를 통해 재정건전성을 고려할 때 소득세 세율 인하를 유보할 필요가 있다고 지적했다.[44]

상술한 바와 같이 월소득 1억원 이상의 과표 구간을 신설하여 최고 세율 35%를 적용하면 세 수입이 4천 5백억원이 증가된다는데 이것은 재정정책, 특히 국가부채 감축이나 소득재분배에는 큰 효과가 없다. 따라서 과표 상한선을 폐지하고 상한선 이하 소득자에게 적용하는 누진소득세제로 개편하여야 세제개혁의 의미가 있는 것이다.

이와 같이 현재 고소득자들이 잘못된 조세정책, 즉 과표 상한제도로 고소득자의 엄청난 이득, 즉 소득역진성이 나타나고 있음에도

44) 「서울경제신문」, 2009년 11월 2일

불구하고 정부가 고소득자에 대한 세율 인하에서 감세정책을 시도한다는 것은 많이 비판을 받게될 것이다.45)

한편, 통계청은 최근 2008년 세제개편안이 시행된 첫 해인 2009년 전국 가구 월 평균 명목소득이 344만 2천 771원인데, 가구당 평균 경상조세는 하위 소득계층인 20% 이하 가구는 14.2% 증가 되었고, 2분위 가구는 17.5%, 3분위 가구는 5.7%, 4분위 가구는 1.4% 증가되었다고 한다. 그러나 상위 소득계층인 상위 20% 이상 5분위 가구는 오히려 경상조세가 10.4% 감소되었다고 한다. 5분위 상층가구의 경상조세가 감소된 것은 세득세율 인하가 가장 큰 요인이고 재산세(종부세 등)가 감소한 것도 큰 영향을 미쳤다고 한다.46)

그럼에도 불구하고 이명박 대통령은 감세의 약 70%가 서민과 중소기업에 돌아가고 있다고 말하였다.47)

지난 해 감세정책의 계층별 세부담 효과를 추산하면서 정부는 과표(가족공제를 뺀 과세대상 소득) 8,800만원 이하를 중산·서민층으로 분류했다. 이럴 경우 감세효과의 65.4%가 중산·서민층과 중소기업에 돌아가니, '부자 감세'가 아니라는 것이다. 그러나, 이런 기준은 지나치게 비현실적이라는 지적이 쏟아졌다. 과표 8,800만원은 연간 소득으로 환산하면 1억 2,000만원 수준이다. 이런 기준에 따르면, 고소득층은 7만 891명(2007년 소득신고 기준)에 불과하다. 1인당 평균 연간 소득도 2억 3500만원에 이르며, 근로소득세를 내는 전체의 0.9%에 그친다. 근로소득이 낮아 세금이 면제되는 604만명 까지 감안하면, 전체 임금근로자(1597만명)의 0.4% 수준이다. 나머지는 모두 중산·서민층이 된다.

45) 정부의 부자를 위한 감세정책에 여론 악화로 '친기업정책'이라는 말 대신에 최근 '친서민, 중도실용 정책'을 표방하고 있다.

46) 「한겨레」, 2010년 3월 14일

47) 「한겨레」, 2009년 11월 9일

이와 같이 연간 소득 8천 8백만원 이하의 소득계층을 중산층 및 서민층으로 규정한 것은 잘 못 되었다. 소득 개념으로 중산층 또는 서민층을 규정하는 것은 잘못된 것이지만, 꼭 그렇게 규정하려면 OECD가 사용하는 중위소득의 50% 미만을 하층(빈민)이라고 하고 중위소득의 50~150%를 중간층, 그리고 중위 소득의 150% 이상을 상층(부자)으로 구분하는 것이 더욱 타당할 것이다. 유럽연합(EU)의 경우 평균 소득 개념을 사용한다.

지난 번 국회의 논의 과정에서 제기된 기본적인 문제는 현행 세법상 과세 적용의 상한선이 연간 8,800만원이라는 것이다. 이것은 첫째로 과세의 원칙이 '소득누진제'인데 과세 형평성에 위배되고, 둘째로 현행 과세의 상한선 이상 고소득자는 과세율이 동일하여 소득세의 특혜자가 되어 있다는 것이다.

그간 과세의 상한선이 8,800만원이 오랫 동안 유지되면서 고소득자의 상당한 세금 이익이 보장되었다. 만약 과세 표준액의 상한선(과표 등급제)이 폐지된다면 2008년 고소득자의 국가재정 기여도(세액)는 약 8조원 이상으로 추계된다. 이 세계 잉여금으로 국가부채를 우선 갚는 것이 마땅하다.

<표 13> 과세표준 구간별 근로소득세 액

(단위 : 천명, 억원)

	신고인원	과세표준	결정세액
1천만원 이하	4,296	169,591	6,450
1천~4천만원	2,950	585,012	58,351
4천~8천만원	414	217,137	35,530
8천만원 이상	89	148,582	40,807
합 계	7,749	1,120,322	141,138

(자료) 국세청, 「한눈에 보는 국세통계」, 2009

표 13에서 볼 수 있는 바와 같이 비록 8천만원 이상의 고소득자

는 적을지라도 수입은 현재 약 4조원(전체의 28.9%)의 약 2배가 되는 세 수입이 생길 것이다. 이러한 특혜는 국민연금과 건강보험의 부과 체계에서도 비현실적인 상한선이 책정되어 고소득자 뿐만 아니라 중산층 까지 특혜를 받지만 저소득층은 손해를 받고 있다.[48] 그러면서 정부는 건강보험의 재정적자를 걱정한다.

3) 법인세

우리나라 법인세는 2007년 전체 국내 세수입의 26.7%(35조 4천 73억원)를 차지한다. 이 법인세는 전국의 37만 2천 141개 회사가 부담한다.

법인세를 가장 많이 내는 업종은 제조업으로 전체의 34.9%(10.4조원)를 차지하고, 그 다음은 금융보험업(22.0%), 건설업(10.9%), 도매업(6.8%), 서비스업(6.7%), 운수 창고업(5.1%), 부동산업(4.6%)의 순이다. 법인세를 가장 많이 내는 제조업은 주로 전자, 자동차, 선박 등 중공업이다.

표 14를 보면, 우리나라 법인세액이 모두 29조 8,851억원인데 이것은 현 기업 부채의 약 2%에 불과하다. 그리고 금융보험업의 법인세가 6.5조원인데 이것은 1998년 금융위기시에 투입한 공적 자금의 2.5%에 불과하다. 따라서 대기업과 금융기관이 국가의 특혜를 가장 많이 받았으며, 동시에 국가채무의 책임이 가장 큰 것이다.

그런데 국회는 법인세의 감세가 기업의 투자 활성화를 위하여 필요하다고 한다. 지난번 국회에서 법인세의 최고 세율 인하 유예시 연간 5천억원의 세수가 되는데 이것은 소득세 최고 구간(1억원)의 신설로 대체(4천 8백억원) 할 수 있다는 것이다.[49]

이와 같이 여야의원들은 기본적으로 국가부채를 감소시키기 위한 근본적인 대책, 즉 세수 확대와 재정긴축에는 관심이 없는 것 같다.

---

48) 김영모 · 김헌진, 「한국사회보험개혁론」, 한복연 출판부, 2006, pp.33, 60, 89
49) 「서울경제신문」, 2009년 11월 2일

<표 14> 업종별 법인세 신고 현황

업 종	법인수		수입금액	총 부담세액		법인당세액
	법인수	점유비	(억원)	금액	점유비	(백만원)
농임어업	2,726	0.7	48,961	370	0.1	14
광업	1,008	0.3	31,933	580	0.2	58
제조업	81,134	21.8	9,694,047	104,348	34.9	129
전기,가스,수도	318	0.1	785,272	14,598	4.9	4,591
건설업	72,095	19.4	2,547,675	32,679	10.9	45
도매업	76,496	20.5	3,207,963	20,349	6.8	27
소매업	11,635	3.1	792,431	9,390	3.1	81
음식,숙박	3,105	0.8	122,132	1,446	0.5	47
운수,창고,통신	22,583	6.1	1,284,222	15,088	5.1	67
금융보험	12,224	3.3	4,090,838	65,616	22.0	537
부동산업	13,290	3.6	367,737	13,703	4.6	103
서비스업	67,283	18.1	1,244,448	19,921	6.7	30
보건업	881	0.2	176,760	402	0.1	46
기타업종	7,363	2.0	36,622	361	0.1	5
합 계	372,141	100.0	24,431,041	298,851	100.0	80

(자료)「국세통계연보」, 2009

4) 종부세

종합부동산세는 2007년 노무현 정부가 급등하는 주택(특히 아파트)과 토지의 가격 인상을 바로 잡기 위하여 도입한 조세제도이다.

정부는 4년간 많은 부동산 정책(주택거래 신고지역 지정, 양도세 중과, 종합부동산세 부과, 실거래가 신고 의무화, 재건축 초과이익 환수 등)을 발표하였고, 심지어 주택담보 금융대출 까지 규제하였다. 다시 말하면 주택정책을 주택의 수급조절 보다도 과세정책으로 응급 조치하였다. 응급조치 중에서 6억 이상 주택에 대한 종합부동산세, 양도세의 강화, 공시 지가의 인상 등이 다주택 소유자나 가격이 비싼 주택(아파트) 소유자의 불만이 급증하였다.

이러한 조치에 해당되는 사람들은 사실 소수이지만 잘사는 지역(서울의 강남지역 등)의 주민들은 노무현 정부의 소위 '세금 폭탄'에 강력히 저항하였다. 그런데 이러한 지역에 사는 정책부서의 4급 이상 관료들은 재경부 관료

(110명)의 74.5%가 되고 건교부 관료(147명)의 49.7%가 된다. 종부세가 이들의 이해 관계가 직결되기 때문에 주택 및 조세정책에 큰 영향을 미칠 수 있다.

이러한 부동산 억제정책이 한나라당과 보수 언론 및 보수층이 노무현 정권을 좌파 정부라고 하는 주요한 요인이 되었고, 또한 강남에 주로 사는 이명박 정권 실세들과 여론 주도층이 주도하는 반개혁론의 근원이 되었다.

이명박 정권은 잃어버린 10년, 소위 좌파정책을 탈색하기 위하여 전술한 바와 같이 친기업, 친부자 정책을 실시하였다. 또한 부동산(주택) 경기를 활성화 하고, 각종 규제를 철폐하며 감세정책을 강구하였다.

이와 같이 이명박 정부는 부동산 정책으로 수요 통제 보다는 공급 확대로 시장을 안정시키고, 1가구 1주택 장기 보유자에 대한 종합부동산세를 완화 하겠다고 하였다. 그 뿐만 아니라 부동산의 취득세와 등록세를 통합한 세율 인하를 실시하였고,(재산세의 5% 경감) 또 다주택자의 양도세 폐지를 실시하겠다고 한다. 이러한 인하 조치는 고가 부동산 소유자에게 큰 이익이 된다.[50)]

그러나, 정부와 국회는 재정적자의 우려로 종부세를 폐지하지 않고, 그것을 완화하였다. 즉 종부세의 대상은 공시지가 기준을 6억원으로 유지하고, 그 밖에 가구별 합산제와 노인에 대한 세율을 하향 조정하였으며 1가구 1주택의 장기주택 보유자에게 종부세를 적용하지 않았다. 2008년 종합부동산세액이 2007년의 1.4%에서 2008년에 1.2%(212억원)로 약간 감소되었다.[51)]

정부는 2010년 종부세 대상은 22만 3천명(주택은 17만 1천명, 토지는 6만 3천명)이고 세수액은 1조 841억원으로 예상하였다. 대상 인원과 세수액은 지난 해 비하여 각각 4.7%와 12.0%가 증가되었다.[52)]

---

50) 김영모, 「한국권력지배층연구」, 고헌, 2009, pp.400~440

51) 종합부동산세 납부자는 지난해 보다 47.9%가 감소되었고(21만명) 세액은 56.1%(1조 235억원)가 감소되었다. 감소된 원인은 기준 공시지가가 인하되었기 때문이다. (국세청, 「국세통계연보」, 2009., p. 2)

52) 「연합뉴스」, 2010년 3월 10일

이 정도의 세수 증가책으로 국가부채를 감축한다는 것은 매우 요원한 일이다.

그러나, 참여정부는 당시 종부세가 1,200여만원이던 20억원 짜리 주택이 이명박 정부의 종부세 무력화 이후 70만원대 까지 떨어졌다고 한다.[53]

민주노동당 이정희 의원의 '지자체별 종부세 부과 주택 보고서'에 따르면 이명박 정부의 종부세 무력화 이후 1가구 1주택의 종부세 부담은 감세 전 종부세의 3~7%에 그친다. 공시지가 20억원짜리 주택 소유자는 참여정부 때 1,210만원의 종부세를 내야 했지만 현재는 주택장기보유 및 고령자공제 까지 받으면 73만 9,200만원까지 급감한다. 15억원짜리 주택은 735만원에서 40만원대로 떨어지고, 12억원짜리 주택은 450만원에서 현재 한푼도 내지 않는다.

종부세 부과 대상인 전국의 12억원 이상 주택 3만 7,461채 가운데 3만 7,172채가 수도권에 소재하고, 이 중 3만 4,595채가 강남 · 서초 · 송파 등 강남 3구와 용산구, 경기 성남시 분당구에 몰려 있는 것으로 나타났다. 이들 5개구를 제외한 전국의 종부세 대상 주택은 2,866채, 수도권 제외 지역의 종부세 대상 주택은 289채에 불과했다.

이와 같이 종부세의 완화정책은 중앙정부 뿐만 아니라 지방자치단체의 재정을 악화시키고,[54] 주택 및 토지의 소유자와 비소유자간 사회계층의 불평등을 심화 시킬 뿐이다.

5. 결 론

최근 국가부채는 급속히 증가되어 2009년 말 현재 710조원으로,

53) 「경향신문」, 2011년 4월 7일

54) 행정안전부는 소득세, 법인세 등의 세수 감소로 2012년 까지 총 30조원의 지방재정이 감소된다고 인정한다.

이것은 GDP의 67.6%(중의)가 되었다. 이에 대하여 정부는 크게 우려하고 있지 않지만,[55] 기업부채(1,506억원)와 가계부채(733조원) 까지 겹쳐서 심각한 우려를 하지 않을 수 없다. 최근 급속히 증가된 국가부채는 과연 누구를 위한 것인지, 또한 이에 대하여 누가 책임을 질 것인지 의문스럽다. 과거 부채가 자기자본의 4~5배가 넘는 대기업을 경영 하듯이 안일한 국가경영을 해서는 안 될 것이다.

현재 정부는 기업부채와 국가부채를 저금리와 고환율 정책으로 관리하고 있으면서 중소기업과 중산층 및 서민들의 희생을 강요하고 있다. 지난 외환위기(1998년)와 금융위기(2008년)에서 보듯이 막대한 공적 자금을 투입하여 대기업과 금융기관을 살리는 것은 상대적으로 중산층과 서민들의 희생(과세)이 따르기 마련이다. 따라서 막대한 국가부채와 기업 및 가계부채를 적극적으로 해소하고 예방하는 재정계획이 마련되어야 한다.[56]

이러한 계획은 일차적으로 세수 증대에서 해결할 것이 아니고 이미 본론에서 제기한 과세 상한제를 폐지하고 조세 원칙(소득 누진제)에 따라 실시하면 상당한 경제적 효과(과세 형평성과 세수 증대)가 있을 것이다. 또한 4대 공적 연금 책임부담금도 보험료 부과체계의 상한선을 폐지 또는 상향 조정하면 적자보전 뿐만 아니라 누적된 채무도 해결될 수 있을 것이다.[57]

---

55) 정부는 미국의 국가 부채율이 GDP의 85%이고 일본이 219%에 비하면 양호한 편이라고 한다. 그러나 외국의 사정과는 다르다. 1998년 외환위기 직후 국가부채가 93조 6천억원이었는데 2010년 2월 까지 12년만에 4.4배가 증가하였고, 또 공기업 부채가 2008년 말 177조 1천억원인데 이것도 4대강 사업 등으로 급증할 것이다.

56) 정부의 국가채무관리방안은 2012년까지 GDP대비 30% 수준에서 관리할 계획인데 이것은 재정측자, 세계잉여금 등은 매우 소극적인 대책이다.(기획재정부, 2009~2013 국가재정운용계획(잠정안), 2009. 9. 3 기획재정부, '국가채무관리계획 수립' 2008. 9. 30)

57) 2009년 공무원 및 군인연금과 국민건강보험의 정부지원금이 7조 6천 537

지금처럼 국가경영을 저금리와 고환율을 통하여 기업을 육성하고 가계를 활성화 시키려고 한다면[58] 본론에서 지적한 바와 같이 대기업과 부유층은 부동산 투기와 비생산적 경제활동에 혈안이 되고 기업과 가계의 부채는 더욱 증가되는 것이다. 따라서 현 정부의 친기업 및 부자를 위한 감세정책은 시정되어야 한다. 따라서 외환, 금리 및 조세 정책은 '국부(國富)의 논리'에서 접근하여 그 대책을 강구하여야 한다.

이미 서론에서 제기한 과제(가설)들은 본론에서 실증한 바와 같이 그 타당성이 없거나 일면성을 지니고 있었다. 따라서 저금리와 고환율 및 감세정책이 양심적인 중산층과 서민의 희생을 계속 강요할 때 사회적 저항(갈등)이 생길 것이다.[59]

억원이라고 한다. 즉 공무원 연금의 적자보전액이 9천 409억원, 군인연금이 9천 409억원, 그리고 건강보험이 4조 8천 100억원이라고 한다.(「동아일보」, 2010. 3. 11) 이러한 적자발생은 관변 연구소가 말하는 수익자 부담 원칙(보험료 인상과 급여 인하)에 의하여 해결될 수 있는 것이 아니라 기본적으로 보험료 과표와 상한제의 철폐 또는 상향조정에서 찾아야 할 것이다.(김영모 · 김헌진, 상게서, pp.66~67, 124~125)

58) 관변 학자들이 즐겨 쓰는 금리, 환율 및 감세의 경제적 효과에 관한 계량분석과 평가는 현실을 합리화 하는 연구라는 것을 유념해야 한다.

59) 2007년 조세부담률 21.0%로 선진국형(미국은 21.7%, 일본은 18.0%)이 되었지만, 복지예산은 선진국가의 1/3에 불과하다. 사회보장예산 등을 증액하여 조세저항을 예방하여야 한다.

제 7장 대기업의 자본축적과 사회양극화의 과제

1. 서 론

최근 정부는 수출실적과 무역흑자가 사상 최대치를 기록하였고,[1] 대기업집단은 지난 해 순이익이 사상 최대 실적, 소위 경영 성과를 올렸다고 자랑한다. 그러나, 국내 총소득(GDI)은 오히려 적자 성장(-0.6%)을 기록하여 대기업 경영성과급[2]에 국민들은 소외감을 갖는 것 같다.

사실 지난 10년간 대기업집단은 45.6배의 성장을 하였지만, 중・소기업과 농민, 노동자는 몰락 또는 하강 현상, 소위 양극화 현상이 일어나고 있다. 이러한 양극화 현상은 자본주의 사회의 불가피한 것이지만 정부는 이에 대하여 소극적인 대책을 강구하고, 더욱이 현재 경제정책 또는 사회정책에 있어서 양극화, 즉 사회불평등을 조장하고 있다.[3]

그리하여 먼저 대기업집단이 주장하는 경영성과가 과연 종사자들의 노력에 의한 것인지, 아니면 정부의 정책지원 또는 중소기업과

---

1) 지식경제부가 발표한 '2010년 상반기 수출입 실적'에 의하면 작년에 비하여 28.6%(4,674억달러) 증가하였다고 한다. 주요 수출 품목은 반도체, 자동차 부품과 자동차, 석유제품, 선박 등이라고 한다.(「조선일보」, 2011년 1월 3일)

2) 삼성전자는 2004년 이익 목표치가 초과 달성되어 총 6천억~7천억원의 이익분배금(1인당 1천만원 이상)을 지급하고 삼성그룹의 전체 계열사는 1조억원이 넘는다고 한다.(「동아일보」, 2005. 2. 11) 그리고 2011년 삼성전자, 반도체, LCD, TV, 휴대폰 등 주력사업부 임직원(9만 2천명)들이 연봉 최대 50%(부차장급은 최대 3~4천만원)의 성과급을 받는다.(「조선일보」, 2011. 1월 26일) 또한 금융기관들도 지난해와 비슷하게 기본급의 100~300%에 해당하는 성과급을 지급할 예정이다.(「동아일보」, 2012. 1. 6)

3) 김영모・김헌진, 「한국사회보험개혁론」, 한복연 출판부, 2006, pp.257~322

국민(특히 노동자, 농민)의 희생, 소위 사회적 양극화에서 가능하였는지를 고찰하여 본다. 또한, 현 사회제도에서 공정하고 형평성이 있는 정책을 강구하면 대기업집단이 자랑하는 경영성과의 실효성이 있는 지를 고찰하여 본다. 그리고 경제력 집중으로 나타난 사회적 양극화를 해소하기 위한 주요한 정책적 과제과 이를 해소하기 위한 정부와 정당의 재벌개혁안을 검토하여 본다.

이러한 연구를 위하여 공정거래위원회와 금융감독원 등에 제출한, 대기업 및 기업집단의 '사업보고서' 및 '감사보고서'를 분석하고, 한국은행의 경제통계연보, 그리고 국세청의 국세통계연보와 연금관리공단과 건강보험관리공단의 통계연보를 재분석하여 보았다.

2. 자본축적의 요인

1) 기업환경의 변화

우리나라의 경제성장율은 1960년~1980년대 까지 연 평균 7%(GNP) 이상 12%(GDP) 까지 증가하였지만, 1990년 이후 특히 1997년 말 금융위기 이후 저성장율이 지속되어 1995~2010년 까지 연 평균 성장률은 4.8%가 되었다. 그러한 결과 1인당 국민총소득은 지난 15년간 1.4배가 증가되었다.[4] 이러한 성장은 기업간, 계층간 사회적 양극화를 크게 초래하였다.

2009년 국민 총생산에 가장 많이 기여한 산업은 서비스업인데 전체

4) 최근 국내총생산과 1인당 국민소득은 다음과 같다.

<표 1> 국민총생산과 국민소득의 변화

	단위	2007	2008	2009	2010
국내총생산(GDP)	조원 (억달러)	975.0 (10,493)	1,026.5 (9,309)	1,065.0 (8,344)	1,172.8 (10,143)
1인당 국민소득(GNI)	천원 (달러)	20,159 (21,695)	21,275 (19,296)	21,946 (17,193)	24,003 (20,759)

(자료) 한국은행, 「2010년 국민계정(잠정)」, 2011. 3

의 60.7%를 차지하고 그 다음은 광공업이며(28.0%) 나머지는 주로 건설업(6.9%)이다. 그리고 국민의 지출구조를 보면, 민간지출이 전체의 54.3%를 차지하고 총 자본형성에 기여한 비율은 25.9%이다. 좀 더 구체적으로 국가의 재무제표라 할 수 있는 국민계정 지표를 표 2에서 본다.

<표 2> 국민계정의 주요지표

(단위 : %)

	생산구조						지출구조					
	농림어업	광공업		전기,가스 및 수도사업	건설업	서비스업	최종 소비지출			총 자본 형성	재화와 서비스의 수출	재화와 서비스의 수입
		소계	제조업				소계	민간	정부			
1976	25.5	25.3	24.1	1.2	4.4	43.6	75.6	64.1	11.5	26.7	29.4	31.7
1980	16.0	26.0	24.6	2.1	7.9	48.0	75.4	62.7	12.7	32.9	31.2	39.8
1985	13.3	28.0	26.7	2.9	6.9	49.0	67.8	56.5	11.3	30.9	32.0	30.8
1990	8.7	27.4	26.6	2.1	10.4	51.5	62.4	50.7	11.8	38.1	27.6	28.3
1995	6.2	27.2	26.7	2.0	10.1	54.6	63.5	52.3	11.2	36.9	28.5	29.0
2000	4.6	18.6	28.3	2.5	6.9	57.3	66.7	54.8	12.0	30.6	38.6	35.7
2005	3.3	27.8	27.5	2.3	7.6	59.0	67.7	53.8	13.9	29.7	39.3	36.6
2009	2.6	28.0	27.7	1.8	6.9	60.7	70.3	54.3	16.0	25.9	49.9	46.0

(자료) 한국은행, 「2010년 국민계정(잠정)」, 2011. 3

표 2를 보면, 지난 33년간 서비스업이 22.9%나 증가되었고 광공업은 2.7% 증가되었지만, 농림어업은 22.9%가 감소되었다. 이것은 그간 상공인은 성장하였지만, 농민은 몰락하였음을 의미한다. 그리고 지출구조에 있어서 지난 33년간 64.1%를 차지하였던 민간지출이 점차 감소되고(9.8%) 정부지출이 점차 증가하였으며(4.5%) 자본형성의 기여율도 그간 증가되어 오다가 근래 점차 감소되고 있다.

이와 같이 경제성장과 국민소득이 증가한 것은 무엇 보다도 제조업과 서비스업 분야 대기업의 경제활동(제조업과 서비스업)이 큰 기여를 하였다. 대기업이 경영성과를 낸 것은 단순히 기업경영의 차원에서 뿐만 아니라 기업환경의 차원에서 보아야 할 것이다.

대기업의 자본축적(이윤창출)은 일차적으로 대기업의 경영성과에서 비롯하겠지만, 이차적으로 기업환경의 성장에서 비롯되고 있다. 오히려 이차적인 기업환경의 성장이 대기업의 경영성과를 좌우하였다고 해도 과언이 아니다.

<표 3> 주요 경제지표의 성장률

	경제 성장률 GDP(%)	1인당 국민총소득 (GNI)	임금 상승률	소비자 물가지수	주가 지수	주가 수익 율	주택종합 상승률	아파트 상승률	기준 금리	대출 금리	대미 환율	대중 환율	대일 환율	미화 보유액 (백만불)
1995	8.9	11,782		69.9	934.9	17.9	64.9	50.3			774	8.3	103	31,928
1996	7.2	12,581		73.3	833.4	19.3	65.9	52.1		11.2	844	8.2	116	32,401
1997	5.8	11,584		76.6	654.5	27.8	67.2	54.5		11.8	1,415	8.2	130	19,710
1998	-5.7	7,738		82.3	406.1	34.6	58.9	47.1		15.1	1,207	8.2	114	51,963
1999	10.7	9,901		83.0	806.8	34.6	60.9	51.2	4.75	9.4	1,145	8.2	114	73,700
2000	8.8	11,350		84.9	734.2	15.3	61.2	51.9	5.0	8.5	1,259	8.2	114	95,855
2001	4.0	10,656	6.0	88.3	572.8	29.3	67.2	59.4	5.00	7.7	1,326	8.2	131	102,487
2002	7.2	12,092	10.0	90.8	757.1	15.6	78.2	73.0	4.25	6.7	1,200	8.2	118	120,811
2003	2.8	13,448	7.7	93.9	679.8	10.1	82.7	79.9	4.00	6.2	1,197	8.2	106	154,508
2004	4.6	15,037	6.0	97.3	832.9	15.8	81.0	79.5	3.50	5.9	1,043	8.2	103	198,175
2005	4.0	17,548	7.8	100.0	1,073.6	11.0	84.3	84.1	3.50	5.5	1,013	8.0	117	209,967
2006	5.2	19,692	6.7	102.2	1,352.2	11.4	94.0	95.7	4.00	5.9	955	7.8	118	238,387
2007	5.1	21,655	5.6	104.8	1,712.5	16.8	97.0	97.8	4.75	6.5	938	7.3	92	261,770
2008	2.3	19,153	-1.5	109.7	1,529.5	9.0	100.0	100.0	5.00	7.1	1,257	6.8	90	200,479
2009	0.2	17,085	-3.4	112.8	1,429.0	23.7	101.5	101.6	2.00	5.6	1,167	6.8	92	265,202
2010	6.2	20,759	3.0				102.6	103.0	2.25					
2011. 2	1.4			119.8					3.00	5.6	1,125		92	297,667
지난 10년간	평균 4.8%	1.4배	0.48배	1.4배	1.9배	3.4배	1.5배	2.0배	-1.5%	-9.5%	-134원	-1.4원	-22원	3.1배

(자료) 1) 한국은행, 「경제통계연보」, 2010 및 한국은행, 경제통계시스템(ECOS), 2011. 3
2) 노동부, 「2007년 임금구조실태 분석」(2008)과 「2010년 사업체 임금근로시간 조사」(2011. 2)
3) 주택 및 아파트상승율은 래디칼 웨이(보험상담)의 자료임.

기업환경의 성장은 이미 앞 장에서 지적한 바와 같이 1960년대 시작한 중공업 및 화학 중심의 경제개발정책 효과가 가장 크지만 그 밖에 많은 요인들이 작용하고 있다.

우리나라 기업환경은 경제지표의 변화(표 3)에서 찾아 볼 수 있다.

표 3을 보면, 지난 15년간 경제성장율은 연간 평균 4.8%였지만 1인당 국내 총생산(GDP)은 76.2%가 증가되었다. 1인당 GDP와 GNI가 성장하였다고 해서 국민 개개인의 성장을 의미하는 것은 아니고 대기업의 성장이 평균치에 포함되어 있는 것이다. 예컨대 표 2에서

지난 15년간 1인당 국민총소득은 1.4배가 증가하였지만, 임금상승률은 0.48배이다. 따라서 국민총소득은 임금 이외의 상승률(기업 등)에 의존되어 있음을 말한다.

지난 16년간 경제지표는 대출금리(-9.5%)와 환율(대중, 대일) 및 경제성장율(-2.7%)이 하강하였고, 상승된 경제지표는 주가(1.9배)와 부동산(주택은 1.5배, 아파트는 2.0배) 및 외화보유액(3.1배)이다. 그리고 물가는 1.4배가 인상되었는데, 주가와 아파트의 가격이 각각 3.4배와 2.0배로 증가된 것은 물적 소유권자의 부가가치를 증가시킨 인프레이션을 말한다.[5] 이것이 대기업이 급성장한 경영성과의 가장 중요한 원인이다. 이와 같이 성장한 것은 정부의 정책지원 효과라고 볼 수 있다.

표 3의 경제지표를 보면, 자본축적의 가장 중요한 축재 수단(요인)이 3배 이상 오른 주식과 아파트 및 외화보유액이며, 또한 금융기관의 대출금이라는 것을 알 수 있다. 금융대출이 많으면 금리하락으로 그 만큼 이득을 보고, 또 환율을 유지시키기 위하여 정부는 미화 보유액을 3배 이상 올렸는데 그 만큼 외화를 사용하는 대기업이 큰 차익을 보지만 국민의 부담(외화보유)은 더욱 커진다. 다시 말하면 돈을 빌려서 주식이나 부동산에 투자하면 대출금리가 낮아서 지난 16년간에도 큰 돈을 벌 수 있었다.

주식을 많이 소유한 자본가는 대기업의 총수와 가족, 그리고 계

---

5) 1990년 이후 20년간 주택의 연평균 상승률은 주택종합(아파트, 단독, 연립)의 경우 전국적으로 2.9% 상승되었고(서울은 4.3%, 6대 광역시는 2.1%, 서울 강남은 5.5%임) 아파트의 경우 전국적으로 4.9%이다.(서울은 6.6%, 6대 광역시는 3.8%, 서울 강남은 7.5%임) 그런데 주택산업연구원은 지난 10년간 아파트 가격의 평균 상승률이 7.2%이고, 서울의 경우 10.1%이며, 광역시(6개)의 경우 2.0%라고 한다.(「대전일보」, 2011. 4. 6)

과거 전경련 조사에 의하면 1965년 이후 1978년 말 까지 주택가격은 연평균 30.1% 증가하였고, 가구소득은 25.9% 상승하였다고 한다.(「매일경제」, 1980. 11. 13)

열사이다. 이들 대기업과 계열사는 금융기관의 대출금을 독점하여 낮은 금리로 사업에도 투자하고, 특히 부동산에 많이 투자하였다. 또한 정부는 대기업의 수출, 소위 국제경쟁력을 높이기 위하여 외화 보유액을 높이고 고환율(한화가치 하락)과 저금리정책을 강구하였다. 이와 같이 정부가 뒷받침한, 좋은 환경에서 대기업은 자본축적을 용이하게 할 수 있다.

자본축적의 주요수단인 저금리와 고환율은 정부의 직접적 통제하에 있고 주가와 부동산은 정부의 간접적인 정책에 달려 있으며 물가는 기업의 비생산적인 이윤추구에 달려 있다. 그리하여 대기업은 경영을 합리화(소위 하도급 등) 하고 노동생산성(소위 저임금 등)을 제고하여 이윤추구를 도모하겠지만 정부의 통제하에 있는 경제지표는 가장 중요한 자본축적의 수단(요인)이 되었다.

2) 기업경영의 성과

우리나라 전체 산업의 지난 8년간 기업경영을 분석한 결과 총 자산과 매출액이 2003년에 비하여 각각 3배 내지 6배로 증가되었고 자기자본 비율과 영업이익율은 약간 감소되었다. 그리고 차입금이자율(25% 전후)과 자기자본 비율(45% 전후), 부채 비율(120% 전후), 차입금 의존도(25% 전후), 부가가치율 및 노동소득분배율은 연간 변화가 있었다.(표 4 참조) 비록 총자산과 매출액이 증가되고 있지만 차입금 이자율이 영업이익율 보다 높다. 차입금이 해마다 증가되고 노동소득분배율이 매우 높다는 것은 기업의 큰 부담이 된다. 따라서 토지 등 부동산 가격과 물가상승, 즉 인프레이션에 의해 수지타산을 맞출 수 있다.

그러면, 우리나라 주요 기업집단의 지난 10년간 경영분석 결과를 본다.

<표 4> 전 산업의 기업경영지표 분석

(단위 :%)

전 산업	1970	1980	1990	2000	2001	2002	2003	2004	2005	2006	2007	2008	2010
총자산증가율							5.34	6.74	8.27	8.34	11.76	16.17	10.47
자기자본증가율							10.28	13.02	12.37	9.25	11.97	8.66	
매출액증가율		41.1	19.32	12.01	1.45	7.27	3.96	13.32	4.25	5.95	9.47	18.61	16.88
매출액영업이익율	10.27	6.96	5.79	5.59	5.13	5.73	6.39	6.75	5.86	5.25	5.43	5.00	6.67
차입금평균이자율							6.50	5.87	6.02	6.22	6.36	6.34	5.28
자기자본비율							43.23	46.73	47.42	46.52	46.52	43.52	51.23
부채비율	285.3	46.182	297.15	221.1	195.58	144.66	131.31	113.99	110.86	105.30	114.94	129.80	95.21
차입금의존도							29.06	25.63	24.12	23.12	26.30	28.28	23.97
부가가치율										27.86	29.22	26.86	27.78
노동소득분배율							59.2	58.7	60.7	65.30	68.01	67.45	66.94

(자료) 2010년 자료는 한국은행의 주요경제지표(2011. 11)임.

(자료) 한국은행,「경제통계연보」

지난 10년간 우리나라 기업집단은 제 4장 표 10에서 볼 수 있었던 바와 같이 적자를 낸 기업도 있지만 8대 기업집단의 경우 2차의 경제위기가 있었음에도 불구하고, 엄청난 경영성과를 이룩하였다.[6)]

6) 대기업집단(45개)이 소유한 자산총액은 국민총생산의 12.1%가 되고, 이들의 연간 매출액은 국민총생산의 8.6%가 된다. 그리고 지난 10년간 경영성과는 국민총생산의 9.2%가 되고, 이것은 GDP성장율 보다도 2배가 넘는다.
우리나라의 대표적인 기업인 삼성전자와 현대자동차의 지난 10년간 부문별 영업이익을 본다. 삼성전자는 반도체, 현대차는 승용차가 급성장 하였다.

<표 5> 삼성전자의 부문별 영업이익

(단위 : 백만원)

사업부문	주요 제품	2000 (%)	2005 (%)	2010 (%)
디지털 미디어	컴퓨터,에어컨,냉장고	524,594 (7.1)	-313,723 (-3.9)	486,182 (2.9)
정보통신	휴대폰,네트웍시스템	908,401 (12.2)	2,295,451 (28.3)	4,302,554 (25.6)
반도체	Memory,HDD	6,057,705 (81.5)	5,457,726 (67.3)	10,110,698 (60.1)
LCD	TFT-LCD		784,834 (9.7)	1,991,990 (11.8)
생활가전		187,309 (2.5)	-91,446 (-1.1)	
기타		-242,85 4(-3.2)	-23,067 (-0.3)	
합 계		7,435,155 (100.0)	8,109,772 (100.0)	16,831,424 (100.0)

(자료) 삼성전자, 2010년 연간 사업보고서(2011. 3. 31)

삼성과 현대차, 포스코의 경우 13배~18배가 되는 30조원 이상의 성장을 하였고, 현대자동차와 SK 및 롯데의 경우 32~37배의 급성장을 하였다. 현대중공업의 경우 IMF 관리체제하에서 적자기업이었지만 2004년 이후 약 49배의 성장을 하였다. 그리고 GS와 LS의 경우 2004년 LG에서 독립경영을 하였지만 그간 5~6배의 성장을 이룩하였다.

지난 10년간 주요 대기업의 영업이익을 주요 지표별로 비교하여 보면 표 7과 같다.[7] 표 7을 보면, 삼성전자와 현대자동차 및 포스코의 영업이익은 각각 2.0배와 2.4배를 내었고, 현대중공업과 LG의 경우 각각 4.5배와 4.2배를 내었다. 당기순이익은 삼성전자와 포스코는 각각 2.2배와 2.5배를 내었지만, 현대차와 현대중공업은 무려 7.9배의 성장을 하였다.

한편, 대기업의 부채이자가 감소하면서 외환차익은 해마다 증가되어 삼성전자의 경우 무려 12.3배가 되었고, 현대중공업의 경우 7.1배가 되었다. 2010년 삼성전자의 외환차익은 영업이익의 10.7%를 차지하고, 현대중공업의 경우 10.1%를 차지하였으며 SK이노베이션은

<표 6> 현대자동차의 부문별 영업이익

(단위 : 백만원)

사업부문	주요제품	2000 (%)	2005 (%)	2010 (%)
자동차 제조업	승용차	12,594,084 (69.1)	19,374,295 (70.7)	17,085,461 (46.5)
	RV			7,997,634 (21.7)
	소형상용차			3,468,991 (9.4)
	대형상용차			3,118,715 (8.5)
	상용차	3,660,521 (20.1)	3,899,729 (14.2)	
	CKD		2,212,707 (8.1)	
	기타	1,976,52 1(10.8)	1,898,266 (6.9)	5,107,105 (13.9)
합 계		18,231,126 (100.0)	27,384,997 (100.0)	36,777,906 (100.0)

(자료) 현대자동차, 2010년 연간 사업보고서(2011. 3. 31)

7) 2011년 6월 시가 총액 상위 5대 업종의 점유율은 운수장비(자동차, 부품)와 전기전자(IT산업)가 각각 16.8%와 16.7%이고, 그 다음은 금융(14.7%), 화학(13.2%), 서비스업(10.8%), 기타(27.8%)이다.(「조선일보」, 2011년 6월 22일)

<표 7> 대기업의 수지결산 요인

(단위 : 십억원)

대기업	연도	영업이익	당기순익	부채이자	외환차익	배당금	임원임금(백만원)	직원임금(백만원)
삼성전자	2000	7,435	6,014	343	299	9,270		36.69
	2005	8,059	7,640	42	399	20		50.7
	2010	14,924	13,236	306	3,669		5990	86.4
현대차	2000	1,313	667	645	116	165	175	43
	2005	1,384	2,314	162	320	4		55
	2010	3,226	5,266	164	85	412	2,027	80
현대중공업	2000	753	15	378	49	58		
	2005	90	183	13	98	1		53
	2010	3,439	3,761	80	346	429	517	72
SK	2000	998	144	635	159	69		
	2005	1,204	1,686	247	279	18		66
	2010	902	646	157		79	1,474	53
LG화학	2000	595	324	283	23	78		32
	2005	421	400	94	45	0.6		46
	2010	2,496	1,970	151			1,281	62
포스코	2000	2,099	1,636	346	107	994		36
	2005	5,911	4,012	88	88	72		63
	2010	5,047	4,202	318	438	84	1,267	61
GS칼텍스	2000	487	87	204	0	0.7	98	40
	2005	847	728	93	277	1		
	2010	1,045	716				679	61
현대건설	2000	24	-2,980	563	25	4		17
	2005	436	326	108	15	7		58
	2010	584	430	42	149	7	261	71

(자료) 금융감독원, 전자공시시스템, 해당 대기업의 연간 사업보고서

무려 38.1%를 차지한다.[8] 그러나, 정부는 외환시장안정(고환율)을 위하여 2010년에 19.9조원의 국채를 발행하였다. 그 국채는 국민의 부담(세금)이 되고 대기업의 이익이 된다. 따라서 국민의 희생에서 대

8) 외환차익이 가장 많은 SK이노베이션(전 SK에너지)은 2010년 석유화학사업의 33.6%를 차지하고 GS칼텍스는 30.3%, S-오일은 12.2%, 현대오일뱅크는 11.9%를 차지한다. SK이노베이션의 석유사업이 전체 매출액의 68.2%(약 30조원)를 차지하고 그 다음은 화학사업이 28.4%이다. 그리고 순이익은 석유사업이 54.7%를 차지하고 화학사업은 22.6%이며, 석유개발이 24.2%를 차지한다.(한국석유공사, 석유정보시스템, 2010. 12월 누계 기준)

기업과 그 종업원은 축재를 펴고 있다. 이러한 현상은 2005년 이후 정부의 정책지원으로 지속되었고, 그들은 고환율의 효과를 톡톡히 보았다. 직원들의 임금도 약 2배가 증가 되었다.

2010년 한해 우리나라 500대 상장기업의 영업이익은 약 100조원으로 추산 한다. 가장 많은 영업 이익을 낸 기업집단은 삼성전자(약 14.9조원)이고 그 다음은 현대중공업(3.4조원)과 현대자동차(3.2조원), LG화학(2.5조원) 등이며, LG전자의 경우 영업적자(약 1조원)를 내기도 하였다.(표 8 참조)

그간 대기업이 큰 돈을 벌 수 있는 것은 무엇 보다도 1960년대 시작한 중화학공업에 의한 경제개발계획의 효과이고, 동시에 대기업 경영자들의 경영혁신과 기술개발 등 기업가 정신에서 비롯되었다. 그리하여 삼성전자, 현대자동차, 현대중공업(조선), LG화학 및 SK에너지 등 대기업이 급속히 자본을 축적하였다.

<표 8> 대기업의 재무 및 손익계산서(2010년)

(단위 : 십억원)

	재무 내용				손익 내용		
	자산	부채	자본	자본금	영업이익	법인세	당기순이익
삼성전자	107,179	27,211	79,967	897	14,924	105	13,236
LG전자	22,975	13,048	9,926	809	-1,104	28	-635
현대차	41,067	13,720	27,346	1,488	3,226	3,081	5,266
기아차	18,625	8,964	9,661	2,101	1,680	1,095	2,254
현대중공업	28,888	15,069	13,819	380	3,439	1,345	3,761
삼성중공업	17,995	14,179	3,816	1,154	997	152	888
LG화학	11,014	3,618	7,396	369	2,496	21	1,970
SK이노베이션	26,330	15,534	10,796	468	1,714	272	1,208
현대모비스	13,863	3,688	10,175	491	1,803	1,246	2,423
GS칼텍스	21,120	13,641	7,479	260	1,045	820	716
현대건설	8,992	5,436	3,555	557	584	176	530

(자료) 금융감독원, 전자공시시스템, 각 기업집단의 감사보고서, 2011. 3

대기업의 자본축적 방법(요인)은 이미 제 3장, 제 4장, 제 5장에서 각 시기별로 구체적으로 밝혔기 때문에 표 8과 9에서 단기순이익을 많이 낸 대기업집단의 지난 10년간 재무 및 손익계산서 내용의 특성을 지적한다.

첫째는 대기업의 당기순이익은 LG전자를 제외하고는 모두 사상 최대의 실적을 올렸다. 가장 많은 영업성과는 삼성전자의 약 13.2조원을 비롯하여 현대차(약 5.2조원), 현대중공업(약 3.7조원), 기아차(약 2.2조원), 현대모비스(약 2.4조원), LG화학(약 1.9조원) 등이다.

<표 9> 기업집단 및 대기업의 재무 및 손익계산서의 재분석

	자산대비 부채액 (%)			자본금대비 부채액 (배)			자본총액대비 당기순이익(%)			매출액대비 당기순이익(%)		
	2001	2005	2010	2001	2005	2010	2001	2005	2010	2001	2005	2010
삼성	72.7	63.1	61.8	13.1	12.6	17.8	22.1	17.2	13.5	6.4	9.5	8.0
현대	81.3	68.3	74.8	5.8	3.8	8.5	-59.9	13.9	-17.5	-9.2	4.8	-8.6
LG	69.2	51.2	45.3	5.6	3.2	4.7	9.6	22.0	17.0	2.7	8.7	7.8
SK	62.9	61.2	54.6	6.4	8.5	8.3	5.3	22.5	6.5	2.0	8.1	2.8
삼성전자	30.2	21.5	25.4	9.6	12.1	30.3	15.1	19.3	16.6	9.1	13.3	11.8
현대차	57.6	43.7	48.5	3.9	5.6	8.6	8.8	15.5	15.6	3.7	5.0	8.9
현대중공업	65.9	69.3	62.1	17.3	12.8	19.2	0.5	4.6	18.3	0.2	1.8	8.8
포항제철	46.8	28.8	31.2	6.3	2.6	8.8	15.3	22.1	10.1	10.6	15.2	8.7
LG화학	64.2	56.4	32.8	7.4	8.6	0.1	13.7	16.4	26.6	6.0	5.4	11.7
GS		48.3	55.7		5.6	11.6		13.9	10.3		6.1	4.5

(비고) 자산(A)대비 부채액(B)의 산식은 (B/A)*100%이고, 자본금(C)대비 부채액의 경우 B/C, 자본총액(D)대비 당기순이익(E)의 경우 (E/D)*100%, 매출액(F)대비 당기순이익의 경우 (E/F)*100%임.

(자료) 공정거래위원회 및 금감원, 전자공시시스템, 각 기업집단의 감사보고서, 2011. 3

둘째는 대기업의 자산이 많을수록 당기순이익이 많다. 다만 2001년에 LG전자는 많은 적자를 내었다. 자산대비 부채액은 2001년에 비하여 해마다 감소되고 있으나 2010년에도 약 5할이 된다. 그리고 자산대비 부채액이 적은 곳은 삼성전자와 포스코 및 LG화학이다.

셋째는 대기업의 부채가 많을수록 당기순이익이 많다. 기업집단은 부채가 자본금에 비하여 2001년에는 대부분 5배 이상이고 2010년에는 LG를 제외하면 8배 이상이다. 부채가 많은 기업집단은 2001년과 2005년에는 삼성과 삼성전자 및 현대중공업이였지만 2010년에도 그것이 여전하였다. 최근 3년간 10대 그룹의 부채가 정부의 친기업정책으로 오히려 205조 750억원(48.8%)으로 늘어났다.9)

넷째는 대기업의 자본총액이 많을수록 당기순이익이 많다. 다만 현대그룹은 부실기업이 많아서 적자가 대단히 심하였다. 자본총액은 부채 이외에도 상장된 대기업의 주식, 즉 타인자본이 대부분 차지한다. 대기업의 타인자본은 외국인이 약 절반을 소유한다. 2001년에는 삼성그룹과 삼성전자의 당기순이익이 다른 기업에 비하여 매우 높고 2005년에는 비교적 골고루 높으나 LG와 SK 및 포철이 더욱 높으며, 2010년에는 현대그룹(-17.5%)을 제외한 나머지 대기업은 모두 큰 흑자를 내었다. 그러나 2010년에는 LG그룹의 적자가 많고, 나머지는 대개 15% 이상의 순익을 내고 있다. LG와 현대중공업의 순익이 낮은 편이다.

다섯째는 대기업의 매출액이 많을수록 당기순이익이 많다. 2001년에는 삼성전자와 포항제철이 매출액에 비하여 순익율이 매우 높으나(약 10%) 현대그룹은 심한 적자였다. 그러나 2005년에는 모든 대기업이 당기순익율이 높으나 포스코와 삼성전자의 순수익율(약 15%)이 여전히 가장 높으며, 2010년에는 삼성전자와 LG화학의 순이익이 11% 이상이 되었지만, 현대그룹은 오히려 큰 적자(-8.6%)였다.

여섯째는 법인세는 현대차, 기아차, 현대중공업 및 현대모비스가 각각 1조~3조원을 내었지만, 삼성전자와 삼성중공업의 경우 각각 1천억원 이하를 내었다.

이러한 것을 보면, 대기업 재무구조의 특징이 전 산업체의 경우와 매우 유사하지만 그들의 경영성과는 전 산업체의 경영성과에 비하여 엄청나게 많다.

3) 경영이익의 발생요인

지난 10년간 대기업의 경영성과와 그 성장의 주요한 외적 요인에 대하여서는 이미 전술한 바 있다. 여기에서는 기업경영의 내적

---

9) 「조선일보」, 2011년 4월 26일

성장요인이 무엇인지를 주요 대기업의 손익계산서(부록 6)를 재분석하여 본다.

대기업의 매출액과 매출 총이익이 기업활동을 통하여 어떻게 지출되었는 지 그 내용을 검토하여 본다.

표 10을 보면, 당기순익이 많이 발생한 대기업(현대중, 삼성중, LG화학)은 매출 원가가 싼 편이고, 판매 관리비가 적으며 영업외 수익이 매우 높은 편이다. 비록 판매 관리비가 많을지라도(현대중공업은 65.4%) 당기순익이 높은 경우(현대중공업, 기아차)가 있다. 그리고 삼성전자가 사상 최대의 순익을 내었지만 매출원가와 판매관리비도 높고 포스코는 모든 요인이 약 25% 내외이지만, 영업이익과 순이익이 매우 높은 편이다.(매출액 대비 약 3할) 그러나 LG전자는 매출원가는 낮지만 판매관리비가 약 8할이 되어 당기순익은 14.6%의 적자경영이다.

<표 10> 대기업의 매출 총이익의 내역별 구성비(2010년)

(단위 : 십억원)

	매출액 (A)	매출 총이익 (B)	B/A (%)	매출액 대비						
				매출 원가 (C/B)	판매와 관리비 (D/B)	영업 이익 (E/B)	영업외 수익 (F/B)	영업외 비용 (G/B)	법인세 (H/B)	당기 순이익 (I/B)
삼성전자	112,249	34,268	30.5	30.5	38.9	43.6	12.9	11.9	5.2	38.6
LG전자	29,238	4,344	14.9	17.5	79.3	25.4	30.8	30.4	-10.2	-14.6
현대차	36,769	8,918	24.3	32.0	13.8	36.1	43.8	9.2	11.7	59.0
기아차	23,261	5,329	22.9	29.7	63.8	31.5	28.2	7.6	9.8	42.3
현대중공업	22,405	4,607	20.6	26.0	65.4	74.6	66.9	37.7	22.2	81.6
삼성중공업	13,053	1,378	10.6	11.8	26.7	72.3	270.9	262.8	18.9	64.4
SK이노베이션	43,863	3,064	7.0	13.3	44.1	55.9	73.2	80.8	8.9	39.4
LG화학	16,850	3,496	20.7	26.2	28.1	71.4	5.9	351.3	15.6	56.4
포스코	32,582	6,563	20.1	25.2	23.1	76.9	24.1	22.5	14.4	64.0
현대건설	10,004	1,046	10.4	11.7	44.1	55.9	28.9	45.8	16.8	50.7

(자료) 금감원, 각 기업의 사업보고서의 재분석

또한, 삼성전자는 법인세가 매출액 대비 5.2%에 불과하고, 외환차익이 매출 총이익의 10.7%가 된다. 현대중공업과 삼성중공업의 법인세는 약 20%가 된다. 현대 및 삼성의 중공업은 영업외 수익(외환차익 등)을 많이 올려 법인세를 많이 내고 동시에 영업이익과 순이익도 많이 내고 있다.

이와 같이 매출 총이익의 내적 지출 요인은 기업체 마다 매우 상이하여 그것을 일반화 시키기는 어렵다. 더욱이 2010년 정부에 제출된 손익계산서는 삼성계열의 경우 내용이 매우 부실하고, 이것은 2009년에 비하여 더욱 간소화 되었다.

<표 11> 대기업의 매출 총이익의 주요 항목별 구성비

(단위 : 십억원)

	매출 총이익 (A)	인건비			배당 (C/A)	부채 이자 (D/A)	복지후생비 보험료 (E/A)	외환 차익 (F/A)	광고 선전비 (G/A)	인건비/ 매출총이익
		임원	직원	직원대 비임원						
삼성전자	34,268	52	7,905	70.5		0.9		10.7		23.2
LG전자	4,344	4	2,121	16.4						48.9
현대차	8,918	15	4,497	25.3	0.1	1.8		1.0		50.6
기아차	5,329	10	2,660	8.5	0.009	3.8	1.4	1.8	2.5	50.1
현대중공업	4,607	4	1,758	7.2	0.2	1.7	1.5	7.5	1.0	38.2
삼성중공업	1,378	10	925	21.4	0.07	11.5		6.2		67.9
LG화학		5	572	20.7						
SK이노베이션	3,064	15	332	15.9	1.0	12.7	1.2	38.1	4.3	11.3
포스코	6,563	7	1,022	20.8	1.3	4.8	0.8	6.7	1.3	15.7
GS칼텍스		2	194	11.1						
현대건설	1,046	5	268	3.0	0.7	4.0	2.2	14.2	1.2	26.1

(자료) 2010년 기업집단의 사업보고서의 재분석

2010년 매출 총이익의 주요 항목별 구성비를 표 11에서 보면, 인건비가 대기업에 따라 차이가 심하다. 삼성전자의 경우 인건비는 매출 총이익의 23.2%가 되지만 LG전자와 현대차 · 기아차 및 삼성중공업의 경우 50% 이상을 차지하고 SK이노베이션과 포스코의 경우 15% 내외를 차지한다. 그러나 직원대비 임원의 인건비는 삼성전자가 가장 심하고,(70.5배) SK이노베이션과 삼성중공업은 부채이자 부담이 각각 매출이익의 10%가 넘는다 그리고 SK이노베이션은 외환차익이 무려 38.1%가 되고 삼성전자는 10.7%, 현대건설은 14.2%가 된다. 그 밖에 현대중공업(7.5%), 삼성중공업(6.2%) 및 포스코(6.7%)의 순으로 외환차익이 있다. 그리고 대기업의 배당금은 대부분 전체 매출이익의 1% 미만이고, 복지후생비와 광고선전비도 1.5% 내외였다.

이러한 것을 보면, 대기업의 매출 총이익 중에서 매출원가와 판매

관리비 및 연구개발비에 가장 많이 지출되고, 또 법인세 등으로 사용되고 있다. 특히 판매·관리는 급여, 퇴직급여, 복리후생비와 같은 인건비가 가장 많이 차지하고 영업외 수익은 외환차익이 많으며, 그 밖에 시장개척비, 판매수수료와 촉진비 등 판매비와 광고선전비에 많이 지출되고 있다.

3. 사회양극화의 과제

자본주의 발달은 불가피하게 사회적 양극화를 초래한다. 사회적 양극화는 노사간 불평등 뿐만 아니라 산업간, 대소기업간, 지역간 등 사회적 격차가 발생한다. 이러한 양극화가 심화되면 사회적 갈등은 초래된다.

지난 10년간 종합소득세의 양극화 현상을 보면, 상위 20% 소득자의 1인당 소득금액이 1999년 5천 829만원인데 2009년에는 9천 20만원으로 54.7%가 증가되었고, 하위 20% 소득자의 경우 1999년에 306만원에서 198만원으로 35.3%가 감소되었다.[10] 그리고 근로소득의 경우 상위 10% 소득자의 1인당 급여액은 2005년 86.5만원에서 2009년 96.1백만원으로 증가되었지만 하위10% 소득자의 경우 14.0백만원에서 13.7백만원으로 감소되었다.[11] 이것을 보면, 소득계층간 양극화가 두드러지게 나타나고 있다.

정부는 사회적 양극화 또는 불평등을 해소하기 위하여 많은 노력을 시도하였지만 실패하였다.

노무현 정권은 사회적 양극화를 극복하기 위하여 기업간 '동반성장' 정책과 부동산 대책으로 '종합부동산세' 등을 도입하였다.[12] 이러

10) 국세청,「한 눈에 보는 국세통계」, 2011년, p.23
11) 전게서, p.31
12) 재정경제부외 3개 부처,「서민주거 안정과 부동산 투기억제를 위한 부동

한 정책을 이명박 정권은 처음에 부정하였다가 최근 그 필요성을 주장하고 있다. 그런데 이러한 정책으로 우리나라의 사회적 양극화를 치유될 수 있는 것은 아니다. 사회적 양극화를 해결하기 위한 방안은 우리나라 대기업집단의 발달 과정에서 볼 수 있는 바와 같이 자본축적의 수단(요인)이 매우 다양하고, 따라서 이러한 수단의 합법적이고 공정한 정책운영에서 탈양극화 방안을 찾아야 할 것이다. 다시 말하면 현안이 되어 있는 생산관계 뿐만 아니라 비생산관계에서도 찾아야 할 것이고, 동시에 복지제도에서 그것을 추구하여야 한다

그리하여 최근 생산관계에 있어서 사회적 양극화 또는 불평등의 주요한 쟁점이 되어 있는 중소기업정책(동반성장론)과 이익분배정책, 그리고 노사정책(저임금과 비정규직)과 조세정책(감세론) 및 사회보험정책(보험료부과 상한제)을 다루어 본다.

1) 기업정책 ; 동반성장론

자본주의 시장경제에서는 대기업(부르조아지)과 중소기업(쁘띠 부르조아지)간에는 양극화가 불가피하다. 대기업의 문어발식 사업 확장(다각화)으로 중소기업은 영세성으로 말미암아 설 땅이 없다. 그리하여 건강한 자본주의를 발전시키기 위하여 정부는 개입한다. 그 예로 불공정한 거래행위 등을 방지하기 위하여 여러 가지의 장치(공정거래위원회, 상호출자 제한 등)를 한다.

최근 정부는 기업간 양극화 문제를 해소하기 위하여 소위 동반성장론(또는 초과이익공유제)을 주장하지만, 이것은 기업간 양극화 문제를 근본적으로 해결할 수 없지만, 최근 논의되는 대기업과 중소기업간의 상생협력, 즉 동반성장론을 중심으로 고찰한다.

우리나라 대기업의 생산품은 대부분 하청계열 중소기업의 납품에 의존하여 왔다. 이와 같이 대기업과 중소기업 간의 생산관계가

산 개혁방안」, 2005년 8월 31일

불공정한 하도급관계가 성립되면 지속적인 경제성장을 이룩하기 어렵게 된다. 그럼에도 불구하고 대기업과 계열기업 및 협력사(계약회사) 간에 상호간 부당한 이해관계가 성립되어 있다.13)

불공정거래행위가 가장 심한 하도급의 경우를 보면 대기업이 1~3차 협력회사에 사업을 하칭 또는 재하청을 주면서 대기업이 주로 납품대금 지불지연이나 감액 조치를 통하여 이익을 챙긴다.

가장 심한 불공정거래 하도급 거래행위는 건설업 분야에서 볼 수 있는데, 일반적으로 하청업자는 수주액의 약 50%만 받는다. 큰 공사는 대형건설사만 따낸다.14)

이와 같이 대기업과 하청 협력사간 구조적 의존 관계는 동반자적 관계형성이 어렵고, 더욱이 대기업 총수는 임직원에 대한 인사고과제도를 실적 중심으로 운영하기 때문에 구조적으로 하청협력사를 착취하지 않을 수 없게 되어 있다.

2005년 1월 노무현 대통령은 신년 기자회견에서 대기업과 중소기업, 수도권과 지방, 수출과 내수가 균형을 이루면서 함께 성장하는 동반성장(쌍생협력) 정책에 역량을 집중하겠다고 하였다. 그러나 그 실효성이 없었다.

2011년 12월 이명박 대통령은 공정사회 구현을 위한 공정거래위원회의 역할을 강조하였고, 공정거래위원장은 대·중소기업의 동반성장과 서민생활 안정을 역점 추진과제로 제시하였다. 그리하여 대기업과 중소기업의 동반성장(소위 쌍생)을 지원하기 위한 동반성장위원회가 조직되었다.

---

13) 최근 임태희 대통령 비서실장은 사석에서 '대기업들이 중소기업에 납품단가만 갖고 압박하는 게 아니다면서 좋은 기술 있으면 압박해서 가져가고 그거 거절하면 거래를 중단해서 고사시킨 다음에 인수해 버리고 하는 관행이 비일비재하다'고 지적했다.(「매경뉴스」, 2011년 4월 6일)

14) 본서, 제 4장 제 3절 참조.

최근 동반성장위원장(정운찬)은 대기업이 해마다 설정한 목표이익치를 초과 발생하였을 때, 대기업에 협력한 중소기업의 기여도 등을 평가하여 초과이익(이윤)을 나누자는 소위 '초과이익공유제'를 주장하였다.15) 사내 유보되는 이익잉여금이 많은 것을 보면 초과이익공유제를 구현할 수 있을 것 같다. 이에 대하여 재계(이건희 삼성회장)와 일부 정부인(최중경 지식경제부장관) 및 여당 최고의원(홍준표)이 소위 좌파적 발생이라고 비판하였다. 이것을 보면, 지금까지 고질화된, 대기업과 협력회사(중소기업)간의 불공정한 종속관계(착취)를 개선

15) 설정한 목표의 초과이익과 손익거래, 사내유보에서 발생한 법정자본을 초과한 이익잉여금의 개념이 다르지만, 대기업의 이익잉여금은 표12와 같이 주로 배당금, 연구인력개발, 기술개발, 시설 및 기업합리화 사금으로 사용되고 있다.

<표 12> 대기업의 이익잉여금의 처분 내역

(단위 : 십억)

연도		합계	기업합리화적립금	배당금	연구및인력개발준비금	투자손실준비금	자사주처분손실준비금	사업확장적립금	임의적립금	기술개발적립금	이익준비금	배당평균적립금	시설적립금	차기이월미처리이익잉여금
삼성전자	2000	53	422	422						0.3	1,000			
	2005	7,563	1,000	757	4,000		650						1,156	0.03
	2010	9,575	1,000	1,111	4,000								3,464	
현대차	2000	465		118	165					165	16			173
	2005	2,646		342	1,000					1,270	34			1
	2010	5,163		412					4,710		41			2
LG	2000	402	13	78						302	7			8백만원
	2005	509		87		413					8			
	2010													
SK	2000	79	3	69							7			463
	2005	1,864		239	100			1,500			25			1,349
	2010	79		79										
현대중공업	2000	114	0.3	58						50	5			9(천만원)
	2005	223		96	20				97		9			2(천원)
	2010	3,837		429	100				3,308					
삼성중공업	2000													
	2005	73	57								5		11	0.4
	2010	888	10	108	51								718	0.5
포스코	2000	1,884	54	162				1,501		150		16		61
	2005	3,952		480	280			3,000				191		241
	2010	4,185		577	400				3,181					
LG화학	2000	402	13	78						302	7			0.008
	2005	446		91	182	164					9			5백만원
	2010													

(자료) 각 대기업집단의 연간 사업보고서

하기 매우 어려울 것 같다.

최근 공정거래위원회(위원장 김동수)는 공정한 하도급 거래질서를 확립하기 위하여 3대 지침, 즉 대·중소기업간 상생협력을 위한 계약체결, 협력업체 선정, 운영 및 하도급 거래 내부 심의위원회 설치, 운영안을 마련하였고, 또한 대금지급조건 개선(현금 결재 100%)과 기술개발 및 교육, 훈련, 임원평가시 반영 등을 지원하기 위하여 동반성장 지원금으로 약 4,200억원을 지원한다고 하였다. 그런데 이미 2010년 현재 93개 대기업이 성과공유제를 실시하고 있다. 우리나라 기업집단의 계열회사 및 협력회사는 전체 중견기업의 60.5%가 된다.

최근 현대차그룹은 6개 계열사(현대차, 기아차, 현대모비스, 현대제철, 현대위아, 현대 로템)와 1,585개 1차 협력사와 '공정거래 및 동반성장협약'을 체결하였고,[16] 삼성그룹은 9개 계열사와 5,200여개 1, 2차 협력업체간, 그리고 포스코는 12개 계열사와 943개 1, 2차 협력사와 동반성장협약을 맺었다.[17] 이러한 협약 체결이 확대되고 있지만 그 실

---

16) 공정거래위원회, 「보도자료」, 2011년 3월 28일

최근 공장폐쇄와 파업, 공장점거로 공권력이 개입하였던 유성기업은 자동차 엔진부품인 피스톤링 등을 국내시장의 70~80%를 생산하는 독과점 업체이다. 유성기업은 최근 3년간 영업적자를 냈지만 생산직 노조원(아산공장 종업원 412명 중 생산직이 74.8%)은 파업을 통해 매년 임금인상(9%)을 하게 된 것은 완성차 회사에 제때 부품을 공급하지 못하면 시간당 18억 까지 손해배상을 해야하기 때문이다.(「조선일보」, 2011년 5월 24일) 그리고 유성기업은 2010년 말 743명 직원의 1인당 평균 연봉은 5,710만원이고 현대차의 경우 5만 6,099명의 1인 평균 연봉은 8,103만원이다.(2010년 연말사업 보고서)

17) 「중앙일보」, 2011년 4월 14일

삼성그룹의 1차 협력사와의 주요한 협약 내용은 ① 올해 6,100억원을 지원하고, ② 원자재 가격변동에 따른 납품단가의 조정, ③ 삼성이 협력사의 원자재 구매대행, ④ 삼성 보유 특허기술 무료사용, ⑤ 협력사 임직원의 인사, 재무, 기술교육 등이고, 1, 2차 협력사 간에는 ① 60일 이상 장기어음 퇴출, ② 표준 하도급계약서 사용 등이다.

삼성전자 협력사 협의회(협성회)는 삼성전자 1차 협력사 3,000여개 중에서 대표적인 180여개 회원사로 구성되어 있다. 협성회는 2010년 매출액이 16조 8,260억원(평균 2,511억원)이고 영업이익은 9,736억원(평균 145억원)이다. 평균 영업이익

효성은 의문이 간다.[18)]

2) 임금정책 ; 임금격차

상품생산은 자본과 노동이 있어야 가능하다. 자본가(기업가)는 이윤을 높이려 하고 노동자는 임금을 높이려고 한다. 그런데 정부는 임금이 너무 높으면 상품의 국제경쟁력이 떨어지고 물가에 영향을 미친다고 하여 저임금 정책을 강구한다.[19)] 결국 저임금 정책은 자본가의 이윤을 높이는데 기여한다. 더욱이 기업자본가는 저임금이 가능한 비정규직 노동자나 외국인 노동자, 그리고 하청기업(중소기업)을 활용한다.

그리하여 노동자의 임금도 정규직과 비정규, 그리고 외국인 노동자간에도 큰 차이가 나타나고 있다. 심지어 하청기업 노동자간에도 큰 차이가 나타난다.

우리나라 대기업 노동자의 평균 임금은 각 기업간에 약간의 차이가 있지만 대개 평균 연봉이 약 6천만원이다.[20)]

율 5.78%는 2010년 유가증권 상장사(7.74%)와 코스닥 상장사(6.07%)에 비하여 낮은 편이다. 67개 상장사의 분야별 업종은 반도체 LCD장비업체가 25개사로 가장 많고, 그 다음은 반도체, LCD 부품 및 재료(18개사), 휴대폰 부품(17개사), 전자부품 및 기타(7개사) 등이다.(「머니투데이」, 2011년 4월 28일)

18) 동반성장협약 이행평가에서 높은 등급을 받아 공정거래위원회의 조세면제 혜택만 누리고 재협약을 체계하지 않은 대기업이 34.8%(23개)라고 한다.(「연합뉴스」, 2011. 9. 22)

19) 삼성전자와 현대차 제품이 많이 팔려 1등 기업이라고 자랑하지만, 삼성전자의 브랜드 가치는 구글의 절반이고, 현대차는 혼다의 1/4에 불과하다.(「조선일보」, 2011년 6월 18일)

20) 재벌닷컴이 매출 상위 100대 기업의 작년 임직원의 연봉을 분석한 결과 사내 임원의 평균 연봉이 8억 7천만원이고, 평직원의 평균 연봉은 6천 280만원이다. 즉, 임원연봉은 직원연봉의 13.85배이다. 그리고 정규직이 68만 681명이고, 비정규직은 4만 985명(5.7%)이다.(「동아일보」/「국민일보」, 2011년 4월 10일)

<표 13> 고용조건별 근로자수와 임금액(2010년)

고용형태	근로자수(만명)	월 평균임금(만원)	조사자
대기업 임원		5,859	사업보고서
직원		412	사업보고서
상용근로자(1)	1,429	210	국세청
상용근로자(2)	7,208개 표본사업체	240	고용노동부
비정규근로자(임시 · 일용)	568	81	한국노동연구원
농민		256	

(비고) 1) 대기업집단은 삼성, 현대차, SK, LG, 롯데, 현대중공업, GS, 금호아시아나, 한진 두산을 말함.
2) 국세청의 상용근로사는 근로소득세 연말정산자이고, 고용노동부의 경우 5인 이상 사업체 근로자의 실질 임금임.

표 13을 보면, 기업간 노동자의 임금격차를 알 수 있는데, 대기업 종사자의 임금은 중소기업의 상용노동자에 비하여 약 2배의 차이가 있고, 비정규직 노동자에 비하여 약 5배의 차이가 있다. 그 뿐만 아니라 비정규직 노동자는 노동조건이나 복지후생비에 있어서도 그 차별이 심하다. 근로계약서 작성비율은 48.1%에 불과하다.[21] 그리고 공적 사회보험의 적용대상은 국민연금의 경우 33.8%, 건강보험의 경우 37.9%, 고용보험의 경우 37.0%가 적용을 받는다.[22]

이와 같이 대기업의 자본축적은 중소기업과 비정규직 노동자 및 외국인 노동자의 희생(착취)에서 가능하고,[23] 대기업 노동자들의 상

---

21) 노동부의 2010년 조사에 의하면, 300이상 종사하는 업체의 평균 임금은 333만원인데, 이것은 5인 이상 전체 사업체 종사자(282만원)의 약 1.2배이다. 그러나, 2007년 관리직 종사자의 평균 임금이 547만원인데, 이것은 사무직(267만원)의 약 2배이고, 기능직의 3배가 된다.(노동부, 「2007년 임금구조실태 분석」, 2008, p.15)

22) 고용안정부는 2009년 8월 현재 비정규직 근로자가 전체 근로자의 34.9%라고 한다.(「고용통계연보」, 2010) 그러나 비정규직은 통계청의 경제활동인구조사(부가조사) 자료를 분석하여 전체 근로자의 51.9%(856만명)라고 한다. (김유선, 2009년 비정규직 규모와 실태, 「노동사회」, 149호, 2009, pp.44~80)

23) 2009년 대기업집단(48개)의 계열사는 모두 1,137개로 대부분은 중소기업으로 이것은 중견기업(1,877개)의 60.6%를 차지한다.(본서 서장 제 2장 참조) 또한, 대기업집단의 사무관리직과 생산직 노동자의 비율이 약 7:3(삼성전자)

대적 고임금과 퇴직후 예우, 그리고 그들의 경영성과는 오히려 하청 중소기업 노동자의 저임금에서 비롯된 것이다.

3) 조세정책 ; 감세론

우리나라 경제관료들은 항상 ① 국가(기업) 경쟁력을 향상시키고, ② 재정적자(세수 증대)를 감소시키며, ③ 외국기업의 투자를 유치하고, ④ 경기부양책(투자 및 소비촉진 등)으로 법인세와 소득세 등의 감세정책을 주장하였다.[24)]

이명박 정부는 표 14와 같이 감세정책을 마련하였으나 야당의 반대로 유보하고 있다. 이러한 감세정책에 대하여 야당은 그 실효성을 부정하고, 오히려 대기업과 부자를 위한 감세정책이라 하여 강력히 반대한다.[25)]

조승수 의원(진보신당)이 법인세 추가 감세에 따른 시가 총액 상위 5대

이지만 하청 중소기업의 경우 대개 약 3:7이다.

24) 대표적인 경제관료는 현 강만수 대통령 경제특보이다. 그는 1987년 말 경제(외환)위기시 재경원 차관(YS정부)이었고 이명박 정부의 초대 기획재정부 장관이 되었다. 그는 전국경제인연합회 경제정책위원회 초청 강연에서 미국 하우저 박사(미국 투자회사의 이코노미스트)가 1929년(대공황) 이후 최근 까지 조세정책을 분석한 결과 세율을 올리거나 내리거나 세입은 항상 일정했다며 세율을 올린다고 해서 세입은 절대로 늘지 않는다고 말했다. 또한 1980년대 세제과장시절 감세정책을 처음 시작했고, 세제실장 때 다시 법인세를 35%까지 낮췄다며 우리나라에선 세율이 내려갈 때마다 세입은 항상 올랐다고 했다. 세율 인상보다는 감세를 했을 때 투자와 소비가 살아나 오히려 세금이 많이 걷혔다는 얘기다. 그는 우리 경험상으로도 세율을 올리는게 세입을 올리는 길은 아니다. 감세정책이 재정 적자를 줄이는 최선의 방법이라고 말하였다.(「조선일보」, 2010년 11월 27일)

25) 한국조세연구원의 2008년 법인세율의 인하효과 분석에 의하면, 그 수혜자는 법인(재투자)이 59.5%의 감세이익을 갖게 되고, 그 다음으로 주주가 15%, 소비자는 17%, 근로자는 8.5%의 이익이 된다고 하였다.(「중앙일보」, 2010년 11월 20일)

기업의 법인세 감면 추정액을 분석한 결과를 보면, 삼성전자가 2,389억원을 감면받는 등 5대 기업에만 5,046억원의 감면 혜택이 돌아갈 것이라고 하였다. 삼성전자에 이어 현대자동차 832억원, 포스코 788억원, 현대중공업 583억원, 현대모비스 454억원 등의 순으로 세금을 덜 내게 된다. 이런 추정은 금융감독원 전자공시 자료(2009년 기준)에 나온 법인세 비용을 바탕으로 법인세 최고 과표구간(2억원 초과)에 대한 세율이 현행 22%에서 20%로 낮아질 경우에 각 기업들에 돌아갈 추가 감면액을 계산해서 나왔다.

국세청 국세통계연보를 토대로 법인세 최고세율 인하에 따른 감면총액을 추계해 본 결과에서도 일부 대기업에 돌아갈 몫이 압도적으로 많은 것으로 나타났다. 전체 감면 총액 3조 1,675억원(2008년 귀속분 기준) 가운데 매출 5,000억원 초과 기업 384곳에 돌아갈 감면액이 2조 736억원에 이른다. 이들 대기업 한 곳당 평균 54억원 꼴로 세금을 덜 내게되는 셈이다.

우리나라의 법인세 최고세율은 지방세를 포함할 경우 24.20%(2009년 기준)로 경제협력개발기구(OECD) 회원국 평균 26.29%에 비해 낮은 수준이다. 하지만 각종 세액공제와 감면 등을 포함한 실질적인 기업들의 세부담(실효세율)은 훨씬 더 낮은 수준이다. 한 예로 삼성전자의 2007~2009년 평균 실효세율은 10.48%에 불과했다. 2008년 한해 동안에만 삼성전자가 감면받은 세액은 1조 382억원이었다. 이는 우리나라 법인에 대한 조세감면 총액(7조원 가량)의 15.5%에 해당한다. 일부 대기업이 감면 혜택을 대부분 차지하고 있음을 보여준다. 이에 비해 미국 애플과 마이크로소프트의 실효세율은 각각 29.26%(2007~2009년 평균), 25.75%였고, 일본 소니와 도요타는 각각 43.87%, 34.59%였다.

그리고 국회 예산정책처가 17일 낸 분석자료를 보면, 재정건전성 확보와 세수증대 차원에서 보면, 소득세 보다는 법인세 감세 철회가 효과가 훨씬 큰 것으로 분석됐다. 소득세 최고세율 인하 철회에 따른 세수 증가 규모는 3년간(2012년~2014년 귀속연도 기준) 4조 7,090억원인 반면에, 법인세 최고세율 인하를 원점으로 되돌릴 경우엔 13조 7,470억원의 세수가 확보된다.[26)]

26) 「한겨레」, 2010년 11월 17일

한편, 소득세의 감소정책도 2008년 고소득자(상위 10%)의 세액공제와 감세액이 자영자의 경우 9.1% 늘었고, 상위 10%의 직장인은 하위 10%의 31.7배나 되었으며, 법인세의 경우 대기업(5천억 초과 법인)의 세액 공제와 감면액이 2조 6,901억원으로 중소기업(5억원 이하 법인) 보다 5.6배나 되었다.27)

이러한 것을 보면, 정부의 감세정책이 대기업집단의 자본축적에 큰 기여를 하겠지만 저소득자와 중소기업은 그 만큼 손해를 본다.

<표 14> 조세제도의 개혁 내용

종류	개혁 내용
법인세	-올해분 최고세율 25%→22% -2010년부터 20%로 추가 인하
유류세	-재정부, 세율 인하에 부정적 -유가 환급금 지급
재산세	-올해 관표 적용률 지난해 수준(50%)동결, 세율단계인하 -연간 증가율 상한 50%→25% 검토
양도소득세	-3월부터 1주택자 공제한도 45%→80% 확대 -1주택 장기보육자 추가 감면 검토
종합부동산세	-1주택 장기보육자 감면 검토 -과세기준공시지가 6억→9억원 상향 조정 검토
취득·등록세	-7월부터 1년간 지방 미분양 주택 구입시 50% 감면

(자료) 기획재정부, 행정안전부

4) 금융정책 ; 저금리와 고환율

우리나라 경제의 무역의존도, 즉 경상 국민소득 대비 수출입 비중은 1990년에 51.5%가 2009년에는 82.4%로 증가되었다. 이것을 유지하기 위하여 정부는 고환율과 저금리의 금융정책을 운영한다. 정부가 지금 까지 고환율과 저금리 정책을 유지하는 것은 대기업의 자본축적(이윤 창출)을 위한 것이라 볼 수 있다.

27) 「YTN뉴스」, 2010년 11월 16일

정부의 고환율은 한화 가치의 상승을 막기 위하여 외환 보유액을 증가시키고 기업의 국제 경쟁력을 강화시켜서 수출을 증대시키려고 한다. 다시말하면 외환보유고를 높이면 국민부담은 증가되지만, 수출기업은 고환율 덕택으로 자본(이윤)을 축적할 수 있다.

한국 상장사협의회에 의하면, 2009년 3분기 까지 상장된 제조업체 371개사의 매출액이 총 359조 6천억원으로 이 가운데 환율 효과를 제거한 매출액은 330조 3천억원이라고 한다. 따라서 환율 효과는 전체 매출액의 8.14%인 29조 3천억원이다.

환율 효과는 전체 매출액의 50%가 넘는 수출기업이 전체 매출액의 10.3%를 벌어들인 반면, 내수기업은 3.7%만 벌었다고 한다.[28)]

이것을 보면, 대기업의 전체 영업이익의 약 10%는 고환율정책의 효과라고 볼 수 있다.

한편, 정부는 경기부양책으로 저금리정책을 유지하고 있는데, 이것은 부채가 많은 대기업과 정부의 막대한 부채이자를 경감시키고, 국민의 부담을 가중킨다. 2009년 말 현재 민간기업(대부분 대기업)의 부채가 1천 506조원이고 정부 및 공공기관의 부채가 1천 296조원이며, 가계부채는 733조원이다. 기업과 정부의 부채액이 각각 가계부채의 약 2배가 된다. 따라서 금리가 오르면 기업과 정부 및 공기업은 가계보다 약 4배 이상의 부채이자를 내야 한다.

2009년 현재 금리에 따르더라도 기업의 부채이자가 약 77조 7천억원이고 정부(협의)의 연간 부채이자는 27조 8천억원이다. 따라서 저금리정책은 기업과 국가가 최대 수혜자이다.[29)] 이와 같이 부채가 많은 대기업 일수록 우리나라에서는 그 만큼 자본축적을 많이 할

---

28) 「이데일리」, 2009년 12월 22일

29) 본서 제 6장 참조

수 있다.

5) 복지정책 ; 공적 보험료의 상한제

일반적으로 복지정책은 저소득층에서 고소득층에로 자원이전, 즉 소득재분배를 의미한다. 그런데 우리나라 공적 사회보험(국민연금과 국민건강보험 등)에 있어서 이러한 재분배 효과가 나타나지 않고 오히려 역진성이 나타나고 있다. 그러한 역진성은 공적 보험료 부과체계에 있어서 과표 상한제와 보험료 부과원칙, 즉 소득비례제가 실시되지 않고 있으며, 또한 상한제의 소득기준(표준보수월액)이 비현실적인 것에서 비롯되고 있다.

국민연금 상한제는 2009년 월봉 360만원(전체 가입자의 14.4%)이 되고 이들이 기여하는 보험료는 약 11조 6,730억원이 된다. 그런데 국민연금 부과의 상한제 실시로 345만원 이상의 소득은 동일하게 보험료를 내게 되어 그 이상의 소득에 대한 국민연금보험료(소득의 9%)가 면제되어 있다. 이와 같이 면제된 수혜자는 대기업이 내어야 할 연금보험료의 약 100% 이상이 된다.

한편, 건강보험료(직장)의 과표 상한제에 의한 현재 보수월액이 415만원이고, 이들은 직장 가입자의 0.27%인 3,054명이며, 기여한 보험료는 47억 8천만원이다. 2010년 등급별 상한선은 과세 상한선의 절반에 불과하기 때문에 많은 고소득자가 건강보험료(소득의 5.33%)와 노인장기요양보험료(건강보험료의 6.55%)의 혜택을 받고 있다. 이들이 더 내어야 할 보험료(추계)는 삼성전자의 경우 노사가 국민연금을 약 5천 172억원, 그리고 건강보험료를 약 3천 63억원을 추가로 더 내어야 한다. 현대자동차의 경우 국민연금을 약 3천 792억원, 그리고 건강보험료를 약 2천 245억원을 추가로 더 기여해야 한다.[30)]

---

30) 김헌진, 대기업 경영성과의 사회적 책임, 「사회정책연구」, 제 41집, 2010, p.18

이와 같이 우리나라 전자, 자동차 및 조선회사의 임직원들의 평균 임금은 모두 국민연금과 건강보험료 과표 상한선을 초과하고(약 2배), 따라서 대기업은 현재 보다 2배 이상의 공적 보험료를 노사가 더 내어야 할 것이다.

이와 같이 우리나라 대기업의 종업원들은 그 동안 정부의 정책빈곤으로 특혜를 받아 다수가 특권층이 되어 있으며 기업경영성과에 기여한 저소득자를 위한 사회보험의 재분배 기능에 기여하지 못하고 있다. 이와 같은 국민연금과 건강보험의 수혜층이 해마다 증가되고 그 만큼 재정적자는 심해지기 마련이다.

4. 재벌개혁론

우리나라 대기업 또는 기업집단(소위 재벌)의 자본축적(경제력 집중)은 단기간에 급속히 이루어졌다. 자본축적 과정은 앞에서 고찰한 바와 같이 정부의 지원하에 문어발식 사업 확장과 부동산 투기 및 인프레, 그리고 자본 및 시장의 독점 등으로 급속한 성장이 가능하였다.

이러한 자본축적 과정에서 부정, 불법한 수단이 동원되었고, 비록 대주주는 소유자본(주식)이 평균 4.4%에 불과하지만 소위 황제적 경영을 하고, 또한 변칙 증여 및 불법 상속을 통하여 세습경영을 하는 것이 우리나라 재벌의 특성이다.

이러한 자본력 집중과 세습경영은 여러 가지 문제를 많이 조성하고 있다. 그러한 문제 중에서 가장 중요한 것이 앞에서 고찰한 바와 같이 사회적 경제적 양극화 현상이다. 이러한 양극화 현상을 극복하고 합리적인 자본축적을 위하여 우리나라에서는 소위 재벌개혁론, 심지어 재벌해체론이 거론되고 있다.[31)]

이러한 재벌개혁론은 독점자본주의의 폐해를 시정하여 헌법에 명시된 경제민주화 및 사회정의를 구현하기 위한 것이지만, 최근 2차의 경제위기(1987년과 2008년)가 대기업집단(재벌)의 과잉차입과 부실경영에서 비롯되었기 때문에 이에 대한 대기업집단의 구조조정 및 경영규제법이 나타나기 시작하였다. 그리하여 학자 및 정치인들뿐만 아니라 정부에서도 이에 대한 관심이 많다.[32)]

1) 정부의 재벌정책

1962년 5.16 혁명 후 군사정부는 당시의 대기업을 대부분 부정축재사로 규정하였고, 동시에 재벌은 기업을 국가에 헌납하겠다고 하였다. 그러나, 박정희 대통령은 이들을 경제개발정책에 참여시키면서 부정축재자들에게 각종 특혜를 지원하여 재벌로 육성하였다. 다시 말하면 공업화에 의한 성장논리에 의하여 농민과 노동자를 저곡가 및 저임금 정책으로 희생시키면서 선택과 집중의 논리에 의하여 재벌이 육성되었다. 그러한 결과 산업간 격차와 도시 영세민촌의 형성, 임금격차 등 많은 사회문제(소위 양극화 등)가 발생하였다.

1980년 신군부(전두환 대통령)가 집권하면서, 재벌규제를 위한 '공정거래법'을 제정하여 독과점을 방지하고, 담합행위를 규제하며 공정거래위원회 등을 설립하였다. 그러나 정경유착과 막대한 정치헌금으로 재벌규제는 유명무실화 되고 부정·부패의 공화국이 되었다.

그러나, 1987년 6월 민주항쟁으로 정치적 경제적 민주화의 요구

---

31) 재벌개혁론은 이념상으로 중도파의 견해이고, 재벌옹호론은 우파, 재벌해체론은 좌파의 견해이다. 본 고에서는 재벌개혁론을 주장하는 정부와 여당(새누리당) 및 야당(민주통합당)의 주장을 다룬다.

32) 김대환·김균,「한국재벌개혁론」, 나남출판, 1999
강철규,「재벌개혁의 경제학」, 다산출판사, 1999
김기원,「재벌개혁은 끝났는가」, 한울, 2002

가 심하였다. 그리하여 자산 4천억원 이상의 대규모집단(32개)이 지정되었고 출자 총액제한제도와 상호출자금지 제도가 도입 되었다. 이러한 대기업규제가 김영삼 정권이 부르짖은 세계화 정책, 즉 신자유주의 경제정책으로 재벌에 대한 규제가 완화 되었다.

그러한 결과 재벌의 무분별한 외화 차입[33]과 부실한 경영으로 1997년 말 경제위기(외환위기)가 초래되었고, 마침내 국제통화기금(IMF)의 지배관리하에 들어가게 되었다. IMF는 미국, 일본, 독일, 영국, 프랑스가 최대 주주(각각 200억 달러 이상 출연)이다. 이들은 자금지원 조건으로 ① 시장개방, ② 구조조정, ③ 구제개혁, ④ 노동유연성 등의 신자유주의를 요구한다. 즉 경제적 식민지화를 노린다.

1998년 김대중 정권이 들어서면서 경제위기의 주범이 재벌의 정경유착과 방만한 투자라고 생각하여 IMF와 IBRD의 치욕적인 합의각서 대로 재벌개혁을 실시하였다.

IMF와의 자금지원에 대한 양해 각서는 약 560억 달러의 자금지원을 받는 대신 치욕적인 정책개입을 양해한 것인데[34] 여기에서 기업구조 조정에 관한 주요 내용을 본다.[35]

- 독립적인 외부 감사, 국제 회계 원칙 적용으로 재무재표 투명성 제고
- 은행대출의 상업성 존중과 정부의 은행경영과 대출결정 개입 금지
- 개별 기업구제를 위한 정부 보조금이나 세재 지원 금지
- 기업의 부채비율 축소
- 계열사간 상호 채무 보증 관행 시정
- 노동시장 유연성 제고와 고용보험제도 기능 강화

---

33) 현대, 삼성, 대우, LG, SK 등 5대 그룹의 외화차입금 5백 41억 달러는 우리나라 총 외채의 35%를 차지한다.

34) 지주회사외 상호출자금 및 출자총액제한이 부활 되었다.

35) 김영모, 「한국사회의 이해」, 한복연 출판부, 1999, pp.240~241

IMF가 요구한, 정부의 은행경영과 대출 개입금지, 기업구조를 위한 보조금이나 세제지원, 기업의 부채비율 축소, 계열사간 상호채무 보증 등은 정부의 특혜, 막대한 금융 부채로 자란 대기업에게는 치명적인 것이다. 그 밖에도 우리나라 대기업과 금융기관의 구조조정을 요구하고, 자본 및 무역자유화, 저경제성장(3% 이내), 저물가(5% 이내), 그리고 환율인상(약 100% 인상), 고금리(연간 30%), 시장개방 등을 요구하였다.[36]

이러한 요구를 김대중 정부는 수용하면서 5대 원칙, 즉 ① 기업경영투명성 제고, ② 상호지급 보증 해소, ③ 재무구조 개선, ④ 구조조정 및 주력 핵심사업화 및 ⑤ 지배주주 및 경영진 책임강화를 위한 재벌개혁을 수행하였다.[37] 그리하여 폐지되었던 지주회사와 상호출자 금지 및 출자총액제한이 부활 되었다. 특히 정부는 기업간 경쟁력을 제고하기 위하여 대기업간 빅딜(사업부분 맞교환)과 워크 아웃(기업개선사업)을 하였는데, 이에 소요된 공적자금 투입이 약 168조원이 되었다. 예컨대 대우그룹에 40조원, 현대그룹에 약 34조원, 제

---

36) 상게서, p.241

37) 김대통령은 재벌그룹 회장에게 소위 재벌개혁지침(표 1)을 주면서 1998년 1월 17일 까지 자체 구조조정 계획서를 제출하게 하였다.

<표 15> 대기업의 개혁지침

항 목	내 용
① 결합재무제표	1999년 결산분부터 의무화
② 상호지급보증금지	2000년 4월부터
③ 상호지급보증 벌칙이자	100% 초과 5%(1998년 4월부터)
	100% 이내 3%(2000년 4월부터)
④ 차입금이자 손비인정	1999년 까지 500%
	2000년부터 400%
	2002년부터 300%
⑤ 소액주주 대표소송권	1%→0.1%
⑥장부열람 요건	3%→0.5%

일·서울은행에 64조원이 투입되었다. 공적 자금 투입으로 회생된 기업은 50대기업 중 5개에 불과하였다. 그런데 정부가 막대한 공적 자금을 투입하여 강제로 행한 부실 대기업의 빅딜과 워크 아웃이 과연 얼마나 성공하였는지 의문이 간다. 투입된 공적 자금이 아직도 약 50%가 회수되지 못한 것을 보면, 그것은 공짜 자금으로 생각한 것 같다.

한편, 노무현 정권은 2003년 '시장개혁 3개년 로드맵'에서 기업 지배구조의 투명화 및 재벌 금융지배의 차단 등을 추진하였지만 오히려 출총제를 완화시켰고, 계열금융사의 의결권을 축소시켰다. 다시 말하면 재벌개혁은 실패하였다. 그리고 이명박 대통령은 2008년 2차의 경제위기(금융위기)로 은행 등에 많은 공적자금(255조원)을 지원하면서, 친기업정책의 슬로건으로 출총제를 폐지하였고, 대기업 및 부자를 위한 소득 및 법인세의 인하 등 감세정책을 시도하였으나 임기 말에 일감 몰아주기 과세 등 재벌을 규제하는 것 같다.

이상과 같이 정부의 재벌개혁정책을 보면, 김대중 정권은 외환위기를 해소하기 위하여 IMF의 요구대로 재벌개혁에 대하여 매우 적극적이었다. 그러나 나머지 대통령은 그간 대기업 중심의 성장론에서 자란 경제관료들의 입김에 놀아났고, 따라서 신자유주의 입장에서 친재벌정책을 강구하였다.

정부의 재벌정책을 보면, 기업간의 거래와 의결권 등 주로 기업 내적 개혁론을 추진하는데 우리나라 재벌의 근본적인 문제점은 자본과 시장의 독점(융자 등)과 시장의 특혜(고환율 등) 및 불공정한 거래, 그리고 소유와 경영권의 비분리(황제경영)에 있는 것이 아닌가 한다. 따라서 자본, 시장, 거래, 지배구조 및 변칙상속의 차원에서 개혁하는 것이 바람직 할 것이다.

2) 여 · 야당의 재벌정책

최근 총선과 대선을 앞두고 여 · 야당은 민심을 잡기 위하여 재벌개혁에 관심이 집중되어 있다. 여당(새누리당)과 야당(민주통합당)의 재벌개혁안은 대부분 지난 날 정권에서 시도되었던 재벌개혁정책을 부활하거나, 강화 시키고 있는 실정이다.

그러면, 여 · 야당이 주장하고 있는, 주요한 재벌정책을 비교하여 보자.

<표 16> 여 · 야당의 재벌개혁안

주요 정책	개혁 사유	새누리당	민주통합당	비고
1.출사총액제한	문어발식 경제력 집중 예방	공정거래법 보완	출총제 부활	1987년 도입 2009년 폐지
2.상호출자 금지	소액지분으로 경영권 지배	신규 금지	폐지	유예
3.금산 분리	금융기관 융자독점	강화	강화	1990년 실시
4.일감 몰아주기	사익추구, 편법 상속	과세 강화	과세강화	증여세 실시
5.불공정 하도급	납품대금 감액조치 지불지연	폐혜방지,	납품단가 현실화	
6.황제경영	소유와 경영의 통합	주주권 강화	종업원 이사제	유예
7.변칙상속	비자금 형성	처벌	가중처벌	특별사면

출자총액제한제도는 재벌의 문어발식 확장(사업독점)을 막고 중소기업이나 자영업자에게 사업의 기회를 제공하기 위한 것이지만, 대기업집단(35개)의 계열사(1,282개)가 최근 4년간 652개(48.3%)나 증가하였고, 신규회사의 75.5%가 서비스업에 진출하였다. 현 여당은 이것을 공정거래법의 강화로 보완하는 것에 관심을 두고 야당은 2009년에 폐지된 것을 다시금 부활시키려고 한다.

상호출자금지제도는 소액 주식지분으로 상호 출자하여 재벌의 경영권을 장악하려는 것으로 거의 대부분의 재벌은 순환출자를 통하여 재벌을 지배하고 있다. 이것을 현 여당은 기득권을 인정하고 신규인 경우 금지시키며, 야당의 경우 이것을 폐지하겠다는 것이다.

금산분리제도는 대기업이 금융기관의 융자를 독점하지 못하게 하는 것이지만, 현재 재벌은 모두 금융기관을 소유하고 있다. 여·야당은 이것을 모두 강화시키려고 한다. 오늘날 대기업집단의 부채액이 자기자본의 9.2배가 되고, 금융부채액의 16.3%가 된다.

일감몰아주기는 계열사에 일감을 몰아 주어 총수일가의 계열사를 급성장 시키고 증여세 또는 상속세를 내지 않고도 편법상속과 사익 추구가 가능하다는 것이다. 2010년 대기업집단(35개)의 내부거래가 전체 매출액의 12.5%를 차지하고, 내부일감의 88%가 경쟁입찰이 아니고 단독계약으로 이루어졌다. 이에 대하여 여·야는 모두 과세(증여세 등)를 통하여 편법상속을 차단시키려 한다.

불공정 하도급 거래는 납품대금의 감액조치(심한 경우 약 50%)나 지불지연으로 이득을 보는 것으로 하청업자(중소기업)의 이익을 위해 야당은 납품단가의 현실화를 요구한다.

황제경영은 대기업 총수가 소액 주식을 보유하면서 심지어 법적 책임을 지지 않으면서 인사권 및 경영권을 전횡한다. 이것을 방지하기 위하여 여당은 연기금의 주주권 강화를 구상하고, 야당은 독일식 종업원 이사제, 즉 노사 동수의 경영협의회를 구성하고 의장은 사측이 장악하는 제도를 구상한다.

변칙상속은 자녀에게 세습경영권을 주기 위하여 불법적인, 막대한 비자금(횡령)을 형성한다. 이러한 범죄를 저질러도 현량이 거의 균일하고(징역 3년에 집행유예 5년) 또는 특별사면되어 소위 '유전무죄'가 된다. 이러한 재벌 범죄를 여당은 특혜를 배제하고 야당은 가중처벌을 요구하고 있다.

현재, 여·야당이 구상하는 재벌개혁정책은 정부의 개혁안 보다는 더욱 적극적인 것으로 대기업 집단의 경제력 집중과 사회적 양극화를 해소하는데 크게 기여하리라 생각하지만 이것을 얼마나 실현될지 의문이다.

5. 결 론

그간 우리나라 경제정책(성장론)은 대기업을 위한 것이다. 우리나라 대기업이 정부의 친기업정책(경기부양책 등)으로 높은 성장을 이룩하였지만, 중소기업과 국민의 대다수는 고물가, 고실업 등으로 성장의 늪에 빠져 있다.

대기업은 목표치 보다 높은 경영성과를 올려 초과이익(소위 성과급)을 임직원들에게 분배하여 준다고 하는데 과연 이것이 임직원들의 노력에 의존한 것인지 아니면 오히려 기업의 경영 외적 요인에 의존한 것인지, 그리고 사회적 책임을 다하는 것인지를 고찰하여 보았다.

그러한 결과, 대기업의 성장이 경영내적 요인 보다도 경영외적인 환경의 요인이 더욱 크다는 것을 알 수 있었고, 그들은 정책 결함으로 많은 소득세와 공적 보험료의 특혜를 받고 있다.

최근 대기업의 성장률은 우리나라 전 산업 중에서 농업은 급속히 몰락하였고, 건설업은 하강율을 보이지만, 제조업과 서비스업은 꾸준히 성장하여 왔다. 그 중에서도 성장한 제품이 주로 전자, 자동차, 조선 및 화학분야이기 때문에 이것을 생산하는 대기업은 경쟁에서 적자를 본 경우도 있지만 대부분 급속히 성장하였다.

이러한 대기업의 성장요인은 주로 ① 수출과 ② 저임금 및 ③ 기술혁신 등이지만 오히려 경영외적 요인인 ① 고환율, ② 저금리, ③ 공적자금, ④ 고부동산가, ⑤ 고물가 및 공적 보험료의 소득역진성(상한제) 등이 더욱 큰 영향을 미쳤다. 이러한 결과는 경제적 소유권자(기업가, 부동산 소유자, 주식 소유자, 부자)의 재산 증식에 크게 기여하였고, 임금노동자와 취약계층(실업자, 빈민, 노인, 장애자)은 그만큼 불이익을 받는다. 소위 사회적 양극화가 초래되었다. 그리하여 대기업의 경영성과는 생산관계, 즉 노사관계의 이익추구(이윤) 보다도 오히려 정부의 정책지원 효과와 정책 결함이 더 크다.[38] 정부의 정책지원 효과는 대기업자본가(재벌) 뿐만 아니라 외국인 투자가의 주식배당금에도 기여한다.[39]

이 밖에도 대기업의 자본축적 요인으로 탈세와 주가조작, 비자금 형성 및 일감 몰아주기 등이 있는데, 이것은 또한 대기업의 경영세습을 위한 것이다.

이와 같이 대기업의 경영성과는 정부의 고환율 정책 효과가 연간 전체의 10% 이상을 차지하고, 또 저금리 등의 정책효과가 크기 때문에 그들만의 잔치가 되어서는 안되고 정부의 정책 결함으로 발생한 조세 및 공적 보험료의 소득역진성을 보상해야 할 것이다.

이와 같이 대기업의 급속한 경제성장에도 불구하고 그것에서 소외된 중소기업 근로자는 사회적 양극화(갈등)에 시달리고, 이것이 장차 대기업의 지속적인 성장을 불가능하게 할 것이다. 또한 경제위기시 마다 정부의 특혜지원(공적자금 등)으로 대기업과 금융기관은 '손실은 사회화' 시키고 '이익은 사유화' 시키는 경제정책은 지양해야

---

38) 최근 이건희 삼성그룹회장은 전경련 회장단 회의에서 현 정부의 경제정책에 대하여 '지난 10년에 비해 상당히 성장을 했으니 낙제는 아닌 것 같다'는 발언에 대하여 백용호 청와대 정책실장은 최근 기자들과 만나 '환율 높았지, 금리 낮았지, 세금까지 깍아줬다. 수출하는 대기업들이 사실 편하게 돈 벌었다면서 대통령이 중소기업 편만 든다고 하지만 대기업에는 사실상 현금을 갖다 안겨준 꼴'이라고 말했다. 그러면서 '그렇게 번 돈을 쌓아 놓고 있으면서도 투자나 고용 등은 여전히 미흡하다는 생각이 든다'고 지적했다.(「매경뉴스」,2011년 4월 6일)

39) 한국거래소는 2010년 12월 결산법인 650개사 중 현금배당을 실시한 479개사의 배당현황을 분석한 결과 외국인 배당금이 4조 9천 7백만원(전체 배당금의 36.8%)이라고 한다.(「노컷뉴스」, 2011. 4. 18)

한다.

이러한 양극화 과제로서 중소기업(협력사)에 크게 의존해 있는 대기업과의 쌍생문제, 국민부담을 가중시키는 고환율과 저금리 정책, 국민간 사회적 갈등을 심화시키는 임금격차, 사회적 책임을 다하지 못하고 과세 및 공적 보험의 소득역진성을 초래하는 조세제도 및 공적 보험료 부과의 상한제를 개혁해야 하는 것이 사회적 양극화를 해결하는 시급한 과제이다.

또한, 대기업의 자본축적(경제력 집중)과 사회적 양극화를 해소하기 위해서는 재벌개혁이 불가피 하다. 정부의 재벌개혁은 매우 소극적이지만 최근 여·야당이 주장하는 재벌개혁안은 매우 적극적이다. 즉 ① 출자총액제한제도의 부활, ② 상호(순환) 출자금지제도의 폐지, ③ 금산분리제도의 강화, ④ 일감 몰아주기의 과세 강화, ⑤ 불공정 하도급의 현실화, ⑥ 황제경영의 방지, ⑦ 변칙상속의 가중처벌 등이다.

제 8장 저곡가 정책과 쌀 직불금제도의 과제

1. 서 론

2008년 10월 어느 공직자(복지부 차관)의 재산공개에서 불법 쌀 소득보전직불금 수령이 큰 사회적 문제가 되었다. 그 문제는 소유권자이지만 실제로 농지를 경작하지 않는 자가 특히 공무원이 토지투기를 목적으로 하면서 농가소득안정을 위한 쌀직불금을 수령하였다는 것이다. 이것이 문제가 되어 언론 및 야당은 쌀직불금을 받은 공직자는 물러나야 하고 형사처벌을 해야 한다고 주장하였다. 그런데 이러한 주장이 과연 타당성이 있는지, 그리고 우리나라 농정의 모순에서 비롯된 것이 아닌가 하는 의문이 간다.

최근 감사원은 2006년 쌀직불금 수령자가 86만 3,956명인데, 이 중에서 부당수령자가 17만 3천 479명이고,(전체 농가의 26.7%) 그 중에서 공무원은 3만 9,971명(23.0%)이 된다고 발표하였다.[1] 이에 대하여 언론과 야당은 불법(또는 부당) 쌀직불금 수령자를 부도덕하고 파렴치한으로 규탄하였는데, 과연 그들이 모두 불법 수령자인지 옥석을 가릴 필요가 있다. 만약 감사원의 발표대로 부당수령자가 모두 비경작자라면 사법처리의 대상이 될 것이고 비록 공무원이라 하더라도 직접 경작자였다면 규탄을 받을 일이 아닌 것 같다. 그런데 부

---

1) 벼농사 짓는 농가는 2009년 말 57만 1,486가구로 전체 농가의 48.4%를 차지하고, 2005년 말에는 전체 농가의 51.6%이다. 지난 4년간 쌀 농가가 7만 6천 813호가 감소되었다.

당수령자에 대한 감사원의 조치가 제도개선을 건의하고 부당수령금을 환수 조치하지 않았다면 그것은 잘 못이다.

이러한 쌀직불금제도가 단순히 불법수령의 문제라기 보다 우리나라 농정의 역사적, 구조적 모순에서 비롯된 것이라고 볼 수 있다.

첫째는 1950년 실시된 농지개혁은 헌법 제 121조에 명시된 대로 경자유전의 원칙에 의하여 소작농을 없애고 자작농을 창출하기 위한 것이었지만, 실제로 이것이 실패한데서 비롯되었다. 더욱이 2005년 농지법 개정으로 지난 55년간 유지되어 온 농정의 기본 원칙이 무너졌다.

둘째는 해방 이후 정부의 저곡가 정책과 농협이 협동조합의 기능 상실에서 비롯되었다.

셋째는 WTO, FTA 등 쌀시장의 개방 정책에서 비롯되었다.

넷째는 상속농지와 투기농지에 대한 정책의 부재, 또는 빈곤에서 비롯하였다.

다섯째는 직불금 제도의 모순, 특히 정책의 공평성이 결여되고 심지어 농민들의 계급양극화(불평등)를 조장하고 있다.

여섯째는 농촌 및 농업의 변화하는 여건을 고려하지 않는 농업정책에서 비롯되었다.

이러한 과제(정책의 결함)가 해소되지 않고 현재의 여건에서 직불금 제도를 운영하면, 이미 지적한 쌀직불금제도는 항상 문제를 창출하기 마련이다.

사실 이러한 과제 보다도 더욱 큰 문제는 우리나라의 경제정책이 도시의 기업과 농촌의 농업을 차별한 이원화 경제정책, 즉 도시의 자본주의 요소와 농촌의 비자본주의 요소가 혼재하여 일어난데서 비롯되었다.

2. 농지소유관계의 양극화

해방후 민족적 과제의 하나가 반봉건적 소작제도를 폐지하는 것이었다. 일제시 부터 전체 국민의 대부분을 차지한 농가의 약 7할이 소작농이었고, 이들 소작농은 반봉건적 소작관계에 의하여 착취되어 왔기 때문에 이러한 착취로 부터 해방되는 것이 민족적 과제였다. 그리하여 1950년에 경자유전의 원칙과 자작농 창출을 위한 지주로부터 농지를 유상몰수하여 소작농에게 유상분배하는 농지개혁을 실시하였다. 당시 농지소유 상한제(3정보)를 책정하였는데 이것은 당시 농민들의 평균 경작규모가 약 1정보 이기 때문에 소농 또는 중농의 창출을 의미하는 것이라고 할 수 있다.

그러나, 농지개혁의 결과는 과소농을 확대 재생산하였고 소작농을 재현시켰지만 자작농(51%)과 농가당 경지면적(1.45ha)은 증가 되었다. 그러나 오늘날 소작농(소위 차지농)이 절반이 넘는다.[2] 소작농은 농지개혁 당시 순소작농이 약 5할이 되었지만 오늘날 12.8%이다(표 2 참조). 그리고 소작료(임차료)가 과거 약 50~75%가 되었지만 오늘날 대개 30% 이하이다. 소작료가 감소된 것은 정부의 저곡가 정책의 결과라고 볼 수 있다.

이와 같이 농민들은 정부의 저곡가 정책으로 생산비도 나오지 않아서 농지 소유가 애물단지가 되어 있고, 이것을 처분하기도 못마땅하였다. 농지가 적거나 없는 농민도 늙어 이촌하기 어렵지만 먹

---

2) 2006년 농산물품질관리원의 조사는 전국의 임차 농지가 43%이고, 임차농 비율이 62.5%이며, 자경율은 10~20%라고 한다. 그리고 2006년 감사원이 김포, 용인, 파주, 포천군의 4개 지역 1,752 농가를 조사한 결과 전체 농지의 65%가 임차농이라고 하였다. 그리고 2006년 농산물품질관리원은 임차 농지가 43%이고 임차농은 62.5%라고 한다.

고 살기 위하여 농지를 소작하고 있는 경우가 많다.

이러한 어려운 처지가 있음에도 불구하고 정부는 농업의 자본주의화와 기계화를 위하여 노력하였다. 다시 말하면 농업경영의 대농화를 위한 조치, 즉 기계화 농업을 위한 1970년대 경지정리사업과 2005년 무제한 농지취득이 가능하게 농지법을 개정하였다.[3)]

정부는 농산물의 수입개방에 대응(소위 경쟁력 강화)하기 위하여 규모의 농업(소위 대농 경영)을 실현하고, 이에 따른 농민의 손해를 보상하기 위한 쌀직불금제도를 도입하였다. 그런데 정부가 노린 대농경영, 즉 농업의 자본주의화가 농민의 이익을 보장하고, 그것이 우리나라 농업의 살길인가 하는 것이다.

이러한 문세에 내하여 오래전 부터 우리나라에 적합한 농업경영이 소농체제인가, 아니면 기업농체제인가에 관한 논쟁이 있었다.[4)] 이러한 논쟁은 농업현실의 변화에 따라 달라질 수 있겠지만, 오늘날 농민들의 평균 농지소유 규모와 소유관계 및 농업의 기계화를 고려하여 보아도 아직도 소농경영체제가 현실적으로 불가피하고 소농경영의 문제점(특히 영세성과 비효율성)을 극복하기 위하여 특히 생산과 판매에 있어서 협동조합의 역할이 매우 중요한 것이다.[5)] 그럼에도

---

3) 농지소유는 경자유전의 원칙이었으나(농지법 제 6조 1항) 2005년과 2008년 이후 비농민이라도 영농법인(기업농) 등이 7개 별항에 의하여 농지소유를 할 수 있게 하였다.(「농지법」, 제 2장 제 6조) 그리하여 비농업인이라도 매입한 농지를 농업기반공사를 통하여 5년 이상 임대하면 자경하지 않아도 대농지를 소유할 수 있다.

4) 다수의 농업경제학자와 농촌사회학자들은 우리나라에서는 농업의 자본주의화, 즉 기업농(대농경영)이 어렵고, 소농경영을 유지하여야 하는데 이것의 영세성을 극복하기 위하여 협동조합 또는 협업화의 농업경영이 필요하다고 주장하였다.

5) 1970년대 농촌에는 마을 또는 부락 단위로 중간 상인의 이익을 배제한, 마을 단위의 소비조합운동이 전개되었으나 새마을운동 이후 정부는 영농에 절대적으로 필요한 비료를 미끼로 이동단위의 조합을 폐지하고, 면 단위 조합으로 통합시켰다. 그런데 그간 생활 여건이 변화하였음에도 불구하고 마을 또는 부락

불구하고 정부는 2005년 농지법을 개정하여 기업농체제를 위하여 농지를 무제한 소유할 수 있게 하였다. 그리하여 지난 4년간 3정보 이상의 대농(주로 법인 기업농)이 전체 농가의 8.2%를 차지하게 되었다.

표 1을 보면, 1950년대 경지규모별 농가 호수의 변동은 거의 없으나 1970년대는 5정보 미만 빈농과 3정보 이상 대농(부농)이 감소하였으며 1980년 이후에는 빈농과 부농(기업농)이 증가하고 있다.

<표 1> 연도별 경지규모별 농가

(단위 : %)

	경지없는 농가	0.5ha 미만	0.5~1.0	1.0~2.0	2.0~3.0	3.0ha 이상	합계(천호)
1956		42.8	30.7	20.4	5.7	0.4	100.0(2,200)
1959		42.3	30.3	20.9	6.2	0.3	100.0(2,267)
1972	3.4	32.7	31.7	26.0	4.8	1.4	100.0(2,452)
1979	3.7	29.8	35.3	25.7	4.1	1.2	100.0(2,162)
1980	1.3	28.4	34.7	29.2	5.0	1.4	100.0(2,155)
1990	1.3	27.3	30.8	30.7	7.3	2.5	100.0(1,767)
2000	1.0	31.8	27.4	25.4	8.2	6.3	100.0(1,383)
2005	1.3	36.0	26.0	22.1	7.3	7.3	100.0(1,273)
2010	1.2	40.1	24.4	19.4	6.6	8.2	100.0(1,177)

(자료) 농협중앙회,「농업연감」, 1980
농은조사부,「농업연감」, 1960
농림수산식품부,「농림수산품 통계연보」, 2010

특히 2000년 이후는 5ha 이하의 빈농과 3ha 이상의 부농(이들은 대부분 지주임)이 급속히 증가하고, 0.5~1.0ha의 소농과 1.0~3.0ha의 중농이 급속히 감소되었다. 이것은 농민들의 계급양극화를 의미한다.

이와 같이 중소농이 몰락하고 빈농과 부농(기업농)이 증가한다는 것은 소작농(차지농)이 급속히 증가하고 있음을 의미한다.

표 2를 보면, 지난 4년간 농지의 자경율이 5.9%가 하락하고, 반

민 중심의 협동조합운동이 제대로 성숙되지 못하고 있다. 2012년 초에야 협동조합법이 제정되었다.

면에 소작(차지)율이 1.9%가 증가되었다. 소작율의 증가는 농지소유율과 상관없이 전반적으로 증가되고, 특히 농지의 소유율이 낮을수록 더 높다.

<표 2> 경지소유 규모별 농가수

경작규모 소유율	2005년					
	0.5ha 이하	0.5~1.0	1.0~3.0	3.0~5.0	5.0ha이상	합계(실수)
100%	72.8	59.2	39.0	19.3	11.6	55.0(3,807)
75~100%	2.5	7.7	13.3	11.1	7.9	7.6(2,574)
50~75%	4.7	12.0	19.0	21.5	16.7	12.0(5,468)
25~50%	3.2	7.7	14.2	22.9	24.8	9.2(8,126)
1~25%	1.5	3.6	7.4	17.0	29.9	5.3(9,809)
100% 차용	15.2	9.8	8.5	8.2	9.1	10.9(2,994)
전국	100.0 (457,815)	100.0 (330,651)	100.0 (373,980	100.0 (60,667)	100.0 (32,778)	100.0 (1,255,891)

경작규모 소유율	2009년					
	0.5ha 이하	0.5~1.0	1.0~3.0	3.0~5.0	5.0ha이상	합계(실수)
100%	67.0	52.2	30.6	12.9	6.7	49.1(2,323)
75~100%	3.6	9.5	14.5	11.0	9.1	8.6(3,170)
50~75%	5.7	13.8	20.7	19.4	16.8	12.8(5,829)
25~50%	4.1	9.1	16.8	26.4	26.3	10.5(9,118)
1~25%	1.9	4.2	9.0	21.4	31.9	6.2(11,053)
100% 차용	17.6	11.2	8.4	8.9	9.2	12.8(3,208)
전국	100.0 (470,279)	100.0 (300,127)	100.0 (320,527)	100.0 (54,903)	100.0 (34,700)	100.0 (1,180,537)

(자료) 통계청

이러한 것을 본다면, 2005년 농지법의 개정 목적인 규모의 농업, 즉 대농체제가 아직도 제대로 구현되지 못하고 있음을 알 수 있다.

3. 저곡가 정책과 정부의 책임

우리나라 농산물, 특히 쌀의 저곡가 정책은 ① 해방후 1960년대 미국잉여 농산물(주로 밀가루)의 대량 도입과 대기업의 대량 농산물 수입, ② 1960년대 이후 공업화에 의한 경제개발정책으로 도시 노동자의 저임금 지원책, ③ 2000년대 WTO와 IMF, 그리고 2010년대 FTA와 같은 시장개방정책 등으로 농산물 가격이 더욱 하락 되었다.

이와 같이 오늘날 농산물의 가격하락은 역사적으로 보면, 정부의 책임이다. 정부가 지난 반세기 동안 대기업 중심의 수출산업을 진흥시켜 오면서[6], 이제는 지속적인 수출산업을 위하여 시장개방이 불가피하다고 주장한다. 그러면서 농민의 생활안정을 위하여 미곡수매와 쌀보조금과 같은 정책을 실시한다. 병주고 약주는 꼴이다.

2011년도 미곡(쌀)의 생산비와 수매가와 판매가를 표 3과 4에서 비교하여 보면 정부와 농협의 미곡 수매 책정이 잘 못되어 있음을 알 수 있다. 표 3에서 볼 수 있는 바와 같이 2011년도 생산한 미곡의 정부 수매가는 40Kg당 1등급이 59,470원이고, 농협의 수매가는 40Kg당 1등급이 53,500원이다.[7] 이것은 각각 생산비의 80.9%와 78.5%에 해당한다. 비록 농민은 정부의 수매를 원하지만 할당량이 적어서 농민들은 농협의 수매에 주로 의존하고 있다.

<표 3> 정부 및 농협의 수매가와 시중 소매가의 비교

	중량	등급	수매 및 소매가	생산비와의 차액	비고
정부 수매가	40kg	1등급	47,000원	43.2%	고정가 및 변동가
농협 수매가	40kg	1등급	57,746원	78.5%	고정가 및 변동가
시중 소매가	40kg	1등급	123,800원	2.1배	경기 여주쌀 값
산지 쌀값	40kg	2011년 도정	83,316원	67.3%	시중가와의 차이(충남 서천 쌀값)
미국 쌀값	40kg	〃	56,600원	77.0%	인터넷
중국 쌀값	40kg	〃	56,600원		인터넷
쌀소득직불금	40kg		5,737원		고정액

(비고) 2011년 11월 10일 현재

6) 해방후 우리나라 대기업자본가의 육성책은 다음의 책을 참고하기 바람. 본서, 2011, 제 2, 3, 4장

7) 정부 수매가는 공공 비축제로 시장가를 지급한다고 하지만 그렇지 않다. 2011년 생산한 쌀의 정부수매가(40Kg당)는 특등 59,470원, 1등 57,570원, 2등 55,010원이고, 농협 수매가는 특등 54,000원, 1등 53,500원, 2등 50,500원이다.

2011년 벼농사를 1년간 1,200평을 경작하여 수확해 본 결과 지대와 가족노임 등을 제외한 총 생산비는 1백 47만원이었고, 40kg을 생산하는데 들어간 비용은 표 4와 같이 7만 3천 5백원이었다. 표 4에 제시된 미곡 생산비는 지대(농지임차료)와 가족노동의 비용이나 교통, 통신비 등은 제외된 것이다.

<표 4> 2011년 미곡 생산비

(단위 : 원)

항목	내역	비용	산출근거	40kg당 생산비
논갈이	논갈이,논둑공사, 규산질 시비	210,000	1마지당 35,000×6마지기	4,375
육모비	140상자	448,000	1상자당 3,200원(보조 1,120원, 자부담2,080원)	448,000
모심기	기계사용료 및 노임(논갈이 1회 포함)	210,000	1마지기당 35,000×6	4,375
벼수확	기계 사용료 및 노임	270,000	1마지기당 45,000×6	5,625
도정	탈곡세	160,000	정미의 6.25%	3,333
비료값	복합비료 6포, 대동비료 3포	120,000	복합 1.3만원×6포, 유기질 8천원×3포	2,500
지대	미계산			
가족노동	미계산			
기타	운송비, 식대 등	200,000		4,166
합계		1,470,000		73,500

(자료) 울산광역시 울주군 언양읍 K농가의 사례조사

표 4에서 볼 수 있는 바와 같이 2011년 정부의 미곡수매가는 K농가 생산비의 80.9%이고, 농협의 수매가의 경우 73.5%에 불과하다. 그리고 경기 여주쌀값(2011년 11월 16일) 40kg당 소매가격 12만 3,800원에 비하면 생산비가 59.3%에 불과하다. 따라서 생산비와 소비자 가격간의 차이가 40.6%(5만 300원)가 된다. 그러므로 중간 유통과정에서 발생된 약 40%(5만원)의 차액을 축소시키는 개혁이 정부와 농협이 해야할 과제(책임)이다.

이와 같이 정부와 농협은 수매가격은 미곡 생산비 보다도 매우 저렴하고 시중 소비자 가격 보다 매우 낮게 책정하여 저곡가 정책을 유지하고 있다. 따라서 정부와 농협은 저곡가 정책에 대한 책임을 지고,

생산비 이상으로 수매가를 인상하도록 농정을 구현해야 한다.

이리하여 많은 농민들은 농산물, 특히 쌀값이 하락하여 생산비도 제대로 나오지 않으니 그간 이촌하였다.[8)]

오늘날 쌀의 자급율은 95.3%이지만 외곡 도입량이 많아서 쌀값이 많이 떨어지고 있다. 우리나라의 전체 식량 자급율은 26.9%에 불과하다.[9)]

이러한 농산물의 자급율과 가격을 어느 정도 유지하고, 대외 쌀시장개방정책으로 큰 피해를 많이 보게된 농민들에게 정부는 소득보전을 위한 직불금을 지급하고 있다.[10)] 이 직불금이 생산비의 7.8%에 불과하다. 더욱이 3정보 이하 신규 자경농민은 쌀 직불금을 받지 못한다.

우리나라 농산물의 가격 하락에서 다음과 같은 주요한 문제점이 발견된다.

첫째는 쌀 자급율이 현재 95%가 넘지만 쌀시장을 개방하면 저렴한 외국쌀이 시장을 독점한다.(국내산 가격의 45.7%임) 그리하여 쌀 국내산 가격 하락을 막을 길이 없으며, 또 수입쿼터제 등으로 많이 도입된 잉여 쌀의 재고로 그 보관상 문제(낭비)가 심각하다.

둘째는 쌀값 등 농산물 가격의 하락으로 농지가 비생산적인 산업단지, 주택, 도로 등으로 전용되고 있다.

셋째는 농업시장이 개방되면 곡가 하락은 더욱 심해지고[11)] 농민

---

8) 1955년 농업인구가 전체 국민의 78.3%였으나 2005년에는 10.4%로 급속히 감소되었다. 최근 10년간 농가 감소율은 매년 평균치가 8.1%이다.

9) 2011년 현재 정부재고 쌀이 많아 정부 수매량의 할당이 적어서 농민들은 가격이 싼 농협의 종합미곡 처리장에 의존하고 있다.

10) 2011년 쌀직불금(고정)은 81만 2천명에게 6,174억원이다. 2010년 고정직불금은 1ha 당 70만원을 지급하였다.

11) 2011년 현재 도정된 미국과 중국의 시판 쌀값(20kg)이 2만 8,300원이다. 이것은 우리나라 쌀소매가격의 약 절반 이하이다.

은 이존하게 되어 장차 식량 위기(식량안보)의 문제가 닥칠 것이다.

한편, 정부의 저곡가 정책에 대응하기 위하여 농민의 이익을 대변, 옹호할 농협의 역할이 대단히 미진하다. 농민들이 생산한 농산물(쌀)의 생산가격을 유지하기 위한 생산조합, 판매조합 등의 역할, 즉 중간상인의 이익배제를 하면 농민들의 수익이 많이 향상될 것이다. 그럼에도 불구하고 농협의 미곡수매가격은 정부의 지시(2011년 3% 하향)와 수매가격에 의존하고 있다.

2011년 쌀에 대한 정부 수매가격은 이미 표 3에서 본 바와 같이 40kg당(1등급) 5만 4천 790원이고 농협 수매가격이 5만 3천 500원이다. 그리고 소비자가격은 약 12만 3천 800원이다. 쌀 수매가격이 시중 가격의 44.2%이고, 또 쌀 생산비가 소비자가격의 59.3%에 불과하다. 따라서 농협이 제 기능을 발휘하면 고율의 농축산물유통비용12)을 절감하여 농민들에게 큰 수익을 보장해 줄 수 있을 것이다.

4. 시장개방과 쌀소득보전 직불금제도

우리나라의 경제개발정책은 그간 대기업을 육성시켰고, 이것은

12) 2007년 주요 농산물 유통비용은 다음과 같다.

주요 농축산물 유통비용(2007년)

(단위 : %)

품목	직접비	간접비	이윤	계
쌀	13.0	5.1	3.1	21.2
콩	6.6	13.9	30.2	50.7
고랭지감자	15.0	14.6	35.2	64.8
고랭지배추	25.8	13.9	24.0	63.7
상추	9.7	19.2	39.6	68.5
수박	11.9	13.5	15.4	40.8
풋고추	7.5	15.9	30.8	54.2
대파	28.2	14.7	38.6	81.5
사과	12.3	19.2	12.1	43.6
배	26.6	18.8	4.6	50.0
쇠고기	5.9	12.6	18.9	37.4
돼지고기	8.0	14.8	18.6	41.4

(자료) 농수산물유통공사

농업 및 농민의 희생에서 가능하였다.[13] 그것은 정부의 시장개방정책과 농산물의 과잉도입으로 농산물 가격이 생산비 이하로 하락되었고, 농업은 몰락되고 농민은 이촌 또는 빈곤하게 되었다.

과거에도 농업 생산물의 가격 하락으로 농민의 생활보호를 위한 조치(정부 추곡수매제의 이중곡가제, 공적 사회보험 지원, 부채탕감 등)가 있었으나[14] 이것은 모두 긴급 구호정책에 불과하였다. 더욱이 1997년 말 외환위기로 IMF의 지배관리하에 들어가면서 우리나라의 경제체제는 신자유주의 세계경제체제에 편입되어 시장개방을 하게 되었다. 그리하여 우리나라가 2004년 8월 세계무역기구(WTO)에 가입하면서 쌀 시장개방을 위한, 관세인하 조치와 외미 도입(쿼타제)을 2014년 까지 하게 되었다. 이에 따른 보상조치로 '쌀소득 등의 보전에 관한 법률'이 제정되고 농민들에게 소위 쌀 직불금이 지급되었다.

한편, 최근 논란이 되고 있는 한미간 자유무역협정(FTA)이 2012년 1월부터 발효되면 미국과 중국의 쌀값이 현재 우리나라 쌀값의 절반 이하이기 때문에 우리나라의 농산물과 쌀값의 하락이 적어도 2배 이상이 될 것이다.[15] 따라서 우리나라 농민들의 살길이 막연하

---

13) 2010년 45대 대기업집단의 경영성과는 약 50조원이다. 삼성의 경우 약 17.6조원이고 현대차는 8.4조원, LG는 7.3조원, SK는 2.6조원이다. 그런데 2010년 농수산식품분야의 직불금은 2조 1,704억원에 불과하다.

14) 2001년부터 시행된, 논에 2개월 이상 물을 담으면 면적당 지급하는 논농업직불제와 2002년부터 시행된 쌀값이 기준 보다 하락하면 그 차액의 80%를 보전하는 쌀소득 보전직불제가 있었는데 이것을 통합하여 2005년부터 소위 쌀소득보전직불제가 시행되었다.

15) 관변연구소인 대외경제정책연구원과 한국개발연구원(KDI)에 따르면 한미 FTA가 발효되면 일자리가 35만개 증가하고 우리나라 국내총생산(GDP)이 5.66% 늘어날 것이라 전망한다. 대미 수출 증가에 따른 직접적 일자리 증가는 4,300개 수준이지만 장기적으로 우리 경제의 생산성이 높아짐에 따라 향후 10년간 35만개가 늘어날 것이라고 국책 연구원은 전망했다. 한미 FTA로 향후 15년간 우리나라의 전체 무역수지는 연평균 27억 6,500만 달러, 대미 무역수지는 1억 3,800만달러 늘어날 것으로 추정됐다. 다만 농수산업 부문은 향후 15년간 연평

게 되고, 이에 따른 농정실패의 책임이 따를 것이다.

1) 쌀소득보전직불제의 내용

2011년 쌀직불금(고정) 신청자는 모두 81만 2천명(88만 3천ha)이고 소요 예산은 6,172억원이다. 고정직불금은 농업진흥지역의 경우는 1ha당 74만 6천원이고 비진흥지역은 59만 7천원이다. 이것을 쌀 80kg으로 따지면 1만 1,475원이다.[16]

쌀소득보전직불금은 농업, 농민을 살리기 위한 보조금 정책이다.[17] 이것은 일정기간 논 농사를 지을 경우 1ha당 70만원을 지급하는 고정직불금(매년 10월 지급)과 쌀값이 농업소득과 기존 소득의 차액(보전비율)의 85%까지 지원하는 변동직불금(이듬 해 3월 지급) 이 있다.[18]

쌀소득직불금을 수령할 수 있는 자는 쌀직불금을 신청한 농업인이거나 영농조합법인 및 농업회사 법인이다.[19] 농업인은 1년간 90일 이상 농업에 종사하고 농업경영을 통한 농산물의 연간 판매액이

균 8,445억원(농업 8,150억원, 수산업 295억원) 수준의 생산이 감소할 것으로 예상됐다. 정부는 농어업 분야의 피해를 최소화하기 위한 한미 FTA 대책 예산으로 향후 10년간 22조 1,000억원을 쓰기로 했다.(「동아일보」, 2011. 10. 2) 과연 그럴까 의문이 간다. 벼농사만 하여도 한미간 쌀값이 1/2 이상 차이가 나는데 농민들은 연간 4천억 이상 손해를 본다.(2011년 쌀생산량 422만 4천톤임.)

16) 「국민일보」, 2011년 10월 24일

17) DDA(도하개발아젠다)/쌀협상 이후 시장개방 폭이 확대되어 쌀 가격이 떨어지는 것에 대비하여 쌀재배농가의 소득안정을 도모하기 위한 제도이다.

18) 직불금의 계산방식은 (목표가격(170,083/쌀 80kg)-수확기 산지 평균 쌀값)×85%이다. 고정직불금 지급단가는 1ha당 평균 70만원이고(11,475원×8kg)(ha 6가마)이고 변동직불금 지급단가는 {(목표가격-수확기 산지 평균 쌀값)×85%}-11,475원(고정직불금)이다.

19) 그런데 농민이 아닐지라도 도시인 또는 농업법인도 농지를 소유할 수 있어서 1949년에 제정된 농지개혁법의 기본정신, 즉 경자유전의 원칙이 사라지게 되었다.

120만원 이상인 자연인이라야 한다.(「농업 · 농촌기본법」」시행령 제 3조)

또한 쌀직불금의 대상 농지는 1998년~2000년 연속으로 논농업에 이용된 농지라야 하고, ① 하천 구역안의 농지, ② 전용 허가 · 신청 · 협의를 한 농지, ③ 주거 · 상업지역의 농지, ④ 산업단지의 농지는 제외된다. 그리고 신청인의 주소가 농촌이 아닌 경우 농업이 주업임을 입증해야 한다.[20] 그 밖에도 제외대상 농지는 ① 농지가 0.1ha 미만이 되는 농가의 신규신청자는 지급대상에서 제외된다.

여기에서 문제가 되는 것은 다음과 같다.

첫째, 쌀직불금이 농민을 보호한다는 취지에서 도입되었지만, 농사를 짓지 않는 약 17만~28만명이 부당 직불금을 수령하였고, 이들이 지난 3년간 쌀직불금의 약 14%(5,116억원)의 부당지급을 받아 국민의 세금을 낭비하였다는 것이다.[21]

둘째, 쌀직불금의 지급대상에서 1ha 미만 농가의 신규신청자는 제외되고, 1만㎡(약 3천평) 이상 경작하는 신규 진입자와 논농업을 통하여 농산물 판매가격이 9백만원 이상일 경우 쌀직불금을 수령할 수 있다는 것이다.[22] 이것은 2007년 감사원 감사 시에 쌀시장개방 피해와 관련 없이 이미 쌀값이 하락한 후에 신규진입자에 직불금이

---

20) 2011년부터 3천평 이하 신규 경작자는 직불금을 신청할 수 없다는 근거를 농수산부 농업정책국 농가소득안전추진단에 필자가 한 질의에 대한 회신 내용이다.(2011년 6월 2일)

21) 「동아일보」, 2008년 10월 21일, 그런데 쌀직불금제도가 땅투기를 한 부자들이 양도소득세를 피하기 위한 절세수단으로 악용되었다고 하는 것은 무리한 해석이다.

22) 정부는 밭 농업직불제를 도입하여 밀, 콩, 보리, 옥수수 등 19개 작물에 대하여 1ha 당 40만원을 지급한다고 하였다. 밭농사를 1ha를 부치는 농민은 거의 없다. 정부는 농어업인에 대한 피해보상(피해보전 직불제)은 자신이 짓는 품목의 평균 가격이 90% 이하(현재는 85% 미만의 가격)라야 보상을 받을 수 있다. 매우 비현실적인 농정이다.

지급된다는 것은 잘못이라는 지적에 따라 2009년도에 쌀소득 등의 보전에 관한 법률 등을 개정하여 쌀직불금을 받을 수 있는 자격을 2005~2008년 기간 중에 1회 이상 수정한 자로 한정하게 되었다고 한다.23) 그렇다면 1만㎡ 이상 경작자와 농산물 판매가격이 9백만원 이상자도 제외되어야 농정의 형평성이 있는 것이다. 그리고 1ha 이하 신규신청자라 하더라도 2005년 이전부터 자기 농지를 차입농가가 경작하여 직불금을 받다가 그 후 농지소유자가 자경하는 경우 직불금을 주어야 될 것이다. 이러한 결과는 농민의 계급양극화(사회불평등화)에 기여한다.

셋째, 농업 이외 연간 종합소득이 3,700만원 이상되는 농민에게는 쌀직불금을 지급하지 않는다는 것은 쌀직불금의 기본목적이 시장개방으로 인한 쌀값의 하락에 대한 보상인데, 이것을 소득수준, 또는 영농개시 시기에 따라 차별화 하는 것은 공평성이 결여된 농정이다. 따라서 중농 또는 소농은 표 1과 2에서 본 바와 같이 몰락(이촌)하기 마련이다.

한편, 도시에서 살다가 노령퇴직시 부모가 물려 준 농사를 짓고 귀향하여 살겠다는 퇴직 화이트 칼라가 많은 데도 그들의 의지를 상실케 한다. 더욱이 생산비도 안나오는 영농을 휴경하려 하여도 해당 농지에 대한 처분명령이 내려지고, 매년 땅값의 20%에 해당하는 '이행 강제금'24)을 물어야 하기 때문에 결국 농지를 매각하고 이촌

---

23) 이 경우 ① 농지 1ha 이상 경작, ② 연간 농산물 판매액이 900만원 이상, ③ 거주하는 시·군·구에서 2년 이상 논 0.1ha 이상 경작 등 4가지 중에서 한가지 조건을 갖추어야 한다.

24) 이행강제금은 정부(실제로 한국농어촌공사)가 실시한다. 즉 1996년 1월 1일 이후 취득(상속 증여 포함)한 농지는 원칙적으로 소유자 본인이 직접 농사를 지어야 하며, 개인간 임대를 할 수 없으며(농지법시행령) 매년 시행되는 농지이용실태조사 결과 직접 자경하지 않거나 개인간 임대로 확인될 시 농지처분 의무가 부과되고 이를 이행치 않으면 공시지가의 20%에 해당하는

하게 된다. 이와 같이 현 농업정책은 정부가 막대한 쌀값 직불금을 부담하면서 농민을 토지에 얽어매어 놓고 착취하고 있는 실정이다.

2) 쌀소득 보전직불금

정부는 쌀소득직불금을 요건을 갖춘 농업인 또는 농업법인에게 매년 신청주의에 의하여 지급한다. 비록 요건을 갖춘 농민일지라도 고령자가 많아 신청요령(시기와 방법)을 잘 몰라서 배제될 수 있고, 또 마을의 이장들이 고의 또는 실책으로 지급대상에서 제외할 수 있다.

<표 5 > 연도별 쌀소득 보전 직불금

(단위 : 억원)

	2002	2003	2004	2005	2006	2007	2008	2009	2010	2011
쌀소득보전(고정)	3,929	4,809	4,810	6,026	6,986	7,171	7,116	7,088	6,650	6,195
쌀소득보전(변동,기금)		244	955	1,376	9,096	9,501	5,330	676	5,951	7,993
경영이양	17	43	141	286	175	113	300	845	699	62
친환경농업	30	30	55	69	114	175	263	423	520	379
조건불리	15	5	100	123	523	52	432	336	417	388
경관보전				6	6	10	26	96	157	139
FTA소득보전						10	1,000	400	250	250
폐업지원						603	1,000	500	300	300
직불예산 합계	4,289	6,432	8,675	10,014	19,441	21,466	19,475	15,914	20,224	21,704
농림수산분야 예산	65,491	65,572	66,031	73,406	82,299	87,335	87,035	99,878	103,202	104,004

(자료) 농림수산식품부, 「농림수산통계연보」

쌀직불금이 실시된 2002년 이후 2011년 까지 매년 증액되고 있는데, 이것은 현재 농수산식품부 예산의 21%가 된다. 쌀직불금(고정, 변동, 기금)은 2002년의 3천 929억원에서 2011년에는 1조 4천 198억

이행강제금을 처분할 때 까지 매년 납부해야 한다. 그러나 농지은행에 임대위탁시는 농지처분의무가 면제된다. 그리고 지주가 임차농을 추천하게 되어 있다. 이 제도는 농어촌공사에 일꺼리를 만들어 주는 악법이다. 총리실은 최근 농어촌공사의 조직적인 횡령과 상납이 본부와 지방본부 및 산하 지사까지 전국적으로 이루어 졌음을 밝혔다.(「조선일보」, 2011. 11. 7)

원으로 증가되었다.[25] 쌀직불금은 2015년 이후 WTO 쌀협정의 관세 유예가 철폐되고 한미 FTA가 실시되면 쌀값 하락은 더욱 심해질 것이고,(현재 미국쌀의 시중 가격이 한국 쌀에 비해 반값임.) 따라서 쌀직불금은 더욱 확대될 것이다.

3) 쌀직불금의 부정수령자

2006년 감사원은 쌀직불금을 수령한 99만 8,000명을 조사한 결과 비료 구매나 농협 수매실적이 없는 28만명(전체의 28.0%)을 비경작자로 추정하고 이 중에서 17만명이 농업 이외의 직업을 지니고 있었다고 한다.[26] 직업소유자는 회사원이 전체의 10.0%로 가장 많고, 그 다음은 공무원(3.1%), 금융계(0.8%), 공기업(0.6%) 종사자들이었다. 그리고 서울시와 과천시에 거주하는 직불금 수령자(4,662명)는 본인 또는 가족이 직업을 가진 경우 전체의 63.1%이고 나머지는 무직 또는 미확인자이다. 직업을 가진 자(2,942명)는 회사원이 60.5%로 가장 많고, 그 다음은 공무원(17.7%)이며 나머지는 공기업(6.0%), 금융계(4.1%), 전문직(2.5%), 기타(9.2%) 등이다.[27] 다시 말하면 2006년 실경작자가 아니면서 부정 수령한 자는 약 11만명이고, 이들은 1,683억원의 직불금을 수령하였다. 반면에 실경작자 53만명 중 13.4%가 1,068억원의 직불금을 수령하지 못하였다.[28]

---

25) 우리나라 농림수산식품 분야의 직불예산이 2002년의 4천 289억원에서 2011년에는 2조 1천 704억원으로 증액되었다.

26) 「동아일보」, 2008년 10월 15일

27) 행정안전부가 모든 공직자(129만 3,846명) 중에 자진 신고한 쌀직불금 수령한 자는 모두 4만 5,331명(3.85%)이다. 즉 중앙행정기관(52개) 정원(25만 6,644명)의 2.98%이고 지방자치단체(246개) 정원(28만 3,017명)의 8.83%이며 시도교육청(196개) 정원(41만) 3,185명의 3.08%, 그리고 305개 공공기관과 121개 지방 공사. 공단 정원(34만 1천명)의 1.3%이다.

28) 김포시 등 4개 시군 1,752 농가 중 76.0%가 부재지주의 반대로 신청을 하지 못하였다고 한다.

여기에서 쌀직불금 수령자의 28.0%가 비료구매나 농협 수매실적이 없다고 하여 비경작자로 추정하거나 농업 이외 타 직업을 지닌 직업인(17만명)을 모두 비경작자로 보는 것은 잘 못된 것 같다. 농업인을 판별하는 기준은 오히려 읍·면사무소의 농지원부의 등재여부를 기준으로 하면 될 것이다. 그리고 농업 이외 타 직업인(17만명)의 경우도 오늘날 전국이 일일생활권으로 교통, 통신이 발달하였고 농업의 기계화가 이루어져 있기 때문에 농업을 충분히 자영할 수 있다. 또한, 17만명 중에 농업 이외의 직업은 회사원, 공무원, 전문직 등 화이트 칼라가 많은데 이들은 비록 부농은 아니지만 소규모의 농지를 상속받아서 체면상 팔지 못하고 경작하는 경우가 많을 것이다.[29)]

이들의 농지소유는 대부분 선대로 부터 물려 받은 농지일 것이고 투기를 목적으로 한 것이 아니기 때문에 이들이 퇴직 후 농업인이 되겠다면 신규 신청자일지라도 쌀직불금을 지급하는 것이 마땅하다. 그리고 이들의 연간 종합소득이 대부분 3,700만원을 초과하기 때문에 소득(특히 연금 등)이 있다고 해서 수령자가 될 수 없다는 것은 잘 못된 것이고, 시장개방으로 손해를 보는 농업인(비록 겸업자)에게도 쌀직불금을 지급하는 것이 타당하다.

5. 농촌 사회변화와 농정의 과제

최근 농업과 농촌사회가 급변하고 이에 따른 영농 형태와 농민들의 생활방식이 많이 달라지고 있다. 정부가 시장개방과 저곡가 정

29) 관료지배층의 평균 전답소유는 김영삼 정부의 경우 38.2% 그 평균치는 2,123평을 소유하고, 노무현 정부의 경우 전체의 30.4%가 평균치는 1,242평을 소유하였다.

책을 추구하는 한 쌀값이 더욱 하락될 수 있기 때문에 이것을 보전하기 위한 직불금이 증액될 수 밖에 없으며 이것이 농민의 계층화에 미치는 영향이 크다고 볼 수 있다.30)

그리하여 농촌사회 변화의 주요한 요인인 다각영농과 농가부채 및 노동력 부족을 중심으로 그 과제를 지적하여 본다

1) 농민의 양극분해와 영농의 다각화

과거 농업은 거의 벼농사 중심이었으나 2010년에는 전체 농가의 44.4%가 이에 종사하고 나머지는 주로 채소(19.0%)와 과수(14.4%), 식량작물(9.8%) 및 축산(6.9%) 등에 종사하고 있다. 이와 같이 시장개방과 쌀값 하락으로 생산비도 건지지 못한 농민들은 전업농 또는 겸업농을 많이 한다.

최근 WTO 쌀협정 이후 농민들이 어떠한 업종전환, 즉 다각화 경영을 하는 지를 표 6에서 보기로 한다.

우리나라에서 논 농사를 짓는 농민이 대부분 1ha 이하의 영세한 농지를 소유하고(전체의 58.6%) 나머지도 1.0~2.0ha의 소농(24.2%)이 되어서 수익성이 높은 전업에 투자할 경제적 여력이 없는 편이다. 그래서 채산성이 없는 소농과 중농 중심으로 지난 5년간 12만 5,146가구(19.3%)가 감소되었다. 그리고 지난 5년간 0.5ha 미만의 농가는 벼농사, 즉 소작농으로 약간 전업하였고(4.6%), 3ha 이상 부농(기업농)의 경우는 약간 증가하였다. 그 밖에 벼농사 중에서 0.5ha 미만의 농가가 증가한 농업은 채소와 과수 농가가 약간 증가하였다. 그러나, 3정보 이상 농가 및 기업농(법인)은 과수, 채소 및 축산업 분야에서 모두 약간 증가하였다. 이것을 보면, 1ha 이하 영세농은 벼농

30) 정부(농식품부)는 전국농민회총연맹의 5가지 요구(국민기초식량수매제) 도입과 쌀수매제 부활, 한우정부수매, 식량자급률 법제화, 한중 FTA반대를 수용할 수 없다고 한다.(「조선일보」, 2012. 2. 7)

<표 6> 농축산물 경영형태와 농지규모별 농가수

(단위 : %)

		경지없는 농가	0.5ha 미만	0.5~1.0	1.0~2.0	2.0~3.0	3.0ha 이상	합계(실수)
2005	논벼		29.7 (192,407)	28.9 (187,428)	24.2 (156,727)	8.1 (52,528)	9.1 (59,209)	100.0 (648,299)
	과수		29.8 (43,257)	28.5 (41,332)	27.4 (39,774)	8.7 (12,663)	5.7 (8,210)	100.0 (145,236)
	특용작물		35.1 (9,781)	18.5 (5,164)	20.4 (5,679)	10.4 (2,898)	15.6 (4,361)	100.0 (27,883)
	채소		43.5 (100,149)	23.5 (53,993)	21.0 (48,322)	6.7 (15,444)	5.3 (12,103)	100.0 (230,011)
	화훼		50.1 (5,104)	24.9 (2,536)	14.3 (1,462)	4.9 (498)	5.8 (596)	100.0 (10,196)
	일반작물		64.9 (81,480)	18.1 (22,756)	10.5 (13,210)	2.9 (3,701)	3.5 (4,366)	100.0 (125,513)
	축산	20.7 (17,017)	29.1 (23,961)	20.3 (16,707)	18.1 (14,916)	6.5 (5,330)	5.3 (4,352)	100.0 (82,283)
	기타		48.1 (1,676)	21.1 (735)	17.1 (595)	6.7 (233)	7.1 (248)	100.0 (3,487)
	농축산물별 합계	1.3 (17,017)	36.0 (457,815)	26.0 (330,651)	22.1 (280,685)	7.3 (93,294)	7.3 (93,445)	100.0 (1,272,908)
	전업	1.5 (11,754)	31.5 (250,686)	26.3 (209,145)	24.2 (192,417)	8.3 (65,839)	8.3 (66,379)	100.0 (796,220)
	겸업	1.1 (5,263)	43.5 (207,129)	25.5 (121,506)	18.5 (88,268)	5.8 (27,456)	5.7 (27,066)	100.0 (476,688)
	전・겸업별 합계	1.3 (17,017)	36.0 (457,815)	26.0 (330,651)	22.1 (280,685)	7.3 (93,295)	7.3 (93,445)	100.0 (1,272,908)
2010	논벼		34.3 (179,463)	27.5 (143,954)	21.1 (110,640)	7.1 (37,306)	9.9 (51,790)	100.0 (523,153)
	식량작물	0.02 (39)	72.0 (83,470)	14.2 (16,483)	7.9 (9,191)	2.3 (2,720)	3.5 (4,113)	100.0 (115,978)
	채소・산나물	0.002 (5)	44.1 (98,756)	23.3 (52,092)	19.1 (42,808)	6.6 (14,694)	6.9 (15,484)	100.0 (223,873)
	특용작물・버섯		52.4 (14,718)	19.5 (5,486)	13.1 (3,665)	5.1 (1,437)	9.8 (2,752)	100.0 (28,063)
	과수		33.1 (56,353)	27.0 (45,907)	24.3 (41,398)	8.4 (14,285)	7.2 (12,294)	100.0 (170,237)
	약용작물	0.005 (1)	38.4 (2,832)	24.5 (1,788)	19.9 (1,454)	6.8 (494)	9.9 (722)	100.0 (7,290)
	화초・관상작물	0.005 (1)	48.4 (9,015)	23.7 (4,411)	14.9 (2,769)	4.7 (873)	40.6 (1,566)	100.0 (18,635)
	기타작물	16.6 (13,510)	68.7 (6,141)	17.6 (1,573)	9.8 (875)	2.1 (187)	1.8 (157)	100.0 (8,934)
	축산		27.0 (21,909)	19.7 (16,001)	19.4 (15,739)	7.7 (6,244)	9.6 (7,752)	100.0 (81,155)
	농축산물별 합계	1.2 (13,556)	40.1 (472,657)	24.4 (287,695)	19.4 (228,540)	6.6 (78,240)	8.2 (96,630)	100.0 (1,177,318)
	전업	1.3 (8,345)	36.0 (225,902)	25.7 (161,416)	21.6 (135,793)	7.2 (45,241)	8.1 (50,763)	100.0 (627,460)
	겸업	0.9 (5,211)	44.9 (246,755)	23.0 (126,279)	16.9 (92,747)	6.0 (32,999)	8.3 (45,867)	100.0 (549,858)
	전・겸업별 합계	1.2 (13,556)	40.1 (472,657)	24.4 (287,695)	19.4 (228,540)	6.6 (78,240)	8.2 (96,630)	100.0 (1,177,318)

(자료) 통계청 인구총조사과의 농어림어업 총조사

사를 벗어나기 어렵지만 1ha 이상 농가는 규모가 큰 영농에도 종사하고 있다.

이와 같이 농촌에 있어서는 중농은 감소하고 소농(빈농)과 대농(기업농)에의 계급 양극화가 일어나며, 동시에 이러한 계급분화에 따라 농업경영의 다각화와 부업화가 일어나고 있다.

2) 농가부채의 증가와 농협의 역할

농민의 주 소득원은 벼농사인데 쌀값이 생산비도 나오지 않으면 농민생활이 적자가 나기 마련이다. 더욱이 영농의 기계화(구입비, 수리비 등) 등으로 농가 부채가 급증하였다.

농가부채의 감소책은 무엇 보다도 쌀값을 생산비 이상으로 인상하면 된다. 농가의 생산비는 지역과 농가에 따라 차이가 있겠지만 표 3과 4에서 볼 수 있는 바와 같이 가족의 노임과 지대(농지사용료)를 제외하고도 약 7만 3천500원이 소요된다. 따라서 정부와 농협이 수매하는 경우 미곡 40kg의 생산하는데 들어가는 영농비가 약 50%의 적자를 보게 된다. 그리하여 농가부채가 증가할 수 밖에 없다.[31)]

<표 7> 연도별 농가 부채

(단위 : 천원, %)

	2006	2007	2008	2009	2010
농가부채	28,161	29,946	25,786	26,268	27,210
농업용 부채(%)	16,042(57.0)	16,486(55.1)	13,600(52.7)	13,150(50.1)	12,930(47.5)
농업용이외 부채(%)	12,188(43.0)	13,466(45.0)	12,187(47.3)	13,117(49.9)	14,280(52.5)

(비고) 농업용 이외 부채는 가계용+겸업용+기타용 부채임
(자료) 통계청

31) 2010년 1월 ~8월에 농협 회원조합(1,171개) 출자금과 농협내부 적립금으로 조성된 약 4조원과 농협신용사업부문에서 조성된 교육지원사업비 등이 3조~5조원이 되는데 이 돈은 농협중앙회장이 무이자로 영세조합에 지원한다고 한다.(「한겨레」, 2011. 11. 14) 그런데 농협회원이나 내부 적립금 약 4조원을 적립시키기 보다 쌀값 인상에 기여하면 좋을 것 같다.

2010년 말 현재 농민의 가구당 부채는 2천 721만원이라고 한다. 이것은 해마다 증가되고 있는데 농업용 부채는 감소되고 있지만 농업용 이외의 부채(가계용, 겸업용, 보험료 등)는 표 7과 같이 증가하고 있다. 특히 국민연금과 건강보험료의 자부담이 많아서 이것을 기여하지 못하는 농가가 많다.

농민들이 기여하는 건강 및 연금 보험료의 자부담과 사용자(정부)의 부담을 초기에는 각각 절반으로 부담하였으나 최근에 올수록 농민의 자부담율이 높아져서 그것을 감당하기가 매우 어려울 것이다. 농민의 소득이 감소되어 공적 사회보험료를 내지 못하는 것은 정부와 농협의 책임이기 때문이다.[32] 따라서 농민들이 자조, 자립할 수 있도록 쌀값소득보전직불금을 현실화 하거나 자유시장을 통한 생산비 이상의 쌀값 인상을 도모하는 농업정책이 시급히 필요하다. 다시 말하면 농협이 자주성을 발휘하여 대정부 투쟁을 해야 한다.[33]

3) 노동력 부족과 영농의 기계화

농촌에는 젊은 이들이 별로 없고, 노인들이 많다. 옛날처럼 마을에서 아기와 닭의 울음소리를 듣기 어렵다.

2010년 12월 1일 현재 전국 농가는 모두 117만 7천 가구로 전국

---

32) 정부는 농어민을 위하여 농어민건강보험료는 2004년부터 537억원을 하는데 2009년에는 1,707억원이 되었으나 2011년에는 그것이 감소하여 1,544억원이다. 그리고 농어민연금보험료는 2007년에 761억원을 지원하였는데 이것이 2010년 까지 약간 증가되었으나 2011년에 869억원으로 감소되었다. (농림수산식품부 농업정책과)

33) 최원병 농협중앙회장(포항 동지상고, 위덕대 경영학과, 경주 안강농협장, 경북도의회의장)은 비상근직이면서 연봉이 7억 367만원인데, 이것은 2010년 농가평균 소득(3천 212만원)보다 21.9배가 많다. 또한 관용차량(에쿠스 3천 800cc)과 월 주택임대료 323만원을 사용한다. (「동아일보」, 2011. 9. 19) 그는 이명박 대통령의 동향이면서 학교 후배이고, 또 많은 급료와 대우를 받으면서 농민이익을 위한 정부에 대한 자주적 발언을 하기 어려울 것이다.

가구의 6.8%를 차지하고, 2인 가구(소가족)는 45.2%를 차지하여 전국치(24.3%)의 1.8배가 된다. 즉 농가는 고령화가 빨리 진행되어 65세 이상의 노인이 31.8%를 차지하고 경영주의 평균 연령도 62.3세가 된다.[34] 60대 노부부가 힘든 농사를 짓고 있는 실정이다.

비록 노동력이 부족하지만 오늘날 농촌에는 영농기계로 모를 이앙하고 추수를 할 수 있어서 농사를 빨리 쉽게 지을 수 있다. 그리하여 비록 농촌거주자가 아닐지라도 교통, 통신이 발달하여 부업 또는 겸업으로 농사를 지을 수 있다.

6. 결 론

최근 실시하는 쌀직불금은 농어민들에게 병주고 약주는 격이다. 오늘날 수입개방으로 그간 실행된 저곡가 농업정책은 심각한 타격, 즉 농민의 저항을 입게 될 것이다. 해방후 추곡수매령으로 고율의 농지세(공출세)와 소작료는 농민의 저항을 불러 일으켰는데 오늘날 생산비 이하의 쌀값 하락은 심각한 농민의 저항을 불러 일으킬 것이고 현재 생산비의 10% 정도의 쌀직불금으로는 이에 대처하기 어려울 것이다.

정부는 시장개방에 대비한 쌀값 안정을 위하여 매년 약 100만 농가에 약 1.4조원(2011년)을 지급하는 쌀소득보전 직불금제도를 시행하고 있다.

이러한 쌀소득직불 보조금은 시장개방으로 벌어들인 대기업의 영업이익에 비하면 매우 적은 편이다.[35] 우리나라 대기업, 즉 자본

34) 통계청, 「2010 농림어업총조사 최종집계 결과」(보도자료), pp.3~10
35) 삼성전자의 2010년 연간 영업이익이 약 15조원이 되고, 현대자동차의 경우 3조원이 된다.

주의는 1차적으로 농민의 희생에서 발전하였다.

우리나라 쌀소득 직불금제도가 원래의 목적대로 농민의 소득보장과 '경자유전'의 주곡안보에 얼마나 기여할 수 있느냐 하는 것이 주요한 과제이다. 그런데 쌀직불금이 오히려 심각한 부작용을 일으키고 심각한 사회문제를 야기시키고 있다.

첫째는 2005년 적정 규모의 농업과 농업의 생산성과 경쟁력을 제고하기 위하여 농지법을 개정하였는데 이것이 오히려 1950년 농지개혁 이후 소위 '경자유전'의 이념(원칙)을 무너트리고, 농지소유와 그 생산관계의 양극화 현상을 초래하고 있는 것이다. 다시 말하면 농지개혁법의 실시로 소작농의 폐지와 중(소)농을 육성시키려고 하였으나 오늘날 오히려 빈농과 소작농이 대량으로 형성되고 부농과 기업농(농업법인)이 형성되어 신판 소작관계가 재현되고 있다.

둘째는 시장개방의 결과로 많은 외미(外米)를 도입하여 쌀값을 하락시키면서, 반면에 경자유전의 원칙을 악용하여 주곡생산의 자급율을 높이고 농지소유권자의 휴경지를 막기 위하여 소위 '강제이행금제도'를 실시하여 농지를 강제로 경작 또는 매각시키려고 한다.

셋째는 쌀직불금 제도의 적용 대상을 보편적 원칙에 의하여 실시하지 않고 ① 1ha 미만의 신규 농가를 배제하고 그 이상의 농가 또는 농업법인에게 쌀직불금을 차별적으로 허용하는 것은 농정의 형평성이 상실된 아주 잘못된 정책이다.

또한, 종합소득이 연간 3,700만원 이상의 소득이 있으면 직불금 신청을 할 수 없게 한 제도는 시정되어야 한다. 왜냐하면 이것은 원래 직불금제도의 목적에 위배되고 선별적인 정책으로 소득제한의 농정은 농사를 짓고 싶어하는 모든 국민에게 헌법에 위배된, 영농의 기회균등을 박탈하는 것이기 때문이다. 더욱이 우리나라 도시의 화이트 칼라들은 대부분 농촌 출신이며, 급속한 근대화 과정에서 나타나는 현상(예컨대 선대로부터 상속 농지를 보존하고 고향을 지키겠다는 애향심과 토지 애착심 등)이 상존하기 때문에 이러한 문화를 배제한 농정은 바람직 하지 못하다.

넷째는 현재 수준의 쌀직불금 제도는 농가에 큰 보탬(생산비의 7.8% 또는 임차료의 약 3할)이 되지만 쌀의 생산비가 제대로 보장되지 않는 한 농민을 보호한다는 농업정책은 한계가 있고, 오히려 전술한 이중적인 농업정책 즉 대농경영(빈부의 양극화)과 경자유전의 원칙 간의 모순으로 농촌에 살아보겠다는 귀농민의 의욕을 상실시키고 재촌농민은 이중적으로 착취를 강요 받고 있는 실정이다.

이와 같이 쌀직불금제도로 나타난 많은 문제점은 결국 농정의 빈곤에서 비롯되고 있다. 대부분의 농민들은 정부가 쌀값을 생산비 이상으로 보장해 주고, 또 농협이 쌀값을 도시의 소비자 가격으로 보장해 달라과 주장하고 있다. 그러면, 정부의 비현실적인 쌀소득보전직불금이 없어도 된다고 한다.

제 9장 서울대학교 학부 및 대학원생의 사회적 배경

-1960년대 문리대, 법대, 상대 및 관련 대학원의 경우-

1. 서 론

서울대학교 졸업생은 일제시 경성제국대학의 전통을 이어 받아,[1] 해방후 한국사회 각계의 핵심적인 권력지배층이 되어 있다. 해방이후 지금까지 서울대 출신이 대통령 비서관의 44.6%(수석비서관의 61.4%)와 장차관의 42.5%, 그리고 고위 공무원(1급~3급)의 30.3%를 차지하였다.[2] 서울대 출신 중에서 서울법대와 서울상대 출신이 한국관료지배층의 27.1%를 차지하고,[3] 서울문리대 출신은 학계와 정계를 지배하고 있다.

그리하여 1960년대 우리나라 권력지배층의 주요한 원천인 서울대 학부생, 특히 문리대(문학부)와 법대 및 상대 재학생, 그리고 서울대 대학원생(일반대학원, 행정대학원, 사법대학원)의 출신배경을 파악하여 보고, 나아가 그들의 사회 진출을 파악하여 보려고 한다.

저자가 본 고에서 파악하려고 하는 서울대학생은 1960년에서

---

1) 1946년 8월 22일 미군정 법령 제 102호 국립서울대학교 설치령에 따라 경성대학의 법문학부, 이공학부, 의학부를 비롯하여 경성법학전문학교, 경성의학전문학교, 경성공업전문학교, 경성경제전문학교, 수원고등농림학교, 경성사범학교 등을 통합 개편하여 1개 대학원과 9개 단과대학으로 출발하였다.(서울대학교 동창회, 「회원명부」, 1977, p. 1)

2) 김영모, 「한국권력지배층 연구」, 고헌, 제 5, 9장 참조.

3) 상게서, p.293

1963년간 학부생들이고, 그리고 10년이 지난 1971년의 학부생들을 함께 다루어 보려고 한다.4)

이들 학부생들은 해방 이후 서구식 교육을 받은 세대들이며 4.19 학생혁명과 6.3 한일협상반대 시위에 참여한 세대들이다.5) 따라서 이들의 출신배경은 4.19 혁명과 6.3 시위의 정치사회적 성격을 이해하는데 큰 도움이 될 것이다.

<표 1> 서울대 학부 및 대학원생의 조사대상

(단위 ; 인수)

	문리대 (문학부)	법대	상대	일반 대학원	행정 대학원	사법 대학원	경영 대학원
1960	100	200	151	50	50	34	14
1961	100	150	75	50	50	11	33
1962	88	189	63	50	50	50	23
1963	112	160	100	50	50	15	33
1971	194	160	194			38	
합 계	594	859	595	200	200	148	103

(비고) 일반대학원과 행정대학원의 재학생은 1960, 1962, 1963, 1964년도 치이고 사법대학원의 경우 1964, 1966, 1967, 1969, 1970년도 치이며, 경영대학원의 경우 1968~1970년간의 자료이다.

또한, 당시 서울대학교 대학원생들의 출신배경도 본 고에서 아울러 고찰하려고 한다.6) 서울대 대학원생들은 일반대학원과 행정대학

4) 서울대학 졸업생(학사)은 1947년(1회) 이래 1971년(25회)까지 모두 45,246명이고, 이 중에서 문리대 졸업생은 7,719명, 법대는 4,868명, 상대는 5,020명이다. 서울대 대학원 졸업생(석사)은 1949년에서 1971년 까지 모두 4,764명이고, 문학석사는 592명, 정치학석사는 108명, 법학석사는 273명, 경제학석사는 128명, 행정학석사(1961년~1971년)는 828명, 경영학석사(1968년~1971년)는 114명이다.(서울대 대학원 교무과 자료)

5) 4.19 세대와 6.3세대는 민주주의와 민족주의의 의식이 매우 강하다.

6) 서울대학교 대학원은 1946년에 발족하였지만 1959년에 설치령의 개정에 따라 행정대학원과 보건대학원이 신설되었고, 1962년에 사법대학원, 1963년 교육대학원, 1965년 경영대학원, 1967년 신문대학원, 1973년 환경대학원

원의 경우 학부생 조사기간과 매우 유사하지만 사법대학원과 경영대학원의 경우 1960년대 후반의 재학생들이다.

본 연구의 학부생과 대학원생의 조사시기와 조사대상은 표 1과 같다.

표 1에서 볼 수 있는 바와 같이 서울대학교 학생처에 비치된 「학생신상기록카드」를 전수 조사하였지만, 다만 일반대학원과 행정대학원은 등간격으로 표집조사하였다. 조사시기는 1975년 10월이다. 서울대 학부생과 대학원생들의 출신배경은 그들이 입학시 작성한 「학생신상기록카드」이다. 이 카드에 기록된 내용은 연령, 출생지, 출신고교, 가족관계, 생활수준, 부모의 학력과 직업, 종교 등이다. 이러한 자료를 분석하여 당시 서울대 학생들의 사회적 성격을 파악하려고 한다. 그리고 서울대 학부생들의 졸업후 사회적 진출을 알기 위하여 문리대, 법대 및 상대의 동창회 명부를 분석하였다.

2. 서울대 학부생의 출신배경

서울대학교에 입학하기는 옛날이나 지금이나 매우 어렵다. 최근에는 대학입학 수능시험과 고교 내신성적에 의하여 주로 대학입학 자격이 결정되었으나, 과거에는 일부 소위 보결생이 있었지만 대부분 철저한 고교와 대학별 입시경쟁에 의하여 입학이 가능하였다. 그렇기 때문에 서울대학교에 입학하려면 머리도 좋고 공부(노력)도 잘해야 하지만 우선 집안이 좋아 그것을 뒷받침 해주어야 입학이 수월하였다고 한다. 과연 그러한 주장이 어느 정도 타당성이 있는지

이 각각 신설되었으나, 1971년 서울대학교 설치령 개정으로 1971년에 사법대학원, 1975년에 경영대학원, 교육대학원 및 신문대학원이 폐지되었다.(서울대학교 동창회,「회원명부」, 1977, p.1)

궁금하다. 그리하여 서울대 학부생들의 가족배경과 그들의 출신 고교 등 사회적 배경을 자세히 파악하여 본다.

1) 가족배경

(1) 부모 연령

서울대 학부생 부친의 연령은 표 2에서 볼 수 있는 바와 같이 주로 40세에서 60세 까지 집중되어 있고, 심지어 40세 미만과 60세 이상도 상당수 있다. 주로 50세 전후에 집중되어 있는 편이다. 이러한 연령 분포는 대학간 차이가 거의 없으나 상대생 부친의 연령이 상대적으로 약간 높은 것 같다. 이러한 것은 당시에는 조혼의 풍조가 있었고, 다수의 형제가 있었기 때문에 나타난 현상인 것 같다.

<표 2> 서울대 학부생 부친의 연령

(단위 ; %)

		35-40	40-45	45-50	50-55	55-60	60-65	65-70	70이상	미기	합계(실수)
1960	문과									100명	100.0(100)
	법과		1.0	1.0	4.0	3.5	1.0			90.5	100.0(200)
	상과				0.7	0.7				98.7	100.0(151)
1961	문과	2.0	16.0	25.0	18.0	11.0	7.0	2.0	1.0	18.0	100.0(100)
	법과	2.0	16.0	29.3	16.0	14.0	4.7	1.3		16.7	100.0(150)
	상과	4.0	26.7	24.0	22.7	6.7	5.3	5.3		5.3	100.0(75)
1962	문과	1.8	10.2	18.2	23.9	9.1	9.1	1.0		26.1	100.0(88)
	법과	1.6	16.8	23.1	16.4	7.9	4.2	2.1		27.5	100.0(189)
	상과	1.6	9.5	11.1	33.3	11.1	4.8	1.3		27.0	100.0(63)
1963	문과	3.5	19.6	23.2	16.1	11.6	6.3	4.5		15.2	100.0(112)
	법과	0.6	13.1	25.0	19.4	12.5	5.0	0.6	0.6	23.1	100.0(160)
	상과	2.0	14.0	20.0	17.0	13.0	6.0	3.0		25.0	100.0(100)
1971	법과		11.0	22.8	20.8	15.8	8.1	1.3	1.9	18.3	100.0(160)
	상과		12.4	29.9	20.6	14.9	4.6	1.5	1.0	14.9	100.0(194)
합계	문과	2.0	11.8	16.8	14.3	8.0	5.5	2.0	0.3	39.5	100.0(400)
	법과	0.8	11.4	19.3	14.8	10.2	4.4	1.0	0.5	37.5	100.0(859)
	상과	1.0	11.0	17.7	16.5	9.4	3.8	1.9	0.3	38.4	100.0(583)

서울대 학부생 부친의 연령층이 다양한 것은 그들의 형제들이

많다는 것이다. 당시 부모의 자녀 출산율이 높고(평균 5명 이상) 또 영아사망율(약 3할 이상)이 높지만 생존 형제들이 대개 3~5명이 된다. (평균 4명) 심지어 6명 이상의 형제가 있는 경우도 2할 이상이 된다. 그래서 대학생 부친의 연령이 많이 분산되어 있다.

<표 3> 서울대 학부생의 형제수

(단위 ; %)

		1명	2명	3명	4명	5명	6명	7명	8명	9명 이상	미상	합계(실수)
1960	문과	8.0	10.0	10.0	18.0	17.0	18.0	6.0	6.0		8.0	100.0(100)
	법과	7.0	8.5	11.5	13.5	16.0	14.5	12.5	5.0	5.5	6.0	100.0(200)
	상과	6.6	11.9	15.9	17.2	15.9	12.6	8.6	4.6	2.0	4.6	100.0(151)
1961	문과	2.0	8.0	21.0	19.0	18.0	23.0	5.0			3.0	100.0(100)
	법과	4.0	9.3	14.7	19.3	23.3	14.0	10.7	1.3	0.7	2.7	100.0(150)
	상과	9.3	4.0	10.7	12.0	24.0	22.7	13.3			4.0	100.0(75)
1962	문과	8.0	13.6	20.5	27.7	20.5	3.4	1.1			5.7	100.0(88)
	법과	5.3	14.9	16.9	20.6	27.0	6.3	5.9	0.5		2.6	100.0(189)
	상과	7.9	14.3	23.8	22.2	27.0	3.2	1.6				100.0(63)
1963	문과	2.7	15.2	17.0	21.4	16.1	13.4	8.9			5.4	100.0(112)
	법과	0.6	10.6	16.9	23.8	20.0	13.1	10.0	2.0	1.2	1.3	100.0(160)
	상과	2.0	13.0	23.0	23.0	6.0	20.0	8.0	3.0		2.0	100.0(100)
1971	법과	2.5	7.5	17.5	35.5	32.5	2.0				2.5	100.0(160)
	상과		7.7	20.6	30.4	35.6	2.6	0.5			2.6	100.0(194)
합계	문과	5.0	11.8	17.0	21.3	17.8	14.8	5.5	1.5		2.6	100.0(400)
	법과	4.1	10.2	15.4	22.1	23.5	10.0	8.0	1.9	1.6	3.1	100.0(859)
	상과	4.1	9.9	18.9	22.5	23.0	10.8	5.7	1.7	1.4	2.4	100.0(583)

(2) 생활수준

이와 같이 많은 형제들을 부양하면서 자녀들을 대학까지 보내려면 생활수준이 높아야 한다. 비록 서울대학 등 국립대학의 등록금이 사립대의 약 절반이지만 가난한 가정의 경우 그것도 상당히 부담스러웠다. 더욱이 약 8할이 지방 학생이고 약 5할 이상이 하숙 또는 자취생활 등을 하려면 많은 유학비가 필요하다.

<표 4> 서울대 학부생의 생활수준

(단위 : %)

		상	중	근근	빈곤	극빈	미상	합계(실수)
1960	문과	1.0	56.0	23.0	9.0	2.0	9.0	100.0(100)
	법과	0.5	50.5	17.5	1.5	5.0	25.0	100.0(200)
	상과	0.3	71.5	19.8	1.3		6.6	99.8(151)
1961	문과		60.0	24.0	6.0	1.0	9.0	100.0(100)
	법과	2.7	50.0	22.7	2.7	3.2	18.7	100.0(150)
	상과		73.3	13.3	2.6		10.6	99.8(75)
1962	문과		43.2	12.5	5.7	2.3	36.4	100.1(88)
	법과	0.5	41.8	21.2	7.4	1.6	27.5	100.0(189)
	상과	3.2	39.7	11.1	1.6	1.6	42.8	100.0(63)
1963	문과	1.0	64.3	18.6	4.5		11.3	99.7(112)
	법과	3.1	54.4	20.0	3.1	1.3	18.1	100.0(160)
	상과	6.0	67.0	11.0	2.0	1.0	13.0	100.0(100)
합계	문과	0.5	56.5	19.7	6.2	1.5	15.5	99.9(400)
	법과	1.6	48.9	20.2	3.7	2.8	22.7	99.9(699)
	상과	2.5	60.6	17.1	2.1	0.6	17.1	100.0(338)
1971	법과	1.3	5.6	40.3	28.8	17.0	7.0	100.0(160)
	상과	1.0	47.4				1.5	99.8(194)

서울대 학부생(가정)들의 생활수준을 보면, 약 5할이 중류이고, 나머지는 근근생활을 하는 경우가 약 2할이 되며, 나머지는 대부분 빈곤하거나 극빈한 경우이다.(약 1할) 다시 말하면 서울대학생의 약 3할 이상이 가난한 가정의 출신들이다. 가난한 경우 상대적으로 법대생이 약간 많고 상대생이 약간 부유한 편이다.

(3) 종교

서울대학생들은 전체의 약 7할 이상이 종교가 없다. 나머지 약 3할은 종교가 있는데 그 중에서 기독교도가 전체의 약 2할이 되고, 나머지는 불교도(약 7%)와 천주교도(약 5%) 및 유교(약 1.5%) 등이다. 그러나, 부모들은 유교의 전통(제사 등)을 지내는 불도들이 많을 것이다.

이것을 보면, 서구의 종교가 해방후 구미문화의 도입과 권력지배층의 주요한 충원 요인이 되면서 급속히 확산된 것 같다.

<표 5> 서울대 학부생의 종교

(단위 : %)

		기독교	카톨릭	유교	불교	천도교	기타	무교	합계(실수)
1960	문과	26.0	4.0		5.0			65.0	100.0(100)
	법과	17.0	3.0	1.5	6.0			72.5	100.0(200)
	상과	15.9	3.3	3.3	6.0			71.5	100.0(151)
1961	문과	34.0	4.0		9.0			53.0	100.0(100)
	법과	22.7	3.3	2.0	8.7		0.7	62.6	100.0(150)
	상과	20.0	4.0	2.7	13.3			60.0	100.0(75)
1962	문과	12.5	4.5		2.3			90.7	100.0(88)
	법과	5.8	3.2	1.6	2.6			86.8	100.0(189)
	상과	15.9	1.6		3.2			79.4	100.0(63)
1963	문과	25.0	5.4	2.7	6.3			60.7	100.0(112)
	법과	14.4	3.8	3.1	10.0			68.7	100.0(160)
	상과	24.0	1.0	1.0	9.0	1.0		64.0	100.0(100)
1971	법과	15.0	3.8	0.6	8.1			72.5	100.0(160)
	상과	14.4	5.7		6.7			73.2	100.0(194)
합계	문과	24.8	4.5	0.8	5.8			64.3	100.0(194)
	법과	14.7	3.4	1.7	6.9		0.1	73.2	100.0(859)
	상과	17.3	3.6	1.4	7.7	0.2		70.2	100.0(583)

2) 출신지역과 주거형태

(1) 출신도

서울대 학부생은 전국의 수재들이라고 볼 수 있다. 이들은 전국 각 도의 인구구성 비율에 따라 매우 유사하게 분포되어 있다.7)

표 6을 보면, 서울 출신이 서울대 학부생의 약 2할을 차지하고, 그 다음으로 경남 출신이 이와 유사하며, 나머지는 경북출신(약 15%), 전남과 충남 출신(각각 약 10%), 전북출신(약 8%)이 많은 편이다. 그 밖에 충북, 강원, 평안, 함경도 등은 4% 미만을 차지하고 있

---

7) 경제기획원, 「인구주택국세조사보고」, 전국편, 1960, 표 1 참조

다. 1960년대 까지도 피란 온이북 출신들이 상당수 서울대에 입학하고 있다.(약 10%) 그런데 2000년도 서울대 신입생들은 서울출신(45.2%)이 과거에 비하여 약 2배가 되고, 6대 광역시 출신이 31.0%이며, 나머지는 읍 · 면 출신(23.8%)이다.8)

<표 6> 서울대 학부생의 출신도

(단위 ; %)

		서울	경기	강원	충북	충남	전북	전남	경북	경남	제주	평안	함경	황해	미상	합계(실수)
1960	문과	23.0	16.0	4.0	3.0	11.0	7.0	6.0	12.0	15.0		1.0	2.0			100.0(100)
	법과	20.0	12.0	4.0	3.5	10.0	6.0	10.0	16.5	12.0	1.5	2.5	1.0	1.0		100.0(200)
	상과	19.2	3.0	0.7	9.9	11.3	9.3	11.3	10.6	19.2	0.7	1.4	0.7	0.7		100.0(151)
1961	문과	18.0	10.0	3.0	4.0	8.0	2.0	8.0	16.0	22.0	2.0	3.0	4.0			100.0(100)
	법과	23.4	11.3	4.0	3.3	11.3	3.3	8.8	16.0	11.3		4.7	1.3	1.3		100.0(150)
	상과	13.3	5.3	1.3	9.3	12.0	5.3	10.7	17.3	14.7		4.0	5.3	1.3		100.0(75)
1962	문과	18.0	6.0	1.0	3.0	5.0	3.0	14.0	12.5	19.3		5.4	4.4	1.1		100.0(88)
	법과	21.2	9.5	2.6	3.7	6.9	9.0	10.1	12.2	15.4	0.5	5.4	1.6	1.6	0.5	100.0(189)
	상과	31.7	6.3	3.2		4.8	3.2	9.5	11.1	20.6	7.9	1.6				100.0(63)
1963	문과	20.5	15.2	4.5	1.8	11.6	2.7	7.1	9.8	13.4		4.5	7.2	1.8		100.0(112)
	법과	23.8	7.8	1.3	3.1	15.8	3.8	11.4	11.1	13.2	0.6	5.2	2.9			100.0(160)
	상과	12.0	2.0		4.0	8.0	8.0	2.0	14.0	12.0		3.0	1.0	1.0	33.0	100.0(100)
1971	법과	22.3	4.4	3.1	6.3	8.1	9.4	12.5	13.8	20.0	0.5					100.0(160)
	상과	24.7	7.7	2.6	3.6	5.7	7.7	8.8	22.2	16.5	0.2					100.0(194)
합계	문과	20.5	12.3	3.3	3.0	9.3	3.8	9.0	12.5	17.3	0.5	3.5	4.5	0.8		100.0(400)
	법과	22.3	4.4	3.1	4.0	10.2	9.4	12.5	13.8	20.0	0.6	3.5	1.4	0.8	0.1	100.0(859)
	상과	20.4	5.8	1.5	5.7	8.2	7.4	8.6	16.1	16.6	1.2	1.5	0.9	0.5	5.7	100.0(583)

한편, 서울대 학부생들의 출신지역이 어떠한 곳인지를 표 7에서 본다.

표 7을 보면, 서울대 학부생들의 약 6할 이상이 도시 출신이고 농촌 출신이 약 2할이 된다. 그런데 이들의 약 2할 이상이 미상인데 이들도 상기한 지역 비율로 분포되어 있을 것으로 본다. 이것은 도농간 인구구성에 비하면 역전되어 농촌 출신이 상대적으로 적은 편이다.9)

---

8) 서울대 학생생활연구소, 「학생생활연구」, 2000

<표 7> 서울대 학부생의 출신지역

(단위 : %)

		도시	농촌	미상	합 계(실수)
1960	문과	61.0	29.0	10.0	100.0(100)
	법과	62.0	28.5	9.5	100.0(200)
	상과	64.2	23.2	12.6	100.0(151)
1961	문과	53.0	17.0	3.0	100.0(100)
	법과	62.6	18.7	18.7	100.0(150)
	상과	61.3	13.3	25.3	99.9(75)
1962	문과	52.3	12.5	35.2	100.0(88)
	법과	47.6	18.5	33.9	100.0(189)
	상과	60.3	6.3	33.3	99.9(63)
1963	문과	48.2	10.5	41.3	100.0(112)
	법과	52.5	17.5	30.0	100.0(100)
	상과	66.0	24.0	10.0	100.0(100)
합계	문과	53.5	17.5	29.0	100.0(400)
	법과	56.1	21.2	22.7	100.0(699)
	상과	64.3	18.4	17.2	88.9(401)

이와 같이 서울대 학부생은 1960년대에도 도시 출신이 대부분을 차지하고 있다. 도시출신이 많다는 것은 이미 도시의 직업적 배경을 지닌 상공업이나 화이트 칼라의 자손이 많다는 뜻이다. 그리고 농촌 출신의 경우 농업, 농촌의 몰락으로 서울대에 진학하기 어렵다는 것을 의미한다.

서울대 학부생들의 약 8할이 서울출신이 아닌데 이들의 주거형태는 어떠한 가를 보았더니, 자택 기거가 약 4할 이상이고, 그 다음은 하숙생이 약 3할이 되며, 나머지는 자취생활(약 1할) 등이다. 그런데 자택 기거가 4할이 되는 것은 지방 학생 중에 서울에 자택이 있었다는 뜻(시골 부자)이고, 또 미상이 약 15% 되는데, 이것은 입주 가정교사가 다수였을 것이다.

9) 1960년대 도농간 인구구성비는 도시(시)가 전체의 28.0%이고, 농촌(면)이 66.5%이며 소도시(읍)가 9.0%이다.

<표 8> 서울대 학부생의 주거형태(숙소)

(단위 : %)

	자택	하숙	자취	친척집	기숙사	구호시설	미상	합계(실수)
문리대	47.0	31.5	8.0	0.2	1.0		12.3	100.0(400)
법대	44.2	29.2	10.0	1.6	0.2		14.8	100.0(699)
상대	37.2	38.4	6.1		0.1	0.7	17.4	100.0(390)

(2) 출신지역

그러면, 학부생들의 본가가 소재하는 도농별 지역의 특성에 따라 생활수준을 보면, 도시의 경우 농촌 보다도 생활수준이 높다. 도시 출신 학부생들은 대학에 따라 약간의 차이가 있으나 문리대의 경우 중류 이상의 생활수준이 전체의 65.6%이지만 농촌 출신인 경우 52.8%가 되고, 나머지는 거의 대부분 하층이다.

<표 8> 학부생의 생활수준

		상	중	근근	빈곤	극빈	미상	합계(실수)
문리대	도시	0.4	61.6	18.2	5.6	1.9	12.1	99.8(214)
	농촌		52.8	27.1	11.4	1.4	7.1	99.8(70)
	미상	0.8	49.1	18.1	4.3	0.8	26.7	99.8(116)
	합계	0.5 (2)	56.5 (226)	19.7 (79)	6.2 (25)	1.5 (6)	15.5 (62)	99.9 (400)
법대	도시	1.8	56.0	20.1	2.3	2.8	16.8	99.8(387)
	농촌	0.6	48.3	28.5	6.6	4.6	11.2	99.8(151)
	미상	3.1	35.4	12.4	4.9	1.8	42.2	99.8(161)
	합계	1.8 (13)	49.6 (347)	20.2 (141)	3.8 (27)	3.0 (21)	21.4 (150)	99.8 (699)
상대	도시	2.0	74.4	14.4	1.6	0.8	6.8	100.0(250)
	농촌	2.8	75.0	13.9	1.4		6.9	100.0(72)
	미상	3.8	38.0	17.7	2.5		38.0	100.0(79)
	합계	2.5 (10)	67.3 (270)	14.9 (60)	1.7 (7)	0.5 (2)	12.9 (52)	99.8 (401)

법대생의 경우 도시 출신은 중류층이 56.0%로서 가장 많으나 농촌 출신의 경우 48.3%에 불과하며, 나머지는 대부분 가난하다.

상대생의 경우 도시 출신과 농촌 출신의 차이가 거의 없다. 약

76% 이상이 중류 이상이고 나머지는 하류층이다.

이것을 보면, 서울대 학부생들의 생활수준은 중류 이상이 약 절반 이상을 차지하지만 하류층도 상당수 있다는 것을 알 수 있다.

(3) 출신고교

전국에서 서울대학생을 가장 많이 배출한 고등학교는 경기고등학교이다. 경기고 출신은 전공대학별로 서울대생의 약 10~20%가 되고, 그 다음은 서울고 출신이 8~11%, 부산고 출신이 5.8%~4.5%, 경북고 출신이 4~5%, 대전고 출신이 4.0~4.2%, 그리고 경복고 출신이

<표 9> 서울대 학부생의 출신고교

(단위 ; %)

		경기	서울	경복	서울사대부고	경북	경남	용산	대전	부산	제물포	경북사대부고	전주	보성	청주	광주일고	경동	광주	경기女	이화	숙명	중앙	동성	중동	기타	합계
1960	문과	8.0	7.0	2.0	4.0	4.0		3.0	7.0	5.0		3.0	2.0	1.0			2.0	4.0	8.0		1.0	2.0	1.0		36.0	100.0
	법과	11.5	9.0	3.5	1.5	5.0	4.5	4.5	4.0	3.5		2.5	0.5	2.0	2.0	1.5	3.	4.0	2.0		0.5	1.5	1.5		32.0	100.0
	상과	13.9	5.3	2.6	2.0	3.3	5.3	2.0	10.6	2.0			3.3	2.6	4.0	1.3	1.3	6.6	0.7		0.7	1.3			31.1	100.0
1961	문과	8.0	11.0	1.0	1.0	8.0	5.0		3.0	10.0	1.0			1.0	2.0	3.0	1.0	2.0	5.0	5.0				1.0	27.0	100.0
	법과	20.7	15.3	1.3	3.3	5.3	2.0	2.0	4.7	6.7		4.7	1.3	1.3	1.3	2.0	0.7	2.0		0.7		1.3	0.7	0.7	22.0	100.0
	상과	10.7	9.3	6.7	1.3	6.7	2.7		2.7	4.0		10.7	1.3		5.3	2.7	2.7	2.7							30.7	100.0
1962	문과	8.0	3.1	6.8		2.3	2.3	4.5	1.1	8.0	2.3	1.1	1.1			3.4	6.8	4.5	3.4	4.5	4.5	1.1	1.1	1.1	28.7	100.0
	법과	16.9	13.8	2.6	3.2	2.1	2.6	4.2	3.9	5.3	0.5	1.6	4.2	3.7	1.6	4.2	2.6	3.7	0.5			2.1	0.5	1.6	20.5	100.0
	상과	31.7	9.5	1.8	3.2	4.8	4.8	1.6					1.6	1.6			1.6							1.6	33.3	100.0
1963	문과	12.4	8.9	4.5	4.5	1.8	2.7	6.3	4.5	1.0	2.7	2.7	1.0	2.7	1.0	1.0	4.5	1.8	4.5	1.0	1.0	1.0	1.8	1.0	25.7	100.0
	법과	25.0	10.6	5.8	2.0	5.0	2.5	2.5	6.9	1.3	1.3	0.6	3.1	4.4	1.3	4.4	1.3	2.0	2.0	1.3						100.0
	상과	15.0	8.0	6.0		9.0	8.0	1.0	5.0	3.0		4.0	4.0	2.0	4.0	2.0	2.0	3.0				2.0			22.0	100.0
1971	법과	25.0	7.5	6.9	3.8	7.5	5.0	0.6	3.1	6.4	2.5	1.3	4.4			5.0	1.3	0.6	1.3			1.3	1.3			100.0
	상과	23.7	10.3	8.2	1.5	11.3	4.1	1.5	1.5	6.7	1.0	1.0	4.1	0.5	0.5	3.6		1.0				1.0	0.5	1.0	16.5	100.0
합계	문과	10.0	7.8	3.5	3.8	4.0	2.5	3.5	4.0	5.8	1.5	1.8	1.0	1.3	0.8	1.8	3.5	3.0	5.3	2.5	1.5	1.0	1.0	0.8	29.3	100.0
	법과	20.3	11.4	3.8	2.7	4.9	3.4	2.9	4.2	4.5	0.8	2.0	2.7	2.3	1.2	3.4	2.0	2.6	1.2	0.3	0.1	1.5	0.7	0.3	20.8	100.0
	상과	18.9	8.4	5.8	1.5	7.5	5.0	1.4	4.5	3.8	0.3	2.4	3.3	1.4	2.6	2.2	1.2	2.9	0.2		0.2	1.0	0.2	0.5	24.9	100.0

3.5~3.8%를 차지하며, 나머지도 지방 각도의 일류고 출신이라 차지하고 있다. 그런데 전체의 약 2할 이상을 각 지방(도)의 비명문고교 출신이 차지하고 있다.[10]

표 9를 보면, 서울대 3개 단과 대학생의 출신고교 비율은 각 연

도간에 큰 차이가 없다. 다만 최근에 올수록 비율이 감소되고 있다

그러면, 서울대학생을 많이 배출한 1946년~1959년의 일류 고교 졸업생 부친의 직업을 보기로 한다.

표 10에서 볼 수 있는 바와 같이 해방후 1959년 까지 일류 고교 졸업생 부친들은 회사원이 가장 많고, 그 다음은 공무원, 교원, 은행원, 군인 및 상인 등의 순이다. 서울과 부산 등 대도시 소재 일류고교의 경우 그것의 비율이 대단히 높다. 다시 말하면 일류고교생 부친의 직업배경은 화이트 칼라와 같은 신중산층이 대다수를 차지하고 있다.

이와 같이 서울대 학부생 부친의 직업 보다도 일류 고교생 부친의 직업이 화이트 칼라가 더 많고, 농업과 상업이 더 적은 것은 일류 고교가 대도시에 있고, 대도시에는 화이트 칼라가 많기 때문이다. 따라서 서울대 학부생의 경우 비대도시 고교(기타 고교가 2할 이상임), 특히 농촌 출신(약 1.5%)도 상당수 입학하고 있다는 뜻이다.

최근 서울대 신입생 부친의 직업배경은 관리직과 전문직이 각각 26.6%와 23.2%가 되고 사무직이 16.9%이며, 나머지는 판매서비스직(15.8%), 생산직(9.3%), 농어민(3.5%), 실업자(4.7%) 등이다.[11] 이러한 직업배경은 과거에 비하여 더욱 더 고위 화이트 칼라인 상류계층에 귀속해 있음을 알 수 있다. 따라서 그만큼 상류사회 충원기회의 폐쇄성을 의미한다.

---

10) 서울소재 고교출신이 서울출신 보다 많은 것은 지방출신의 서울소재 고교 졸업생이 많다는 뜻이다. 40년이 지난 2004년~2007학년도 서울대학교에 고교별 최초 합격자를 보면 외국어고와 과학고 및 예술고 출신이 가장 많았다. 2007년도의 경우 서울예술고가 88명을 입학시켰고 그 다음은 대원외국어고(65명), 서울과학고(37명), 명덕외국어교(43명), 선화예술고(33명), 국악고(27명), 한영외국어교(21명), 부산과학영재고(27명), 한성과학고(19명), 경기과학고(18명)이며, 나머지도 서울 강남과 서초구의 일부 고교 등이다.(경기고 17명, 휘문고 25명, 안산동산고 23명, 세광고 23명, 반포고 16명, 세화고 17명 등) (「동아일보」, 제 2663호)

11) 서울대 학생생활연구소,「학생생활연구」, 2000

<표 10> 일류고교 졸업생 부친의 직업

(단위 ; 인수)

		농어업	상업	공업	광업	운수업	공무원	군인	교원	회사원	은행원	의사	토건청부	기타	미상	무직	사망	합계
1946	경기고	1	7	1	1		15	10	25	34	5	17		19	97		14	246
	경복고	2	15	2			20	3	18	22	2	8		8	98	7	2	208
	경북고	3	3	7			17	4	28	21	2	10		18	37	4	10	172
	대전고		1			1	3	2	9	3	5	2	8	5	16	2	5	54
1949	경기고	1	9	2			23	17	24	55	2	13		5	58		11	220
	서울고		1				10	8	20	27	3	9		13	71		11	173
	경복고	2	12	15		1	22	6	9	7	7	12		11	77	6	13	200
	경북고	2	5	6	1		9	6	10	6	4	8		3	30	9		99
	대전고			3			31	5	19	20	7	1		11	13	1	8	119
1952	경기고	2	6	5		3	30	21	13	95	12	17	1	10	84	8		307
	서울고			1			2	3	5	5	2	1		4	136			159
	경복고	1	43	20	3	1	26	10	29	6	13	14	1	11	104		4	286
	부산고		3	1		2	33	10	42	88	7	9	1	25	99	15	7	342
	경북고	9	11	11	3		32	28	37	22	19	24		29	102	47		374
	대전고	1	3	3			51	29	43	37	9	3	1	41	66	40	4	331
	전주고	1	16	3	3		76	11	78	38	12	15	3	29	224	123	18	650
1955	경기고		25	8		3	40	8	22	83	19	20		40	180	14	9	471
	서울고		8	8	1	2	30	12	10	27	16	8	4	17	197		4	344
	경복고		22	7		2	46	3	16	31	12	10	4	6	292		5	517
	부산고	1	8		2	2	38	8	18	102	8	10	1	24	132	7	3	362
	경북고	5	25	7	3	1	61	30	23	48	13	8		22	168	88	7	508
	대전고	1	22	1		2	77	51	30	47	25	3	1	59	223	8	1	554
	전주고			1		2	59	10	21	32	14	5	1	37	217		4	403
1958	경기고	2	25				44	18	21	222	25	76	5	17	121		5	581
	서울고		6	9			13	43	11	65	16	10		21	246		3	443
	경복고		16	13		1	48	10	35	119	16	13	1	25	285	22	4	608
	부산고	1	3	7		1	35	12	22	97	16	5	2	24	9	236	1	471
	경북고		9	9			11	49	12	21	13	11	6	33	430	65	4	673
	대전고		10	2	2		72	42	39	42	11	9	1	68	65	272	5	640
	전주고	1	22	4	2	5	89	19	41	59	27	16	6	40	140	57	3	531
1959	경기고		1				29	18	12	70	30	13		6	425			604
	서울고		5	10	1	1	9	33	3	50	14	7	2	27	296		1	459
	경복고		32	24	5	2	53	25	37	110	27	22	4	26	204	25	5	601
	부산고		2	12		5	18	14	11	92	13	5	2	19	8	264	6	471
	경북고	4	7	3		1	8	20	6	13	2	1	2	32	399	2	2	502
	대전고						19	16	7	10	3		2	93	290	30		470
	전주고			3		1	59	14	15	28	12	5	1	40	353		1	532

(자료) 각 고등학교의 학적부 조사 결과.

3) 부모의 교육수준

서울대 학부생 부모의 교육수준은 단과대학간 약간의 차이가 있으나 일반적으로 매우 높은 편이다. 부친의 경우 대졸이 전체의 약 15%가 되고, 고졸의 경우 약 7%, 중졸의 경우 약 20%, 소졸의 경우 약 10%가 된다. 모친의 교육수준은 부친의 교육수준에 비하여 한 단계씩 낮은 편이다.

<표 11> 서울대 학부생 부모의 교육수준

(단위 : %)

		한글해독		한문		소졸		중졸(중퇴)		고졸(고퇴)		전문졸(중퇴)		대졸(대퇴)		대학원		미상		합 계(실수)	
		부	모	부	모	부	모	부	모	부	모	부	모	부	모	부	모	부	모	부	모
1960	법과	1.5	0.5	0.5	0.5	1.5	4.0	3.0	0.5	1.0	1.0			1.5				91.0	93.5	100.0(200)	100.0(200)
	상과			0.7				0.7										98.7	100.0	100.0(151)	100.0(151)
1961	문과		1.0	3.0	1.0	15.0	37.0	30.0	18.0	5.0	9.0	7.0	1.0	15.0	4.0	1.0		24.0	29.0	100.0(100)	100.0(100)
	법과	4.7	7.3	1.3		12.8	32.0	27.3	16.7	9.3	16.0	8.0		17.3	2.7			19.3	25.3	100.0(150)	100.0(150)
	상과	6.7	9.3			16.0	30.7	33.3	293	12.0	8.0			20.0	2.7			12.0	28.0	100.0(75)	100.0(75)
1962	문과			1.1		22.7	32.9	22.7	14.8	5.7	8.0	5.7	1.1	14.8	3.4			27.3	39.8	100.0(100)	100.0(100)
	법과	0.5	2.6	0.5		9.5	35.4	28.5	16.9	10.1	6.9	8.5	1.6	12.7	2.2			29.7	34.4	100.0(189)	100.0(189)
	상과	1.6	1.6			3.2	36.5	30.2	19.0	14.3	9.5	1.6		21.6	3.2			27.0	30.2	100.0(63)	100.0(63)
1963	문과		1.0	1.0		10.8	36.6	34.8	24.1	7.7	7.0	10.7	6.4	17.0	2.7			16.8	22.3	100.0(88)	100.0(88)
	법과	0.6	1.3			11.2	40.0	30.0	20.5	3.8	10.0	4.4	2.5	19.4	2.0	0.6		26.9	23.7	100.0(160)	100.0(160)
	상과	1.0	11.0	2.5		8.0	36.0	34.0	22.0	5.0	10.0	13.0	3.0	15.0	2.0			24.0	16.0	100.0(100)	100.0(100)
1971	법과	3.1	18.1	1.3	0.6	13.8	38.8		16.8	13.7	48.8	5.0	1.3	26.3	5.6	1.3		18.8		100.0(160)	100.0(160)
	상과			0.5	0.5	12.9	33.5	17.0	22.7	17.0	18.0	6.7	2.6	24.7	3.6	1.0	0.5	20.1	18.6	100.0(194)	100.0(194)
합계	문과		0.5	1.3	0.3	11.8	26.8	22.3	14.6	4.5	6.0	6.0	2.3	12.1	2.5	0.3		41.8	47.3	100.0(400)	100.0(400)
	법과	2.0	5.6	1.2	0.2	9.3	29.0	20.3	13.7	7.2	9.9	5.0	1.0	14.5	2.3	0.3		39.6	38.2	100.0(859)	100.0(859)
	상과	1.2	3.5	0.3	0.2	8.1	25.2	19.0	17.2	8.9	9.8	5.1	1.4	15.4	2.2	0.3	0.2	40.8	40.7	100.0(583)	100.0(583)

그런데 표 11을 보면, 모친의 교육수준도 거의 대부분 소학교 이상이고, 부친의 경우도 대부분 중졸 이상인 것을 보면 당시의 수준으로는 대단히 높다. 왜냐하면 1955년에도 문맹율이 남녀의 경우 각각 6.8%와 18.4%이고, 초등학교 졸업생이 12세 이상 교육이수자의 26.1%이며 중학의 경우 5.8%, 대학의 경우 1.0%인 것을 보면 상당한 차이

가 나타나고 있다.[12)]

4) 직업배경

서울대 학부생 부친의 직업은 표 12에서 볼 수 있는 바와 같이 상업이 2할 이상으로 가장 많고, 그 다음은 약 15%의 농업과 각각 약 1할의 공무원과 회사원 및 교원들이다. 비록 미상이 약 3할이 되지만 이 중에서 약 5%는 무직이고 나머지는 미기재자이다. 이러한 직업 구성은 1962년과 1966년 전체 서울대 학생 부친의 직업구성과 매우 유사하다.[13)]

<표 12> 서울법대생 부모 학력의 비교

모친학력 / 부친학력	무학	한글해독	국졸	중졸	고졸	전문졸	대졸	미상	합계(실수)
무학	50.0			8.3				41.7	100.0(12)
한글해독								100.0	100.0(1)
한문수학		37.5	12.5					50.0	100.0(8)
국졸	6.9		46.6					46.6	100.0(58)
중졸	4.1		61.7	18.5		0.7		18.5	100.0(148)
고졸			43.9	26.8	14.6			12.2	100.0(41)
전문졸			5.7	40.0	28.6	5.7		20.0	100.0(35
대졸	3.7		20.7	23.2	34.1	3.7	9.8	4.9	100.0(82)
대퇴					33.3				100.0(3)
미상	0.6	0.3	9.3	4.2	3.2	0.6	0.3	81.4	100.0(311)
합계	2.7	0.5	26.5	12.3	7.8	1.1	1.3	47.6	100.0(699)

이러한 것을 보면, 서울대 학부생 부친의 직업은 신중산층(화이트칼라)이 전체의 약 3할이 되고, 구중산층(자영 상공업 및 농업 등)이 3할 이상이 된다. 다시 말하면 중산층 출신이 거의 대부분이다.

이러한 계급적 성격은 1960년과 1966년 총인구조사 결과와 비교하여 보면 매우 대조적이다. 즉, 1960년의 경우 구중산층은 전체 인

12) 내무부 통계국,「제 1회 간인 총인구조사보고」, 전국편, 1955, pp.24~27
13) 김영모,「한국사회계층연구」, 1982, 일조각, p.479

구의 65.6%이고, 신중산층은 6.8%에 불과하다. 그리고 1966년의 경우도 구중산층이 55.4%이지만, 신중산층은 9.3%이다.[14] 따라서 서울대 학부생은 소수의 신중산층에서 많은 재학생을 배출하였고, 또 잘사는 구중산층의 자녀들이 대부분이라 할 수 있다. 그리고 도시출신 학부생은 농촌에 비하여 상업과 화이트 칼라 출신이 많고, 반면에 농촌 출신 학부생은 절반 이상이 농업에 종사하고 나머지는 화이트 칼라 직업이다.

그러면, 서울대생 부친의 직업별 생활수준이 어느 정도 였는가를 단과 대학별로 표 13, 14, 15에서 보기로 한다.

<표 13> 서울대 학부생 부친의 직업

(단위 : %)

		농업	상업	공업	광업	어업	운수업	공무원	교원	회사원	제조원	청부업	자유업	미상	미기재	합계(실수)
1960	문과	13.0	16.0	4.0	1.0		1.0	10.0	9.0	11.0				35.0		100.0(100)
	법과	11.5	20.0	4.0			0.5	8.5	2.0	8.0	0.5		1.5	4.5	39.0	100.0(200)
	상과	12.6	13.9	4.6		0.6	4.0	15.9	4.0	9.9	0.6		2.0	2.0	29.8	100.0(151)
1961	문과	17.0	26.0	1.0		1.0		7.0	7.0	14.0			2.0	25.0		100.0(100)
	법과	12.7	22.0	4.7				14.0	4.7	11.3			7.3	6.0	17.3	100.0(150)
	상과	17.3	22.6	4.0			1.3	16.0	10.7	14.7			2.6	9.3	1.3	100.0(75)
1962	문과	17.0	31.8					5.7	8.0	5.7		2.3	2.3	27.2		100.0(88)
	법과	10.1	24.4	1.3	1.3		0.5	13.2	5.8	10.1	0.5		4.2	7.4	20.6	100.0(189)
	상과	1.3	36.5	6.3				6.3	12.7	11.1			3.2	4.5	17.4	100.0(63)
1963	문과	16.1	24.5	4.5		1.0	1.0	13.4	4.5	10.7		1.0	5.4	17.0		100.0(112)
	법과	12.5	22.5	1.2	0.6	0.6		13.8	6.3	9.4		0.6	4.4	2.6	25.5	100.0(160)
	상과	20.0	15.0	5.0	1.0			15.0	8.0	14.0			4.0	4.0	14.0	100.0(100)
1971	법과	14.4	17.5	2.0		0.6	3.1	8.8	7.4	11.3	1.3	2.4	4.4	10.6	16.2	100.0(190)
	상과	13.9	28.9	2.1	1.5		1.0	8.8	7.7	14.9	1.0	1.0	1.5	17.5		100.0(160)
합계	문과	15.7	24.5	2.5	0.2	0.5	0.5	9.2	7.0	10.5		0.7	2.5	25.9		100.0(400)
	법과	12.1	21.0	2.2	0.4	0.2	0.8	11.5	5.1	9.9	0.5	0.6	4.2	6.1	24.4	100.0(859)
	상과	13.7	22.6	3.9	0.7	0.2	1.5	12.3	7.7	13.0	0.5	0.3	2.4	8.7	12.1	100.0(583)

표 13을 보면, 문리대(문학부) 학생들 부친의 직업이 농업인 경우

14) 상게서, p.329

상공업이나 화이트 칼라의 경우 보다도 가난하다. 이러한 현상은 법대생의 경우(표 14)에서도 비슷하지만 상대생의 경우(표 15)는 신·구 중산층간에 큰 차이가 없다. 같은 화이트 칼라이지만 교원과 공무원들은 회사원에 비하여 생활수준이 약간 낮다.

<표 14> 문리대생 부친의 직업별 생활수준

(단위 : %)

	상	중	근근	빈곤	극빈	미상	합계(실수)
농업	1.6	39.6	27.0	12.7	3.2	15.8	99.9(63)
상업		58.1	18.3	5.1	1.0	17.3	99.8(98)
공업	10.0	50.0	20.0			20.0	100.0(10)
공업		100.0					100.0(1)
어업		50.0				50.0	100.0(2)
운수업		50.0	50.0				100.0(2)
공무원		59.4	24.3	8.1		8.1	99.9(37)
교원		60.7	10.7		3.6	25.0	100.0(28)
회사원		66.7	21.4	2.4	2.4	7.1	99.9(42)
제조원							
청부업		33.3			33.3	33.3	99.9(3)
자유업		40.0	20.0	30.0		10.0	100.0(10)
기타		78.9	5.2			15.8	99.9(19)
무직		57.6	20.0	5.7		16.5	100.0(85)
합계	0.5 (2)	56.5 (226)	19.7 (79)	6.2 (25)	1.5 (6)	15.5 (62)	99.9 (400)

<표 15> 법대생 부친의 직업별 생활수준

(단위 :%)

	상	중	근근	빈곤	극빈	미상	합계(실수)
농업		43.4	19.3	9.6	14.8	22.9	100.0(83)
상업	1.3	50.3	17.4	3.9	1.3	25.8	100.0(155)
공업	5.0	60.0	15.0			20.0	100.0(20)
공업		50.0				50.0	100.0(4)
어업		100.0					100.0(1)
운수업						100.0	100.0(2)
공무원	1.1	54.6	26.7		1.1	16.3	99.8(86)
교원	3.0	54.5	27.2			15.1	99.8(33)
회사원	4.5	53.0	16.6	6.0	1.5	18.2	99.8(66)
제조원		50.0				50.0	100.0(2)
청부업		100.0					100.0(1)
자유업	3.4	65.5	10.3		3.4	17.2	99.8(29)
기타		55.5	22.2			22.2	99.9(9)
무직	7.4	40.7	14.8	7.4	7.4	22.2	99.9(27)
미상	1.1	44.7	23.7	3.8	5.5	21.0	99.8(181)
합계	1.8 (13)	49.6 (347)	20.2 (141)	3.8 (27)	3.0 (21)	21.4 (150)	99.8 (699)

5) 재산규모

이미 지적한 바와 같이 서울대 학부생 부친의 직업이 대부분 중산층이고 생활수준이 중류가 가장 많으며 동시에 그들 부모의 교육수준이 높은 것에서 그들의 소유재산이 비교적 많다는 것을 짐작할 수 있다.

여기에서는 학부생이 부모의 재산을 스스로 평가(주로 하향)한 것이기 때문에 그 신뢰성이 떨어지겠지만 표 16에서 볼 수 있는 바와 같이 1백만원~3만원의 재산을 소유하고, 그 이상의 재산소유는 약 3할이 되며 나머지는 미상(약 3할)과 1백만원 미만의 재산소유자이다. 그리고 재산의 소유상태는 단과대학간 큰 외미 차이는 없다.

<표 16> 서울대 학부생 부친의 재산

(단위 : %)

		1백만원 미만	1~2	2~3	3·~4	4~5	5~6	6~7	7~8	8~9	9~10	1천만원 이상	미기재	합계 (실수)
1960	문과	23.0	26.0	10.0	7.0	2.0	7.0	3.0	2.0	1.0	9.0		8.0	100.0(100)
	법과	16.0	22.5	9.0	7.5	2.0	0.5	2.0	3.5			3.5	31.0	100.0(200)
	상과													
1961	문과	17.0	21.0	15.0	6.0	7.0	10.0		1.0	3.0	4.0		16.0	100.0(100)
	법과	15.4	14.6	16.0	5.3	2.8	8.8	6.0	3.3	2.0		10.0	15.8	100.0(150)
	상과													
1962	문과		2.3										97.7	100.0(88)
	법과	3.2	5.8	2.6	1.6	0.5	1.1	1.6	1.1	0.5		2.1	79.9	100.0(189)
	상과													
1963	문과	6.3	14.3	14.3	5.4	7.1	8.9	2.6	3.6	1.8	25.0		10.4	100.0(1112)
	법과	11.3	7.5	8.8	8.2	8.2	5.8	5.8	2.5	2.0		18.8	21.0	100.0(160)
	상과													
1971	법과	20.3	11.1	13.2	7.6	6.3	5.0	2.8	2.0	0.6		6.3	24.8	100.0(160)
	상과	25.3	16.0	10.3	7.2	3.1	6.7	3.1	1.0	0.5	7.2		19.6	100.0(194)
합계	문과	12.3	16.3	10.3	4.5	4.5	6.8	1.5	1.8	1.5	10.3		30.5	100.0(594)
	법과	13.2	12.7	9.5	5.9	3.7	4.4	3.4	2.4	0.9		7.8	35.9	100.0(859)
	상과	14.2	16.6	11.0	8.1	3.6	6.3	3.4	1.5	2.1	2.9	6.9	23.3	100.0(583)

3. 서울대 대학원생의 출신배경

서울대학교 각종 대학원의 설립목적이 상이하기 때문에 각종 대학원생의 출신배경이 다를 수 있다. 그러나, 일반적으로 일반대학원은 교수 등 학자를 양성하기 위한 것이지만 행정대학원은 전문행정관료의 양성(주간)과 재교육(야간)을 위한 것이며, 경영대학원은 전문경영인의 양성(주간)과 재교육(야간)을 위한 것이었다. 그러나, 사법대학원은 법관양성을 위한 사법시험 합격자의 재교육기관이라 할 수 있다. 그렇기 때문에 일반대학원과 행정 및 경영대학원의 주간과정은 공개경쟁시험을 통하여 입학하였지만 사법대학원의 경우는 위탁과정이다. 그러면, 이러한 각종 대학원생들의 출신배경을 가족, 배경, 출신지역, 출신대학 및 부친의 교육 및 직업배경을 중심으로 고찰하여 보자.

1) 가족배경

(1) 부친연령

서울대 대학원생 부친들의 중위 연령은 55세이고, 대개 45세~60세 연령층에 분포되어 있다. 대학원생들의 연령은 학부생의 경우와 달리 비교적 다양하게 구성되어 있다. 이와 같이 다양하게 연령층이 분포되어 있는 것은 그들의 형제수가 많기 때문인 것 같다. 즉 일반 및 행정대학원의 경우 형제수가 2명에서 6명 까지 골고루 분산되어 있으나 경영대학원의 경우 2명~5명에 분포되어 있고, 사법대학원의 경우 4명 또는 5명의 형제가 가장 많다. 최근 대학원별 형제수의 차이가 급격한 출산율의 감소현상을 반영하는 것 같다.

<표 17 > 서울대 대학원생 부모의 연령

(단위 ; %)

		35~40세	40~45세	45~50세	50~55세	55~60세	60~65세	65~70세	70세 이상	미상	합계(실수)
일반 대학원	1960		2.0	16.0	16.0	18.0	10.0	8.0	4.0	26.0	100.0(50)
	1962		4.0	12.0	23.0	8.0	10.0	8.0		32.0	100.0(50)
	1963		2.0	12.0	24.0	16.0	16.0	2.0		28.0	100.0(50)
	1964	2.0	4.0	16.0	18.0	4.0	6.0	6.0	2.0	22.0	100.0(50)
	소계	0.5	3.0	14.0	21.0	16.5	10.5	6.0	1.5	27.0	100.0(200)
행정 대학원	1960		4.0	10.0	14.0	10.0	14.0	4.0	10.0	34.0	100.0(50)
	1962			10.0	12.0	8.0	12.0	4.0	6.0	46.0	100.0(50)
	1963				16.0	12.0	4.0	2.0		66.0	100.0(50)
	1964			10.0	10.0	8.0	8.0	6.0	6.0	52.0	100.0(50)
	소계		7.0	7.5	13.0	9.5	9.5	4.0	6.0	49.5	100.0(200)
경영 대학원	1968		7.1		28.7	21.4	14.3			28.7	100.0(14)
	1969			24.2	15.2	15.2	6.1	3.0		26.3	100.0(33)
	1970			13.0	21.7	8.7	13.0	4.2	4.2	36.2	100.0(23)
	1971			6.1	15.0	6.1	6.1	3.0	3.0	61.7	100.0(33)
	소계		1.0	12.6	18.4	11.7	8.7	2.9	1.9	42.7	100.0(103)
사법 대학원	1964			2.9	14.6	23.5	5.9	8.8	2.9	38.2	100.0(34)
	1966		9.1	9.1	18.2	36.4			18.2	9.1	100.0(11)
	1967		4.0	20.0	16.0	18.0	16.0	6.0		20.0	100.0(50)
	1969			20.0	46.7	20.0	13.3				100.0(15)
	1970			15.8	15.8	10.5	13.2	13.2	2.6	28.9	100.0(38)
	소계		2.0	14.2	19.6	18.9	11.5	7.4	2.7	23.6	100.0(148)

<표 18 > 서울대 대학원생의 형제수

(단위 : %)

		2명	3명	4명	5명	6명	7명	8명 이상	미상	합계(실수)
일반 대학원	1960	8.0	12.0	8.0	2.0	8.0	6.0	2.0	54.0	100.0(50)
	1962	4.0	16.0	14.0	14.0	20.0		4.0	28.0	100.0(50)
	1963	8.0	14.0	12.0	8.0	14.0	4.0	8.0	32.0	100.0(50)
	1964	16.0	16.0	8.0	12.0	16.0	2.0	2.0	28.0	100.0(50)
	소계	9.0	14.5	10.5	9.0	14.5	3.0	4.0	35.5	100.0(200)
행정 대학원	1960	16.0	2.0	8.0	14.0	6.0	4.0		50.0	100.0(50)
	1962	10.0	8.0	4.0	6.0	4.0	4.0		64.0	100.0(50)
	1963	6.0	4.0	6.0	4.0				80.0	100.0(50)
	1964	6.0	10.0	8.0		12.0		2.0	62.0	100.0(50)
	소계	9.5	6.0	6.5	6.0	5.5	2.0	0.5	64.0	100.0(200)
경영 대학원	1968	14.5	7.2	7.2	42.2				28.8	100.0(14)
	1969	15.2	24.3	21.2	9.1	3.0	3.0	3.0	21.2	100.0(33)
	1970	13.0	21.8	13.0	21.8	4.3	4.3		21.8	100.0(23)
	1971	24.2	15.2	15.2	21.2				24.2	100.0(33)
	소계	17.5	18.4	15.5	20.4	1.9	1.9	1.0	23.3	100.0(103)
사법 대학원	1964	8.8	35.3	29.4	14.7	8.8			2.9	100.0(34)
	1966	9.1	18.2	27.3	27.3		9.1		9.1	100.0(11)
	1967	14.0	16.0	26.0	14.0	8.0	8.0	4.0	10.0	100.0(50)
	1969	13.3	13.3	20.0	40.0	6.7	6.7			100.0(15)
	1970	10.5	13.2	13.2	36.8	10.5	2.6		15.2	100.0(38)
	소계	11.5	19.6	23.0	23.6	8.1	4.7	1.4	8.1	100.0(148)

(2) 생활수준

서울대 대학원생들의 생활수준은 중류층이 가장 많아 전체의 약 6할 이상을 차지한다. 특히 행정대학원생은 중상층이 가장 많고, 일반대학원과 사법대학원생의 생활수준은 근근 등 빈곤한 가정이 2할 이상이 된다. 그리고 이들의 생활수준이 과거에 비하여 점차 높아지고 있다.

<표 19 > 서울대 대학원생의 생활수준

(단위 : %)

		상층	중상	중층	중하	하층	풍족	중류	근근	빈곤	극빈	미상	합계(실수)
일반대학원	1960			42.0			2.0		14.0	6.0		36.0	100.0(50)
	1962			66.0					14.0	4.0		16.0	100.0(50)
	1963			54.0					26.0	8.0		12.0	100.0(50)
	1964			56.0					28.0	6.0	2.0	8.0	100.0(50)
	소계			54.5			0.5		20.5	6.0	0.5	18.0	100.0(200)
행정대학원	1960		46.0	34.0	2.0							18.0	100.0(50)
	1962	2.0	74.0	22.0								2.0	100.0(50)
	1963		56.0	42.0								2.0	100.0(50)
	1964		66.0	18.0	6.0	4.0						6.0	100.0(50)
	소계	0.5	60.5	29.0	2.0	1.0						7.0	100.0(200)
경영대학원	1968		14.33	57.1	14.3	14.3							100.0(14)
	1969			39.7		3.9	3.0		15.2			9.1	100.0(33)
	1970	4.3	4.3	60.0	21.8	4.3				4.3			100.0(23)
	1971	3.0	6.0	70.0	15.0							6.9	100.0(33)
	소계	1.9	4.9	66.0	11.7	3.9	1.0		4.9	1.0		4.9	100.0(103)
사법대학원	1964			38.2					29.4	14.7	2.9	14.7	100.0(34)
	1966			54.5						27.3		18.2	100.0(11)
	1967			56.0					24.0	6.0		14.0	100.0(50)
	1969		6.7	80.0	6.7					6.7			100.0(15)
	1970	2.6	2.6	60.5	18.4	7.9						7.9	100.0(38)
	소계	0.7	1.4	55.4	5.4	2.0			14.9	8.1	0.7	11.5	100.0(148)

이러한 생활수준을 출생지의 도농별, 부친의 직업별 분석을 하여 보아도 도농간 직업간 큰 차이가 없다. 도농별 생활수준을 대학원 별로 보면 표 20과 같다.

<표 20> 서울대 대학원생 부모의 생활수준

(단위 : %)

		상층	중류	근근	빈곤	극빈	미상	합계
일반 대학원	도시			19	1	64	9	93
	농촌		9	7	5		1	22
	미상	1	36	15	6	1	26	85
	소계(%)	1(0.5)	45(22.5)	41(20.5)	12(6.0)	65(32.5)	36(18.0)	200(100.0)
경영 대학원	도시		19	3			1	23
	농촌	1	5	1	1			8
	미상	2	61	5			4	72
	소계(%)	3(2.9)	85(82.5)	9(8.7)	1(1.0)		5(4.9)	103(100.0)
행정 대학원	도시	1	84	38	3		5	131
	농촌		30	14	1	1	3	49
	미상		7	6		1	6	20
	소계(%)	1(0.5)	232(60.5)	58(29.0)	4(2.0)	2(1.0)	14(7.0)	200(100.0)
사법 대학원	도시		32	13	5		3	55
	농촌		16	6	7		6	35
	미상	1	44	7		1	8	60
	소계(%)	1(0.7)	91(61.5)	26(17.6)	12(8.1)	1(0.7)	17(11.5)	148(100.0)

<표 21> 서울대 대학원생의 숙소

		자택	하숙	자취	친척 친지	기숙사	구호시설	기타	합계(실수)
일반 대학원	1960	48.0	22.0	8.0				22.0	100.0(50)
	1962	58.0	28.0	2.0				12.0	100.0(50)
	1963	52.0	14.0	6.0		8.0		20.0	100.0(50)
	1964	60.0	14.0	2.0		8.0		16.0	100.0(50)
	실수(인)	54.5(109)	19.5(39)	4.5(9)		4.0(8)		17.5(35)	100.0(200)
행정 대학원	1960	16.0	3.5	1.0	0.5	0.5	0.5	12.0	100.0(50)
	1962	72.0	3.5	0.5				12.0	100.0(50)
	1963	76.0	18.0					6.0	100.0(50)
	1964	76.0	3.5	8.0				0.5	100.0(50)
	실수(인)	72.0(144)	15.0(30)	3.5(7)	0.5(1)	0.5(1)	0.5(1)	8.0(16)	100.0(200)
경영 대학원	1968	57.2	14.3	7.1	7.1			14.3	100.0(14)
	1969	57.7	21.2	3.0	6.1			12.0	100.0(33)
	1970	63.2	8.7	4.3	13.0	4.3		8.7	100.0(23)
	1971	66.3	6.1		15.2	3.0		9.1	100.0(33)
	실수(인)	61.2(63)	12.6(13)	2.9(3)	10.7(11)	1.9(2)		10.7(11)	100.0(103)
사법 대학원	1964	35.3	44.1	5.9		2.9	5.9	5.9	100.0(34)
	1966	54.5	18.2			9.1		18.2	100.0(11)
	1967	42.0	8.0	4.0	8.0	34.0	2.0	2.0	100.0(50)
	1969	40.0	13.3	13.3		13.3		20.0	100.0(15)
	1970	36.8	5.3		2.6	23.7	2.6	28.9	100.0(38)
	실수(인)	39.9(59)	16.9(25)	4.1(6)	3.4(5)	20.3(30)	2.7(4)	12.8(19)	100.0(148)

서울대 대학원생들의 숙소는 자택이 가장 많고, 그 다음이 하숙

및 자취 등이다. 자택인 경우 일반대학원의 경우 54.5%이고 행정대학원의 경우 72.0%이며, 경영대학원의 경우 61.2%가 된다. 서울 출신 대학원생이 2할 정도임에도 불구하고 자택율이 높은 것은 기혼자가 많아서 그러한 것 같다. 사법대학원생의 경우 39.9%인 것은 정부가 제공하는 기숙사에서 많이 생활할 수 있기 때문이다.(전체의 20.3%)

(3) 종교

서울대 대학원생들의 종교는 학부생과 마찬가지로 비신자가 전체의 약 7할이 된다. 종교가 있는 경우 기독교도들이 가장 많아 전체의 2할 이상을 차지한다. 그 다음은 천주교도(10% 미만)와 불교도

<표 22> 서울대 대학원생의 종교

(단위 : %)

		기독교	카톨릭	유교	불교	무교	합계(실수)
일반대학원	1960	16.0	4.0	2.0	4.0	74.0	100.0(50)
	1962	32.0	6.0			62.0	100.0(50)
	1963	22.0	18.0		4.0	56.0	100.0(50)
	1964	28.0	4.0			68.0	100.0(50)
	소계	24.5	8.0	0.5	2.0	65.0	100.0(200)
행정대학원	1960	18.0	2.0	2.0	6.0	72.0	100.0(50)
	1962	28.0	4.0	4.0	8.0	56.0	100.0(50)
	1963	20.0	4.0	2.0	80	66.0	100.0(50)
	1964	16.0	4.0	2.0	10.0	68.0	100.0(50)
	소계	20.5	27.0	2.5	8.0	42.0	100.0(200)
경영대학원	1968	21.4	7.2			71.4	100.0(14)
	1969	15.2	3.0	3.0	6.1	72.7	100.0(33)
	1970	30.4	8.7		4.4	56.5	100.0(23)
	1971	27.3	3.0		3.0	66.7	100.0(33)
	소계	23.3	4.9	1.0	3.9	67.0	100.0(103)
사법대학원	1964	8.8		2.9	11.8	76.5	100.0(34)
	1966	36.4		9.1		54.5	100.0(11)
	1967	8.0	2.0	2.0	10.0	78.0	100.0(50)
	1969	20.0			6.7	73.3	100.0(15)
	1970	13.2	5.3		13.2	68.4	100.0(38)
	소계	12.8	2.0	2.0	10.1	73.0	100.0(148)

(약 65%) 및 유교도(약 2%)이다. 비록 자신은 불교나 유교를 믿지 않는다고 생각할지라도 부모들은 대부분 유교의 전통(제사 등)을 유지

하고, 동시에 불도들이 많을 것이다.

2) 출생지역

서울대 대학원생들의 출생지는 서울이 가장 많고,(약 2할 이상) 그 다음은 경북, 경기, 경남 등이다. 특히 경영대학원의 경우 서울 출신이 41.7%가 되고, 일반대학원의 29.0%가 되며, 사법대학원의 경우 경북과 경남, 그리고 전남의 출신이 많은 편이다.

<표 23> 서울대 대학원생의 도별 출생지

(단위 ; %)

		서울	경기	강원	충북	충남	전북	전남	경북	경남	제주	평남	평북	함남	함북	황해	기타	합계(실수)
일반대학원	1960	30.0	10.0	2.0	2.0	4.0	8.0	2.0	4.0	14.0		6.0		8.0		4.0		100.0(50)
	1962	24.0	8.0	6.0	8.0	10.0	4.0	4.0	12.0	10.0		4.0	4.0	2.0		2.0	2.0	100.0(50)
	1963	32.0	10.0		6.0	2.0	4.0	6.0	18.0	10.0		6.0	2.0		2.0	2.0		100.0(50)
	1964	24.0	16.0		6.0	6.0	8.0	4.0	14.0	8.0	2.0			4.0	4.0	4.0		100.0(50)
	소계	29.0	11.0	2.0	2.8	2.8	3.0	2.0	6.0	5.3	0.3	2.0	0.8	1.8	0.8	1.5	0.3	100.0(200)
행정대학원	1960	24.0	8.0	8.0	6.0	10.0	6.0	12.0	14.0	6.0				2.0	2.0	2.0		100.0(50)
	1962	28.0	16.0	2.0	6.0	6.0	8.0	8.0	8.0	4.0	2.0	6.0	2.0	4.0				100.0(50)
	1963	20.0	20.0	4.0	10.0	2.0	4.0		6.0	10.0		6.0	4.0	10.0	2.0	2.0		100.0(50)
	1964	16.0	10.0	8.0	10.0	10.0	6.0	4.0	12.0	16.0			8.0					100.0(50)
	소계	22.0	13.5	5.5	8.0	7.0	6.0	6.0	10.0	9.0	0.5	3.0	3.5	4.0	1.0	1.0		100.0(200)
경영대학원	1968	50.0	7.1		14.3	7.1		7.1	7.1	7.1								100.0(14)
	1969	30.3	21.2	3.0	6.1	9.1	9.1	6.1	9.1	3.0	3.0							100.0(33)
	1970	39.2	8.7		8.7	4.3	4.3	4.3	21.8	8.7								100.0(23)
	1971	51.0	6.1	3.0	3.0	3.0	9.1	6.1	21.2									100.0(33)
	소계	41.7	11.7	1.9	6.8	5.8	6.8	4.9	15.5	3.9	1.0							100.0(103)
사법대학원	1964	8.8		5.9	5.9	5.9	11.8	17.6	17.6	17.6		2.9	2.9	2.9				100.0(34)
	1966	36.4	9.1						27.3	18.2					9.1			100.0(11)
	1967	24.0	8.0	2.0	12.0	8.0	6.0	8.0	22.0	10.0								100.0(50)
	1969	40.0			6.7	13.3	6.7	13.3	20.0									100.0(15)
	1970	15.8	7.9		2.6	7.9	5.3	18.4	21.1	18.4	2.3							100.0(38)
	소계	20.9	4.7	2.7	6.8	7.4	6.8	12.8	20.9	13.5	0.7	0.7	0.7	0.7	0.7			100.0(148)

3) 출신대학

서울대 대학원의 입학은 비록 공개 경쟁시험을 치르게 되어 있지만, 사법대학원을 제외하면 서울대 졸업생들에게 유리하다. 왜냐하면 전공시험문제를 서울대 교수들이 출제하기 때문이다.

일반대학원의 입학생은 서울대 출신이 전체의 67.0%이다. 미상의 경우 대부분 서울대 출신이기 때문에 사실상 9할 이상이라 할

<표 24 > 서울대 대학원생의 출신대학

(단위 : %)

		서울대	고려대	연세대	기타 대학	미상	합계
일반 대학원	1960	26.0	2.0	2.0	4.0	66.0	100.0(50)
	1962	40.0			2.0	58.0	100.0(50)
	1963	86.0			6.0	8.0	100.0(50)
	1964	96.0			2.0	2.0	100.0(50)
	소계	67.0	0.5	0.5	3.5	18.5	100.0(200)
행정 대학원	1960	30.0		2.0	38.0	30.0	100.0(50)
	1962	24.0	2.0		44.0	30.0	100.0(50)
	1963	18.0	2.0	8.0	64.0	8.0	100.0(50)
	1964	30.0	6.0	2.0	56.0	6.0	100.0(50)
	소계	25.5	2.5	3.0	50.5	18.5	100.0(200)
경영 대학원	1968	35.7	14.3	7.2	35.6	7.2	100.0(14)
	1969	54.5	3.0	6.1	30.3	6.1	100.0(33)
	1970	60.0	4.3		30.4	4.3	100.0(23)
	1971	54.5	6.1	6.1	27.2	6.1	100.0(33)
	소계	53.4	5.8	4.9	30.1	5.8	100.0(103)
사법 대학원	1964	64.7	8.8	2.9	11.8	11.8	100.0(34)
	1966	63.6			27.3	9.1	100.0(11)
	1967	74.0			14.0		100.0(50)
	1969	93.3	26.7	6.7	6.7	6.7	100.0(15)
	1970	68.4	13.2		15.8	2.6	100.0(38)
	소계	71.6	8.1	1.4	14.2	4.7	100.0(148)

수 있다. 행정대학원의 경우 25.5%이나 미상을 고려하면 전체 신입생의 절반은 될 것이고, 경영대학원의 경우도 약 6할이 될 것이다. 행정대학원생의 50.5%가 기타 대학 출신인데 이들은 국민대와 건국대 출신이 각각 8%를 차지하고, 그 다음은 동국대 출신(3%)이다. 그리고 사법대학원생은 사시 합격자임에도 불구하고 서울대 출신이

전체의 71.6%를 차지한다. 따라서 서울대 대학원생은 서울대 학부출신이 대다수를 차지하고 나머지는 고려대와 연세대 등 졸업생들이 차지하고 있다.

서울대 대학원생들의 출신지를 지역별(도별, 도농별)로나 부친의 학력, 직업별로 분석하여도 큰 의미 차이를 발견할 수 없었다.

4) 교육수준

1960년대 서울대 대학원생들의 부친은 대부분 일제시 교육을 받았기 때문에 그들의 교육수준이 매우 낮은 편이다.

일반대학원생 부친의 학력은 국졸(28.0%)과 중졸(24.0%)이 가장 많고, 그 다음은 대졸(18.0%)과 고졸(9.5%) 및 전문대졸(7.5%)이다. 그리고 미상이 약 3할이 있으나 이들의 학력도 대부분 매우 낮을 것이다.

<표 25 > 서울대 대학원생 부친의 학력

(단위 : %)

		한문수학	국졸	중졸	고졸	전문졸	대졸	대학원	미상	합계(실수)
일반대학원	1960	2.0	4.0	26.0	12.0	6.0	12.0		38.0	100.0(50)
	1962	2.0	8.0	18.0	8.0	15.0	16.0	2.0	36.0	100.0(50)
	1963		10.0	18.0	10.0	8..0	24.0		30.0	100.0(50)
	1964	2.0	6.0	34.0	8.0	6.0	20.0	2.0	22.0	100.0(50)
	소계	6.0	28.0	24.0	9.5	7.5	18.0	1.0	31.5	100.0(200)
행정대학원	1960	8.0	8.0	22.0	2.0	8.0	18.0		34.0	100.0(50)
	1962	12.0	2.0	16.0	8.0	2.0	10.0		50.0	100.0(50)
	1963	8.0	6.0	10.0	6.0	4.0			66.0	100.0(50)
	1964	2.0	8.0	20.0	2.0	2.0	10.0		56.0	100.0(50)
	소계	7.5	6.0	17.0	4.5	4.0	9.5		51.5	100.0(200)
경영대학원	1968		7.1	14.3	21.4	7.1	21.4		28.7	100.0(14)
	1969	3.0	15.2	12.1	12.1	9.1	6.1		42.4	100.0(33)
	1970	8.7	13.0	8.7	17.4		13.0		39.2	100.0(23)
	1971		3.0	18.2	9.0	6.1	6.1		57.6	100.0(33)
	소계	2.9	9.7	13.6	13.6	5.8	9.7		44.7	100.0(103)
사법대학원	1964	8.8	11.8	17.6	8.8	5.9	14.7		32.4	100.0(34)
	1966	18.2	18.2	9.1	9.1	9.1	18.2		18.2	100.0(11)
	1967	4.0	12.0	24.0	6.0	10.0	10.0		34.0	100.0(50)
	1969	6.7	6.7	2.7	6.7	20.0	33.3			100.0(15)
	1970	7.8	13.2	23.7	7.9		18.4		28.9	100.0(38)
	소계	7.5	12.2	21.6	7.4	7.4	16.2		27.7	100.0(148)

행정 및 경영대학원생 부친의 학력은 미상이 전체의 51.5%가 되는데 이들의 교육수준은 매우 낮을 것이다. 행정대학원생 부친 중에 가장 많이 차지하는 학력은 중졸(17.0%)과 대졸(9.4%)이고, 경영대학원의 경우 중졸과 고졸이 각각 13.6%이고 대졸과 국졸이 각각 9.7%이다.

사법대학원생 부친의 학력은 중졸(21.6%)과 대졸(16.2%)이 가장 많고, 그 다음은 국졸(12.2%), 전문대졸(7.4%), 고졸(7.4%), 한학(7.5%) 등이다.

이러한 것을 보면, 일제시 교육을 받은 대학원생 부친의 학력은 양극화 현상이 나타나고 있다.

그리고 서울대 대학원생들 부모의 학력을 비교하여 보면, 학부생의 경우와 마찬가지로 성별 차등화가 나타나 있다. 다시 말하면 부친의 학력이 모친의 학력 보다 높은 편이다.

5) 직업배경

서울대 대학원생들 부친의 직업은 다수의 미상(30~50%)을 제외하면 농업(약 15%)과 상업(약 15%)이 가장 많고, 그 다음은 공무원, 교원, 회사원 등 화이트 칼라(약 15%)이며 자유업 종사자도 상당수 있다.

이러한 직업배경은 학부생의 경우와 큰 차이가 없으나 상대적으로 농촌 출신 자제들이 각 대학원에 많이 진학하고 있다. 특히 그것은 사법대학원생이 많고, 회사원, 공무원 출신 자제들은 행정대학원생이 많다.

그리고 부친의 직업을 지역별(도별 또는 도농별)로 분석하여 보았더니 비교적 분산되어 있다. 다만 대도시인 서울과 부산(경남)에서는 상업이 좀더 많고 농업지대인 전북 등에서는 농업 종사자가 좀 더 많은 편이다.

<표 26> 서울대 대학원생 부친의 직업

(단위 : %)

		농업	상업	공업	광업	운수업	공무원	교원	회사원	자유업	기타	무직	합계(실수)
일반대학원	1960	10.0	36.0				8.0	2.0	8.0	8.0	2.0	26.0	100.0(50)
	1962	12.0	14.0	4.0			8.0	12.0	10.0	10.0		20.0	100.0(50)
	1963	12.0	18.0	2.0			4.0	18.0	12.0	6.0		28.0	100.0(50)
	1964	22.0	16.0	2.0	2.0		8.0	2.0	8.0	6.0		34.0	100.0(50)
	소계	14.0	21.0	2.0	0.5		7.0	8.5	9.5	7.5	0.5	29.5	100.0(200)
행정대학원	1960	22.0	10.0	2.0			10.0	2.0	4.0	6.0	2.0	42.0	100.0(50)
	1962	14.0	18.0	4.0			16.0	4.0	2.0			42.0	100.0(50)
	1963	18.0	8.0				6.0	2.0		2.0		64.0	100.0(50)
	1964	14.0	18.0	2.0			8.0				4.0	54.0	100.0(50)
	소계	17.0	13.5	2.0			10.0	2.0	1.5	2.0	1.5	50.5	100.0(200)
경영대학원	1968	14.4	14.4				14.4		28.0	14.4		14.4	100.0(14)
	1969	27.3	6.1				6.1	6.1	9.1	3.0	3.0	39.4	100.0(33)
	1970	21.7	26.1	8.7			4.3		4.3		4.3	30.6	100.0(23)
	1971	3.0	21.3	3.0		3.0		3.0	9.1			57.6	100.0(33)
	소계	16.5	16.5	2.9		1.0	4.9	2.9	10.7	2.9	1.9	39.8	100.0(103)
사법대학원	1964	14.7	17.6				2.9			5.9	2.9	55.9	100.0(34)
	1966	36.4	9.1				9.1		9.1	18.2		18.2	100.0(11)
	1967	30.0	16.0	2.0			8.0		6.0	4.0	6.0	28.0	100.0(50)
	1969	20.0	13.3			6.7	6.7	13.3	13.3	13.3		13.3	100.0(15)
	1970	18.4	23.7				2.6	5.3	2.6	2.6	7.9	36.9	100.0(38)
	소계	23.0	17.6	0.7		0.7	5.4	2.7	4.7	6.1	4.7	34.5	100.0(148)

6) 재산

서울대 대학원생 부모의 재산은 대개 1백만원 이하가 가장 많으나 그 이상의 수준(1천만원)에도 많이 분산되어 있다. 각 대학원 중에 부모의 재산이 가장 많은 곳이 행정 및 경영대학원이고 사법 및 일반대학원의 경우 비교적 2백만원 미만으로 낮은 편이다.

그리고 대학원생 부모의 재산 규모에 대한 지역별 및 직업별 분석결과는 큰 의미 차이는 없다. 다시 말하면 학부모의 재산상 차등은 심하지 않는것 같다.

<표 27 > 서울대 대학원생 재산

(단위 ; %)

		1백만원 미만	1~2	2~3	3~4	4~5	5~6	6~7	7~8	8~9	9~10	1천만원 이상	미상	합계(실수)
일반 대학원	1960	8.0	6.0	4.0	8.0	12.0	8.0	4.0			4.0		46.0	100.0(50)
	1962	4.0	10.0	4.0	8.0	6.0	4.0	6.0			12.0		46.0	100.0(50)
	1963	2.0	10.0	10.0	2.0	2.0	4.0		2.0	2.0	8.0		58.0	100.0(50)
	1964	28.0	2.0	2.0		2.0	8.0	2.0	4.0	2.0	2.0		48.0	100.0(50)
	소계	10.5	7.0	5.0	4.5	5.5	6.0	3.0	1.5	1.0	6.5		49.5	100.0(200)
행정 대학원	1960	2.0	10.0	14.0	12.0		10.0	4.0	6.0		2.0	18.0	22.0	100.0(50)
	1962	2.0	6.0	18.0	2.0	8.0	4.0	4.0	6.0	4.0	4.0	26.0	16.0	100.0(50)
	1963	6.0	4.0	8.0	12.0	8.0	12.0	2.0	8.0	4.0	4.0	16.0	16.0	100.0(50)
	1964	8.0	6.0	10.0	8.0	10.0	4.0	10.0	4.0	6.0		16.0	18.0	100.0(50)
	소계	4.5	6.5	13.0	8.5	6.5	7.0	5.0	6.0	3.5	2.5	19.0	18.0	100.0(200)
경영 대학원	1968	7.1	14.3	7.1		7.1			7.1		7.1		50.2	100.0(14)
	1969	21.2	18.2	9.1	6.1		6.1		3.0		6.1		29.9	100.0(33)
	1970	21.7	17.4	8.7							8.7		43.5	100.0(23)
	1971	15.1	21.2	21.2	9.1	6.1				3.0	3.0		21.2	100.0(33)
	소계	17.5	18.4	12.6	4.9	2.9	1.9		1.9	1.0	5.8		33.0	100.0(103)
사법 대학원	1964	41.2	8.8				2.9	5.9		2.9	5.9		32.4	100.0(34)
	1966	27.3		9.1									63.6	100.0(11)
	1967	24.0	4.0	2.0		2.0		4.0	2.0		2.0		60.0	100.0(50)
	1969	13.3	40.0	13.3	6.7						13.3		13.3	100.0(15)
	1970	15.8	21.1	13.2	13.2		2.6	5.3	2.6	5.3	2.6		18.4	100.0(38)
	소계	25.0	12.8	6.1	4.1	0.7	1.4	4.1	1.4	2.0	4.1		38.5	100.0(148)

4. 서울대 학부생의 사회진출

1) 학부 졸업생의 취업 경향

서울대 학부생들이 졸업한 후 어떠한 직업을 갖느냐 하는 것은 그들의 전공 학문과 개인적 취향에 따라 많은 차이가 있을 것이다.

일반적으로 서울 문리대 졸업생은 대학교수나 신문기자로 많이 취업하고, 서울법대 졸업생은 법관이나 행정공무원, 그리고 서울상대 졸업생은 은행원이나 회사원으로 많이 취업하는 것으로 알려져 있다.

<표 28> 서울대 졸업생의 직업

(단위 ; 인수)

		상업	공업	공무원	법관 변호사	교원	교수	은행원	회사원	기자	기타	군인	학생	미상	사망	합계
1947	문과대			1		4	23	3	3	1				20	6	61
	법과대	3		6	8	3	5	1	3			1		23	2	55
	상과대	1		3		2	2	2	3		1			7	2	24
1950	문과대	1	1	9	2	3	49		3	2	4			43	7	125
	법과대		1	12	15	3	3	3	3					21	5	66
	상과대	1		9			4	3	19	1	3			16	7	62
1955	문과대	1		21		12	28	6	10	2	4			94		178
	법과대	3		54	12	22	15	23	40			1	1	45	1	217
	상과대	7	3	12		13	5	60	41			1		72	1	215
1960	문과대	5	6	49		40	40	9	32	14	2	13	14	153	4	382
	법과대	3	1	57	24	4	10	27	29	4		4	3	53	3	224
	상과대	2	2	28		5	2	65	53	1	2			70	1	232
1965	문과대	8	4	66		41	11	7	103	32		35	43	205	3	575
	법과대			35	12	1		47	41	4	4	47	8	131		328
	상과대	2	1	16	1	2	3	86	157	1	7	5	1	92	1	372
1970	문과대	1		4		1		4	8			21	14	314		367
	법과대			5				16	2	1			1	142		167
	상과대			5		1		70	70	2		46	5	43		243
합계	문과대	16	10		2	101	151	29	159	51	10	69	71	829	20	1,688
	법과대	9	2		59	33	33	117	118	9	4	53	13	415	11	1,057
	상과대	6	6		1	23	16	286	343	5	13	52	6	300	12	1,148

(자료) 1) 서울대학교 문리대학 동창회, 「동창회원명부」, 1974
2) 서울대학교 법과대학 동창회, 「동창회원명부」, 1974
3) 서울대학교 상과대학 동창회, 「동창회원명부」, 1973

이러한 것이 어느 정도 사실인지 해방이후 1970년 까지 취업경향을 보면 알 수 있다.

표 28을 보면, 당시 취업란이 심해서 군복무와 실업자 등 미상이 많아서 정확히 파악하기는 어려우나 대체적인 취업경향은 알 수 있다. 즉, 서울문리대 졸업생이 교수(교원) 또는 기자로 많이 취업하고 서울법대 졸업생은 다수가 법관이 되며 서울상대 졸업생은 은행원으로 많이 취업하고 있다. 그리고 3개 대학 졸업생들은 행정공무원이나 회사원 심지어 은행원으로도 많이 취업한다. 특히 1965년과

1970년 졸업생 중 군인과 학생이 많은 것은 군복무 중이거나 대학원에 진학하였기 때문이다. 따라서 3개 대학 졸업생들의 사회진출이 일반적인 견해(세평)가 어느 정도 신빙성이 있으나 이들은 다양한 직종에 취업하고 있다.

<표 29> 서울대 문리대생의 출신지역별 취업

(단위 ; %)

	상업	운수업	공무원	교수교원	회사원	은행원	기자	자유업	기타	유학	미상	합계(실수)
도시	1.0		4.9	18.9	5.8	1.0	9.7		7.3	18.4	33.0	100.0(206)
농촌		0.5	7.6	28.4	6.5	3.8	7.6	0.5	10.3	9.2	31.0	100.0(184)
미상				20.0	30.0				10.0		40.0	100.0(10)
합계	0.5 (2)	0.3 (1)	6.0 (24)	6.0 (24)	6.8 (27)	2.3 (9)	8.5 (34)	1 (0.3)	8.8 (35)	13.8 (55)	32.3 (129)	100.0 (400)

저자가 조사한 1960년대 초반 서울대 3개 대학 졸업생의 취업경향을 보면, 서울대 문리대의 경우 역시 교수나 교원이 가장 많고, 그 다음이 해외 유학생과 기자, 회사원, 공무원으로 취업하고 있다. 이러한 취업은 본인 뿐만 아니라 온 가족이 바라는 것이다.

이것을 출신지역별로 분석하여, 보면 표 29와 같이 도시 출신은 교원과 해외유학생 및 기자를 선호하고 농촌 출신은 교원과 공무원 및 은행원을 선호하고 있다.

한편, 서울법대의 경우 도시출신이 2배 이상이 되는데 이들은 행정공무원과 판검사를 가장 많이 진출하고, 그 다음은 은행원과 회사원이다. 서울법대에 진학해서 사시나 행시에 합격하여 법관 또는 행정관료가 되는 것을 가장 이상시 하고 있다. 이의 합격 정원이 과거에는 많지 않았기 때문에 은행원 또는 회사원 또는 교원 등으로 진출하는 경향이 있다.

<표 30> 서울대 법대생의 출신지역별 취업

	상업	공업	공무원	판검사	교수교원	은행원	자유업	기타	유학	미상	사망	합계(실수)
도시	2.1	0.3	24.3	14.0	3.4	13.2	4.4	1.0	4.4	19.8	1.0	100.0(387)
농촌	2.6	0.7	19.9	21.2	3.3	12.6	2.0			21.2	0.7	100.0(151)
미상	0.6		17.4	20.5	3.1	10.6	3.7	0.6	4.3	26.1	0.6	100.0(161)
합계 (실수)	1.9 (13)	0.3 (2)	21.7 (152)	17.0 (119)	3.3 (23)	12.4 (87)	3.7 (26)	0.7 (5)	3.4 (24)	20.9 (146)	0.9 (6)	100.0 (699)

<표 31> 서울대 학부생의 사회진출

		농업	상업	공업	광업	어업	운수업	공무원	교원	회사원	은행원	기자	자유업	기타	무직	은행원	기록미상	사망	해외	합계(실수)
1960	문과		1.0					3.0	21.0	8.0	5.0	7.0		15.0	37.0					100.0(100)
	법과		2.5					35.5	6.0	14.5			3.5			11.5	20.5	1.5	4.5	100.0(200)
	상과		0.7	0.7				13.2	3.3	27.8			2.6	2.0	13.2	19.2			10.6	100.0(151)
1961	문과						1.0	6.0	22.0	7.0	1.0	12.0		3.0	28.0				19.0	100.0(100)
	법과		4.7	0.6				37.3	0.7	14.0	0.7	0.7	6.0	1.3		10.0	21.3	0.7	3.2	100.0(150)
	상과		5.3	2.7				5.3	4.0	22.7	36.0				17.2				6.7	100.0(75)
1962	문과							6.8	19.3	6.8	1.0	3.4	1.0	8.0	33.1				19.3	100.0(88)
	법과							40.2	2.6	11.1			2.6	2.1		11.1	27.0	0.5	2.6	100.0(189)
	상과		1.6	4.8				6.3	4.8	9.5	38.1		3.2	4.8	18.5				9.5	100.0(63)
1963	문과		1.0					5.4	20.5	5.4	1.8	10.7		13.5	30.4				16.8	100.0(112)
	법과		0.6					42.5	2.5	16.9			3.1			17.5	12.5	0.6	3.8	100.0(160)
	상과		3.0	2.0				8.0	2.0	15.0	33.0		1.0	16.0	30.0					100.0(100)
합계	문과		0.5				0.3	6.0	20.8	6.8	2.3	8.5	0.3	8.8	32.3				13.8	100.0(400)
	법과		1.9	0.1				38.8	3.1	14.0			3.7	0.9		12.4	20.6	0.9	3.6	100.0(699)
	상과		2.3	2.1				9.3	3.3	20.6	29.0		1.8	5.7					6.9	100.0(389)

이러한 취업은 부모와 가족이 바라는 것이기 때문에 부친과 자식(졸업생)의 세대간 직업이동을 통하여 어느 정도 충족되었는 지를 고찰하여 보자.

2) 세대간 사회이동

서울대 학부졸업생 부친의 직업이 농업인 경우 약 15%가 되고 상업의 경우 약 25%가 되지만 본인이 농업 또는 상업에 취업한 경우는 전무한 편이다. 비록 부친의 직업이 농업과 상업일지라도 거의 대부분 공무원, 법관, 교원, 회사원, 은행원 등을 선호하고 있다. 이러한 화이트 칼라가 비록 봉급생활자이지만 현대사회에 있어서 권력과 수입 및 위세가 가장 크다고 보고 있기 때문이다. 그리고 화이트 칼라 직종 출신들도 이러한 봉급생활자를 선호하고 있다.

<표 32> 서울대 문리대(문학부) 졸업생의 세대간 직업이동

(단위 ; 인수)

	농업	상업	공업	공무원	교원	은행원	회사원	기자	기타	유학	무직	합계
농업				8	12	2	3	8	8	8	16	65
상업		1		7	19	2	7	6	13	12	31	63
공업				3					2	2	6	13
공무원				2	7		5		3	5	12	37
교원				2	3		1	2		6	14	28
회사원				2	14	2	3	4	4	1	12	42
자유업					3		1			3	3	10
기타		1	1		5		2	4	1	5	3	22
무직				3	17	3	5	7	5	13	32	85
합계		2	1	24	83	9	27	34	36	55	129	400
(%)		(0.5)	(0.3)	(6.0)	(20.8)	(2.3)	(6.8)	(8.5)	(9.0)	(13.8)	(32.3)	(100.0)

이러한 사무직, 관리직 및 전문직과 같은 화이트 칼라는 정부의 경제개발계획과 더불어 행정 및 기업 관료제도의 발달, 인력수급을 위한 교육기회의 확대 등 사회적 기능의 필연성으로 많이 필요하게 되었다. 이러한 수요공급은 특히 서울법대와 서울상대의 졸업생들에게 행정 및 기업관료에의 진출이 더욱 두드러지게 나타나고 있다. 그리고 서울문리대 졸업생의 경우 학교 교원(교수 및 교사)으로 많이 진출하고, 특히 해외 유학의 길, 즉 장차 교수가 되려고 많이 나서고 있는 것이 특징이다.

<표 33> 서울대 법대 졸업생의 세대간 직업이동

(단위 ; 인수)

	농업	상업	공업	공무원	법관 판검사	교원	은행원	회사원	자유업	유학	기타	미상	합계
농업		1		21	22	3	5	7	5		1	20	84
상업		6		35	19	3	23	24	5	7	1	31	155
공업			1	7	4	1	1	4	1	1		7	28
공무원				20	15	2	12	10	3	3		21	86
교원				7	6	5	4	4	1		1	5	33
회사원				11	6	2	12	14	4	4	2	11	66
자유업		1		5	7		2	2	1	2	1	8	29
기타		1			2	1		1		1		4	10
무직				7	7	1	2	2		1		7	27
미상		4		39	32	5	26	28	6	5		5	181
합계		13	2	152	119	23	87	96	26	24	11	146	699
(%)		(1.9)	(0.3)	(21.7)	(17.0)	(3.3)	(12.4)	(13.7)	(3.7)	(3.4)	(1.6)	(20.9)	(100.0)

서울대 학부생들의 세대간 직업이동을 표 33과 34에서 보면, 부모가 비록 전통적인 직업(농 · 공 · 상)에 종사하였을지라도 자녀들은 거의 대부분 현대적 직업(화이트칼라, 전문직)에 종사하였고, 그들의 전공에 따라 문리대 출신은 교원, 법대 출신은 법관 또는 공무원 및 회사원으로 진출하고 있다.

3) 학부생의 이념적 성향

1960년대 서울대학생의 출신 배경은 당시의 수준으로 보아 부모들의 높은 학력과 중산층의 직업배경, 그리고 대부분은 중류층의 생활수준을 유지하고 있었다. 비록 가난한 집안 출신이 2할 이상이 되지만 이들은 대부분 가정교사 등으로 학비 및 생활비를 마련하는데 급급하였을 것이다. 그러나, 서울대학생은 대부분의 대학생이 구중산층(상공업 및 농업) 또는 신중산층의 출신이기 때문에 중산층의 이념적 성향을 지니고 있을 것 같다. 즉, 중산층은 반자본가적이고 개혁주의적이며 권력지향적인 성격을 지니고 있다.[15] 그리하여 1960년

4.19 혁명을 성공시키고 1963년 한일협정 반대운동에 나선다.

서울대학생들이 당시 반정부 여론을 주도한「동아일보」와 「사상계」등을 주로 구독한 것을 보면, 젊은 지성들의 정부에 대한 비판정신(민주주의와 민족주의)을 찾아볼 수 있다.[16] 그런데 서울법대생들의 신문의 구독율은 타 대학생과 유사하지만 잡지 구독율, 특히 「사상계」의 구독율은 많이 떨어지고 있다. 예컨대 서울법대생의 사상계 구독율은 타 대학의 절반 수준에 불과하다. 그 만큼 오로지 고시합격과 법관이 되겠다는 일념이고, 따라서 현실에 관심이 적은 편이라서 4.19 혁명과 6.3 시위는 문리대생들이 주도하였다.

5. 결 론

서울대학교 학부생은 각 지방의 소위 일류고등학교 졸업생(소위 수재)들이다. 그리하여 그들의 출신지역이 대도시에 소재한 일류학교 출신이 많지만 여기에는 농촌지역의 우등생이 입학 할 수 있는 기회가 있었다.(약 2할) 따라서 농업과 상업에 종사하는 구중산층 출신과 도시의 화이트 칼라 출신들이 대부분이었다.

한편, 서울대학교 대학원생은 일반대학원의 경우 서울대 출신이 약 9할이 되지만 행정대학원의 경우 약 절반, 경영대학원의 경우 약 6할이 되며 사법대학원의 경우 전체의 7할이 된다.

서울대학교 학부생 및 대학원생의 생활수준이 대부분 중류이고 (약 6할) 하류층도 2할 이상이 된다. 따라서 대부분의 서울대생은 머리도 좋고 집안이 좋은 편이며 소수의 경우 가난한 출신도 있다. 또

---

15) 김영모,「현대사회계층론」, 한복연 출판부, 1982, 1999, pp.137~139
16) 김영모,「한국지배층연구」, 일조각, 1982, pp.149~156

한, 이들 부친의 직업은 대부분 공무원, 교원, 회사원 등 화이트 칼라 출신이며 나머지는 상업 등 자영업에 종사하는 구중산층이다. 따라서 중산층 또는 중간계급 출신들이 서울대 출신의 기본적인 계급적 성격이다. 그러나, 그간 사회변화에 따라 그들의 출신배경이 대부분 서울의 상층 화이트 칼라들이 독점하기 때문에 상층에서의 충원기회와 사회이동의 폐쇄성이 나타나게 될 것이다.

한편, 서울대 학부생 및 대학원생은 졸업후 대부분 부친의 직업과 마찬가지로 행정공무원, 법관, 교원, 은행원, 회사원, 기자 등 전문직 화이트 칼라에 취업하여 상승 이동하고 있다.

그리하여 서울대 졸업생은 대부분 중산층 출신이고, 동시에 그들은 전문직 중산층에 취업하여 상승 이동하기 때문에 초기에는 반부르조아적이고 개혁적인 이념적 성향을 지니겠지만, 후기에는 부르조아적 개인주의적 계급의식을 지니게 된다. 왜냐하면 현재의 사회적 지위와 생활수준이 본인의 계급의식(정치사회 이데올르기)을 결정하기 때문이다. 그러나 교육기회와 사회이동의 폐쇄성은 점차 사회지배층의 보수성을 들어낸다.

종장, 대기업자본가의 형성과 이동

-한국 · 일본 · 미국 · 유럽의 비교-

1. 서 론

자본주의는 일반적으로 토지자본에서 상업자본→산업자본→금융자본→독점자본주의로 발달한다. 그러나, 나라에 따라 이러한 발달과정을 거치지 않는 경우가 있다. 우리나라의 경우 해방후 귀속재산의 불하와 6.25 전쟁 등으로 토지자본가(지주)가 상업자본가 또는 산업자본가로 바로 전신된 경우도 많이 볼 수 있다.

이와 같이 발달하는 기업자본가의 사회적 기원(형성)과 성격이 무엇이며 또 이들의 자본축적 방법(요인)이 무엇인지를 다른 나라의 경우와 비교하여 밝혀 보려고 한다.

오늘날 독점자본주의 단계의 자본가계급(부르조아지)의 개념은 전통적인 자본의 소유권자 이외에 통제권을 지닌 경영자 까지 포괄하는 경향이 있다. 그리고 자본가계급의 이익이 생산과정에서 보다도 오히려 비생산관계(정경유착, 정책지원 등) 등에서 더 큰 이익이 보장되고 있다. 그리하여 종래의 자본가와 노동자의 계급관계 뿐만 아니라 국가(정부)와 기업 및 시민단체와의 정치적 사회적 관계에서 그것을 이해할 필요가 있다.

기업자본가의 사회적 기원과 이동 및 자본축적 방법에 대한 탐구는 지난 50여년 이상 사용된 직업, 산업 등의 분류 개념과 그 내용이 매우 다르고, 또 미국, 일본 등 선진국가의 실상과도 많은 차이가 있어서 선·후진국가간 그것을 비교, 고찰하는 것은 큰 어려움이 있으나 본고에서는 기존 자료(특히 본론)를 토대로 그것을 고찰하여 본다.

2. 자본가계급의 규모

자본주의의 발달은 자본가계급(부르조아지)을 형성시킨다. 서구 자본주의의 발달은 17세기 영국의 산업혁명 또는 18세기 프랑스의 시민혁명으로 부르조아지가 형성되었지만 독일과 일본 및 우리나라의 경우 후발 자본주의 국가라서 19세기 말부터 그것을 찾아 볼 수 있다. 한국의 경우 본격적인 자본주의 발달은 1945년 해방 이후에 일어났다.

이와 같이 늦게 시작된, 한국과 일본의 자본주의와, 일찍이 시작한 영국과 미국의 자본주의는 전통적인 농업과 농민을 몰락시키고 근대적인 공업과 노동자를 대량으로 형성시켰다. 반면에 토지자본에 기초한 지주는 몰락하거나 상공업 자본에 기초한 자본가계급이 될 수 있었다.

자본가계급의 형성은 나라와 시대에 따라 차이가 있겠으나 한국의 경우 1955년 전체 경제활동 인구의 0.4%였지만 2010년에는 7.9%로 증가되었다. 반면, 지난 55년간 구중산층(대부분 자영농민)의 경우 70.0%에서 17.7%로 몰락하였고, 신중산층(대부분 화이트 칼라)은 6.2%에서 34.4%로 증가되었으며, 특히 노동자계급의 경우 23.4%에서 39.6%로 대량 창출되었다.

이러한 계급변동에서 한국의 자본주의는 ① 농촌몰락, ② 도시성장, ③ 사회계급의 양극화, ④ 역할분화(분업화) 등을 급속히 초래하였다. 비록 독점자본주의 단계, 즉 후기산업사회의 도래시기가 나라마다 차이가 있으나[1] 역할분화가 심하여 소위 경영자 혁명, 즉 자본의 소유와 관리가 분리되어 자본가계급의 이익을 옹호, 대변하는 신중산층, 즉 신부르조아지가 대량으로 형성되었다. 그리하여 우리나라의 자본가계급은 2010년 현재 전체 가구의 약 3.5%의 구부르조아지(소유권자)와 약 15%의 신부르조아지(경영권자)가 존재할 것으로 추산한다.

한편, 우리나라의 기업자본가는 2009년 말 현재 모두 329만 4,283명(전체 가구의 19.2%)이다. 이들의 82.8%가 1~4명을 고용한 사업체이고, 5~99명을 고용한 사업체는 전체의 16.8%, 100~300명의 경우 0.4%, 그리고 300인 이상 고용한 사업체는 0.1%(3,129개)이다. 그리고 우리나라의 사업체의 대부분이 도・소매업 및 음식・숙박업이고(45.3%) 제조업은 전체의 9.6%에 불과하다. 따라서 우리나라의 기업자본가는 매우 영세하고 전통적인 자영업이 지배적이다.

그러나, 대기업(집단) 중심의 경제력 집중 현상(제 4장 3절 참조)을 보면, 2010년 말 대기업집단의 매출액(756조원)이 전체 제조업체 매출액의 41%를 차지하고, 한국 증시의 52%를 차지하고 있다. 따라서 대기업자본가계급이 주로 기업집단 중심으로 형성되고 있다.

3. 자본가계급의 사회적 기원

자본가계급의 형성은 일반적으로 서구에서는 산업혁명(영국) 또는 시민혁명(프랑스)을 초래한, 상공업 자본에 기반한 부르조아지에서 찾

---

1) 후기산업사회는 대개 화이트 칼라가 약 30% 이상 차지하는 사회를 말할 수 있는데, 미국은 50년대, 유럽은 60년대, 일본은 70년대, 한국은 90년대에 형성되었다고 볼 수 있다.

고 있다. 그러나, 독일에서는 융커(봉건지주)에서 찾고, 일본에서는 하층무사계급(사무라이), 우리나라의 경우 지주계급에서 주로 찾고 있다. 이와 같이 부르조아지의 형성이 나라마다 차이가 있는 것은 자본주의와 민주주의의 발달, 즉 근대화 과정의 차이에서 비롯되고 있다.

일반적으로 자본주의와 민주주의의 발달은 토지자본가에 기초한 봉건적 지배계급(영주, 귀족 등)으로 부터 산업자본에 기초한 근대적 지배계급(상공업 자본가)으로 권력이 이동한 것을 말한다. 그래서 근대적 지배계급인 상공업자본가의 출신배경을 분석하여 그들의 사회적 기원을 찾아 볼 수 있다.

이와 같이 기업자본가의 출신배경을 분석하여 그들의 사회적 기원을 찾는 연구는 제 2장에서 본 바와 같이 일씩이 미국을 비롯한 각국의 학자들이 시도하였다. 학자들의 연구는 주로 대기업자본가 부친이나 본인의 사회적 배경(직업, 교육, 지역 등)을 분석하여 접근하였다. 그 대표적인 연구결과를 유럽, 미국, 일본, 한국의 경우에서 비교하여 본다.

먼저 1960년 말 유럽 기업지도자의 출신배경을 보면, 그들의 79%가 상층계급 출신이다. 이들 중에 자기 부친과 같은 회사의 기업회장도 전체의 32.9%가 된다.[2] 상류층 출신이 주로 기업엘리트가 되는 나라는 프랑스와 독일에서도 찾아 볼 수 있다.

<표 1> 유럽 기업회장의 출신계층

(단위 : %)

	유럽	프랑스	영국	독일
하층계급	5	2	8	11
중간계급	16	12	23	16
상층계급	79	86	69	73
합 계	100	100	100	100

(비고) 조사연도는 1968년도 임.
(자료) D. J. Hall, H. C. Bettignies, de, and G. Amado-Fischgrund, The European Business Elite, *European Business*, No. 23, 1969

2) G. H. Copeman, *Leaders of British Industry*, Gee & Co. 1955., p.102

표 1에서 볼 수 있는 바와 같이, 프랑스의 최고경영자는 전체의 86%가 상층계급 출신이고, 독일의 경우 73%가 되며, 영국의 경우 69%가 된다.3) 나머지는 대부분 중간계급 출신이며, 하층계급 출신은 10%에 불과하다.

이와 같은 현상은 자본주의 사회에 있어서 상속제도가 있기 때문에 세대간 신분세습성이 강하게 나타난 결과이다.

유럽 기업자도자와 같이 상류층 출신의 부르조아지가 강력히 지배하고 있는 나라는 미국사회에서도 볼 수 있다. 1870년 미국 기업지도자는 부친의 51%가 기업인이었고 나머지는 대부분 화이트 칼라(21.5%)와 전문직(13%) 및 지주와 농민(25%) 출신이다. 그리고 80년이 지난 1955년의 경우 기업인이 전체의 49%가 되고 그 다음으로 전문직(14%)과 화이트 칼라 및 노동자(26%)이다. 이것을 보면, 미국 기업지도자는 부르조아 출신들이 8할 이상이라는 것을 알 수 있다.

<표 2> 기업자본가 부친의 출신배경

(단위 : %)

	지주	농민	기업인	사무라이	전문직	공무원	화이트칼라	노동자	기타	합계	연구자
한국(부친)	51.2	11.6	16.3			2.3	2.3		16.3	100.0	김영모
(본인)			65.1			7.0	30.2			100.0	김영모
일본(1880)		26	24	46	3					100.0	Hirschmeier
(1960)	17.3	6.7	43.6	0.9	9.7	11.5	9.0	1.3		100.0	Mannari
미국(1870)		25	51		13	3	21.5	8		100.0	Gregory&Neu
(1955)	9		49		14	2	26			100.0	Newcome
영국(1955)	5		41		26		10	18			Copeman

(비고) 한국의 화이트 칼라는 주로 회사 관리인이고 마국의 경우 회사경영자이며 한국 및 일본의 기업가는 상인도 다수 포함됨.

(자료) 본서 제 2장과 제 3장 참조

3) P. Stanworth와 A. Giddens의 조사결과에서 영국 경제적 엘리트(기업회장 460명)의 66%가 상층계급 출신이고, 중간계급 출신은 10%이며, 노동자계급 출신은 1%라고 한다. 그리고 미상이 23%가 된다.(*Elite and Power in British Society*, Cambridge University Press, 1974, p.83)

그런데, 일본과 한국의 기업자본가의 출신배경은 자본주의의 발달이 늦어서 전통적인 지배계급(지주)의 출신이 많은 편이다.

표 2에서 볼 수 있는 바와 같이 1960년 한국의 대기업자본가는 지주 출신이 많고(51.2%), 또 본인의 경우 상공업가(65.1%)와 귀속재산 관리인(30.2%)이 많다. 그리고 1880년 일본의 경우 무사계급(46%)과 농민(26%) 및 상인(24%) 출신이 많고, 80년이 지난 1960년의 경우 기업인(43.6%)과 지주(17.3%) 공무원(11.5%), 전문직(9.7%) 출신이 많다. 다시 말하면 봉건적인 지주출신의 부르조아지가 있지만 그 보다도 무사계급(일본)과 귀속재산 관리인(한국) 출신이 많다는 것은 정부의 기업가 육성정책에서 비롯되었던 것이다.

이와 같이 동서양에 있어서 자본가계급의 형성과징이 매우 상이하다. 그러나, 자본주의가 발달하면서 자본가계급의 출신배경, 즉 사회적 기원이 초기 처럼 다양하지 않고, 구미처럼 기업인(약 50%) 및 화이트 칼라(관리직 및 전문직, 약 20%)의 신분세습성이 대단히 높아지고 있다.

4. 대기업자본가의 자본축적 방법

일반적으로 자본주의 경제발전은 자본가계급과 노동자계급을 형성하고 자본가계급은 노동자계급의 희생에서 성장한다. 그런데 이러한 계급이론이 과연 타당한가를 본론에서 검토하여 보았다.

서구의 기업자본가는 영국은 산업혁명으로 대지주를 산업자본가화 시켰고, 프랑스의 시민혁명은 농민과 중·소 부르조아지를 산업자본가로 발전 시켰으며, 독일은 정부의 적극 지원으로 봉건지주계급(Yunker)을 산업자본가로 육성시켰다. 그리고 미국은 대부분 소기업인이었던 영국 이민들이 산업자본가가 되었고, 일본은 메이지 근대화 과정에서 하층 사무라이와 상민들이 산업자본가의 핵심이 되었으며, 한국의 대기업자본가는 정부의 특혜(귀속재산 및 외화의 불하 등)와 중화학공업에 참여하면서 급속히 성장하였다. 그러나 정부의 정책지원을 받지 못한 중소기업은 흡수 통합되거나 몰락하게 되었다.

이와 같이 자본가계급은 정부특혜를 받으면서 잦은 전쟁과 식민지 약탈 및 기술개발 등으로 중화학 공업 및 군수산업에 참여하여 대기업자본가가 되었다.

한편, 산업자본은 금융자본과 합병하여 독점자본이 되면서, 후기 산업사회는 경영자 혁명으로 소유권과 경영권이 분리되어 기업지배층, 즉 자본의 소유자인 구 부르조아지와 이것을 통제하는 신 부르조아지가 나타나게 되었다. 이와 같이 대기업자본가의 형성은 나라별로 그 차이가 있지만 동서양을 막론하고 기본적으로 정부의 보호 및 지원 없이는 대기업의 성장이 불가능하였다.

우리나라의 대기업자본가들은 대부분 해방후 6.25 전란시에 외원(대충자금 등)의 융자와 귀속재산의 불하, 그리고 무역과 인프레 및 특혜에 의하여 성장한 독점자본가들이다. 이들은 1960년 4.19혁명과 5.16 군사혁명에 의하여 부정축재자로 낙인을 받았지만 군사정부가 추진한 경제개발 5개년계획의 중화학공업과 수출입국에 참여하면서 독점자본가(소위 재벌)로 육성되었다. 정부는 유한한 자원(자본)을 효율적으로 사용하기 위하여 소위 '집중과 선택'이라는 원칙 하에 중화학 공업에의 집중과 대기업을 선택하여 재벌을 육성하였다.[4]

정부는 중화학공업을 육성하기 위하여 관련 법령을 제정하고 파격적인 특혜(조세감면, 특혜금융, 차관, 금리인하, 경기부양책 등)를 제공하였다. 반면에 농민과 노동자들은 저곡가와 저임금 정책, 그리고

4) 자원(자본)의 유한성과 효율성의 개념은 우리의 노동력과 자원을 사장시키고 해외의존성(비자주성)을 강화시킨 결과를 빚었다.

노동 3권의 유보 등 노동통제에 시달렸고, 이것으로 인하여 대기업은 국제 경쟁력이 제고되었지만 대외 종속성과 정부 의존적 불균형 성장이 심화되었다.

이와 같이 성장한 대기업자본가는 2000년 까지 아직도 자기자본이 회사자본의 2할 미만이고(기업부채가 5배 이상) 소유와 경영이 분리되어 있지 않으면서 외국자본에 크게 의존하였으며, 더욱이 일가친족에 의한 족벌경영 체제를 형성하였다.

한편, 대기업자본가의 과다한 차입과 정부의 무책임한 외자도입 및 종금사의 허용은 1997년 말 경제위기(외환위기)를 자초하여 IMF의 지배를 받게 되었다. 정부는 IMF와의 양해 각서에 따라 우리나라 경제는 세계시장에 편입되고, 소위 신자유주의 정책(시장개방, 기업공개, 규제철폐, 빅딜 등 기업의 구조조정[5])으로 부실한 대기업에 막대한 공적 자금이 투입되었다. 그리하여 외환위기시 기업집단은 10년만에 많은 부채(자기자본의 519%)를 119.9%로 감소시켰으며, 또한 지난 10년간 약 45.6배의 많은 자본축적(약 339조원)을 하였다.[6]

2010년대 대기업자본가들은 1960년대 이전 창업세대와 비교하여 그들의 성장 배경이나 자본축적 방법이 매우 다르다. 2010년대 대기업자본가는 기존 대기업집단의 기업분할(줄기치기)이나 변칙적인 기업상속(가지치기)에 의하여 주로 형성되었다. 변칙적인 3세 기업상속은 주로 비자금 형성과 주식차익, 탈세 등 불법적 방법에 의존하였다. 대기업자본가는 소유지분율이 13.08%이지만 기업간 환상형 순환

---

5) 당시 비상경제대책위원장 김용환(3공시 경제수석 및 재무장관, 자민련 부총재) 의원은 김대중 대통령과 기업구조조정원칙으로 ① 기업경영의 투명성, ② 상호지급 보증의 해소, ③ 재무구조의 획기적 개선, ④ 핵심 역량 강화, ⑤ 지배주주 및 경영진의 책임 강화를 정하였다.(이헌재, 위기를 쏘다, 「중앙일보」, 2011. 12. 14)

6) 공정거래위원회, '2009년 상호출자제한 기업집단의 일반현황 및 재무현황', 2009년 4월 1일 참조.

출자에 의하여 기업의 의결지분권(42.11%)을 가지고 제왕적 경영을 하고 있다. 적은 지분율을 가진 대기업의 대주주는 많은 미등기 임원들을 두고, 또한 생산과 경영을 효과적으로 관리하기 위하여 참모조직과 가신들을 두었으며, 이들은 퇴직후 특별 예우를 받는다.

한편, 대기업의 자본축적 기반은 1960~1980년대 부터 많이 이루어졌던, 타 기업체의 인수·합병·확장 및 기술개발로 많은 계열회사를 두었고(1,220여개), 정부의 친기업정책으로 지난 10년간 자본축적(경영성과)은 약 339조원에 달하였다. 이들의 자본 축적방법은 ① 타인 자본(평균 3배 이상의 금융부채와 약 50%의 외국인 주식지분)과 ② 80% 이상 무역 의존도 및 ③ 노사간 임금격차(약 7:3 등)에서 가능하였을 뿐만 아니라 정부의 경기부양책, 그리고 저금리와 고환율 및 저임금 등의 정책지원으로 영업이익, 즉 경쟁력을 확보하였다.

이러한 것을 보면, 대기업의 자본축적이 해방후 각 시기에 따라 차이가 있으나 생산관계 보다도 경영 외적 환경요인, 즉 권력에 크게 의존하였음을 알 수 있다.

5. 결 론

자본가계급(부르조아지)의 사회적 기원은 나라마다 상이하지만 그들의 사회적 이동은 매우 유사하다. 서구의 자본가계급은 혁명적 계기에 의하여 새로운 지배계급(부르조아)으로 등장하였지만, 동양처럼 후발 자본주의 국가는 정부의 지원에 의하여 기업자본가계급이 되었다. 영국의 경우 토지자본(지주)이 산업자본가화(기업가화) 되었고, 프랑스의 경우 농민과 중·소 부르조아지가 산업자본가화 되었으며, 독일의 경우 봉건적 지주가 산업자본가화 되었다. 또한 미국의 경우 영국이민들이 대기업 자본가화 되었고 일본의 경우 무사계급과 상인 및 부농이 기업자본가로 변신하였다.

그러나, 이들은 식민지 약탈과 전쟁(군수산업), 그리고 정경유착과 독점산업 등으로 대기업자본가(재벌)가 되었다. 또한 상속제도 등으로 사회이동의 세습성이 매우 강하였다. 1950년대 영국, 미국, 스웨덴, 네덜란드의 기업엘리트 부친의 약 60%가 기업인이고 그들의 약 15%는 소기업인이다. 그리고 일본 기업지도자는 기업인 자손이 44%이고, 소기업의 자손은 22%이다.(S. M. Lipset & Bendix, Mannari)

한편, 자본가계급의 자본축적은 생산관계 뿐만 아니라 유통과정에서도 가능하겠지만 그 보다도 비생산 관계, 즉 정부의 특혜(정책지원)에 의해서 가능하였다.

그리하여 종래의 지배적인 사회불평등의 형성요인(잉여노동가치설과 노동소외설 등) 보다도 오히려 권력요인이 보다 사회불평등 및 지배층 형성이론의 타당성을 지니고 있다. 이러한 요인은 동서양 및 고금에서도 마찬가지이다.

그러면, 우리나라 대기업자본가계급의 경우를 보자. 우리나라 자본가계급은 오늘날 전체 생산활동 인구의 약 5%의 구 부르조아지와 약 15%의 신 부르조아지로 구성되어 있다.

대기업자본가(약 0.1%)는 해방후 외원과 귀속재산의 불하, 무역, 농지개혁, 금융독점 및 인프레 등에 의하여 상업 및 산업자본가화 되었으나 1962년 군사정부는 이들을 부정축재자로 규정하였다. 그 후 정부는 7차의 5개년 경제개발정책을 통하여 그들을 대기업자본가(소위 재벌)로 육성하였으며, 1997년 말 정부의 친기업정책은 대기업의 과다한 외화차입(총자본의 35%, 약 1천 1백억 달러)과 부실기업 등으로 경제위기를 초래하여 IMF의 지배를 받게 되었다. IMF의 신자유주의 세계화 정책(기업구조조정)은 오히려 지난 10년간 정부의 지원과 문어발식 경영과 자본집중으로 대기업집단은 막대한 부채를 줄이고 동시에 많은 경영성과를 올려 주었다. 따라서 대기업자본가는 불법 비자금 형성과 정부의 경기부양책 및 권력공동체 등에 의하여 형성된 천민자본가이다. 그 뿐만 아니라 정부의 정책지원(고환율, 저금리, 저임금 등)으로 주식과 부동산 가격 등을 상승시켜 물적 기반을 소유한 자본가와 그렇지 못한 임금노동자간에 계급양극화를 심화시켰다.

또한, 대기업 자본가는 자기자본 5% 미만 이지만 친인척 및 계열회사 등의 지분(약 4할)과 많은 타인 자본(금융 및 외국자본)으로 족벌체제를 형성하여 대기업을 지배 관리하고 있다.[7] 더욱이 막대한 비자금을 형성하여 불법적으로 자녀들에게 경영권을 승계한 불법기업가가 대부분이라 할 수 있다.

이와 같이 대기업자본가가 성장한 배경은 무엇 보다도 정부의 집중과 선택에 의한 친기업정책의 결과이다. 지난 50여년간 경제개발정책의 핵심은 대기업을 통한 ① 성장론과 ② 효율성 추구 및 ③ 경기부양책이라 할 수 있다. 그러한 결과 대기업자본가는 크게 성장하였지만, 많은 농민과 노동자들은 희생되었다. 서구 학자들이 많이 지적한 자본주의의 문제점[8], 특히 부정, 부패, 부도덕성이 우리나라에서도 들어나고 있음을 발견할 수 있었다.

그리하여 오늘날 정부와 정치인은 탐욕적인 재벌개혁론을 주장하고 있다. 대표적인 재벌개혁론은 ① 출자총액제한, ② 상호출자금지, ③ 금산분리, ④ 내부거래제한, ⑤ 불공정하도급을 시정하고, ⑥ 황제경영과 ⑦ 변칙상속 등을 시정하려고 한다.

---

7) 이러한 대기업집단(48개)이 거느린 계열사 1,137개는 2009년 말 현재 3백 이상 고용사업체(3,129개)의 36.3%가 되고, 이들의 매출액은 전체 매출액의 약 절반이 된다.

8) 김영모,「사회정책」, 한국복지정책연구소 출판부, 1982(초판), 1999(개정판), 제 2장 제 1절 참조.

< 부 록 >

1. 1950년대 일반 재정부문 세입구성...471
2. 해방후 귀속공장의 산업별 공장수, 종업원수 및 공산액......471
3. 1950년대 원조기관별 농산물 원조(1945~60년).........................472
4. 전산업 및 대기업집단(30대)의 재무 변동................................472
5. 1987년 30대 재벌의 재무구조..473
6. 1991년 50대 기업그룹의 재무구조...474
7. 2001년 기업집단별 재무구조..475
8. 기업집단(공기업 · 민간기업)의 내부지분율(2009년 4월)..............476
9. 주요 대기업의 총수와 특수관계인의 주식보유율.....................478
10. 주요 대기업의 손익계산서(2010년)...479
11. 삼성그룹 소속회사의 내부 소유지분율(2010년)......................480
12. 현대차그룹 소속회사의 내부 소유지분율(2010년)...................480
13. LG그룹 소속회사의 내부 소유지분율(2010년).........................482
14. SK그룹 소속회사의 내부 소유지분율(2010년).........................483
15. 롯데그룹 소속회사의 내부 소유지분율(2010년)......................484
16. 삼성그룹 관계회사(16개)와 자회사간 지분 현황....................485
17. 현대차그룹 관계회사(12개)와 자회사간(국내)간 지분현황.....488
18. 기업집단별 기업공개 현황(2011년)...489

<부록 1> 1950년대 일반재정부문 세입 구성

(단위 : 백만원, %)

	조세	전매익금 기타	국채,기타	차입금	외국원조	총세입
1949	13.7 (14.9)	23.1 (25.4)	9.1 (10.0)	45.1 (49.5)	0.2 (0.2)	91.2 (100.0)
1950	42.8 (17.2)	40.0 (16.1)		152.5 (61.4)	13.2 (5.3)	248.5 (100.0)
1951	392 (60.1)	220 (33.8)	40 (6.1)			653 (100.0)
1952	966 (43.7)	819 (37.0)	120 (5.4)		307 (13.9)	2,212 (100.0)
1953	2,057 (30.8)	1,107 (16.6)	703 (10.5)	2,020 (30.1)	796 (11.9)	6,683 (100.0)
1954	5,143 (34.5)	1,359 (9.1)	1,628 (10.9)	2,320 (15.5)	4,470 (30.0)	14,920 (100.0)
1955	10,938 (35.2)	3,058 (9.7)	3,328 (10.8)		15,054 (44.3)	32,378 (100.0)
1957	11,590 (27.3)	2,981 (7.0)	4,487 (10.6)	950 (2.2)	22,451 (52.9)	42,459 (100.0)
1958	14,349 (30.1)	3,902 (8.1)	2,649 (5.6)	2,230 (4.7)	24,580 (51.5)	47,710 (100.0)
1959	21,598 (47.4)	3,682 (8.1)	710 (1.6)	640 (1.4)	18,910 (41.5)	45,540 (100.0)
1960	24,971 (51.5)	4,730 (9.7)	1,191 (2.5)	801 (1.7)	16,763 (34.6)	48,456 (100.0)

(자료) 경제기획원, 「예산개요」, 1962

<부록 2> 해방후 귀속공장의 산업별 공장수, 종업원수 및 공산액

	공장수(개소)				종업원수(인)				공산액(천원)			
	중앙 직할	지역 관리	민영	합계 (%)	중앙 직할	지역 관리	민영	합계 (%)	중앙 직할	지역 관리	민영	합계 (%)
금속	21	25	160	206 (5.4)	2,005	783	1,731	4,929 (3.8)	464,364	296,937	1,447,896	2,209,197 (4.2)
기계	29	159	355	543 (14.3)	2,961	4,598	6,827	14,386 (11.0)	1,018,083	812,644	1,550,407	3,381,134 (6.4)
화학	29	94	644	767 (20.2)	6,974	3,965	21,691	32,630 (24.7)	1,902,136	1,855,939	11,400,196	15,158,270 (28.8)
섬유	17	196	1,112	1,325 (34.8)	21,875	12,143	25,888	60,406 (46.1)	6,954,167	1,823,572	12,789,819	21,567,558 (41.0)
식품	83	109	454	646 (17.0)	2,619	1,919	4,447	8,985 (6.9)	459,642	815,174	5,312,125	6,586,941 (12.5)
요업	2	38	75	115 (3.0)	1,041	1,556	2,971	5,568 (4.2)	240,011	267,003	919,885	1,426,899 (2.7)
인쇄	2	10	60	72 (1.9)	304	349	1,751	2,404 (1.8)	598,522	890,818	130,923	1,620,263 (3.7)
공예		8	126	134 (3.5)		250	1,558	1,808 (1.4)		28,645	668,232	696,877 (1.3)
합계 (%)	183 (4.8)	639 (16.8)	2,986 (78.4)	3,808 (100.0)	37,779 (28.8)	25,563 (19.5)	67,774 (51.7)	131,116 (100.0)	11,636,925 (22.1)	6,790,732 (12.9)	34,647,139 (65.0)	52,647,139 (100.0)

(자료) 조선은행, 「경제연감」, 1949

<부록 3> 1950년대 원조기관별 농산물 원조(1945~60년)

(단위 : 백만 달러, %)

	GARIO[3] (1945~48)	ECA, ESEC (1949~53)	KRIK (1951~59)	UNKRA (1951~59)	FOA, ICA (1953~60)	PL 480 (1956~60)	합계 (%)
가. 식료품[1)] (소비재)	170.5 (39.2)	18.9 (8.6)	184.2 (41.1)	10.9 (8.9)	7.1 (0.4)	26.8 (17.0)	418.4 (13.9)
나. 농산물		40.3 (18.3)		4.6 (3.8)	380.8 (23.4)	130.9 (83.0)	556.6 (18.5)
1) 밀					48.2 (2.7)	61.2 (38.8)	109.4 (3.6)
2) 보리					21.0 (1.3)	31.3 (19.8)	52.3 (1.7)
3) 원면		40.3[4)] (18.3)			194.8 (12.0)	18.2 (11.5)	253.3 (8.4)
4) 원당					17.5 (1.0)		17.5 (0.6)
5) 기타[2)]				4.6 (3.8)	99.3 (6.1)	20.2 (12.8)	124.1 (4.1)
다. 합계 (가+나)	170.5 (39.2)	59.2 (26.9)	184.2 (41.1)	15.5 (12.7)	387.9 (23.8)	157.7 (100.0)	975.0 (32.4)
라. 원조총액	434.3 (100.0)	220.2 (100.0)	448.0 (100.0)	121.9 (100.0)	1,628.6 (100.0)	157.7 (100.0)	3,010.7 (100.0)

(자료) 이대근,「한국전쟁과 1950년대의 자본축적」, 까치, 1987

(비고) 1)은 쌀, 밀가루, 보리쌀, 납작보리, 통조림류, 각종 식용유 등으로 구성됨.
2)는 콩, 수수, 옥수수, 엽연초, 원모, 인견사, 우지, 수지, 면실류 등으로 구성됨.
3)GARIO에는 해외 청산차관(132천 달러)을 포함함.
4)에는 원면 이외의 분류 불명의 원자재도 일부 포함됨.

<부록 4> 전산업 및 대기업집단(30대)의 재무 변동

(단위 : 십억원,%)

	1980	1985	1991	1996	2000	2005	2010
전산업 총자산 증가율	41.3 (100.0)	14.4 (34.9)	23.8 (57.6)	15.8 (38.3)	0.7 (1.7)	8.27 (20.0)	8.40 (20.3)
전산업 부채율	461.8 (100.0)	349.3 (75.6)	297.1 (64.3)	335.6 (72.7)	221.1 (47.9)	110.8 (24.0)	122.95 (26.6)
전산업 영업이익율	6.9 (100.0)	6.6 (95.7)	5.8 (84.1)	5.0 (72.5)	5.6 (81.2)	5.8 (84.1)	5.18 (75.1)
대기업집단 총자산	22,097 (100.0)	54,583 (247.0)	185,940 (841.5)		437,867 (1,981.6)	508,306 (2,300.3)	1,081,288 (4893.4)
대기업집단 부채액	18,358 (100.0)	45,609 (248.4)	149,049 (811.9)	149,826 (816.1)	397,324 (2,164.3)	501,619 (2,732.4)	826,043 (4499.6)
대기업집단 매출액	25,828 (100.0)	72,494 (280.7)	185,940 (719.9)	349,355 (1,352.6)	510,105 (1,975.0)	621,011 (2,404.4)	1,001,468 (3,877.5)
대기업집단 당기순이익	-33	321 (100.0)	1,509 (470.1)	451 (140.5)	3,285 (1,023.4)	47,876 (14,914.6)	53,750 (16,744.5)
명목 GDP	49,306 (100.0)	85,699 (173.8)	231,428 (469.3)	460,953 (934.9)	651,415 (1321.2)	865,241 (1754.8)	1,172,803 (2378.6
1인당 GNI	124만원 (100.0)	205만원 (165.3)	534만원 (430.6)	1,007만원 (812.1)	1,277만원 (1029.8)	1,796만원 (1448.4)	2,400만원 (1935.5)
경제성장률	6.2	7.1	9.8	5.4	6.5	2.0	5.5

(비고) 1980년 GDP와 GNI는 1981년도치임.

(자료) 한국은행,「경제통계연보」, 공정거래위원회

<부록 5> 1987년 30대 재벌의 재무구조

(단위 : 억원)

	계열기업 ('89)	매출액	보유부동산('88)		유가증권	자기자본	부채비율 (%)	대출금 ('88)
			천㎡	금액				
현대	37	128,830	28,783	13,441	6,928	13,819	546	24,451
삼성	42	116,889	88,555	13,387	3,410	8,551	700	20,799
럭키금성	59	95,530	20,480	11,552	3,947	12,049	455	14,272
대우	28	71,198	14,132	19,465	7,777	11,812	663	29,270
선경	20	49,024	52,284	3,695	1,936	4,696	509	7,612
쌍용	21	30,977	36,333	3,275	2,637	4,136	569	8,481
한진	16	23,980	25,708	3,067	1,255	2,636	1,388	12,616
한국화약	26	18,539	17,589	4,982	2,031	5,657	254	3,901
효성	13	18,146	4,622	2,026	711	3,414	310	4,698
동국제강	13	14,374	23,644	2,641	879	1,190	627	3,489
기아	10	13,957	5,279	2,764	827	3,262	423	6,209
두산	21	13,911	22,521	3,215	852	1,387	676	3,013
롯데	32	12,594	3,422	6,859	1,483	8,681	89	1,305
코오롱	16	11,142	10,424	1,680	526	2,182	300	2,590
동아건설	16	9,446	2,181	1,039	473	2,230	473	3,453
한일	12	8,851	6,187	2,933	2,040	2,961	508	7,880
대림	13	8,770	6,222	1,228	961	2,656	568	6,145
금호	12	7,926	5,444	2,321	796	1,326	491	3,074
동부	14	7,878	5,312	1,589	728	1,230	294	1,430
삼미	11	6,890	2,157	1,341	759	1,220	601	1,829
미원	19	6,849	3,976	881	192	1,211	293	1,277
해태	10	5,673	3,084	694	342	398	1,165	1,305
대한전선	5	4,369	2,028	438		1,034	265	659
강원산업	14	4,308	4,721	574		725	427	1,319
풍산	6	4,062	6,054	1,489	39	339	1,097	962
고려합섬	7	3,518	428	178	274	598	853	2,451
동양시멘트	7	3,360	7,680	473	341	1,003	230	923
한라	6	2,853	9,819	826	208	263	1,803	1,443
한보	4	2,552	1,810	854	36	23	19,922	1,525
극동건설	9	2,442	5,434	609	652	1,110	458	3,509
합 계	519	708,838	426,313	109,516	43,040	101,799	36,957	181,890

(비고) 1) 계열기업은 1989년 자료이고, 부동산과 대출금은 1988년 자료임.
2) 보유부동산은 토지와 건물의 합임.
3) 부채비율은 부채를 자본으로 나눈것.
4) 대출금액은 특수은행과 시중은행, 지방은행, 외은지점의 합임.

<부록 6> 51대 재벌그룹의 재무구조(1996년 말)

(단위: 억원, %, △는 마이너스 금액)

그룹	매출액	총차입금	당기순이익	유동비율	자기자본비율	금융비용부담률
삼성	591,349	185,997	1,968	100.7	27.7	3.3
현대	675,479	209,551	1,698	85.7	18.6	3.9
대우	382,472	147,705	3,561	111.8	22.9	5.1
LG	466,744	136,194	3,602	91.5	22.4	3.8
한진	86,552	48,292	△1,924	70.4	15.2	6.3
기아	121,440	63,524	△1,285	84.8	16.0	6.5
쌍용	194,468	71,463	△982	74.6	19.7	3.8
선경	266,098	77,771	3,007	93.0	21.1	4.1
한화	93,048	59,921	△1,816	66.3	11.6	6.4
한보		42,204				
대림	48,321	30,250	125	104.0	20.8	6.4
금호	44,400	29,922	△167	79.0	17.3	9.4
두산	40,462	38,219	△1,080	91.6	12.6	12.0
한라	52,938	42,034	230	51.7	4.6	7.6
삼미	17,923	19,916	△1,816	74.4	△3.1	18.6
효성	54,778	22,986	350	90.6	21.1	4.2
한일	12,771	16,585	△1,223	76.2	14.8	13.8
동아건설	38,857	29,504	367	88.2	22.0	7.8
고합	25,194	25,248	303	59.2	14.5	9.9
진로	14,105	28,972	△1,473	76.1	2.2	21.4
동국제강	30,749	14,761	914	90.6	31.2	5.5
롯데	71,926	24,700	530	80.3	34.5	3.7
코오롱	41,340	19,095	235	101.6	23.9	4.9
해태	27,157	26,160	358	87.0	13.2	6.6
신호	12,148	11.851	△66	104.7	16.9	10.0
아남	19,845	13,144	114	88.5	17.3	8.7
동국무역	10,653	8,281	△212	107.1	15.9	10.8
뉴코아	18,276	13,276	199	57.0	7.6	5.9
통일	8,717	10,287	△947	94.2	9.4	21.0
한솔	25,348	30,451	△51	100.1	20.7	8.3
한신공영	10,583	5,406	△30	119.0	13.4	9.9
삼양	8,025	10,462	△210	84.9	22.0	4.8
강원산업	25,200	10,955	△74	67.8	15.7	4.4
대농	13,725	10,791	△3,024	74.1	△3.7	11.6
동양화학	12,055	8,090	391	93.5	38.8	8.4
새한	13,558	11,716	△4	101.7	26.0	9.0
조양상선	9,708	7,469	△171	83.2	4.7	8.4
우방	8,037	7,042	150	105.0	11.2	12.0
동부	31,486	15,443	△146	86.0	28.5	5.6
벽산	14,089	11,044	139	103.2	17.5	9.5
대한전선	12,481	5,728	92	87.9	18.8	8.3
한국타이어	11,124	8,611	96	71.3	14.1	6.4
건영	3,610	4,491	△1,722		0.8	
동양	18,773	27,931	37	89.6	21.8	7.3
갑을	8,035	6,313	△308	74.3	9.3	10.6
청구	10,996	7,109	44	119.9	16.3	9.0
풍산	9,524	3,457	104	98.9	25.6	4.1
금강	12,975	8,610	424	107.8	31.7	5.5
미원	21,155	11,913	△309	82.9	19.4	6.9
성신양회	8,462	5,667	0		19.5	8.5
태평양	10,303	6,652	△97	98.1	22.4	6.3

<부록 7> 2001년 대기업집단별 재무구조

기업집단명	자산 총액		부채총액	자본총액	자본금	매출액	당기순이익
	공정자산	일반자산					
삼성	69,873	137,772	100,141	37,630	7,644	130,337	8,327
현대	53,632	64,372	52,358	12,014	9,061	78,188	-7,191
LG	51,965	68,572	47,456	21,116	8,540	75,287	2,037
SK	47,379	49,570	31,194	18,377	4,870	47,596	969
현대자동차	36,136	37,949	23,914	14,035	6,093	36,446	1,232
한진	21,307	24,692	17,782	6,909	1,334	14,555	-557
포항제철	21,228	21,228	9,942	11,286	1,569	16,278	1,725
롯데	16,694	17,226	7,643	9,582	1,641	12,934	517
금호	11,606	14,752	11,656	3,096	1,778	6,826	-286
한화	11,496	12,661	7,890	4,771	1,407	7,952	336
두산	11,192	11,221	6,947	4,274	1,234	6,308	-55
쌍용	9,040	10,106	9,889	218	2,779	6,784	-1,469
현대정유	7,243	7,243	6,139	1,104	1,347	11,031	-457
한솔	6,983	8,643	6,371	2,272	1,730	4,136	-200
동부	5,831	9,357	6,930	2,428	1,024	7,051	288
대림	5,395	5,815	3,285	2,530	724	5,086	336
동양	5,107	12,930	11,054	1,876	1,511	5,718	25
효성	4,950	5,135	3,336	1,7799	209	4,258	57
제일제당	4,763	5,432	3,386	2,046	833	3,916	-35
코오롱	4,640	4739	2,932	1,807	774	3,631	-8
동국제강	4,342	4,342	2,698	1,644	442	2,691	-111
현대산업개발	4,070	4,070	2,841	1,229	441	2,024	46
하나로통신	3,369	3,369	1,688	1,682	1,338	379	-304
신세계	3,221	3,221	2,137	1,084	211	4,442	96
영풍	2,897	2,948	1,563	1,385	334	2,579	16
현대백화점	2,858	2,858	1,677	1,182	350	3,126	131
동양화학	2,826	2,826	1,575	1,252	384	2,066	77
대우전자	2,725	2,725	5,449	-2,724	450	3,403	-984
태광산업	2,598	6,295	4,373	1,922	142	3,805	16
고합	2,501	2,489	3,078	-590	247	1,272	-1,289
합 계	437,867	564,558	397,324	183,236	60,441	510,105	3,285

(자료) 공정거래위원회, 대규모기업집단 공개시스템

<부록 8> 대기업집단(공기업 · 민간기업)의 내부지분율(2009년 4월)

(단위 : %)

기업집단 명	주식 수 (A)	동일인 (B/A)	동일인+친족 (B+C/A)	계열회사 (F/A)	총수일가와 비영리법인 (B+C+D/A)	특수관계인 (C+D+E/A)	자기주식 (G/A)	합 계
삼성	2,517,717,557	0.50	2.01	40.71	2.23	1.85	2.77	45.83
한국전력공사	1,191,100,812	46.31	46.31	0.30	46.31			46.61
현대자동차	1,751,174,169	2.73	4.72	39.79	4.77	2.09	1.33	45.94
SK	1,773,410,754	1.26	2.29	47.29	2.36	1.68	2.11	52.34
LG	1,751,885,710	1.11	3.65	41.86	3.90	2.83	0.19	45.99
대한주택공사	2,004,497,775	0.07	0.07		0.07			0.07
포스코	422,244,384	50.46	50.46	9.03	51.58	1.13	1.99	62.62
롯데	703,878,255	0.12	2.28	59.98	2.36	2.25	0.49	62.85
한국도로공사	2,156,163,910	0.02	0.02	0.06	0.02			0.07
한국토지공사	258,889,230	38.88	38.88		38.88	0.01		38.89
현대중공업	448,773,823	1.83	2.04	66.08	2.49	0.66	3.73	72.30
GS	414,178,196	2.71	18.64	39.31	18.68	15.97	0.73	58.73
금호아시아나	996,009,238	0.24	2.18	44.74	2.36	2.14	2.09	49.21
한진	227,186,080	3.74	6.71	28.36	10.08	6.34	9.02	47.46
KT	678,251,437	27.66	27.66	6.95	27.67	1.01	10.59	46.21
두산	500,134,802	0.19	3.69	51.91	4.03	3.88	109.8	66.98
한화	1,248,032,227	1.38	2.35	61.58	2.49	1.12	0.66	64.74
한국가스공사	80,636,430	1.31	1.31	1.59	1.31	0.01	5.79	8.71
STX	454,301,731	2.20	2.55	43.90	2.61	0.72	7.69	47.58
대우조선해양	225,106,450	10.74	10.74	0.36	10.74	0.80	1.04	12.93
한국철도공사	976,153,784	0.67	0.67	0.04	0.67		0.002	0.72
하이닉스	529,068,786	0.74	0.74		0.74	0.17	0.0003	0.92
한국석유공사	6,085,215,780							0.00
LS	297,786,713	0.05	5.43	61.69	5.43	5.74	2.42	69.90
현대	364,902,802	1.99	2.63	24.70	3.30	1.32	3.28	31.29
CJ	483,293,548	3.58	4.70	60.76	4.77	1.56	1.24	67.14
동부	344,163,793	6.27	15.24	38.85	17.84	11.97	4.55	61.64
신세계	69,018,128	5.52	12.86	51.24	12.86	7.69		64.45
대림	117,980,347	4.18	7.44	49.98	8.35	4.18	0.59	58.93
현대건설	245,318,527	39.89	39.89	0.00	39.89			39.89
지엠대우	253,735,897							
대한전선	547,749,284	3.63	6.43	53.83	6.47	5.35	1.03	63.85
효성	307,015,859	1.17	8.83	46.49	8.89	8.87	1.08	57.61
OCI	91,339,493	3.99	25.82	33.23	26.24	23.40	0.85	61.47
동국제강	125,632,147	7.55	13.39	41.08	13.57	6.08	1.54	56.25
한진중공업	87,201,230	15.75	16.90	31.28	16.90	1.19	3.96	52.17
에쓰 오일	123,604,719	2.83	2.83		2.83	0.05	0.15	3.03
KCC	67,714,640	2.07	16.32	32.27	16.32	14.25	0.58	49.17
코오롱	282,432,253	2.88	3.72	63.18	3.95	1.62	1.10	68.78
현대백화점	171,041,331	4.74	7.49	69.81	7.49	2.83	1.20	78.57

기업집단 명	주식 수	동일인 (B/A)	동일인+친족 (B+C/A)	계열회사 (F/A)	총수일가와 비영리법인 (B+C+D/A)	특수관계인 (C+D+E/A)	자기주식 (G/A)	합 계
웅진	317,535,106	20.11	21.13	38.37	21.21	3.13	0.19	61.79
현대산업개발	262,748,268	5.07	5.60	44.40	5.60	0.55	0.83	50.85
동양	444,728,258	2.64	4.67	49.46	4.77	2.24	1.92	56.25
삼성테스코	93,795,131	16.88	16.88		16.88		2.98	19.86
세아	84,301,618	3.75	12.68	64.53	12.93	9.19	1.04	78.50
한국투자금융	169,319,848	6.66	6.66	63.49	6.66	0.02	2.01	72.17
KT&G	270,750,009	29.14	29.14	0.11	29.14	0.24	3.73	33.22
한국농어촌공사	259,405,729	0.15	0.15		0.15			0.15
합 계	33,276,795,998	5.03	6.37	24.91	6.51	1.68		32.93

(비고) 1) 2009년 4월 기준임.

2) 동일인은 그룹회장(대주주)임.

(자료) 공정거래위원회

<부록 9> 주요 대기업의 총수와 특수관계인의 주식 보유율

그룹	회사	자본금 (억원)	총수	총수+ 친족	계열 회사	총수일가 와 비영리 법인	친족,임원 비영리 법인	특수관계 인과소속 회사	상장 여부
	삼성물산	804,332	1.37	1.38	13.38	1.60	0.52	21.83	상장
	삼성에버랜드	12,500	3.72	46.03	39.12	46.91	43.19	86.03	비상장
	삼성전자	897,514	2.94	4.10	11.12	4.17	1.40	29.08	상장
	삼성중공업	1.154.937		0.06	24.25	0.06	0.26	31.16	상장
	제일모직	250,000		0.03	4.91	2.61	2.79	12.13	상장
삼성	비금융보험회사소계		0.37	1.95	40.02	2.03	1.78	44.99	
	삼성생명		0.05	20.76	21.64	30.12	9.37	51.77	비상장
	삼성증권	346,154	0.10	0.11	24.07	0.40	0.48	28.09	상장
	삼성카드				50.00			50.00	상장
	금융회사 소계		1.51	2.51	46.04	3.81	2.39	52.33	
	합계(그룹)		0.50	2.01	40.71	2.23	1.85	45.83	
	글로비스	18,750	24.36	56.24		58.27	33.91	58.27	상장
	위아	108,651			78.79			78.79	비상장
	현대모비스	433,437	7.74	7.74	24.04	7.74		33.91	상장
	현대자동차	1,484,942	3.99	4.00	16.04	4.00	0.03	24.94	상장
현대	현대제철	426,572	12.52	12.52	21.29	12.52	0.05	35.45	상장
자동차	비금융보험회사소계		3.29	5.27	37.12	5.32	2.10	44.10	
	현대카드			48.44				48.44	비상장
	현대캐피탈	496,557			56.47			56.47	비상장
	금융보험회사소계			2.03	59.24	2.03	2.03	54.97	
	합계(그룹)		2.73	4.72	39.79	4.77	2.09	45.94	
	대한도시가스				47.62		5.36	53.03	상장
	에스케이에너지			0.01	32.96	0.01	0.01	33.21	상장
	에스케이텔레콤	44,639			23.22			33.62	상장
에스	에스케이	632,267	0.02	0.07	31.48	0.07	0.07	45.23	상장
케이	비금융보험회사소계		1.54	2.78	50.11	2.87	2.04	55.71	
	에스케이증권	162,015		0.07	34.69	0.07	0.07	37.26	상장
	금융보험회사 소계			0.07	34.69	0.07	0.07	37.26	
	합계(그룹)		1.26	2.29	47.29	2.36	1.68	52.64	
	엘지텔레콤	406.059		0.01	30.15	0.01	0.02	30.17	상장
	엘지상사	193,800	0.57	13.11		13.15	12.65	13.48	상장
	엘지텔레콤	1,386,392			37.37		0.03	37.39	상장
	엘지파워콤	750,000			40.87			40.87	상장
엘지	엘지화학	365,432		0.02	30.07	0.02	0.03	30.57	상장
	엘지디스플레이				37.90		0.01	37.91	상장
	엘지전자	809.169			31.11		0.01	31.60	상장
	엘지	379,359	10.31	32.34		34.76	24.46	35.12	상장
	비금융보험회사합계		1.11	3.65	41.86	3.90	2.83	45.99	

(비고) 2009년 4월 기준 상장 및 비상장 주식의 가치 지분율임.
(자료) 공정거래위원회

<부록 10> 주요 대기업의 손익계산서(2010)

(단위: 십억원)

과 목	삼성전자	LG전자	현대자동차	기아자동차	삼성중공업	현대중공업	SK이노베이션	LG화학	포스코	전산업
매출액	112,249	29,238	36,769	23,261	13,053	22,405	43,863	16,850	32,582	2,592,442
국내매출			15,599	9,182		19,826	17,595			
수출매출			21,170	14,079		2,578	25,244			
매출원가	77,980	24,893	27,850	17,931	11,675	17,734	40,799	13,353	26,018	2,072,441
기초재고액			680	524			445		1,191	
당기제조원가			26,435	17,505			32,036		26,521	
관세환급금			(139)	(71)					33	
매출 총이익	34,268	4,344	8,918	5,329	1,378	4,670	3,064	3,496	6,563	520,001
판매비와 관리비	13,360	3,446	5,692	3,649	380	1,230	1,350	981	1,561	385,788
급여			1,203	356		305	197		148	106,942
퇴직급여			113	90		34	23		38	10,738
복리후생비			122	74		69	38		55	15,434
수출비			791	743						
해외시장 개척비			469	412						13,731
광고선전비			168	133		48	132		84	
판매수수료			555			63			1	
조세공과금			24			3				
지급수수료			232	158		81			146	
교육훈련비			16			3	67			
연구개발비	8,589	1,446	552			27	107			
운반비			98	61		102			702	23,235
판매촉진비			73	510		63				
보증수리비		575				48				
보험료						3	4		0.6	4,011
영업이익	14,924	(1,104)	3,226	1,680	997	3,439	1,714	2,496	5,047	134,209
영업외수익	4,411	1,339	3,904	1,502	3,773	3,083	2,242	21	1,580	151,622
이자수익	411	707	374	127	193	162	54	185	230	14,999
임대료				6	2					
외환차익	3,669		85	94	86	346	1,167		438	39,162
외화환산이익	331		7	20	16	28	103		85	11,477
배당금수익			12	0.09	0.9	9	29		84	962
지분법이익			2,850	1.109	29	1,273	3			
파생상품거래이익					1,376	279	303		26	10,175
확정계약거래이익					907	110				
파생상품평가이익			14	6	729	388	63		1	
영업외비용	4,349	1,320	823	407	3,621	1,739	2,475		1,477	172,033
이자비용	306	680	164	202	158	80	388	(151)	318	42,361
외환차손	3,744		100	84	105	400	1,163		437	40,092
외환차손외환산 손실	267		30	9	4	52			259	6,210
기부금			46	13	10	94	31		59	
지분법손실			49	3	0.7		41		275	
기타영업외비용	32						155	(12)		26,767
파생상품거래손실				0.2	1,192	312	461			
확정계약거래손실					942					
파생상품평가손실					406	139	94			
확정계약평가손실					718	493	36			
법인세차감전순익	15,029	(1,076)	6,307	2,775	1,149	4,784	1,480	2,517	5,150	113,799
법인세비용	1,792	(441)	1,040	521	260	1,023	272	546	947	24,449
당기순이익	13,236	(635)	5,266	2,254	888	3,761	1,208	1,970	4,202	88,720
주당 순익(기본주,원)	88,799	395	19,409	5,590	4,109	61,807	12,990	26,798	54,558	

(비고) 손익계산서 기간은 2010년 1월 1일~2010년 12월 30일임.

(자료) 1) 금융감독원, 전자공시시스템, 각 기업집단의 사업보고서, 2011년 3월 31일

2) 전산업은 한국은행의 기업경영분석 자료임.(2009년)

<부록 11> 삼성그룹 소속회사의 내부 소유지분율(2010년)

(단위 : %)

회사명	총주식(천)	총수	총수+친족	총수외 친족,비영리법인	특수관계인	계열회사	합계	상장여부
삼성물산	160,866	1.37	1.38	1.60	0.36	12.09	20.16	상장
삼성전자	170,132	2.94	4.10	4.17	1.37	11.07	28.24	〃
삼성중공업	230,900		0.06	0.06	0.11	24.25	30.76	〃
에스원	37,999				0.14	20.57	29.68	〃
에이스디지텍	23,206				0.24	23.42	23.67	〃
제일기획	4,601				0.03	18.29	23.50	〃
크레듀	5,628				0.69	60.41	61.10	〃
호텔신라	40,000				0.26	16.56	19.08	〃
삼성디지털이미징	23,870		0.03	0.03	0.05	30.54	30.59	〃
삼성에스디아이	47,176		0.01	0.01	0.07	19.71	25.57	〃
삼성엔지니어링	40,000		0.01	0.01	0.38	21.02	26.58	〃
삼성전기	77,600				0.19	22.80	23.37	〃
삼성정밀화학	25,800				0.05	35.10	36.93	〃
삼성테크윈	53,130		0.03	0.03	0.16	32.67	32.98	〃
제일모직	50,000		0.03	2.61	2.80	4.91	11.93	〃
비금융・보험회사 소계	991,001	0.73	0.95	1.13	0.53	19.17	26.40	
삼성화재해상보험	50,566			3.21	3.34	14.25	25.55	〃
삼성증권	66,835		0.01	0.30	0.42	24.07	27.83	〃
삼성카드	122,958				0.03	67.71	68.15	〃
금융・보험회사 소계	240,360			0.76	0.84	44.33	47.97	
합계	1,231,362	0.59	0.76	1.05	0.59	24.08	30.61	

회사명	총주식(천)	총수	총수+친족	총수외 친족,비영리법인	특수관계인	계열회사	합계	상장여부
삼성에버랜드	2,500	3.72	46.03	46.91	43.19	39.12	86.03	비상장
삼성광주전자	40,865				0.01	95.03.	95.04	〃
삼성모바일디스플레이	40,000					100.00	100.00	〃
삼성석유화학	3,965		33.19	33.19	33.19	61.63	94.81	〃
삼성에스디에스	72,256	0.01	17.18	17.18	17.22	48.40	65.67	〃
삼성엘이디	4,000					100.00	100.00	〃
삼성전자서비스	7,200				0.02	83.33	83.36	〃
삼성종합화학	48,998	1.13	1.13	1.13		95.02	96.15	〃
삼성코닝정밀유리	17,658					42.55	42.55	〃
삼성탈레스	27,000					50.00	50.00	〃
삼성토탈	19,165					50.00	500.00	〃
서울통신기술	11,008		46.03	46.03	46.05	35.73	81.78	〃
시큐아이닷컴	11,460				0.17	65.44	65.62	〃
에스비리모티브	44,135					50.00	50.00	〃
에스엘시디	780,000					500.00	50.00	〃
비금융・보험회사 소계	1,205,328	0.05	1.82	1.82	1.80	56.59	58.45	
삼성생명보험	200,000	20.76	20.76	30.12	9.37	21.64	51.77	〃
삼성자산운용	18,686		15.39	15.39	15.63	75.80	91.43	〃
삼성선물	2,500			2.00	2.00	96.00	98.00	〃
금융・보험회사 소계	228,387	18.18	19.44	27.66	9.51	29.14	56.82	〃
합계	1,433,816	2.91	4.62	5.94	3.03	52.12	58.19	

(비고) 삼성그룹의 상장사는 2010년 4월 현재 18개 비상장사 49중 18개를 제시함.

(자료) 공정거래위원회

<부록 12> 현대차그룹 소속회사의 내부 소유지분율(2010년)

(단위 : %)

회사명	총주식(천)	총수	총수+친족	총수외 친족,비영리법인	특수관계인	계열회사	합계	상장여부
현대자동차	285,478	3.99	4.00	4.00	0.01	16.04	24.93	상장
기아자동차	390,604		1.77	1.77	1.77	34.38	36.25	〃
글로비스	37,500	20.29	52.17	53.54	33.25	2.70	56.24	〃
비앤지스틸	15,188		4.23	4.23	4.30	40.83	45.13	〃
현대모비스	97,369	6.96	6.96	6.96		23.20	32.24	〃
현대제철	85,314	12.52	12.52	12.52	0.05	21.29	35.45	〃
현대하이스코	80,200	10.00	10.07	10.07	0.21	40.04	51.15	〃
비금융·보험회사 소계	991,655	4.49	6.46	6.51	2.05	26.23	34.62	
에이치앰씨투자증권	29,337				0.31	49.38	46.69	〃
금융·보험회사 소계	29,337				0.31	49.38	46.69	
합계	1,020,992	4.36	6.27	6.33	2.00	26.90	35.06	

회사명	총주식(천)	총수	총수+친족	총수외 친족,비영리법인	특수관계인	계열회사	합계	상장여부
현대로템	63,940					57.64	57.64	비상장
현대엠코	20,000	10.00	35.06	35.06	25.06	67.94	100.0	〃
현대위아	21,730					78.79	78.79	〃
현대파워텍	91,781					100.0	100.0	〃
앰앤소프트	4,145				3.15	57.50	60.65	〃
케피코	3,340					50.00	50.00	〃
파텍스	8,000					100.00	100.00	〃
그린에어	16,561					51.00	51.00	〃
다이모스	30,008					97.76	97.76	〃
메티아	3,000					99.46	99.46	〃
서울시메트로구호선	33,423					25.00	25.00	〃
아이아	3,116					100.00	100.00	〃
에이치엘그린파워	5,800					51.00	51.00	〃
위아마그나파워트레인	3,000					50.00	50.00	〃
해비치컨트리클럽	3,000					100.00	100.00	〃
해비치호텔앤드리조트	3,100		20.00	20.00	20.00	80.00	100.00	〃
비금융·보험회사 소계	328,179	0.78	4.20	4.20	3.48	73.07	77.34	
현대카드	160,465					53.98	53.98	〃
현대캐피탈	99,307					56.47	56.47	〃
현대커머셜	20,000		30.00	30.00	30.00	70.00	100.00	〃
금융·보험회사 소계	279,772		2.14	2.14	2.14	56.01	58.15	
합계	607,951	0.42	3.25	3.25	2.87	65.22	68.51	

(비고) 현대차그룹의 상장사는 2010년 4월 현재 8개이고, 비상장사는 34개중 19개를 제시함.

(자료) 공정거래위원회

<부록 13> LG그룹 소속회사의 내부 소유지분율(2010년)

(단위 : %)

회사명	총주식(천)	총수	총수+친족	총수외 친족,비영리법인	특수관계인	계열회사	합계	상장여부
엘지	175,871	10.47	31.32	33.74	23.28		34.08	상장
엘지텔레콤	514,793				0.01	30.61	46.61	〃
엘지디스플레이	357,815				0.01	37.90	37.91	〃
엘지전자	161,833				0.02	31.11	31.60	〃
엘지상사	38,760	1.50	12.89	12.94	11.51		13.26	〃
엘지생명과학	16,813			0.47	0.50	30.00	30.50	〃
엘지생활건강	17,717				0.19	30.00	35.62	〃
엘지하우시스	10,000		0.01	0.01	0.06	30.07	30.32	〃
엘지화학	73,900		0.01	0.01	0.03	30.07	30.59	〃
지투알	16,567					35.00	38.48	〃
엘지이노텍	17,131				23.28	50.56	50.58	〃
비금융·보험회사 소계	1,401,205	1.36	4.29	4.60	3.26	28.09	38.82	
합계	1,401,205	1.36	4.29	4.60	3.26	28.09	38.82	

회사명	총주식(천)	총수	총수+친족	총수외 친족,비영리법인	특수관계인	계열회사	합계	상장여부
데이콤멀티미디어인	9,483					88.06	90.20	비상장
데이콤크로싱	6,648					51.00	51.00	〃
서브원	5,000					100.00	100.00	〃
실트론	6,702					51.00	51.00	〃
씨텍	6,651					50.00	50.00	〃
에이치에스애드	5,000					100.00	100.00	〃
엘지씨엔에스	87,175	1.12	1.39	1.39	0.32	84.97	86.41	〃
유세스파트너스	10,000					100.00	100.00	〃
픽스딕스	6,000					100.00	100.00	〃
하이프라자	7,440					100.00	100.00	〃
엘지다우폴리카보네이트	14,051					50.00	50.00	〃
엘지엔시스	2,000					100.00	100.00	〃
엘지엠엠에이	2,400					50.00	50.00	〃
코카콜라음료	20,000					90.00	90.00	〃
비금융·보험회사 소계	207,860	0.47	0.68	0.68	0.41	82.17	83.14	
합계	207,860	0.47	0.68	0.68	0.41	82.17	83.14	

(비고) LG그룹의 상장사는 2010년 4월 현재 11개이고, 비상장사는 42개중 14개를 제시함.
(자료) 공정거래위원회

<부록 14> SK그룹 소속회사의 내부 소유지분율(2010년)

(단위 : %)

회사명	총주식(천)	총수	총수+친족	총수외 친족,비영리법인	특수관계인	계열회사	합계	상장여부
에스케이	47,471	0.02	0.06	0.06	0.04	31.48	45.21	상장
에스케이텔레콤	80,745				0.01	23.22	33.63	〃
에스케이캐미칼	23,660	0.37	11.44	12.45	12.30		24.84	〃
에스케이에너지	93,713				0.01	32.96	33.20	〃
로엔엔터테인먼트	25,291					63.48	71.77	〃
부산도시가스	11,000					40.00	49.08	〃
아이에이치큐	40,335				14.24	37.09	53.01	〃
유비케어	40,286					43.97	43.97	〃
대한도시가스	9,700				5.36	47.62	53.03	〃
에스케이가스	8,628					45.53	59.44	〃
에스케이네트웍스	248,301		0.14	0.74	0.82	39.64	40.46	〃
에스케이브로드밴드	295,959		0.05	0.05	0.05	50.56	50.61	〃
에스케이씨솔믹스	12,420		0.52	0.52	0.52	48.70	49.51	〃
에스케이씨	36,215		3.94	4.53	4.56	42.50	48.00	〃
에스케이씨앤씨	50,000	44.50	55.00	55.00	10.50	9.00	64.00	〃
에스케이커뮤니케이션즈	43,242				0.08	64.82	67.46	〃
비금융·보험회사 소계	1,066,972	2.09	3.02	3.20	1.72	40.14	46.25	
에스케이증권	324,029		0.14	0.14	0.14	30.06	32.70	〃
금융·보험회사 소계	324,029		0.14	0.14	0.14	30.06	32.70	
합계	1,391,002	1.61	2.35	2.49	1.36	37.79	43.09	

회사명	총주식(천)	총수	총수+친족	총수외 친족,비영리법인	특수관계인	계열회사	합계	상장여부
에스케이건설	24,294		8.03	8.33	8.33	48.49	56.82	비상장
에스케이루브리컨츠	20,000				8.33	100.00	100.00	〃
에스케이마케팅앤컴퍼니	10,000					100.00	100.00	〃
에스케이모바일에너지	9,145					100.00	100.00	〃
에스케이신텍	7,181					100.00	100.00	〃
에스케이아이미디어	10,000					100.00	100.00	〃
에스케이유화	12,000					100.00	100.00	〃
에스케이텔레시스	8,000		1.62	1.65	1.65	77.13	78.78	〃
에스케이해운	61,538					100.00	100.00	〃
대한송유관공사	22,495					42.90	42.90	〃
충남도시가스	4,750					100.00	100.00	〃
팍스넷	9,358					59.74	59.74	〃
내트럭	3,674					33.67	33.67	〃
리얼베스트	10,000					100.00	100.00	〃
브로드밴드미디어	25,200				8.33	100.00	100.00	〃
엔츠개발	6,600		90.91	90.91			100.00	〃
엠케이에스개런티	5,000					100.00	100.00	〃
케이파워	54,732					65.00	65.00	〃
티유미디어	64,633				0.01	44.15	44.16	〃
피에스앤마케팅	30,000					100.00	100.00	〃
에스케이이엔에스	7,550					100.00	100.00	〃
비금융·보험회사 소계	457,061		1.88	1.90	2.21	77.18	79.39	
합계	457,061	0.00	1.88	1.90	2.21	77.18	79.39	

(비고) SK그룹의 상장사는 2010년 4월 현재 17개이고, 비상장사는 58개중 21개를 제시함.

(자료) 공정거래위원회

<부록 15> 롯데그룹 소속회사의 내부 소유지분율(2010년)

(단위 : %)

회사명	총주식(천)	총수	총수+친족	총수외 친족,비영리법인	특수관계인	계열회사	합계	상장여부
롯데쇼핑	29,043	1.01	31.08	31.24	30.23	37.98	69.22	상장
롯데제과	1,421	6.83	17.71	26.41	19.58	23.56	50.95	〃
호남석유화학	31,860					47.29	47.29	〃
롯데미도파	65,148					79.01	79.01	〃
롯데삼강	1,259		4.66	9.12	9.12	36.68	45.81	〃
케이피케미칼	96,337					51.86	51.87	〃
롯데칠성음료	1,357	2.44	12.71	18.88	16.45	33.14	52.03	〃
비금융·보험회사 소계	228,427	0.19	4.16	4.30	4.11	56.83	61.14	
롯데손해보험	42,050					56.98	61.99	〃
금융·보험회사 소계	42,050					56.98	61.99	
합계	270,477	0.16	3.52	3.63	3.47	56.85	61.27	

회사명	총주식(천)	총수	총수+친족	총수외 친족,비영리법인	특수관계인	계열회사	합계	상장여부
호텔롯데	50,805							비상장
대산엠엠에이	24,000					50.00	50.00	〃
롯데건설	29,988		0.98	0.98	0.98	86.23	87.21	〃
롯데물산	59,448		0.02	0.02	0.02	31.13	31.15	〃
롯데닷컴	4,651,		6.51	6.51	6.53	88.06	94.59	〃
롯데브랑제리	4,200					95.71	95.71	〃
롯데아사히주류	3,000					85.00	85.00	〃
롯데햄	3,000		4.53	4.53	4.53	1.80	51.33	〃
마이비	5,516				5.50	54.12	59.62	〃
부산롯데호텔	24,401							〃
씨텍	6,651					50.00	50.00	〃
우리홈쇼핑	8,000					53.03	53.03	〃
웰가	5,002					100.00	100.00	〃
코리아세븐	36,013		16.09	16.09	16.09	81.91	98.00	〃
롯데부여리조트	9,000					100.00	100.00	〃
롯데자산개발	26,302					100.00	100.00	〃
롯데제주리조트	8,000					100.00	100.00	〃
에프알엘코리아	4,800					49.00	49.00	
청라에너지	12,133					51.00	51.00	〃
케이아이뱅크	10,860					55.25	55.25	〃
하오기술	4,345					93.94	93.94	〃
비금융·보험회사 소계	364,250		2.29	2.34	2.44	51.93	54.74	
롯데카드	75,641		0.61	0.61	0.61	99.39	100.00	〃
롯데캐피탈	33,294		1.92	2.40	2.40	88.28	90.68	〃
금융·보험회사 소계	108,939		1.01	1.16	1.16	95.99	97.15	〃
합계	473,189		1.99	2.07	2.14	62.08	64.50	

(비고) 롯데그룹의 상장사는 2010년 4월 현재 8개이고, 비상장사는 52개중 25개를 제시함.

(자료) 공정거래위원회

<부록 16> 삼성그룹 관계회사(16개)와 자회사간 지분현황

	삼성물산	제일모직	삼성전자	삼성SDI	삼성전기	삼성중공업	삼성테크윈	호텔신라	삼성엔지니어링	제일기획	삼성정밀화학	에스원	삼성SDS	삼성에버랜드
삼성물산			4.1				4.3			12.6	5.6		18.3	1.5
제일모직			0.0			0.4	0.1		13.1		3.2			4.0
삼성전자				20.4	23.7	17.6	25.5	5.1		2.6	8.4		21.7	
삼성SDI	7.4							0.1	5.1		11.5	11.0		4.0
삼성코닝정밀소재														
삼성전기						2.4					0.3		8.4	4.0
삼성에버랜드			0.0			0.1	0.3		1.1					
삼성중공업														
삼성테크윈						0.1								
삼성정밀화학														
삼성종합화학														
삼성SDS														
삼성생명보험	5.0	0.0	7.5	0.0		3.5	0.6	7.3				5.3		
삼성화재해상보험			1.3									1.0		
삼성증권						0.0	2.0	3.1		0.0		1.3		
삼성카드		4.9						1.3		3.0		1.9		25.6
합 계	12.4	4.9	12.8	20.4	23.7	24.4	32.7	16.9	19.3	18.3	32.0	20.6	48.4	39.1

	삼성종합화학	삼성토탈	삼성석유화학	한덕화학	삼성라이온즈	삼성경제연구소	삼성광주전자	스테코	세메스	서울통신기술	삼성전자서비스	월드사이버게임즈	세크론	리빙프라자
삼성물산	38.7		27.3		7.5	1.0								
제일모직	0.9		21.4		15.0	1.0	0.8							
삼성전자	3.9		13.0		27.5	29.8	94.3	51.0	85.6	35.6	99.3	45.0	50.6	100.0
삼성SDI	10.7					28.6								
삼성코닝정밀소재														
삼성전기	10.5				12.5	23.8								
삼성에버랜드					2.0									
삼성중공업						1.0								
삼성테크윈	26.5													
삼성정밀화학	3.6			50.0										
삼성종합화학		50.0												
삼성SDS														
삼성생명보험														
삼성화재해상보험														
삼성증권														
삼성카드														
합 계	95.0	50.0	61.6	50.0	67.5	100.0	95.0	51.0	85.6	35.6	99.3	45.0	50.6	100.0

	삼성전자축구단	삼성전자로지텍	삼성LED	에스엘시디	에스이에이치에프코리아	(주)레이	지이에스	삼성탈레스	삼성코닝정밀소재	글로벌텍	씨브이네트	케어캠프	송도랜드마크시티	에스디플럭스
삼성물산											40.1	52.8	40.4	
제일모직														50.0
삼성전자	100.0	100.0	50.0	50.0			100.0		42.6					
삼성SDI														
삼성코닝정밀소재										51.0				
삼성전기			50.0											
삼성에버랜드														
삼성중공업														
삼성테크윈								50.0						
삼성종합화학														
삼성SDS														
삼성생명보험									0.0					
삼성화재해상보험														
삼성증권														
삼성카드														
서울통신기술											9.4			
가치네트														
삼성광통신기술					100.0									
SVIC 6호						64.6								
합 계	100.0	100.0	100.0	50.0	100.0	64.6	100.0	50.0	42.7	51.0	49.5	52.8	40.4	50.0

	에이스디지텍	개미플러스유통	에스비리모티브	삼성모바일디스플레이	시큐아이닷컴	휴먼티에스에스	이삼성인터내셔널	가치네트	오픈타이드코리아	티맥스코어	오픈핸즈	보나비	크레듀	아이마켓코리아
삼성물산														10.6
제일모직	23.4	100.0												2.8
삼성전자				50.0										10.6
삼성SDI			50.0	50.0			11.3							5.6
삼성코닝정밀소재														3.9
삼성전기							11.3							10.0
삼성에버랜드					8.7		25.0	21.0					8.9	2.8
삼성중공업														7.2
삼성테크윈														
삼성엔지니어링														5.3
호텔신라												100.0		
에스원					52.4	80.0								
삼성경제연구소								5.2					10.7	
삼성SDS					4.4		52.5	10.5	72.6	67.3	100.0		40.9	
삼성생명보험														
삼성화재해상보험														
삼성증권								1.6						0.0
삼성카드								3.3						
합 계	23.4	100.0	50.0	100.0	65.4	80.0	100.0	41.5	83.0	67.3	100.0	100.0	60.4	58.7

	삼성 생명 보험	생보 부동산 신탁	삼육오 홈케어	삼성 선물	삼성 자산 운용	삼성화 재해상 보험	삼성화재 손해사정 서비스	애니카 자동차 손해사정 서비스	삼성 증권	삼성 카드	올앳	삼성 벤처 투자
삼성물산									0.3	2.4		
제일모직												
삼성전자										35.3		16.3
삼성SDI												16.3
삼성코닝정밀소재												
삼성전기	0.6									3.6		17.0
삼성에버랜드	19.3										30.0	
삼성중공업					3.9					0.0		17.0
삼성테크윈												16.7
삼성정밀화학	0.5											
삼성종합화학												
에스원			19.2									
삼성광주전자	0.7											
삼성SDS	0.4		28.8									
삼성생명보험		50.0		41.0	5.5	10.4			11,4	26.7		
삼성화재해상보험				4.0	1.2		96.8	100.0	7.7			
삼성증권				51.0	65.3							16.7
삼성카드						0.6					30.0	
서울통신기술												
가치네트			14.4									
합 계	21.6	50.0	62.5	96.0	75.8	11.0	96.8	100.0	19.4	67.7	60.0	100.0

(비고) 삼성그룹 계열사 중 자회사 지분율이 단순한 10개 계열사(삼성엔지니어링, 제일기획, 호텔신라, 에스원, 삼성경제연구소, 삼성광주전자, 서울통신기술, 가치네트, SVIC6호)는 제외하였음.

(자료) 공정거래위원회, 삼성그룹의 2010년 사업보고서(2011 .3)

<부록 17> 현대차그룹 관계회사(12개)와 자회사(국내)간 지분현황

	현대자동차	기아자동차	현대모비스	현대제철	현대하이스코	현대로템	현대위아	비앤지스틸	케피코	다이모스	현대파워텍	오토에버시스템즈	위스코	기아타이거즈	해비치호텔리조트	엔지비	현대엠코	현대캐피탈	현대카드	메티아	위아마그나차위트레인
현대자동차		33.75			26.13	57.64	39.46		50.00	47.27	37.58	29.90			40.00	53.66		56.47	31.52		
기아자동차			16.88	21.29	13.91		39.33			45.37	37.58	20.00		100	10.00	24.39	19.99		11.48		
현대모비스	20.78										24.84	20.00					19.99				
현대제철			5.66					41.12							5.00				5.44		
글로비스			0.67														24.96				
다이모스																				48.53	
메티아													38.63								
현대엠코																					
현대위아										5.12					17.00					50.94	50.00
현대로템																					
현대커머셜																			5.54		
서림개발																					

	아이에이치엘	아이아	엠시트	서울시메트로구호선	앰앤소프트	현대카넥스트	파텍스	해비치선트리클럽	현대서머셜	HMC투자증권	전북현대모터스에프씨	그린에어	메인트란스	서림환경기술	글로비스	에이치엘그린파워	이노션	서림개발	종로학평	입시연구사	삼우	현대머티리얼
현대자동차					31.8	100.0	56.0	30.0	50.0	26.2	100				2.7							
기아자동차							31.0	15.0		3.6												
현대모비스	90.0				25.6		13.0	15.0		15.7						51.0						
현대제철																						
글로비스																						
다이모스			99.8																			
메티아																						
현대엠코								40.0		3.6												
현대위아		100																				
현대로템				25.0								51.0	80.0									
현대커머셜																						
서림개발														75.0								

(비고) 1) 상기자료는 보통주 기준임.

2) 상기자료는 공정거래위원회 지정 '상호출자제한기업집단 등의 소속회사' 기준임.

(자료) 공정거래위원회, 현대자동차그룹의 2010년 사업보고서(2011. 3)

<부록 18> 기업집단별 기업공개 현황

(단위 : 개, %)

기업 집단명	계열회사				공개 비율	
	회사수		자본금		회사수	자본금
	2010	2011	2010	2011	2010	2011
삼성	67	78	11,953,193	11,711,827	24.36	48.60
한국토지주택공사	4	4	20,838,083	21,698,657		
한국전력공사	13	14	5,751,136	5,764,784	21.43	55.93
현대자동차	42	63	7,944,607	9,594,425	15.87	60.63
SK	75	86	5,864,350	6,554,318	18.60	54.30
LG	53	59	7,529,768	7,727,142	18.64	90.02
롯데	60	78	3,766,899	4,253,049	11.54	29.03
포스코	48	61	1,551,504	2,868,461	11.48	40.48
현대중공업	16	21	1,330,765	3,008,977	14.29	19.66
한국도로공사	4	4	22,507,980	23,580,569		
GS	69	76	2,072,077	2,254,352	10.53	41.47
한진	37	40	1,151,016	1,382,775	12.82	78.57
한화	48	55	6,358,443	7,470,088	10.91	80.87
KT	30	32	2,341,685	2,470,700	18.75	67.88
두산	29	25	2,410,995	2,612,340	24.00	83.55
금호아시아나	45	36	4,679,814	2,852,644	13.89	76.02
한국가스공사	3	3	410,423	410,423	33.33	84.15
한국철도공사	11	11	10,618,128	10,560,619		
한국석유공사	신규	2	신규	8,133,800		
STX	16	21	970,316	1,033,219	23.81	62.95
LS	44	47	1,554,280	1,766,950	14.89	47.88
CJ	54	65	1,099,261	1,456,442	10.77	34.66
하이닉스	9	9	2,980,476	2,980,958	22.22	99.74
신세계	12	13	315,220	326,220	38.46	45.38
대우조선해양	13	16	1,117,298	1,147,126	6.25	83.86
동부	31	38	1,347,631	1,504,229	18.42	63.50
현대	12	14	1,829,864	1,921,797	21.43	88.56
대림	16	19	669,902	671,656	15.79	58.14
부영	15	16	220,500	220,100		
대우건설	신규	13	신규	2,598,011	7.69	79.99
KCC	10	9	454,949	444,278	22.22	19.19
동국제강	12	13	679,821	759,953	23.08	62.92
에쓰오일	2	2	326,512	326,512	50.00	89.28
효성	40	39	705,791	705,791	10.26	74.03
OCI	18	17	398,865	398,865	35.29	51.44

기업 집단명	계열회사				공개 비율	
	회사수		자본금		회사수	자본금
	2010	2011	2010	2011	2011	2011
현대백화점	29	26	464.544	520,205	19.23	61.04
한진중공업	7	8	479.260	534,880	37.50	74.62
웅진	24	31	947.010	1,179,932	19.39	31.92
코오롱	37	39	599,894	719,294	15.38	55.04
인천국제공항	2	2	3,670,827	3,670,827		
한국지엠	4	3	172,652	172,602		
홈플러스	3	3	937,951	1,294,951		
영풍	23	24	285,367	328,999	25.00	52.07
서울시도시철도공사	2	2	10,605,707	10,710,999		
현대산업개발	15	15	825,713	859,910	13.33	45.83
동양	24	31	2,020,968	2,141,810	22.58	82.72
대한전선	26	23	1,251,787	1,346,152	26.09	57.60
미래에셋	26	29	3,041,299	3,020,246	6.90	7.20
KT&G	6	9	1,082,184	1,180,520	22.22	88.42
하이트진로	16	15	423,243	418,712	20.00	91.49
대성	신규	73	신규	272,885	8.22	46.38
세아	19	21	472,304	537,771	14.29	50.08
한국투자금융	18	18	846,703	818,896	5.56	37.60
태광	신규	50	신규	858,802	10.00	41.33
유진	신규	33	신규	733,541	6.06	50.44
합계	1,264	1,554	166,219,803	184,496,955	15.25	34.24

(비고) 1) 자본금은 상호출자제한기업집단 지정일의 직전사업년도말 기준임.
2) 2010년도 통계는 지정 당시 수치임.

(자료) 공정거래위원회

<참고 문헌>

<서장>

김영모,「현대사회계층론」, 한국복지정책연구소 출판부, 1982 초판, 1999 개정판

_____,「한국사회계층연구」, 일조각, 1982 초판, 고헌출판부, 2005 증판

_____,「한국중산층연구」, 중앙대학교 출판부, 1999

국세청,「한눈에 보는 국세통계」, 2009, 2010

경제기획원,「인구주택 조사보고」, 1960~1985

내무부 통계국,「사업체 기초통계 조사보고서」, 2009, 2010년

서관모,「현대 한국사회의 계급구조」, 한울, 1985

홍두승, 구해근,「사회계층 · 계급론」, 다산출판사, 1993, 2001

통계청,「사업체 기초통계 조사보고서」, 2009, 2010년

_____,「인구주택 총조사보고」, 1990~2010

Bell, D., *The Coming of Post-Industrial Society*, Basic Books, 1973

Burnham, J., *The Managerial Revolution*, India Univerisity Press, 1962

Mills, C. W., *White Collar*, Oxford University Press, N. Y., 1951

Dahrendorf, R., *Class and Class Conflict in an Industrial Society*, Routledge & Kegam Paul, London, 1959

Giddens, A., *The Class Structure of the Advanced Societies*, Harper Torchbooks, 1973

Marx, K., *Das Kapital III*, Berlin, 1953

Weber, M., *Economy and Society*, 1921~1922, vol. 2, ed. by G. Roth and C. Wittich, Bedminster, 1968

Poulantzas, N., *Class in Contemporary Capitalism*, tran. by David Fernbach, Verso, London, 1975

<제 1장>

김영모,「현대사회계층론」, 한국복지정책연구소 출판부, 1982/1999(전문개정판)

김영모 편저,「현대사회문제론」, 고헌출판부, 1981/2007(개정증보판)

藤田五郎, 「日本近代産業の 生成」, 有斐閣, 1948

本庄榮治郎, 「明治維新經濟史」, 1935

堀江英一, 「明治維新の社會構造」, 1954

加田哲二, 「明治初期 社會經濟思想史」, 1937

吉川秀造, 「明治維新 社會經濟史研究」, 1943

小林良正, 「日本資本主義の生成とその基盤」, 1949

東京府編, 「明治 14年 統計表」, 1881

涉澤榮一, 「明治商工史」, 1911

青山二郎, 「日本財閥論」, 1938

土屋喬雄, 「明治前期經濟史研究」, 1944

大嶽秀夫, 「現代日本の 政治權力, 經濟權力」, 三一書房, 1980

內野達郎, 「戰後日本經濟史」, 講談社, 1978

Albert M. Craig and Donald H. Shively(ed.), *Personality in Japanese History*, Unuversity of California Press, 1970

Beasley, W. G. *The Meiji Restoration*, Stanford University Press, 1972

Dore, R. P.,(ed.) *Aspects of Social Change in Modern Japan*, Princeton University Press, 1973

Fulcher, James and Scott, John, *Sociology*, Oxford University Press, 1999

Hall, D. J., Bettingies, H. C. and Amado-Fischgrund, G., The European Business Elite; An Exclusuve Survey in Six European Countries, *European Business*, No. 23, 1969

Hirschmeier, Johannes, *The Origins of Entrepreneuership in Meiji Japan*, Havard University Press, 1964, 1968

Kubota, Akira, *Higher Civil Servants in Postwar Japan*, Princeton University Press, 1969

Kubota, Akira, *High Civil Servants in 1966 Japan*, Princeton University Press, 1966

Lebra, T. S. and W. P.,(ed), *Japanese Culture and Behavior*, University of Hawaii Press, 1986

Lerner, Daniel and Gordon, Morton, *Euratlantica; Changing Perspectives of the European Elites*, The MIT Press, 1969

Lipset, Seymour M. and Bendix, Reinhard, *Social Mobility in Industrial Society*, University of California Press, 1967

Mannari, Hiroshi, *The Japanes Business Leaders*, University of Tokyo Press, 1974

Mills, C. Wright, *The Power Elite*, Oxford University Press, 1957

Moore, Barrington Jr., Social Origins of Dictatorship and Democracy, *Lord and Peasant in the Making of the Modern World*, Beacon Press, 1966

Pyle, Kenneth B., *The New Generation in Maiji Japan*, 1885~1895, Stanford University Press, 1969

Poulantzas, Nicos, *Political Power & Social Classes*, Verso, 1978
Silberman, Bernard S. and Harootunian, Harry D.,(eds) *Modern Japanese Leadership, Transition and Change,* The University of Arizona Press, 1966
Smelser, N. J. and Lipset, S. M., *Social Structure and Mobility in Economic Development*, Aldine, 1966
Taussing, F. W., and Joslyn, C. S., *American Business Leader*, The MacMillan Co, 1932
Miller, William(ed), *Men in Business, Essay in the History of Entrepreneuership*, Harvard University Press, 1952
Stanworth, Philip and Giddens, Anthony, *Elites and Power in British Society*, Cambridge University Press, 1974
Tominaga, Kenichi, Studies on Social Stratification and Social Mobility in Japan; 1955~1967, *The Study of Japan in the Behavioral Sciences*, ed., by Norbeck, E. and Parman, S., Rice University Studies, 56-4
Warner, W. L. & Abegglen, J., *Big Business Leaders in America*, Atheneum, N. Y., 1963
Stincombe, A. L. *The Theoretical Methods in Social History*, Academic Press, 1978
Yamamura, Kozo, *A Study of Samurai Income and Entrepreneuership, Quantitative Analyses of Economic and Social Aspects of the Samurai in Tokugawa and Meiji Japan*, Harvard University Press, 1974
Yoshino, M. Y., *Japan's Managerial System*, The MIT Press, 1968

<제 **2**장>

공제욱, 「1950년대 한국의 자본가 연구」, 백산서당, 1993
국가재건최고회의, 「한국군사혁명사」, 제 1집(상), 1963
김광석 · 래리 E. 웨스트팔, 「한국의 외환 · 무역정책」, 한국개발연구원, 1976
김교식 편저, 「한국재벌」, 전 23권, 1984
김상수, 「한국자본주의의 성립과 그 특질」, 동경대학 박사학위논문, 1990
김양화, 「1950년대 제조업 대자본의 자본축적에 관한 연구」, 서울대 대학원 박사학위 논문, 1990
김윤수, 「8.15 이후 귀속기업체 불하에 관한 일 연구」, 서울대 대학원 석사학위논문, 1988
김영모, 「한국사회의 경제적 엘리트의 형성과정」, 서울대 대학원 석사학위 논문, 1962
______, 「한국지배층연구」, 일조각, 1982

______, 「한국사회계층연구」, 일조각/고헌, 1982/2005
______, 「일제하 한인지배층연구」, 고헌, 2009
______, 「한국권력지배층연구」, 고헌, 2009
모리스 H. 돕 · 이선근 역, 「자본주의의 발전연구」, 광민사, 1980
박현채 · 이대근 · 최장집 외, 「한국자본주의와 사회구조」, 한울, 1985
배학철, 「한국재계 백인집」, 한국경제문화사, 1971
부정축재조사단, 「부정축재관계 결과보고」, 1961
서재진, 「한국의 자본가 계급」, 나남, 1991
사공일, L. P. 존스 공저, 「경제개발과 정부 및 기업가의 역할」, 한국개발연구원, 1981
송건호 외, 「해방전후사의 인식」, 1, 2권, 한길사, 1989
상공부 귀속사업국, 「상무부 운영관리 귀속사업체 일람」, 1948
이경남, 「한국의 기업가」, 전 3권, 문우사, 1973
이대근 · 정운영 편, 「한국자본주의론」, 까치, 1984
____, 「한국전쟁과 1950년대 자본축적」, 까치, 1984
이정순, 「대기업 성장의 재무론적 연구-1950년대 재벌 형성과정의 실증적 고찰」, 고려대 경영대학원 석사학위논문, 1968
이병철, 「호암자전」, 중앙일보, 1986
안병직 외, 「근대조선의 경제구조」, 비봉출판사, 1989
재무부 관재국, 「귀속주 불하관계철」, 1955
__________, 「매각기업체 카드」, 1962
__________, 「법인대장」, 연도 미상
전국경제인연합회, 「한국경제정책 30년사」,
장시원, 「일제하 대지주의 존재 형태에 관한 연구」, 서울대 대학원 박사학위논문, 1989
조용범 · 정윤형 외, 「한국 독점자본과 재벌」, 풀빛, 1984
주식회사 럭키, 「럭키 40년사」, 1987
정구현, 「한국기업의 성장전략과 경영구조」, 대한상공회의소, 1987
임목민, 「한국의 은행사」, 1963
유창순, 「한국 인플레이션의 연구」, 중앙대학교 출판국, 1968
전국경제인연합회 편, 「한국경제정책 40년사」, 1986
조선은행, 「경제연감」, 1949
______, 「조선경제연보」, 1948

조동성, 「한국재벌연구」, 매일경제신문사, 1990
최장집 편, 「한국자본주의와 국가」, 1985
한국사회사연구회, 「한국사회의 신분계급과 사회변동」, 문학과 지성사, 1987
______________, 「현대 한국자본주의와 계급문제」, 문학과 지성사, 1988
______________, 「현대 한국의 자본축적과 민중생활」, 문학과 지성사, 1989
한국은행, 「경제통계연보」, 1966
한국은행 조사부, 「한국경제 10년사」, 1955
한국산업은행, 「한국은행사」, 1963
__________, 「한국산업은행 10년사」, 1964
__________, 「한국산업은행 30년사」, 1984
한국일보사, 「재계회고」 제 1~10권, 1981
_________, 「한국의 50대 재벌」, 경영능률연구소 출판부, 1986
홍성유, 「한국경제와 미국원조」, 박영사, 1962
_____, 「한국경제의 자본축적 과정」, 고려대 출판부, 1965
황명수, 「기업가사연구」, 단국대학교 출판부, 1976

<제 3장>

경영능률연구소출판부, 「한국의 50대 재벌」, 1986
경제기획원, 「주요경제지표」, 1962, 1985
________, 「경제백서」, 1962~1985
________, 「2~4차 경제개발 5개년계획」 각년도 총자원 예산, 1966~1977
김금수 · 박현채 외, 「한국노동운동사」, 미래사, 1985
김기배, 「노사관계와 기업발전」, 이화문화사, 1991
김교식 편저, 「한국재벌」, 계성출판사, 1984
김대환 · 김균 공저, 「한국재벌개혁론」, 나남출판, 1999
김삼수, 「한국자본주의 국가의 성립과 그 특질」, 동경대 박사학위논문, 1990
김성두, 「재벌과 빈곤」, 백민사, 1965
김영모, 「한국사회의 이해」, 한국복지정책연구소 출판부, 1999
김정렴, 「한국경제정책 30년사」, 중앙일보사, 2005
김형기, 「한국의 독점적 자본축적과 임노동 구조변화」, 서울대 박사논문, 1987
노동조합사전간행위원회, 「노동자의 상태와 제요구」, 형성사, 1985
대한민국정부, 「경제개발 5개년계획」 (1차~6차)

대한상공회의소,「전국기업체총람」, 1991
__________,「한국경제 20년의 회고와 반성」, 1983
박동순,「재벌백서」, 한맥, 1983
박병윤,「재벌과 정치」, 한국양서, 1975/1982
박현채 · 김형기 외,「한국자본주의와 노동문제」, 돌베개, 1985
박현채 · 이대근 · 최창집 외,「한국자본주의와 사회구조」, 한웅, 1985
박병윤,「한국의 재벌」, 신동아, 1975. 12월호
백승렬,「재벌가의 사람들」, 영웅, 1991
상공부 무역정책연구회,「대외무역법」, 법문사, 1988
서울경제신문편저,「재벌과 가벌」, 지식산업사, 1991
서울사회경제연구소 편,「한국경제의 구조개혁 과제」, 1997
세무정보사,「재벌백과」, 1995
신유근 · 한정화 · 김용준 외,「한국대기업의 경영특성」, 세경사, 1995
아산고희기념출판위원회,「아산 정주영 연설문집」, 울산대 출판국, 1985
오미열,「한국근대자본가연구」, 한울, 2002
이경남,「한국의 기업가」1~3권, 문우사, 1973
이경의 · 전철환 외,「한국의 사회구성」Ⅰ, 화다, 1985
이대근 외,「근대 조선의 경제구조」, 비봉출판사, 1989
이대근 · 정운영 편,「한국자본주의론」, 까치, 1984
이병철,「호암자전」, 중앙일보사, 1986
이종학 외,「한국기업의 구조와 전략」, 법문사, 1986
전국경제인연합회 편,「한국경제정책 40년사」, 1986
______________,「한국경제연감」, 1983
______________,「한국재계인사록」, 1990
______________,「한국주요기업사전」, 1994
______________,「한국의 조선산업」, 1997
정주영,「이 땅에 태어나서, 나의 살아온 이야기」, 솔, 1998
조동성,「한국재벌연구」, 매일경제신문사, 1990
_____,「한국의 종합무역상사」, 법문사, 1986
조용범 · 정윤형 외,「한국 독점자본과 재벌」, 풀빛, 1984
주식회사 럭키,「럭키 40년사」, 1987
차동세,「외자도입의 효과」, 한국산업경제기술연구원, 1983

참여연대 참여사회연구소,「한국 5대 재벌백서」, 1995~1997, 나남출판, 1999
최장집 편,「한국자본주의와 국가」, 한울, 1985
코리아헤럴드 내외경제신문,「한국 기업인 총괄」, 1995
한국경영자총연합회,「한국경총 20년사」
한국농촌경제연구원,「농지개혁시 피분배 지주명부」, 1986
한국사회사연구회,「현대한국의 자본축적과 민중생활」, 문학과 지성사, 1989
한국산업은행,「광공업 및 제조업 사업체 조사종합보고서」, 1958
한국산업조직학회,「기업집단정책의 발전과제」, 매일경제신문사, 1994
한국은행,「경제통계연보」, 1980~1985
______,「한국은행 50년사」, 2000
한국일보사 경제부 편저,「한국 50대 기업 그룹재무분석 자료집」, 1992
한국일보사,「한국의 50대 재벌」, 경영능률연구소 출판부, 1986
핫도리 타미오 (유한성 · 국중호 공역),「(일본이 본) 한국의 기업경영과 재벌」,화평사, 1991
현대건설주식회사,「현대건설 35년사」Ⅰ, 1982
홍성유,「한국경제와 미국원조」, 박영사, 1986
_____,「한국경제의 자본축적 과정」, 아세아문제연구소, 1964
ILO, *Yearbook of Labour Statistics*, 1965~1990

<제 4장>

강만수,「현장에서 본 한국경제 30년」, 삼성경제연구소, 2005
강철규,「재벌개혁의 경제학」, 다산출판사, 1999
강산준 외 6명,「재벌의 노사관계와 사회적 쟁점」, 한국의 재벌5, 나남출판, 2005
공정거래위원회, '경영정보시스템', '기업집단 소유구조 현황' 등
____________,「2009년도 통계연보」, 2010
금융감독원, '전자공시시스템(DART)'
김대환 · 김균,「한국재벌개혁론」, 나남출판, 1999
김동문 외 5명,「재벌의 경제지배구조와 인맥 혼맥」, 한국의 재벌4, 나남출판, 2005
김영모,「한국사회의 이해」, 한복연 출판부, 1999
_____,「한국권력지배층연구」, 고헌, 2009
김진방,「재벌의 소유구조」, 한국의 재벌3, 나남출판, 2005
대기업(집단)의「사업보고서」, 각 연도

대한건설협회, 「2008년도 결산 건설업경영분석」, 2009
__________, 「건설통계핸드북」, 2010, 1/4분기
정병휴 · 양영식, 「한국재벌부문의 경제분석」, 한국개발연구원, 1992
한국경제연구원, 「한국의 기업집단」, 1995
서울신문사 산업부, 「재벌가맥」, 상 · 하, 무한, 2007
송원근 · 이상호, 「재벌의 사업구조와 경제력 집중」, 한국의 재벌1, 나남출판, 2005
신유근외 5명, 「한국 대기업의 경영특성」5대그룹의 주요기업 연구, 세경사, 1995
이윤호, 「재벌의 재무구조와 자금조달」, 한국의 재벌2, 나남출판, 2005
참여연대 참여사회연구소, 「한국 5대 재벌백서」, 1995~1997, 나남출판, 1999
한국거래소, '상장법인 지분정보센터', 2010
한국경제신문사, 「재벌과 가벌」, 1991
한국무역협회, 「무역통계연보」, 2010
한국산업조직학회, 「기업집단정책의 발전과제」, 1994, 정책토론회자료, 1994
한국은행, 「경제통계연보」, 2011
「경향신문」
「동아일보」, 「동아닷컴」
「매일경제」
「재벌닷컴」
「조선일보」
「중앙일보」
「한겨레」
「연합뉴스」

<제 **5**장>

기획재정부 홈페이지, 「공공기관 경영정보 공개시스템」, 2010
________________, 「공공기관의 운영에 관한 법률」, 2010
행정안전부 홈페이지, 「지방공기업별 경영정보」, 2010
「경향신문」
「동아일보」
「연합뉴스」

<제 **6**장>

강만수,「현장에서 본 한국경제 30년」, 삼성경제연구소, 2005
기획예산위원회,「국가채무 추이와 국제 비교」, 1999. 4
기획재정부,「2010년 경제전망」, 2009. 12
_________,「2010년 경제정책방향」,(참고자료), 2009. 12
국세청,「한 눈에 보는 국세통계」, 2009, 2010
_____,「국세통계연보」, 2009, 2010
국회 개정정책 분석팀, '2010년도 예산안「국가채무 관리계획」분석', 2009. 11
금융감독원,「2010 금융리스크 분석 보고서」, 2010
김영모,「한국권력지배층연구」, 고헌, 2009
김영모·김헌진,「한국사회보험개혁론」, 한복연 출판부, 2006
대한민국 국회,「2010년도 예산안 국가 채무관리계획 분석」, 2010
대한상공회의소,「우리나라 가계, 기업의 부채 현황과 정책과제」, 2007
이윤호,「재벌의 재무구조와 자금조달」, 나남출판, 2005
통계청,「한국의 사회지표」, 2010
한국은행,「기업경영분석」, 각 연도

<제 7장>

강철규,「재벌개혁의 경제학」, 다산출판사, 1999
고용안정부,「고용통계연보」, 2010
공정거래위원회, 대규모기업집단 공개시스템, 2011
김대환·김균,「한국재벌개혁론」, 나남출판, 1999
대기업집단,「사업보고서」, 2001, 2005, 2010
_________,「감사보고서」, 2009, 2010
노동부,「2007년 임금구조실태분석」, 2008
_____,「2010년 사업체 임금근로시간 조사」, 2011
삼성전자, 「2010년 사업보고서」, 2011
한국은행,「경제통계연보」, 2010
_______,「경제통계시스템」, 2011
_______,「2010년 국민계정」, 2011
현대자동차,「2010년 사업보고서」
「조선일보」
「동아일보」

「중앙일보」
「국민일보」
「한겨레신문」
「매일경제」

<제 9장>

김영모,「한국권력지배층연구」, 고헌, 2009
서울대학교 동창회,「회원명부」, 1977
정선이,「경성제국대학연구」, 문음사, 2002

<종장>

공정거래위원회,「2009년 상호출자제한 기업집단의 일반현황 및 재무현황」, 2009. 4
Copeman, G. H., *Leaders of British Industry*, Gee & Co., 1955
Lipset, Seymour M. and Bendix, Reinhard, *Social Mobility in Industrial Society*, University of California Press, 1967
Poulantzas, Nicos, *Political Power & Social Classes*, Verso, 1978
Mannari, Hiroshi, *The Japanese Business Leaders*, University of Tokyo Press, 1974
Stanworth, P. & Giddens, A., *Elite and Power in British Society*, Cambridge University Press, 1974

< 찾아 보기 >

(ㄱ)

가계부채 326,336
가다 테수지 44
감세론 378
감세정책 347,348,349
강제이행금 403
건설회사의 해외 수주 현황 240
건강보험료 상한제 382
경영권 계승 253
경영성과 229
경영이익의 발생요인 368
경영자 혁명 21
경자유전의 원칙 393
경제개발 5개년 계획 134
경제개발 5개년 계획의 목표 및 실적 125
경제성장율 358
계급형성 17
계급형성의 요인 17
고소득자 8,347,349,382
고용주 25
고환율 293,300,336
고환율정책 381
공공기관 경영자의 임명 절차 305
공공기관 임원의 보수기준 315
공기업 315
공기업 임원들의 출신배경 312
공기업 임원의 복리후생비 319
공기업 임원의 연봉 317
공기업 직원의 평균 보수 318
공기업의 경영실적 300
공기업의 민영화 314
공기업의 부채 300,301
공기업의 부채율 301
공기업의 손익계산서 303
공기업의 역대 사장 308
공기업의 운영관리체계 308
공기업의 재무구조 299
공모제 304
공적 보험료 상한제 382
공정 환율 102,103
공제욱 58,65,70,78
과세 상한제 356
과표 상한선 383
구자경 회장 177,178,190
구자경 회장 경영철학 184
구중산층 3
국가 채무의 연도별 증가액 330
국가부채의 개념 332
국가채무 326,328
국민연금 5% 이상 주식 270
국민연금 상한제 382
국제경쟁력 293
군산복합체 27
권력설 17
권력요인 20, 432
귀속 면방직 공장의 불하 상황 90
귀속재산 91,103
규모별 사업체 10
그룹별 퇴직 임원 관리 285
근대 부르조아지의 형성 26
근대적 자본가계급 54
금융독점 161
금융부자 9
금융회사의 매출액 247
기업부채 333

기업상속 208,213
기업승계 방법 213
기업엘리트 21,29,52
기업의 결합 229
기업의 경영조직 274
기업의 사채 차입금 164
기업의 수출입 237
기업의 임금체계 313
기업의 자금조달 154
기업의 자금조달 방법 154
기업자본가 21
기업자본가 부친의 출신배경 427
기업자본가의 소유 주식 207
기업자본가의 직력분석 119
기업지도자들의 부친 직업 49
기업지도자의 교육수준 32
기업집단 262
기업집단별 지분율 266
김우중 회장 120

(ㄴ)

내부지분율 262,266
노동소외 17
노동자계급의 양극화 19
노동자의 빈곤화 26
노동쟁의의 원인 169
노사관계 254,255
농지개혁의 결과 392
농지소유의 상한제 392
농축산물 유통비용 399
농협 수매가 396

(ㄷ)

대기업 경영권의 승계조건 208
대기업 사외이사 291
대기업 자본가들의 출신지 117
대기업 총수의 이윤배당 259
대기업가의 직업 118
대기업의 기업자금 156
대기업의 매출액 368
대기업의 부채이자 364
대기업의 성장요인 384
대기업의 수지결산 요인 365
대기업의 자금공급원 155
대기업의 자본총액 368
대기업의 자산 367
대기업의 지분구조 273
대기업자본가 19,195,196
대기업자본가 부친 60
대기업자본가들의 연령 203
대기업자본가들의 출생지 204
대기업자본가들의 학력 205
대기업자본가의 교육수준 118
대기업자본가의 사회적 기원 61
대기업자본가의 자본축적 기반 430
대기업자본가의 최초 직업 207
대기업집단 207,211
대기업집단 노동자의 평균 임금 376
대기업집단의 10년간 경영 성과 228
대기업집단의 공정자산 243
대기업집단의 금융실적 247
대기업집단의 내부지분율 262
대기업집단의 당기순이익 367
대기업집단의 매출액 246
대기업집단의 부채비율 250
대기업집단의 부채액 245
대기업집단의 소유권 262
대기업집단의 이익잉여금 374
대기업집단의 자기자본 245
대기업집단의 자본총액 245

대기업집단의 자본축적 134,366
대기업집단의 자본축적 방법 366
대기업집단의 재무 및 손익계산서 366
대기업집단의 재무구조 244
대농경영 393
대미 달러 명목환율 변동 102
대우그룹 215,225
대우그룹의 경우 186
대일 청구권 자금 139
대자본가 본인의 직업 79
대자본가 본인의 해방후 직업 60
대자본가 부친의 직업 69
대자본가 형성의 요인 85
대자본가들의 은행별 융자상황 99
대자본가들의 축재과정 109
대자본가의 교육수준 79,80
대자본가의 자본형성 83
대자본가의 출신지 81
대출 이자율과 인프레율 162
독일 모델 24
독점자본주의 28,55
동반성장론 372
두산그룹 222

(ㄹ)
럭키금성 177
럭키금성의그룹의 관리체제 184
럭키금성그룹의 소유관계 178

(ㅁ)
마르크스의 부르조아지 형성론 23
마르크스주의자 12
매출 총이익의 내역별 구성비 369
매출 총이익의 주요 항목별 구성비 370
메이지 시대의 권력지배층 40
메이지 시대의 정치세력 46
메이지 시대 기업가들의 신분배경 42
명치시대의 신분구조 40
무사계급 41,44,46,54
무역협회 명단 94
문어발식 계열기업 129
미곡 생산비 396
미국 기업지도자의 출신배경 32
미국 잉여농산물 원조 94
미국계 캐피털 그룹 274
미국의 기업지배층 30
미쓰이 재벌 36
민간기업 부채 333
민영화 추진 방향 321
민족자본가 109
Mannari 40,45
Miller 30,32,33

(ㅂ)
반론 37
법인세 345,351,378,380
변칙세습 215
부당거래의 담합행위 248
부르조아지 1
부실기업 18
부정축재자 69,90,100,105,107
부정축재자의 명단 206
부채율 129,130
불공정 하도급 234
불공정거래 행위 234
불법 경영권 승계 278,279
비자금 조성 217,222,278
비자금 형성 384
비판론자 39
뿌란차스 23
Bendix 29,30,31
100대 기업 등기임원의 학력 280

100대 기업 사외이사의 출신배경 289
100대 기업 최고경영자의 전공 200
100대 기업 최고경영자의 출신고교 206
100대 기업 최고경영자의 출신대학 205
100대 기업 최고경영자의 출신지 204
100대 기업의 관리체제 276
100대 기업의 임직원수와 급여액 257
100대 기업의 등기이사 281
100대 대기업의 발달 유형 232

(ㅅ)
사무라이 36.38.39
사무라이 정신 44
사외이사 275
사채동결 조치 164
사회계급 26
사회계급의 양극화 3.5
사회불평등 17
사회적 양극화 384
사돈간의 인화 184
산업별 경제성장율 242
산업별 사업체 10
산업은행의 대출액 96
산업은행의 융자실태 98
산업자본가 15
삼각편대론 278
삼성 비자금 폭로 217
삼성그룹 203.215.263
삼성그룹의 관리체제 179
삼성그룹의 소유구조 174
삼성그룹의 지배구조 263
삼성의 임원 282
삼성장학생 217
삼성전자 230.259.261.263
삼성전자의 관리체계 275
삼성전자의 부문별 영업이익 363
삼성전자의 지분 216
상승된 경제지표 361
상인왕 30
상장기업의 소유관계 171
상장기업의 영업이익 366
새로운 계급분해 4
서구 부르조아지의 형성 25
서구의 기업자본가 29
서울대 대학원생 부친의 직업 414
서울대 대학원생 부친의 학력 413
서울대 대학원생 재산 415
서울대 대학원생의 도별 출생지 410
서울대 대학원생 부모의 생활수준 408
서울대 대학원생의 생활수준 407
서울대 대학원생의 숙소 408
서울대 대학원생의 종교 409
서울대 대학원생의 출신대학 411
서울대 문리대생의 출신지역별 취업 417
서울대 법대생의 출신지역별 취업 418
서울대 졸업생의 직업 416
서울대 학부생 부모의 교육수준 400
서울대 학부생 부친의 연령 390
서울대 학부생 부친의 재산 404
서울대 학부생 부친의 직업 401
서울대 학부생의 사회진출 408
서울대 학부생의 생활수준 392
서울대 학부생의 종교 393
서울대 학부생의 주거형태 395
서울대 학부생의 출신고교 397
서울대 학부생의 출신도 394
서울대 학부생의 출신지역 395
서울법대생 부모 학력의 비교 401
서울시의 영세민촌 166
서재진 58,65,70,73
선경그룹의 경우 186
선박의 수출 146

선진국 기업엘리트의 사회적 기원 29
섬유화학사업 138
성별 양극화 5
세습설 17
소득비례제 382
소작농 392
순환형 출자구조 263
스미토모 36
스미토모 재벌 36
시민혁명 22,24
시장의 독점 251
시장환율 103
시중 소매가 395
신부르조아지의 특성 20
신갈등론적 분석모델 1
쌀의 자급율 398
쌀직불금 404
Silberman 36
10대 종합무역상사의 계열기업 및 계약기업수 236
15년간 경제성장율 314
4대강 사업 210
4대강 살리기 사업비 264

(ㅇ)

아이치 시부사와 44
야수다 센지로 45
양시론 58,76
업종별 법인세 352
영국모델 23
영미 기업지도자의 출신배경 34
오갑환 58,63,65
외국인 주식보유 270
외국인 투자 160
외원경제 91
외화 차관 161
외화 차관의 원리금 상환율 161
우리나라 공기업 296,298,309
우리나라 부르조아지 8
우리나라 자본가계급 12
우리나라 계급변동 4
우리나라의 기업자본가 425
우리나라의 대자본가 62
우리나라의 자본가계급 7,425
원조자금 83,91
월남전 특수 149
유럽 기업회장의 출신계층 126
유럽의 부르조아지 25
이건희 회장 272,278
이병철 회장 173,175,188
이와사키 야타로 36
이촌 농민 4
이현송 59,63
인플레이션 원인 104
일감 몰아주기 213
일류고교 졸업생 부친의 직업 399
일본 자본주의 정신 48
일본 지도자 부친의 직업 54
일본의 대기업 22,48
임금격차 385
임원 254,256,258
잉여가치의 창출원천 85
Yamamura 39,43,44,45
5.16 군사혁명 후 부정축재자 107
50년대 대기업자본가 97
50대 기업그룹의 자본 축적율 131
50대 재벌의 경영실적 127
50대 자벌의 출신배경 115
5개년 계획기간의 국내 투자 151
5대 대기업자본가의 출신배경 121
5대 재벌 주력기업의 재무구조 133

(ㅈ)
자동차 산업 120,140
자동차 수출 147
자본가계급 5,6,7,12
자본가계급의 형성 128
자본의 독점 242
자본의 통제권 12
자본주의 생산관계 16
자본축적의 구조적 요인 135
자본형성의 주요한 요인 83
자수성가설 57,108
자유무역협정 400
재벌개혁의 방향 231
재벌과 비재벌의 소유구조 171
재벌닷컴 236
재분배 효과 382
쟁의의 원인 169
저곡가 정책 395
저금리 326,336
저금리 정책 380
저금리와 고환율 정책 339
전 산업의 기업경영지표 363
전 산업 성장지표 추이 335
전자공업 138
정몽구 회장 259,274
정부 소매가 396
정부의 재정 151
정부의 재정투융자 151
정의선 사장 219
정주영 회장 175,181
제 1차 5개년 계획 124
제왕적 경영권 211
제철사업 137
조선공업 146
조선사업 139
조선인 대지주 60
조세원칙 356
족벌체제 186
존스사공일 63,71
종사상 지위 1
종합건설업체 240
종합무역상사 134
종합부동산세 372
종합상사의 수출 현황 144
종합소득세의 양극화 현상 371
주식부자 9
주식부호 209
주요 경제지표의 성장률 360
주택부자 8
중동 특수 149,150
중산층의 양극화 5
중화학공업 136
중화학공업 육성 기본시책 136
중화학공업의 업종 136
지방공기업 최고경영자의 출신배경 313
지주자본가설 77,79
직불금계산방식 402
직업별 종사자 지위 167
직업별 취업인구 167
직원들의 임금구조 256

(ㅊ)
차남희 68,80
차세대 경영승계자의 지분율 211
철강재 수출 146
초과이익공유제 372
총사업체 10
최종현 회장 120,210
추천제 304
1880년대 권력지배층 신분배경 40
1950년대 대자본가의 성장 104
7개 은행의 특정인 융자 실태 96

(ㅌ)
토지부자 9
통설 37
통설의 요지 37
특별검사 217
Taussig 30

(ㅍ)
프랑스 모델 24

(ㅎ)
하강된 경제지표 361
하층 사무라이 37,40
하층계급설 58,65,71,108
학부생의 생활수준 396
학부생의 이념적 성향 420
한·미·일간 제조업 노동자의 임금 격차 168
한국 부자의 기준 9
한국 재벌의 개념 196
한국의 부자 8
한국의 사회계급 19
한국의 자본주의 424
한화그룹 223
해방 전 전국 기업체 87
해외 차관 134,152
현대그룹 175
현대그룹의 관리체제 181
현대그룹의 소유구조 175,176
현대 일본 기업지도자의 신분배경 52
현대자동차의 순환출자 유형 264
현대자동차의 부문별 영업이익 364
현대전자의 지분 274
현대차그룹 218
홍덕률 58,76
홍성유 85,91
환율 효과 343
후기산업사회 425,429
Hirschmeier 37

A Study on the Coporate Capitalists in Korea

Introduction, Social Class Change and Growth of the Capitalist Class in Korean Society

In the period following the 1945 liberation, Korean capitalism carrying many problems reorganized the traditional class system into a modern class order. The class order dominated by petty independent farmers and traditional bourgeoisie (landowner class) some fifty years ago collapsed in the wake of the Korean War and land reforms in the 1950s. A new bourgeoisie (chaebol) was formed after the 1960s. This group was nurtured by the economic development policies centered on heavy chemical and export-oriented industries that depended on the cheap labor of displaced farmers. Members of this class promoted irregular inheritance of management control by using slush funds accumulated through export industries, overseas construction projects, real estate speculation, technology innovation and neoliberal policies.

As a result, the social class of Korea as of 2010 have been divided into a minority of capitalist class (7.9%) and a majority of worker class (39.6%), with a large new middle class (34.4%) being formed after the 1990s.

During the past 50 years, the capitalist class in Korea has grown considerably. At year-end 2009, among all businesses nationwide (3,294,283), there were 553,293 capitalists that employed five or more workers to produce surplus value (profit), making up about 3.5% of the total households. Also, the new bourgeoisie representing the interests of the capitalists make up about 16.4% of the economically active population. Therefore the Korean bourgeoisie (capitalist class) in the broad sense is estimated to be about 16~20% of the total households. This bourgeoisie is very petty.

Chap 1, The Formation and Mobility of Corporate Capitalists in Advanced Countries

- Focusing on the United Kingdom, the United States, and Japan -

The economic development of capitalism forms a capitalist class and labor class. In England large landowners became industrial capitalists as a result of the industrial revolution, in France the bourgois revolution turned farmers and small and petty bourgeois groups into industrial capitalists, and in Germany the government actively supported the feudal landlord class ("Yunkers") and raised them as industrial capitalists. In the United States mostly British immigrants who were small businessmen became industrial capitalists, and in Japan the lower samurai and merchant classes formed the core of the industrial capitalists during the Meiji period of modernization. On the other hand, as industrial capital merged with financial capital to become monopolistic capital, post-industrial society became divided into the ownership class and the management class, and they became the corporate ruling class. The formation of large corporate capitalists thus has different origins in different countries but, in essence, their creation would not have been possible without the protection or support of their government. Many of today's large corporate capitalists in advanced countries have parents who are mostly of the corporate ruling class (owners and managers) by profession (about 60% in the United States and Europe, and 44% in Japan), and their practice of passing on their status to descendants is very exclusive. Scholars have different figures for the ratio of such practice depending on the birth periods being used but the figures are generally over 70%.

Chap 2, Reconsidering the Socioeconomic Origins of the Great Capitalists of Korea

- Focusing on big corporate capitalists in the post-liberation 1950s -

In 1962, the author had pointed out that the social origin of the big corporate capitalists in the post-liberation 1950s came mostly from real landowner capital. Through disposal of vested properties(firms), foreign aid(counterpart fund) loan and inflation, they and the people of white-collar background were able to accumulate capital and become newly big corporate capitalists. As a counter-argument for the landowner capital theory, views arguing for the self-made man theory, the low salesman theory, or the lower-class theory have emerged since then.

Using the newly available data and studies, the author re-analyzed the background of big corporate capitalists and capital formation process, refuted the criticisms on the landowner capital theory, and reconfirmed the author's thesis. The proponents of the self-help theory or the lower-class theory were of the opinion that big corporate capitalists had become the new capitalists(a.k.a. bureaucratic capitalists) by benefiting from government-backed disposal of vested properties firms, while landowners were bankrupt due to the Korean War and the agricultural reform, 1950.

However, in the property disposal process, many leaseholders and custodians came into play. Prior to that, especially under the Japanese rule, land owner capitals were often turned into commercial and industrial capitals. Even for bureaucrats and custodians, they were mostly descendants of landowners above the middle-class. In the examination of big corporate capitalists, it was shown that most of them had received education beyond the middle school under the Japanese rule and were middle-class farmers or merchants. As such, they tended to be above middle class, such as bureaucrats, managers, office workers and bank clerks. Therefore, the lower-class theory or the self-made man theory has no feasibility as a general theory.

Chap 3, The Social Background and Capital Accumulation Process of the Major Corporate Capitalists in the 1960s and 1970s

The major corporate capitalists of the 1980s are mostly monopoly capitalists who accumulated capital in the post-liberation period by taking advantage of foreign aid, trade and preferential treatment during the Korean War. Although branded as corrupt accumulators of fortune in the wake of the April 19th Revolution in 1960 and the military revolution in 1961 thereafter, they developed into monopoly capitalists(so-called conglomerates) through participation in the heavy chemical industry and entry into exporting which were outlined in the 5-year economic development plan pushed by the military regime. In particular, to promote the strategic sector of heavy chemical industry, the government devised a pro-industry policy under which relevant laws were enacted to give unprecedented favors(tax reduction, preferential financing, loans, interest reduction, etc.).

In contrast, farmers and workers suffered from a policy of keeping the grain prices and wages low and controlling labor which included the deferment of the basic labor rights. Although this policy increased Korea's international competitiveness, the consequent external dependency and government-dependant, unbalanced development deepened. The large corporate capitalists who have accumulated their fortunes in such a manner still maintain a family-based nepotistic management system where ownership and management are not separated, despite owning equity capital of less than 20% of the respective companies.

Chap 4, Social Background of Conglomerate Capitalists and Capital Accumulation in 2010

The conglomerate capitalists in 2010 have completely different backgrounds and different ways of capital accumulation compared to the founding generation in the 1960s. Conglomerate capitalists in 2010 are largely the products of preexistent conglomerate's divestiture or unconventional inheritance of corporation. The third generation corporate inheritance was possible mainly through gathering of slush funds, stock arbitrage, tax evasion and other unlawful methods.

Although the conglomerate's share is 13.08%, it runs the business wielding imperial power as it holds the company's decision-making share (42.11%), acquired through circular shareholding between corporations. Major stockholders with small shares appoint many unregistered board members, and for efficient business management and production, set up a staff organization and vassals, who later are given special treatment after retirement.

On the other hand, capital accumulation of conglomerates has lead to mergers and acquisition of other corporations, expansion and technology development, allowing for the birth of many affiliated companies. Their capital accumulation(management performance) for the last ten years reaches up to about 33.9 trillion won. The method of capital accumulation consisted of ① borrowed capital (financial debt of over three times the average and about half the shares owned by foreigners), ② a 80% dependency on trade and ③ wage differences between labor and management (with the ratio of about 7:3). In other words, conglomerates gained their profit and competitive edge from the government's low interest rates, high exchange rate and low wage policy.

Chap 5, A Study of the National Liability in terms of Social Class I in Korea -Focusing on the Interest Rate, Exchange Rate and Tax Reduction Policy

In recent years the national liability has increased sharply. A narrow interpretation places it at 35.6% of the GDP, while a broad interpretation puts it at 137.0%. Corporate debt and household debt have also increased sharply, with each reaching 137.0% and 69.8% of the GDP, respectively. The sharp rise in the national debt is due to the government's commitment of enormous amount of public funds during the foreign exchange crisis (1998) and the financial crisis (2008), as well as its spending in large SOC projects.

Meanwhile, the policy of keeping the interest rate low, exchange rate high and reducing taxes is seen as a measure to stimulate the economy and promote exports. But this is also a measure for reducing the national and corporate debt obligations (interest payments). The injection of enormous amount of public funds (taxes) reduced the debts of large corporations and financial institutions, whereas the aggregate real estate tax relief in 2008 increased corporate debt again. Consequently, instead of revitalizing the economy, this brought about unproductive land speculation, and the well-to-do became caught up in frenzied real estate (apartments) speculation. The majority of the conscientious small and medium-sized companies, middle class and ordinary people suffered as a result.

On this problem the government, its agencies and corporate research institute publicize through press releases and the media that the concern about the national debt is unfounded and the policy of low interest, high exchange rate and tax reduction contributes to the economic revitalization and the promotion of exports. But since this policy aggravates the vicious cycle of economic policy increasing the national debt and the social conflicts between the rich and the poor, it must be approached from the 'logic of national wealth.'

Chap 6, On the Social Responsibility of the Great Corporate Management Performance

Recently it was reported the conglomerates enjoyed a bonus party as they overachieved their management performance. However, their performance was not simply a result of their exceptional business management, but rather due to government's supportive policies such as low interest rates, high exchange rate and tax reduction policies. If there was no government support and the sacrifice made by the people, the conglomerates would have seen red, and even gone bankrupt.

Meanwhile, their management performance is also the result of wrongful distribution policy in taxation policy and social insurance policy, which, by setting an upper limit on the basis of assessment, causes recession of income. If the principles of taxation such as corporation tax and progressive income taxation, and taxation proportional to earning, which is the principle of social insurance, are properly administered, abundant government revenue and just taxation and welfare policies could be realized.

Chap 7, Capital Accumulation of Conglomerates and the Issues of Social Polarization

In recent years, conglomerates have achieved high business performances (capital accumulations), but it can be seen that the environmental factors outside the management played a great role in this than internal management factors.

When we examine the industrial sectors in Korea, recently the growth rate of agriculture has rapidly collapsed and construction is on the decline, but the manufacturing and service industries have steadily grown. Since the bulk of the growth has been in the IT, auto, shipbuilding and chemical sectors dominated by the conglomerates, most of these large corporations have shown a rapid growth rate, although some saw losses as a result of competition.

The factors that affect capital accumulation of conglomerates are mostly exports, low wages and technological innovations; but factors external to management, such as high exchange rate, low interest rate, high real estate price, high price of goods and income reversibility of public-funded insurance premium (upper limit system), actually had greater impact. This consequently contributed greatly to increasing the wealth of the economic owners (businessmen, real estate owners, and stockholders), while to an equal extent benefits were taken away from the wage workers and the vulnerable groups (the unemployed, the poor, the elderly, and the disabled). This caused a serious social polarization. In other words, the business performances of conglomerates are affected more from the policy support of the government than from relations of production.

In addition, there are illegal acts such as tax evasion, stock price manipulation and steering work to affiliated companies that also serve as capital accumulation factors for conglomerates, and these are mostly used in irregular passing down of conglomerate management control.

Chap 8, Problems of Low Grain Price Agricultural Policy and Rice Income Compensation Direct Payment System

The Rice Income Compensation Direct Payment System, as the farmland system and agricultural policy for market opening currently in effect, is very inadequate in stabilizing farmers' income and improving rice self-sufficiency. Instead it contributes to the class polarization between the poor tenant farmers and the corporate farms, breaks down the land-to-the-tillers principle of agricultural practice, and further incites abandonment of farming by farmers. The discriminatory policy of the current system of direct payment for rice income compensation coerces the abandonment of small and medium-sized farms and has become a factor preventing the children of the farmers from returning to the farms. Also, because the farmers currently living on farms (rice farmers make up 45% of the farm households as of 2010) are old and thus labor is in short supply, and because they are burdened by heavy farm debts and thus unable to switch fully to non-agricultural work or do non-agricultural work on the side, their numbers are decreasing every year.

Chap 9, Social Backgrounds of Undergraduate & Graduate Students attended in the Seoul National University During the 1960s : the Cases of the Colleges of Liberal Arts, Law, Business Management and its relevant Graduate Schools in the University

This study is to analyze the social backgrounds of the undergraduate & graduate students, who have provided supplemental bases of power elites since the 1980s, attended in the Colleges of Liberal Arts, Law, Business Management its relevant 4 Graduate Schools of the Seoul National University during the 1960s.

According to the result of the study, most undergraduate students of the Seoul National University were graduates from about 10 distinguished high schools in local areas in Korea. Regarding the graduate students in the Seoul National University, meanwhile, 90% of the graduate school, 50% of the graduate school of public administration, 60% of the graduate school of business management, and 71.6% of the graduate school of law were graduates from the undergraduate courses of the Seoul National University.

Regarding social backgrounds of the undergraduate and graduate students of the Seoul National University, they were mostly from the middle class(about 60%). The occupations of their fathers were mostly from the white collars, such as civil servants, teachers, company employees and so on. And also, the rest of them were from pretty bourgeois, such as self-employees in commercial and agricultural sectors.

Conclusion, The Formation and Mobility of Conglomerate Capitalists

Although the social origin of the capitalist class are different in each country, their social mobility is very similar. The capitalist class of the West emerged as a new ruling class from the opportunities opened by revolutions, but in the later capitalist countries in Asia, the corporate capitalists were nurtured with government support.

These capitalists became conglomerate capitalists (chaebol) through the development of capitalism accompanied by colonial exploitation and war (military-compiex industry) as well as political-economic collusion and monopolies. Also, the passing down of social mobility by bloodline was greatly reinforced through the inheritance system. About 60% of the fathers of the business elites in England, the US, Sweden and the Netherlands of the 1950s were businessmen, and of these, about 15% were small business owners. In the case of the Japanese business leaders, 44% of their descendents were businessmen and 22% were descendents of small business owners.

The capital accumulation by the capitalist class is made possible from the production relations as well as the distribution process, but more importantly, it was made possible from non-production relations and preferential treatment by the government (policy support). Therefore the power factor has greater validity than the existing dominant social inequality formation factors (surplus value exploitation theory, etc.) in affecting such capital accumulation. This factor appears to be valid everywhere, in the East and the West, in time present and past.

Korea's capitalist class today is made up of about 5% old bourgeoisie and 15% new bourgeoisie. The conglomerate capitalists (about 0.1%) developed into commercial and industrial capitalists in the period after the 1945 liberation, but the military regime charged them with corrupt accumulation of wealth in 1962. Thereafter, the Korean government nurtured them to become conglomerate capitalists (so-called chaebol) through seven rounds of 5-year economic development plans. The pro-business policy of the government led to excessive foreign borrowing (35% of total capital, about US$ 110 billion) by large corporations and insolvent businesses, thus triggering the economic crisis at the end of 1997 and placed Korea under IMF supervision. During the past ten years, the neoliberal globalization policy of the IMF actually reduced the massive debt accumulated by the large corporate groups through government support and indiscriminate expansion and produced improved business performances.

The conglomerate capitalists are the humble capitalists that owe their development to power factors such as illegal slush money and political-economic collusion and inherit their status through corrupt means.

< 저자 소개 >

서울대학교 사회학과 졸업(학사, 석사, 박사)
하버드 대학교 사회학과 수학(옌칭 객원교수)
서울대, 고려대, 연세대, 이화여대 및 동대학원 강사
중앙대학교 문과대학장, 사회개발대학원장, 부총장
한국사회학회장, 한국사회복지학회장, 한국사회복지정책학회장
중앙대학교 명예교수

< 주요 저서 >

한국사회학(법문사, 1972)
조선지배층연구(일조각, 1977 / 고헌, 2002)
현대사회계층론(한복연 출판부, 1982, 1999)
한국사회계층연구(일조각, 1982)
한국지배층연구(일조각, 1982)
한국빈곤연구(한복연 출판부, 1991)
한국사회보장개혁론(중앙대 출판부, 1995)
한국사회의 이해(한복연 출판부, 1999)
한국사회보험개혁론(한복연 출판부, 2006)
한국중산층연구(중앙대 출판부, 1998)
일제하 한인지배층 연구(고헌, 2009)
한국권력지배층연구(고헌, 2009)
한국자본가계급연구(고헌, 2012)

한국 자본가계급 연구 <가격 : 36,000원>

2012년 3월 10일 발행
2012년 3월 20일 1쇄

저 자 : 金 泳 謨
발 행 처 : 고헌 출판부
서울특별시 동작구 흑석동 186-64
등록 2000년 1월 27일 제 17-316호
연락처 : TEL 824-3127·3132 FAX 824-3128

ISBN 978-89-90435-25-5-93330